Heinrich Schmid

DIE DOGMATIK
der evangelisch-lutherischen Kirche

dargestellt und aus den Quellen belegt

Neu herausgegeben und durchgesehen
von Horst Georg Pöhlmann

Gütersloher Verlagshaus
Gerd Mohn

CIP-Kurztitelaufnahme der Deutschen Bibliothek

Schmid, Heinrich
Die Dogmatik der evangelisch-lutherischen Kirche: dargest. u. aus d. Quellen belegt / neu hrsg. von Horst Georg Pöhlmann. – 10. Aufl. –
Gütersloh: Gütersloher Verlagshaus Mohn, 1983.
ISBN 3-579-04101-0

ISBN 3-579-04101-0
10. Auflage 1983

Einbandentwurf: Lothar Täuber
Gesamtherstellung: Hubert & Co., Göttingen
Printed in Germany

Vorwort des Herausgebers

Diese Neuauflage des »Kirchenschmid« (1. Aufl. 1843) wurde vom Theologischen Ausschuß der VELKD sowie vom Lutherischen Kirchenamt, Hannover, angeregt. Ich muß gestehen, daß ich der Bitte, die Herausgeberschaft dieser Neuauflage zu übernehmen, nur zögernd und mit Vorbehalt nachgekommen bin. Der Hauptgrund, der dagegen sprach, ist das Urteil C. H. Ratschows über das Schmidsche Kompendium im Vorwort seiner »Lutherischen Dogmatik zwischen Reformation und Aufklärung«, Teil I, 1964. Nach Ratschow ist die Schmidsche Dogmatik eine Verfälschung der altprotestantischen Orthodoxie. Ratschow meint: Die »vielen Fehlurteile« »verbieten« »die Benutzung seines Werkes« (S. 12). Ein Neudruck oder eine Überarbeitung des Werkes wird strikt abgelehnt. Denn »der Schaden läßt sich nicht reparieren« (S. 13).

Ratschow führt im einzelnen folgende Gründe ins Feld, die »einen Nachdruck, bzw. eine Bearbeitung ... verbieten«: Schmid ist der Meinung, »man könne die Theologie zwischen 1560 und 1720 als eine Einheit betrachten und so aus ihren sehr differenzierten Formulierungen abstrakte Schemata folgern, die dann etwa maßgeblich in der Mitte der ganzen Entwicklung stünden und zur Beurteilung der ›altprotestantischen‹ theologischen Überzeugungen dienen könnten. Diese Meinung ist falsch. Allerdings, die Theologie dieses ganzen Zeitraumes bietet rein äußerlich das Bild großer Geschlossenheit: Ein Distinktionen-Schema von Gesichtspunkten wie generalis und specialis, von Urteils-Erstreckungen wie formalis und materialis und von Kategorien der Befragung wie subjectum und objectum bzw. den vier causae legt sich wie ein Nebel über die Dogmatiken dieser ganzen Zeit und taucht sie in eine allen analoge Färbung. Jedoch, dieser äußere Schein trügt. Unter dem äußerlich ähnlichen Einteilungsgefüge sitzen einerseits tiefe Gegensätze in der Beurteilung ganz zentraler Fragen und vollziehen sich andererseits weitgreifende Entwicklungen, deren Grenzpunkte durch reformatorisches und aufklärerisches Denken markiert sind. Etwa in der Mitte des Zeitraumes aber steht Musäus, der von Jena aus die Auseinandersetzung mit der ›neuen‹ Denkwelt, mit Descartes und Spinoza, in Angriff nimmt. Sein Denken nimmt vieles voraus, was dann im 18. Jahrhundert durchdringende Wirkung hatte. Sein Ansatz verhindert das Eindringen cartesianischer Denkmodelle in die lutherische Theologie für Jahrzehnte. An seinem Werke bricht sich der alles in eins sehende Blick am stärksten in das Spektrum der Entfaltungen«. – »Man gewann und gewinnt durch die Synopsis Schmids eine ganz klare Vorstellung von den einzelnen Gedankengängen der Dogmatiker im 17. Jahrhundert – nur, diese Vorstellung ist falsch.« Außerdem »zeigte es sich bei genauerem Hinsehen, daß die Textauswahl, die Schmid vornahm und die in den abschließenden Definitionen auf Hollaz festgelegt war, in den Belegen unbekümmert und ohne zeitliche oder sachliche Ordnung alles zusammenraffte, was zur Sache zu passen schien«. »Das ganze Werk von Schmid ist uneinheitlich und ohne einen leitenden Gesichtspunkt zusammengestellt. Damit wird eine ›Schein‹-Klarheit statuiert, tatsächlich aber die dogmatische Position des 17. Jahrhunderts verdunkelt und auch entstellt.« Ratschow meint, »daß die Schmid'schen Thesen einen tiefen Schaden angerichtet haben: Das der modernen Dogmatik wohl ganz allgemein eigene Verdikt über Inspiration und Zwei-Naturen-Lehre zum Beispiel ist nämlich ein Verdammungsurteil gegen die Schmid'sche Auffassung dieser Loci und nicht gegen die tatsächlichen Überzeugungen der Dogmatiker des 17. Jahrhunderts. Das, was Schmid nämlich als Zwei-Naturen-Lehre oder als Schrift-Lehre vorführt, hat es so niemals gegeben. Aber auch der erbitterte Angriff Ritschls auf die ›natürliche Theologie‹ – er hat vielleicht noch hinsichtlich Musäus' Berechtigung – geht u.E. im wesentlichen auf Heinrich Schmids Entstellungen und Vergröberungen zurück. Wir meinen also, daß durch die Schmid'schen Darstellungen ein Raisonnement in der evangelischen Theologie Brauch und Mode geworden sei, das, von den Windmühlenflügeln Schmid'scher Thesen gereizt, seit Jahrzehnten seinen Kampf gegen natürliche Theologie wie gegen metaphysische Verfremdung und scholastische Begriffsspalterei führt, ohne recht eigentlich bemerkt zu haben, daß es eine solche Theologie tatsächlich niemals gab.« Man kann die Eigenart der Dogmatik zwischen Reformation und Aufklärung nach Ratschow weder mit dem Begriff »orthodox« noch mit dem Begriff »altprotestantisch« charakterisieren. »Ganz ohne Wertung wird man diese Dogmatiken als die des 17. Jahrhunderts bzw. als die des Barock kennzeichnen, denn es ist kaum möglich, ihre Eigenart in einem Begriff wiederzugeben.« – »Die Eigenart dieser Dogmatiker liegt darin, daß sie sich veranlaßt sahen, mit der Ontologie der lutherischen Aristoteliker, die von den letzten Jahrzehnten des 16. Jahrhunderts an ihre Interpretation der aristotelischen Grundeinsichten erarbeiteten, die Glaubenseinsichten Luthers unmißverständlich wiederzugeben und zu verteidigen. Der zentrale Anlaß zu dieser theologischen Konzeption war die um 1580 fallende Entscheidung gegen Melanchthons Methodik, die sich auch als ein Rückgriff auf Luthers theologische Grundeinsichten darstellte. Diese Entscheidung hängt nur indirekt mit den Auseinandersetzungen zusammen, die zur Konkordienformel führten und in denen sich unter der unermüdlichen Arbeit des älteren Andreä die Erkenntnis der Reformierten als besonderer Fassung der reformatorischen Bewegung vollzogen hatte. Diese Entscheidung ist direkt veranlaßt durch die Beobachtung, daß unter der seither üblichen Voraussetzung von Melanchthons Methodik, in der Theologie nur Logik und Dialektik zu verwenden, die Metaphysik aber draußen zu lassen, die res fidei verloren zu gehen drohte.«

»Mit der Übernahme der ontologischen Fragestellungen gab sich die lutherische Theologie des 17. Jahrhunderts ein Gewand, das in seiner ganzen imponierenden Präzision die tiefgreifenden Auffassungswandlungen für den verdeckt, der mit dieser Begrifflichkeit nicht mehr zu denken in der Lage ist. So erweckte diese ›Orthodoxie‹ den Eindruck einer Stagnation wie den einer rabiaten Rechthaberei. Die Gedankengänge schienen so fixiert und die Maschen ihrer Gespinste so eng zu sein, daß man das Ganze nur noch als unlebendiges Klappern mit leeren Hülsen sehen zu können meinte. Daß es gerade die Denker dieser Epoche waren, die den Aufbruch zu den neuen Einsichten der Aufklärung und zumal des Idealismus vorbereiteten und ermöglichten, ja, daß gerade in dieser Systematik der Blick frei werden konnte für die Auseinandersetzung mit der sich neu formierenden Welt, ist weithin verborgen geblieben« (S. 11–16).

Soweit die Ratschowsche Sicht der Orthodoxie und sein Urteil über Schmids Kompendium. Warum nun doch eine Neuauflage? Ratschow ist darin unbedingt zuzustimmen, daß Schmid das vielfarbige Gebilde der altprotestantischen Orthodoxie mit dem grauen Spinnennetz einer Einheitstheologie zu überziehen, in Gefahr steht. Niemand wird bestreiten, daß durch seine mitunter »einebnende Darstellung« (G. Hoffmann) die Orthodoxie umgedeutet wird. Aber Ratschow schießt m.E. übers Ziel hinaus, wenn er diese Umdeutung als *Verfälschung* interpretiert und sie so *illegitimiert.* Ganz abgesehen davon, daß er diesen Vorwurf in seinem Vorwort nicht hinreichend genug belegt, scheint er zu übersehen, daß eine Quellen-Darstellung *immer Deutung* und *Umdeutung* ist und daß es legitim ist, sich einen historischen Stoff *deutend anzueignen.* H. G. Gadamer hat in »Wahrheit und Methode« überzeugend nachgewiesen, daß der Exeget eines Textes bei der Deutung bestimmte Vorstellungen mitbringt, die *notwendig* in die Deutung eingehen; er kann (nach Gadamer) nie von seinem »Vorurteil« absehen, vollzieht immer eine »Applikation«, eine Anwendung auf die jeweilige Zeitsituation. Auch H. Schmid hat die kirchliche Tradition als Kind seiner Zeit gedeutet – und er konnte gar nicht anders. Wenn man bedenkt, daß er bei Schleiermacher studiert hat, ein »bewußter Anhänger der Erlanger Theologie«[1] war und nachhaltig vom Denken Chr. K. Hofmanns beeinflußt wurde – dem er seit seiner Erlanger Repetentenzeit freundschaftlich verbunden war –, wird man seine Orthodoxiedeutung mit neuen Augen sehen. Schmid wollte – um das bekannte Wort Hofmanns zu zitieren – die »alte Wahrheit« »in neuer Weise« lehren. Und *neu* war eben für die Restaurationstheologie des Neuluthertums die wiederentdeckte Reformation und Orthodoxie, die von der kritischen Theologie des Rationalismus und der Aufklärung verdrängt worden war. Die romantische Rückwendung zu den Vätern ließ deren Theologie in einer verklärenden Harmonie erscheinen. Die Harmonisierungstendenz Schmids hängt aber wohl auch mit Hofmanns Geschichtsverständnis zusammen. Hofmann sieht die Geschichte als ein organisches Ganzes. Ähnlich interpretiert Schmid die Orthodoxie als organisches

1. F. W. Kantzenbach: Die Erlanger Theologie, 1960, S. 209.

Ganzes. Wie Hofmann nach dem »Gesamtsinn« der Schrift fragt, so Schmid nach dem Gesamtsinn der Orthodoxie. Der Monismus Schleiermachers und das organische Denken der Romantik waren die zeittypische Voraussetzung seiner Theologie. Eine in heterogene Teile zerfallende Orthodoxie hätte der konfessionellen Restaurationstheologie, der sich Schmid verpflichtet wußte, nicht den Halt geboten, den sie in ihr suchte[1a].

Es gibt keine »objektive« historische Darstellung. Schmids Urteil über die Orthodoxie ist so subjektiv eingefärbt wie das Ratschows über Schmid und die Orthodoxie. Wie sollte es anders sein? Das erkenntnisleitende Interesse Ratschows ist freilich dem Schmids entgegengesetzt. Denn es besteht in dem Nachweis, die Orthodoxie sei der Vorläufer und Wegbereiter der Aufklärung. Eine These, die m.E. in Ratschows dogmatischem Denken grundsätzliche Bedeutung bekommt (Ratschows Vermittlung zwischen Altprotestantismus und Neuprotestantismus, seine Frontstellung gegen Karl Barth!).

Noch aus einem anderen Grund trifft die überspitzte Kritik Ratschows an Schmid vorbei: Es ist mehr, was die Dogmatik zwischen 1560 und 1720 eint, als nur die methodischen Distinktionsschemata und Frageraster. Abgesehen davon, daß Methoden nie wertneutral sind, kann man in ihr durchgehende inhaltliche Grundlinien von der Skriptologie bis zur Eschatologie feststellen. Jedenfalls war das mein Eindruck bei der Überprüfung der Schmidschen Quellenangaben. Es bleibt Schmids Verdienst, diese Grundlinien, die sich trotz der Pluriformität in ihr durchhalten, sichtbar gemacht zu haben. In der Orthodoxie ist keinesfalls alles möglich zwischen Reformation und Aufklärung als »Grenzpunkte«. Sie ist strenge Schultheologie mit klaren inhaltlichen Abgrenzungskriterien gegenüber der Aufklärungstheologie. Man denke an den Stellenwert der satisfactio vicaria in der Orthodoxie und an ihre Beurteilung im Rationalismus. Andere inhaltliche Spezifica der Orthodoxie sind die Identifizierung der Schrift mit dem Wort Gottes (Verbalinspiration) und die rein forensisch verstandene Rechtfertigung sowie vor allem ihr Stellenwert als articulus stantis et candentis ecclesiae – was doch wohl ein Abhebungskriterium auch von der Reformation ist[2]. (Ähnlich die prinzipielle Stellung der Prädestinationslehre seit Beza in der reformierten Orthodoxie!) Aber auch ontologische Fragestellungen sind in der Orthodoxie nicht nur ein »Gewand«, sondern sie bringen in die Theologie inhaltliche Prinzipien hinein, die ihr sowohl in der Reformation als auch in der Aufklärung fehlten. Methode und Inhalt, Form und Inhalt sind hier so wenig abtrennbar wie sonst in der Theologie. Methoden sind nie zielneutral.

Doch ob die Gegensätze innerhalb der Orthodoxie wirklich so »tief« sind,

1a. Wie sehr selbst Schmid die Unterschiede innerhalb der Orthodoxie beachtet, zeigt z.B. seine Sakramentenlehre.

2. Zum Nachweis vgl. H. G. Pöhlmann: Rechtfertigung, 1971, S. 23ff.

entscheidet sich letztlich daran, *wen* man ihr *noch* oder *nicht mehr* zurechnet. Daß es trotzdem auch innerhalb der Orthodoxie Bruchstellen gibt, die von Schmidt z.T. harmonisierend überdeckt werden, das nachzuweisen ist das Verdienst der Ratschowschen Untersuchung. Ich meine, man muß Schmids »Dogmatik der evangelisch-lutherischen Kirche« und Ratschows »Lutherische Dogmatik zwischen Reformation und Aufklärung« kontrapunktisch zueinander sehen. Erst beide zusammen vermitteln ein sachgemäßes Bild von der Orthodoxie. Beide Darstellungen der Orthodoxie sind sich gegenseitig kritisches Korrektiv.

Ein weiterer Grund, warum man dem Schmidschen Kompendium schwerlich mit dem Verfälschungsverdikt beikommen kann, ist die Frage, welche *Kriterien* darüber entscheiden, ob eine Quellendarstellung hinterlassungsfähig ist oder nicht. Ratschow geht von dem Kriterium Richtig-Falsch aus: Die »vielen Fehlurteile verbieten die Benutzung seines Werkes« (S. 12). »Diese einfach sachlichen Fehler ... verbieten nicht nur einen Neudruck, ... sondern sie machen auch Bearbeitungspläne illusorisch« (S. 13). Doch selbst wenn es sich hier wirklich um sachliche Fehler handelt, können sie m.E. niemals Kriterium dafür sein, eine Quellendarstellung nicht mehr nachzudrucken. Man denke – um ein paar berühmte Beispiele zu nennen – an Arnolds »Unparteiische Kirchen- und Ketzerhistorie« oder an Karl Barths Anselmbuch »Fides quaerens intellectum«. Kriterium für die Hinterlassungsfähigkeit einer Darstellung ist nicht ihre *Richtigkeit*, sondern ihre *wirkungsgeschichtliche Bedeutsamkeit*. Die Schmidsche Dogmatik erfüllt dieses Kriterium. Das 1843 veröffentlichte Werk erschien 1894 in 8. Auflage. Es war mit das meistgelesenste theologische Fachbuch und hat mehrere Theologen-Generationen geprägt. Es ist nicht nur eine Sammlung historischer Quellen, sondern es ist *selber* historische Quelle. Nicht, ob ein Dokument »richtig« ist, entscheidet über seine Hinterlassungsfähigkeit, sondern ob es richtungweisend war.

Eben weil Schmids Dogmatik ein historisches Dokument ist, gebe ich sie unverändert heraus. Ich habe lediglich die Zitate aus der Orthodoxie überprüft, sowie den schwer lesbaren deutschen Text geglättet und der heutigen Rechtschreibung angeglichen.

Die Neuauflage hat – um es noch einmal zu sagen – nicht den Zweck, die Ratschowsche Orthodoxiedarstellung zu ersetzen, sondern zu ergänzen. Sie will zu einem pluralistischen Orthodoxieverständnis beitragen und dadurch diese wichtige Epoche evangelischer Theologie erschließen helfen.

Mit der Frage, ob eine Neuauflage des Orthodoxiekompendiums von Schmid nötig ist, stellt sich freilich unweigerlich die andere Frage: Ist überhaupt die Beschäftigung mit der Orthodoxie nötig? Es gibt nach wie vor nicht wenige, die sie aus dem Studienbetrieb verbannen wollen – so sehr andererseits seit der »Tendenzwende« das Interesse an ihr wieder etwas zugenommen hat.

Die etablierten Vorwürfe gegen die Orthodoxie gehören zu den Klischees, die nicht mehr nachgeprüft werden. Demnach ist sie durch einen streitsüchtigen Doktrinarismus, einen verknöcherten Formalismus, einen öden Rationalismus und durch eine unduldsame Intransigenz gekennzeichnet. Die viel kolportierten Vorurteile des Heussi'schen Kompendiums der Kirchengeschichte tragen mit die Hauptschuld an dem abschätzigen Orthodoxiebild, wie es immer noch weitverbreitet ist. Heussi charakterisiert die Orthodoxie »als eine theologische Richtung, welche ganz intellektualistisch Frömmigkeit und Theologie gleichsetzte« und durch das »starre Festhalten an den Formulierungen der Bekenntnisschriften« geprägt ist. Sie ist nach Heussi »das Erzeugnis eines autoritätsbedürftigen, unschöpferischen Zeitalters« und eine »Versteinerung des ursprünglichen Luthertums«. Das einzige, was er ihr widerwillig zubilligt, ist ein »sehr entwickeltes logisches Vermögen«[3]. Der Student, der sich nicht mit den Anmerkungen Heussis begnügt und in der RGG unter Orthodoxie nachschlägt, bekommt dort von F. Lau die Auskunft, sie sei im Grunde eine »Rekatholisierung« des Christentums[4]. Lau spricht vom »Absinken der Reformation in die Orthodoxie«[5]. Andere »Massenmedien« des Theologiestudiums urteilen bekanntlich ähnlich. Es war mit das Verdienst der Ratschowschen Orthodoxiedarstellung, diese Vorurteile gegen die Orthodoxie abzubauen. Aber auch andere haben diese verkannte Theologie-Epoche zu rehabilitieren versucht. Karl Barth schreibt: »Je mehr man zuhört und sich frei macht von dem Wahn, die Welt beginne mit der eigenen Person, umso mehr wird man entdecken, daß jene Väter einiges wußten und daß die verpönten ›Orthodoxen‹ etwa des 17. Jahrhunderts Theologen von Format waren. Und es kann einem sogar geschehen, daß einem die moderne theologische Literatur daneben ein wenig schal und ein wenig langweilig wird.«[6] Die Dogmatik der altprotestantischen Orthodoxie ist nach Barth eine »Dogmatik, die zugleich Gestalt und Substanz« hat, die »orientiert« ist »an den zentralen Hinweisen der biblischen Offenbarungszeugnisse, denen sie aber auch im einzelnen in erstaunlichem Reichtum nachzugehen wußte – eine Dogmatik, die, indem sie die großen Anliegen der Reformation aufnahm und festhielt, zugleich eine würdige Fortsetzung der altkirchlichen Lehrbildung versuchte und doch auch die Kontinuität zu der kirchlichen Wissenschaft des Mittelalters wahren und pflegen wollte«. Barth schreibt weiter von dieser orthodoxen Theologie, die sich ihm durch das Studium der Kompendien von Heppe und Schmid erschloß: »Ich befand mich sichtlich im Raume der Kirche und nun doch auch ... im Raume einer in ihrer Art respektablen kirchlichen Wissenschaft. Ich hatte Anlaß, mich zu wundern

3. 11. Aufl., 1957, S. 365f.
4. RGG, 3. Aufl. Bd. IV, 1960, S. 1722.
5. A.a.O. S. 1720.
6. Credo, S. 157.

über den langen, ruhigen Atem, über die Umsicht, die Gediegenheit, die sachbezogene Strenge, über den überlegenen Stil und die jedenfalls in sich zuverlässige Methode, mit der diese ›Orthodoxie‹ gearbeitet hat. Ich hatte Anlaß zu staunen über den Problemreichtum und über die Schönheit (pulchritudo) ihrer Gedankengänge. Ich sah bei diesen Alten, daß es sich lohnen kann, am kleinsten Punkte mit der größten Kraft der christlichen Voraussetzung nachzudenken, und gerade um des vielberufenen ›Lebens‹ willen die Wahrheitsfrage auf der ganzen Linie ganz ernst zu nehmen. Ich sah m.a.W., daß die protestantische Dogmatik einmal eine saubere, ordentliche Sache gewesen ist, und ich schöpfte die Hoffnung, daß sie es vielleicht wieder einmal werden könnte, wenn sie die ihr offenbar verlorengegangenen Nerven wieder bekommen und zu einer strengen kirchlichen und wissenschaftlichen Haltung zurückkehren würde.«[7] »Ich befand mich hier jedenfalls in einer Luft, in der der Weg über die Reformatoren zur Heiligen Schrift sinnvoller und natürlicher zu gehen war als in der Luft, die mir aus der durch Schleiermacher und Ritschl bestimmten theologischen Literatur nur zu vertraut war.«[8] Barth äußert – was von seinen theologischen Voraussetzungen her verständlich ist – natürlich auch Vorbehalte gegen die Orthodoxie, vor allem gegen ihre angebliche Liaison mit der Philosophie und ihr »Vernunftprinzip« (anders Ratschow!). »Die Orthodoxie kann« für Barth »nur eine Station auf dem Wege« zu dem »Ziel« sein, das für die evangelische Theologie einzig die biblisch-reformatorische Botschaft ist. »Dennoch und trotz allem: Ich hielt es und halte es für gut, bei dem beliebten ›Durchstoßen‹ zu einer biblisch-reformatorischen Theologie jedenfalls nicht zu eilig vorzugehen, sondern auf der Station ›Orthodoxie‹ mindestens recht gründlich zu verweilen. Der ›Durchstoß‹ hat allzuoft bedeutet, daß man nun doch bloß wieder zu einem neuen Gemisch von Aufklärung und Pietismus durchstieß! Gelingen kann er nur, wenn man es zuvor gelernt hat, die Reformatoren als Lehrer der *Kirche* und mit ihnen die Schrift als das Dokument für die Existenz und das Wesen der *Kirche* zu lesen und sich von da aus zu fragen, was denn nun kirchliche *Wissenschaft* sein möchte. Ebendas kann und muß man aber bei den alten Orthodoxen lernen.«[9]

Soweit Barth! Nochmals die Frage: Warum Orthodoxie und warum die Neuherausgabe einer – noch dazu umstrittenen – Orthodoxie-Darstellung? Das Studium der Orthodoxie lohnt sich – denke ich – aus *folgenden Gründen*:

1. Die Folgerichtigkeit ihres Denkens, die Distinktionskunst, die übersicht-

7. H. Heppe: Die Dogmatik der ev.-ref. Kirche, hg. von E. Bizer, 1958, Geleitwort, S. VII–VIII.

8. A.a.O. S. VII.

9. A.a.O. S. VIII–IX.

liche Gliederung und die randscharfen Formulierungen der orthodoxen Dogmatik erziehen zur Klarheit und Zucht des Denkens – ganz gleich, wie man sie theologisch beurteilen mag. Das in der heutigen Theologie übliche Spiel mit der Vieldeutigkeit der Worte, die in ihr nicht selten anzutreffende Paradoxielust und Begriffsverquollenheit setzen den Wissenschaftscharakter der Theologie aufs Spiel. Wenn überhaupt, dann ist doch wohl mindestens die Anwendung der formalen Logik ein Kriterium ihrer Wissenschaftlichkeit.

Aber schreckt nicht das starr strahlende System des orthodoxen Denkens eher ab? Die Orthodoxie scheut sich nicht, die Wege des Denkens zu Ende zu gehen. Auch wenn wir heute diesen Wegen nicht mehr immer folgen können, ist dieses Denken ohne Kompromiß Vorbild.

2. Von der Orthodoxie kann man nicht nur die rationale, sondern auch die kirchliche Funktion von Dogmatik, das consentire cum ecclesia (= zusammen mit der Kirche denken) erlernen. Diese Geschlossenheit evangelischer Theologie täte heute not. Man denke an die Originalitätshascherei und Eigenbrötelei unserer heutigen Theologie, wie sie besonders sinnfällig in der theologischen Buchexplosion zum Ausdruck kommt! G. Hoffmann meint: Von der Orthodoxie her »stellt sich uns das Ziel, auf den uns gemäßen und möglichen Wegen – bloße Restauration ist ausgeschlossen! – aus vielen Privattheologien neu zur rechten Gemeinsamkeit evangelischer Kirchenlehre zu gelangen, die nicht Monotonie ist, sondern Zusammenklang vieler Stimmen im Chor«[10].

3. Zusammenklang vieler Stimmen im Chor! Die orthodoxe Theologie dürfte auch darin heute Vorbild sein, daß sie *betende* Theologie ist. In unserer evangelischen Kirche wird immer mehr geredet und immer weniger gebetet. In der Orthodoxie wurde Theologie – ähnlich wie in der alten Kirche und im Neuen Testament – als Doxologie verstanden. Das drückt sich nicht nur in den Gebeten ihrer Dogmatikhandbücher und in der für sie spezifischen Einheit von Theologie und geistlichem Leben, sondern vor allem in ihrem Liedgut aus, in dem dogmatische Inhalte in Gotteslob umgesetzt werden (Nicolai, Rist, P. Gerhardt u.a.). F. Lau, kein Freund der Orthodoxie, bemerkt: »Solange noch J. S. Bach gespielt und gesungen wird, der gewiß über die ... Orthodoxie hinausweist, aber ihr im Innersten verhaftet ist, läßt sich die ... Orthodoxie redlicherweise nicht unter Verdikt stellen.«[11] Das Gerede von der »toten Orthodoxie« dürfte sich bereits durch ihre Kirchenmusik widerlegen.

4. Weiter wäre – angesichts des Normenpluralismus und Wahrheitsrelativismus in unserer Ethik und Dogmatik – auf den Wahrheitsernst der orthodoxen

10. Ev. Kirchenlexikon, 2. Aufl., Bd. I, 1962, Sp. 1757.
11. RGG, 3. Aufl., Bd IV, 1960, S. 1730.

Väter hinzuweisen. Ihr Doktrinarismus ist mindestens darin berechtigt, daß sie immer wieder die Wahrheitsfrage stellen.

Es wären noch manch andere Gründe zu nennen. Die genannten (und vor allem der erste) dürften gezeigt haben, daß die Dogmatik der Orthodoxie für das Theologiestudium unumgänglich ist – ganz gleich, wie man sie beurteilt. Emanuel Hirsch meint – obschon er in seiner eigenen theologischen Konzeption von der Orthodoxie getrennt ist – »daß es ohne gute Kenntnis der in ihrer Weise klassischen altevangelischen Dogmatik dogmatische Bildung nicht gibt«[12].

Es erübrigt sich, hier in diesem Vorwort in die Grundbegriffe der Theologie der Orthodoxie einzuführen, da ich das in meinem »Abriß der Dogmatik« – jeweils in den Teilen A – getan habe, auf den ich hinweisen möchte.[13]

Für Hilfe beim Korrekturenlesen danke ich sehr herzlich Herrn stud. theol. Wolfram Lang.

Karlsruhe, im Dezember 1977 *Horst Georg Pöhlmann*

12. Vorwort zum Hilfsbuch der Dogmatik, 3. Aufl., 1938.

13. H. G. Pöhlmann: Abriß der Dogmatik, 2. Aufl., 1975, S. 15f., 31f., 45ff., 63f., 84ff., 109f., 129f., 147f., 169ff., 209f., 235f., 252f., 273f.

Vorrede zur zweiten Auflage

Daß nach Ablauf von dreieinhalb Jahren eine zweite Auflage dieses Buches notwendig geworden ist, darf ich wohl als einen Beweis dafür ansehen, daß ich damals keine überflüssige oder unnütze Arbeit unternommen habe. Darum glaube ich auch bei dem Erscheinen dieser zweiten Auflage eine Rechtfertigung meines Unternehmens, wie mir eine solche bei der ersten Auflage notwendig schien, nicht wiederholen zu müssen. Nicht aber will ich die Freude zurückhalten, die ich darüber empfinde, daß mein Buch seinen Leserkreis gefunden hat. Meine Freude darüber darf ich um so unverhohlener ausdrücken, als ich in meinem Buche nicht meine eigene Gedankenarbeit dargeboten habe und mein Verdienst dabei nur war, die Arbeit einer früheren Zeit treu vermittelt zu haben. Die Aufnahme, die mein Buch gefunden hat, hat mir den Beweis geliefert, daß man die Notwendigkeit des Studiums der alten Dogmatik anerkennt, und ich darf glauben, daß ich zur Erleichterung dieses Studiums etwas beigetragen habe. Damit sind meine Wünsche erfüllt. Ich bereue es darum auch nicht, dem Buch gerade diese Anlage gegeben, jede Einmischung des eigenen Urteils über den vorliegenden Stoff mir versagt und nur die Akten selbst dem Leser so vollständig als möglich zur eigenen Einsicht vorgelegt zu haben. Habe ich mir meine Aufgabe damit auch niedrig gestellt, so habe ich sie doch, wie ich hoffen darf, sicher erreicht. Dem Buche kam dabei vielleicht gerade das zustatten, daß ich es zu einer Zeit verfaßte, in der mich kein anderes Motiv leitete, als das, eine mir von meinem Berufsgeschäft übrig gebliebene Muße zweckmäßig zu verwenden. Es war mir nicht darum zu tun, dem literarischen Publikum mich bekannt zu machen, darum wurde es mir auch leichter, mich selbst hinter dem Gegenstand zurücktreten zu lassen. Ist nun damit, daß die alte Dogmatik ihrem wesentlichen Inhalt nach treu und mit einiger Ausführlichkeit wiedergegeben wird, etwas getan, und das glaube ich allerdings, und habe ich das in rechter Weise getan, so habe ich die Aufgabe gelöst, die ich mir gestellt habe.

Mit freudigem Dank habe ich es auch empfunden, daß die Mehrzahl der literarischen Zeitschriften, die mein Buch erwähnt haben, es nach der Aufgabe, die ich mir gestellt hatte, beurteilt haben. Wenn ich dagegen von einigen Seiten her so mißverstanden worden bin, als sei ich der Meinung, daß mit der unvermittelten Aneignung dieser alten Dogmatik alles getan und dem Bedürfnis auch der Gegenwart abgeholfen sei, so will ich das lieber verschmerzen, als darauf Ausführliches erwidern. Dieses Mißverständnis kann nicht meinen eigenen Äußerungen entsprungen sein, denn diese drücken nur ein Bekenntnis zur Lehre unserer Kirche und eine Hochachtung vor der in der alten Dogmatik niedergelegten Geistesarbeit aus. Wer sich aber zu dem Bekenntnis seiner Kirche bekennt, adoptiert darum noch nicht die Form der Dogmatik, in der diese Lehre wissenschaftlich verarbeitet ist; und dem »enormen Fleiß, mit dem (in jener Zeit) gewisse Zweige der Theologie, vor allem die Dogmatik und Polemik ausgebaut, der Geistesschärfe, mit der alle einzelnen Teile des Lehrsystems ausgeführt wurden, dem sicheren Takt, der aufs feinste die Folgerungen herausfühlte, die aus den einmal gegebenen Prämissen sich für die entlegensten Regionen, die verstecktesten Winkel des umfassenden Lehrgebäudes ergaben; schließlich dem ganzen großartigen und in gewissem Betracht untadeligen Charakter der kirchlichen Systematik, aus der es für alle Zeiten unendlich viel zu lernen geben wird«, zollt auch der Verfasser »des deutschen Protestantismus« seine volle Bewunderung, obwohl er »in diesem Verlaufen des gewaltigen reformatorischen Antriebs in lauter corpora doctrinae, loci communes theologici, enchiridia theologiae theticae und syllabi controversiarum im ganzen eine prinzipwidrige Heteronomie des protestantisch kirchlichen Geistes erblickt, die ihre gefährlichen Folgen hervorzutreiben seiner Zeit nicht verfehlen konnte«. Habe ich also mit meinen eigenen Äußerungen das Mißverständnis nicht verschuldet, so will ich es auch nicht verantworten. Wie ich den, der über meine wissenschaftlichen Fähigkeiten ein Urteil gewinnen will, an mein unlängst erschienenes Buch, »die Geschichte der synkretistischen Streitigkeiten in der Zeit des Georg Calixt« zu verweisen habe, so darf ich auch wegen meines Urteils über die alte Dogmatik und über die Versuchungen, in die die alten Dogmatiker verfallen sind, insbesondere auf die in diesem Buche enthaltene Schlußbetrachtung verweisen. Was ich da gesagt habe, wird hinreichen, um klarzustellen, daß ich die alten Dogmatiker, mit denen ich mich hier beschäftigt habe, zwar hochachte, aber nicht überschätze, noch weniger meine, daß durch ihre Leistungen eine weitere Arbeit überflüssig geworden ist.

Da mein Buch einmal in der Form, die ich ihm gegeben habe, Eingang gefunden hat, konnte ich bei einer zweiten Auflage auch gar nicht zu der Frage kommen, ob ich ihm eine andere Gestalt geben solle. Und da ich auch von denjenigen Zeitschriften, die bei der Rezension meines Buchs das im Auge behielten, was ich zu leisten gedachte, auf keine wesentlichen Mängel aufmerksam gemacht worden bin, so beschränkte sich meine Arbeit bei dieser zweiten Auflage nur auf eine sorgfältige Prüfung des in der ersten Auflage gegebenen Textes und der dort getroffenen Auswahl der Belegstellen. Daß ich es mit dieser Prüfung genau nahm, wird dem, der vergleichen will, gewiß nicht entgehen. Ich verweise dazu besonders auf die Artikel von der Freiheit des Willens, von der communicatio idiomatum, von dem status exinanitionis, von der regeneratio et conversio und von den Sakramenten. Für diese zweite Auflage ist es mir auch möglich geworden, die sämtlichen Bände von *Calov's* systema locorum theologicorum zu benützen. Außerdem habe ich nur noch ein Werk mit herangezogen, das mir jetzt erst zugänglich geworden ist, nämlich *L.*

Hutter's loci communes theologici. Bekanntlich ist dieses Werk dadurch sehr wichtig, daß es sich über das Verhältnis der streng lutherischen Theologie zur Melanchthon'schen ausführlich ausspricht; es unterscheidet sich aber von den anderen Dogmatikern dieser Zeit auch dadurch, daß es mehr Hinweise zur Geschichte der Entwicklung der einzelnen Dogmen gibt. Eine größere Anzahl von Dogmatikern in den Kreis meiner Darstellung herbeizuziehen, habe ich auch diesmal durchaus nicht für nötig befunden. Die herangezogenen DD. repräsentieren sehr genau die Zeit, in der ich mich zu halten hatte. Wenn aber bezweifelt werden muß, ob ich gut daran getan habe, auch *Hollaz* noch herbeizuziehen, so kann ich diesen Zweifel nicht für begründet halten. Allerdings steht *Hollaz* an der äußersten Grenze der streng orthodoxen Zeit, aber er gehört noch seiner Gesinnung und Richtung nach jener Zeit an. Ein Vergleich der in meinem Buche von *Hollaz* beigebrachten Stellen mit denen der anderen DD. wird auch leicht zeigen, daß sich zwischen ihm und diesen nicht einmal ein leiser Widerspruch findet. Da nun *Hollaz* kürzer und präziser ist als seine Vorgänger, war es für mich einfach, gerade ihn oft zu zitieren, und ich fand keinen Grund, darauf zu verzichten, weil er schon in eine Zeit hineinragte, die anders zu werden anfing. Genug, daß er diese Ansicht seiner Zeit nicht teilte. Zudem habe ich bei dem einen Punkte, wo *Hollaz* sich auf den Pietismus bezieht, ohne jedoch dessen Ansicht zu teilen, es an dem betreffenden Orte ausdrücklich bemerkt, in dem locus de illuminatione nämlich.

Eine weitere Zugabe in dieser zweiten Auflage ist endlich noch die, daß ich, einem mir geäußerten Wunsch entsprechend, bei den einzelnen Stellen die Seitenzahl beigefügt habe, wo diese Stellen zu finden sind. Doch habe ich das nur bei den größeren Werken getan, da bei den kleineren der Ort, wo sie stehen, ja leicht zu finden ist. *Gerhard* habe ich natürlich nach der Ausgabe von *Cotta* zitiert, *Calov* nach der meines Wissens einzigen Ausgabe von 1655–1677; *Hutter* nach der Ausgabe von 1661; *Quenstedt* nach der von 1691. –

Ich nenne nun aus der Vorrede zur ersten Auflage noch das, was ich auch in der zweiten Auflage zur Kenntnis meiner Leser bringen möchte.

Ich sagte zum Eingang, »daß ich meiner Darstellung die gesamte Reihe der Dogmatiker bis *Hollaz* zu Grunde gelegt habe. Der Kenner der alten Dogmatik wird mir recht geben, daß ich in der Benutzung der alten Dogmatiker nicht früher halt machen, sowie, daß ich nicht weiter gehen durfte. Wir haben diese Dogmatiker zusammen als die Repräsentanten der lutherischen Dogmatik zu betrachten, und müssen sie zusammennehmen, wenn wir ein Gesamtbild der lutherischen Dogmatik erhalten wollen. Denn nicht mit dem ersten Dogmatiker, sondern erst allmählich bildet sich die Dogmatik zu dem systematischen Ganzen aus, wie es uns am Ende der Entwicklung vorliegt. Der Unterschied zwischen den früheren und späteren Dogmatikern dieser Periode liegt zwar nicht in der anderen Erfassung des Inhalts, aber auch nicht allein in der verschiedenen Methode, nach der der Stoff behandelt wird, sondern er liegt darin, daß auf Grund der Fundamental-Wahrheiten sich erst allmählich die anderen Dogmen in einer bestimmten Fassung heranbilden und zu einem Ganzen sich zusammenschließen. Die Art und Weise, wie die Entwicklung sich gestaltet, ist aber folgende:

»*Melanchthon,* mit dem die Reihe der lutherischen Dogmatiker beginnt, will in den ersten Ausgaben seiner loci nur das erörtern, was der lutherischen Kirchenlehre eigentümlich angehört, und auch in den folgenden Ausgaben behandelt er alles, was außerhalb dieses Kreises fällt, nur in der Kürze und unvollständig. Sein berühmtester Kommentator *Chemnitz* erstrebt schon eine größere Rundung des Systems; die Artikel de Deo, de trinitate u.a. sind schon mehr ausgeführt, mit viel mehr Unbefangenheit als *Melanchthon* benützt er bereits die Ergebnisse der Scholastiker, benützt er namentlich den *Johannes Damascenus.* Mit *Gerhard* endlich ist das Vorurteil, das man zu Anfang der Reformation aus anderen zur Genüge bekannten Gründen gegen die Scholastiker hatte, insoweit überwunden, daß man sich in den vom Irrtum der katholischen Kirche freigebliebenen Artikeln die theologische Bearbeitung der Scholastiker zunutze machte; die ganze Lehre von Gott, seinen Eigenschaften und seinem Wesen, die Lehre von der Trinität, von den Engeln, von der Person Christi u.a. ist auf der Grundlage der scholastischen Theologie ausgeführt. Aber *Gerhard* hat die Bearbeitung immer noch nicht gleichmäßig durchgeführt und den Stoff noch nicht allseitig geordnet; einzelne loci sind nur in flüchtigen Umrissen dargestellt, wie der de officio Christi, oder es ist nur das rohe Material herbeigeführt, wie in dem de angelis. Die nachfolgenden Dogmatiker füllen diese Lücken aus und bringen in das Ganze größere Gleichmäßigkeit. *Gerhard* handelt auch die Dogmatik noch nach locis ab, verzichtet also darauf, sie als ein systematisches Ganzes durchzuführen. Dieser Versuch beginnt erst mit *Calov* durch die Einführung der sogenannten analytischen Methode, der sich dann erst die sämtlichen nachfolgenden Dogmatiker bis *Hollaz* bedienen. Durch diese Dogmatiker ist dann erst die Dogmatik in ein System gebracht. Wirft man diesen späteren Dogmatikern vor, daß sie, von dem scholastischen Bildungstrieb ergriffen, der Dogmatik eine formelle Ausbildung gaben, wodurch sie der scholastischen zu nahe gebracht wurde, so will ich das zwar nicht nach allen Teilen hin in Abrede stellen: wenn man aber auf diesen Grund hin es tadeln wollte, daß von mir diese späteren Dogmatiker der Darstellung mit zugrunde gelegt seien, so müßte ich widersprechen. Der Unterschied zwischen den früheren und späteren Dogmatikern ist nicht so groß, wie man ihn oft darstellt. Allerdings ist die Methode der Einteilung, der Unterscheidung und Zerspaltung der einzelnen dogmatischen Begriffe, die wir bei den späteren Dogmatikern finden, mehr scholastisch, und die Methode der früheren Dogmatiker hat den Vorzug größerer Einfachheit und Natürlichkeit für sich; allein das kann nicht hindern, auch auf die späteren Dogmatiker Rücksicht zu nehmen, deren Methode den Vorzug hat, daß durch sie der Sinn der einzelnen Lehren noch präziser bezeichnet und jeder Anschluß der Häresie noch mehr erschwert wird. Man wird sich darum die Mühe nicht verdrießen lassen wollen, aus der etwa mehr unbequemen Schale den guten Kern herauszusuchen. Bezieht man aber, wie es wohl auch geschieht, den Vorwurf scholastischer Weise auf den Inhalt und die Gestalt des Dogmas selbst, und versteht man darunter die dialektische Ausbildung, die einzelne Dogmen erhalten haben, so ist das wenigstens kein Vorwurf, der die späteren Dogmatiker allein oder auch nur vorzugsweise träfe. Das ist vielmehr der Weg, den die Dogmatiker von der ersten Zeit an eingeschlagen haben, und den sie von der Behandlung, welche z.B. die Lehre von der Trinität schon in der zweiten Periode erlitten hat, hergenommen haben. Wir erinnern da nur an den einzigen Artikel de persona Christi, und an die Gestaltung, die ihm schon *Chemnitz* (in seinem Buche de duabus naturis in Christo) gegeben hat, um damit den Beweis zu führen, daß die Anlage zu dieser Gestaltung der Dogmatik bereits frühe genug gegeben ist und die nachfolgenden Dogmatiker also nur die eingeschlagene Richtung konsequent und allseitiger durchführen. Ob aber die Dogmatiker von Anfang an gut getan haben, diesen Weg einzuschlagen, ist eine Frage, deren Beantwortung nicht hierher gehört. Aus dem Gesagten geht jedenfalls hervor, daß ich nicht nur berechtigt, sondern sogar verpflichtet war, meiner Darstellung die gesamte Reihe der Dogmatiker bis zu *Hollaz* zugrunde zu legen, denn sie bilden zusammen ein Ganzes; wir finden in dieser Reihe keinen Halt und werden, wenn wir uns einmal auf die Betrachtung der kirchlichen Dogmatik eingelassen haben, unaufhaltsam von dem einen Dogmatiker zum andern fortgetrieben.«

»*Hollaz* mußte aber auch der letzte Dogmatiker sein, den ich berücksichtigen durfte; denn mag auch die Frage ganz unerörtert bleiben, ob und wie weit der Pietismus sich einer Abweichung von den lutherischen Prinzipien schuldig gemacht hat, so liegt doch das klar zu Tage, daß mit ihm eine Zeit dogmatischer Unsicherheit eintrat, in der man großes Mißtrauen gegen die ganze bisherige Entwicklung nach Form und Inhalt verriet. – Die weiterfolgenden Dogmatiker, wie z.B. *S. J. Baumgarten,* durfte ich vollends nicht mehr berücksichtigen, denn wer wollte sie zu der Zeit der Orthodoxie rechnen! Sie können also da keinen Platz finden, wo es sich nicht um eine Geschichte der Dogmatik handelt, sondern um die Darstellung der orthodoxen Lehre.«

»Die Dogmatiker, die ich meiner Darstellung zugrunde gelegt habe, sind demnach diese: *Melanchthon* (loci communes theologici. 1543), *Chemnitz* (loci theologici ed. Polycarpus Leyser. 1591), *Hafenreffer* (loci theologici, Tubing. 1609), *Gerhard* (loci theologici. 1610–25, ed. Cotta. 1762–81), *Hutter* (compendium theologiae. 1610; loci communes theologici. 1619 [nach der Ausgabe von 1661]), *Calov* (systema locorum theologicorum, Vit. 1655–77), *Koenig* (theologia positiva acroamatica, Rost. 1665), *Quenstedt* (theologia didacticopolemica, Vit. 1685 [nach der Ausgabe von 1691]), *Baier* (compendium theologiae positivae, Jen. 1686) und *Hollaz* (examen theologiae acroamaticae [1707] ed. Teller. 1750).«

»In diesen Gewährsmännern ist, wie gewiß zugegeben wird, die orthodoxe lutherische Dogmatik vollständig repräsentiert. Wenn ich dann noch viele Dogmatiker aus dieser Zeit übergangen habe, so wird das keinen Nachteil bringen, denn alles kommt ja nur darauf an, daß die Hauptrepräsentanten ihren Platz finden.«

»Was nun die Art und Weise anlangt, wie ich die vorstehende Reihe der Dogmatiker benützt und verarbeitet habe, so habe ich dazu nur weniges zu bemerken. In dem Text selbst habe ich meist bereits die Ausbildung aufgenommen, die das einzelne Dogma von den späteren Dogmatikern erfahren hat. Ich mußte das tun, weil ich in den Noten den Raum zu den Belegstellen offen zu halten hatte; ich durfte es aber tun, weil ich die gesamte Reihe der Dogmatiker als Ganzes betrachte, darin die früheren durch die späteren ergänzt und vervollständigt werden: doch habe ich da, wo die Ausbildung stark vorgeschritten ist, nicht unterlassen, es zu bemerken. – Die Noten dienten mir vor allem zu Belegstellen, dann dazu, um die, jedoch meist geringen Unterschiede, die sich unter den Dogmatikern finden, und was über ihre Anordnung des Stoffes etc. zu sagen war, zu bemerken.«

»In der Auswahl der Belegstellen bin ich nicht chronologisch vorgegangen. Zwar habe ich, wo es nur immer tunlich war, Stellen aus den früheren Dogmatikern, namentlich aus *Chemnitz,* beigebracht, und dann meist vorangestellt, weil in ihm der Ausdruck am frischesten und lebendigsten ist: sonst aber habe ich diejenigen Stellen gewählt, die mir die deutlichsten und präzisesten zu sein schienen, ohne Rücksicht darauf zu nehmen, ob etwa schon ein früherer Dogmatiker sich über diesen Gegenstand in gleicher Weise geäußert habe. Ich bemerke dies, damit nicht etwa in den einzelnen Fällen die Meinung entstehe, als sei erst von dem Dogmatiker an, aus dem ich die Belegstelle beigebracht habe, die da ausgesprochene Ansicht aufgestellt worden. Wo letzteres der Fall und wo es zu wissen von Belang ist, da habe ich es dann auch ausdrücklich bemerkt.«

Ich übergebe nun dem gelehrten Publikum diese zweite Auflage mit dem gleichen Wunsch, mit dem ich die erste Auflage begleitet habe, mit dem, daß mein Buch etwas dazu beitragen möge, das Studium der alten Dogmatik zu erleichtern und dazu anzuregen. So ganz anders und höher auch die Anforderungen sind, die heutzutage an eine Dogmatik gestellt werden müssen, so wird doch kein Besonnener bestreiten, daß jede Dogmatik sich genau auf jene alte Zeit beziehen muß, in der das Bekenntnis der Kirche in ungefärbter Reinheit erhalten, mit der lobenswertesten Treue gepflegt und mit dem gewissenhaftesten Fleiß nach den damaligen Anforderungen der Wissenschaft entwickelt und begründet worden ist. Diese Vorzüge eben erhalten ihr für alle Zeiten ihren Wert. Sie ist wohl alt geworden, und man nennt sie die alte Dogmatik, sie ist aber keine antiquierte und soll nie eine werden. Darum ist ihr Studium auch jetzt noch notwendig.

Vorrede zur sechsten Auflage

Da diese sechste Auflage meiner Dogmatik der evangelisch-lutherischen Kirche nur wenige Veränderungen erfahren hat, könnte ich sie ohne Vorrede hinausgehen lassen, wenn nicht der Umstand, daß seit dem Erscheinen der fünften Auflage ein Zeitraum von 13 Jahren verflossen ist, mich daran mahnte, daß diese sechste Auflage wohl die letzte sein wird, die von mir ausgeht. Es sind darum Abschiedsgedanken, die mich bewegen. Ich scheide von dem Buche mit Dank gegen Gott, der mich hat erreichen lassen, was ich mit seiner Herausgabe bezweckte, die Vermittlung der genaueren Kenntnis der alten Dogmatik als der notwendigen Grundlage jeder Dogmatik. Denn daß es in den 33 Jahren, die seit der Ausgabe des Buches verflossen sind, sechs Auflagen erlebt hat, ist doch ein Beweis dafür, daß man die Notwendigkeit des Studiums der alten Dogmatik erkennt. Zu dieser Erkenntnis sind auch unsere lutherischen Brüder in Nordamerika gelangt, und es ist mir eine große Freude, daß ich auch ihnen habe dienen können, denn im Laufe dieses Jahres bin ich durch die Zusendung einer Übersetzung meiner Dogmatik in die englische Sprache freudig überrascht worden (Philadelphia 1876). Daß diese Übersetzung von 13 Seminarien Nordamerikas begrüßt wurde, legt Zeugnis dafür ab, daß man auch in diesem Weltteil die Bedeutung der alten lutherischen Dogmatik anerkennt.

Vorrede zur siebenten Auflage

Die Ahnung, die der selige Schmid in dem Vorwort zur sechsten Auflage aussprach, sie möchte wohl die letzte seiner Hand sein, hat ihn nicht getäuscht. Am 17. November 1885 ist er heimgegangen.

Nachdem nun diese Auflage nahezu vergriffen war, wurde mir als Schwiegersohn des Heimgegangenen und Vertreter der systematischen Theologie der Auftrag zuteil, das weitverbreitete und vielgelesene Buch zu seinem abermaligen Gange auszurüsten und zu geleiten.

Es verstand sich von selbst und war nicht bloß eine Forderung der Pietät, daß das Buch tunlichst unverändert seinen neuen Weg antrete. Ein Buch, das gerade in dieser Form so viele Liebhaber und Leser gefunden hat, mußte in derselben Gestalt erhalten werden; denn um dieser seiner Beschaffenheit willen ist es begehrt worden und wird es weiterhin begehrt werden. Die Frage also, ob es nicht noch eine andere Weise der Darstellung geben könne, eine solche nämlich, da weniger auf die festgewordenen Formen als auf das allmähliche Werden der alten Dogmatik, insbesondere vom 16. zum 17. Jahrh., Gewicht gelegt würde, diese gerade jetzt sich nahelegende Frage, war von vornherein abzuweisen. Es kam nur darauf an, etwaige Ungenauigkeiten, sei es formeller, sei es sachlicher Art, zu verbessern; es gab verhältnismäßig nur wenige. Mein verehrter Kollege, Herr Privatdozent Lic. Dr. Wiegand, hat mir in der Durchsicht der Bogen treulich zur Seite gestanden. Ich danke ihm aufrichtigst für diese Hilfe.

Möge in einer Zeit, wo die altevangelischen Dogmatiker weniger als früher gelesen werden, das altbewährte Schmidsche Handbuch um so mehr dazu dienen, der gegenwärtigen und der künftigen Generation Kenntnis und Verständnis dieser Dogmatik zu vermitteln. Denn darin stimme ich dem Verfasser vollkommen bei, daß ohne solch Verständnis ein gedeihliches Studium der Dogmatik auch in der Gegenwart und ein Fortschritt auf diesem Gebiete unmöglich ist.

Erlangen, den 8. Juni 1892 *D. v. Frank*

Abkürzungen

Ap. conf.	Apologia confessionis Aug.
Art. Smalcald.	Articuli Smalcaldici
Bchm.	Bechmann
Br.	Baier
Brchm.	Brochmann
Cal.	Calov
Cat. maj.	Catechismus major
Cat. min.	Catechismus minor
Chmn.	Chemnitz
Chemn. ex. c. Trid.	Chemnitz examen concilii Tridentini
Chemn. d. c. D.	Chemnitz de coena Domini
Conf. Aug.	Confessio Augustana
DD	Dogmatiker
Form. conc.	Formula concordiae
Gerh.	Gerhard
Hfrffr.	Hafenreffer
Holl.	Hollaz
Hülsem.	Hülsemann
Hunn.	Hunnius
Hutt.	Hutter
Kg.	Koenig
Mel.	Melanchthon
Quen.	Quenstedt
Schrzr.	Scherzer
Seln.	Selneccer
Symb. Nic.	Symbolum Nicaenum

Inhaltsverzeichnis

§ 1–13. PROLEGOMENA

§ 14–22. PARS I. DE DEO

§ 23–28. PARS II. DE HOMINE

§ 29–49. PARS III. DE PRINCIPIIS SALUTIS

§ 50.–61. PARS IV. DE MEDIIS SALUTIS

§ 62–67. PARS V. DE NOVISSIMIS

PROLEGOMENA

§ 1

Die Prolegomena handeln 1. von der Theologie überhaupt; 2. von dem Objekt der Theologie, der Religion; 3. von dem Prinzip der Theologie, der Offenbarung (im Anhang vom Gebrauch der Vernunft in der Theologie); 4. von der Hl. Schrift, in der die Offenbarung uns überliefert ist; 5. von den Glaubensartikeln, die den Inhalt der Hl. Schrift ausmachen, und von den Symbolen, die das Glaubensbekenntnis der Kirche enthalten.

Kap. I.
De theologia in genere

§ 2

Unter Theologie versteht man der Etymologie nach das Wissen oder die Lehre von Gott und den göttlichen Dingen[1]. Ein solches Wissen bekommen wir teils auf dem natürlichen Wege vernünftiger Betrachtung, teils auf übernatürlichem Wege durch besondere Offenbarung; demnach zerfällt die Theologie in theologia naturalis et revelata[2]. In beiden Fällen ist aber die Theologie kein bloßes äußeres Wissen, das nur den Verstand bereichert, sondern eine Erkenntnis, die den Menschen wahrhaft weise macht und ihm den Weg zeigt, auf dem er zum Heil gelangen kann; daher ist Theologie im eigentlichen Sinne zu definieren als: sapientia eminens practica, e verbo Dei revelato docens omnia, quae ad veram in Christum fidem cognitu et ad sanctimoniam vitae factu necessaria sunt homini peccatori, aeternam salutem adepturo[3]. *Holl.* (1). Sieht man aber von der Wirkung ab, die die Theologie auf den Menschen ausübt, und faßt man nur ihren Inhalt ins Auge, so kann man sie definieren als die Lehre von Gott und allen religiösen Wahrheiten, die dazu dienen soll, die Menschen über die Mittel zu belehren, durch die sie zum Heil gelangen können. Theologia systematice et secundario spectata est doctrina de Deo, hominem viatorem e verbo divino de vero Dei per Christum *cultu ad vitam aeternam* informans. *Holl.* (7)[4].

1. *Quen.* (I,1). Theologia, si vim usumque vocis spectes, nihil aliud est quam *λόγος περὶ τοῦ θεοῦ καὶ περὶ τῶν θείων*, sermo de Deo et rebus divinis, uti *πνευματολογία* sermo vel doctrina de spiritibus, *ἀστρολογία* sermo de astris.

Außerdem wird das Wort noch bald in weiterem, bald in engerem Sinne gebraucht. Die verschiedenen Bedeutungen stellt *Holl.* (3) so zusammen: Vox theologia accipitur sensu quadruplici: a) generalissime, pro quavis de Deo doctrina, licet falsa aut erroribus mixta sit. b) generaliter, pro theologia vera sive ea originalis sive participata, sive viatorum sive beatorum, sive naturalis sive revelata sit. c) specialiter, pro theologia revelata, hominem viatorem ad aeternam salutem perducente. d) specialissime, pro doctrina de Deo uno et trino. –

Es ist in allen diesen Bedeutungen nur von der theologia creaturarum die Rede, also nur von dem Wissen, das die Kreaturen von Gott haben, nicht von dem, das Gott von sich selbst hat. Die DD. unterscheiden noch das eine von dem anderen und nennen das erstere theologia ἔκτυπος, das letztere th. ἀρχέτυπος, womit sie andeuten wollen, daß unser Wissen von Gott zwar abgeleitet und nicht ursprünglich, aber darum doch durchaus wahr ist, weil es von Gott stammt und nur der Abdruck seiner eigenen Erkenntnis ist. *Holl.* (3. u. 4). Th. ἀρχέτυπος est cognitio, quam Deus de se ipso habet et quae in ipso est exemplar alterius, cum creaturis intelligentibus communicandae, theologiae. Th. ἔκτυπος dicitur scientia de Deo et rebus divinis cum creaturis intelligentibus a Deo ad imitationem theologiae suae, velut causae exemplaris, communicata. – Probamus assertionem nostram: 1. Homo integer conditus erat ad imaginem Dei. Imago autem ipsius consistebat in cognitione Dei, sapientiae divinae conformi. Ergo ejus ἀρχέτυπον fuit infinita Dei sapientia. 2. Homo lapsus renovatur in cognitionem secundum imaginem Dei. Col. III,10. E illius πρωτότυπον est theosophia divina. Nam cognitio Dei rerumque divinarum, quam in hominum viatorum intellectu revelatio divina generat, dicitur ab apostolo agnitio juxta imaginem Dei, non alia de causa, quam quod ad imitationem cognitionis, quam Deus de se omnibusque rebus divinis habet, expressa est. – In bezug auf Christus wird bemerkt: Th. ἀρχέτυπος competit Christo *essentialiter* et per naturam, quatenus aeternus Deus est: competit eidem *personaliter* et per communicationem idiomatum, vi unionis personalis, secundum humanam naturam. – Von der theologia ἔκτυπος sagt dann weiter *Quen.* (I,5): datur th. ἔκτυπος alia in Christo secundum ejus naturam humanam, alia in angelis, alia in hominibus. (I,6.) Theologia ἔκτυπος hominum ψιλῶν alia viae est seu hujus vitae, quae et viatorum, alia patriae seu vitae alterius et beatae est, quae et comprehensorum dicitur. Theologia viae seu viatorum alia est ante lapsum, alia post lapsum: quae ante lapsum in statu integritatis locum habuit, dicitur etiam paradisiaca, a loco, in quo homo erat positus. – Zu allen diesen Einteilungen bemerkt aber *Br.* (4): quia usus loquendi non fert, ut propterea vel Deus vel Christus vel beati homines aut angeli Theologi dicantur, facile apparet, eam significationem hic relinqui, quae alias obtinet, quando cum addito »theologiam viatorum« dicimus. –

2. *Holl.* (6). Theologia viatorum est duplex, naturalis et revelata (supernaturalis). *Illa* est, qua Deus tum ex notitiis insitis tum ex intuitu rerum creatarum innotescit. *Haec* est notitia de Deo et rebus divinis, quam Deus vel per immediatam revelationem sive inspirationem (prophetis et apostolis), vel per revelationem mediatam seu verbum divinum, literis consignatum, hominibus viatoribus communicat.

3. Häufiger noch wird die Theologie als *habitus* practicus bezeichnet, indem den DD. schien, daß auch mit dem Ausdruck sapientia ein zu großer Nachdruck auf das Wissen allein gelegt würde; sie aber suchen nach einer Definition, in der aufs deutlichste gesagt wird, daß mit der Theologie eine von Gott gewirkte Erkenntnis gesetzt sei, die antreibe, das Erkannte im Leben zu betätigen.

Quen. (I,11). Consideramus hic theologiam non prout in libro est significative, sed prout in animo est subjective.

Gerh. definiert (II,13): Th. habitualiter et concretive (πρώτος) considerata est habitus θεόσδοτος, per verbum a spiritu s. homini collatus, quo non solum in divinorum mysteriorum cognitione per mentis illuminationem instruitur, ut, quae intelligit, in affectum cordis et exsecutionem operis salutariter traducat, sed etiam aptus et expeditus redditur, de divinis illis mysteriis ac via salutis alios informandi, ac coelestem veritatem a corruptelis contradicentium vindicandi, ut homines, fide vera et bonis operibus rutilantes, ad regnum coelorum perducantur. –

Quen. (I,16). Disting. inter *habitus theoreticos*, qui in nuda veritatis contemplatione ultimato subsistunt, et *practicos*, qui quidem cognitionem rei alicujus agendae requirunt, sed in ea ultimato non acquiescunt, nec illam pro ultimo fine habent, sed ulterius ad praxin et operationem tendunt. Nos theologiam non theoreticis sed practicis habitibus annumerandam esse arbitramur.

Den Beweis führt *Holl.* (8) in ff.: 1. quia finis theologiae *intermedius* est vera in Christum fides, cujus duplex est ἐνέργεια: *interna*, qua Christum cum ipsius beneficiis apprehendit; *externa*, qua bona opera, fructus justitiae parit. Finis theologiae *ultimus* est aeterna beatitudo, quae non tantum in intuitiva Dei cognitione sed etiam in ejusdem fruitione consistit. 2. quia theologia versatur circa hominem non *theoretice*, quatenus est subjectum demonstrationis, quemadmodum in physicis affectiones de homine demonstrantur, sed quatenus est subjectum *operationis*, seu in quantum peccator a miseria sua liberandus et in statum beatissimum transferendus est ... 3. quia ipse Paulus theologiam definit per cognitionem veritatis, quae est secundum pietatem. Tit. I,1. –

4. *Quen.* (I,11). Sumitur vox theologiae vel *essentialiter, absolute et habitualiter* pro notitia, quae in mente habetur, et animo hominis inhaeret, sive quatenus est habitus animi; vel *accidentialiter, relate, systematice*, quatenus est doctrina vel disciplina, quae docetur et discitur, aut libris continetur. Illa vocis acceptio est primaria, haec secundaria.

Als *materia* theologiae systematice consideratae *ex qua* wird von *Holl.* (11) angegeben: constat ex veritatibus theologicis, h. e. ex principiis aut conclusionibus ex supernaturali Dei revelatione cognitis aut deducendis. Als *materia circa quam*: theologia *generatim* considerat Deum et res divinas, quatenus a prima veritate revelatae sunt homini peccatori ad credendum et agendum. *Speciatim* docet, quibus principiis et mediis homo viator, peccato corruptus, ad aeternam salutem sit perducendus. –

Sie wird eingeteilt nach *Kg.* (3) in th. *catechetica*, seu rudior, qualis requiritur in omnibus Christianis, und in th. *acroamatica* et *accuratior*, quae est doctorum et ministrorum verbi. Die letztere zerfällt quoad modum tractandi in th. *exegetica*, quae in explicatione textuum sacrorum occupata est; in th. *didactica*, stricte sic dicta, quae locos theologicos ordine et systematice proponit; in *polemica*, quae controversias theologicas tractat; in *homiletica*, quae perorando in suggestu ad populum exercetur; in *casualis*, cujus est enodare casus conscientiae dubios; in th. *regiminis ecclesiastici*, quae versatur circa disciplinam ecclesiasticam, visitationem, synodos etc. etc. –

Den beiden Definitionem von theologia entsprechend ist *Holl.* (13sqq.) *theologus sensu speciali et excellentiori*: homo renatus, veritati primae, mysteria fidei revelanti, immotum praebens assensum, eique speciali fiducia innitens, aptus ad docendum alios et ad redarguendum contradicentes. Theologus *sensu generali* dicitur homo instructus habitu theologico, quo promtus redditur ad veritatem coelestem explicandam et defendendam. *Theologus sensu laxiori*: qui munus theologi rite obit, veritates theologicas explicando, confirmando et defendendo, quamvis sincera voluntatis sanctitate destituatur. Die *notitia theologica theologi vere renati atque renovati* wird dann bezeichnet als notitia *spiritualis*, qua sensus dictorum biblicorum literalis ad usum a spiritu s. intentum transfertur et spirituales piosque cordis motus parit; die *notitia theologi irregeniti* aber als eine *notitia mere literalis*, quae in investigatione, evolutione et cognitione non ad usum a spiritu s. intentum transfertur. Von der notitia spiritualis wird bemerkt: absit, ut statuamus cum fanaticis, notitiam theologicam spiritualem aut ex immediata spiritus

s. illuminatione aut ex interna animae luce, vel reminiscentia, per introversionem in penetralia animae proficisci, aut eandem tantum sensum mysticum cognoscere! Novimus sensum dictorum biblicorum literalem (logice ita dictum) verbis θεοπνεύστοις a spiritu s. proxime et immediate intendi. Die *notitia theologica literalis* wird aber wieder unterschieden als: *externa,* qua quis verba scripturae, quatenus analogiam habent cum verbis humanis, juxta praecepta grammaticae et rhetoricae considerat, atque sensum aliquem eorundem ex his investigat et eruit, und als *interna,* qua quis verba scripturae tanquam vere divina et mysteriorum fidei δοχεῖα, receptacula vel vehicula, rite expendit et eorum sensum literalem verum, mentique spiritus s. conformem solido certoque consensu apprehendit. Mit Berufung auf *Quenstedt* wird aber gesagt: ad percipiendum *sensum literalem internum,* spiritualem et divinum, opus est illuminatione spiritus s., sive illuminatio sit imperfecta, *cujus capax est irregenitus,* sive perfecta, qua gaudet renatus. Auch die notitia literalis interna ist also keine naturalis aut carnalis, sondern eine supernaturalis: eine supernaturalis a) ratione originis, nam ex lumine supernaturalis revelationis obtinetur. b) ratione objecti ... quia objectum notitiae literalis sunt mysteria fidei. Sed quid est mysterium, nisi dogma, captum rationis sibi relictae transcendens? c) ob impotentiam subjecti intelligentis. 1Cor. II,14. d) ob individuam conjunctionem spiritus s. et scripturae. Si enim notitia credendorum literalis interna non est supernaturalis, spiritus s. cum scriptura s. non erit perpetuo et indivulse unitus. At spiritus s. perpetuo et indivulse cum scriptura s. est unitus. Ergo.

Kap. II
De objecto theologiae generali s. de religione

§ 3

Objekt der Theologie ist demnach die Religion[1]. Religion ist die Art und Weise, wie Gott verehrt wird. Die Religion ist *falsch,* wo Gott in falscher, seinem Wesen und Willen nicht entsprechender Weise verehrt wird, sie ist *wahr und recht,* wo es in der rechten, von ihm gewollten Weise geschieht[2], so daß dadurch der Gott entfremdete Mensch wieder zu ihm zurückgebracht und seines Heiles gewiß gemacht wird. Diese rechte Weise wird aber in der Hl. Schrift gelehrt; und so ist die wahre Religion, näher bestimmt, die, in der Gott nach der dort vorgeschriebenen Weise verehrt wird, und deshalb ist also die christliche Religion die wahre[3]. Die rechte Weise, Gott zu verehren, muß sich demnach zunächst in der rechten, Gott wohlgefälligen Gesinnung gegen ihn äußern, dann weiter sich in der Liebe gegen den Nächsten und in der Übung aller von Gott vorgeschriebenen Tugenden betätigen[4]. Im weitesten Umfange begreift die Religion dann alles in sich, was Gott zu glauben und zu tun befiehlt[5].

1. *Holl.* (32). Religionem alii religando (Lactantius), alii a relegendo (Cicero) dictam volunt. – Secundum priorem derivationem religio est ad verum Dei cultum obligatio, seu ratio hominem obligans ad debitum atque officium. Secundum posteriorem etymologiam religio est diligens tractatio eorum, quae ad cultum Dei pertinent. Prior derivatio plerisque

placet theologis. – *Quen.* Synonyma: θρησκεία Jac. 1,26. εὐσέβεια 1Tim. IV,8. λογική λατρεία Rom. XII,1.

2. *Quen.* (I,19). Religio christiana est ratio colendi verum Deum in verbo praescripta, qua homo, a Deo per peccatum avulsus, ad Deum per fidem in Christum Deum et hominem perducitur, ut Deo reduniatur eoque aeternum fruatur.

Holl. (33). Religio improprie notat falsam, proprie veram rationem colendi Deum. – *Holl.* (60). Verae religioni opponitur tum falsa religio, tum atheismus sive irreligiositas. Falsa religio est, qua vel falsi coluntur Dii vel verus Deus non vere colitur. Irreligiositas est, qua homines impii religionem omnem despicatui ducunt, ut, abnegata providentia Dei et justitia vindicativa, nihil non impune ac secure perpetrare frontem sumant.

3. *Holl.* (34). Vera religio est, quae verbo divino est conformis.

Als *affectiones verae religionis* werden von *Quen.* (I,20) bezeichnet: 1. divina sublimitas (origine enim divina est et coelitus patefacta). 2. unitas (ut una veritas, ita et una ad salutem via et unica ratio ad Deum perveniendi) – daher wird in bezug auf die religio Israelitica gesagt: una eademque est in V. et N. T. quoad substantiam religio – bloß diversae religionis epochae sind: religio Adamitica, Abrahamitica, Mosaica. 3. veritas. 4. perfectionis singularitas (perfecte enim et sufficienter continet omnia, quae ad fidem et vitam christianam sunt necessaria). 5. sanctitas (docet agnoscere sanctum Deum, colere sanctam vitam, sancta praecepta tradit, sancta mysteria patefacit). 6. necessitas 7. utilitas. 8. antiquitas (coepit enim statim post lapsum primi hominis). 9. invincibilitas. 10. perpetuitas. 11. spontaneitas (non cogi vult sed doceri expetit, liberam exigens assensionem). 12. sortis varietas (variis persecutionibus obnoxia est, obscuratur sed non exstinguitur, premitur sed non opprimitur). 13. efficacitas (in gloria Dei illustranda, conscientia tranquillanda, in hominibus convertendis, in pietatis studio excolendo etc. etc.). –

Daß die christliche Religion die wahre sei, beweist *Calov* (I,152sq.): 1. ex requisitis verae religionis (non falsa, absurda, turpia docet vel fieri jubet – non nova est – non interiit nec interitura est – homines in pristinis erroribus non relinquit.) 2. e scripturae veritate. 3. e religione Ebraeorum. 4. e praemii dignitate (quod nulla religio ex omnibus saeculis ac nationibus proferri possit aut praemio excellentior, aut praeceptis perfectior, aut mysteriis, quae tradit, sublimior aut modo, quo propagari jussa est, admirabilior). 5. e praeceptorum sanctitate. 6. e mysteriorum sublimitate. 7. e christianae religionis propagatione. 8. e propagationis modo et qualitate. 9. e miraculorum celebritate. 10. e martyrum magnanimitate. 11. a testificatione extranearum religionum. 12. a doctrinae christ. efficacia et virtute. –

4. *Quen.* (I,20). Religio christiana sumitur vel μερικῶς vel ὁλικῶς. Μερικῶς accepta notat πρώτος et praecipue cultum divinum immediatum, scil. εὐσέβειαν seu pietatem, quae ad cultum Dei secundum primam legis tabulam spectat: δευτέρως vero et secundario accipitur etiam pro aliis officiis, quibus mediate Deus colitur, quae secundam legis tabulam respiciunt. Amor proximi amorem Dei praesupponit, unde secundario, per analogiam, religionis nomine veniunt officia caritatis erga proximum. Ὁλικῶς accepta vox religionis complectitur omnia, quae in theologia traduntur, tam credenda quam agenda, sive quae vel ad pietatem erga Deum, vel ad caritatem erga proximum faciunt.

Br. (16). Denotat vox religionis, in *significatione strictiore,* vel habitum voluntatis, quo inclinamur ad devotionem et honorem cultumque Deo debitum, propter ejus excellentiam, vel actus ipsos honorandi aut colendi Deum, propter excellentiam ejus: et connotat ex parte intellectus agnitionem Dei rectam, ex parte voluntatis virtutes alias (aut actus virtutum), quae ad Dei honorem cultumque diriguntur. *In laxiore vero significatione* importat complexum omnium virtutum aut actuum, ad Dei cultum pertinentium.

5. *Holl.* (43). Nomine religionis christianae comprehenduntur credenda et agenda homini viatori peccatis corrupto, aeternam salutem adepturo. – Sicut Deus religiose colitur vera fide et sincero bonorum operum studio, ita religio, quae est forma aut ratio colendi Deum, ambitu suo complectitur credenda et agenda. – Sensu *generali* dicuntur credenda, quae verbo Dei scripto revelata sunt; sensu *speciali* credenda vocantur, quae ob salutem hominum verbo Dei sunt revelata; sensu *specialissimo* credenda appellantur mysteria, captu rationis superiora et ex sola revelatione divina ad salutem nostram cognoscenda. Daher materia, ex qua constat religio: fides et caritas erga Deum et proximum.

Wir bemerken noch, daß *Gerh.* und *Br.* in keinem besonderen Abschnitt von der Religion handeln. *Br.* hat nur in dem Abschnitt de natura et constitutione theologiae (14) den Satz: media consequendae beatitudinis in theologia naturali sunt actus mentis et voluntatis circa Deum occupati, quibus recte agnoscitur et colitur Deus. Dicuntur uno nomine religio. Das erklärt sich aus der Definition, die die DD. von theologia geben, denn danach bleibt wenig Stoff mehr übrig für einen besonderen Abschnitt von der Religion.

Kap. III
De principio theologiae, s. de revelatione

§ 4

Um die wahre und rechte Theologie kennenzulernen, müssen wir nach der Quelle (dem Princip, princip. est, a quo aliquid quocunque modo procedit. *Quen.* [32]) fragen, aus der wir die Kenntnis derselben schöpfen können. Diese ist die von Gott gegebene Offenbarung[1]. Unter göttlicher Offenbarung verstehen wir aber hier nicht die in der Natur, sondern die im Wort gegebene (revel. supernaturalis im Unterschied von revel. naturalis[2]. Genauer sagen wir also: Erkenntnisprinzip der Theologie ist die in der Hl. Schrift niedergelegte Offenbarung[3], und zwar ist sie das einzige Prinzip der Theologie[4], und so ist weder die Vernunft[5], noch, im weiteren Verlaufe, die Tradition oder die Berufung auf die Übereinstimmung der Lehre der ältesten Kirche[6] ihr an die Seite zu setzen: noch sind von irgend einer Seite her neue, sie vervollständigende Offenbarungen zu erwarten[7]:

1. *Cal.* (I,269). Revelationis vox accipitur vel sensu formali, *pro actu* patefactionis divinae, vel objectivo, *pro eo, quod divinitus revelatum est.* Prior sensus hic attenditur.

2. *Holl.* (61). Non hic sermo est de *revelatione generali sive manifestatione naturali,* qua Deus se patefecit tum per lumen naturae insitum, tum per effecta in regno naturae conspicua. Sed loquimur de *revelatione speciali et supernaturali,* quae duplex est, *immediata et mediata.* Prophetas et apostolos spiritus s. immediate illuminavit, iisdemque conceptus rerum et verborum de dogmatibus fidei et morum suggessit. *Hodie Deus se et voluntatem suam generi humano mediante verbo, a prophetis et apostolis scripto, revelat.* – Revelatio wird danach definiert als: actus divinus externus, quo Deus sese humano generi per verbum suum patefecit ad salutarem ejusdem informationem. *Quen.* (I,32).

Den Beweis aber von dem wirklichen Vorhandensein dieser göttlichen Offenbarung führt *Calov* (I,268) so: Evicto, si id negetur, quod Deus sit quodque aliquam oporteat extare rationem, qua Deus ab hominibus colatur, docendum, fieri non posse, quin Deus rationem ipsam patefecerit, ut debito modo coleretur, tum Deum homines ad sui fruitionem perductos voluisse, ideoque modum etiam, quo perduci queant, revelandum fuisse hominibus; tandem patefecisse omnino sese Deum, ex historia ostendendum, quam revelationem Deus illis miraculis et documentis stipatam voluit, ex quibus infallibiliter certi reddimur, eam vere divinam esse. Rom. I,16. 2Cor. XII,12. Ut autem revelatio alia generalis est in natura facta (Rom. I,19sqq.), alia specialis per manifestationem verbi: ita prius e natura Deum esse docendum est, quomodo Deus sese omnibus patefecerit per creaturas, s. opificium hujus mundi; ac postmodum demonstrandum demum, perfectiori etiam ratione Deum sese humano generi revelasse per verbum.

3. *Quen.* (I,32). Theologiae principium (cognoscendi) est divina revelatio s. literis comprehensa. Genauer *Holl.* (61) Theologia christiana nititur principio cognoscendi certissimo, nempe revelatione divina et quidem, pro hodierno ecclesiae statu, revelatione divina mediata, scriptis prophetarum et apostolorum comprehensa. Der Beweis aus Joh. XX,31. 2Tim. III,14.15. Rom. XV,4. 2Tim. III,16.17. – Über die verschiedenen Offenbarungsweisen der früheren Zeit: *Br.* (62). Olim equidem multis ac variis modis Deus usus est ad revelanda ea, quae ad hominum salutem pertinent. Hebr. I,1. Speciatim 1. alloquio vocis articulatae, in aëre, praeter naturae ordinem efformatae; prout patriarchis Gen. XVIII,2. XIX,1. XXII,1; Mosi Ex. III,2. Num. XII,6; populo Israelitico Exod. XIX,10 contigit revelatio. 2. Somniis sive speciebus, phantasiae dormientium objectis. Gen. XXVIII,12. Dan. II,19. 3. Visionibus exstaticis vigilantium. Ezech. I,4. Dan. X,5. Act. X,10 denique 4. immediata illuminatione intellectus, extra somnum et visionem. 2Tim. III,16. 2Petr. I,21. At nunc, postquam Deus ea, quae de rebus revelatis ad salutem cognitu sunt necessaria, certis libris comprehendi voluit, desinentibus novis revelationibus, theologiae habitus antiquis illis, quae ad prophetas et apostolos immediate factae atque ita in literas relatae sunt, revelationibus, tanquam principio unico, ordinarie nititur. – Weil aber A. und NTl. Religion quod substantiam als eine betrachtet werden, so macht *Quen.* (I,32) noch die Bemerkung: uti revelatio divina cum tempore crevit, ita et ei innixa theologia, atque ut illa sic et haec, Deo subinde novas revelationes impertiente, temporis progressu sua sumsit incrementa, non quidem in iis, quae fidei et salutis fundamentum constituunt, sed in aliis, quae ad illorum uberiorem declarationem et intelligentiam faciunt vel rerum circumstantias, ritus et ceremonias concernunt et ad ordinem ac disciplinam ecclesiasticam pertinent. –

Wenn also so die Hl. Schrift das Erkenntnisprinzip der Th. ist, so ergibt sich daraus der Satz: quidquid s. scriptura docet, infallibiliter certum est. Daher sprechen die DD. von einem doppelten Prinzip: einem pr. *incomplexum,* quod est unus aliquis terminus simplex, und pr. *complexum,* quod est integra aliqua propositio. Incomplexum theologiae principium est s. scriptura. Complexum vero theologiae principium, ex quo dogmata christianae fidei deducuntur et in quod ultimo resolvuntur, est integra haec propositio: quidquid Deus in verbo suo revelavit, ... id infallibiliter verum est et reverenter credendum et amplectendum ... Aus der Hl. Schrift als diesem Prinzip werden dann alle dogmatischen Wahrheiten abgeleitet. Principium cognoscendi, ex quo conclusiones theologicae deducuntur, unicum est verbum Dei, sive hoc: Dominus dixit. Conclusiones theologicae nihil aliud sunt, quam veritates fidei, quae eliciuntur et deducuntur e verbo Dei (v. gr. ex dicto illo 1Joh. V,7 tanquam ex principio probatur mysterium ss. trinitatis, et conclusio illa theologica deducitur: ergo, datur in una essentia divina personarum trinitas). *Quen.* (I,32).

4. *Quen.* (I,33). Theologiae totiusque religionis christianae *unicum,* proprium, adaequatum et ordinarium cognoscendi principium est divina revelatio, sacris literis comprehensa; sive quod idem est, sola s. scriptura canonica est principium theologiae incomplexum, utpote *ex qua sola* dogmata fidei probanda et deducenda.

Ferner (I,36): Divina revelatio est primum et ultimum s. theologiae principium, ultra quod in discursu theologico inter Christianos non datur progressus. Omnis enim de religione dubitatio revelatione divina in animo hominis vere christiani terminatur et in ea fides ejus ita tandem vincit, subsistit et fundatur, ut animum assentientis ab omni metu ac suspicione deceptionis liberet et certum reddat.

5. *Quen.* (I,38). Non ratio humana seu naturalis theologiae et rerum supernaturalium principium est.

6. *Cal.* (I,304). Nos (contendimus), extra et praeter verbum Dei scriptum nullum hodie in ecclesia verbum Dei non scriptum superesse, de ullo dogmate ad fidem et vitam christianam necessario, in scripturis non comprehenso, quod inde quidem ab apostolis profectum, per traditionem propagatum, ab ecclesia custodiatur ac pari pietatis affectu suscipiendum sit.

Quen. (I,44). Nec consensus primitivae ecclesiae aut patrum priorum post Christum seculorum principium christianae fidei est, sive primarium sive secundarium, nec divinam, sed tantum humanam et probabilem fidem gignit. Zu letzterem Satz bemerkt *Holl.* (71): (Consensus patrum) non parvi ducendus, sed magni aestimandus est, ut motivum credibilitatis, principium quarundam theologicarum conclusionum topicum (scil. quod opinionem seu notitiam verisimilem parit) et probabile, atque insigne testimonium, priscos ecclesiae catholicae antistites dicta s. scripturae eodem sensu, quo hodierna ecclesia evangelica intelligit, intellexisse et exposuisse.

7. *Holl.* (63). Post completum scripturae canonem nulla datur nova et immediata revelatio divina, quae sit fundamentale principium cognoscendi doctrinam fidei. 1Cor. IV,6. Hebr. I,1. – *Quen.* (I,48). Antithesis est Fanaticorum variorum statuentium, Dei et omnium credendorum dogmatum cognitionem non ex verbo Dei scripto, sed ex propria unicuique peculiariter facta revelatione et congenita luce, ex raptibus, somniis, angelorum colloquiis, ex verbo interno, ex inspiratione patris coelestis, informatione interna Christi, essentialiter cum ipsis uniti, ex magisterio spiritus s. intus loquentis et docentis, sapientiam altiorem, quam quae scripturis sacris continetur, petendam esse. –

Exkurs

§ 5
Vom Gebrauch der Vernunft in der Theologie

Unter Vernunft versteht man einerseits das geistige Auffassungsvermögen überhaupt; und dieses ist mit dem Menschen unzertrennlich gesetzt, da er nur mit Hilfe dieses Vermögens, das ihn vom Tier unterscheidet, die Wahrheiten der Religion aufzufassen vermag[1]. Andererseits versteht man unter Vernunft die aus dem Lichte der Natur bekannten Erkenntnisprinzipien und die daraus gezogenen Folgerungen[2]. Die Erkenntnis aber, die man da gewinnt, ist, wenn auch wahr, so doch mangelhaft und ungenügend[3]; und darum ist die Vernunft auch in keiner Weise die Quelle, aus der dem Menschen die Erkenntnis der Heilswahrheiten zufließt[4], sondern für diese bleibt immer die in der Hl. Schrift niedergelegte Offenbarung das einzige Erkenntnisprinzip.

Es fragt sich nun, wie die Vernunft sich zu dieser Offenbarung verhält, und welchen Gebrauch die Theologie von der Vernunft machen kann?

Da auch die Vernunft ihre Erkenntnis von Gott ableitet, stehen Vernunft und Offenbarung an und für sich allerdings nicht in Widerspruch miteinander[5]. Allein das gilt doch nur von der Vernunft an und für sich betrachtet, von der Vernunft, wie sie vor dem Fall des Menschen war. Diese wäre sich der Grenzen ihres Gebietes bewußt geblieben, hätte göttliche Dinge nicht nach dem Maßstab ihrer natürlichen Erkenntnis messen wollen, hätte sich der Offenbarung untergeordnet[6], und hätte gewußt, daß es Wahrheiten gibt, die ihr zwar nicht zuwider sind, aber doch über ihr Erkenntnisvermögen hinausgehen[7].

Anders dagegen verhält es sich mit der Vernunft, wie sie jetzt dem gefallenen Menschen innewohnt: denn durch den Fall des Menschen ist allerdings die Änderung eingetreten, daß die Vernunft jetzt vielfach in einen Widerspruch mit der geoffenbarten Wahrheit tritt[8]. Zwar ist ihr auch jetzt noch einige Erkenntnis in göttlichen Dingen geblieben, diese Erkenntnis ist aber in dem Grade verdunkelt, wie der sittliche Zustand des Menschen verderbt ist; und es begegnet ihr jetzt leichter als vorhin, daß sie der ihr gesteckten Grenzen nicht eingedenk bleibt. Wenn nun schon die Vernunft vor dem Fall des Menschen sich den Wahrheiten der Offenbarung gegenüber in bescheidenen Grenzen halten mußte, so darf die Vernunft jetzt in dem gefallenen Zustand des Menschen um so weniger sich ein Urteil über göttliche Dinge anmaßen oder die Wahrheiten der Offenbarung einer Prüfung unterwerfen wollen; noch weniger darf sie das, was mit ihrer Erkenntnis nicht zu stimmen scheint, verwerfen: vielmehr ist es an ihr, sich der Offenbarung zu unterwerfen und von ihr zu lernen. Tut sie das aber, dann wird auch ihr wieder vieles einleuchten, was ihr zuvor widersprüchlich schien; und sie wird sich wieder mehr dem Zustande nähern, in dem sie sich vor dem Falle befand. Aber sie wird sich ihm doch auch nur nähern; denn wie der Mensch auch durch die Wiedergeburt nie wieder ganz sündlos wird, so kann auch die Vernunft des Wiedergebornen nie ganz zu ihrem vorigen Vermögen gelangen[9]. Von der, wenn auch erleuchteten, Vernunft gilt also der Satz, daß sie über Glaubenssachen kein entscheidendes Urteil haben kann und ihr darin kein normatives Ansehen zukommt, um so mehr, als dieser Satz auch von der Vernunft vor dem Falle gilt[10].

Was dann den Gebrauch betrifft, der in der Theologie von der Vernunft zu machen ist, folgt aus dem Gesagten, daß die Vernunft nur in einem dienenden Verhältnis zur Theologie steht[11]. Insofern sie das geistige Auffassungsvermögen überhaupt ist, wird der Gebrauch, der von ihr zu machen ist, darin bestehen, daß der Mensch durch ihre Hilfe sich die Wahrheiten der Theologie geistig aneignet und sich von ihr die Mittel zur Widerlegung der Gegner an die Hand geben läßt. Insofern aber mit der Vernunft zugleich eine Erkenntnis gesetzt ist, wird man bei der Beweisführung einer göttlichen Wahrheit auch ihrer sich bedienen können, die Vernunft wird dazu das liefern, was ihr aus ihrer natürlichen Erkenntnis zuteil geworden ist. In dem Maß dann, wie die Vernunft aus göttlicher Offenbarung sich hat erleuchten lassen, wird sie auch die Übereinstimmung der göttlichen Wahrheit mit der natürlichen Erkenntnis nachzuweisen vemögen[12].

1. *Cal.* (I,358). Ratio humana vel intellectum notat hominis, facultatem animae rationalis (*Holl.* facultatem hominis intellectivam), qua opus esse in cognitione rerum quacunque nullum dubium est, quum non nisi ratione seu intellectu homo intelligat. *Holl.* (69). Sine usu rationis dogmata theologica neque percipere, neque confirmare, neque a strophis adversariorum vindicare possumus. Certe non brutis, sed hominibus, sana ratione utentibus, Deus aeternae salutis sapientiam in verbo suo revelavit, et serio iis injunxit mandato, ut verbum suum legerent, audirent, meditarentur. Requiritur itaque *intellectus, ut subjectum recipiens, aut* instrumentum *apprehendens.* Sicut enim sine oculis nihil videmus, sine auribus nihil audimus, ita sine ratione nihil intelligimus.

2. *Cal.* (ibid.). Vel notat ratio (ipsam philosophiam seu) principia e natura (e lumine naturae) nota et discursum seu ratiocinationem e principiis notis exstructam. Die principia werden eingeteilt: in principia *organica,* quae ad disciplinas instrumentales, grammaticam, rhetoricam et logicam pertinent *Quen.* (I,39). Illa in theologia adhibenda sunt, (utpote adminicula theologiae acquirendae) cum sine illis nec sensus aut significatio vocum erui, nec figurae modique loquendi expendi nec connexiones et consequentiae percipi, nec discursus institui possint), und in *principia philosophica* (stricte dicta). Letztere werden wieder unterschieden als principia *philosophica absolute et illimitate universalia* (generalia seu transcendentia), quae constant nexu terminorum essentiali et simpliciter necessario, ut nulla instantia neque ex scriptura labefactari queant, v. gr. impossibile est, idem simul esse et non esse, und als *pr. philos. limitate universalia* (specialia seu particularia), quae in certo genere, ex hypothesi aut secundum naturalis cognitionis sphaeram, vera quidem sunt, attamen limitationem admittunt et instantia quadam, si non ex natura, certe ex scriptura petita, infringi possunt, v. gr. quot sunt personae, tot sunt essentiae etc. etc. *Holl.* (68). Durch diese principia philosophica gewinnt man auch eine Erkenntnis Gottes, denn es gibt eine cognitio Dei naturalis, eine insita und acquisita (von der die DD. an anderem Ort mehr sagen), überhaupt Erkenntnisse, die auch Inhalt der göttlichen Offenbarung sind. *Holl.* (69). Sic philosophi existentiam et attributa Dei in metaphysica et pneumatica ex principiis rationis probatum eunt.

3. *Cal.* (II,47). Accedit imperfectio naturalis notitiae Dei, quoad ea, quae in natura revelantur, et nullitas ejusdem quoad supernaturalia fidei mysteria.

4. *Holl.* (69). Interim tamen ratio humana non est fons aut primordiale elementum, ex quo propria et proxima fidei principia deriventur.

5. *Flacius* mit seiner Behauptung: notitiam Dei, natura insitam, plenum errore et fallax ac deceptorium lumen und später *Daniel Hofmann* (philosophiam pugnare cum theologia; quod in philosophia verum est, in theologia falsum esse) gaben besonderen Anlaß, den Widerspruch zwischen Vernunft und Offenbarung in Abrede zu stellen.

Cal. (I,68). Quod philosophia non contrarietur theologiae, nedum ceu animalis, terrena, impura, diabolica rejicienda, hisce docemus: 1. quia verum vero consonat, non autem repugnat. Verum autem est non minus, quod naturae lumine cognoscitur, quam quod in scriptura revelatur; 2. quia naturalis et philosophica notitia originem habet a Deo; 3. quia philosophia ducit nos ad cognitionem Dei.

Den Widerspruch, der doch behauptet wurde, suchten die DD. deshalb nur als scheinbar hinzustellen. *Cal.* (I,74). Distinguendum inter contradictionem veram et apparentem. Non enim vere contradicunt sibi maximae philosophicae et conclusiones theologicae, sed tantum apparenter; quia vel non loquuntur de eodem subjecto vel non eundem statum aut modum et respectum concernunt: ut cum philosophus dicit, multiplicatis personis multiplicari essentiam, de personis finitis et creatis id pronuntiat, non de personis divinis, quas ignorat: de his enim verum id non esse, docet theologus. Cum philosophus dicit, ex nihilo nihil fieri, sc. per modum generationis, non contradicit theologo, qui per modum creationis aliquid fieri ex nihilo docet. Maneat philosophia intra terminos objecti sui, ita theologiae non contradicet, quippe quae de alio objecto agit. Qui vero confundunt philosophiam cum theologia, eos non mirum est contradictiones parere, quia untramque corrumpunt. *Quen.* (I,43). Disting. inter contrarietatem et diversitatem: philosophia et principia rationis non contraria quidem sunt theologiae nec haec illis; diversa tamen magnopere sunt ea, quae revelata sunt divinitus in scriptura et quae naturae lumine constant. – Wie die DD. hier denen entgegentraten, die einen Widerspruch zwischen Vernunft und Offenbarung behaupteten, so bekämpften sie auch diejenigen, die der Vernunft der Offenbarung gegenüber zuviel einräumten, indem sie sich darauf beriefen, daß, weil die Vernunft von Gott stamme, das, was ihr widerspreche, nicht wahr sein könne. Dieser Vorwurf wurde den Calvinisten, Socinianern und Arminianern gemacht. Ihnen gegenüber wurde wohl eingeräumt, daß die Vernunft an sich der Offenbarung nicht widerspreche; eine Folgerung aber, die der geoffenbarten Wahrheit hätte nachteilig werden können, wurde dadurch abgeschnitten, daß man den Widerspruch daraus erklärte, daß die Vernunft in diesem Falle über die ihr gesteckten Grenzen hinausgegangen sei. Auf den Satz: nullo modo verum esse potest, cui ratio repugnat, antwortet darum *Gerh.* (II,371): non humana ratio, sed divina revelatio est fidei principium, nec ex dictamine rationis de fidei articulis judicandum, alias non amplius habebimus articulos fidei, sed placita rationis. Rationis cogitata et effata intra sphaeram earum rerum, quae rationis judicio sunt subjectae, coercenda et restringenda, non autem extendenda ad sphaeram earum rerum, quae sunt ultra omnem rationis captum positae, alias si accipiuntur tanquam absolute universalia et mysteriis fidei opponuntur, pariunt ἀντιθέσεις ψευδωνύμου γνώσεως. Auf den Einwand: »ut parva lux magnae, sic ratio scripturae non est contraria« antwortet *Gerh.* (II,372): per se nulla hic contrarietas, sed per accidens. Ratio intra sphaeram suam sese continens non est scripturae contraria, sed quando sphaeram suam vult μεταβαίνειν καὶ ὑπερβαίνειν et de summis fidei mysteriis ex suorum principiorum dictamine judicare, tunc per accidens scripturae, de fidei mysteriis nos informanti, adversatur. Quemadmodum magna lux saepius revelat ea, quae in luce parva fuerunt abscondita, sic lux gratiae, in verbo nobis accensa, manifestat ea, quae sunt abscondita in luce naturae. Quod si igitur quis negare velit ea, quae in luce majore conspiciuntur, ideo quia ea non conspexit in luce minore, is abutitur officio et beneficio lucis minoris; ita quoque, qui fidei mysteria in lumine gratiae revelata negat vel impugnat ex eo, quod non congruant cum ratione et lumine naturae, is itidem beneficio et officio rationis ac luminis naturalis abutitur. – Auf den Satz: »verum theologice non potest esse falsum philosophice, quia veritas est una« antwortet *Gerh.* (ibid.): Per se et in se nulla contrarietas, nulla contradictio inter philosophiam et theologiam, quia quae de summis fidei mysteriis theologia proponit ex revelatione, illa philosophia sanior ac sincera novit non esse discutienda et aestimanda ex principiis rationis, ne fiat μετάβασις εἰς ἄλλο γένος, neve confundantur distinctarum disciplinarum principia distincta. Sic quando theologia docet, Mariam peperisse et virginem mansisse, sanior philosophia non dicit, hoc assertum repugnare suae conclusioni, quod virginem parere sit ἀδύνατον, quia novit conclusionem illam necessario cum hac limitatione accipiendam, quod virginem ***naturaliter parere*** et talem manere sit ἀδύνατον, cujus contrarium theologia non asserit, dicit enim, *supernaturali et divina virtute esse factum,* ut virgo pareret. Quando vero philosophaster aliquis sua axiomata et effata vult esse tam generalia, ut ex illis etiam de summis fidei mysteriis sit judicandum et sic fines alienos invadit; tunc ex accidenti contingit, ut verum theologice falsum dicatur philosophice, respectu scilicet habito non ad verum sanioris philosophiae usum, sed ad turpissimum ejusdem abusum. Sic justitia et juris ratio est ubique una, in conceptu scil. generali, interim tamen jus hujus provinciae non est idem cum jure alterius provinciae, sed quaelibet respublica suis specialibus vivit legibus. Ita veritas est una in conceptu generali, interim quaelibet disciplina sua habet axiomata, quae non sunt trahenda in aliud forum, sed in sua sphaera relinquenda. –

6. *Gerh.* (II,372). Ratio recta, si vere et proprie sic dicta accipiatur, pro ea scilicet, quae intra terminos sui objecti sese continet, nec judicium de fidei mysteriis sibi arrogat, vel quae verbi luce collustrata et a spiritu s. rectificata in mysteriis fidei non sua sectatur principia, sed verbi lucem et spiritus s. ductum, illa non adversatur fidei.

7. *Gerh.* (II,372). Articuli fidei in se ac per se non sunt contra rationem, sed duntaxat supra rationem. Per accidens vero contingit, ut sint etiam contra rationem, quando scilicet ratio judicium sibi de illis sumit ex suis principiis, nec sequitur lucem verbi, sed eosdem negat et impugnat. Deinde articuli fidei non sunt contra, sed tantum supra rationem, quatenus ratio ante lapsum nondum fuit corrupta et depravata, sed post lapsum sunt non tantum supra, sed etiam contra rationem corruptam, quippe quae, quatenus talis, non potest sibi temperare, quo minus de illis ex suis principiis velit judicare.

8. *Gerh.* (II,371). Distinguendum inter rationem in homine *ante lapsum et post lapsum. Illa,* quatenus talis, nunquam adversata fuisset divinae revelationi; *haec* vitio corruptionis adversatur saepissime. – *Gerh.* (II,362). *Ratio humana naturalis post lapsum* 1. est caeca, errorum caligine obfuscata, ignorantiae tenebris implicata, vanitati et errori obnoxia. Rom. I,21. 1Cor. III,1. Gal. IV,8. Eph. IV,17. 2. ad percipientia divina mysteria, eademque dijudicanda inepta. Matth. XI,27. XVI,17. 1Cor. II,14sq. 3. iisdem est adversa. Rom. VIII,6. 1Cor. II,11sq. III,18sq. proinde sub obsequium Christi captivanda 2Cor. X, 4 et 5; 4. et ab ejus seductione jubemur cavere. Col. II,8. Ergo ratio humana naturalis non potest esse norma judicii in rebus fidei, et pronuntians juxta illius dictamen non potest esse judex controversiarum theologicarum. – *Quen.* (I,43). Disting. inter philosophiam (i.q. rationem) *abstracte et ratione suae essentiae* consideratem et philosophiam *concrete et ratione existentiae* in subjecto per peccatum corrupto spectatam: priori modo veritati divinae nequaquam opponitur (non enim nisi unica et ratione objectorum sibi invicem subordinatorum harmonica datur veritas), posteriori vero modo, ob intellectus ignorantiam et voluntatis perversionem, non raro ad depravationem et inanem deceptionem a philosopho praepostere adhibetur Col. II,8.

9. *Gerh.* (II,371). Distinguendum inter rationem *hominis nondum renati* et rationem hominis regeniti. Illa fidei mysteria judicat stultitiam, haec vero, quatenus talis, iisdem non obluctatur. Tunc vero et tamdiu talis est, quando et quamdiu verbi lucem sequitur, et de fidei mysteriis non ex suis principiis sed ex sacris literis judicat. – Non rejicimus rationem renatam, renovatam, verbo Dei illustratam, restrictam et sub obsequium Christi captivatam, verum haec non sumit sibi judicium de rebus fidei ex sese, sed ex scriptura depromit, haec non impugnat articulos fidei sicut ratio corrupta, sibi relicta etc. etc. – Dist. porro *inter rationem rectificari in hac vita coeptam et plene rectificatam in vita altera.* Illa nondum ita plene renovata, illustrata et rectificata, ut ἀδύνατον sit, eam fidei articulis adversari eosque impugnare, si suum sequatur ductum. Quemadmodum enim in renatis manet lucta carnis et spiritus, per quam sollicitantur ad peccatum: sic manet in illis lucta fidei et rationis, quatenus ea nondum plene est renovata; haec vero omnem repugnantiam fidei et rationis excludit.

10. *Quen.* (I,43). Ratio ut instrumentum non autem ut norma et judex admittitur: principia rationis formalia nemo rejicit, materialia, quae sint mysteriorum norma, nemo sanus recipit. Nullum principium materiale rationis ut sic, sed ut simul revelationis pars est, fidem probat theologice; Deum esse, ex natura scimus, ex sola scriptura credimus. Non sequitur: pars revelationis nonnunquam sunt axiomata natura nota, ergo ratio est controversiarum theologicarum norma. *Id.* (I,43). Theologia non damnat rationis usum sed abusum et affectationem directorii sive usum magisterialem, normativum et decisivum rerum divinarum.

11. *Holl.* (71). Est ratio non dux theologiae sed pedissequa. Serviat ancilla Hagar dominae, non imperet: imperium affectans aede sacra eliminetur. –

12. *Quen.* (I,42). Disting. inter rationis ejusque principiorum usum *organicum seu instrumentalem,* quando ut instrumenta adhibentur in interpretenda et explicanda s. scriptura, in refutandis adversariorum argumentis ex natura et ratione petitis, in vocum significationibus et constructionibus, itemque figuris modisque loquendi rhetoricis expendendis, et usum principiorum philosophicorum *normalem,* quando pro principiis, unde dogmata supernaturalia probanda sint, habentur. *Illum* admittimus, *hunc* repudiamus. Dies erläutern und führen folgende Sätze von *Quen.* (ibid.) weiter aus. Aliud est, principia et axiomata philosophica in theologia adhibere illustrationis, declarationis et secundariae probationis gratia, ubi res e scriptura definita est; et aliud, adhibere eadem decisionis et demonstrationis causa, vel principia philosophica et ratiocinationes, ex illis factas, pro principio in theologia agnoscere, aut ex illis de rebus fidei judicium ferre. Illud etiam nostrates faciunt, non hoc. – Disting. inter consequentias, rationis beneficio ex s. scriptura deductas, et inter conclusiones ex naturae et rationis principiis collectas. Illae cum his non sunt confundendae. Aliud enim est, uti consequentiis (legitimis, necessariis) et aliud, uti principiis rationis. Aliud est, ex scripturae dictis, juxta regulas logicas, conclusionem inferre et consequentias nectere, et aliud, conclusiones ex naturalibus principiis colligere. – Illustratio quaedam rerum coelestium peti potest e rebus, quas ratio suppeditat, sed demonstratio inde desumi nequit, quia eam oportet procedere non ἐξ ἀλλοτρίων sed ἐξ οἰκείων. –

Diese Lehre von dem usus rationis führt *Gerhard,* zwar dem Sinne nach gleich, doch in anderer Weise aus, indem er folgendermaßen unterscheidet (in dem Art.: usus rationis in regula fidei [I,76sq.]): 1. *usus organicus est,* si grammaticam vocum proprietatem, dialecticam ordinis observationem, rhetoricam figurarum expositionem, et physicam rerum naturalium cognitionem, ex disciplinis philosophicis haustam, ratio nostra secum afferat ad eruendum divinae sapientiae thesaurum in scripturis reconditum. Usum hunc commendamus quam maxime, imo vere necessarium esse dicimus. 2. Quod ad *usum κατασκευαστικόν* attinet, ita habendum. Est quaedam naturalis Dei notitia Rom. I,19.20 illa vero subordinari debet illi, quae divinitus in verbo revelata est: sicubi dissentit, illi cedat: in quibus consentit, robur et certitudinem ab ea accipit. Breviter, tanquam famula et ministra illi dominae inserviat et reverenter assurgat. 3. *ἀνασκευαστικός* seu *ἐλεγκτικός* usus, ut legitimus sit, ita comparatus esse debet. Confutandae prius sunt erroneae doctrinae ex scripturae s. fundamentis, tanquam unico et proprio theologiae principio, postea etiam addi possunt rationes philosophicae, ut ostendatur, falsum illud dogma repugnare non solum lumini gratiae, sed etiam lumini naturae. Verum ubi dogmatis alicujus veritas ex immotis scripturae s. fundamentis firmiter demonstrata fuerit, nullis rationibus philosophicis, quantumvis speciosis, ab ea nos deduci patiamur. –

Id. (II,9). Quamvis quaedam in theologia tradantur, quae ex lumine naturae et rationis quodammodo cognosci possint, tamen ad fidei mysteria, proprie sic dicta, pernoscenda humana ratio ex suis principiis assurgere nequit et quaecunque per naturam nota in theologia traduntur, ea non cogitur aliunde emendicare, sed ex proprio suo principio, videl. ex Dei verbo, sufficienter ea potest demonstrate. ... Posteriori hoc modo theologus a philosopho quaedam accipit, non quasi absque principiis philosophiae ex scriptura, tanquam proprio et οἰκείῳ scientiae suae principio, illud cognoscere non possit, sed quia in examine ad normam sui principii veritatem ejus animadvertit. –

Was *Gerhard* mit letzterem nur andeutet, führen die späteren DD., wie *Quen. Br. Holl.* weiter aus in der Lehre von den articulis puris et mixtis, davon unter den ersteren solche verstanden werden, die Wahrheiten enthalten, die nur aus der Offenbarung gewußt werden können, unter letzteren aber solche, die Wahrheiten enthalten, die zum Teil wenigstens auch anderweitig gewußt werden können. *Holl.* (68). Ex principiis philosophicis articuli fidei mixti quadantenus innotescunt. Articuli autem fidei puri unice ex s. scriptura, tanquam ex domestico, fundamentali et primordiali principio demonstrantur et cognoscuntur. Aber wohl zu beachten ist die Bemerkung *Quen.'s* (I,39): In articulis *mixtis* principia philosophica specialia non quidem decisionis et demonstrationis, sed tantum illustrationis aut *secundariae probationis* causa, ubi e scriptura res definita est, adhiberi posse concedimus. Auch der in not. 10 angeführte Satz gehört hierher. Dieser Satz sagt aus, was der letzte von *Gerhard* andeutet, und will verhindern, daß der Vernunft in den articulis mixtis ein entscheidendes Urteil eingeräumt werde, wenn ihr gleich ein Geschäft dabei zugeteilt wird. Diejenigen DD., denen die in not. 2 angegebene Einteilung in principia organica und philosophica eigen ist, lassen auch die Anwendung der pr. absolute universalia in der Theologie zu. Ob diese von den pr. limitate universalibus, die nicht zugelassen werden, so genau geschieden sind, daß nicht leicht Irrungen entstehen, könnte in Frage gestellt werden. *Br.* (157) spricht sich so darüber aus: Etiam principia rationis materialia recte usurpantur; modo, cum particularia aut singularia sunt, principio universali theologico subjungantur: universalia vero rationis principia non alia adhibeantur, quam quae absolutae necessitatis sunt, ita ut oppositum manifestam importet contradictionem (alias enim, si adhibeantur principia rationis non absolute, sed secundum quid; aut in certo genere universales ac necessariae, facile contingit, ut inferatur conclusio mysteriis aut articulis fidei, etiam primariis, repugnans [159]).

Kap. IV
De scriptura sacra

In der Lehre von der Hl. Schrift, als dem Orte, in dem die Offenbarung Gottes niedergelegt ist, wird abgehandelt: 1. vom Begriff der Hl. Schrift und von der Inspiration; 2. von den Eigenschaften der Hl. Schrift; 3. vom Kanon der Hl. Schrift.

§ 6
Notio scripturae sacrae et inspiratio

Gott wollte, daß seine Offenbarung schriftlich aufgezeichnet würde, damit sie für alle Zeiten rein und lauter erhalten bleibe[1]: darum hat er sie niedergelegt in der Hl. Schrift Alten und Neuen Testaments[2]. Sie wird daher definiert als das schriftlich aufgezeichnete Wort Gottes[3]. *Gerh.* Scriptura s. est verbum Dei in scripturis sacris propositum. Zwischen ihr und dem Worte Gottes ist dann kein realer Unterschied mehr, da sie nichts anderes enthält, als eben dieses Wort Gottes, das auch mündlich verkündigt wurde[4]; und zwar enthält sie dieses Wort Gottes ganz und vollständig, so daß jetzt außerhalb ihrer kein Wort Gottes mehr zu finden ist[5]. – Weil aber die Hl. Schrift Gottes Wort ist, unterscheidet sie sich von allen andern Büchern dadurch, daß sie ihrem ganzen Sinn und Inhalt nach durchaus göttlich ist, und das ist sie dadurch geworden, daß Gott sie den Propheten und Aposteln eingegeben hat[6]. Gott also ist ihr Urheber (causa principalis), und Propheten und Apostel sind die causa instrumentalis, deren sich Gott bei ihrer Anfertigung bedient hat[7]. Wir haben demnach die Entstehung der Hl. Schrift einer besonderen Wirkung Gottes zuzuschreiben, durch die er die Propheten und Apostel zur Anfertigung der Hl. Schrift antrieb[8] und ihnen das zu Schreibende nach Form und Inhalt eingab[9]. Diese Wirkung Gottes, durch die die Hl. Schrift entstanden ist, nennen wir *Inspiration*[10]. *Br.* (65). Divina inspiratio est actio ejusmodi, qua Deus non solum conceptus rerum scribendarum omnium, objectis conformes, sed et conceptus verborum ipsorum atque omnium, quibus illi exprimendi essent, supernaturaliter communicavit intellectui scribentium ac voluntatem eorum ad actum scribendi excitavit. Daraus folgt, daß alles, was in der Hl. Schrift enthalten ist, durchaus und in allem einzelnen wahr und von allem Irrtum frei ist[11].

1. *Chmn. ex. c. Trid.* (I,20). Ostendimus ... qua occasione et propter quam causam instituta fuerit scriptura, s., quia scil. per traditiones non conservabatur puritas doctrinae: sed illo titulo et praetextu multa peregrina et falsa admiscebantur.

Gerh. (II,26). »Quare Deus verbum suum, prius viva voce propagatum, in scripturas redigi voluerit?« Causae videntur fuisse praecipuae et primariae: 1. vitae humanae brevitas. 2. hominum numerositas. 3. custodiae a traditione exspectandae infidelitas. 4. memoriae humanae imbecillitas. 5. coelestis doctrinae stabilitas. 6. hominum improbitas, 7. (in N. T.) haereticorum perversitas, quae fuit reprimenda. –

2. *Gerh.* (II,13). Scriptura sic vocatur a formali externo, scribendi scilicet actione, qua verbum Dei, viva voce antea propagatum, Dei jussu in literas est redactum. Hujus scriptionis Deus ipse augustum fecit initium, quando legem suam in monte Sinai tabulis lapideis inscripsit, quae ob id dicitur scriptura Dei. Ex. XXXII,16. – Differentiae causa vocatur *scriptura sacra*, appellatione ex Rom. I,2 et 2Tim. III,15 petita. Rationes appellationis petendae: 1. a causa efficiente principali, ab auctore summo, qui est Deus sanctus ille sanctorum, imo ipsa sanctitas. Es. VI,3. Dan. IX,24. 2. a causa instrumentali, quae sunt sancti Dei homines 2Petr. I,21. 3. a materia, continet enim sacra et divina mysteria, sancta vitae praecepta Ps. CV,42. 4. a fine et effectu, quia spiritus s. per scripturae lectionem et meditationem hominem sanctificat Joh. XVII,17. 5. ab adjuncto, quia ab omnibus, non solum profanis sed etiam ecclesiasticis, scriptis est separata et in sublimi canonicae auctoritatis sede constituta, cui serviat omnis fidelis et pius intellectus. –

Id. (II,16). *Synonyma s. scripturae* sunt γραφὴ vel γραφαί. Joh. VII,38.42. Act. VIII,12. Rom. IV,3. γραφαὶ ἁγίαι Rom. I,2. ἱερὰ γράμματα 2Tim. III,15. γραφὴ θεόπνευστος v. 16. – *Honorificae appellationes,* quae verbo Dei in scripturis tribuuntur: דְּבַר־יְהוָֹה,

λόγια τοῦ θεοῦ Rom. III,2. *ζῶν ὁ λόγος τοῦ θεοῦ* Hebr. IV,12. *ῥήματα τῆς ζωῆς αἰωνίου* Joh. VI,68. – Compages librorum sacrorum vocatur: סֵפֶר הַתּוֹרָה Jos. 1,8., ס״ יְהוָֹה Es. XXXIV,16. מִקְרָא Nehem. VIII,8.

3. *Gerh.* (II,427). Script. s. est verbum Dei, ejusdem voluntate prophetis, evangelistis et apostolis in literas redactum, doctrinam de essentia et voluntate Dei perfecte ac perspicue exponens, ut ex eo homines erudiantur ad vitam aeternam. *Holl.* (77). In definitione s. scripturae verbum Dei formaliter notat sententiam Dei, sive conceptum mentis divinae, de salute hominum immediate prophetis et apostolis, atque mediante eorum ministerio, universo generi humano manifestatum.

Zur genauesten Bezeichnung werden folgende Unterscheidungen gemacht: *Gerh.* (II,14). Scripturae nomine non tam *formale externum* sive signa h. e. apices literarum, scribendi actus et dictiones, quibus divina revelatio est descripta, quam ipsum *materiale sive signatum,* adeoque illud ipsum, quod scribendo notatur ac significatur, ipsum scilicet Dei verbum de essentia et voluntate Dei nos instruens, est intelligendum ... Ut enim in omni scriptura ab intelligente causa perfecta, ita quoque in hac prophetica et apostolica scriptura duo sunt consideranda, videl. primo ipsae literae, syllabae et dictiones, quae scribuntur, et sunt externa symbola, animi notiones significantia et exprimentia; secundo ipsae sententiae, quae sunt veluti signatum, externis illis literarum, syllabarum et dictionum symbolis expressum, proinde scripturae nomine *hic utrumque complectimur* et posterius quidem principaliter. – Je nachdem, ob das Wort in der einen oder andern Bedeutung genommen wird, stellen sich die Aussagen vom Verhältnis von Schrift und Kirche anders: *Gerh.* (II,15). Ex quo *πορισματικῶς* colligimus: quaedam praedicari de scriptura *respectu materialis,* utpote quod sit antiquior ecclesia, quod sit ipsum illud Dei verum a prophetis et apostolis viva voce olim praedicatum; quaedam *respectu formalis,* quod sit temporis ratione ecclesia posterior, quod in die novissimo sit desitura, cum tamen ratione materialis nec solvi nec interire possit Joh. X,35.

4. *Gerh.* (II,15). Inter verbum Dei et scripturam sacram, materialiter acceptam, non esse reale aliquod discrimen, probatur 1. ex scripturae materia. Idem ac nihil aliud prophetae et apostoli scripserunt, quod divina inspiratione edocti prius viva voce praedicarunt. 1Cor XV,1. 2Cor. I,13. Phil. III,1. 2Thess. II,15. 1Joh. 1,3. 2 ex phrasium *ἰσοδυναμία.* Vaticinia prophetica V. T. in N. T. quandoque allegantur his verbis: ut impleretur, quod dictum est per prophetam Matth. I,22. II,15. IV,14 etc. etc. – Ergo, quod prophetae dixerunt vel praedixerunt, idem est cum eo, quod scripserunt. 3. ex regula logica: »Accidens non mutat rei essentiam.« Accidit Dei verbo, sive voce enuncietur sive in literas redigatur. Unum idemque Dei verbum est, sive praedicationis sive scriptionis modo nobis innotescat, cum nec causa efficiens principalis, nec materia, nec forma interna, nec finis mutetur, sed tantum modus patefactionis in usu organico consistens variet. 4. ex *δεικτικῇ* particula ab apostolis usurpata. Paulus de scriptura Mosaica et homogeneis V. ac N. T. libris *δεικτικῶς* inquit: *τοῦτ' ἔστι τὸ ῥῆμα τῆς πίστεως* Rom. X,8. Petrus 1Petr. I,25.

Cal. (I,528). Scripturam s. proprie Dei verbum esse cumprimis Fanatici negant, verbum Dei internum solum proprie Dei verbum esse contendentes (Schwenkfeld, Rathmann, Weigel).

5. *Gerh.* (II,16). Observandum est, 1. posse hanc distinctionem (Pontificiorum inter verbum Dei scriptum et non scriptum) certo modo ac respectu admitti, videlicet si nomine verbi non scripti intelligatur divina revelatio viva voce a patriarchis ante exaratos libros Mosaicos propagata, sed post editum *scripturae canonem nullum statui potest verbum Dei non scriptum, a scripto contradistinctum.* 2. distinguendum esse inter capita divinae revelationis principalis necessaria, essentialia etc. atque inter uberiorem eorundem explicationem. Prophetae et apostoli literis consignarunt capita doctrinae suae

principalia, quae sunt omnibus scitu necessaria, quae viva voce latius ab eis exposita fuisse non negamus.

6. *Quen.* (I,56). Forma interna, seu quae dat esse scripturae, ut scil. sit Dei verbum h. e. eam constituit et a quavis alia scriptura distinguit, est sensus scripturae ϑεόπνευστος, qui in genere est conceptus divini intellectus de mysteriis divinis et salute nostra ab aeterno formatus, et in tempore revelatus atque scriptione nobis communicatus, sive ipsa ϑεοπνευστία, i.e. divina inspiratio 2Tim III,16 utpote qua verbum divinum constituitur et ab humano distinguitur

7. *Quen.* (I,55). *Causa efficiens script. s.* principalis est Deus unitrinus. 2Tim. III,16 (et quidem pater Hebr. I,1 filius Joh. I,18 et spiritus s. 2Sam. XXIII,2 1Petr. I,11. 2Petr. I,21); 1. mandato antecedente. 2. inspiratione subsequente sive jubendo, ut scribant sancti Dei homines, et inspirando scribenda. –

Gerh. (II,26). *Causae instrumentales scripturae s.* fuerunt sancti Dei homines. 2Petr. I,21 h. e. homines peculiariter atque immediate a Deo ad id vocati et electi, ut divinas revelationes scripto consignarent, quales fuerunt prophetae in V. et evangelistae ac apostoli in N. T., quos propterea merito *Dei amanuenses, Christi manus et spiritus s. tabelliones sive notarios* vocamus, cum nec locuti fuerint nec scripserint humana sive propria voluntate, sed φερόμενοι ὑπὸ τοῦ πνεύματος ἁγίου, acti, ducti, impulsi, inspirati et gubernati a spiritu s. Scripserunt non ut homines, sed ut Dei homines, h.e. ut Dei servi et peculiaria spiritus s. organa. Quando igitur liber aliquis canonicus vocatur liber Mosis, Psalterium Davidis, epistola Pauli etc. etc. illud fit duntaxat ratione ministerii, non ratione causae principalis.

Quen. (I,55). Solus ergo Deus, si accurate loqui velimus, scripturae s. auctor dicendus est, prophetae vero et apostoli auctores dici non possunt, nisi per quandam catachresin. – Dazu, daß Proph. und App. als amanuenses Dei bezeichnet werden, bemerkt *Quen.* noch (I,57): Non ac si citra et contra voluntatem suam inscii ac inviti scripserint divini amanuenses, sponte enim, volentes scientesque scripserunt. – Dicuntur autem φερόμενοι, acti, moti, agitati a spiritu s. nequaquam, ac si mente fuerint alienati, uti prae se ferunt Enthusiastae, et qualem ἐνθουσιασμόν in suis prophetis fingunt gentiles: nequaquam etiam, ac si ipsi quoque prophetae suas prophetias aut ea, quae scriberent, non intellexerint, qui Montanistarum ... olim error fuit; sed quia nihil ex suo sensu scripserunt, sed omnia spiritus s. dictamine. Da von allen Schriftstellern der Hl. Schrift gilt, daß sie inspiriert seien, werden zu ihnen auch diejenigen gerechnet, die nicht im engeren Sinne Apostel des Herrn waren. *Holl.* (80). Apostolorum nomine hic designantur sancti Dei homines, qui post natum Christum scripturam N. T. adornarunt: *quamvis non omnes fuerint e collegio apostolorum,* a Christo ante ascensionem ad docendum omnes gentes electorum; sed post Christum, in coelos evectum, apostolis annumerati sint, quales fuerunt Matthias (cujus tamen scripta non habemus) et Paulus. *Quin* et apostoli sensu latiori hic nuncupantur viri apostolici, apostolis munere ac dignitate proximi, quales fuerunt Marcus et Lucas evangelistae, cf. Rom. XVI,7.

8. *Holl.* (83). Θεοπνευστία notat tum antecedentem motum divinum sive *peculiarem impulsum voluntatis ad scribendum,* tum immediatam illuminationem, qua intellectus scriptoris sacri supernaturali eoque extraordinario lumine gratiae divinae collustratur et *conceptus rerum scribendarum ipsi a spiritu s. immediate suggeruntur.* – Die Mitwirkung, die dabei von Seiten Gottes stattfindet, wird von *Quen.* (I,65) beschrieben als *concursus specialissimus et extraordinarius,* solis s. scriptoribus proprius und wohl unterschieden von dem *concursus Dei generalis et communis,* quo Deus in omni actione cum quovis operante concurrit, und dem *conc. D. specialis seu gratiosus,* quo adest Deus omnibus fidelibus, sacra et honesta meditantibus et scribentibus. *Holl.* unterscheidet

(83) inspiratio von gubernatio divina. Nam hac tantum cavetur, ne quidquam scribatur, quod non sit ex vero, decoro, congruo, *illa* autem a dictante spiritu s. conceptus rerum scribendarum suggeruntur. Illa praestare potest scripturam s. infallibilem sed non *θεόπνευστον*. – Wenn zur inspiratio der impulsus ad scribendum zu rechnen ist, dann folgt daraus, daß alle heil. Schriften auf Befehl Gottes verfaßt sind, weil alle inspiriert sind: *Quen.* (I,65). Omnes libri s. canonici, non tantum V. sed etiam N. T., sunt a Deo, sacros scriptores ad scribendum peculiariter movente et impellente, conscripti ac proinde scriptura N. T. jussu et voluntate Dei ab evangelistis et apostolis est consignata. –

Die Antithese ist die der Pontificii, qui nugantur evangelistas et apostolos nullo divino mandato ad scribendum accessisse, sed incidenter, ex occasione quadam accidentaria aliunde oblata, aut necessitate coactos. Da wird zwar zugegeben, daß nicht für alle einzelnen Schriften ein mandatum Dei expressum et externum vorliege, aber auch bemerkt, daß dieses nicht vermißt werde, wo impulsus vorhanden sei. *Gerh.* (II,30). In sanctis Dei hominibus mandatum exterius et impulsus interior aequiparantur. Quid enim aliud est divinus ille impulsus, quam mandatum internum et occultum ejusdem omnino auctoritatis ac ponderis cum mandato externo et manifesto? Der letztere wird als bei allen Schriften vorhanden erwiesen (von *Holl.* [81], aber fast gleichmäßig von allen früheren): 1. ex mandato Christi generali Matth. XXVIII,19. (*Gerh.* [II,31] qui jubentur docere omnes gentes, illi etiam jubentur doctrinam suam scripto complecti, neque enim omnes gentes, etiam secuturi temporis, viva voce absque scripto docere poterant). 2. *ex impulsu spiritus s.*, quem docet Petrus 2 ep. I,21. 3. ex divina s. literarum inspiratione, quam inculcat Paulus 2Tim. III,16. 4. a munere apostolico, in quo sancti illi viri fuerunt legati Dei 2Cor. V,20. Legati ad mandatum principis adstricti sunt. Petrus legatus Dei absque mandato divino evangelium praedicare gentibus non sustinuit: ergo minus epistolam conscribere, a Deo non jussus, ausus est. – Daß darum die äußeren Anlässe, deren die Antithese der Pontificii gedenkt, nicht ausgeschlossen seien, bemerkt schon *Gerh.* (II,33) Occasiones scribendi apostolis exterius oblatae non tollunt internum scribendi mandatum, sed illud potius stabiliunt, *cum mirabili divinae providentiae dispositione occasiones illae apostolis oblatae fuerint,* et ad eas interior spiritus s. impulsus postea accesserit, quo permoti manum scriptioni adhibuerunt. –

9. Damit ist eine Real- und Verbal-Inspiration ausgesagt, und aus ihr folgt, daß in der Hl. Schrift sich nichts vorfindet, was nicht inspiriert ist. Diese Aussagen sind in den beiden Sätzen enthalten (*Holl.* [83 u. 85]):

I. Conceptus omnium rerum, quae in s. literis habentur, prophetis et apostolis a spiritu s. immediate inspirati sunt.

II. Omnia et singula verba, quae in s. codice leguntur, a spiritu s. prophetis et apostolis inspirata et in calamum dictata sunt.

Wir erläutern sie noch durch folgende Bemerkungen von *Quen.* und *Holl.* Ad I. 1. Bei der inspiratio wird eine assistentia et directio divina angenommen, quae includit spiritus s. inspirationem et dictamen; aber als ungenügend wird eine assistentia et directio div. nuda verworfen, qua tantum cavetur, ne scriptores s. in loquendo et scribendo a vero aberrent ... In scribendo etiam alios regit spiritus s.: adeoque discrimen in eo est, quod viros *θεοπνεύστους* spiritus s. ita direxerit, ut simul illis omnia indiderit et inspiraverit, in quantum quidem illa in scripturas relata sunt (*Quen.* [I,68]).) 2. Die inspiratio erstreckte sich, weil auf alle Dinge, so auch auf solche, die den Propheten und Aposteln anderweitig bekannt sein konnten, weil es in diesem Falle darauf ankam, daß diese Dinge jetzt gerade und überhaupt nur da gesagt werden sollten, wo die Absicht Gottes es so erforderte *Holl.* (84). Res, quae scriptoribus s. fuerunt notae, considerantur vel absolute et in se vel respective, quatenus ex voluntate Dei fuerunt scribendae. Priori modo jam ante scriptoribus s. fuerunt cognitae, non vero posteriori modo. Tametsi enim amanuenses s. res quasdam, quae ab ipsis descriptae sunt, habuerint cognitas ante actum scriptionis, per se tamen ipsis non fuit cognitum, *an res illae ex voluntate Dei essent describendae, quibus circumstantiis, quo ordine et quibus verbis essent literis mandandae.* 3. Ebenso erstreckt sich die inspiratio auch auf solche Gegenstände, die keinen geistlichen Inhalt haben *Holl.* (83). Continentur in s. scriptura res historicae, chronologicae, genealogicae, astronomicae, physicae et politicae, quae, licet cognitu ad salutem non sint simpliciter necessariae, sunt tamen divinitus revelatae, quia illarum notitia ad interpretandam s. scripturam et illustranda dogmata fidei morumque praecepta haud parum facit – Si tantum mysteria fidei, quae in s. literis habentur, a divina inspiratione, reliqua autem ductu luminis naturae cognoscibilia, tantum a directione divina pendent, tota s. scriptura non est θεόπνευστος. At teste Paulo tota s. scriptura est divinitus inspirata. Ergo non tantum mysteria fidei sed et reliqua ductu luminis naturae cognoscibilia, quae in s. literis habentur, divinitus suggesta et inspirata sunt. Darum sind 4. auch geringfügig scheinende Dinge nicht weniger als inspiriert zu betrachten. *Quen.* (I,71). Aliud est, rem aliquam esse leviculam, si in se spectetur et juxta aestimationem hominum, et aliud, eandem esse leviculam, si finem attendas et sapientissimum Dei consilium. Multa in scripturis levia videntur (2Tim. IV,13), ad quae existimant indignum esse, ut deducamus spiritus s. majestatem, quae tamen magni momenti sunt, si finem spectemus Rom. XV,4 et sapientissimum Dei consilium, quo etiam talia divinis literis inserta sunt. Die Antithese ist vorzugsweise die Calixts (bei *Quen.* [I,69]): »neque scriptura dicitur divina, quod singula, quae in ea continentur, divinae peculiari revelationi imputari oporteat, ... sed quod praecipua sive quae primario et per se respicit ac intendit scriptura, nempe quae redemtionem et salutem generis humani concernunt, nonnisi divinae illi peculiari revelationi debeantur: in caeteris vero, quae aliunde sive per experientiam sive per lumen naturae nota, consignandis, divina assistentia et spiritu ita scriptores sint gubernati, ne quidquam scriberent, quod non esset ex re, vero, decoro, congruo.« – Der Beweis für die vollständige Inspiration wird geführt: a) aus 2Tim. III,16. (*Quen.* [I,71]) sive vox πᾶσα accipiatur distributive pro singulis scripturae libris et partibus, sive collective h. e. pro omnibus libris simul sumtis, ita ut πᾶσα idem sit quod ὅλη, nobis hic perinde est – πᾶσα γραφὴ scil. est θεόπνευστος.) Daraus die Argumentation: *Cal.* (I,555) si omnis scriptura θεόπνευστος est, nihil in sciptura s. esse oportet, quod non sit s. scriptoribus divinitus suggestum et inspiratum. Nam si ulla tantum particula scripturae esset e notitia et memoria vel revelatione humana deprompta, non omnis scriptura dici posset universaliter divinitus inspirata. b) aus 2Petr. I,21. (quamvis Petrus non praecise de scriptione sed de locutione ... loquatur, per λαλίαν tamen et locutio et scriptio hic significatur et sub illa haec simul comprehenditur. vid. Act. II,31. III,24. Rom. III,19. uti enim a spiritu s. acti et impulsi locuti sunt sancti homines, ita etiam ab eodem acti et impulsi scripserunt (*Quen.* [I,70]). c) a Christi promisso Joh. XIV,26. d) aus 1Cor. II,10. – Aus *Cal.* (I,556sqq.) fügen wir noch folgende Beweisgründe hinzu: a causa principali scripturae s., si quidem s. scriptores fuerint tantum calamus, manus vel amanuenses spiritus s. – a modo directionis spiritus s. qui talis designari solet, quod dictante spiritu s. scriptae sint literae, unde scripturam s. universam nil nisi epistolam quandam Dei creatoris ad creaturam suam esse dixit Gregorius M. – ab aequali omnium auctoritate, quae in scripturis s. habentur. Non enim illa tantum, quae fidem et salutem directe concernunt sed quaecunque in s. literis inveniuntur, Dei verbum sunt, Rom. III,2. et eadem ratione nominis istius dignitatem sustinent, ut pro immediato Dei verbo haberi debeant.

Ad. II. *Holl.* (87). Fuit necessaria (et verborum, ex communi loquendi usu notorum, inspiratio div.) ad mentem spiritus s. rite exprimendam. Neque enim liberum fuit prophetis et apostolis, sensum divinum in ea conjicere verba, quae ipsi pro arbitratu suo eligerent; sed ipsorum erat haerere et pendere ab ore dictantis spiritus s., ut huic grato et probato verborum ordine et contextu scripturam s. consignarent, quo ea menti spiritus s. evaderet prorsus conformis. – Die Verschiedenheit des Stiles erklärt *Quen.* (I,76) so: Magna est inter sacros scriptores quod stylum et genus dicendi diversitas, quae ex eo esse videtur, quia spiritus s. accommodavit se ordinario dicendi modo, unicuique suum sermonis genus relinquens; propterea tamen non negandum, spiritum s. ipsa verba in individuo ipsis inspirasse. – *Cal.* aber (I,574): Spiritus s., scripturae s. summus autor, non adstrictus fuit ad ullius stylum, sed, ceu liberrimus linguarum doctor, charactere, stylo ac sermonis genere uti potuit per unumquemque, quo libuerit, ac tam facile per Jeremiam ornatu sermonis singulari, quam per Esaiam stylo simplici oracula divina proponere. Qui vero non tam autorum dicendi facultatem, quam materiarum, de quibus dicere voluit, indolem spectavit suâque per omnia αὐτεξουσίᾳ usus est pro immensa sapientia sua. Ideoque non mirum, eundem spiritum varium sermonis characterem adhibuisse ... Causa diversi sermonis est, quia dat spiritus s. unicuique eloqui prout vult. Doch fügt auch *Cal.* hinzu: etiamsi accommodatus non tantum lectorum et auditorum genio dicatur et apertus scripturae stylus, sed etiam antiquo et usitato dicendi generei scriptorum sacrorum, agnoscenda tamen in eo foret spiritus s. συγκατάβασις, quod ipse se accommodarit quandoque ordinario dicendi modo, scriptoribus suum sermonis genus relinquens, non vero negandum, quod spiritus s. inspirarit iisdem verba. – Zur Verbal-Inspiration wurde auch die der Vokale im hebr. Texte gerechnet. cf, *Gerhd.'s* Beweis ex absurdo (II,272): sequeretur, scripturam non esse a Deo per prophetas traditam quoad singula verba, cum sine punctis vocalibus verba constare nullo modo possint, proinde non totam scripturam esse θεόπνευστον. So folgte aus der Verbal-Inspiration auch die Behauptung: stylus N. T. ab omni barbarismorum et soloecismorum labe immunis est (*Quen.* [I,82]). – Der Beweis für die Verbal-Inspiration wurde geführt aus: 1. 2Tim. III,16 (quaecunque scriptura est tota θεόπνευστος, illius non tantum sensus aut res significatae sed et voces tanquam signa rerum divinitus sunt inspiratae. Ergo etc. [*Holl.* 85]). 2. 1Cor. II,13, Exod. XXXIV,27,28. Matth. V,18.

10. Die inspiratio ist demnach eine göttliche Tätigkeit, die sich auf die schriftliche Aufzeichnung bezieht, und unterscheidet sich in mehr als einer Beziehung von der revelatio.

Versteht man unter dieser den ganzen Inhalt des christlichen Glaubens, so verdankt sie ihr Dasein der Inspiration. *Cal.* (I,280): divina inspiratio consideratur vel ut principium et causa efficiens revelationis, qua est actus Dei inspirantis, vel ut forma revelationis aut verbi revelati. Wird aber revelatio seiner Wortbedeutung nach genommen, wonach sie bisher Unbekanntes kundbar macht, so unterscheiden sich revelatio und inspiratio 1. dadurch, daß letztere auch bereits Bekanntes enthalten kann, dieses Bekannte aber in dem bestimmten Moment und in der bestimmten Form gesagt werden soll, und 2. dadurch, daß der Inhalt der revelatio auf verschiedene Weise dem Menschen zukommen kann, der Inhalt der inspiratio aber nur in der einen Form der unmittelbaren göttlichen Eingebung dem Menschen zukommt. *Quen.* (I,68). *Revelatio* formaliter et vi vocis est manifestatio rerum ignotarum et occultarum, et potest fieri multis et diversis modis, scil. ver per externum alloquium, vel per somnia et visiones. *Inspiratio* est actio spiritus s., qua actualis rerum cognitio intellectui creato supernaturaliter infunditur; seu est *interna conceptuum suggestio seu infusio,* sive res conceptae jam ante scriptori fuerint cognitae sive occultae. *Illa* potuit tempore antecedere scriptionem, *haec* cum scriptione semper fuit conjuncta et in ipsam scriptionem influebat. – Dazu noch die Bemerkungen: *Interim non nego,* ipsam divinam inspirationem dici posse revelationem *secundum quid,* quatenus scil. est manifestatio certarum circumstantiarum, item ordinis et modi, quibus res consignandae et scribendae erant (distinguendum inter revelationem divinam, quae ideo fit, ut res cognoscatur, et eam, quae ideo fit, ut res his et non aliis circumstantiis, hoc et non alio tempore, modo et ordine in literas referatur [I,72]). *Quandoque* etiam revelatio cum ipsa inspiratione divina concurrit, atque coincidit, quando scil. divina mysteria inspirando revelantur, et revelando inspirantur in ipsa scriptione. Hinc recte monet Calovius: omnia et singula, quaecunque in s. literis habentur, non quidem revelationi peculiari novae – sed singulari spiritus s. dictamini, inspirationi et suggestioni accepta ferenda esse. –

11. *Holl.* (88). Inspiratio divina, qua res et verba dicenda non minus, quam scribenda, prophetis atque apostolis a spiritu s. immediate suggesta sunt, ipsos ab omni errore immunes praestitit tam in praedicatione quam in consignatione verbi divini.

Cal. (I,551). Nullus error, vel in leviculis, nullus memoriae lapsus, nedum mendacium ullum locum habere potest in universa scriptura s.

Quen. (I,80). Disting. inter apostolorum *conversationem* et eorundem *praedicationem ac scriptionem*: sive inter infirmitates vitae et errores doctrinae. In doctrina nequaquam errare potuerunt apostoli post acceptum spiritus s. donum ... in vita vero et conversatione externa non fuerunt prorsus ἀναμάρτητοι, sed propter ingenitam originalem corruptionem infirmitatibus et lapsibus adhuc obnoxii ...

Die genauere Ausführung der Lehre von der Inspiration beginnt mit *Gerhard. Hutter* (loci com. 30) drückt sich noch kurz darüber so aus: Etsi Deus non immediate consignavit scripturam, sed prophetarum et apostolorum uti voluit calamo et ministerio: nihil tamen propterea decedit auctoritati scripturae. Deus enim est et Deus quidem solus, qui prophetis et apostolis inspiravit, non modo quae loquerentur, sed et quae scriberent: atque illorum ore, linguis, manibus, calamo usus est. Ergo vel hoc respectu scriptura etiam quatenus talis a Deo ipso est exarata. Prophetae enim ac apostoli tantum fuerunt organa. Darin ist aber dem Wesen nach alles das enthalten, was oben aus den späteren DD. beigebracht worden ist. Zunächst gab die Polemik gegen die Katholiken, die wohl wußten, daß sie der protest. Kirche, ohne doch sich zu beeinträchtigen, alles nähmen, wenn sie die eigentliche Inspiration der Hl. Schrift anzweifelten, Anlaß zu ausführlicheren Bestimmungen. Dann wurden solche auch hervorgerufen teils durch die Fanatiker, die das geschriebene Wort Gottes gering achteten, teils durch die Socinianer und Arminianer, die nur eine teilweise Inspiration der Hl. Schrift behaupteten. Durch deren Widerspruch wurde es den luth. DD. insbesondere wichtig, nicht nur die Real-, sondern auch die Verbal-Inspiration mit aller Strenge geltend zu machen. –

§ 7
Affectiones scripturae s.

Wenn die Hl. Schrift wirklich Gottes Wort ist, dann folgt daraus, daß wir ihr zu unbedingtem Glauben und Gehorsam verpflichtet sind. Sie enthält, eben weil sie die einzige Quelle der Wahrheit ist, diese vollkommen und so deutlich, daß wir sie aus ihr wirklich schöpfen können. Sie ist endlich, weil Gottes Wort, das einzige Mittel, durch das wir zum Glauben gelangen können, darum auch mächtig genug, diesen Glauben in uns zu wirken. Von der Hl. Schrift sind demnach die Affektionen der auctoritas, perfectio seu sufficientia, perspicuitas und efficacia auszusagen[1].

§ 8

1. Auctoritas

Br. (79). Auct. scripturae s. est dignitas manifesta, movens intellectum humanum ad assensum dictis ejus et voluntatem ad obsequium ejus mandatis praebendum. – Wir glauben dem, was die Hl. Schrift sagt, darum, weil *sie* es sagt, und sie es ist, die den Glauben in uns erzeugt, und sie die einzige Quelle ist, aus der wir unseren Glauben schöpfen. Sie ist zugleich das einzige inspirierte Buch und unterscheidet sich dadurch von allen anderen Schriften. Darum können wir auch nur aus ihr lernen, was in göttlichen Dingen wahr ist, und sie gibt uns die Mittel, durch die wir die Wahrheit vom Irrtum überall unterscheiden können. Die auctoritas scripturae s. zerfällt demnach a) in *auctoritas causativa,* qua scriptura assensum credendorum in intellectu hominis generat et confirmat. b) in *auctoritas normativa,* seu *canonica,* qua tum scriptura authentica ab aliis scripturis et versionibus, tum verum a falso dignoscitur[2]. (*Holl.* 104.)

a) *Auctoritas causativa.* Sie beruht darauf, daß wir Gott als den Urheber der Hl. Schrift erkennen[3]: daß er das aber ist, beweist die Tatsache der Inspiration der Hl. Schrift[4]. Diese Inspiration ist durch die Hl. Schrift selbst bezeugt. Aber freilich, weil sie durch sie bezeugt ist, muß derjenige, der diesem Zeugnis glauben soll, zuvor den Glauben an die Hl. Schrift haben, und dem, der diesen Glauben noch nicht hat, muß erst die Glaubwürdigkeit der Hl. Schrift bewiesen werden. Nur diesen aber, also nur denjenigen, die noch außerhalb der Kirche stehen oder die, wenn auch innerhalb derselben, dennoch angefochtenen Glaubens sind, muß sie bewiesen werden, denn für die Kirche und ihre Glieder bedarf es keines solchen Beweises, beruht ja doch die ganze Existenz der Kirche auf diesem Glauben und geht dieser Glaube allen Beweisen voraus[5], so daß es ohne ihn zu keinem Lehrsatz aus der Hl. Schrift käme[6]. Allein auch den ersteren kann kein Beweis geliefert werden, dem sie sich nicht bei ungläubiger Gesinnung entziehen könnten, denn der einzige ganz stringente Beweis liegt darin, daß der Hl. Geist sich an dem Herzen des einzelnen bezeugt und der einzelne so aus der Kraft und Macht, die das Wort Gottes über ihn ausübt, von dessen Göttlichkeit überzeugt wird[7]. Soll es aber dazu kommen, so darf der einzelne sich auch den Zügen des Hl. Geistes nicht entziehen und wird, bevor dieses nicht geschieht, auch das Zeugnis des Hl. Geistes keine Beweiskraft für ihn haben[8]. An diese Erfahrung ist also der einzelne gewiesen und nur durch sie wird er zu unerschütterlicher Gewißheit von der Göttlichkeit der Hl. Schrift gelangen. Alle anderen sogenannten Beweise sind dann mehr nur Zeugnisse für die Göttlichkeit der Hl. Schrift, die sie dem einzelnen wahrscheinlich machen und ihn einladen können, sich der Wirkung des Hl. Geistes hinzugeben, um auch an sich die gleiche Erfahrung zu machen, die die Kirche gemacht hat[9]. Solche Zeugnisse sind zweifacher Art. Es legt nämlich teils die Hl. Schrift selbst durch ihre innere Vortrefflichkeit und Würde (κριτήρια interna) Zeugnis für ihre Göttlichkeit ab, teils zeugen von ihr die Wirkungen, die die Hl. Schrift an anderen hervorgebracht hat (κριτ. externa)[10]. Diese Zeugnisse bringt die Kirche dem einzelnen entgegen und will ihn dadurch anreizen zur Hingabe seines Herzens an den Hl. Geist, der dann die volle Gewißheit von der Göttlichkeit der Hl. Schrift in ihm wirken wird[11].

b) *Auctoritas normativa s. canonica. Holl.* (125). Auct. s. scripturae canonica est eminentissima scripturae dignitas, qua illa tam ratione sensus, quam idiomatis divinitus inspirati, infallibilis et adaequata norma est, ad quam omnia, homini aeternam salutem adepturo, credenda et agenda sunt exigenda, omnes controversiae fidei dirimendae et omnia alia scripta dijudicanda[12]. Danach müssen wir die der Hl. Schrift für die einzige Norm und Richtschnur unseres Lebens erkennen, aus der allein auch alle Streitfragen über göttliche Dinge erledigt werden müssen[13], so daß also in keinem Falle noch eine andere Auktorität hinzukommen muß, durch die diese entschieden werden[14]. Wenn aber so die Hl. Schrift der einzige judex controversiarum ist, so entsteht noch die Frage, wie der Urteilsspruch aus ihr erhoben werden könne? Da liegt es in der Natur der Sache, daß nicht jeder dieses Geschäft mit gleichem Erfolge üben kann, denn es bedarf dazu gewisser Vorbedingungen, ohne die die Hl. Schrift nicht verstanden und ausgelegt werden kann; auch erfordert die in der Kirche notwendige Ordnung, daß wenigstens zur öffentlichen Erhebung des von der Hl. Schrift ausgehenden Urteilsspruches ein äußerer Beruf gehört. Danach kommt es vorzugsweise der Kirche in dem sie repräsentierenden Stande (dem Lehrstande) zu, die in der Hl. Schrift gefundene Entscheidung über einen strittigen Punkt öffentlich auszusprechen[15], woraus aber noch nicht folgt, daß nicht auch jedem Privaten innerhalb der Kirche ein prüfendes Urteil zustehe[16]. Sollte dann in einzelnen Fällen die Erledigung einer Kontroverse doch nicht erreicht werden, so liegt die Schuld nicht an der Hl. Schrift, sondern daran, daß dieselbe nicht recht ausgelegt oder die rechte Auslegung nicht angenommen wird[17]. Jedesmal aber muß, wo eine solche Streitfrage erledigt werden soll, auf den Grundtext der Hl. Schrift zurückgegangen werden, denn eine richtige Übersetzung kann uns wohl das Zeugnis des Hl. Geistes bringen, sie ist aber nie so genau, daß wir bei strittigen Fällen, wo oft alles auf die genaueste Erforschung des einzelnen Wortes im Grundtext ankommt, uns ihrer mit Sicherheit bedienen dürften[18].

1. Die affectiones werden nicht von allen DD. in gleicher Weise aufgezählt: *Calov* und *Quen.* zählen zu den angeführten noch auf: infallibilis veritas, se ipsam interpretandi facultas, normativa et judiciaria potestas, welche Affektionen von anderen DD. den von uns aufgeführten einverleibt werden.

Als *affectiones secundariae* fügen einige DD. noch hinzu: 1. necessitas, quod necessarium fuerit, ut verbum Dei scripto traderetur ob puritatem doctrinae coelestis conservandam. 2. integritas et perennitas, quod canon scripturae integer conservatus sit ac conservandus sit perenniter. 3. puritas et sinceritas fontium, quod textus hebr. in V., graecus in N. T. sincerus, nullamque sive per malitiam sive per incuriam corruptelam quoad omnia exemplaria passus, sed divina providentia a corruptelis immunis conservatus sit. 4. authentica dignitas, quod solus textus hebraeus in V. T., graecus in N. pro authentico haberi debeat, nec ulla versio ad hoc sublime auctoritatis fastigium admittenda sit. 5. legendi omnibus concessa licentia (*Cal.* I,450). –

2. *Br.* (82). Auctoritas scripturae, quatenus spectat assensum dictis ejus praebendum, dupliciter considerari potest: *partim praecise in ordine ad causandum assensum credendorum*: per quem scriptura habet, quod est *principium cognoscendi* et objectum formale fidei ac theologiae revelatae: *partim in ordine ad dignoscendas ab ipsa scriptura θεοπνεύστῳ* et *verace scripturas et doctrinas alias,* quae de rebus fidei ac morum agunt: qua ratione scriptura habet, *quod est canonica* seu quod est norma ac regula discernendi verum a falso. – Quamvis enim una et eadem sit auctoritas scripturae, in Dei veracitate ac dependentia scripturae a Deo fundata, per quam ipsa, cum in ratione motivi formalis ad causandum fidei assensum, tum in ratione normae ad examinandas ac dijudicandas quaslibet scripturas et doctrinas alias constituitur: sicuti tamen scriptura paulo aliter adhibenda est per modum motivi formalis ad causandum assensum fidei, aliter per modum normae ad dignoscendum verum a falso: ita de auctoritate scripturae ratione utriusque habitudinis merito distincte agendum est. – *Holl.* (105). Priori modo adhibetur (scriptura s.) in quacunque lingua ad fidem in intellectu hominis infidelis generandam et animo hominis fidelis confirmandam; quo respectu vocatur causativa aut motiva fidei: posteriori modo adhibetur tantum in textu primigenio ad dignoscendum a scriptura θεοπνεύστῳ versiones hebraei et graeci fontium, libros symbolicos, scriptaque omnia, quae de rebus fidei ac morum agunt.

3. *Br.* (80). Scripturae auctoritas in se et absolute, seu quoad rem spectata, ab auctore scripturae Deo unice dependet et ex ejus veracitate ac potestate summa et infinita resultat. – *Gerh.* (II,36). Quia enim scriptura s. Deum auctorem habet, cujus immediata inspiratione prophetae, evangelistae et apostoli scripserunt, inde atque ideo divinam auctoritatem obtinet; quia est *θεόπνευστος*, ... ideo est *αὐτόπιστος, τὸ πιστὸν ἀφ' ἑαυτῆς ἔχουσα.*

4. *Br.* (81). Quoad nos, seu ut nobis constet, scripturam s. dignam esse, cui fides et obsequium praestetur, notas esse oportet non solum ipsas perfectiones Dei, verum etiam scripturae a Deo dependentiam seu *θεοπνευστίαν*. Unsere Überzeugung beruht aber auf den beiden Sätzen: 1. quaecunque scriptura Deo inspirante consignata est, illa certo et infallibiliter vera est. 2. scriptura s. Deo inspirante consignata est. –

5. *Gerh.* (I,9). Homines qui intra ecclesiae pomoeria sunt, de scripturae auctoritate non quaerunt, est enim principium. Quomodo possent esse veri discipuli Christi, si doctrinam Christi velint in dubium revocare? quomodo vera ecclesiae membra, si de fundamento ecclesiae dubitare velint? quomodo id sibi probari petent, quod ad probanda alia semper assumunt? quomodo de eo dubitarent, cujus efficaciam in cordibus persentiscunt? Spiritus s. in ipsorum cordibus testatur, quod spiritus sit veritas, i. e. quod doctrina a spiritu s. profecta sit immota veritas.

6. Mit Recht wird daher von *Gerh.* bemerkt, daß die Lehre von der Auktorität der Hl. Schrift kein articulus fidei, sondern vielmehr principium articulorum fidei sei. – (I,11). Dogma de canone proprie loquendo non est articulus fidei, siquidem Moses, prophetae, evangelistae et apostoli sua scriptione non fabricarunt novum articulum fidei, prioribus, quos viva voce docuerunt, de novo superadditum.

7. *Gerh.* (II,37). Primum (testimonium) est internum spiritus s. testimonium, qui, ut reddit testimonium spiritui credentium, quod sint filii Dei (Rom. VIII,16), ita quoque efficaciter eos convincit, quod in scripturis vox patris coelestis contineatur, ac solus Deus est idoneus et authenticus testis. Ad hoc testimonium pertinet vivus piorum sensus in quotidiana invocatione et exercitiis poenitentiae ac fidei, virtus consolandi et roborandi animum adversus omnis generis adversitates, tentationes, persecutiones etc., quam in lectione et meditatione scripturae pii quotidie experiuntur.

Quen. (I,97). Ultima ratio, sub qua et propter quam fide divina et infallibili credimus, verbum Dei esse verbum Dei, est ipsa intrinseca vis et efficacia verbi divini et spiritus s. in scriptura et per scripturam loquentis testificatio et obsignatio. Quia fidem largiri, non tantum quâ credimus articulis, sed etiam quâ credimus scripturae articulos exhibenti et proponenti, est opus a spiritu s. ceu causâ supremâ promanans. –

Holl. (116). Per internum spiritus s. testimonium hic intelligitur actus supernaturalis spiritus s. per verum Dei attente lectum vel auditu perceptum, virtute sua divina, scripturae s. communicata, cor hominis pulsantis, aperientis, illuminantis et ad obsequium fidei flectentis, ut homo illuminatus ex internis motibus spiritualibus vere sentiat, verbum sibi propositum a Deo ipso esse profectum, atque adeo immotum ipsi assensum praebeat. Der Schriftbeweis für das testimonium spiritus s. wird geführt aus 1Joh. V,6. 1Thess. I,5.6. II,13. Außerdem wird dem viel gemachten Einwande, daß sich die Dogmatik damit einen Zirkel in der Beweisführung zuschulden kommen lasse, in ff. begegnet: *Holl.* (119). Obj.: »Si quaeram, unde scis, scripturam esse divinam? respondent Lutherani: quia spiritus s. in unoquoque per scripturam hoc testatur et obsignat. Si autem quaeram: unde probas spiritum illum esse divinum? respondent iidem: quia scriptura testatur, illum esse divinum et obsignationem illius esse infallibilem.« Resp.: disting. inter circulum sophisticum et regressum demonstrativum. In circulo sophistico probatur ignotum per aeque ignotum; in regressu vero demonstrativo a cognitione confusa ad distinctam procedimus. Nempe scripturae dignitas divina probatur per effectum supernaturalem spiritus s., per scripturam efficaciter operantis, illuminantis, convertentis, regenerantis, renovantis. Si autem quaeras: estne ille spiritus divinus an malignus? Tunc ab effectu, qui est divinus et salutaris, regredimur ad probandum, spiritum interius testantem de divina scripturae origine esse divinum, sanctissimum et optimum. *Quen.* fügt noch hinzu (I,101): Male ergo nobis affingunt Pontificii, ... ac si hic circulum committamus, dum ex testimonio spiritus s. scripturam s. et ex scriptura s. testimonium spiritus s. probamus. Hac enim ratione etiam circulus esset, quando Moses et prophetae probant Christum et Christus Mosen et prophetas, vel etiam, quando Joannes baptista Christum Messiam et rursus Christus Joannem baptistam prophetam esse testatur. –

8. Daher unterscheidet *Gerh.* (II,36) unter denen, die außerhalb der Kirche stehen, eine doppelte Klasse: Quidam sunt *sanabiles,* qui afferunt animum moderatum ac discendi cupidum, quidam vero *insanabiles,* qui afferunt animum praefractum et obstinatum, ac contumaciter veritati resistunt Act. XIII,46. XIX,28. Insanabiles, perinde ut desperati aegroti, prognosticis sunt relinquendi Tit. III,10. – Dasselbe gilt von denen, qui intra ecclesiae pomoeria sunt, si in tentationibus de scripturae auctoritate dubitare incipiant.

9. *Quen.* (I,98). Motiva illa tam interna quam externa, quibus in notitiam auctoritatis scripturae deducimur, faciunt scripturae s. *ϑεοπνευστίαν* probabilem, et pariunt certitudinem non conjecturalem tantum sed moralem, ita ut eam in dubium vocare dementis sit; non faciunt vero scripturae divinitatem infallibilem et omnino indubitatam nec mentem intrinsecus *ἀμεταπτώτως καὶ ἀμετακινήτως* convincunt, h. e. ***non gignunt fidem divinam sed tantum humanam,*** non certitudinem immotam sed credibilitatem saltem vel opinionem admodum probabilem. –

10. *Gerh.* (II,37). I. *Interna* κριτήρια ipsi scripturae insita, quorum quaedam petuntur ex causis, quaedam ex effectis, quaedam ex subjecto, quaedam ex adjunctis: talia κριτήρια sunt antiquitas, rerum majestas, sermonis singularitas, perpetua conformitas, prophetiae de rebus futuris dignitas, complementi veritas, miraculorum, quibus doctrina illa confirmata est, divinitas, diabolici adversus eam furoris immanitas, ipsius scripturae in persuadendo et permovendo efficacitas. – II. *Testimonia externa,* inter quae eminet ecclesiae testificatio, ad quam accedit martyrum obsignatio, illi enim doctrinam in scripturis traditam sanguine suo confirmarunt. Item, poenae blasphemorum et persecutorum, qui doctrinam illam contumaciter oppugnarunt.

Die späteren DD. stellen die Beweise fast gleichmäßig so zusammen wie *Holl.* (106). Κριτήρια *externa* (quae extra scripturam aliunde assumuntur) sunt: a) scripturae antiquitas; b) amanuensium sacrorum singulare lumen, notitiae veritatisque studium; c) miraculorum, quibus doctrina coelestis scripturarum firmatur, claritas; d) ecclesiae, per universum terrarum orbem diffusae, consentiens testimonium de divinitate s. scripturae; e) martyrum constantia; f) testimonia reliquorum populorum perhibita doctrinae in s. codice contentae; g) doctrinae christianae felix et subita per totum terrarum orbem propagatio, ejusque admiranda inter tot persecutiones conservatio; h) inflictae contemtoribus et persecutoribus verbi divini poenae gravissimae. Zu diesen bemerkt *Holl.* (109). Κριτ. externa praemisimus ideo, quod animi hominum infidelium convertendorum iisdem praeparantur ad scripturam s., cum studio et desiderio discendi legendam atque meditandam ... necesse est, ut primo omnium per adducta externa κριτήρια ... infideles moveantur, ut non improbabile esse censeant, s. scripturam a Deo ducere originem, atque adeo eam aestimare, legere et meditari incipiant.

Κριτήρια *interna* (ex intrinseca scripturae natura ac proprietatibus ejus desumta. *Br.*) sunt: a) Dei de se ipso in s. codice testantis majestas; b) styli biblici simplicitas et gravitas; c) mysteriorum divinorum, quae scriptura pandit, sublimitas; d) omnium assertionum biblicarum veritas; e) praeceptorum s. literis comprehensorum sanctitas; f) s. scripturae ad salutem sufficientia. – Von ihnen bemerkt *Holl.* noch: κριτ. haec interna in unum fasciculum collecta et conjunctim sumta validius suppeditant argumentum, quam si sumantur seorsim et sigillatim. –

11. *Gerh.* (I,9). Quamvis spiritus s. testimonium sit praecipuum ac summum, tamen ab eo non faciendum in conversione talium hominum initium i. e. jubeantur exspectare, donec spiritus s. in ipsorum cordibus immediate de scripturae auctoritate testetur, sed deducendi sunt ad testimonium ecclesiae, quae hac in parte fungitur officio praeceptoris pagani discipuli. Quemadmodum igitur discentem primo oportet credere, donec ipsemet postea de praeceptis judicium ferre possit, ita oportet paganum ecclesiae testimonio assensum praebere, qui primus est ad auctoritatem scripturae inquirendam gradus: addenda deinde sunt interna illa κριτήρια antiquitatis, vaticiniorum etc. Etenim solum et unicum ecclesiae testimonium non est sufficiens ad persuadendam pagano scripturarum divinam auctoritatem, cum adhuc ipse dubius sit, an ecclesia illa sit vera Dei ecclesia. Quemadmodum igitur praeceptoris est, non solum praecepta proponere, sed etiam eorum veritatem corroborare, ita non sufficit, si ecclesia affirmet, has esse divinas scripturas, nisi sui affirmati proferat rationes. Tum demum sequetur, ut spiritus s. in corde ipsius ferat testimonium et suorum verborum veritatem obsignet.

Das Zeugnis der Kirche ist von verschiedenem Gewicht, je nachdem dieses aus der früheren oder späteren Kirche herrührt. Darüber *Gerh.* (I,10): Ecclesia *primitiva,* quae ipsos audivit apostolos, prima acceptione librorum, voce apostolorum et numero miraculorum ad canonis auctoritatem probandam excelluit: *proxima,* durantibus adhuc apostolorum autographis, primitivam antecelluit ampliori prophetiarum N. T. complemento et versionum utriusque testamenti in varias linguas frequentia et exarato variis libris fidelium de scriptura s. testimonio, *sequentem*, apostolorum et evangelistarum manu, primitivae ecclesiae auditione et miraculorum numero superavit. *Postrema*, autographis apostolorum sublatis, majori saltem prophetiarum complemento primitivam et mediam ecclesiam antecedit. –

Außerdem wird hier Anlaß genommen, gegen den katholischen Satz: omnem scripturae auctoritatem ab ecclesia dependere zu protestieren und von dem oben Ausgesprochenen eine solche Auslegung abzuwehren. *Holl.* (120). Auctoritas s. scripturae neque ratione divinae et eminentissimae dignitatis, qua pollet, ab ecclesia dependet, neque ratione cognitionis indiget testimonio ecclesiae, ut ratione praecipua et ultima cognoscendi divinam scripturae auctoritatem, neque ut argumento unico et absolute necessario. – *Gerh.* (II, 38) bemerkt: 1. Aliud est ecclesiam testari de scriptura et ejus auctoritate ministerialiter, aliud, eam conferre scripturae suam auctoritatem praetorie et judicialiter. Ecclesiae ministerio et testificatione deducimur ad agnoscendam scripturae auctoritatem, sed ex eo inferri nequit, quod auctoritas scripturae sive in se, sive quoad nos ab ecclesiae auctoritate unice pendeat, quia quando jam cognovimus, scripturam esse divinam et verbum Dei continere, non amplius credimus scripturae propter ecclesiam, sed propter se ipsam, quia scil. est vox Dei, qui est *αὐταλήθεια*, ac proinde *αὐτόπιστος*, cui per se, propter se et immediate credendum esse novimus. 2. Aliud est, ex ecclesiae testimonio innotescere nobis scripturae auctoritatem, aliud vero, ex solo ecclesiae testimonio omnem scripturae auctoritatem quoad nos unice dependere. Prius concedimus, posterius negamus, quia praeter ecclesiae testimonium aliae duae classes testimoniorum auctoritatem scripturae demonstrantium dantur, et in illa ipsa classe, quae ecclesiae testimonium continet, etiam alia externa testimonia ex omni scil. hominum genere proferri possunt; interim non negamus ecclesiae testificationem in hac classe reliquis externis testimoniis praeferendam. 3. Aliud est loqui de testimonio ecclesiae primitivae, quae ab apostolis s. librorum autographa accepit et fidele testimonium de illis posteritati tradidit, aliud vero de auctoritate praesentis ecclesiae.

Quen. (I,93) berücksichtigt noch den Einwand der Katholiken: ecclesia est antiquior scripturâ, ergo majorem habet auctoritatem, und antwortet darauf: Disting. inter verbum Dei in scripturis propositum et ipsum scribendi actum, sive inter scripturae substantiam, quae est verbum Dei, et hujus accidens, quod est scriptio. Ecclesia prior est scriptura, si spectes scriptionis opus et actum, non vero prior est ipso verbo Dei, per quod ipsa ecclesia est collecta. Sane scriptura ceu verbum Dei est ecclesiae fundamentum Eph. II,20, at fundamentum antiquius est aedificio. –

12. *Holl.* (125). S. scriptura suam potissimum exserit auctoritatem canonicam, quando de veritate doctrinae exoritur controversia et veritas confirmanda, falsitas vero confutanda est: auctoritatem vero motivam fidei exserit scriptura, quotiescunque vel infideles ad fidem christianam convertendi sunt vel fidelium infirma fides confirmanda est. –

13. *Gerh.* (I,28). Scriptura s. est norma fidei vitaeque nostrae, proinde et judex controversiarum theologicarum. – (I,30) Adde, quod omnes proprietates normae proprie sic dictae conveniunt scripturae. Norma enim debet esse certa, immota, invariabilis, prima, omnibus adaequata, sibi semper similis. Atqui talia nec traditionibus, nec rationis humanae placitis, nec patrum scriptis, nec pontificis aut conciliorum decretis, sed soli scripturae conveniunt. *Form. conc. epit.* (Vorwort 1). Docemus, unicam regulam et normam, secundum quam omnia dogmata omnesque doctores aestimari et judicari oporteat, nullam omnino aliam esse quam prophetica et apostolica scripta cum V. tum N. T. Cf. noch die Bemerkung *Quen.'s* (I,150): quando dicimus, s. scripturam esse unicam fidei ac vitae, secundum voluntatem Dei instituendae, normam omniumque controversiarum religionis

judicem infallibilem, non loquimur de omni ecclesiae tempore, fuit enim tempus quoddam, quo ecclesia instituta et gubernata fuit sine verbo Dei scripto, tempus scil. ante Mosen; sed de illo tempore, quo primus canon scriptus ... fuit constitutus, ac imprimis de tempore N. T., quo omnia ad fidem et cultum Dei necessaria scripta et salubri vigilantia collecta in canonem redacta sunt.

Holl. (125). *Norma cognitionis* duplici fungitur munere, *directivo et correctivo.* Dirigit enim cognitionem humanae mentis, ut intra metas veritatis se contineat, et corrigit errores, si quidem rectum est norma sui et obliqui. Dicitur itaque scriptura s. canon, sive norma, partim ob directionem, quia secundum eam veritas fidei et honestas morum dirigitur; partim ob correctionem, quoniam controversiae fidei ad eam examinantur et quidquid rectum piumque est, retinetur, quidquid erroneum impiumque est, rejicitur.

Andere, wie *Cal.* und *Quen.*, drücken dies in einer eigenen affectio aus durch: potestas normativa et judiciaria. *Cal.* (I,474). Norma est scriptura s., ad quam exigi possunt et debent omnes controversiae fidei et morum in ecclesia (Ps. XIX,8. Gal. VI,16. Phil. III,16), adeoque norma non partialis sed totalis et adaequata, quia extra scripturam s. nulla alia norma infallibilis dari potest in rebus fidei: quaecunque adducuntur praeter Dei verbum ... fallibilia sunt, ideoque unice ad scripturam ceu normam revocamur (Deut. IV,2. XII,28. Jos. XXIII,6. Es. VIII,20. Luc. XVI,29. 2Petr. I,19), ad quam etiam ceu regulam provocarunt unice Christus et apostoli (Matth. IV,4. XXII,29.31. Marc. IX,12. Joh. V,45. Act. III,20. XIII,33. XVIII,28. XXVI,22).

14. Daher die beiden porismata bei *Quen.* (I,158.167):

1. non itaque necessarius est in ecclesia summus, ordinarius et universalis judex, qui, in visibili cathedra sedens, exortas inter Christianos de fide et religione lites et controversias peremtorie dirimat sententiamque de illis viva voce et distincte pronunciet. Nec pro tali judice agnoscere possumus Romanum pontificem, aut patres, aut concilia.

2. nec rationi humanae judicium de mysteriis ac controversiis fidei committendum nec interno instinctui aut spiritui privato. –

15. *Chmn. Trid.* Habet ecclesia jus et libertatem dijudicandi. – *Gerh.* (II,359). Si ecclesia est firmamentum et columna veritatis, eamque jubemur audire (1Tim. III,15. Matth. XVIII,17), utique aliquod judicium in controversiis fidei illi competit. –

Aber das Recht, das der Kirche damit zugewiesen wird, wird wohl unterschieden von dem, das der Hl. Schrift zukommt. Gewöhnlich so: 1. Judex principalis est spiritus s., j. instrumentalis s. scriptura, j. ministerialis (auch inferior) est ministerium ecclesiasticum. Von letzterem (qui vocem supremi illius judicis in scripturis propositam debet repetere, et ex ea, quid sit agendum, docere, eandem interpretari, et secundum eam dirigere) gilt aber: judicem illum non debere pro suo arbitrio sententiam pronunciare, sed juxta normam a supremo judice praescriptam, videl. juxta scripturam s., quam propterea vocem judicis supremi et normam judicis inferioris et judicem directivum appellamus (*Gerh.* II,366).

Und *Quen.* (I,150). Judicium inferius (scil. doctoris ecclesiae) nihil aliud est, quam judicii divini decisivi et definitivi interpretatio, declaratio, annunciatio, et ad certas personas et res applicatio. Woraus weiter folgt: judicis inferioris judicio standum est, non absolute, sed si ex praescripto legis divinae sive scripturae pronunciet, et in quantum ostendit, se secundum verbum Dei judicare. Deut. XVII,10 unde et *ab hoc judice inferiore provocari potest ad supremum, non vero vicissim a supremo ad illum.* Est itaque subordinatus judex non absolutus, sed ad judicis summi vocem in scriptura sonantem adstrictus et alligatus. – Nach dieser Unterscheidung wird auch die Hl. Schrift judex judicans s. judex ad quem, die ecclesia judex judicandus s. judex a quo genannt. –

Die Kirche ist also wohl *judex visibilis,* aber nur *j. discretivus,* qui, adhibito judicio intellectus, verum a falso dignoscit; sie ist aber nicht *judex specialiter et stricte dictus*, nempe *auctoritativus et decisivus*, qui pro auctoritate ferat sententiam et vi auctoritatis, qua polleat, litigantes, obliget, ut in lata a se sententia citra ulteriorem inquisitionem acquiescant. – *Holl.* (146).

16. *Gerh.* (II,359). Quod est spiritualis hominis proprium, illud omnibus ecclesiae filiis et membris competit. Ratio est, quia per spirituales homines non intelliguntur tantum clerici, ut habet Pontificiorum nomenclatura, sed omnes ecclesiae filii, qui spiritu Dei reguntur Rom. VIII,9. Jam vero spiritualis hominis proprium est omnia judicare 1Cor. II,15.

Quen. (I,150). Unumquemque fidelem pro mensura doni Dei, non quidem de quibuslibet controversiis, attamen de fidei dogmatibus ad salutem necessariis judicare, et quid distent aera lupinis, discretionis judicio dignoscere posse et debere asserimus. Non ut spiritum suum quisque sequatur, ut Pontificii ecclesias nostras criminantur, sed ut spiritus s. in scripturis proposito judicio attendat et ad ejus tenorem omnia examinet, *publicam vero decisionem controversiarum doctoribus peragendam relinquat* 1Cor. X,15. XI,31. 1Thess. V,19. –

Es wird danach unterschieden: judex ministerialis *publicus et privatus*. *Publicus* judex est ministerium ecclesiasticum; *privatus* est membrum aliquod ecclesiae, persona scil. privata.

17. *Gerh.* (II,367). Distinguendum est inter potentiam et actum. Scriptura potentia quidem suaque natura propter perfectionem et perspicuitatem ad controversias dirimendas est sufficiens et idonea, sed vitio humanae improbitatis contingit, ut effectus actu non semper nec apud omnes sequatur, quemadmodum evangelium est potentia Dei ad salutem omni credenti, Rom. I,16, licet non omnes per praedicationem evangelii actu convertantur et salventur. *Br.* (161). Possent sane controversiae, quae ipsa fidei et morum dogmata, definitu scituque necessaria, attinent, omnes hac ratione dijudicari et finiri; modo exorta controvertendi occasione, mentes pias, veritatis amantes atque eruditas afferrent qui disputaturi sunt. Sic enim, sepositis praejudiciis studioque partium et pravis affectibus, argumentis vero utriusque partis ad scripturae normam expensis, facile appareret, quaenam vera, quae falsa sententia sit: propter ipsam scripturae, de his ex instituto agentis, perspicuitatem. Quod autem caeteras quaestiones attinet, quae salva fide in utramque partem disputari possunt, harum dijudicatio et finis non aeque postulari aut exspectari debet. –

18. *Holl.* (125). Auctoritas *causativa* fidei ab auctoritate s. scripturae *canonica* differt: quod scriptura fidem divinam generat per sensum *θεόπνευστον*, qui sensus scripturae unus et idem est ac manet, sive idiomate scripturae primigenio, sive versione aliqua, textui originali conformi, exprimatur. Ideo vis illuminatrix, scripturae sensui conjuncta, ad generandam fidem non tantum per scripturam primigeniam, sed et per versionem scripturae se efficaciter exserit, modo versio perspicua sit et textui authentico conformis: qualis est versio biblica Lutheri, qua utuntur homines fideles in nostris ecclesiis; quae lecta vel auditu percepta tam efficax est ad causandum assensum fidei, quam si textum hebraeum V. et graecum N. T. legissent, vel voce docentis propositum et explicatum audivissent, quamvis verba illius versionis a Deo immediate non sint inspirata. At vero ut scriptura valeat auctoritate canonica, non tantum sensum sed et verba a Deo immediate profecta esse oportet. Ad canonem enim sive normam doctrinae et morum requiritur etiam ex parte verborum certitudo et infallibilitas absoluta, *quae non datur nisi in primigenio scripturae s. textu*, quippe qui a Deo inspirante immediate dependet. Versiones concinnatae sunt studio hominum, qui in transferenda scriptura aliquid humani pati et errare potuerunt.

§ 9
2. Perfectio seu sufficientia

Daraus, daß die Hl. Schrift Gottes Wort ist, folgt von selbst, daß alles, was in ihr enthalten, vollkommen wahr ist: daraus aber, daß sie das einzige Wort Gottes an uns ist, folgt weiter, daß, wenn wir überhaupt den Weg kennen sollen, der zum Leben führt, er auch vollkommen in der Hl. Schrift angegeben sein muß[1], und dies ist es, was mit der perfectio s. sufficientia ausgesagt werden soll. *Gerh.* (II,286). Quod scriptura de omnibus, quae ad salutem consequendam sunt necessaria, plene ac perfecte nos instruat[2]. Und zwar so vollkommen muß alles, was zum Heil zu wissen not tut, in der Hl. Schrift enthalten sein, mag es nun mit ausdrücklichen Worten in ihr gesagt sein oder erst aus solchen abgeleitet werden müssen[3], daß wir nie Ursache haben, es anderswoher zu ergänzen; daher sind also alle Lehren, die aus mündlicher Tradition abgeleitet werden wollen, zu verwerfen. (*Gerh.* [I,25] praetermissis traditionibus uni scripturae s. esse adhaerescendum.)[4] –

1. *Holl.* (173) unterscheidet perfectionem scripturae: a) ratione materiae, quoniam nullus liber θεόπνευστος, relatus in perpetuum fidei canonem, intercidit. b) ratione formae, eo quod nullus error in textum authenticum negligentia aut perfidia amanuensium irrepsit. c) ratione finis, quoniam omnia fidei dogmata morumque praecepta homini aeternam salutem adepturo sufficienter tradit. Von dieser letzteren, als der perfectio finalis, ist hier die Rede. *Br.* (136). Perfectionem scripturae in ordine ad finem ejus spectandam esse, modo diximus et constans est nostratium sententia. Dicuntur autem perfecta ad finem, quibus nihil deest eorum, quae ad consequendum finem sunt necessaria. Finis autem scripturae ultimus est salus nostra; intermedius fides in Christum. – Von der perfectio im zweiten Sinne wurde schon bei der inspiratio gehandelt. Zu der im ersteren Sinne bemerkt *Br.* (135). Non tam respectus habetur ad numerum librorum, quotquot unquam ab hominibus sanctis scripti fuerunt, ex quibus aliqui, quoad nomina auctorum aut titulorum in superstitibus libris scripturae, citati, ipsi vero libri periisse putantur; sed spectatur perfectio scripturae superstitis in ordine ad finem. Quamquam etiam de libris illis, quos nonnulli deperditos dicunt, observandum est, aliquos revera non periisse; verum adhuc, sub aliis quidem titulis extare ... Quod si vero aliqui a viris sanctis scripti libri revera perierint, eos tamen 1. non ex divina inspiratione sed studio humano consignatos; 2. historicos etiam potius, quam doctrinales fuisse; imo, si vel hoc 3. concederetur, periisse libros θεοπνεύστους; dogmata ipsa tamen in aliis libris superstitibus non minus recte et plene tradita comparere, certe 4. nullum librum, qui semel ex intentione spiritus s. in partem canonis aut normae venerat, cum detrimento scripturae canonicae sive, ut ea desineret esse adaequatum principium et norma doctrinae fidei et morum, interiisse, statuendum est.

Gerhard bemerkt endlich noch, daß die Hl. Schrift nicht erst jetzt als vollkommen zu betrachten sei, seit die Offenbarung A. und N. T. geschlossen sei. (II,286). Perfectionem scripturae aestimandam esse non ex numero librorum, sed ex sufficientia dogmatum ad salutem scitu necessariorum. Id quod scriptum fuit, quovis ecclesiae tempore perfectum canonem exhibuit, cum divina revelatio in illis libris respectu illius temporis perfecte fuerit exposita. Sic cum soli libri Mosaici extarent, perfecta erat scriptura, respectu scil. habito ad illud ecclesiae tempus, quo nondum extabant plures revelationes, quas Deus in literas redigi voluerit ...

2. *Quen.* (I,102). S. Scriptura perfecte, plene et sufficienter continet omnia, quae ad fidem et vitam christianam atque adeo ad aeternae salutis consecutionem scitu sunt necessaria.

Den Beweis führt *Gerh.* (II,286sqq.): 1. ex diserta appellatione et nomenclatura. Ps. XIX,8. 2. a causa efficiente principali, quae est Deus sapientissimus et perfectissimus. 3. a materia ... – scriptura s. ϑεόπνευστος, propheticis et apostolicis libris comprehensa, omne consilium Dei de salute nostra proponit et omnes christianismi partes ita explicat, ut nec addi nec detrahi quidquam debeat. Probatur ex Act. XX,27. XXVI,22. 2Tim. III,16.17. Deut. IV,2. XII,32. Gal. I,8. Ap. XXII,18. 4. a fine et effectu.

3. *Calov* (I,610). Nos scripturam s. sufficienter et adaequate continere omnia, quae ad fidem et vitam christianam necessaria sunt, asserimus, ita tamen, ut ea etiam in scripturis aperte haberi, ac quantum satis est, censeamus, quae αὐτολεξεί et quoad verba κατὰ τὴν διάνοιαν et secundum sententiam in ea comprehensa sint, ac luculenta consequentia ex iis, quae expresse scripta sunt, deducuntur, ut opus non sit traditione quadam non scripta, ad scripturam supplendam, vel ad ea, quae virtute continentur in scriptura, ex eadem colligenda et deducenda: quia sine illa traditione sufficienter omnia haberi possint e sola scriptura sacra. –

Gerh. (II,286). Nos nequaquam eo sensu scripturam vocare perfectam, quod omnia, quae ad fidem et mores scitu necessaria, αὐτολεξεί sive κατὰ ῥητόν, secundum literam et totidem verbis in scripturis extent, sed quaedam secundum rem, quaedam secundum literam; vel, quod idem est, quaedam explicite, quaedam vero implicitę in illis contineri dicimus, ut per legitimam et immotam consequentiam ex illis deduci possint. Vor Mißverständnis bewahrt aber *Quen.* (I,102) diese Bemerkung durch die andere: Non dicimus cum Pontificiis, scripturam esse perfectam implicite vel continere omnia ad fidem necessaria, veluti in radice, in semine, in principio universali vel tanquam in indice, ita ut ipsa quidem non contineat omnia, ostendat tamen, unde vel ubi ea petenda sint, remissione facta ad ecclesiam ejusque traditiones, ex quibus defectus illorum dogmatum, quae desiderantur, suppleri possit. –

4. Damit ist die katholische Lehre von der Tradition verworfen, die *Chmn. exam. Trid.* (I,110) so beschreibt: Fingunt, multa quae ad fidem moresque necessaria sunt, ab apostolis tradita esse, quae in scriptura non comprehenduntur. Et mox attexunt aliud αἴτημα: ea, quae in ecclesia Rom. traduntur et observantur, quae nullo scripturae testimonio probari possunt, esse illa ipsa, quae ab apostolis viva voce sunt tradita et scriptis non comprehensa.

Daher. *Holl.* (178). Traditio est doctrina a Christo et apostolis oretenus tradita, quae nec quoad rem nec quoad ipsa verba in scripturis continetur, continua autem successione in ecclesia conservata est. Dagegen dann der Satz: ex scripturae perfectione colligimus, eam in fidei articulis ad salutem scitu necessariis traditionem supplemento minime indigere *Gerh.* (II,307).

Da das Wort traditio in der Hl. Schrift in so verschiedenem Sinne gebraucht und ihr eine so verschiedene Bedeutung beigelegt wurde, so nehmen die DD. dies zum Anlaß, genau den Sinn zu bezeichnen, in dem sie die traditio verwerfen, und von dieser so verworfenen Bedeutung die anderen zu unterscheiden, die sie in gewissem Sinne zulassen. *Chemnitz* unterscheidet im ex. c. Trid. (I,110sqq.) acht verschiedene Bedeutungen:

1. Primum genus traditionum illud constituimus, quod ea, quae Christus et apostoli viva voce tradiderunt, quae postea ab evangelistis et apostolis literis consignata sunt, saepe vocantur traditiones.

2. ... quod libri scripturae s. non interrupta serie temporum et certa connexionis successione ab ecclesia custoditi, et fideliter ad posteros transmissi, nobisque quasi per manus traditi sunt.

3. Irenaeus et Tertullianus celebrant traditionem apostolicam ... non aliquod aliud dogma fidei ex traditione proferunt et probant praeter illa, quae in scriptura continentur, sed eadem et illa ipsa dogmata, quae in scriptura comprehenduntur, ostendunt et probant etiam ex traditione.

4. de expositione, vero sensu seu nativa sententia scripturae.

5. ... quod Patres aliquando ita vocant illa dogmata, quae non totidem literis et syllabis in scriptura ponuntur, sed bona, certa, firma, et manifesta ratiocinatione ex perspicuis scripturae testimoniis colliguntur.

6. quod de catholica patrum consensu dicitur. Usitata enim est illa forma loquendi: Patres ita tradiderunt.

7. quod ubi veteres mentionem faciunt traditionum non scriptarum, proprie non intelligunt dogmata fidei sine scriptura, extra et praeter scripturam recipienda, etiamsi nullo scripturae testimonio probari possunt, sed de ritibus et de consuetudinibus quibusdam vetustis loquuntur, quos propter antiquitatem ad apostolos retulerunt.

8. traditiones tam ad fidem, quam ad mores pertinentes, quae nullo scripturae testimonio probari possunt, quas tamen pari reverentia et pietatis affectu synodus Trident. suscipiendas et venerandas imperat sicut ipsam scripturam.

Danach teilt *Holl.* (178) die traditiones ein in traditiones ecclesiae rituales, historicas, exegeticas, testificatorias et dogmaticas. Nur von den letzteren ist hier die Rede: *Holl.* Neque enim improbamus omnes ecclesiae traditiones rituales, modo observetur regula theologica observata a Chemnitio in ex. conc. Trid. »Caerimoniae in ecclesia sint genere indifferentes, numero paucae, sint piae et utiles ad aedificationem, ordinem et decorum; habeant extra casum scandali liberas observationes«, ut pro ratione aedificationis, temporis, loci et personarum institui, mutari et abrogari possint. Admittimus *traditionem historicam* de canone scripturae, ut argumentum non infallibile sed probabile. *Traditiones exegeticas* grata mente recipimus, si nempe interpretatio patrum a scripturae phrasi, verborum proprietate, contextu et analogia fidei non discrepet. Traditionem *testificatoriam* magni facimus, et fatemur cum Chemnitio, nos ab illis dissentire, qui fingunt opiniones, quae nulla habent testimonia ullius temporis in ecclesia. Sentimus etiam, *nullum dogma in ecclesia novum et cum tota antiquitate pugnans recipiendum.* Die symbolischen Bücher handeln allein von den traditionibus ecclesiasticis seu ceremonialibus. Conf. Aug. XV. Apol. VIII und Form. concord. X. Diese besprechen da die Fragen, 1. inwieweit diese zulässig seien, und 2. ob in der Kirche, wie nichts geglaubt, so auch nichts gelehrt werden dürfe, was nicht ein ausdrückliches Wort der Hl. Schrift für sich habe? Die erstere Frage bejahen sie, die andere verneinen sie von dem Begriff der christlichen Freiheit aus.

Der Synkretismus gab dann Anlaß zu weiteren Bestimmungen über den Begriff traditio. *G. Calixt* hatte gesagt: »non debet amibigi, quin ex scriptis veteris ecclesiae, quae adhuc superant, consensus antiquitatis sufficienter erui queat et pro apostolico habendum sit, quod illi uno ore docent et tanquam apostolicum se accepisse tradunt.« Darauf *Calov.* (I,327): quamquam novatores in eo a Papistis abeant, quod nullum fidei articulum solum traditum nec in scripturis comprehensum agnoscant, aut aliam doctrinam ab apostolis traditam suscipiant, quae scripta non sit: suffragantur tamen in eo Papistis, quod verbum aliquod Dei non scriptum et ab apostolis profectum constituant, ac traditionem apostolicam, nescio quam, per scripta Patrum ad nos propagatam ceu indubitatum Dei verbum habendam velint. Und p. 330 dann der Satz: quamquam apostolos non solum scriptis sed etiam viva voce docuisse indubium sit, ac verbum, quod praedicarunt, qua tale non minus, quam quod scripturâ comprehensum est, pro indubitato Dei verbo habendum superesse, tamen hodie adhuc quoddam verbum Dei ab apostolis traditum et inde ad nos propagatum, quod cum scripturis sacris propheticis et apostolicis pro infallibili et indubitato suscipi debeat, id est quod Papistis cum novatoribus gratificari neque possumus neque debemus.

§ 10
3. Perspicuitas

Wenn die Hl. Schrift alles enthält, was zum Heil not tut, und wenn sie es *allein* enthält, so muß sie notwendig alles dieses auch so klar und deutlich enthalten, daß es eines jeden Erkenntnis zugänglich ist; daher kommt der Hl. Schrift das Prädikat der *perspicuitas* zu. *Cal.* (I,467). Quod in his, quae scitu sunt necessaria ad salutem, per se satis evidens sit ac luculenta scriptura ex intentione Dei autoris, et vi propria verborum, ut externa et adscititia luce non indigeat[1]. – Indem aber solche perspicuitas von der Hl. Schrift ausgesagt wird, ist die Meinung nicht die, daß alles und jedes, was in der Hl. Schrift enthalten ist, klar und deutlich für jeden sei, sondern nur die, daß alles das, *was zum Heil zu wissen* nötig ist, klar und deutlich in ihr gesagt sei[2], und daß, wenn dieses auch nicht in allen Stellen gleich klar ausgesprochen ist, es doch aus der Zusammenstellung der hierher gehörigen Stellen erkannt werden könne[3]. – Auch wird nicht behauptet, daß nicht gewisse Vorbedingungen zum Verständnis der Hl. Schrift erforderlich seien. Als solche werden vielmehr gefordert: die nötige Reife des Verstandes, die nötigen Sprachkenntnisse, eine vorurteilsfreie Stimmung bei Erforschung des Inhalts der Hl. Schrift und geneigter Wille, den Inhalt der Hl. Schrift rein und lauter aufzufassen[4]. Wo diese Vorbedingungen fehlen, da ist freilich ein gedeihliches Verständnis der Hl. Schrift nicht zu erzielen, da liegt aber auch die Schuld nicht an der Hl. Schrift[5]: wo dagegen diese Vorbedingungen vorhanden sind, da kann auch ein deutliches und klares Verständnis der in der Hl. Schrift enthaltenen Heilswahrheiten gewonnen werden, das freilich so lange noch ein bloß äußeres und natürliches ist, bis durch die Erleuchtung des Hl. Geistes ein inneres Verständnis[6] und das Vermögen gewirkt wird, sich die in der Hl. Schrift enthaltenen Heilswahrheiten auch im Herzen zu eigen zu machen[7]. Endlich ist die perspicuitas der Hl. Schrift auch nicht so zu verstehen, als ob die Mysterien des christlichen Glaubens durch sie aufgeschlossen würden; vielmehr bleiben diese, was sie sind, Mysterien: die perspicuitas besteht nur darin, daß uns die Hl. Schrift die Mysterien ganz so erkennen läßt, wie Gott will, daß sie erkannt werden[8].

Aus dem bisher Gesagten folgt zuletzt noch von selbst, daß in allen den Fällen, in denen die Auslegung einer Stelle zweifelhaft ist, die Entscheidung nie woandersher als aus der Hl. Schrift selbst gewonnen werden darf, womit also der Hl. Schrift die facultas se ipsam interpretandi zugesprochen ist[9]. Bei der Auslegung aber gilt als oberster Grundsatz der, daß die dunkleren Stellen aus anderen deutlicheren Stellen der Hl. Schrift zu erklären sind[10]. Da nun alle diejenigen Lehren, die uns zum Heil zu wissen not sind, in der Hl. Schrift deutlich enthalten sind, so daß wir aus ihnen den gesamten Inhalt der christlichen Heilswahrheit gewinnen, und da ferner mit vollem Recht von der Voraussetzung ausgegangen werden kann, daß die Hl. Schrift nicht widersprechenden Inhalts sei, so müssen wir darauf achten, daß wir diesen dunkleren Stellen keinen Sinn abgewinnen, der dem Inhalt der deutlich erkannten Wahrheiten zuwider wäre, wir müssen sie also auslegen *secundum analogiam* fidei. (Analogia fidei est conformitas doctrinae fidei, scripturis sacris luculenter expositae. *Cal.*[11]). Für alle Auslegung dunkler wie deutlicher Stellen der Hl. Schrift gilt aber die allgemeine Regel, daß jede Stelle nur *einen* ursprünglichen und eigentlichen Sinn hat, den unmittelbar aus den Worten fließenden (sensum literalem), der jedesmal durch die oben angegebenen Hilfsmittel aufgefunden werden kann[12].

1. Die vollständige Beschreibung der perspicuitas bei *Br.* (138) ... perspicuitas, seu quod ea, quae creditu et factu homini ad salutem tendenti sunt necessaria, verbis et phrasibus ita claris et usu loquendi receptis, in scriptura proponuntur, ut quilibet homo, linguae gnarus, et vel mediocri judicio pollens, verbisque attendens, verum verborum sensum, quoad ea, quae sibi sunt scitu necessaria, assequi et capita ipsa doctrinae simplici mentis apprehensione amplecti possit: prout ad assensum fidei, verbo apprehenso et rebus significatis praebendum, intellectus hominis per scripturam ipsam, ejusque lumen supernaturale, seu virtutem divinam illi conjunctam, perducitur. –

Beweis nach *Quen.* (I,121.122) 1. ex Deut. XXX,11 et 12. Rom. X,8. 2 Petr. I,19. Ps. XIX.9. CXIX,105. Prov. VI,23. 2. *ex scripturae conditione*: a) quia scriptura Deum habet autorem, qui perspicue loqui potuit, obscure noluit. Perspicue loqui potuit, est enim linguae et vocis artifex. Voluisse autem obscure loqui citra blasphemiam dici nequit. b) affert sapientiam parvulis seu imperitis Ps. XIX,8. 2Tim. III,15. c) revelat mysteria abscondita Rom. XVI,25. 1Cor. II,9.10 Col. I,26.27. d) eo fine est a Deo proposita, ut voluntas Dei inde cognoscatur, et homines informentur ad vitam aeternam Joh. XX,31. Rom. XV,4. e) quia omnibus legenda est praecepta Deut. XVII,19. Joh. V,39.

2. *Gerh.* (I,26) ... Observandum est, quando scripturam dicimus esse perspicuam, non hoc nos velle, quasi omnia omnino, quae uspiam in s. literis proponuntur, ita comparata sint, ut primo intuitu a quovis plene et plane intelligantur. Quin potius fatemur, quaedam in scripturis obscurius dicta et intellectu esse difficiliora ... Hoc vero est, quod dicimus et modis omnibus approbare contendimus, tantam esse scripturae perspicuitatem, ut ex ea certa aliqua et constans sententia de dogmatibus, quorum cognitio ad salutem cuivis necessaria est, haberi possit. – Daraus folgt der Satz (II,329): quae in scripturis nuspiam diserte et perspicue exposita habentur, eorum cognitionem non esse ad salutem absolute necessariam.

Quen. (I,118). Non dicimus, universam scripturam et quavis ejus particulas esse claras et perspicuas. Concedimus namque quaedam obscuriora et δυσνόητα sive intellectu difficilia (2Petr. III,16), non solum quoad rerum sublimitatem sed etiam quoad spiritus s. dictionem, in s. l. reperiri, quae doctoribus exercendis toto vitae cursu materiam praebent, et quorum exacta cognitio in coelesti academia demum expectanda est; sed quod fidei dogmata et vivendi praecepta ita ubique obscure proponantur, ut nullibi clare et perspicue extent, id est, quod negamus. Articuli enim fidei et praecepta morum in propriis suis sedibus non obscuris aut ambiguis sed perspicuis, propriis et ab omni ambiguitate alienis verbis in scriptura proponuntur, ut quilibet sedulus scripturae lector, qui devote et pie scripturam legit, ea possit intelligere. – (*Br.* [140] saltem in iis locis, ubi ex professo, quod ajunt, de certo dogmate fidei aut morum agitur, seu ubi sedes ejus continetur: ita ut nullus sit fidei articulus, nullum vitae praeceptum, quod non alicubi verbis propriis, claris et perspicuis in scriptura proponatur.) –

Quen. (I,118) unterscheidet: inter onomastica, chronologica, topographica, allegorica, typica, prophetica seu vaticinia nondum impleta, et inter historica, dogmatica et moralia. Si vel maxime in illis, quoad stylum et λέξιν, aliqua difficultas sive obscuritas occurrat, illa tamen nihil derogat perspicuitati scripturae in his. Habet scriptura elementaria (quae summa et necessaria religionis nostrae capita continent). Habet sublimia ... habet mystica, – habet onomastica ... Elementaria voluit Deus clarissime in s. 1. proponi, quia omnibus ad salutem scitu necessaria sunt, quae per illa confirmantur. Reliqua habent aliquam difficultatem ... –

3. *Gerh.* (II,329). Observandum est: alia aliis in scriptura esse clariora, et quae in uno loco dicuntur obscurius, alibi explicari manifestius.

Quen. (I,118). Aliud est, in propositione mysteriorum fidei et eorum, quae ad salutem creditu necessaria sunt, haerere aliquando aliquam difficultatem et obscuritatem, et aliud, illam obscuritatem nullibi in ipsa scriptura illustrari, collatione instituta cum locis parallelis, et observata *ἀναλογίᾳ τῆς πίστεως* in scripturis tradita. Sane quod in uno loco obscure, id alibi planissime proponitur, et quod alicubi latet sub tropis et figuris, id alibi patet in verbis apertis et propriis; atque ita plerisque difficilibus scripturae locis lux affertur ab aliis apertioribus. –

4. *Gerh.* (II,329). Observandum est, non excludi a nobis per assertionem perspicuitatis pium studium in lectione et meditatione scripturae adhibendum, nec adminicula ad scripturae interpretationem necessaria. *Quen.* (119). Disting. inter homines, quibus ab aetate linguaeque, in qua legunt scripturam, imperitiâ et ignorantiâ objicitur impedimentum vel qui praeconcepta opinione erronea occupati sunt; et homines, in quibus tale quid non reperitur ... Praesupponimus enim linguae illius sufficientem cognitionem, aetatis maturitatem, animum a praejudiciis et erroneis opinionibus non occupatum, itemque legitimam ac bonam textus ex authentico versionem.

Br. (146). Nempe qui non ad verba ipsa attendit, sed praejudiciis suis indulget, et verba scripturae ad ea detorquet, etiam in locis perspicuis ac sensu genuino investigando errare potest. Daher *Holl.* (149): perspicuitas scripturae non est *absoluta sed ordinata,* si quidem ad eam intelligendam ordo divinitus institutus accurate observandus est. Requiritur enim 1. invocatio Dei, patris luminum. 2. notitia idiomatis, quo s. scriptura legitur sive in fonte sive in versione. 3. attenta consideratio phrasium, scopi antecedentium et consequentium. 4. depulsio praeconceptarum opinionum et pravorum affectuum, ambitionis, odii, invidiae, audaciae etc. etc. –

5. Darum unterscheidet *Quen.* (I,118) inter obscuritatem, quae est in objecto cognoscendo, et obscuritatem, quae est subjecto cognoscenti. Scriptura, praesertim in necessariis ad salutem, non est obscura in se et per se sive ex defectu nativae claritatis et evidentiae, sed dilucida et perspicua. Fit vero obscura per accidens ob incapacitatem et coecitatem humani intellectus et malitiam haereticorum et heterodoxorum, qui naturali coecitati voluntariam superaddunt et ad clarissimum scripturae jubar oculos mentis malitiose concludunt 2Cor. IV,3. Als ein solches Beispiel wird der Abendmahls-Streit angeführt: (I,124). Verba testamenti sunt in se maxime perspicua, interpretationum autem diversitas inde

oritur, quod multi, neglecto sensu literali et proprio, peregrinum studiose quaerunt et non tam Christi magisterium, quam coecae rationis consilium et dictamen sequuntur. Elenchus ergo causae committitur, quando discrepantia expositionum scripturae obscuritati tribuitur, cum causa ejus sit vel perversitas, vel imbecillitas hominum. Obscuritas, quae inest subjecto, non est transferenda in objectum ... Si nihil perspicue dictum est, nisi quod a nemine perverse accipi et pravo sensu exponi potest, nihil in universum perspicue et plane dici poterit. –

6. *Gerh.* (I,26). Duplex est scripturae claritas, ut ait Lutherus: »*una externa* in verbi ministerio posita, *altera* in cordis cognitione sita. Si de *interna* claritate dixeris, nullus homo unum jota ex naturalibus ingenii sui viribus in scripturis videt, nisi qui spiritum Dei habet, omnes obscurum habent cor. Spiritus s. requiritur ad totam scripturam et ad quamlibet ejus partem intelligendam. Si de *externa* claritate dixeris, nihil relictum est obscurum et ambiguum, sed omnia per verbum in lucem producta sunt clarissima.«

Gerh. (I,52). Possunt quidem nondum a spiritu s. collustrati cognita habere scripturarum dogmata, fidemque historicam tenere per externum verbi ministerium, at πληροφορίαν certam, solidam ac salutarem notitiam habere non possunt sine spiritu s. interius mentes illuminante. – Es wird daher unterschieden zwischen dem *sensus grammaticus (literalis) et externus* und dem *sensus spiritualis,* divinus et internus. Die perspicuitas im ersten Sinne besteht *Br.* (140) in ipsorum verborum delectu et congruentia cum rebus significatis eorumque inter se connexione et ordine, juxta communem usum loquendi. – (141). Non solum enim renati et fideles verum etiam irregeniti et impii, vi ipsius claritatis verborum ex instituto significantium, quae ad omnes lectores aequaliter sese habet, assequi possunt notitiam sensus per verba significati, literalem quidem seu historicam, non autem salutarem seu fidei. – *Id.* 144 (aus dem Jenensischen und Wittenberger Gutachten zur Widerlegung des Rathmannschen Gegenberichts 1629) ... »Der Gegenbericht will da hinaus, daß kein Unbekehrter den rechten Verstand erlangen könne, den die Wörter in der Schrift bei sich haben und von sich geben, i.e. grammaticum et literalem, es sei denn, daß der Hl. Geist mit seinem Gnadenlicht herzutrete, so halten wirs nicht mit dem Gegenbericht, sondern bleiben bei unsrer Meinung ... Denn die vocabula und die diese auslegen und zum rechten Gebrauch ausrüsten, nämlich die lexica, dictionaria wie auch die libri grammatici in lat., gr., hebr. u.a. Sprachen verfertigt, sind humani ingenii inventa, gehören unter die dona naturae, nicht aber unter die dona spiritus s. gratiosa; denn er dazu nicht bestellet, noch ausgegossen, daß er die praecepta grammatices überliefere und lehre, bei den Hebräern die radices zu suchen ... sondern daß er uns die Glaubens-Artikel aus der Schrift darlege, und in der seligmachenden Wahrheit unterweise. Mancher hat den rechten Verstand der Worte, aber er hat nicht den seligen Verstand der Geheimnisse, der zum Glauben gehört.« *Cal.* (I,657). Quamquam externus forte scripturae sensus a non renatis habeatur, non tamen absque spiritus s. illuminatione salutaris et internus haberi potest cum pleno assensu conjunctus, tantum abest, ut sine illa fide salvifica verbum Dei apprehendamus. –

7. *Gerh.* (II,338). Non sufficit ad salutem notitia literalis articulorum fidei, sed accedere oportet notitiam spiritualem, ad quam requiritur interior spiritus s. illuminatio per pias preces obtinenda.

Br. (150) ... quia ad id, ut homo viam salutis recte cognoscat, duo requiruntur: unum, ut quae sibi ad salutem tendenti sunt cognitu necessaria, simplici apprehensione mentis percipiat; alterum, ut illa apprehensa, tanquam vera ac divinitus revelata amplectatur, et fidei assensum commodet: ita scripturam, quae in hoc negotio instar luminis ac lucernae lucentis se habere debet, duo haec praestare oportet: *unum,* ut quae cognoscenda sunt, intellectui, verbis ex instituto significantibus ac perspicuis, repraesentet, ut simplici mentis apprehensione percipi possint; *alterum*, ut quando res significata sublimior est, et intellectus ipse debilior aut planc corruptus, ita ut non possit suis viribus recte judicare de eo, quod verbis illis significatur, neque assensum, quem debet, ipse praebere aut elicere, scriptura ipsa virtute sua, tanquam illuminatrice intellectum eo perducat et facultatem cognoscendi atque assentiendi largiatur. Auf das letztere nur bezieht es sich, wenn *Holl.* (155) sagt: Homo irregenitus, gratiae spiritus s. illuminanti impedimentum objiciens, verum sacrarum literarum sensum non capit. A hominem irregenitum docilem, attente legentem scripturam s., vel hanc voce docentis propositam audientem, spiritus s. per ipsam scripturam illuminat, ut genuinum verbi divini sensum percipiat, perceptumque ad salutares effectus recte applicet. Und wenn gleich *Holl.* für den hominem irregenitum aber docilem die gratiam spiritus s. praevenientem et praeparantem in Anspruch nimmt, ut pertingere possit ad notitiam s. scripturae externam et literalem, so meint er doch damit nichts anderes, als daß es einer solchen gratia bedürfe, damit es bei dem Menschen zur inneren Aneignung der Heilswahrheit komme, denn er sagt an einer andern Stelle (158): verba prophetarum et apostolorum considerantur vel extra contextum vel in contextu propositionis biblicae. Priori modo analogiam habent cum verbis humanis et ab irregenito citra supernaturalem spiritus s. gratiam intelligi possunt: at si spectentur in contextu, quatenus accommodantur mysteriis fidei et eorum quasi δοχεῖα, receptacula aut vehicula, et verba vere divina sunt, citra praevenientem et praeparantem spiritus s. gratiam, solidus de ipsis conceptus, conformis menti spiritus s., formari nequit. –

8. *Holl.* (149). Clara dicitur scriptura s. non ratione rerum sed verborum: *quia res inevidentes etiam claris et perspicuis verbis proponi possunt.*

Quen. (I,117). Disting. inter evidentiam rerum, quae in scripturis revelantur, et claritatem verborum, quibus res revelatae significantur; non de illa sed de hac nobis sermo est: agnoscimus enim, tradi in scripturis multa mysteria ... abstrusa et humano intellectui in hac praesertim vita impervestigabilia; sed negamus, illa obscuro sermone et verbis ambiguis in scriptura proponi. Anders drückt es Luther aus: Res Dei sunt obscurae, res scripturae sunt perspicuae ... Dogmata in se sunt obscura, sed quatenus in scriptura proponuntur, sunt manifesta, si velimus illa cognitione esse contenti, quam Deus ecclesiae in scripturis proponit. –

9. *Quen.* (I,137). Non aliunde, quam ex ipsa s. scriptura certa et infallibilis scripturae interpretatio haberi potest. Scriptura enim, vel potius spiritus s. in scriptura et per scripturam loquens, est sui ipsius legitimus et ἀνυπεύθυνος interpres.

Und weiter: *Quen.* (I,144). Non itaque antiquorum ecclesiae doctorum consentientes sententias aut conciliorum definitiones pro certa ac indubitata regula et mensura interpretandae scripturae, nec Rom. Pontificem pro summo ac infallibili s. literarum interprete agnoscere possumus. –

10. *Quen.* (I,137). Obscuriores sententiae, quae explicatione indigent, per alias scripturae sententias clariores explicari possunt et debent, atque ita locorum obscuriorum interpretationem scriptura ipsa largitur, facta eorundem cum clarioribus collatione, ut ita scriptura per scripturam explicetur.

11. *Gerh.* (I,53). Ex perspicuis illis scripturae locis colligitur *regula fidei*, quae est summa quaedam coelestis doctrinae ex apertissimis scripturae locis collecta. – Quaecunque ergo necessaria, manifesta sunt in sacris literis, ait Chrysostomus. Si quae in illis sunt obscuriora, illorum cognitio non est perinde ad salutem omnibus necessaria, ac proinde, etiamsi propriam et genuinam eorum interpretationem non semper assequamur, sufficit tamen in illis interpretandis nihil proferre, quod fidei regulae adversetur.

(II,424). Omnis scripturae interpretatio debet esse fidei analoga. Proponitur hic canon Rom. XII,6, cujus sensus est, quod scripturae interpretatio ea ratione institui ac conformari debeat, ut consentiat perpetuae sententiae, quae de unoquoque doctrinae coelestis capite in scriptura proponitur. Cum enim tota scriptura sit ab immediato spiritus s. afflatu profecta ac θεόπνευστος, ideo etiam omnia in ea sunt συναληθῆ, ac sibi optime constant, ut nihil in ea occurrat contrarium aut repugnans aut secum dissidens. Articuli fidei, quos per πίστιν hoc loco apostolus intelligit, quorum cognitio omnibus ad salutem necessaria est, verbis claris et perspicuis in scriptura traduntur, quorum summa in symbolo apostolico, quod patres regulam fidei saepius vocant, breviter repetitur. Contra hanc fidei regulam nihil quidquam in scripturae interpretatione proferendum, ac proinde, si vel maxime non possimus proprium cujusque loci sensum, a spiritu s. intentum, semper assequi, sedulo tamen cavere debemus, ne quidquam contra fidei analogiam proferamus.

Gerhard (I,54) stellt alle bei der Auslegung der Hl. Schrift in Anwendung kommenden Regeln so zusammen: 1. in cognoscendis et interpretandis scripturis mens nostra coeca absque spiritus s. lumine; 2. praeter hanc nativam omnium nostrum coecitatem quidam propria malitia et praefracta petulantia excoecantur, quorum oculos spiritus s. vel aperuit vel aperire voluit: ipsi autem eidem contumaciter resistunt: sed neutra coecitas efficit aut evincit, scripturas esse obscuras; 3. quia mens nostra coeca, ideo per preces implorandum spiritus s. lumen; 4. illam vero mentis illuminationem spiritus s. confert non immediate, sed per verbi auditi et meditati lucem; 5. siquidem dogmata cuivis ad salutem scitu necessaria verbis propriis, claris et perspicuis in scriptura proponuntur; 6. ex illis lucem sortiuntur reliqua scripturae loca; 7. etenim ex perspicuis scripturae locis colligitur regula fidei, ad quam reliquorum expositio conformanda; 8. ac si vel maxime proprium et genuinum omnium locorum sensum non assequamur, tamen sufficit, nihil contra fidei ἀναλογίαν in illis interpretandis proferre; 9. utlle tamen est, etiam obscuriora illa scripturae loca recte de dextre interpretari, id quod fiet, si convenientia amoliendis obscuritatibus adhibeamus remedia; 10. ut remedia illa inveniamus, quaerendi sunt obscuritatis fontes; 11. quaedam scripturae loca obscura sunt per se et seorsum considerata, quaedam cum aliis collata, nimirum si cum aliis locis pugnare videantur, huic obscuritati medetur locorum conciliatio; 12. quae per se et seorsum obscura sunt, talia deprehenduntur vel propter res vel propter verba. Obscuritati rerum medelam afferunt certa quaedam axiomata in singulis fidei articulis, quae instar cynosurae observanda; 13. obscuritati verborum inserviunt grammatica vocum enodatio, rhetorica troporum et figurarum expositio, dialectica ordinis et circumstantiarum observatio, denique physica rerum naturalium cognitio, quin etiam maximum praebebit in his omnibus adjumentum prudens et diligens locorum scripturae collatio, ubi vel eaedem voces et phrases vel diversae ad res easdem vel diversas exprimendas adhibeantur. – Und an der Lehre vom Abendmahl weist er die consectaria ex regula fidei deducta nach.

12. *Gerh.* (I,67). Unus est cujusque loci proprius et genuinus sensus, quem intendit spiritus s., et qui ex ipsa genuina verborum significatione colligitur, et ex hoc *literali sensu* solo efficacia argumenta depromuntur. – Der sensus literalis zerfällt aber in sensum *lit. proprium,* quem verbis sumtis in nativa sua significatione spiritus s. intendit, v. gr. Deus est spiritus Joh. IV,24; und in sens. *figuratum s. tropicum,* qui proxime intenditur a spiritu s. verbis tropo aliquo affectis, v. gr. Deus est clypeus noster. Gen. XV,1 (*Holl.* 91). Aber auch hierzu gilt: *Gerh.* (II,425). Omnis scripturae interpretatio debet esse propria, neque a litera in fidei articulis discedendum, nisi ipsa scriptura ostendat improprietatem eamque exponat (I,67). Allegoriae, tropologiae, anagogiae non sunt varii sensus,sed variae ex uno isto sensu collectiones vel variae unius istius sensus et rei, quam exprimit litera, accommodationes. Potest eadem historia diversimode applicari, ut tractetur vel allegorice, vel tropologice, vel anagogice, ... interim manet unus verborum, quibus historia describitur, proprius et literalis sensus. – Es wird also zwar von

den DD. auch ein solcher sensus spiritualis als in gewissen Fällen vorhanden angenommen, aber genauer gesagt versteht man darunter nicht einen zweiten neben dem Wortsinn einhergehenden Sinn, sondern nur das, daß der Wortsinn, von dem immer ausgegangen werden müsse, noch eine besondere geistliche Anwendung zulasse, oder zugleich eine symbolische Andeutung in sich fasse. *Holl.* (91). ***Sensus mysticus*** dicitur, qui non significatur proxime per verba θεόπνευστα, sed qui ex re, verbis θεοπνεύστοις significata, fluit atque deducitur. Dicitur autem improprie et abusive sensus dicti biblici, cum non sit immediatus sensus verborum θεοπνεύστων; sed quia Deus per rem aut factum, verbis iisdem descriptum, aliam rem aut aliud factum, oculis mentibusque hominum considerandum sistere voluit. ***Accuratius itaque vocatur sensus literalis accommodatio sive applicatio mystica, quam sensus scripturae mysticus***; v. gr. Jon. II,1. propheta Jonas dicitur fuisse tribus diebus et noctibus in ventre ceti: ibi sensus literalis a Deo proxime intentus est, quem verba prae se ferunt et immediate gignunt; quando vero integra haec historia sive res gesta transfertur ad significandam Christi per tres dies et noctes mansionem in sepulcro, non oritur inde novus sensus, sed tantum illius historiae accommodatio et applicatio ad significandum, Christum tot dies et noctes in sepulcro futurum esse. – Darum erklären sich auch die DD. gegen die Annahme eines sensus duplex bei den altt. Weissagungen. – Ein solcher sensus mysticus kann von Gott selbst beabsichtigt oder in den sensus literalis hineingetragen sein: nur in ersterem Falle darf er bei der Auslegung der Hl. Schrift berücksichtigt werden. *Cal.* (I,664). Accomodatio mystica vel ἔγγραφος est et divina, in scripturis facta, vel ἄγραφος et humanâ operâ instituta (*Holl.* vel innata vel illata).

Quen. (I,131). Quando Theologi nostri illa Scholasticorum axiomata approbant: »theologia mystica non arguit: parabolica theologia non est argumentativa: ex solo sensu literali scripturae ducuntur firma et efficacia argumenta, ad probanda fidei dogmata et errores refellendos«, non excludunt sed simul includunt applicationes mysticas sensus literalis hujus vel illius loci biblici, ab ipso spiritu s. in s. literis factas: excludunt vero allegoricas et parabolicas interpretationes humano ingenio excogitatas et scripturae illatas. Applicationes enim sensus literalis alicujus dicti vel historiae sacrae in ipsis scripturis monstratae et expositae, certas pariunt demonstrationes, perinde ut alia, quae ῥητῶς in s. literis habentur. – Quando itaque manifesto aliquo scripturae dicto fit sensus literalis ad rem spiritualem accomodatio, tum par ipsius est in probando vel improbando efficacitas. – Den sensum mysticum, wie er improprie genannt werden kann, gliedern die lutherischen DD. in sensum allegoricum, typicum et parabolicum. *Sens. alleg.* dicitur tum, quando historia scripturae vere gesta ad mysterium quoddam, sive spiritualem doctrinam, ex intentione spiritus s. per modum allegoriae alicujus refertur: *typicus*, quando sub externis factis seu propheticis visionibus res occultae sive praesentes sive futurae figurantur, aut imprimis res N. T. adumbrantur: *parabolicus*, quando res aliqua ut gesta narratur et ad aliud spirituale designandum refertur *Calov.* (I,665). – Die Katholiken unterscheiden sensum allegoricum, tropologicum (cum verba aut facta referuntur ad aliquid referendum, quod pertinet ad mores) und anagogicum (cum verba aut facta referuntur ad significandam vitam aeternam).

§ 11
Efficacia

Cal. (I,478). Quod scriptura s. viva sit ac efficax, mediumque illuminationis, conversionis ac salutis, potentia divina instructum ac animatum.

Von ihr wird weiter unten in der Lehre von den mediis salutis die Rede sein.

§ 12
Kanon und Apokryphen

Das schriftlich aufgezeichnete Wort Gottes teilt sich ein in Wort Gottes *Alten*, und Wort *Gottes Neuen Testaments*[1]. In der Sammlung, welche die Kirche veranstaltet hat, finden wir aber auch noch andere Schriften, die nicht in gleichem Sinne Wort Gottes heißen. Beiderlei Schriften werden so von einander unterschieden, daß die ersteren *libri canonici* genannt werden, d.h. solche Bücher, die, weil sie von Gott inspiriert sind[2], die Norm und Richtschnur unseres Glaubens sind[3]; die anderen aber werden *libri apocryphi* genannt, d. h. solche Bücher, deren göttlicher Ursprung entweder zweifelhaft ist, oder von denen erwiesen ist, daß kein solcher vorhanden[4]. Finden sich dann auch gleich beiderlei Schriften in der Bibel beisammen, so gelten doch nur die der ersteren Art als Richtschnur des Glaubens, daher werden sie auch der Kanon (catalogus sive numerus librorum canonicorum) genannt, während die Schriften der anderen Art zwar auch zur Erbauung der Gläubigen das ihrige beitragen können, aber nicht für Gottes Wort zu achten sind, aus denen also auch kein Beweis für irgend eine Lehre des Glaubens zu führen ist[5].

Ob ein Buch kanonisch ist oder nicht, werden wir an den Merkmalen erkennen, an denen wir überhaupt das Wort Gottes als solches, als göttlichen Ursprungs, als inspiriert erkennen[6]. Das Zeugnis des Hl. Geistes wird es da vor allem sein, das uns von dem göttlichen Inhalt einer Schrift gewiß macht: an dieses reihen sich dann alle diejenigen weiteren Zeugnisse an, die bei der Lehre von der auctoritas script. s. (§ 8. not. 10) als criteria interna et externa angeführt sind[7]. Unter den letzteren steht besonders hoch das Zeugnis, das die älteste Kirche von der Kanonicität einer Schrift ablegt, denn es ist immerhin von größter Bedeutung, wenn wir wissen, daß eine Schrift schon in der Zeit, in der ihre Herkunft am genauesten geprüft werden konnte, von der Kirche als kanonisch erkannt wurde[8]. Ganz besonders wichtig aber ist das Zeugnis der ältesten Kirche bei den historischen Fragen über den Namen des Verfassers einer Schrift, über die Sprache, in der sie ursprünglich abgefaßt worden[9], denn durch das Zeugnis des Hl. Geistes können wir wohl die Göttlichkeit einer Schrift an unserem Herzen erfahren, aber dieser gibt nicht Auskunft über Fragen obiger Art.

Als kanonische Bücher A. T. gelten: 1. Genesis, 2. Exodus. 3. Leviticus. 4. Numeri. 5. Deuteronomium. 6. Josua. 7. l. judicum. 8. Ruth. 9. duo libri Samuelis. 10. duo ll. regum. 11. duo ll. paralipomenon. 12. Esdra et Nehemias s. secundus Esdra. 13. Esther. 14. Job. 15. Psalterium. 16. Proverbia.

17. Ecclesiastes. 18. Canticum canticorum. 19. Esajas. 20. Jeremias. 21. Threni. 22. Ezechiel. 23. Daniel. 24. duodecim prophetae minores: Oseas, Joel, Amos, Obadja, Jonas, Micheas, Nahum, Habacuc, Sephanias, Haggaeus, Zacharias, Malachias[10].

Als *apokryphische*: Tobias – Judith – Baruch – l. I. II. et III. Maccabaeorum – l. III. et IV. Esdrae – Sapientia – Ecclesiasticus s. Syracides. *Appendices:* epistola Jeremiae, Baruch annexa, additamenta ad Danielem, supplementum Esther, oratio Manassis (*Gerh.*).[11].

Im N. T. haben wir keine apokryphischen Bücher in dem Sinne wie im A. T., doch sind auch hier einzelne Bücher, über deren Ursprung und Verfasser die Zeugnisse nicht gleich übereinstimmen. Ein gewisser Unterschied zwischen ihnen und den anderen von allen gleich sehr beglaubigten Büchern ist also wohl zu machen, doch ist dieser, da er nur auf dem Mangel einer gänzlichen Übereinstimmung beruht, und doch auch sehr gewichtige Zeugnisse für ihre Kanonicität vorhanden sind, nicht so groß, daß ein kanonischer Gebrauch dieser Bücher darum auszuschließen wäre[12].

Die mit den Zeugnissen aller beglaubigten Schriften des N. T. sind: die Evangelien des Matthäus, Markus, Lukas[13] und Johannes. Die Apostelgeschichte. Pauli Briefe an die Römer, seine beiden Briefe an die Korinther, der Brief an die Galater, Epheser, Philipper, Kolosser, zwei Briefe an die Thessalonicher, zwei an Timotheus, der an Titus und der an Philemon. Der erste Brief Petri, und der erste Johannis.

Die von einigen angezweifelten Bücher sind: der Brief an die Hebräer, der zweite Brief Petri, der zweite und dritte Brief Johannis, der Brief Jakobi, der Judä, und die Apokalypse Johannis. –

1. *Gerh.* (II,50). Libri biblici distinguuntur in libros veteris et novi testamenti. *Libri V. T.* sunt, qui ante Christum exhibitum editi; *libri N. T.*, qui post Christum exhibitum scripti et ecclesiae commendati. Ubi observa, libros V. T. eos vocari, non quod nihil plane contineant de substantia, gratia et felicitate N. T., propter Christum credentibus in eum promissa, sed quod futurum ac suo tempore complendum pronuntient ac praefigurent illud, quod in N. T. annunciatur completum Rom. III,21. XVI,26.

Holl. (129) über das Verhältnis von A. und N. T.: libri V. T. concrediti sunt ecclesiae Israeliticae: libri N. T. commendati sunt ecclesiae christianae, ex omnibus gentibus collectae. Recepit tamen etiam ecclesia christiana libros canonicos V. T. ob pulcherrimam harmoniam scriptorum propheticorum et apostolicorum, insignem eorum utilitatem et imprimis ob mandatum Christi Joh. V,39. – Est disparitas (inter V. et N. T.) quoad gradus perspicuitatis, non autem diversitas quoad objecta revelationis, quasi hic alia creditu necessaria explicite tradita essent, quam illic, quum fides utrobique eadem sit Eph. IV,16.

2. *Chmn. Trd.* (I,85). Habet scriptura canonica eminentem illam suam auctoritatem principaliter inde, quod divinitus est inspirata, 2Tim. III,16. h. e. quod non hominum voluntate allata est, sed quod a spiritu s. impulsi homines Dei et locuti sunt et scripserunt.

3. *Chmn. Trd.* (I,81). Scriptura vocatur canonica, libri canonici sive canon scripturae,

quia est tali regula, ad quam structura fidei ecclesiae formanda et aptanda est, ita ut, quidquid ad illam regulam convenit, rectum, sanum et apostolicum judicetur, quidquid vero non quadrat, sed ab illa regula sive in excessu, sive in defectu exorbitat, et aberrat, recte judicetur supposititium, adulterinum, erroneum ... Ille vero canon seu regula est doctrina divinitus ab initio mundi generi humano patefacta per patriarchas, prophetas, per Christum et apostolos. Et quia illa doctrina scriptis per Dei voluntatem est comprehensa, ideo et inde vocatur canonica. – Canon est regula seu mensura infallibilis, quae nullo modo admittit, ut aliquid ei vel addatur vel detrahatur. –

4. *Gerh.* (II,53). Apocryphi libri dicuntur ἀπὸ τοῦ ἀποκρύπτειν, q. d. absconditi, vel quod occulta eorum origo non claruit illis, quorum testificatione verarum scripturarum auctoritas ad nos pervenit (Augustinus), vel quod publice in ecclesia ad auctoritatem ecclesiasticorum dogmatum comprobandam non leguntur, sed ad morum duntaxat aedificationem. – *Holl.* (131). Libri apocr. sunt, qui *in codice* quidem, sed non *in canone* biblico extant, neque immediato Dei afflatu scripti sunt ... Diese Definition gilt nur von den Schriften, die mit in den codex aufgenommen sind; eine andere Reihe bilden diejenigen, qui continent fabulas, errores et mendacia ac proinde non sunt in ecclesia legendi. – *Gerh.* (II,55). Prioris generis libri dicuntur apocryphi sensu eo, quod sint absconditi, i.e. originis absconditae et occultae. Posterioris generis libri dicuntur apocryphi sensu eo, quod sint abscondendi nec in ecclesia legendi. – *Cal.* (I,491). Divisio librorum scripturae s. in canonicos et apocryphos est impropria et aequivoca, quum illi tantum *definitionem* scripturae s., *hi solum nomen* participent. –

5. *Chmn. Trd.* (I,93). Numquid simpliciter abjiciendi et damnandi sunt libri illi? Nequaquam hoc quaerimus. Quem igitur usum habet haec disputatio? Resp. ut regula fidei sive sanae in ecclesia doctrinae certa sit. Ex solis enim libris canonicis auctoritatem ecclesiasticorum dogmatum confirmandam Veteres censuerunt ... solius scripturae canonicae auctoritas idonea judicata fuit ad roboranda illa, quae in contentionem veniunt: reliquos vero libros, quos Cyprianus ecclesiasticos, Hieronymus apocryphos nominat, legi quidem voluerunt in ecclesiis ad aedificationem plebis, non ad auctoritatem ecclesiarum dogmatum confirmandam. – Nullum igitur dogma ex istis libris exstrui debet, quod non habet certa et manifesta fundamenta et testimonia in aliis canonicis libris. Nihil quod controversum est, ex istis libris probari potest, si non extent aliae probationes et confirmationes in libris canonicis. Sed quae in illis libris dicuntur, exponenda et intelligenda sunt juxta analogiam eorum, quae manifeste traduntur in libris canonicis. –

Calov. (I,492). Duo ad librum canonicum requiruntur: tum θεοπνευστία seu immediatus Dei impulsus, qui facit, ut scriptum aliquod sit divina veritas seu ipsius Dei verbum, tum canonicatio divina, qua Deus scriptum suum verbum ecclesiae perpetuam et universalem constituit regulam.

Holl. (129). Libri canonici sunt, quorum et doctrina et verba singula ex immediata spiritus s. inspiratione a prophetis et apostolis sunt consignata, quique ecclesiae a Deo sunt communicati et ab ea recepti, ut essent homini salvando infallibilis regula fidei et morum.

6. *Holl.* (126). Quibus indiciis et argumentis divina sacrarum literarum origo, iisdem auctoritas scripturae canonica ratione doctrinae spectata nobis notificatur. Nam ideo s. scriptura infallibis fidei morumque canon, sive norma est, quia a Deo immediatam ducit originem et ab eodem in usum canonicum destinata est. Quare cum supra adducta κριτήρια nos certificent, sensum vel doctrinam s. scripturae immediate a Deo esse profectam, canonicam scripturae auctoritatem hic prolixe probare nil attinet, si spectes doctrinam canonis.

7. *Holl.* (126). Auctoritas scripturae canonica, considerata ratione doctrinae, cum ex

κριτηρίοις externis et internis, tum praesertim ex interno spiritus s. testimonio, per scripturam, attente lectam vel ex ore docentis auditu perceptam, mentes hominum illuminantis innotescit. –

8. *Chmn. ex Trd.* (I,85). Ut tota haec necessaria res contra omnes imposturas esset certissima, Deus certos quosdam homines ad scribendum elegit et illos multis miraculis et divinis testimoniis ornavit, ut nullum esset dubium, divinitus inspirata esse ea, quae scribebant. Postremo scripta illa divinitus inspirata tunc, cum scriberentur, publica testificatione proposita, tradita et commendata sunt ecclesiae, ut ea, adhibita summa cura et providentia, incorrupta conservaret et quasi per manus traderet et commendaret posteritati. Et sicut vetus ecclesia tempore Mosis, Josuae et prophetarum, ita etiam primitiva ecclesia tempore apostolorum certo potuit testificari, quae scripta essent divinitus inspirata. Noverat enim auctores, quos Deus peculiaribus testimoniis ecclesiae commendarat: noverat etiam, quae essent illa, quae ab ipsis scripta erant et ex iis, quae traditione vivae vocis ab apostolis acceperat, poterat judicare illa, quae scripta erant, esse illam ipsam doctrinam, quam apostoli viva voce tradebant ... Habet igitur scriptura canonicam auctoritatem *principaliter* a spiritu s., cujus impulsu et inspiratione prodita est: *deinde* a scriptoribus, quibus Deus ipse certa et peculiaria veritatis testimonia perhibuit: *postea* a primitiva ecclesia habet auctoritatem *ut a teste*, cujus tempore scripta illa edita et approbata fuerunt. Haec vero testificatio primitivae ecclesiae de scriptis divinitus inspiratis postea perpetua successione per manus tradita est posteritati, et in certis antiquitatis historiis diligenter conservata, ita ut sequens ecclesia custos esset testificationis primitivae ecclesiae de scriptura. Maxima igitur est differentia 1. inter testificationem primitivae ecclesiae, quae fuit tempore apostolorum, 2. inter testificationem ecclesiae, quae proxime post apostolorum tempora secuta est, quaeque primae ecclesiae testificationem acceperat, 3. et inter testimonium praesentis ecclesiae de scriptura: quae enim et nunc est, et antea fuit ecclesia, si potest ostendere testimonia eorum, qui acceperant et noverant testificationem primae ecclesiae de germanis scriptis, credimus ei, *ut testi probanti sua dicta.* Non autem habet potestatem statuendi aut decernendi aliquid de libris sacris, cujus non possit certa documenta ex testificatione primitivae ecclesiae proferre.

Über die Verfahrensweise der ersten Kirche spricht sich *Chmn. ex. Trd.* (I,87) so aus: Hanc primae ecclesiae, quae apostolorum tempore fuerat, testificationem de genuinis apostolorum scriptis posteritas, quae mox secuta est, tam constanter et fideliter retinuit et conservavit, ut cum multa postea quasi ab apostolis conscripta proferrentur, rejecta et reprobata fuerint tanquam supposititia et adulterina, *primo ideo:* quia non poterat ostendi et probari ex testificatione primae ecclesiae, quod vel ab apostolis essent conscripta, vel viventibus apostolis comprobata, et primae ecclesiae tradita et commendata: *secundo,* quia afferebant peregrinam doctrinam non consentaneam illi, quam ecclesia ab apostolis acceptam, in recenti tunc adhuc memoria conservabat. –

9. *Holl.* (126). At considerata scripturae auctoritas canonica ratione idiomatis primigenii sive textus authentici hebraei in V. et graeci in N. T., testimonio quidem ecclesiae primitivae sed non solo distincte cognoscitur. – *Id.* (127). Adjungimus testimonio eccl. primitivae testimonium scripturae, diuturnam conservationem in usum hominum salutarem et styli qualitatem. –

Die Meinung dieser und der in not. 8 angegebenen Stelle ist diese: die κριτήρια interna et externa vermögen wohl eine fidem humanam, nicht aber eine fidem divinam in uns zu erzeugen: die letztere entsteht allein durch das Zeugnis des Hl. Geistes. Sie muß dann aber nicht gerade aus dem Urtext, sondern kann gleich gut aus einer Übersetzung entstehen, denn die Kraft des Hl. Geistes liegt im Sinn und nicht im Buchstaben des Wortes. Aus diesem Grunde können wir auch nicht aus innerer Erfahrung einen göttlich gewissen

Glauben von dem Idiom gewinnen, in dem ein Buch der Hl. Schrift geschrieben ist, sondern das erfahren wir nur aus historischen Zeugnissen, die dann nur einen menschlich gewissen Glauben erzeugen können. Die Sache stellt sich danach so: die Göttlichkeit der Hl. Schrift an sich muß uns gewiß werden durch das Zeugnis des Hl. Geistes, historische Beweise aber müssen uns von der Sprache, in der ein heil. Buch geschrieben ist, von ihrem Verfasser etc. überzeugen. Denn so sagt *Br.* (112): Interna vis illuminatrix scripturae ita est conjuncta sensui *in quavis lingua,* ut non monstret praecise verba textus primigenii ab aliis verbis aequipollentibus, ejusdem aut alterius cujusvis linguae, textus aut versionis distinguenda. Caetera vero, quae θεοπνευστίαν doctrinae, in scripturis comprehensae, probant κριτήρια vel plane non attinent ad materiale seu verba scripturae, sed ad formale aut doctrinam praecise; vel quando suo modo ad materiale sive verba et contextum eorum pertinent et confuse Deum etiam materialis scripturae in aliquo, quodcunque illud sit, idiomate auctorem arguunt; non tamen certum et determinatum idioma aut syngramma, quo primitus quisque liber scripturae consignatus sit, certo ostendunt. *Superest itaque testimonium ecclesiae*, quod non quidem dignitatem canonicam aut normativam largitur libris scripturae in aliquo certo idiomate; neque ad assensum fidei divinae, qua θεοπνευστία talis idiomatis credatur, ipsum sua virtute movet; sed tamen, quatenus historice ostendit certum idioma aut syngramma, tanquam primigenium librorum scripturae, sub quo a scriptoribus ipsis eos consignatos acceperit ac certitudinem moralem de eo gignit; ita conjunctum cum eo, quod scriptura ipsa docet et cum quo spiritus s. virtutem suam intime conjunxit, jam in discursu fidei locum habet. Als Beispiel führt *Holl.* (127) an: Quando quaeritur: estne evangelium Matthaei graece an hebraice primum scriptum? quaestio illa non dogmatica sed historica est. ... Hujus facti sensibilis testis est ecclesia *primitiva*, quae, scriptoribus in carne viventibus sub vexillo Christi in terris militavit eorumque αὐτόγραφα ab illorum manibus accepit ... Sic ab ecclesia judaica hebraei idiomatis in V. et ab ecclesia christiana primitiva textus originalis graeci in N. T. testimonium petimus. –

Es ist noch zu bemerken, daß aus den von *Holl.* und *Br.* beigebrachten Stellen nicht mit Sicherheit zu ersehen ist, ob die Meinung dieser DD. die ist, daß, wie jeder einzelne zum göttlich gewissen Glauben an die Offenbarung in Christo nur gelangt durch das testimonium spiritus s., so auch der einzelne durch das testimonium spiritus s. von der Göttlichkeit *jedes einzelnen Buches* der Hl. Schrift überzeugt werden könne. Dagegen könnte dies sprechen, daß die meisten DD. von dem testimonium spiritus s. nur da sprechen, wo sie nach dem Grunde fragen, aus dem uns die auctoritas scripturae s. göttlich gewiß wird (so *Gerh.*): denn wenn da behauptet wird, daß der einzelne nur durch das testimonium spiritus s. zu göttlicher Gewißheit von der Autorität der Hl. Schrift komme, so ist das doch noch etwas anderes, als wenn behauptet wird, die Kanonicität jedes einzelnen Buches müsse durch das testimonium spiritus s. am einzelnen sich beglaubigen. Auch *Chemnitz* erwähnt an unserem Orte dieses testimonii spiritus s. nicht, sondern verweist, um die Kanonicität der einzelnen Bücher zu erweisen, allein auf das Zeugnis der ältesten Kirche, die sich auf die Empfehlung der Apostel berufen konnte. Endlich findet doch bei allen Untersuchungen, die die DD. über die Kanonicität eines einzelnen Buches anstellen, nie eine Berufung auf das testimonium spiritus s. statt (Luthers bekannte Äußerung über den Brief Jacobi ist nicht hierher zu rechnen), sondern die Frage danach wird immer nur auf Grund der historischen Zeugnisse abgemacht. – Das wahrscheinlichste scheint, anzunehmen, daß unseren DD. *die* Frage, ob für die Kanonicität eines einzelnen Buches der gleiche Beweis zu führen sei wie für die göttliche Autorität der Hl. Schrift überhaupt, noch gar nicht zu klarem Bewußtsein gekommen sei, so daß die in unserer Note und in der Note 6 angeführten Stellen also nur dem Irrtum vorbeugen wollen, als ob das historische Zeugnis der Kirche fidem divinam von der Hl. Schrift überhaupt begründen könne. –

10. Viele DD. teilen die Bücher A. T. ein in: libros legales, historicos, dogmaticos et propheticos. –

Quen. (I,236). Omnes itaque et soli illi libri V. T. sunt canonici, qui 1. sunt a prophetis et prophetico spiritu, h. e. per immediatam inspirationem divinam conscripti, Luc. XVI,29. Rom. I,2. Eph. II,20. 2Petr. I,19 et 21. 2. et quidem in originali lingua hebraea, Judaeis tum vernacula, exceptis paucis pericopis in Daniele, Esdra, Nehemia et Jeremia chaldaice extantibus, 3. infallibilem continent veritatem, sibi per omnia exactissime constantem, 4. qui ecclesiae judaicae in usum canonicum perpetuum divinitus commendati, ab illa recepti, pro canonicis habiti, asservati atque ad N. T. tempora usque fideliter propagati, 5. a) a Christo et apostolis approbati, citati et commendati et b) a primitiva ecclesia ceu canonici agniti et instar canonis seu regulae fidei et morum ad nos transmissi. –

11. *Chmn. ex Trd.* (I,91). Ratio, quare libri illi ab auctoritate canonica separati sint, non est obscura. Quidam enim ex illis post tempora prophetarum tunc scripti sunt, cum populus Israel non amplius habebat prophetas, quales veteres fuerant: et scripti sunt ab illis, qui non habebant divina testimonia sicut prophetae de doctrinae suae certitudine et auctoritate. Quidam vero ex illis libris praeferunt quidem nomina prophetarum, sed non habuerunt certas testificationes, quod ab illis, quibus tribuuntur, essent conscripti. Haec ratio manifesta est, quare remoti sint a canone scripturae. – Die ausführlichsten Untersuchungen über die einzelnen kanonischen und apokryphischen Bücher A. und N. T. siehe bei *Gerh.* tom I, loc. I. c. VI–XI.

12. Wir finden, daß die frühesten DD. den Unterschied zwischen diesen und den anderen ganz unbezweifelten Schriften strenger festhalten als die späteren. Am strengsten *Chemnitz. Trd.* (I,92): Haec veterum testimonia ideo annotavi, ut non tantum notus sit catalogus scriptorum N. T., quae non habent satis certa, firma et consentientia auctoritatis suae testimonia; sed ut praecipue notari possint rationes, quare de illis dubitatum fuerit: 1. quia apud veteres non inventa fuerunt satis certa, firma et consentientia testimonia de testificatione primae apostolicae ecclesiae, quod libri illi essent ab *apostolis comprobati* et ecclesiae commendati; 2. quia non certo ex testificatione primae et veteris ecclesiae constitit, an ab illis, sub quorum nomine editi sunt, libri illi conscripti essent: sed judicati fuerunt ab aliis sub nomine apostolorum editi; 3. cum quidam ex vetustissimis aliquos ex illis libris tribuerunt apostolis, quidam vero contradicerent: res illa, sicut non erat indubitato certa, relicta fuit in dubio. Pendet *enim tota haec disputatio a certis, firmis et consentientibus primae et veteris ecclesiae testificationibus*, quae ubi desunt, sequens ecclesia, sicut non potest ex falsis facere vera, ita nec ex dubiis potest certa facere, sine manifestis et firmis documentis. *Chemn.* rechnet also auch die angezweifelten Schriften des N. T. zu den Apokryphen und es gilt ihm, ohne Unterschied, von solchen Schriften A. und N. T., was wir in not. 5 mitgeteilt haben. Daß ein gewisser Unterschied im Wert zwischen den Apokryphen A. und N. T. noch statt haben könne, ist damit übrigens noch nicht geleugnet, sondern nur das behauptet, daß diese Schriften nicht in gleicher Reihe mit den kanonischen zu setzen seien. Denn, wie wir sehen, hält *Chmn.* mit Strenge den Grundsatz fest, daß nur diejenigen Schriften als kanonische gelten sollen, von denen die bestimmtesten und ganz *übereinstimmende* Zeugnisse darüber vorliegen, daß sie 1. von Aposteln der Kirche sind empfohlen worden und 2. auch wirklich von den Verfassern herrühren, deren Namen sie an sich tragen. Mit Berufung auf die frühere Zeit fangen aber doch die bald nachfolgenden DD. an, diese Schriften, wenn sie auch einigen Unterschied anerkennen, als kanonische zu betrachten.

So sagen die auctores hist. eccles. Magdeburg. *Gerh.* (II,184): sunt quaedam hoc seculo scripta per ecclesias nomine apostolorum aut eorum discipulorum sparsa, quorum quaedam in medio propter quorundam dubitationem sunt aliquamdiu relicta, *postea vero in numerum catholicorum scriptorum recepta,* quaedam vero prorsus pro apocryphis rejecta. Prioris generis sunt epistola Jacobi etc. Und *Hunnius* (bei *Gerh.* ib.): Fatemur tamen, N. T. scripta apocrypha majorem ecclesiae primitivae meruisse consensum et approbationem, quam apocrypha V. T. *Quapropter plerique patres, qui quosdam libros V. T. ponunt extra canonem, nullum tamen N. T. librum ab eo arcent, sed omnes statuunt esse canonicos.* – Fragen wir nach dem Grund, warum es geschieht, so scheint es der zu sein (bestimmt ausgesprochen finden wir ihn nirgends), daß man nicht mehr eine absolute Übereinstimmung forderte oder diesen Umstand mit Stillschweigen überging und sich nur auf die zweite von *Chmn.* aufgestellte Bedingung bezog, deren notwendiges Vorhandensein, um ein Buch als kanonisch gelten zu lassen, aber leugnete: denn so sagt schon *Mentzer* bei *Gerh.* (II,185): N. T. libros ecclesiasticos vel apocryphos dictos ita acceptamus, ut patiamur in censu canonicorum haberi, et quantum ad probandi virtutem attinet, parem habere cum reliquis auctoritatem. Nec ullam ob aliam causam addimus particulam »fere«, nisi quia in primitiva ecclesia nonnulli illis libris aliquamdiu contradixerunt, quasi certo affirmari non possit, a quibusnam essent scripti et editi. Und *Schröder* (auch bei *Gerh.* II,185); sunt quidam libri N. T. nomine apocryphorum a nonnullis notati sed ratione fere nulla alia, quam quod de ipsis dubitatum fuit, non utrum ex afflatu spiritus s. conscripti, sed utrum ab apostolis, quibus inscribuntur, in lucem proditi sint. Quia non tam dubitatum fuit de auctore illorum optimo maximo, nempe spiritu s., quam de scriptoribus seu auctoribus administris, et vero contra hanc quoque dubitationem *auctoritatem eorum in sublime sustulerunt praecipui quique antiquiores ecclesiae patres,* parem auctoritatem cum canonicis apud plerosque obtinent. Quippe ut liber aliquis pro canonico habeatur, *non requiritur necessario, ut constet de auctore secundo seu scriptore; satis est, si constet de primo auctore seu dictatore, qui est spiritus s.,* nam libri Judicum, Ruth, Esther sunt canonici, quorum tamen scriptores latent. – Daher wurden von da an die genannten Schriften fast constant so betrachtet, wie es *Gerh.* in ff. (II,186) tut: 1. Est omnino discrimen aliquod statuendum inter libros, qui in codice biblico N. T. continentur. Negari enim nequit, quibusdam illorum fuisse ab aliquibus in primitiva ecclesia aliquando contradictum ...; 2. libri illi minus commode vocantur apocryphi, quod triplici argumentorum genere probamus: a) quia non tam de auctoritate canonica, quam de auctore librorum istorum secundario in primitiva ecclesia fuit dubitatum ...; b) quia non ab omnibus ecclesiis vel doctoribus, sed a quibusdam tantum de auctore istorum librorum fuit dubitatum. Duo proinde evidentis differentiae capita inter apocryphos V. T. et hosce libros, quos quidam N. T. apocryphos vocant, animadverti possunt ... Illorum auctoritas a tota ecclesia fuit repudiata, sed de horum auctoribus nonnulli in ecclesia dubitarunt; c) patres, qui apocryphos V. T. agnoscunt, nullum N. T. librum a canone excludunt. 3. Docendi igitur causa distingui potest inter *canonicos N. T. libros primi et secundi ordinis.* Canonici libri primi ordinis sunt, de quorum vel *auctoribus* vel *auctoritate* nunquam fuit in ecclesia dubitatum, sed consentiente omnium suffragio pro canonicis et divinis semper fuerunt habiti ... Canonici libri secundi ordinis sunt, de quorum *auctoribus* a quibusdam in ecclesia aliquando fuit dubitatum. – Ganz so *Quen.* (I,235): Libros N. T. protocanonicos seu primi ordinis vocamus, de quorum auctoritate et auctoribus secundariis nunquam in ecclesia fuit dubitatum, libr. deuterocanonicos seu secundi ordinis vero, de quorum non quidem auctoritate sed auctoribus secundariis aliquamdiu in ecclesia a quibusdam fuit dubitatum ... Disquisitum inquam et disceptatum fuit de his libris, non tamen ab omnibus sed a paucis, non semper sed aliquando seu ad tempus. Nec tam de divina eorundem auctoritate seu auctore primario, spiritu s., quam de auctoribus secundariis dubitatum fuit. Und zuletzt findet *Holl.* (131) diese Unterscheidung gar nicht mehr nötig: cum hodie evangelici doctores omnes deuterocanonicis istis divinam auctoritatem assignent, distinctione isthac minime opus esse videtur. –

Der Behauptung, daß an der auctoritas dieser Schriften gar nicht gezweifelt worden sei, widerspricht zwar *Br.* (120) (negari profecto non potest, quod de scriptoribus ita dubitaverint veteres, ut simul etiam auctoritatem libris θεοπνεύστοις propriam his denegarent), doch sagt auch er von ihnen (122): non absconduntur, cum norma doctrinae postulatur, sed auctoritatem hanc inter christianos, praesertim nostros, hodie communiter habent. Die nähere Berechtigung gibt er freilich nicht an, wahrscheinlich werden wir sie darin suchen dürfen, daß er den nur von wenigen erhobenen Zweifel nicht für erheblich genug hält. –

13. Über die Evangelien Marci und Lucä sagt *Chmn. Trd.* (I,87): quod M. et L., qui non fuerunt apostoli, ad scribendum evangelium divinitus vocati sunt, Augustinus hanc reddit rationem, ne putaretur, quod attinet ad praedicandum et percipiendum evangelium, interesse aliquid, utrum illi annuntient, qui Dominum hic in carne apparentem discipulatu famulante secuti sunt: an hi, qui ex his fideliter comperta crediderunt, divina providentia procuratum est per spiritum s., ut quibusdam etiam ex illis, qui primos apostolos sequebantur, non solum annunciandi, verum etiam scribendi evangelium tribueretur auctoritas etc. etc.

Kap. V
De articulis fidei et de symbolis ecclesiae

§ 13

Der gesamte Inhalt des in der Offenbarung Niedergelegten zerfällt in einzelne Lehrsätze, die wir articulos fidei nennen. Articulus fidei est pars doctrinae, verbo Dei scripto revelatae, de Deo et rebus divinis, peccatori salvando ad credendum propositis. *Holl.* (43)[1]. – Sie zusammengenommen bilden den Inbegriff dessen, was der Christ zu glauben hat[2], und stehen in engem Verband untereinander, denn sie verhalten sich zu dem gesamten Inhalt der Offenbarung gleichsam so, wie die Glieder eines Leibes sich zum Leibe selbst verhalten. Die Glaubens-Artikel entstehen allein aus der Hl. Schrift[3]. Da aber deren Inhalt nur zum einen Teil aus Wahrheiten besteht, die auf anderem Wege nicht gewußt werden können, zum anderen Teil aber aus solchen, von denen einige Kenntnis auch aus natürlicher Erkenntnis gewonnen werden kann; und da wiederum nicht alle darin enthaltenen Wahrheiten von gleicher Wichtigkeit für unser Heil sind und nicht in gleich genauem Bezuge zu ihm stehen, so zerfallen die articuli fidei

I. in articuli puri (qui unice ex revelatione divina cognoscuntur) et mixti (qui non solum ex revelatione, verum etiam ex lumine naturae constant[4], *Br.* (43).

II. in articuli fundamentales et non fundamentales.

Holl. (46). ***Articuli fundamentales*** sunt partes doctrinae christianae, adeo necessariae cognitu, ut, iis ignoratis, ab homine salutariter non apprehendatur aut retineatur fundamentum fidei, negatis vero ab eodem, quantum in ipso, labefactetur[5].

Id. (53). ***Articuli non fundamentales*** sunt partes doctrinae christianae, quae citra jacturam salutis ignorari et negari possunt[6]. Die articuli fundamentales aber zerfallen wieder in *articulos primarios,* sine quorum notitita nemo salutem aeternam consequitur, sive qui salvo fidei fundamento et sine dispendio salutis ne ignorari quidem possunt[7], und in *articulos secundarios,* qui quidem illaeso fidei fundamento ignorari, non tamen negari, multo minus impugnari possunt *Quen.* (I,243).[8]. –

Die Gesamtheit der Glaubens-Artikel hat die Kirche niedergelegt in den *Symbolen.* Diese enthalten das Glaubensbekenntnis, das die Kirche zu verschiedenen Zeiten abgelegt hat, und teilen sich daher in Symbole älterer und neuerer Zeit[9].

1\. *Holl.* (43). Articulus dicitur ab artu et hic ab arctando. Proprie notat membra corporis arcte connexa, sicut particulae digitorum arcte cohaerent. Per metaphoram vox articulus translata est ad partes doctrinae fidei, arctissimo nexu conjunctas. *Quen.* (I,241). Ut ita articuli fidei sint doctrinae fidei particulae, salutis nostrae causa divinitus patefactae, quae arctissime inter se et cum toto cohaerent, ut articuli seu nodi in digitis solent et in quas tota structura religionis christianae ceu digitus in articulos suos resolvitur. Suntque ita arcte inter se connexae, ut, una demta. caeterae salvae et incolumes esse non possint. – Das Wort wird bald im weiteren, bald im engeren Sinne genommen. *Holl.* (44). *Collective* notat integrum doctrinae caput: *distributive* designat quamlibet assertionem *sive* enunciationem, quae partem doctrinae christianae constituit. (Doctrina christiana distribuitur in capita sive locos theologicos, capita in theses certas dividuntur. Tam capita doctrinae fidei, quam capitum theses appellantur articuli fidei, v. gr. locus theologicus de Christo dicitur articulus fidei; et haec propositio: »Christus, qua carnem, sedet ad dextram Dei« itidem nominatur articulus fidei.) – Zuweilen versteht man unter articulis fidei auch nur die mysteria fidei. *Br.* (42). Certum est, vocem articuli fidei aliquando in strictiore significatione accipi consuevisse; prout praecise denotat mysteria fidei ad salutem creditu necessaria; adeoque articulos puros eosque fundamentales solos. –

2\. *Quen.* (I,241). Objectum, circa quod occupantur articuli fidei, sunt *τὰ πιστὰ* sive *credenda qua talia.* Distinguenda enim hic sunt historica a dogmaticis et doctrinae morales, quae quid faciendum, quidve omittendum praecipiunt, a dogmatibus fidei sive quae docent, quid credendum et quid non credendum sit. Licet enim fides generaliter spectata versetur circa omnia, quae in verbo Dei continentur, sive historica ea sint sive moralia sive dogmatica, specialiter tamen versatur circa dogmata fidei sive credenda qua talia. – *Gerh.* (VII,165). Cum ea, quae in scripturis credenda proponuntur, non sint uniusmodi, sed quaedam directe et per se ad fidem pertineant, quaedam vero certo ordine et reductione, quales sunt historicae descriptiones rerum a sanctis gestarum, ideo proprie et accurate loquendo non omnia, quae in scriptura proponuntur, pro articulis fidei sunt habenda, sed *tantum dogmata illa, quorum cognitio ad salutem necessaria est.* ... Nach einer Berufung auf Thomas Aquin: Hanc praeceptoris doctrinam si in Ratisbonensi colloquio Jesuitae observassent, nunquam erupissent in hanc vocem: »esse articulum fidei, quod canis Tobiae caudam moverit.« –

Mußten die DD. den Katholiken gegenüber eine zu weite Ausdehnung des Begriffes der Glaubensartikel abwehren, so hatten sie später dem Calixt gegenüber wiederum die Aufgabe, eine zu enge Fassung dieses Begriffes abzuwehren. Dieser teilte nach dem Vorgang von Bonaventura die dogmata ein in antecedentia, constituentia und consequentia. Zur ersten Klasse rechnet er alles, was der Mensch durch seine Vernunft auch ohne Offenbarung erkennen kann; zur anderen Klasse das, was den Glauben im eigentlichen Sinne ausmacht, was in bestimmter Beziehung zu dem von Christo verordneten Heile steht und was ohne Gefahr des Heils keinem unbekannt bleiben darf. Zur dritten Klasse endlich gehören ihm alle diejenigen Lehren, die aus den eigentlichen Glaubenslehren erst abgeleitet werden. Glaubensartikel nannte er dann nur, was der zweiten Klasse zugehört. Quae constituunt, haec ipsa secundum se et substantiam, ut sic dicam, suam et quemadmodum declaratum est, cognitu et creditu sunt necessaria, necessitate tum medii tum praecepti ... Antecedentium et consequentium cognitio non ad quosvis pertinet, sed ad perfectiores ... Gegen ihn dann eben die Bestimmung, daß alles das Glaubensartikel sei, was auf den Glauben Bezügliches in der Hl. Schrift enthalten ist. – Da Calixt weiter behauptete: symbolum apostolicum sufficienter comprehendere omnes articulos fidei, ita ut aliorum ignorantia minime perniciosa saluti haberi debeat, und: symbolum apostolicum non tantum tesseram (esse) discernendi christianos a paganis sed et orthodoxos s. catholicos ab haereticis, ita ut quicunque symbolum apostolicum suscipiunt, catholicae ecclesiae membra et cives regni Christi haberi debeant, nequaquam ceu haeretici damnandi sint, quoscunque etiam errores foverint, so gilt gegen ihn die Bestimmung: (*Quen.* I,30). Symbolum apostolicum non est adaequata regula dogmatum ad salutem creditu necessariorum, ut tessera sit communionis internae spiritualis et non plura ad salutem necessaria ab ullo christiano exigi debeant, und verneint *Cal.* (I,235) die Frage: utrum symbolum apostolicum explicite, adaequate et specifice contineat omnia, quae credenda sunt, ut nihil pro fidei articulo haberi debeat, quod eo non comprehenditur?

3. *Holl.* (44). Ad verum articulum fidei requiritur, ut verbo Dei scripto sit revelatus, ut salutem hominis respiciat, ut cum reliquis fidei dogmatibus arcte sit connexus, ut sit inevidens. (*Quen.* [I,242] respectu articulorum fidei stricte et proprie dictorum. Licet enim fidei dogmata in scripturis perspicue et evidenter proponantur, ipsa tamen objecta, fidei propria, inevidentia sunt, ut mysterium trinitatis etc., quia lumine naturae nequaquam innotescunt, unde fides dicitur versari circa ea, quae non videntur. Hebr. XI,1.)

Gegen die Behauptung der Socinianer: quidquid ad salutem necessarium est simpliciter, id totum in literis sacris ad literam scriptum esse necessarium est, *Cal.* (I,804). Quamquam agnoscamus, ea quae ad salutem creditu necessaria, s. literis clare tradita ac proposita esse debere, ut ab omnibus inde hauriri possint, non tamen admittimus, eadem praecise κατὰ τὸ ῥητὸν seu quoad ipsam literam in s. literis expressa esse, ut pro articulis fidei ac creditu necessariis haberi non debeant, quae tantum per consequentiam etsi facilem pronam atque obviam e s. literis deducuntur.

4. *Quen.* (I,242). Dantur quaedam dogmata in scripturis, quae sunt simpliciter πιστὰ et nullo modo per rationem cognosci possunt, sed illam longissime superant; sunt etiam quaedam credibilia secundum quid, quae etsi sint in scripturis revelata et cognitu necessaria, ita tamen se habent, ut et ratio per sua principia possit aliqualiter in eorum cognitionem devenire; hinc oriuntur *articuli puri et mixti. Illi* ex solo Dei verbo petuntur et tantum creduntur, ut articulus de trinitate etc.; *hi*, etiamsi ex lumine naturae aliquo modo innotescant, solum tamen creduntur, quatenus e revelatione divina constant; sic v. gr. Deum esse etc., scitur per evidentem demonstrationem et creditur propter divinam revelationem. Haec tamen omnia, quae lumine naturae quodammodo innotescunt, *non creduntur, quatenus e naturae lumine, sed quatenus e divina revelatione habentur.* So

sagt auch *Holl.* (45). Nullus articulus fidei formaliter consideratus, quatenus est articulus fidei, mixtus est; si quidem omnes articuli fidei pendentes a divina revelatione adeoque ratione objecti formalis, inevidentes sunt. –

Von den ***articulis fidei puris*** sagt *Holl.* (45): Occupantur in explicandis mysteriis fidei, captum rationis humanae, sibi relictae, transcendentibus. Μυστήριον est ἀπὸ τοῦ μύειν, quod significat oculos habere clausos, os comprimere, et consequenter tacere. A μύειν et μυέειν, quod significat, aliquem honesta doctrina imbuere. Μυεῖσθαι idem est ac sacris initiari. Ὁ μύστης est homo sacris initiatus, qui vel cum silentio audit alios et sacra discit, vel qui ea sacrorum notitia imbutus est, ut sacra doceat, reverenti cum silentio audiendus. Τὸ μυστήριον ... apud profanos auctores cum rem omnem arcanam, sermone non temere enunciandam, tum in primis sacra Cereris Eleusinia, alto silentio inclusa, notat ... In sacris literis μυστήρια notant res divinas et supernaturales, quae rationi sibi relictae sunt ignotae, inevidentes, nostrae tamen salutis causa divinitus revelatae. –

5. *Quen.* (I,242). ***Articuli fundamentales,*** sive qui ignorari vel saltem negari salva fide et salute nequeunt, sunt, qui fundamentum fidei concernunt. Est autem ***fundamentum*** generaliter loquendo, ut N. Hunnius definit, »quod in unaquavis structura est primum, toti structurae substat, nec ab alio sustentatur«. Atque ita fundamentum fidei est id, quod fidei et toti adeo Christianismo, veluti domui aedificandae ac conservandae substernitur. Et quia fundamentum quandoque idem est quod causa, hinc articulus fundamentalis est tale dogma, quod rationem habet causandi et fundandi fidem ac aeternam salutem seu quod causam aliquam fidei et salutis explicat. – *Quen.* (ibid.) unterscheidet dann nach dem Vorgang von Hunnius ein dreifaches fundamentum. 1. ***Substantiale,*** res illa, in quam homo fiduciam suam ponit, ex ipsius beneficentia salutem aeternam exspectans; vel est objectum fidei proprium, quod est Deus unitrinus in Christo mediatore fide complectendus. 2. ***Organicum*** est verbum Dei, quod uti semen est, ex quo regenerantur Christiani, sic fundamentum quoque dicitur, quatenus medium est generandae fidei ac principium doctrinae, quod substat et substernitur fidei, adeoque fundamentum fidei. 3. ***Dogmaticum*** est prima illa coelestis doctrinae pars, quae ad nullum aliud dogma refertur, ut ejus gratiâ revelata et ad quam caetera omnia dogmata tanquam propter ipsam revelata referuntur et ex qua ut sufficiente et immediata causa fides resultat ... Unde ***haeresis*** non est error quivis verbo Dei contrarius, sed fundamentum ipsum fidei labefactans et evertens. – *Holl.* (46). Fundamentum fidei est vel reale s. substantiale, vel dogmaticum s. doctrinale. Fundam. fidei et salutis ***substantiale*** est Christus, quatenus est causa meritoria consequendae a Deo remissionis peccatorum et vitae aeternae. (1Cor. III,11. Christum vocat P. fundamentum aedificii; universa enim ecclesia Christo nititur ... Cum autem ecclesia sit coetus hominum fidelium et salvandorum, haud invalide colligitur, Christum etiam esse fundamentum fidei et salutis.) Fundamentum f. ***dogmaticum*** est complexus dogmatum divinitus revelatorum, quibus Christus fundamentum fidei substantiale et cum eo necessario connexa principia mediaque salutis explicantur. (Eph. II,20. Per fundamentum apostolorum et prophetarum innuit P. doctrinam ab apostolis et prophetis traditam. Caeterum docet apostolus, lapidem angularem esse Christum, indigitaturus, doctrinam prophet. et apostol. ita esse fundamentum, ut et ipsa Jesu Christo, velut imo angulari lapide et fundamento ultimo nitatur.) ... Fundamentum f. substantiale et dogmaticum non sunt duo fundamenta adaequate contradistincta neque differunt secundum rem, sed secundum nostrum concipiendi modum propter diversa connotata. Etenim Christus est fundamentum ex parte rei: doctrina de Christo est fundamentum ex parte nostrae cognitionis. Doctrina autem de Christo nihil est aliud, quam Christus intellectu cognitus et aliis ad cognoscendum verbo scripto aut praedicato propositus. –

6. ***Br.*** (56). E. gr. de peccato et rejectione perpetua quorundam angelorum, de

immortalitate primi hominis ante lapsum, de Antichristo, de origine animae per creationem vel traducem. Aber dazu die Bemerkung: Interim etiam in his cavendum est, ne errorem amplectendo aut profitendo in revelationem divinam Deumque ipsum temere peccetur: praesertim, ne contra conscientiam et cum seductione aliorum aliquid statuatur, quo labefactentur fulcra et veritas unius aut plurium articulorum fidei fundamentalium. Sic enim tanquam per peccatum mortale excuti tamen potest et solet spiritus s. et fides. –

7. *Quen.* (I,243). Inter ipsos fundamentales fidei articulos ordo aliquis propter connexionem, quam ad se invicem et cum fine tam ultimo, quam intermedio habent, constituendus est, ut alii sint articuli fundamentales primarii, alii secundarii, alii primi, alii secundi ordinis. –

Die articuli primarii werden wieder eingeteilt I. *von einigen* in articulos *constitutivos et conservativos. Quen.* (I,243). Art. fund. *constitutivi* B. Hunnio sunt, qui fundamentum fidei intrinsecus, imo intime constituunt seu fidem immediate causantur, utpote »Deum velle omnes homines salvos fieri et ad agnitionem veritatis pervenire.« *Conservativi* illi sunt, qui quidem ipsam fidem immediate non causantur, ipsi tamen immediatae fidei causae necessario substernuntur, v. gr. quod Deus verax sit et omnipotens etc. etc. ubi porro observat, *constituere fundamentum* fidei esse, omnia illa dogmata, quae ad fidem generandam necessaria sunt, ita tenere sarta tecta, ut nec ullum eorum desideretur, nec alia quaecunque doctrina admittatur, quae tale dogma vel directim vel oblique tollat, aut fidei generandae ullo modo ineptum faciat. – II. *Andere* teilen ein: a) in articulos *fidei antecedentes,* qui fidem justificam et salvificam ipsam quidem non efficiunt nec absoluta necessitate et immediate ad eandem requiruntur, necessarii tamen sunt ad id, ut dogmata fidem gignentia et constituentia recte credi et sarta tecta manere queant, quod illis non positis aut ignoratis et negatis fieri non posset (dogma de revelationis divinae existentia – dogma de Dei existentia, potentia etc. etc. – d. de Deitate mediatoris – hominem peccato contaminatum – de mortuorum resurrectione, judicio extremo). b) in art. fid. *constituentes,* qui immediate et proxime salutem attingunt et fidem intrinsece constituunt et causantur (capita doctrinae christianae de Dei φιλανθρωπία, de merito et satisfactione Christi universali ejusque appropriatione in individuo facta). c.) in art. f. *consequentes,* qui ita fiduciam constitutam sequuntur, ut nisi ponantur, ipsa iterum fiducia evanescat (aeterna Dei duratio, justitia Dei executiva, sanctificatio Dei effectiva, idiomatum et operationum in persona Christi communicatio, officium Christi regium etc.). *Hülsem.* (bei *Quen.* I,243).

8. *Holl.* (51). *Articuli fundamentales secundarii* sunt, quorum simplex ignoratio non officit saluti; pertinax autem negatio vel impugnatio fundamentum fidei labefactat. Quales sunt partes doctrinae christianae de personarum divinarum proprietatibus characteristicis, de communicatione idiomatum in Christo, de peccato originis, de decreto electionis intuitu fidei finalis, de justificatione peccatoris per solam fidem, excluso bonorum operum merito. (Zu letzterem Satze die Bemerkung [p. 52]: Justificatio peccatoris conversi per fidem in Christum est articulus fidei fundamentalis constitutivus. Sed contingit, ut peccator, peccata agnoscens et detestans, omnem fiduciam collocet in Christo mediatore, cujus memoriam non subeat exclusio bonorum operum. Quis hunc condemnaret? Negans vero peccatorem sola in Christum fide justificari, is impingit in articulos fund. primarios de gratia Dei et merito Christi.) Der Vergleich von not. 7 und 8 zeigt übrigens, daß die DD. nicht gleichmäßig die einzelnen Dogmen der gleichen Klasse zuteilen. – Aus der Unterscheidung, die unter den art. fundamentalibus gemacht wird, folgt, was *Holl.* (53) sagt: Omnes articuli fidei fundamentales sunt cognitu necessarii, sed dispari necessitatis gradu. Nam qui articuli fidei tum ipsam salvificae fidei definitionem ingrediuntur, tum generan-

dae fidei immediate substan·, homini salvando creditu sunt maxime necessarii. Reliquorum articulorum fidei quidam positive et directe, quidam negative et indirecte creditu sunt necessarii. Et si consideremus homines credentes, non eadem cognitionis mensura ab omnibus et singulis exigitur. –

Die Unterscheidung der articuli fidei in fundamentales et principales und in minus principales findet sich zwar schon bei *Gerh.*, der sie von den Scholastikern übernommen hat; in der oben mitgeteilten Ausdehnung stammt sie aber erst von *Nic. Hunnius.* Reformierte Theologen hatten, um eine Vereinigung der beiden Konfessionen herbeizuführen, das Vorhandensein eines fundamentalen Unterschieds zwischen beiden in Abrede gestellt, und zu diesem Endzweck den Begriff des Fundamentalen möglichst allgemein bestimmt. Zur Abwehr falsch irenischer Bestrebungen schrieb *H.* dann seine διάσκεψις de fundamentali dissensu doctrinae Luth. et Calvinianae. Vit. 1626.

9. *Quen.* (I,21). Summa verae religionis (et articulorum) fidei continetur in symbolis, christianam fidem complectentibus, quae sunt vel antiquiora, et oecumenica, in toto christiano orbe recepta (symb. apost., Nicaenum, Constantinopolitanum, Ephesinum, Chalcedonense ut et Athanasianum) vel recentiora et ratione minus solennis approbationis particularia (Augustana confessio invariata, ejusdem apologia, articuli Smalcaldici, catechismus uterque Lutheri et formula concordiae).

Über das Verhältnis der früheren zu den späteren Symbolen Hutt: Comp. (7). Longe majorem auctoritatem obtinent ea, quae unanimi totius catholicae ecclesiae consensu sunt approbata, qualia sunt tria illa symbola oecumenica: quam quae paucarum tantum quarundam particularium ecclesiarum judicio et applausu sunt recepta.

Über die Bedeutung des Wortes symbolum. Cal. (I,101). Symbola dicuntur, quod sint tesserae verae ecclesiae, quibus orthodoxi agnosci et ab heterodoxis dignosci queunt. *Holl.* (54). Sunt confessiones publicae, nomine ecclesiae ab orthodoxis viris de certis fidei articulis gravissimo consilio conscriptae, ut membra ecclesiae orthodoxae ab infidelium ignorantia et haeretica pravitate separentur et in consentiente fidei professione contineantur. Da es deren mehrere gibt, so bemerkt *Hutt.* Comp. (6): agnoscunt ecclesiae nostrae plures libros symbolicos, sed non nisi in eodem testimonii genere de doctrina suorum temporum.

Über das Verhältnis der symbolischen Bücher zur Hl. Schrift: *Form. conc.* (de compendiaria regula atque norma. 7.): Hoc modo luculentum discrimen inter sacras V. et N. T. literas, et omnia aliorum scripta retinetur: et sola s. scriptura judex, norma et regula agnoscitur, ad quam ceu ad Lydium lapidem omnia dogmata exigenda sunt et judicanda, an pia, an impia, an vera an vero falsa sint. Caetera autem symbola et alia scripta ... non obtinent auctoritatem judicis ... sed duntaxat pro religione nostra testimonium dicunt eamque explicant, ac ostendunt, quomodo singulis temporibus s. literae in articulis controversis in ecclesia Dei a doctoribus, qui tum vixerunt, intellectae et explicatae fuerint etc. Erst von *Hutterus* an ist aber in den Dogmatiken von diesem Verhältnis, wie überhaupt von der Bedeutung und Notwendigkeit der Symbole die Rede. Das Verhältnis, wie es zu Ende der orthodoxen Periode bestimmt wurde, spricht *Holl.* (56) in ff. aus: Scriptura s. et libri symbolici differunt: quia 1. s. scriptura est immediate inspirata a Deo sanctis Dei hominibus, a spiritu s. impulsis. Libri symbolici sunt scripta sacra, consignata a viris orthodoxis, mediatae illuminationis privilegio divinitus donatis (sensu strictissimo nullum ecclesiae symbolum vocari potest ϑεόπνευστον. Quamvis enim viri orthodoxi a spiritu s. illuminati illud mente conceperint et in literas retulerint, non tamen ex specialissima, extraordinaria et immediata inspiratione Dei scripserunt, sed ordinaria et mediata illuminatione a Deo fuerunt donati et edocti. Neque iisdem singula verba librorum symbolicorum a spiritu s. in calamum sunt dictata, sed assistente et dirigente Deo ipsi verba congrua invenerunt et dogmatibus divinis applicarunt). 2. S. scriptura est αὐτόπιστος καὶ ἀναπόδεικτος, per se fide digna, neque indiga principii prioris, e quo demonstretur: libri symbolici sunt ἑπομένως ἀξιόπιστοι, h. e. consequenter merentur fidem, quia verbo Dei revelato sunt conformes. 3. S. scriptura pollet divina auctoritate canonica, ut sit norma infallibilis, qua vera fidei dogmata a falsis discernuntur. Libri symbolici habent auctoritatem ecclesiasticam et respective dicuntur norma, nempe respectu externae fidei professionis, qua unanimem ecclesiae in doctrina fidei consensum testamur. 4. S. scriptura adaequate continet omnia credenda et agenda: nullus liber symbolicus omnia et singula dogmata fidei praeceptaque morum perfecte complectitur (sed pro ratione temporis et occasionis, qua libri symbolici scripti fuerunt, illorum dogmatum ratio fuit habita, quae controversa erant et maxime impugnabantur). Wenn also die libri symbolici von einigen DD. auch θεόπνευστοι genannt werden, so bemerkt *Holl.* (58) weiter: Nimirum sensu lationri libri symbolici ab auctoribus nonnullis vocantur θεόπνευστοι a) *ratione objecti,* quoniam continent et exponunt verbum Dei prophetis et apostolis olim immediate inspiratum et quidquid e verbo Dei per manifestam consequentiam elicitur; b) *ratione mediatae illuminationis*; neque enim dubitamus, quin Deus speciali concursu influxerit in mentes fidelium doctorum, qui symbola ecclesiae conscripserunt, mentes eorum illustraverit et voluntates ipsorum flexerit, ut verissima saluberrimaque dogmata mente conceperint et calamo expresserint.

Von der Notwendigkeit der symbolischen Bücher Id. (59): Libr. symb. necessarii sunt non absolute sed hypothetice, pro statu ecclesiae, gravissimis causis ad edenda symbola permotae, a) ad solidam, diuturnam et firmam concordiam in ecclesia Dei constituendam, ut certa compendiaria forma et quasi typus unanimi consensu approbatus exstet, in quo communis doctrina, quam ecclesiae sincerioris doctrinae profitentur, e verbo Dei collecta contineatu., b) ad reddendam rationem religionis christianae, si a magistratu exigatur; c) ad dignoscendum vera ecclesiae membra ab ejus hostibus, haereticis et schismaticis. – *Von dem Eid auf die symbolischen Bücher* sagt *Holl.* (59): Qui vivum ecclesiae membrum est, et in ea publico docendi munere perfungi cogitat, ad subscriptionem librorum symbolicorum etiam juratam a magistratu superiori obligari potest (ut publice in ecclesia docturus eo magis obstringatur ad consentientem publicae doctrinae confessionem, explicationem et defensionem). –

PARS I. DE DEO

§ 14

Der höchste Endzweck der Schöpfung des Menschen und dann auch der der Offenbarung ist, daß Gott erkannt werde[1]: darum muß auch die Theologie mit der Lehre von Gott beginnen[2].

Die Lehre von Gott zerfällt aber 1. in die Lehre von dem Dasein, dem Wesen und den Eigenschaften Gottes, 2. in die Lehre von der besonderen Weise, in der Gott subsistiert, also in die Lehre von Gott dem Dreieinigen, 3. in die Lehre von den Werken Gottes, der Schöpfung, 4. in die Lehre von der Art und Weise, wie Gott seine Werke erhält und für sie Sorge trägt (Lehre von der Vorsehung), 5. in die Lehre von den Engeln, als den Dienern an den Werken Gottes.

Kap. I
De Deo

§ 15
Vorbemerkung: Cognitio Dei naturalis et supernaturalis

Die volle und zum Heil genügende Erkenntnis von Gott gewinnen wir natürlich nur aus der Offenbarung. Doch ist aber auch außerhalb ihrer eine Erkenntnis Gottes vorhanden, wie wir denn eine solche auch bei den Heiden finden. Wir können sonach eine doppelte Quelle unterscheiden, aus der Gott erkannt werden kann, eine *ex libro naturae* und eine *ex libro scripturae* und demnach ist die cognitio Dei eine *naturalis* und eine *revelata* seu *supernaturalis*[3]. Die cognitio naturalis zerfällt aber in *notitiam insitam* und in *notitiam acquisitam,* d.h. dem Menschen ist eine gewisse Erkenntnis Gottes angeboren und diese kann er dann erweitern und näher begründen durch die Betrachtung der Werke und Wirkungen Gottes in der Natur und Geschichte[4]. Die auf diesem Weg entstandene Erkenntnis ist dann wohl an sich wahr, obwohl auch sie durch die in dem Menschen vorhandene sittliche Verderbnis wieder gefälscht und in Irrtum verkehrt werden kann[5]; sie ist aber jedenfalls sehr unvollständig, wonach wohl einiges von Gott erkannt wird, wie z.B. sein Dasein und einiges von seinen Eigenschaften und seinem Willen, aber nie dies alles in seinem ganzen Umfang, und nie so, daß es dem Menschen eine unerschütterliche Gewißheit gäbe, die ihm ein sicherer Halt für seinen Glauben und sein sittliches Leben werden könnte[6]; noch weniger reicht sie hin zur Erlangung des Heiles[7]. Der Grund von dieser Unvollkommenheit liegt aber in der Verderbtheit der menschlichen

Natur, die seit ihrem Falle sich selbst zu keiner vollkommenen Erkenntnis Gottes mehr erheben kann. Alle auf diesem Weg entstandene Erkenntnis müssen wir daher nur als den Überrest einer Erkenntnis betrachten, die ohne den Fall in vollem Maß uns zugekommen wäre[8]; sie dient sonach mehr dazu, die Sehnsucht nach rechter und vollständiger Erkenntnis in uns zu wecken (cognitio paedagogica) und unser sittliches Verhalten, auch bevor die durch Offenbarung gewirkte Erkenntnis hinzutritt, einigermaßen zu regeln (cogn. paedeutica); auch kann sie mit Nutzen neben der geoffenbarten Erkenntnis angewendet werden (cogn. didactica[9]). Um zur vollen und wahren Erkenntnis zu gelangen, bedürfen wir also immer noch der Offenbarung[10].

1. *Gerh.* (III,1). Necessariam esse hanc doctrinam (de Deo) demonstrat: 1. finis creati hominis. Quemadmodum omnia creata sunt propter hominem: ita homo conditus est ad Deum, creatorem suum, recte agnoscendum et colendum, amandum et celebrandum ... 2. finis divinae patefactionis. Deus ex arcana majestatis suae sede prodiens non solum in mundi creatione, sed etiam ac vel maxime in verbi revelatione ex immensa bonitate hominibus sese patefecit, fine certe nullo alio, quam ut homines ex illa patefactione Deum recte agnoscerent, et veram de Deo doctrinam ab omni errorum fermento puram et illibatam conservarent, atque ad posteros suos propagarent ...

2. *Gerh.* (ibid.) Ut scriptura s. in theologia est unicum principium cognoscendi: sic Deus bonitate optimus, potentia maximus, est unicum et summum principium essendi, tum ipsius scripturae s. (in qua verbum Dei sive divina revelatio continetur) tum operum divinorum, de quibus in theologia tractatur, respectu. Idem etiam est totius scripturae centrum, theologiae nucleus, scientiae ac desiderii nostri terminus. Convenienti igitur ordine ab articulo de scriptura s. progredimur ad articulum de natura Dei et attributis divinis.

Quen. (I,250). Supremus hominis totiusque theologiae finis Deus est, ejusque agnitio, celebratio et fruitio; ab eo itaque, cum theologia ad modum habituum practicorum tractari debeat, merito initium facimus.

Holl. (187). Cum theologia sit scientia practica, primo omnium de ejus fine agendum est. Cum autem finis theologiae sit duplex, unus quidem objectivus, qui est Deus infinite perfectus, et summe bonus, alter vero formalis, qui est visio et fruitio Dei beatifica; ideo finis theologiae objectivus, nempe Deus, appetitum hominis plenissime satians, primum considerandus est. –

3. *Gerh.* (I,93). Duo sunt, quae in cognitionem Dei ducunt: creatura et scriptura (August.).

Holl. (188). Notitia Dei petitur tum ex lumine naturae sive rationis, tum ex lumine revelationis.

4. *Quen.* (I,251). *Notitia Dei naturalis* est, qua citra revelationem specialem homo cum ex lumine naturae tum ex libro naturae suo modo, sed admodum imperfecto, potest cognoscere, esse aliquod supremum numen, idemque sapientia et potentia sua moderari totum hoc universum et res omnes a se conditas.

Gerh. (I,93). *Notitia insita* est communis illa notio de Deo, hominis cujusque animo per naturam, inde ab utero insculpta et impressa, siquidem ex principiis istis nobiscum natis seu κοιναῖς ἐννοίαις (quae nihil aliud sunt, quam reliquiae quaedam et ἐρείπια div. imaginis, scintillulae et igniculi clarae istius lucis, quae pleno jubare ante lapsum in mente hominis fulsit), quaedam etiam Deum attinent, utpote quod sit Deus unus, bonus ... –

(III,42). Eas (scintillulas) referimus ad librum naturae internum, ad quem etiam pertinet liber συνειδήσεως, internum conscientiae testimonium, quod Scholastici vocant συντήρησιν: nam ex principiis nobiscum natis practicus ille syllogismus in corde cujusvis hominis oritur: qui vitam degit impiam, sentiet Dei vindicis iram et poenam. Ratio pendet ex eo, quia omnibus naturaliter insculptum, Deum esse, Deum esse colendum. Deum esse scelerum vindicem. Subsumit conscientia impii: Ego flagitiosam vitam duxi. –

Id. (III,42). ***Notita acquisita*** ex libro naturae externo, videl. ex contemplatione operum et effectuum divinorum vi naturalis discursus a mente humana colligitur. Als solche effectus zählt *Gerh.* (I,94) auf: 1. rerum, quae videntur, creatio, 2. rerum creatarum varietas, pulchritudo et ordo, 3. rerum creatarum sustentatio, gubernatio et conservatio, 4. profusa variorum donorum, quae ad necessitatem hominis aliorumque viventium pertinent, elargitio, 5. animadversio et ultio vindicis oculi manusque Dei, 6. miraculorum exhibitio, 7. rerum futurarum praedictio, 8. periodica imperiorum mutatio, 9. mentis humanae natura, 10. insiti naturalis notitiae igniculi, et in hisce discrimen honestorum ac turpium, 11. conscientiae pavores, morsus et aculei, 12. series causarum efficientium et finalium. –

Quen. (I,253). Notitia Dei naturalis est duplex, una ἔμφυτος sive naturae, et mentibus hominum in ipso ortu suo impressa, *insita et implantata,* qua homo ex principiis secum natis, tamquam imaginis divinae ruderibus quibusdam et reliquiis sine discursu et mentis operatione Deum cognoscit: altera ἐπίκτητος dicitur seu *acquisita,* quia ex insitis naturae principiis per ratiocinationem et accuratam creaturarum contemplationem acquiritur, sive ex operibus Dei in creatione et vestigiis illis divinitatis, quae sparsa sunt in tota rerum natura, colligitur. *Illa* subjectiva dicitur, *haec* objectiva. *Illa* nulli homines, ne quidem infantes, carent; *haec* vero non in omnibus reperitur: *illa* propagatur per generationem, *haec* per doctrinam et informationem aliorum, vel etiam per culturam et indagationem propriam: *illa* dici potest notitia *habitualis,* quia inest nobis per modum habitus impressi, etiam ante rationis usum et exercitium, *haec* actualis, quia per ratiocinationem et discursum sese exserit et comparatur. Cf. noch die Bemerkung von *Gerh.* (III,46): Denique et hoc monendum, quando Ostorodus dicit, homines non ex natura, nec ex consideratione creaturarum, sed ex auditu et aliorum relatione unice id habere, quidquid de Deo aut divinitate sciunt, tum terminum illum auditus esse ambiguum. Si enim hoc vult Ostorodus, quod ad omnem Dei notitiam requiratur specialis Dei patefactio per verbum, id omnino negamus: si vero auditus nomine intelligatur, doctrina et institutio a majoribus, solam naturam magistram secutis, hausta; tum dicimus eandem non minus quam principia nobiscum nata et creaturarum considerationem ad notitiam naturalem pertinere. Quamvis vero distincta sint argumenta, quibus tum insita, tum acquisita notitia Dei naturalis demonstretur; tamen cum Photiniani utramque negent, ideo sufficit nobis contra Photinianos probare, quod sit aliqua naturalis Dei notitia, ex quocunque tandem principio ea oriatur, sive ex naturali instinctu, sive ex creaturarum intuitu, sive ex aliorum, qui naturam magistram unicam secuti sunt, relatu.

Den Socinianern gegenüber faßt *Cal.* die Aussagen über die notitia Dei naturalis so zusammen: 1. quod homo revelatione verbi Dei destitutus sanae rationis beneficio assurgere possit ad aliqualem de Deo, ejus essentia et voluntate generali vel providentia notitiam (II,61). 2. quod non solum facultas vel potentia Deum cognoscendi sed etiam notitia quaedam Dei natura nobis conveniat (II,73). 3. quamquam non insit homini notitia de Deo ante rationis usum et exercitium, quantum ad speciem expressam et ideam aliquam mente conceptam, non tamen negandum arbitramur, in homine dari sive dispositionem aliquam sive quoddam analogum habitui, aliquam nempe τελείωσιν potentiae intellectualis in homine post lapsum reliquam cujus beneficio homo Deum quadantenus cognoscere possit sine magistro (II,80). 4. homini non modo naturaliter sed et per se notum est, quod Deus sit (II,86).

Der Beweis für das Vorhandensein einer *notitia insita* wird geführt aus Rom. I,19 und II,15, dann ex rationibus: 1. ex connato sive omnibus mentibus impresso discrimine honestorum et turpium; 2. ex timore supremi numinis, naturaliter ex corde hominum prorumpente; 3. ex malae conscientiae pavoribus et bonae laetitia et securitate; 4. ex cruciatibus conscientiae ob patratum scelus ... 5. ex unanimi omnium populorum consensu; 6. ex occulta omnium propensione ad aliquam religionem; 7. ex praeceptis morum ex naturae lumine exstructis *Quen.* (I,253).

Die notitia acquisita wird bewiesen aus: Rom. I,20. Act. XVII,27.

5. *Quen.* (I,253). Veram esse notitiam Dei naturalem inde patet, quia apostolus eam diserte appellat ἀλήθειαν Rom. I,18 etc. et cum addito: ἀλήθειαν τοῦ θεοῦ, v. 25, quippe quae a prima veritate originem habet; ubi tamen distinguendum inter notitiam Dei naturalem in se et per se spectatam et quatenus conjunctam habet imperfectionem, rationis corruptionem et ad errores varios proclivitatem. Illo modo spectata vera est, hoc vero modo considerata *ex accidente falsitate est permixta.*

6. *Calov.* (II,47). Imperfectio naturalis notitiae Dei quoad ea, quae in natura revelantur, et nullitas ejusdem quoad supernaturalia fidei mysteria.

Quen. (I,253). Notitia Dei naturalis imperfecta est duobus potissimum modis: 1. *respectu objecti* plane incogniti (quo pertinet evangelium, quod est mysterium a seculis absconditum), vel non plene cogniti (quo pertinet doctrina legis, quam homo ex principiis naturalibus ex parte tantum cognoscit); 2. *respectu subjecti*, Deum non satis constanter agnoscentis vel propter congenitam corruptionem de Deo subinde dubitantis. –

Chmn. (ll. th. I,20) faßt es so zusammen: Vere loquendo aut nulla aut imperfecta aut languida est. *Nulla,* quia de gratuita promissione remissionis peccatorum nihil novit tota philosophia ... *Imperfecta,* quia gentes aliquam tantum particulam legis noverunt ... *Languida,* quia etiamsi impressum est humanis mentibus, esse Deum et praecipere obedientiam, juxta discrimen honestorum et turpium tamen assensio non tantum languida est, sed horrendis dubitationibus saepe excutitur.

Über den Inhalt des durch das lumen naturae Erkannten drückt sich *Quen.* (I,255) so aus: Non versatur h. l. controversia in eo: an homo naturaliter seu citra revelationem possit cognoscere τὸ τί ἐστι, quid et quis sit verus Deus secundum omnes divinae naturae proprietates. Et an possit penetrare naturaliter ejus providentiam et voluntatem specialem in gubernatione ecclesiae et hominum aeterna salute? Haec enim omnia et singula ex verbo revelato unice petenda sunt: *sed an possit naturâ scire, τὸ ὅτι, an sit, et in communi cognoscere,* quod sit summum aliquod numen causa omnium rerum in natura, justum, bonum, sanctum, colendum etc. adeoque an homo extra revelationem possit habere quasdam vero Deo competentes notitias aut quosdam veros de Deo conceptus, etsi in particulari illos male applicet v. gr. ad id, quod vere Deus non est. –

Zu dem letzten Satze von *Quen.* cf. die Bemerkung von *Gerh.* (I,96). Distinguendum est inter conceptum Dei ex creaturis ab ethnicorum mente haustum, et inter conceptus istius applicationem: ille fuit legitimus, haec vero minime. Quamvis enim aeternam potentiam ac divinitatem ... ex libro naturae deprehenderint, tamen illam non recte applicarunt uni illi Jehovae, ... sed eam vel animalibus irrationalibus, serpentibus, reptilibus etc. tribuerunt ... et siquidem ex proprio ingenio formam ac normam Deum colendi excogitarunt, ideo cordis sui idolum, non autem verum Deum coluerunt. –

Es kommt dem Menschen durch das lumen naturae also nur eine *aliqualis notitia de Dei ὑπάρξει, potentia, sapientia, bonitate et providentia* zu. *Gerh.* (III,60). Adimitur Dei cognitio hominibus, tum quoad *notitiae naturalis integritatem,* quia major ejus pars per peccatum ex mentibus deleta, tum *quoad puritatem,* quia notitiae adhuc reliquae sunt valde obscuratae, tum *quoad singularem quorundam hominum pravitatem.* –

7. *Quen.* (I,261). Notitia Dei naturalis ad salutem procurandam aut saltem damnationem arcendam sufficiens non est, nec ullus mortalium per eam solam vel ad salutem perductus fuit vel perduci potuit. Act. IV,12. Rom. X,7. Marc. XVI,16. Gal. III,11. Eph. IV,18. Gal. IV,8. Eph. II,12. –

Mel. (I,9). Quamquam utcunque mens humana agnoscit, Deum punire sontes, tamen de reconciliatione nihil novit sine revelatione div. promissionis. –

8. *Quen.* (I,254). Disting. inter notitiam Dei naturalem in originali sua integritate consideratam et inter eandem in ruderibus et reliquiis spectatam: illa erat perfecta *θεογνωσία,* habitualis primis parentibus per gratiam creationis indita, haec vero saltem aliqualis et imperfecta est Dei notitia, in natura corrupta post lapsum adhuc residua. Primaevae lucis quasi parva scintilla, ingentis oceani exigua guttula et splendidae domus adusta particula.

9. *Chmn.* (ll. th. I,21) ... Causae, quare Deus externam illam sui notitiam omnium hominum mentibus indiderit: 1. propter externam disciplinam, quam D. vult ab omnibus hominibus etiam non renatis praestari – 2. ... ut quaeratur Deus ... 3. ut reddat homines inexcusabiles.

Calov. (II,40). Utilitas naturalis Dei cognitionis: 1. *paedagogica,* ad inquirendum verum Deum, qui se manifestavit per scripturam in ecclesia; 2. *paedeutica,* ad dirigendos mores et externam disciplinam in et extra ecclesiam; 3. *didactica,* quod ad explicationem et illustrationem scripturae faciat, si sobrie adhibeatur.

Id. (II,51). Usus hujus doctrinae (de cognitione Dei naturali) est, ut sciamus, an, quid et quantum de Deo per naturam cognoscere possimus; ne vel negemus ea, quae in natura patefacta, vel nimium iisdem tribuamus; tum vero animo grato eam manifestationem agnoscamus ac quotidiana libri naturae evolutione naturalem notitiam excolamus, non vero supprimamus, aut abutamur eadem, quin debito modo naturae librum cum libro scripturae conjungamus, ac denique eorum quoque doctrina ac exemplo, qui inde edocti veritati virtutique studuerunt, tum confirmemur, tum excitemur. –

10. *Quen.* (I,268). Notitia Dei *supernaturalis seu revelata* est cognitio Dei unitrini rerumque divinarum salvifica, e verbo Dei scripto hausta, quae ab initio ecclesiae viguit et ad salutem hominum ordinata est.

Chmn. (ll. th. I,22). Notitia Dei salvans, per quam consequimur vitam aeternam, revelata scil. per verbum, in quo Deus et se et voluntatem suam patefecit ... Ad hanc patefactionem Deus suam ecclesiam alligavit, quae sola Deum novit, invocat et celebrat, sicut se in hoc verbo manifestavit, ut et hoc modo vera et una Dei ecclesia ab omnium gentium religione discerneretur. –

§ 16

1. Die Gewißheit über das Dasein Gottes

Ist das Dasein Gottes zwar auch in dem natürlichen Bewußtsein des Menschen schon gesetzt, und hat dieses eine Reihe von Beweisen dafür[1], so wird uns das Dasein Gottes doch erst vollkommen gewiß durch die Offenbarung[2].

§ 17
2. Das Wesen Gottes

Auch *die Einsicht in das Wesen Gottes* (quid sit Deus) gewinnen wir vorzugsweise aus der Offenbarung, denn die Hl. Schrift gibt uns in den Namen, Eigenschaften und Werken Gottes eine Beschreibung seiner selbst[3]. An der aus dieser Beschreibung hervorgehenden Einsicht müssen wir uns aber auch genügen lassen, denn wir wissen von dem Wesen Gottes nichts mehr und nichts Genaueres, als die Hl. Schrift uns lehrt. Freilich gewinnen wir aus ihr noch keine adäquate und vollständige Erkenntnis des Wesen Gottes, eine solche übersteigt aber auch unser Fassungsvermögen, wie denn darum auch die Hl. Schrift selbst die Unbegreiflichkeit des göttlichen Wesens aussagt (1Tim. VI,16. 1Joh. III,2. Rom. XI,33). Doch können wir uns an der durch die Hl. Schrift vermittelten Erkenntnis genügen lassen, da wir aus ihr immerhin so viel von Gott und seinem Wesen erfahren, als zu unserem Heile hinreicht[4].

Aus dem Gesagten ergibt sich, in welchem Sinne Gott definiert werden könne. Er kann es nicht im eigentlichen Sinne, d.h. es kann, was Gott seinem Wesen nach, was er an sich ist, nicht in Worte gefaßt, weil nicht zu vollkommner Vorstellung gebracht werden, aber eine Definition Gottes im weitern Sinne kann doch gegeben werden, insofern nämlich doch auf Grund der Hl. Schrift eine Beschreibung von Gott gegeben werden kann, nach der wir ihn von anderen Wesen aufs bestimmteste unterscheiden können[5].

Auf Grund der in der Hl. Schrift gegebenen Beschreibung Gottes können wir ihn definieren als: *essentia spiritualis infinita*[6].

1. *Gerh.* (III,43) führt als solche Beweise an, die 1. a moventium ordine; 2. ab efficientium serie; 3. ab entium gradu et connexione; 4. ex certa propter finem operatione. 5. ex naturali inclinatione.

2. *Gerh.* (III,40). Videri alicui poterat, quaestionem illam in ecclesia esse otiosam, cum omnibus notum et concessum sit, esse Deum, nec ulla gens tam barbara sit, quae Deum esse eundemque colendum esse neget, licet quomodo colendus sit ignoret adeoque omnibus naturaliter insita sit Dei notitia ... Sed nihilominus statuendum τὸ ὅτι s. quod sit Deus probandum esse: 1. ad eorum, qui Deum esse negant, confutationem; 2. ad fidei nostrae confirmationem (... in gravibus et seriis tentationibus, inquit Chemnitius, omnes sumus vel Epicuraei vel Stoici; confirmandus igitur animus consideratione dictorum, quae testantur et esse Deum et providam rerum humanarum curam eundem gerere); 3. ad naturalis notitiae perfectionem (... cum ergo naturalis Dei notitia sit imperfecta, et languida, utique ex verbo divinitus patefacto confirmanda, perficienda et adimplenda est). –

3. *Cal.* (II,110). Quod Deus sit: singulae scripturae s. literae testantur, cumprimis vero divina nomina, oracula et opera. *Gerh.* (III,14). Ad συνωνυμίαν pertinent divina nomina, quorum explicatione maxima pars doctrinae de Deo continetur, quia theologia nostra in hac vita fere tota est grammatica, unde quidquid de Deo cognoscere possumus, vocatur Dei nomen ... Nomina Dei dicuntur generaliter vel specialiter. In generali et lata

significatione dicitur *Dei nomen, quidquid de Deo praedicatur,* quo modo accipitur a veteribus, qui appellatione nominum etiam attributa sive proprietates complectuntur.

Quen. (I,268). In quaestione quid sit Deus, consideranda primum sunt *divina nomina,* quorum alia vel ratione etymi vel ratione usus biblici essentiam Dei significant et vulgo essentialia dicuntur, ut Jehova, Jah, Elohim; alia desumuntur *ab attributis divinis,* ut quando dicitur Deus omnipotens, justus, sapiens; alia *ab effectis,* ut cum appellatur creator conservator etc.

4. *Chmn.* (ll. th. I,24). Cum de Deo non aliter sentiendum sit, quam sicut se dato verbo revelavit: his quaestionibus (de essentia et voluntate, Dei) praescribantur certae metae, intra quas humana mens, de Deo cogitans, se continere debet. Non enim fiunt aliam ob causam periculosi in hoc articulo errores, quam quod vel status non recte constituitur vel quod curiositas hominum ulterius evagatur disputando, quam progredi fas est ...

Seln. (I,53). Dictum est, contentos nos esse debere descriptionibus Dei, quae a Deo ipso propositae sunt.

Id. (I,51). Hilarius inquit: Hoc solum de Deo bene credi intelligimus, ad quod de se credendum ipse sibi et auctor et testis extitit. Quid igitur sit Deus simpliciter et quae sit Dei natura et substantia, sciamus definitione essentiali aut ratione aliqua dialectica aut ingenii humani acie constituere, imaginari, comprehendere et dicere neminem posse. Cum enim nec oculus viderit, nec auris audiverit, nec in cor hominis ascenderint quae praeparavit Deus diligentibus se, quanto minus assequitur humanae mentis hebetudo ipsum Deum? Unde multi dicere soliti sunt, facilius posse definiri, quid Deus non sit, quam quid sit.

So sagt *Gerh.* (III,15) von der div. majestas: Varietas div. nominum majestatem divinam exprimit. Cum enim divina majestas non possit ob summam perfectionem plene a nobis cognosci, ideo tot nomina div. in scripturis nobis proponuntur, ut ex illis ad aliquam tantum div. majestatis cognitionem perducamur.

Br. (173). Fatendum est, quod in hac vita essentiae divinae quidditativam, propriam et adaequatam rationem cognitam et perspectam non habeamus: ex parte enim tantum cognoscimus. –

5. So fragt schon *Chmn.* (ll. th. I,25) nach dem Vorgang der Scholastiker: Si definitio debet explicare essentiam definiti, ita ut mentem quasi in rem praesentem ducat, quomodo poterit Deus definiri? und antwortet: Sed responsio facilis est: omnino verum est de notitia Dei in hac vita illud (1Cor. XIII,12) »per speculum in aenigmate cognoscimus« et ideo in definitione dicitur »immensae sapientiae et potentiae«, i.e. Deus plus est, quam nos vel cogitare vel eloqui possimus ... Nos vero in investiganda definitione non scrutamur illa arcana essentiae et voluntatis Dei, quae nobis ignota esse voluit: sed ex patefactione ipsius Dei colligimus brevem summam, quantum nobis in verbo suo de sua essentia et voluntate revelavit. Et quia omnino vult Deus ita cognosci et invocari, sicut se patefecit, tenenda est aliqua descriptio Dei, ad quam mens in invocatione se referat ... Est ergo aliquid nomen Dei occultum et absconditum, quod scrutari non licet. Est tamen etiam nomen Dei patefactum, quod vult agnosci, narrari, celebrari et invocari. –

Gerh. (III,70) unterscheidet daher: 1. *inter perfectam definitionem,* quae ad ἀκρίβειαν praeceptorum logicorum exacte congruit et ex scripturis petitam qualemcunque descriptionem; 2. *inter cognitionem* et comprehensionem, γνῶσιν καὶ κατάληψιν. Illud comprehenditur, quod perfecte cognoscitur; perfecte cognoscitur, quod tantum cognoscitur, quantum est cognoscibile. Deum quidem cognoscimus, sed non comprehendimus, i.e. non perfecte cognoscimus, quia est infinitus. Ubi tamen notandum, *cognitionem Dei ex verbo petitam dici perfectam,* tum ratione finis, quia est ad salutem sufficiens, tum comparate respectu notitiae naturalis, quae est admodum obscura et imperfecta; 3. *inter cognitionem Dei in hac et altera vita* ... Intuitiva definitio est omnium perfectissima, jam vero Deum in futura vita videbimus a facie ad faciem ... *Definitio ὀνοματώδης dari potest, οὐσιώδης vero minime.*

Calov. (II,142) unterscheidet in gleichem Sinne zwischen definitio prout rigorose accipitur, und definitio prout ὡς ἐν πλάτει adhibetur.

Die Unstatthaftigkeit einer definitio im eigentlichen Sinne erweist *Gerh.* (III,68): 1. *ex generis defectu.* Quidquid destituitur vero et proprio genere logico, illud definiri nequit, quia genus est essentialis definitionis pars. Deus non habet verum et proprium genus logicum; quia si tale genus obtineret, illud univoce essentialiter et aequaliter de Deo et creaturis praedicaretur, quod fieri nequit, quia Deus utpote creator et creatura infinito intervallo inter se distant neque quidquam est, quod aequaliter de utroque praedicari possit; 2. *ex Dei perfectione.* D. est summum ens, ideo non habet aliquod superius, jam vero quidquid proprie definitur, id per prius definitur ... 3. *ex sufficienti enumeratione*; si D. proprie definiri posset, illa foret vel essentialis vel causalis definitio. Essentialis esse nequit, quia illa constat genere et differentia specifica. Jam vero D. non habet univocum aliquod genus cum reliquis entibus, nec simplicissima ejus essentia ex genere et differentia est composita. Causalis definitio itidem esse nequit, quia D. est omnium rerum causa, sed Dei nulla datur causa.

6. So die einen, wie *Calov, Quenstedt, König*, während andere, wie *Br.* (173), *Holl.* (229) definieren: D. est ens spirituale a se subsistens, vel brevius: D. est spiritus independens.

Die einzelnen Ausdrücke werden noch folgendermaßen erläutert:

1. Intelligitur nomine essentiae divinae illud, quod primo in Deo concipitur, et per quod Deus ab aliis rebus omnibus adaequate distinguitur, quodque nostro mode concipiendi principium et radix est omnium perfectionum, quae *Deo per modum* proprietatum tribuuntur *Br.* (1;2).

2. *Quen.* (I,284). Conceptus communis est essentia spiritualis. Nam *essentiae* nomen commune est Deo et creaturis, quamquam Deo principaliter et independenter conveniat, creaturis secundario et per dependentiam. Nomen quoque *spiritus* de Deo et angelis itemque animabus hominum analogice praedicatur. (Der Unterschied, der stattfindet, wenn die beiden Begriffe von Gott und wenn sie von den Kreaturen ausgesagt werden, wird noch genauer angegeben in dem Satz: essentia substantia, spiritus et consequenter reliqua attributa, quae Deo et creaturis simul tribuuntur, de Deo et creaturis rationalibus non συνωνύμως, univoce, nec ὁμωνύμως, aequivoce, sed ἀναλόγως, analogice praedicantur, ita ut Deo πρώτως et absolute, creaturis δευτέρως et per dependentiam conveniant, quae analogia proprie dicitur attributionis intrinsecae. – *Univoce* proprie et stricte loquendo conveniunt, quae et nomen et rem nomine illo denotatam communem habent aequaliter, nulla ob dependentiam unius ab altero inaequalitate interveniente. *Aequivoce* conveniunt, quae nomen habent commune, sed non rem nomine significatam. *Analogice* conveniunt, quae et nomen et rem, nomine designatam, communem habent sed inaequaliter, cum nomen et res alteri πρώτως et absolute, alteri δευτέρως et per dependentiam conveniat.) *Id.* (293).

3. Conceptum vero proprium exprimit praedicatum infiniti, hoc ipso enim distinguitur Deus, utpote spiritus infinitus ab angelis et animabus hominum seu spiritibus finitis, hacque infinitate sua Deus omnes essentiae terminos respuit, ita ut nec tempore nec loco nec ulla re alia finiri possit sed sua natura et essentia actu simpliciter per se et absolute sit infinitus. Nec propterea Deus compositus redditur, quia in ipso conceptum communem et proprium cogitamus. Haec enim rationis tantum est distinctio, non realis. (Infinitus est D. non ratione quantitativae extensionis, cum omnis quantitatis expers sit, sed ratione essentiae ac perfectionis.)

Die *independentia* wird von *Br.* (173) so erklärt: per hoc enim sicut D. ab aliis rebus omnibus adaequate distinguitur; ita nihil est, quod in Deo, tanquam proprium et determinatum conceptum, prius concipere possis, quam quod non sit ab alio adeoque a se et necessario exsistat. – Schriftbeweis aus: Ex. XLIV,6cf. Es. XLI,4. Ap. I,17. –

Die mehr populäre Definition von Gott (definitio Dei nominalis) ist: Nomine Dei intelligitur ens primum, quod a se et caeterorum causa est, quodque omnia conservat et gubernat; wozu *Holl.* (187) bemerkt: Experiuntur in se homines viatores omnes, quod Deum non aliter concipiant aut concipere possint, quam in ordine ad res creatas, ut ens primum, quod a se et ceterorum entium omnium causa est et omnia conservat ac gubernat; vel ut ens omnium excellentissimum, quo nihil melius, nihil perfectius esse aut cogitari potest. – –

Die frühesten DD., die die Eigenschaften Gottes noch in keinem abgesonderten locus behandeln, nehmen diese allesamt Erwähnung der Trinität in die Definition von Gott auf. So. *Mel.* (ll. c. theol. I,13). D. est essentia spiritualis, intelligens, aeterna, verax, bona, pura, justa, misericors, liberrima, immensae potentiae et sapientiae, Pater aeternus, qui filium imaginem suam ab aeterno genuit et filius imago Patris coaeterna et spiritus s. procedens a patre et filio. Auch spätere DD. halten es für notwendig, die Trinität gleich mit in die Definition von Gott aufzunehmen. So sagt *Calov.* (II,182): Qui non addunt mentionem trium personarum in descriptione Dei, eam nequaquam genuinam aut completam sistunt, quum sine iisdem nondum constet, quisnam sit verus Deus. Dagegen cf. in § 19 not*.

§ 18
3. Die Eigenschaften Gottes

Die Lehre von den Eigenschaften Gottes enthält nichts anderes als die nähere Beschreibung des göttlichen Wesens, wie sie uns die Hl. Schrift gibt[1]. Die Eigenschaften sind also nicht als etwas zu dem Wesen Gottes Hinzukommendes zu denken, das auch wegfallen könnte, ohne daß darum die Substanz Gottes alteriert würde[2]; sondern in ihnen beschreiben wir nur das göttliche Wesen nach seinen einzelnen Merkmalen, da wir es nicht anders als so aufzufassen vermögen (propter conceptus nostri infirmitatem variis modis distinguuntur); daraus folgt zugleich, daß die Eigenschaften als unveränderlich und immer daseiend zu denken sind[3].

Die Kenntnis der göttlichen Eigenschaften gewinnen wir nun zwar, wie schon gesagt ist, im allgemeinen durch die Hl. Schrift, aber in ihr sind sie doch teils nur in populärer Fassung gegeben, teils gar nicht in der Absicht, uns zu einem systematischen Lehrbegriff der göttlichen Eigenschaften zu verhelfen. Um zu einem solchen zu gelangen, sind wir daher auf andere Wege angewiesen. Eine richtige und erschöpfende Anordnung der göttlichen Eigenschaften werden wir aber gewinnen, wenn wir, von dem Satze ausgehend, daß Gott das vollkommenste Wesen ist, alle seine Vollkommenheiten aufzuzählen suchen, da die Eigenschaften Gottes doch nichts anderes sind als die Beschreibung dieses vollkommensten Wesens. Diese Vollkommenheiten aber werden wir auf dreifachem Wege finden: 1. Dadurch, daß wir alle Vollkommenheiten, die wir bei den Kreaturen wahrnehmen, im höchsten Sinne von Gott aussagen, da ihm doch keine Vollkommenheit abgehen kann, die wir bei den Kreaturen finden.

2. Dadurch, daß wir alle Unvollkommenheiten, die wir bei den Geschöpfen finden, uns bei Gott wegdenken, von dem in keiner Weise Unvollkommenes ausgesagt werden kann, und daß wir dagegen die dieser Unvollkommenheit entgegengesetzte Vollkommenheit von ihm aussagen.

3. Dadurch, daß wir ihm alle die Vollkommenheiten beilegen, von denen wir bei Betrachtung der Werke und Wirkungen Gottes sagen müssen, daß sie der besitzen muß, der solches zu schaffen und zu wirken vermag. – Es sind also die *viae eminentiae*[4], *negationis*[5] *et causalitatis*[6], durch die wir zu *umfassender Kenntnis der göttlichen Eigenschaften gelangen können.*

Die auf diesem Wege gefundenen Eigenschaften können in verschiedener Weise eingeteilt werden: Gewöhnlich werden sie eingeteilt, *entweder* in negative und positive (illa sunt, quibus a Deo imperfectiones, quae reperiuntur in creaturis, removentur. Haec sunt, quibus perfectiones simpliciter de Deo affirmantur. So *Holl.* (237), *oder* in solche, die Gott beschreiben, wie er an sich ist, und in solche, die ihn beschreiben in seinem Verhalten zur Welt. Also: a) in attr. ἀνενέργητα, quiescentia (quae scil. non sunt ordinata ad aliquos actus), seu immanentia, quae essentiam divinam describunt absolute et in se, citra respectum ad operationem atque adeo ad nullum actum ordinantur; b) in attr. ἐνεργητικὰ, seu operativa et ad extra se exserentia, quae essentiam divinam describunt respective, respectu operationis, atque adeo ad certos actus ordinata esse cognoscuntur[7]. Wir folgen der ersteren Einteilung und stellen daher die Eigenschaften Gottes in ff. Weise zusammen:

Br. (174). I. *Negativa* sunt: unitas, simplicitas, immutabilitas, infinitas, immensitas, aeternitas.

1. *Unitas,* attr. Dei, quo essentiam divinam singularissimam non indivisam tantum sed et indivisibilem atque per quandam sui multiplicationem incommunicabilem concipimus. *Holl.* (238). – Unitas Deo competit cum *absolute* accepta, quae dicit essentiam Dei indivisam; tum *exclusive,* qua Deum tanquam unicum cognoscimus, praeter quem non sit Deus alius. Deut. VI,4. IV, 35. 2Reg. XIX,19. *Br.* (175)[8].

2. *Simplicitas* absoluta, per quam Deus ab omni compositione (ex materia et forma, ex partibus integrantibus, ex subjecto et accidente, ex natura et subsistentia) vera et reali liber est. Ex. III,14 (ibid.).

3. *Immutabilitas* in eo consistit, quod D. nulli mutationi neque secundum esse (qua ratione D. est immortalis et incorruptibilis Rom. I,23. 1Tim. I,17. VI,16) neque secundum accidentia (Jac. I,17) nec secundum locum (Jer. XXIII,24) nec secundum voluntatem aut propositum (Num. XXIII,19. Prov. XIX,21. Mal. III,6) est obnoxius. *Br.* (176)[9].

Immutabilitas est perpetua essentiae divinae et omnium ejus perfectionum identitas, negans omnem omnino motum cum physicum tum ethicum. *Quen.* (I,288).

4. *Infinitas,* quatenus essentia Dei nullis terminis (nec temporis nec loci nec ullius rei alius) continetur. Ps. CXLV,3. *Br.* (177).

5. *Immensitas* D. in eo consistit, quod essentia divina non potest ullis locorum terminis mensurari aut includi, Jer. XXIII,24. 1Reg. VIII,27. *Br.* (178).

Immensitas est ubietas interminabilis, qua D. non potest non essentia sua ubique esse. *Quen.* (I,288). Aus ihr folgt:

a) die potentia illocaliter adessendi omnino ubi,

b) die (ubiquitas et) omnipraesentia, qua Deus omnibus creaturis actu adest[10].

6. *Aeternitas* D., absolute sic dicta (non enim accipitur pro tempore diuturno) significat existentiam seu durationem Dei permanentem sine principio et fine, omnique successione aut vicissitudine. Ps. CII,28. XC,2. Gen. XXI,33. Es. XL,28. 1Tim. I,17. Ap. I,4 et 8. XI,17. XVI,5. *Br.* (185).

II. *Attr. positiva. Br.* (174): Vita, scientia, sapientia, sanctitas, justitia, veracitas, potentia, bonitas, perfectio.

1. *Vita Quen.* (I,289): Attr., quo essentia divina se semper actuosam demonstrat[11].

2. *Scientia. Quen.* (I,289): Qua ipse uno simplici et aeterno intelligendi actu omnia scit, quaecunque fuerunt, sunt et erunt, aut etiam ulla ratione esse possunt. Nec tantum absolute sed etiam conditionate futura sive possibilia. 1Sam. II,3 1Joh. III,20. 1Reg. VIII,39. Ps. VII,10. XXXIV,16. CXXXIX,1. Prov. XV,3[12].

3. *Sapientia* Dei importat exquisitissimum Dei consilium, quo causas et effectus omnes modo plane admirabili disponere et ordinare novit ad suum finem. Hiob XII,13. XXVIII,20. Rom. XI,33. *Br.* (191)[13].

Omnisapientia Dei est, qua ipse omnia illa, quae captum judicii humani et angelici infinities transcendunt, modo perfectissimo penetrat. *Quen.* (I,290).

4. *Sanctitas,* qua omnia, quae recta atque bona sunt, aeternae suae legi conformiter vult. Deut. XXXII,4. Ps. XCII,16. Levit. XI,44. 1Petr. I,15. *Br.* (200)[14].

Sanctitas Dei est summa omnisque omnino labis aut vitii expers in Deo puritas, munditiem et puritatem debitam exigens a creaturis. *Quen.* (I,292).

5. *Justitia.* Est summa et immutabilis voluntatis divinae rectitudo, a creatura rationali quod rectum et justum est exigens. *Quen.* (I,292).

Justitia est attr. div. ἐνεργητικὸν, vi cujus Deus omnia, quae aeternae suae legi sunt conformia, vult et agit (Ps. XCII,16), creaturis convenientes leges praescribit (Ps. XIX,8), promissa facta hominibus implet (Es. XLV,23), bonos remuneratur (Rom. II,5–7. 2Thess. I,6.7) et impios punit (Ps. CXIX,137. Rom. I,32. Act. XVII,31. 2Thess. I,6. Rom. III,8.25). *Holl.* (268).

6. *Veracitas,* per quam Deus constans et in dicendo vero et servandis promissis. Num. XXIII,19. Hebr. VI,18. *Br.* (202).

7. *Potentia.* Attr. div., quo Deus efficere potest omne, quod fieri possibile est et in Deo nullam importat imperfectionem. *Holl.* (272).

Potentia est, qua D. independenter per essentiae suae aeternam actuositatem facere potest omnia in universum, quae contradictionem non involvunt. Matth. XIX,26. Luc, I,37. XVIII,27. Eph. III,20. *Quen.* (I,293)[15].

8. und 9. *Bonitas* Deo competit cum *absolute et in se,* quae est ipsa ejus *perfectio,* seu essentia Dei, quatenus in se continet omnes perfectiones (Matth. V,48. Luc. XVIII,19) vel formaliter vel eminenter: tum *respective seu in relatione ad creaturas,* quibus Deus bonus est, quatenus efficienter producit omnem bonitatem creatam (Act. XVII,25.28. Jac. I,17. 1Cor, IV,7) idque juxta perfectionem suam, velut ideam aut exemplar perfectionis creatae; allicit quoque, aut movet in sui tanquam summi boni amorem ac desiderium. *Br.* (205)[16].

1. *Quen.* (I,284). Sunt attributa nihil aliud, quam conceptus essentiae divinae inadaequati, ex parte rei ipsam essentiam involventes, eandemque intrinsece denominantes. – Quia intellectus noster finitus infinitam et simplicissimam Dei essentiam uno conceptu adaequato adaequate concipere nequit, ideo distinctis et inadaequatis conceptibus essentiam divinam inadaequate repraesentantibus, eandem apprehendit, *qui conceptus inadaequati dicuntur affectiones et attributa* Dei; affectiones quidem, quod essentiam divinam afficiant et denominent; attributa, quod ab intellectu nostro eidem attribuantur ...

Holl. (234). Attributa Dei dicuntur perfectiones, quia essentiam Dei perfectissime declarant.

2. *Chmn.* (ll. th. I,29). In Deum non cadit accidens ... et intelligitur accidens, quod potest vel amitti vel potuit substantiae prius existenti advenire vel potest recedere manente substantia.

Calov. (II,221). Nequaquam attributa accidentalia sunt, sed a parte rei sunt ipsa Dei essentia, sub alio atque alio considerandi modo vel respectu spectata, eo nomine dici quandoque solent essentialia. Si enim accidentia essent, novam entitatem ac perfectionem adderent et essentia Dei per se non foret perfecta. Si per modum accidentium Deo convenirent, non esset Dei essentia prorsus immutabilis, quippe accidentibus obnoxia.

Quen. (I,296). Attributa divina ante omnem intellectus nostri operationem revera et proprie sunt in Deo, nec tamen accidentia sunt nec per modum inhaesionis aut compositionis de Deo praedicantur. Und dies wird näher erläutert durch ff.: (I,297). Attributa divina non notant aliquid essentiae divinae superadditum, sed sunt tantum inadaequati conceptus essentiae infinite perfectae. Est essentia divina instar incomprehensibilis infinitarum perfectionum omnium oceani, ad quem uno simplicique conceptu exhauriendum non sufficit intellectus humanus, ideoque conceptibus variis sorbillatim quasi haurit aliquid ex illa infinitate. – (ibid.). Attributa divina implicant ipsam essentiam divinam, quam modo cum hac, modo cum alia perfectione apprehendimus, ac si essentiam ipsam in plures conceptus distribueremus, eandem essentiam inadaequate repraesentantes, quandoquidem intellectus noster finitus infinitas ejus perfectiones simul distincte cognoscere nequeat.

Daraus folgt der Satz *Gerh.* (III,84): *Attributa divina in se ac per se considerata sunt realiter et simplicissime unum cum div. essentia.* – *Cal.* (II,222). Si realiter differrent ab essentia, more accidentium, daretur in Deo compositio; et cum accidentia natura sint posteriora essentia, prius ac posterius ordine naturae in Deo locum haberet, quae ἄπιστα. Si distinguerentur realiter, non in abstracto praedicarentur de Deo, qui dicitur in abstracto veritas, vita, caritas. Si potentia differret ab essentia Dei, non esset Deus αὐτεξούσιος, non a se ipso esset potens, sed ob potentiam essentiae superadditam.

Ein gewisser Unterschied zwischen essentia und attributa ist aber natürlich vorhanden, sonst wäre nicht getrennt von essentia und attributa die Rede. Diesen gibt *Quen.* (I,300) so: Attributa Dei essentialia neque ab essentia divina, neque inter se realiter aut ex natura rei, ut res plane diversae aut unius ejusdemque simplicis rei duae pluresve quidditates aut diversi modi sed *ratione tantum* distinguuntur.

Ein Unterschied ex natura rei wäre es, wenn es verschiedene Dinge wären, wie corpus et anima: ein Unterschied ex ratione aber ist, quod distincte solum concipitur, cum in re ipsa distinctum non sit. *Holl.* (235) drückt den Unterschied so aus: Attributa div. ab essentia divina et a se invicem distinguuntur non nominaliter neque realiter sed formaliter, secundum nostrum concipiendi modum, non sine certo distinctionis fundamento. Nämlich nicht *nominaliter*, quia attributa divina distinctos inferunt conceptus. Ergo plus quam nominaliter differunt. Nicht *realiter*, weil die essentia divina ist simplicissima, omnis realis compositionis expers. Aber *formaliter* etc., weil von uns die Wirkungen der einzelnen Eigenschaften vereinzelt aufgefaßt werden, wenn sie auch im göttlichen Wesen nicht als vereinzelte dastehen. –

3. *Gerh.* (III,84). Inesse Deo (attributa) inseparabiliter; ut enim ἀδύνατον est, essentiam rei ab ipsa re separari, ita quoque attributa a Deo separari nequeunt, cum sint ipsa Dei essentia.

4. *Holl.* (190). *Via eminentiae,* qua, quidquid in creaturis maxime perfectum deprehendimus, Deo modo eminentissimo tribuimus vi principii natura notissimi: quidquid est in effectu, praeexistit in causa. Ex quo colligimus, omnes perfectiones, quae sunt in creaturis, esse in creatore vel formaliter vel eminenter. Nempe relucent in creaturis quaedam perfectiones absolute et simpliciter tales, quae in suo conceptu formali nullam involvunt imperfectionem, sed sunt meliores, quam creaturae ipsae. Sic animadvertimus in hominibus, creaturarum visibilium praestantissimis, potentiam intelligendi et volendi, sapientiam, bonitatem, justitiam, etc. Quae perfectiones Deo formaliter et quidem modo excellentissimo insunt.

Indem hier von Gott Vollkommenheiten ausgesagt werden, die in gewissem Sinne auch einer Kreatur beigelegt werden, macht *Gerh.* (III,86) hierzu die doppelte Bemerkung: 1. wie wohl zu bemerken sei, daß diese dem Menschen nur abgeleiteterweise zukommen, Gott aber ursprünglich ... De Deo praedicantur essentialiter, ἐξοχικῶς, adeoque plane singulariter, de creaturis quibusdam duntaxat accidentaliter et per quandam participationem ac similitudinem: de Deo praedicantur in abstracto, de creaturis tantum in concreto. Bonitas Dei non solum essentialiter Deo competit, et est ipsa Dei essentia, sed etiam est causa et regula bonitatis in homine. 2. Daß diejenigen Eigenschaften, die bei Menschen einen Affekt ausdrücken, wenn sie auch Gott beigelegt werden, nicht eine kreatürliche Schwäche oder Veränderlichkeit anzeigen, eben wegen des Grundsatzes: (ibid.) quaecunque a creaturis transferuntur ad Deum, repurganda prius sunt ab omnibus imperfectionibus et tum demum id, quod perfectum est, Deo attribuendum. – (I,110). Nec affectus illi, quos scriptura Deo tribuit, ullam divinae essentiae mutabilitatem arguunt, quae enim dicuntur ἀνθρωποπαθῶς, intelligenda sunt θεοπρεπῶς.

Chmn. (ll. th. 29). Objicitur, dici quaedam de Deo temporaliter. Ut: Verbum caro factum est, creator, adjutor in opportunitatibus, refugium factum nobis. Ergo haec praedicantur de Deo secundum accidens. Respondet Cyrillus: »relatione ad creaturas quaedam dicuntur de Deo temporaliter: et dicuntur illa secundum accidens«, non quod substantiae ipsius Dei aliquid accidat cum mutatione: sed secundum accidens creaturae, in qua fit mutatio.

5. *Holl.* (191). *Via negationis,* qua a Deo removemus, quidquid in creaturis imperfectionem implicat, eique oppositam perfectionem attribuimus, juxta principium naturae omnibus obvium: quod summe perfectum est, ei nullus inest defectus. Hoc principio naturae subnixi Deum vocamus independentem, infinitum, incorporeum, immensum, immortalem, incomprehensibilem.

6. *Holl.* (190). *Via causalitatis,* qua ex effectis causam efficientem primam, e creaturis creatorem, ex ornatissima sapientissimaque hujus universi gubernatione conservatorem et gubernatorem optimum, potentissimum et sapientissimum cognoscimus. Argumentum hic petitur ab axiomate evidentissimo: effectus testatur de causa, ejusque perfectione. NB. Außer bei *Gerh.* finden wir den seit *Dionys.* eingeschlagenen Weg zwar nur beiläufig bemerkt und *Holl.* bezeichnet ihn sogar als den, auf dem eine notitia Dei naturalis gewonnen werden könne, aber wir können ihm doch mit gutem Fug diesen Platz anweisen, denn so wenig auch in Abrede gestellt wird, daß die Offenbarung uns eine deutlichere und umfassendere Kenntnis der göttlichen Eigenschaften gibt, als uns die natürliche Erkenntnis lehrt, so können wir uns doch in betreff der göttlichen Eigenschaften nicht in der Art auf die Hl. Schrift angewiesen glauben, daß wir die einzelnen Eigenschaften uns von ihr nur aufzählen lassen, sondern wir müssen doch aus ihr einen solchen Begriff von dem göttlichen Wesen fassen können, aus dem wir die Eigenschaften abzuleiten vermögen, und so kann auch vom Standpunkte der Offenbarung aus dieser dreifache Weg der eminentia etc. eingeschlagen werden.

7. *Gerh.* (III,85) zählt noch andere Einteilungen auf: 1. quaedam attributa praedicantur *de Deo et creaturis simul,* qualia sunt, quibus res, quae in creaturis accidentia sunt, in Deo autem substantiae significantur, ut quando Deus dicitur bonus, sapiens: quaedam vero *de Deo solo* praedicantur, qualia sunt, quibus res, quae soli Deo competunt, explicantur, ut quando Deus dicitur aeternus, infinitus; 2. quaedam attr. de Deo dicuntur *proprie,* ut quod sit bonus, sapiens etc., quaedam *improprie et figurate,* quando per ἀνθρωποπάθειαν membra et affectus humani illi tribuuntur; 3. quaedam de Deo dicuntur *in abstracto,* ut quando dicitur vita, bonitas, veritas; quaedam *in concreto,* ut quando dicitur vivens, bonus, verax; 4. quaedam sunt *interna*, ut infinitas, aeternitas, spiritualitas; quaedam *externa eaque vel inimitabilia*, ut omnipotentia etc. vel *imitabilia*; 5. quaedam conveniunt Deo *ab aeterno,* ut quod sit infinitus, quaedam *in tempore,* quod sit creator et conservator, quae omnia σχητικὰ et relativa non aliquam in Deo ipso mutationem in tempore factam arguunt, sed novum opus ab ipso productum et in creaturis mutationem factam esse denotant. –

Eine größere Anzahl von Eigenschaften pflegen diejenigen DD. zu zählen, die einteilen in attr. immanentia und ad extra sese exserentia. *Calov.* (II,233sqq.) zählt so: I. *Immanentia* consequuntur vel essentiam vel infinitatem vel spiritualitatem. Zur essentia gehören: perfectio Dei (daraus majestas et beatitudo), unitas (daraus simplicitas), veritas (daraus immutabilitas), bonitas, sanctitas. Zur infinitas gehören: immensitas – aeternitas. Zur spiritualitas: immortalitas – vita (intellectus, voluntas). – II. Ad extra se exserentia: omnipotentia – omniscientia – gratia – justitia – veracitas – omnipraesentia. –

8. *Holl.* (238). Unus dicitur D. non specie sed numero, quia est ens singularissimum, non tantum in se indivisum, sed et indivisibile ob summam essentiae divinae simplicitatem: quia in Deo nulla datur compositio.

NB. *Gerhard* ist der einzige, der die unitas nicht als Eigenschaft, sondern als Bestimmtheit des göttlichen Wesens betrachtet. – Wie sich die unitas Dei zur trinitas verhalte, s. in loc. de trinitate.

9. *Gerh.* (I,124). Num vero creationis opus Deum mutavit vel mutabilem fecit? Minime vero, quod enim in tempore fecit, id ab aeterno immutabili sua voluntate decrevit. –

10. *Gerh.* (III,122). Immensitas et essentialis Dei omnipraesentia ita intelligenda est, 1. quod Deus non tantum virtute et efficacia nec tantum visione et scientia, sed etiam tota et individua sua essentia sit omnibus rebus praesens, *neque enim tantum potentia et scientia, sed etiam essentia est immensus et infinitus*; 2. quod Deus sit ubique praesens, non συνεκτῶς, ut comprehendatur, sed συνεκτικῶς, ut comprehendat et contineat omnia, non περιεκτῶς et περιγραπτῶς, sed περιεκτικῶς. Scholastici dicunt, Deum esse ubique non localiter sive circumscriptive ... nec definitive ... sed repletive, quod tamen non intelligendum est crasso et corporeo modo, quod Deus ita repleat omnia loca, sicut corpus, quod locum suum eo modo replet, ut impediat, ne in loco, quem occupat, aliud corpus locetur, sed modo divino, quod Deus nullo loco conclusus omnia loca propter essentiae suae immensitatem contineat; 3. quod Deus ubique praesens sit non per essentiae suae multiplicationem, est enim ὅλως ὅλον τι, ens simplicissimum ac proinde, ubicunque est, totus est, nec per essentiae suae divisionem ... nec per extensionem et rarefactionem ... nec per commixtionem ... 4. quod Deus ubique praesens sit sua essentia non subjective sicut accidens inhaeret subjecto, quia Deus nec compositus est, nec in compositionem venire potest ... sed effective ut principium et causa praesto est rei, quam efficit; Deus enim loco non continetur, sed ipse potius dat loco et rebus, quae sunt in loco, suum esse. Est praesentia a) illocalis, b) impartibilis, c) rationi nostrae incomprehensibilis, d) efficax et operosa, e) omnia instar minutissimi puncti in se continens.

Holl. (275). Omnipraesentia Dei est attributum divinum ἐνεργητικόν, vi cujus Deus non tantum substantiae propinquitate, sed etiam efficaci operatione omnibus creaturis adest. – Praesentia divina stylo biblico et sensu complexo duo infert: 1. ἀδιαστασίαν, sive substantialem adessentiam Dei ad creaturas; 2. ἐνεργείαν, sive efficacem operationem. Duo itaque probanda hic sunt: a) Deum ratione substantiae ubique adesse; b) ad plenam et accuratam praesentiae divinae definitionem etiam efficacem Dei operationem, ceu partem definitivam, praelucente s. scriptura requiri.

11. *Quen.* (I,289). Est Deus vita 1. essentialiter. Est enim αὐτόζωος, habens vitam ἐν ἑαυτῷ (Joh. V,26), i.e. in se ipso et per se ipsum, sua natura et essentia; 2. ἐνεργητικῶς, effective, quia omnibus vivendi causa est et origo, seu est vita omnium viventium, non formaliter, sed causaliter (act. XVII,28. Deut. XXXII,39).

12. *Quen.* (I,289). Licet scientia Dei una sit et simplex, neque in partes aut species dispesci possit, ratione tamen objectorum varie distingui solet et 1. quidem in *naturalem* seu simplicis intelligentiae, et *liberam* seu visionis. *Illa*, quae etiam abstractiva et indefinita dicitur, est, qua Deus se ipsum novit et non tantum ea, quae sunt, fuerunt aut futura sunt, sed et cuncta possibilia, quae scil. fieri et esse possunt, licet nunquam fiant aut futura sint, imo et ea, quae impossibilia sunt. cognoscit. *Haec*. scil. scientia liberae visionis, quae et intuitiva et definita vocatur, est, qua Deus intuetur omnia, tanquam praesentia, videt se ipsum in se ipso, et res alias omnes, quae exstiterunt aliquando, vel nunc existunt, vel vere exstiturae sunt, tum in se tanquam in causa universali, tum in causis suis proximis, tum in se ipsis. Scholastici tertiam adjungunt, eamque *mediam* faciunt, qua cognoscere dicunt Deum ea, quae existere possunt, posita quadam conditione, sive quid creaturae liberae essent facturae, si cum his vel illis conditionibus crearentur, vel operari sinerentur. Naturalis praecedit omnem liberum voluntatis actum. Libera sequi dicitur actum voluntatis liberum; media praecedere quidem actum voluntatis, sed ita, ut ex hypothesi tantum illius aliquid futurum videat.

13. Nicht als eine besondere Eigenschaft, wie viele DD., sondern anhangsweise an die Eigenschaft der sapientia erörtert *Br.* (191 u. 192) die Lehre von der *voluntas Dei*, als aus der die attributa der sanctitas, justitia und veracitas flössen.

Holl. (261). Voluntas Dei est ipsa essentia divina, quatenus concipitur per modum potentiae, bonum ab intellectu cognitum appetentis et malum aversantis.

Die Natur des göttlichen Willens wird näher beschrieben durch ff.:

Br. (193). Voluntas Dei distinguitur in naturalem et liberam. *Illâ* dicitur Deus velle, quod non potest non velle. *Hâc* velle dicitur, quod etiam posset non velle, aut velle oppositum. Priore ratione seipsum, posteriore ratione res creatas velle dicitur.

Holl. (262). Dicis: Necessitas volendi et amandi seipsum videtur quaedam in Deo esse imperfectio, tum quia similis est modo operandi agentium naturalium, qui imperfectus est, tum etiam, quia libertas est major perfectio, quam necessitas. *Resp.*: Triplex est necessitas in agendo. Una *violenta*, quae est ab extrinseco. Altera *naturalis*, quae quidem est ab intrinseco, sed inanimata, vel saltem irrationalis. Utraque est imperfecta. Tertia est *naturalis, vitalis et summe voluntaria.* Haec magna perfectio est. Et talis necessitas volendi atque amandi est in Deo respectu summi et infiniti boni. Immo haec necessitas est perfectior, quam libertas opposita.

Br. (194). Voluntas Dei libera distinguitur 1. in efficacem et inefficacem. *Efficax* dicitur, qua Deus aliquid vult, tanquam efficiendum. *Inefficax*, qua Deo aliquid placet secundum se, licet non intendat illud efficere. Efficax voluntas porro dividitur in *absolutam*, qua Deus aliquid vult sine conditione; et *conditionatam*, qua vult aliquid sub conditione; 2. in *absolutam*, qua vult aliquid, potentia sua absoluta, seu ad causas secundas non alligata, efficiendum; et *ordinatam*, qua vult aliquid, sua ordinata, seu ad causas secundas ac certum ordinem mediorum a se institutum alligata, potentia efficiendum; 3. in *primam seu antecedentem*, qua vult aliquid ex se solo, seu ex nativa sua inclinatione praecise, nec dum habita ratione circumstantiarum: et *secundam, seu consequentem*, qua aliquid vult, consideratis circumstantiis, seu intuitu alicujus causae aut conditionis, ex parte creaturae, cui aliquid vult, spectatae.

Br. (198). Occurrit etiam distinctio voluntatis divinae in *voluntatem signi et beneplaciti. Illa* dicitur, quando effectui aut objecto voluntatis divinae tribuitur nomen voluntatis; scilicet tanquam signo alicujus voluntatis in Deo. *Haec.* denotat *actum ipsum* divinae voluntatis, quo aliquid vult. Unde patet, distinctionem esse analogicam. Cavendum autem, ne *voluntatem signi* talem fingas, cui *voluntas beneplaciti*, quam *signum ex instituto* significare debet, repugnet. –

14. *Holl.* (246). Deus sanctus est 1. *independenter* et per essentiam: creaturae dependenter, et per qualitatem essentiae superadditam; 2. *immutabiliter*, siquidem sanctitas Dei haud perinde, ac creaturae, deficere, aut vicissitudinem subire potest Jac. I,17; 3. *efficienter*, quia omnis sanctitatis auctor est, 1Thess. V,23; 4. *exemplariter*, quoniam sanctitas Dei est exemplar omnis sanctitatis, quod sancti Dei filii perpetuo intueantur et imitentur. Quam imitationem pater coelestis ab ipsis exigit, Lev. XI,44. Conf. Lev. XIX,2. 1Petr. I,16; 5. *objective*, quia sanctitas Dei sancte a nobis est agnoscenda et celebranda Es. VI,3.

15. *Quen.* (I,293). Objectum omnipotentiae divinae sunt non tantum ea, quae Deus vult facere, sed et ea, quae ullo modo possibilia sunt, adeoque omnia illa, quae contradictionem non involvunt, qualia sunt 1. illa, quae, nullam entis rationem habere possunt. Sic Deus factum infectum facere nequit; 2. ea, quae vitium aut defectum inferunt, ut posse mentiri, peccare, mori. Talia enim facere posse non potentiae, sed impotentiae argumentum est. – Potentia Dei non est sejuncta a potestate divina, δύναμις ab ἐξουσία, ut volunt Calviniani; utut enim haec distincte concipi possint, et in aliis extra

Deum sejuncta saepe sint, in Deo tamen sunt conjunctissima et reipsa unum et idem. –

Unica quidem est divina potentia, ob diversos tamen respectus distingui potest in *absolutam,* qua Deus, quicquid esse potest, efficere etiam absolutissime potest; et *ordinariam,* quam solita Universi gubernatio ostendit. *Illa* potest Deus novum mundum condere, ex lapidibus filios Abrahae excitare Matth. III,9, *haec* ordinem servat, in natura institutum. Absoluta potentia Deus multa facere potest, quae tamen non facit potentia ordinaria.

16. In anderem Sinne ist die bonitas gefaßt von *Cal., Quen., Holl.* u.a. *Quen.* (I,287). B. D. est, qua ipse a se ipso et per se ipsum summe bonus est Matth. XIX,17. Mark. X,18.

Holl. (245). B. D. est conformitas essentiae div. cum voluntate divina. –

Kap. II
De sancta trinitate*

§ 19

Die Heilige Schrift bezeugt uns, daß Gott Einer ist, zugleich aber sagt sie das Gottsein von Dreien aus, von Vater, Sohn und Geist, und so lernen wir denn von ihr, *daß Ein Gott sei, dieser Eine Gott aber Vater, Sohn und Geist.* Damit ist ein Satz ausgesagt, der der Vernunft gänzlich unbegreiflich ist: die darin enthaltene Lehre gehört daher zu denjenigen, die wir ein Mysterium nennen[1]. Von diesem Mysterium gibt uns allein die Hl. Schrift Kunde: auf sie allein gründet sich also diese Lehre[2]. Aber auch die Hl. Schrift enthüllt uns das Geheimnis nicht, sondern gibt uns vielmehr die Lehre als ein Geheimnis: und sie ist so sehr Geheimnis, daß wir hier auf Erden nie zu ihrer völlig richtigen Anschauung und Erfassung gelangen können[3], und höchstens durch Anschauungen, die aus dem Kreise menschlicher Erkenntnis genommen sind, uns derselben zu nähern vermögen[4]. Darum verzichtet auch die Kirche auf ein Begreifen dieses Geheimnisses und stellt sich nur die Aufgabe, den Inhalt des von diesem Geheimnis in der Hl. Schrift Gesagten mit aller Genauigkeit zu sammeln und zusammenzustellen, wozu sie um so mehr Anlaß hat, als es sich hier um nichts Geringeres handelt, als darum, zu wissen, wie Gott wolle, daß von ihm gedacht werde[5]. An jeden einzelnen aber, der der Kirche angehören will, stellt sie dann die Forderung, daß er diese in der Hl. Schrift enthaltene Offenbarung gläubig hinnehme[6]. – Wenn sich die Kirche bei der Beschreibung dieser Lehre solcher Ausdrücke bedient, die nicht in der Hl. Schrift enthalten sind, so hat sie ein gutes Recht dazu. Da nämlich die Gegner dieser Lehre da, wo sie nur in den von der Hl. Schrift gebrauchten Ausdrücken zusammengestellt wurde, ihnen einen andern Sinn unterschoben und ihnen eine andere Deutung gaben, so war die Kirche genötigt, sich näher über den

Sinn zu erklären, in dem die in der Hl. Schrift enthaltenen Ausdrücke, wenn man sie in ihrem Zusammenhang auffaßte, zu verstehen seien; es mußte dies aber natürlich in Ausdrücken geschehen, die nicht in der Hl. Schrift enthalten waren, denn sie sollten ja eine Erklärung des Sinnes sein, in dem die Kirche den Inhalt der Schrift verstehe[7]. Daher kommt es auch, daß die Form, in der die Kirche jetzt das Dogma von der Trinität ausspricht, erst allmählich entstanden ist, woraus man mit Unrecht den Schluß ziehen wollte, daß das Dogma nicht seine volle Berechtigung in der Hl. Schrift habe, und nicht von Anfang an in der Kirche geglaubt worden sei[8]. Mit den Ausdrücken endlich, deren sich die Kirche bedient, meint sie natürlich weder das Geheimnis auszusprechen, noch will sie, daß sie ganz in dem Sinne genommen werden, den sie sonst haben: denn da es sich hier um eine Lehre handelt, die der Vernunft gänzlich unzugänglich ist, so reichen auch die Ausdrücke, die von andern Dingen gebraucht werden, nicht aus, und die Kirche erklärt sich daher stets noch über den besonderen Sinn, in dem sie diese Ausdrücke genommen wissen will[9].

Die Lehre von der Trinität entsteht nun der Kirche durch die Erkenntnis, daß in der Hl. Schrift einerseits die Einheit Gottes gelehrt wird, andrerseits aber das Gottsein von Dreien, von Vater, Sohn und Geist, ausgesagt wird, wonach also ein gewisser Unterschied in Gott gesetzt und eine Mehrheit in ihm angedeutet wird[10]. Diese Aussagen der Hl. Schrift von Gott, die der *Einheit*, der *Mehrheit* und des *Unterschiedes*, faßt die Kirche zusammen in die Formel:

Una divina essentia in tribus personis subsistit; vel (quod idem est):
In divinis sunt tres personae et una essentia; oder auch:
Unus est Deus essentiâ, sed idem essentiâ Deus unus trinus est personis.

Die Lehre von der Trinität ist also diejenige Lehre, in der ein singularis et incomprehensibilis divinarum personarum ternarius gelehrt wird, aber so, daß damit nicht ein compositum ex tribus, sondern tres personae unius essentiae ausgesagt werden. Trinus ist also Gott, weil er, in essentia unus, tres habet subsistendi modos[11].

Den Sinn der obigen Formel erläutert die Kirche dann weiter also:

1. *Die darin ausgesagte Einheit* ist die der essentia divina[12]. Diese unitas essentiae ist aber näher beschrieben eine *unitas numerica,* d.h. eine solche, die nur einem Einzigen zukommt. Daraus folgt, daß wenn die Einheit von Vater, Sohn und Geist ausgesagt wird, diese drei nicht als drei Götter zu bezeichnen sind, deren jedem eine besondere essentia divina zukäme (Symb. Athanas.: Non tres Dii, sed unus Deus), und daß wir mit dem Wort Wesen nicht ganz denselben Begriff verbinden dürfen, den es hat, wenn es von der essentia hominis gebraucht wird; denn das ist der Unterschied zwischen dem Wesen Gottes und dem des Menschen, daß das Wesen bei dem ersteren der Zahl nach, bei dem letzteren nur der Gattung nach eines ist[13]. So sind also Vater, Sohn und

Geist in dem Sinne Gott, daß von jedem der drei das ganze Gottsein ausgesagt wird; es ist die eine und ungeteilte essentia, die von dem Vater, wie von dem Sohn und dem Hl. Geist ausgesagt wird. Die una et indivisa essentia div. ist tota in singulis[14], woraus weiter folgt, daß, da in Gott kein realer Unterschied ist zwischen Wesen und Eigenschaften, von jedem dieser Dreien, wie die Gottheit, so auch alle deren Eigenschaften ausgesagt werden müssen[15].

2. Eine *Mehrheit* in Gott und also ein gewisser Unterschied zwischen Vater, Sohn und Geist ist in der Hl. Schrift zwar mit Bestimmtheit ausgesagt, aber diese Mehrheit ist a) keine *pluralitas essentialis,* wie oben schon gezeigt worden ist; aber auch b) keine *pl. accidentalis,* d.h. das Person-Sein tritt nicht erst als eine besondere Eigentümlichkeit (Bestimmtheit) zu dem Wesen Gottes hinzu, denn es gilt von Gott die Regel: in Deum nulla accidentia cadunt[16] (§ 18. not. 2). Die pluralitas läßt sich am ehesten noch beschreiben als eine *pl. hypostatica seu personarum*[17], d.h. als eine solche, nach der jede der drei Personen als ein für sich subsistierendes Subjekt aufzufassen ist: wobei jedoch sogleich bemerkt werden muß, daß wir hierbei stehen bleiben müssen und die Analogie des Wortes nicht weiter verfolgen dürfen. Denn es bleibt in dem Worte Person, wenn es von Gott und wenn es vom Menschen gebraucht wird, immer *der* Unterschied, daß es im letzteren Fall ein für sich bestehendes Subjekt bezeichnet, das sein Wesen für sich hat, während in der Trinität nur ein ungeteiltes Wesen ist, an dem alle drei Personen der Gottheit teilnehmen[18]. In diesem Sinne sind also in dem einen göttlichen Wesen drei Personen zu unterscheiden, und der Unterschied ist als ein *wirklicher, realer* zu beschreiben[19]. Daraus folgt aber, daß jeder von ihnen auch gewisse Eigentümlichkeiten im Unterschiede von den anderen zukommen (*character hypostaticus,* s. proprietas personalis [nota, notio, relatio] in communi essentiae identitate personarum distinctionem ostendens). Solche Eigentümlichkeiten erkennen wir auch in den verschiedenen Aussagen, die die Hl. Schrift von Vater, Sohn und Geist gibt. Diese Aussagen sind aber doppelter Art: sie deuten entweder die inneren Unterschiede an, die unter den Personen selbst sind, und beschreiben dann die besondere Subsistenzweise der einzelnen Personen (τρόπος ὑπάρξεως, propria subsistendi ratio, per quam et cujus ratione quaelibet persona ab altera distinguitur), oder sie beschreiben die besondere Beziehung, die die einzelnen Personen zur Welt haben. Demnach sind zu unterscheiden *proprietates (notiones) internae et externae,* welchen wieder Handlungen entsprechen, durch die die einzelnen Personen sich entweder auf sich oder auf die Welt beziehen (*opera ad intra,* quae Deus facit extra omnem creaturam intra sese – *opera ad extra,* quando Deus extra suam essentiam in creaturis aliquid operatur[20]). Durch diese Aussagen der Hl. Schrift lernen wir also die Eigentümlichkeiten kennen, aus denen sich der Unterschied unter den einzelnen Personen ergibt. Doch ist wohl zu bemerken, daß die notae internae und die ihnen entsprechenden opera ad intra,

die von der Hl. Schrift ausgesagt werden, uns den Personen-Unterschied genauer erkennen lassen, denn nur die opera ad intra sind als solche *Handlungen anzusehen, die von einer bestimmten Person mit Ausschluß der anderen ausgehen,* während die opera ad extra solche sind, von denen, wenn sie auch zunächst von einer Person ausgesagt werden, die anderen Personen doch nicht geradezu auszuschließen sind. Der Grund davon liegt aber darin, daß die opera ad extra Wirkungen nach außen hin bezeichnen, die immer als von dem Wesen Gottes ausgehend betrachtet werden müssen; daher müssen auch an jeder solchen Wirkung alle drei Personen wenigstens in gewisser Weise teilnehmen, da das Wesen Gottes, das doch allen dreien gemeinsam ist, nur eines ist. Daraus folgen die Sätze: opera ad intra esse divisa[21], – opera ad extra esse indivisa[22]. *Chmn.* (ll. th. I,40).

Der *notiones personales* sind aber nach Aussage der Hl. Schrift fünf: *ἀγεννησία* et paternitas in patre – spiratio in patre et filio – filiatio in filio – processio in spiritu s.[23]

actus personales s. opera ad intra gibt es zwei: (opus patris) generatio – (op. patris et filii) spiratio.

opera ad extra gibt es drei: (opus patris) creatio – (opus filii) redemtio – (opus spiritus s.) sanctificatio.

Aus den in der Hl. Schrift angegebenen proprietatibus und actibus, nach denen dem Vater die Zeugung des Sohnes, dem Vater und Sohne die Sendung des Hl. Geistes zukommt, geht endlich noch hervor, daß wir in die erste Stelle den Vater, in die zweite den Sohn und in die dritte den Hl. Geist zu setzen haben[24].

Beides nun, die *Einheit* und den *Unterschied* deutet die Kirche mit dem Worte *ὁμοουσία* an, die sie von den drei Personen aussagt[25]. Aus ihr leitet sich dann ebensosehr ab die *περιχώρησις* (immanentia – immeatio – circumincessio – inexistentia mutua et singularissima), qua una persona propter essentiae unitatem est in alia (Joh. XIV,11. XVII,21), durch diese Bestimmung wird dem Irrtum vorgebeugt, als subsistierten die drei Personen getrennt neben einander; als auch die *aequalitas* (ut nulla persona major, nulla minor sit, neque pater commode dici possit Deus *κατ' ἐξοχὴν* aut ratione modi subsistendi major filio)[26].

Die Aussagen, die von den drei Personen zu geben sind, lassen sich demnach folgendermaßen zusammenstellen:

Holl. (301). I. *Deus pater*[27] est prima divinitatis persona, nec genita nec procedens, sed ab aeterno gignens filium substantialem, sui imaginem, et cum filio ab aeterno spirans spiritum s., creans, conservans et gubernans omnia[28], mittens filium redemtorem et spiritum s., sanctificatorem generis humani.

II. *Filius Dei*[29] est secunda divinitatis persona, ab aeterno a patre genita[30], ejusdem cum patre essentiae et majestatis, quae cum patre ab aeterno spirat spiritum s. et in plenitudine temporis humanam naturam in propriam hypostasin assumsit, ut humanum genus redimeret et salvaret. *Id.* (305).

III. Spiritus s. est tertia divinitatis persona, ejusdem cum patre et filio essentiae, quae ab aeterno procedit a patre et filio[31] et ab utroque in tempore mittitur[32] ad sanctificandum corda hominum salvandorum. *Id.* (329)[33].

*Die Lehre von der Trinität kann füglich von der Lehre von Gott überhaupt getrennt werden, denn zuerst ist von dem Wesen und den Eigenschaften Gottes an sich zu handeln und dann erst von der besonderen Weise, in der dieses Wesen subsistiert und so dreien gemeinsam wird. *Quen.* (I,284). Consideratio Dei duplex est, absoluta una, relativa altera: *illa* occupatur circa Deum consideratum essentialiter, citra respectum ad tres deitatis personas: *haec* circa Deum spectatum personaliter. *Illa* tum essentiam Dei tum attributa essentialia exponit, *haec* personas s. trinitatis et attributa singularum personalia exsequitur. – *Cal.* (III,1). Doctrinam attributorum divinorum excipit doctrina de personis divinis: quae mysterium s. trinitatis explicat, ut quisnam sit unus ille verus et aeternus Deus, cognoscamus, num unicus ut essentiâ, ita etiam personâ, necne? et quaenam illae sint personae divinae, quae pro uno vero Deo habendae? quod nempe, secundum fidem catholicam, sint pater, filius et spiritus s.

1. *Chmn.* (ll. th. I,33). Mira haec sunt et longe supra omnem creaturarum captum posita, quae de trinitate personarum in sacrosancta divinitate dicuntur.

Gerh. (III,220). Mysterium tr. ex naturali ratione a priori cumprimis probari nec potest nec debet ... (III,221). Quod dogma supra omnem humanae rationis captum est positum, ad illud cognoscendum ratio humana ex suis principiis provehi nequit; alias enim non esset supra rationem. Sed dogma trinitatis tale est, ut colligitur ex Matth. XI,27. XVI,17. Joh. I,18 etc. ... (ibid.). Quaestio de Deo uno et trino ... est, quid secundum se sit Deus? ad illud vero non potest homo rationis suae viribus assurgere.

Kg. (30). Sublimitas tanta est, ut ὑπὲρ νοῦν, ὑπὲρ λόγον καὶ ὑπὲρ πᾶσαν κατάληψιν sit: quare ex ratione nec oppugnari nec expugnari nec demonstrari, sive a priori sive a posteriori potest aut debet. *Quen.* (I,318). Imo ne quidem possibilitas hujus mysterii e naturae lumine haberi potest, cum rationi, propria principia consulenti, absurdum et impossibile videatur.

Gerh. (III,229). Mysterii tr. ac reliquorum proprie dictorum mysteriorum ea est natura ac ratio, ut captum rationis transcendant, i. e. ut ratio citra verbi revelationem ad eorum notitiam non possit pertingere et ut, posita verbi revelatione, nihilo tamen minus ratio ex suis principiis non possit nec debeat de illis statuere. Ergo etiam non debet suos λογισμοὺς veritati coelesti in illis mysteriis opponere.

2. *Gerh.* (III,217). Ex unico et proprio theologiae principio, ex Dei scilicet verbo, mysterii hujus confirmatio petenda est.

Kg. (30). Principium ergo, per quod innotescit et adstrui debet mysterium hoc, sola revelatio divina est et quidem tum V. tum N. T. scripturis nobis communicata.

3. Dies liegt eigentlich schon in der not. 1 enthaltenen Behauptung, daß diese Lehre auch nicht a posteriori von der Vernunft erwiesen werden könne. *Gerh.* (III,233). Mysteria fidei non solum eo sensu ac respectu sunt supra rationem, quod ratio citra revelationem verbi ad eorum notitiam non possit adspirare, sed etiam, quod posita verbi revelatione nihilo tamen minus ratio non possit eadem comprehendere, quia 1Cor. II,14 non solum τὸ γνῶναι, sed etiam τὸ δέχεσθαι spiritualia homini animali denegatur, ac si ratio de illis velit judicium ferre, judicat ea esse μωρίαν.

4. *Hfrffr.* (44). Annon tamen similitudinibus quibusdam ceu rudissimis lineamentis

haec unitatis pluralitas vel aliquatenus adumbrari potest? Quod adorandae divinitatis myst. exprimat, nihil in omni rerum universitate reperire licet. Creaturas enim Deus creator immensis graduum intervallis excedit. Ut tamen de hoc tanto mysterio vel balbutire aliquid et cogitationes nostras ad ejusdem venerandam sublimitatem erigere atque excitare valeremus, pia antiquitas similitudinibus quisbusdam e medio creaturarum sumtis rem tantum adumbrare conata est. (47). In quibus (similitudinibus) tamen omnibus multo majores sunt dissimilitudines, quam similitudines: nihil enim neque in coelo est neque in terra, quod infiniti Dei naturam referre; nulla nec vox nec ratio est, quae mysterium tantum digne explicare possit.

Gerh. (I,209). Distinguendum inter qualescunque declarationes et probationes a posteriori, quibus mysterium hoc in scripturis prius revelatum modo qualicunque explicatur et non absurdum esse ostenditur: deinde inter accuratas demonstrationes a priori, quibus istud a nobis vel indagari vel comprobari posse pernegamus. – Die Kirchenväter suchten die vestigia trinitatis in creatura auf und fanden so *imagines* in intellectuali ac rationali creatura, *vestigia* in irrationalibus creaturis. *In Beziehung auf die daraus hergeleiteten Beweise* sagt *Gerhard* (III,224): a) illustrant tantum, non probant; b) plus in illis dissimilitudinis quam similitudinis; c) a posteriori petitae sunt, non a priori; non sunt cognitionis parentes, sed soboles; d) sobrie ac caute illis utendum; e) adversario opponi nequeunt, credentem oblectare possunt. Danach wird auch die Frage (III,228): *rectene dictum a Thoma Aquinate: ex naturali ratione defendi posse, non esse impossibile, quod fides christ. de trinitate praedicat?* dahin beantwortet: apud christianos ex verbo Dei institutos ac trinitatis mysterium fide amplectentes per naturales rationes illud obtineri potest, sed apud gentiles trinitatem ignorantes et apud haereticos eam praefracte negantes, obtineri vix poterit; cum enim illi, seposita verbi coelestis luce, ex rationis principiis de hoc mysterio judicare praesumant; inde accidit, ut illud absurdum et impossibile pronuncient.

Quen. (I,318). Illae congruentiae naturales et analogia rerum creatarum cum hoc fidei mysterio non divinam fidem, sed opinionem tantum humanam generant. –

5. *Chmn.* (I,33) ... quia de Deo sentiendum est sicut se patefecit, credimus, agnoscimus, confitemur et invocamus tres personas ... Ist nämlich auch die Trinität gleich ein der Vernunft unzugängliches Geheimnis, so erfahren wir doch aus ihr, wie Gott wolle, daß von ihm gedacht werde. *Mel.* (ll. th. I,19) ... Ecclesia agnoscit Deum aeternum et omnipotentem conditorem talem, sicut se patefecit et quamquam haec arcana non penitus perspicimus, tamen in hac vita Deus inchoari vult hanc agnitionem et invocationem nostram a falsa discerni et revelationem certis testimoniis in verbo suo proposuit, in quo ceu foetus in alvo materno nutrimentum attrahens, umbilico et cotyledonibus, nos quoque sedemus inclusi et attrahimus agnitionem Dei et vitam ex verbo Dei, ut eum invocemus, sicut se patefecit.

6. *Kg.* (30). Necessitas credendi dogma hoc tanta est, ut id non tantum negari, sed etiam ignorari a quovis sine salutis dispendio nequeat. Joh. XVII,3. 1Joh. V,11.12. 1Joh. II,23. Joh. V,23. 2Thess. 1,8. Näheres: *Gerh.* (III,209). Mysterium trinitatis salvandis omnibus scitu ac creditu necessarium est: a) excludimus ab hominibus salvandis non solum trinitatis negationem, sed etiam ignorationem ... b) non requirimus ab omnibus ecclesiae membris aequalem cognitionis gradum, cum lux notitiae spiritualis ac fidei in quibusdam sit illustrior, in quibusdam vero obscurior; c) nec perfectam et plenam hujus mysterii *κατάληψιν* ac intuitivam notitiam a salvandis requirimus, cum ad eam in hac vita provehi non possimus ... Sed hoc duntaxat asserimus, quod ad fidem catholicam omnibus salvandis necessariam non confusa et implicita, sed distincta et explicita trium divinitatis personarum cognitio et confessio requiratur. – Grund (III,210): Quisquis trinitatis mysterium ignorat, is non agnoscit Deum, prout in verbo suo, se revelavit, is

definitionem Dei in scripturis traditam ignorat. – Ignorato vel negato trinitatis mysterio tota salutis *οἰκονομία* ignoratur vel negatur (211).

7. *Chmn.* (ll. th. I,36). Hoc multos offendit etiam antiquis temporibus, quare ecclesia loquens de articulo trinitatis non contenta fuerit simplici illa proprietate, qua ipse filius Dei patefaciens doctrinam de Deo usus est, et quam spiritus s. in prophetis et apostolis secutus est: sed peregrinas appellationes ex impiis ethnicorum scholis in ecclesiam introduxerit ... et magna invidia praegravabantur orthodoxi patres ab haereticis specioso hoc praetextu, quod scilicet ecclesia de illa inaccessibili luce divinitatis non aliter deberet sentire, quam ipsa divinitas prodiens ex arcana majestatis suae sede se patefecit: nec aliter deberet loqui: sed linguam spiritus s. imitari adeoque ipsa etiam verba totidem syllabis et literis exprimere. Neque enim hoc sibi sumere debere humanae mentis imbecillitatem, ut de illis mysteriis longe supra et extra conspectum humanae intelligentiae positis speret se commodius et dexterius loqui posse quam ipse filius Dei, qui solus novit patrem et nobis, quantum de Deo scimus, patefecit vel spiritus s., qui solus novit quae sunt Dei (1Cor II,10) et ipsas etiam profunditates scrutatur ... Uterque et Arius et Sabellius speciosum habuerunt praetextum: »nos de divinis mysteriis loquimur non aliter quam ipse Deus in scriptura loquitur. Ejecti autem sumus ex ecclesia nullam aliam ob causam, nisi quod non volumus miscere philosophiam cum doctrina ecclesiae i. e. non volumus confiteri unam essentiam et tres personas, quia scriptura has ethnicas appellationes ignorat« ... Videndum est, unde, quo consilio et quibus de causis recepta sint haec peregrina vocabula. Et ut totum negotium melius intelligamus, duo observemus. 1. Quod Cyrillus gravissime dicit, quamvis haec vocabula in scriptura non inveniuntur in tali significatione, tamen res ipsas, quas ecclesia his vocabulis intelligit et significat, in scriptura expresse esse positas et patefactas. 2. Ecclesiam non aliqua petulanti novitatis affectatione discessisse a simplici proprietate verborum scripturae, sed ut eleganter et vere inquit Augustinus, loquendi necessitate a Graecis et Latinis parta esse haec vocabula propter errores et insidias haereticorum ... Maluisset ecclesia illa simplicitate sermonis uti, ut sicut credit, ita etiam loqueretur, unum esse Deum, patrem, filium et spiritum s. *Sed exorta sunt certamina haereticorum impugnantium partim unitatem Dei, partim trinitatem, ita callide tamen, ut cum confiterentur unum esse Deum, ita intelligebant quamquam plures sunt Dii, vocari tamen unum Deum sicut cor credentium vocatur unum Act. IV.32 ... quia ergo haeretici loquebantur cum ecclesia et tamen diversum sentiebant, et per verisimiles locutiones, ut inquit Nazianzenus, venena clanculum spargebant apud imperitos, qui nihil mali suspicabantur, cum audirent istos loqui iisdem verbis, quibus utitur ecclesia: conati sunt viri ecclesiastici in scriptura invenire vocabula, quibus ex insidiis protraherent latitantes haereticos, ne possent ambiguis locutionibus incautos decipere.* Et dixerunt unam esse divinam naturam, quia scriptura ita loquitur. 2Petr I,4. Gal. IV,8. Sed hoc vocabulum depravarunt calumniis et quod Deus et natura distinguantur, ut cum dicitur, Deus et natura nihil fecerunt frustra. Item 1Joh. V,7 scribitur: tres sunt qui etc. Et quia in verbis baptismi dicitur: baptizandos eos in nomine patris etc. dixerunt esse tria nomina ... Accipiebat hoc Sabellius, intelligebat autem, unam et eandem personam esse *τριώνυμον*, sicut unus et idem homo habet praenomen, nomen et cognomen ... Postea coeptum est dici: non tantum esse tria nomina, *sed etiam tres nominum proprietates.* Concedebat et hoc Sabellius, sed in hoc sensu, sicut anima habet tres potentias, quarum unaquaeque habet suam proprietatem et tamen una tantum est anima. Et ita haeretici, quos certum erat non recte sentire de his fidei articulis, iisdem verbis loquebantur, quibus ecclesia et hac captione multis incautis sua venena instillabant, nihil mali metuentibus, cum easdem voces, quae in scriptura ponuntur et in ecclesia sonant, audirent. Quid hic faceret ecclesia? Hoc certo omnino debuit facere: illam scilicet fidem de articulo trinitatis,

quam spiritus s. in scripturis revelavit, ... contra haereticos debuit defendere. Id vero non potuit facere verbis scripturae propter petulantiam haereticorum, qui omnia verba scripturae subdole eludebant, ut argui et teneri non possent, et interim simplicium mentes hac fallacia captivos ducebant. *Necessario ergo quaerenda fuerunt talia vocabula, quibus res de hoc articulo in scriptura traditae aliquo modo exprimerentur: ita ut haeretici ea non possent insidiosa interpretatione eludere* ... Quia ergo in Deo natura divina est communis patri, filio et spiritui s. et tota in singulis et tamen pater, filius et spiritus s. suis quibusdam proprietatibus ita distinguuntur, ut pater non sit filius nec filius pater et spiritus s. nec sit pater nec filius etc., transtulit ecclesia gravissimo consilio haec vocabula (*οὐσία, ὑπόστασις*) ex communi loquendi consuetudine ad articulum trinitatis propter insidias, ut inquit Augustinus, et errores haereticorum, ut ita etiam a simplicioribus servari posset regula Athanasii: neque confundentes personas neque substantiam separantes.

8. *Chmn.* (ll. th. I,33). Nec est novum commentum Nicaenae synodi (sicut quidam blasphemarunt, in Nicaena et Constantinopolitana synodis primum fabricatam esse trinitatem), cum prius pie crediderit ecclesia unum esse Deum. Sed reverenter statuamus esse antiquissimum et perpetuum consensum totius ecclesiae inde usque ab initio.

9. *Gerh.* (III,236). An vocabula ex communi consuetudine loquendi desumta et ad hoc mysterium accomodata eandem per omnia significationem in illa applicatione retineant? Resp. Minime vero, sed ecclesia donat illa jure suae civitatis et in peculiari significatione illis utitur.

Chmn. (ll. th. I,38): Quia ecclesia de rebus ignoratis ratione loquitur, usurpat etiam haec vocabula aliquanto aliter quam vulgo erant usitata.

10. *Br.* (208) faßt das Gesagte in den drei Sätzen zusammen:

I. Patrem a filio, filium a patre, et spiritum s. ab utroque realiter differre, ut revera alius sit pater, alius filius et alius spiritus s. (Christus dicit, patrem esse alium a se Joh. V,32.37, spiritum s. esse alium a se et patre Joh. XIV,16. Idem ex nominibus patris et filii patet, quodque ille ut gignens, hic ut genitus describitur Ps. II,7. Joh. I,14.18. III,16. filius missus a patre Joh. X,36. Gal. IV,4. spiritum s. procedere a patre Joh. XV,26. mitti a patre XIV,26. a filio XV,26).

II. Non solum patrem, sed etiam filium et spiritum s. esse verum et aeternum Deum.

III. Patrem, filium et spiritum s. non esse tres Deos, sed Deum unum.

Gerh. (I,194). Generalis *θεωρία* absolvetur his capitibus: 1. quod harum trium personarum sit una indivisa essentia; 2. quod hae tres personae sint vere et realiter a se invicem distinctae; 3. quod personalibus suis proprietatibus distinguantur.

11. Trinum wohl zu unterscheiden von triplex, quod ex tribus est compositum. *Gerh.* (III,254). Trinum Deum dicimus, sed triplicem dicere christiana religione prohibemur.

12. Essentia, *οὐσία*, auch substantia, *φύσις*, natura. *Gerh.* (III,251). Maluerunt autem uti nomine essentiae quam substantiae a) ut indicarent, Deum esse *οὐσίαν ὑπερούσιον*, non inclusam categoriis, inter quas prima est substantia; b) quia Deus non substat accidentibus sicut essentiae rerum creatarum, sed attributa sunt ipsius essentia; c) quia nomen substantiae est ambiguum, quandoque enim pro *οὐσίᾳ*, quandoque vero pro *ὑποστάσει* ponitur.

Holl. (284). Vox essentia, *οὐσία*, non quidem expressis literis habetur in s. scriptura, attamen per facilem consequentiam ex illa elicitur. Etenim a) Deus in V. T. appellatur יְהֹוָה essentiator; ergo habet essentiam eamque independentem etc.; b) in N. T. Deus nominatur *ὁ ὤν* Apoc. I,8. A quo est *οὐσία* seu essentia; c) synonymum essentiae divinae est *φύσις θεία*, natura divina 2Petr. I,4.

13. *Gerh.* (III,239). Magnum, imo infinitum discrimen occurrit in his praedicationibus, quando de tribus individuis humanis praedico humanitatem sive humanam naturam, et quando de tribus deitatis personis praedico divinam naturam sive essentiam. *Essentia*

hominum est nomen universale, quod per se revera non existit, sed cogitatione tantum colligitur et intellectu comprehenditur. *Essentia vero in divinis* non est quiddam imaginarium ut genus vel species, sed revera existit, quamvis sit communicabilis. (*Chmn.* [ll. th. I,39]. Intelligit ergo ecclesia nomine essentiae non nomen universale, ut philosophi nominant essentiam humanam, sed naturam divinam revere existentem, quae communicabilis est et communis tribus personis et est tota in singulis. – *Quid autem sit quoad definitionem rei, hoc nesciri dico, nisi quod attributa in definitione Dei posita dicimus esse ipsam Dei essentiam.*) *Essentia respectu div. personarum* α) non est species, quia non eo modo personae trinitatis participant essentiam sicut individua naturam communem ac nihil extra eam se diffundit, cujus sit veluti pars, ut homo est species animalis, Petrus individuum humanae speciei; β) non dicitur de multis individuis numerica essentia differentibus, quomodo tres homines numero differre dicuntur; γ) non praedicatur in forma plurali de individuis, non enim tres personae sunt tres Dii vel tres essentiae divinae, sicut Petrus, Paulus etc.; δ) nec pluribus nec paucioribus personis competit quam tribus, cum essentia humana non sit ad determinatum numerum personarum restricta. De uno homine non possum dicere, quod tota ἀνθρωπότης sit in eo, sed de una deitatis persona recte pronunciare possum, quod tota plenitudo deitatis sit in ipsa. Ratio pendet ab essentiae div. infinitate, in tribus humanis individuis non est numero una essentia, sed tantum specie una. Sed in tribus deitatis personis est una numero et penitus indivisa essentia. Personae humanae distinguuntur substantia, tempore, voluntate, accidentibus animi et corporis etc. Sic alia est substantia Petri quam Pauli ... sed in trinitate non ita distinguuntur personae, filius enim patri est ὁμοούσιος, ὁμαιώνιος, συναΐδος. De personis humanis dici nequit, quod una sit in alia, sed de se et patre Christus dicit (Joh. XIV,10): Ego in patre etc. De personis humanis dici nequit, quod propter naturam communem, ubi est una persona, ibi sit etiam altera, quia localiter sunt distinctae. Sed de se et patre Christus pronunciat (Joh. VIII,29): Pater non reliquit me solum. De personis humanis dici nequit, quod propter naturam communem, qui honorat unam, honoret etiam alteram, quin potius una potest honorari, altera interim ignominia affici, sed de se et patre dicit Christus (Joh. V,23): »Qui non honorat filium, is nec patrem honorat.«

14. *Gerh.* (I,194). Trium personarum divinitatis est una indivisa essentia ... Si enim tres sunt personae divinitatis et tamen verus Deus non est nisi unus, utique inde consequitur, quod trium personarum divinitatis sit una essentia. Si alia foret essentia patris, alia filii, alia spiritus s., utique alterutrum sequeretur, scil vel non esse unum verum Deum, vel filium et spiritum s. a vera Deitate excludi.

Gerh. (III,238). Vox (*οὐσία*) de Deo usurpata significat numero unam et indivisam essentiam tribus deitatis personis communem, quae non est partialiter in tribus personis, ita ut pars ejus sit in patre, pars in filio, pars in spiritu s.; sed tota est in patre, tota in filio, tota in spiritu s. propter infinitatem et immaterialitatem.

Chmn. (ll. th. I,43) führt als verschiedene Ausdrucksweisen, die von der unitas Dei gebraucht werden, die folgenden an: una et indistincta natura – una eademque substantia – simplex, una et indivisa divinitas – una et indifferens essentia – in essentia est unitas – tres sunt personae coaeternae et coaequales – tres personae unius substantiae et inseparabili aequalitate unus Deus – patris, filii et spiritus s. una est divinitas, aequalis gloria, coaeterna majestas – in hac trinitate nihil prius, nihil posterius, nihil majus aut minus, sed totae tres personae coaeternae sibi sunt coaequales. – Joh. X,30. Ego et pater unum sumus scil. essentia, voluntate, potentia et operatione. Als *falsch* bezeichnet er dagegen die Ausdrücke: in essentia est singularis – tres sunt aeterni, immensi etc. – tres Dii, tres Domini – essentia distinguitur in patrem, filium et spiritum s. – in divinitate est prius et posterius, majus et minus. –

15. *Gerh.* (III,257). Tres sunt, quorum cuilibet nomen Jehovae ac Dei itemque attributa, opera et gloria vere divina competit, videl. pater, filius et spiritus s. – Daher essentia so definiert wird: *Br.* (127). Intelligitur nomine essentiae sive *οὐσίας* ipsa natura divina, qualis in se absolute, quaeque una *cum attributis* simplicissime una ac singularis, atque ita etiam trium personarum nonnisi una est – sic quidem, ut patris, filii et spiritus s. unus quoque sit intellectus, quo intelligunt: una voluntas trium, qua volunt, una potentia, qua extra essentiam divinam operantur.

Quen. (I,321). Est essentia divina ipsa Dei quidditas, per quam Deus est id, quod est.

Holl. (284). Essentia Dei est natura Dei spiritualis et independens, tribus personis divinis, patri, filio et spiritui s. communis.

16. *Hfrffr.* (48). Pluralitas in divinitatis unitate non est accidentalis: est namque Deus purissimus et simplicissimus, in quem accidentia nulla cadunt. Nulla igitur cum sint accidentia, nulla etiam hinc exoriri potest pluralitas.

17. *Hfrffr.* (48). Pluralitas in divinitatis unitate est *hypostatica seu personarum,* nam essentia quidem divinitatis est una, sed personae sunt plures: adeoque in mysterio divinitatis est quidem alius et alius, sed non aliud et aliud. Alia namque persona est patris, alia filii, alia spiritus s., sed non alia et alia, verum una est omnium personarum essentia.

Unter *persona, ὑπόστασις*, wird verstanden: substantia individua, intelligens, incommunicabilis, quae non sustentatur vel in alia vel ab alia. (So *Chmn.* ll. th. I,39). Die Definition wird von *Selnecker* (I,76) so erläutert: dicitur substantia *individua* et propria, ut discernatur ab accidente et istorum error tollatur, qui personam putarunt significare tantummodo distinctionem officiorum. *Incommunicabilis* dicitur propter discrimen personarum, quia pater suam hypostasin non communicat filio vel spiritui s., sed quaeque persona suam propriam habet *ὕπαρσιν καὶ ὕπαρξιν*, licet essentia ipsa dicatur communicabilis (unius personae subsistentia non potest alii personae communicari, eo quod unaquaeque persona proprium et ultimatum subsistendi actum obtinet, ut ab alia persona ulterius terminari nequeat. *Holl.* [284]). *Non sustentata ab alio*: excludit opinionem illorum, qui, ut duas naturas in Christo, ita et duas personas esse putant, non tantum *ἄλλο καὶ ἄλλο*, sed etiam *ἄλλον καὶ ἄλλον.*

Holl. (284). *Suppositum intelligens:* hic lapis, haec arbor, hic equus dicuntur quidem supposita, sed non personae, quia intellectu destituuntur.

Genauer noch wird unterschieden zwischen *persona materialiter seu concretive spectata* und *pers. formaliter sive abstractive considerata. Holl.* (ib.) Persona mater. consid. est suppositum intelligens. Suppositum vero est *ὑφιστάμενον*, s. subsistens singulare, incommunicabile, non sustentatum ab alio. (subsistens singulare, nicht substantia singularis, nam persona sensu concretive considerata non est substantia, sed *ὑφιστάμενον*, subsistens singulare, quod substantia et ultimo subsistendi modo constat. – Vocamus personam *ὑφιστάμενον* singulare, *non individuum*; quia hoc importat respectum logicum ad speciem specialissimam, quae de individuo praedicatur. At Deus non praedicatur per modum speciei de personis divinis, neque hae essentiis numero diversis, perinde ac individua, differunt.) *At formaliter sive abstractive considerata* persona est substantiae singularis, completae et intelligentis independens et incommunicabilis subsistentia.

Der Sinn dieser Unterscheidung erhellt noch deutlicher aus den unten aus *Quen.* anzugebenden Deff. von *ὑπόστασις* und ist der, daß im letzteren Falle das, was die einzelne Person im Unterschiede von den andern zur Person macht, hervorgehoben wird, während im ersteren Falle nicht sowohl an diesen Unterschied gedacht, als vielmehr nur das Person-Sein dieses göttl. Wesens ausgesprochen wird. *Abstract* genommen ist die Person, wenn ich sage: der Vater ist ἀγέννητος, denn da nenne ich das, was ihn von den andern Personen unterscheidet; *concret* ist sie, wenn ich sage: der Vater ist allmächtig, denn da ist zwar auch ausgesprochen, daß Gott eine Person ist, und zugleich ist in dem Worte Vater ihr character hypostaticus ausgesprochen; aber es war mir da doch mehr um eine Aussage von dem göttlichen Wesen zu tun, und nicht darum, den Personen-Unterschied hervorzuheben.

Der Ausdruck ὑπόστασις wird im dogmat. Sprachgebrauch gleichbedeutend mit persona gebraucht, doch besteht strenggenommen noch ein gewisser Unterschied. *Holl.* (285). Patres teste Damasceno hypostasin et personam idem vocarunt. Differt tamen persona ab hypostasi hoc ipso, quod hypostasis communis est naturae intellectuali et rationis experti: persona tantum de natura intellectuali dicitur.

Quen. (I,320). ὑπόστασις accipitur vel concrete et materialiter, prout implicat simul rem ipsam et rei modum notatque essentiam charactere hypostatico insignitam i. e. personam, quo sensu Christus dicitur χαρακτὴρ τῆς ὑποστάσεως θεοῦ Hebr. I,3, vel abstracte et formaliter, prout ipsam personalitatem seu subsistentiam designat, quae est actus, modus seu gradus ultimus, quo natura intelligens subsistit complete et incommunicabiliter. – In hac significatione vox ὑποστάσεως in scriptura non habetur, interim ex significatione materiali recte deduci potest; ὕπαρξις autem in hoc mysterio idem est, quod ὑπόστασις. –

Über die hier gebrauchten Ausdrücke und den Unterschied zwischen ὑπόστασις und οὐσία verständigten sich die gr. und lat. Väter nicht sogleich. Erst von Athanasius an wurden die Ausdrücke in unserem Sinne konstant. *Br.* (216). Quamvis Graeci et Latini aliquamdiu inter se contenderint; atque illi quidem putaverint, nomine personae apud Latinos designari officium aut habitum externum, ac propterea tres personas non importare aut exprimere realem distinctionem patris, filii et spiritus s.; Latini vero putarent ὑπόστασιν denotare in casu recto ipsam essentiam, ut, admissis tribus ὑποστάσεσι, statuendae sint tres essentiae: postea tamen, cum se invicem rectius intellexissent, factum est, ut Graeci dicerent τρία πρόσωπα et Latini tres hypostases.

18. *Chmn.* (ll. th. I,39). Ita etiam vocabulum ὑποστάσεως vel personae aliter usurpatur in ecclesia, quam in vulgari consuetudine loquendi. In hominibus quid sit persona, scimus, quid sit in angelis intelligimus. Petrus, Paulus, Johannes sunt tres personae, quibus communis est una natura humana. Sed differunt valde multum 1. substantia, quia totus a toto distinctus est, 2. tempore 3. voluntate 4. potentia 5. operatione ... In trinitate vero non ita distinguuntur personae, sicut angelus ab angelo, homo ab homine; (neque differunt tempore, voluntate, potentia, operatione, sed in personis trinitatis est coaeternitas, una voluntas, una potentia una operatio.) Item, in creaturis non sequitur, ubi una persona est, ibi esse etiam reliquas propter naturam communem. Et hoc discrimen necessario observandum est; neque enim tantum esset mysterium, ad quod etiam angeli obstupescunt, si ita esset una essentia tres personae, sicut Michael, Gabriel, Raphael sunt tres personae, quibus una angelica natura communis est et ex aequo convenit.

Zu beiden Ausdrücken, dem der essentia und persona, bemerkt *Chmn.* (ll. th. I,39): Sunt hae grammaticae observationes non otiosae argutiae, sed si nullum alium, tamen hunc habent usum, quod cognitis fundamentis libentius propter concordiam loquimur cum ecclesia. Quod si quis cavillari voluerit, vocabula essentiae et personae non esse satis propria ad designandum arcanum illud mysterium unitatis et trinitatis, is sibi hoc responsum habeat, quod Augustinus dicit: »magna prorsus inopia humanum laborat eloquium. Dictum est tamen: tres personae, non ut illud diceretur, sed ne taceretur omnino. Non enim rei ineffabilis eminentia hoc vocabulo explicari valet.«

19. *Chmn.* (ll. th. I,39). Personae divinitatis non essentialiter differunt ut in creaturis, ubi unaquaevis suum proprium esse habet, nec tantum est ibi distinctio rationis, ut voluit Sabellius, sed realiter distinguuntur, modo tamen nobis incomprehensibili et inçognito.

Quen. (I,326). Realiter distinguuntur i.e. inter se distincti sunt, omni operatione intellectus humani cessante.

20. *Chmn.* (ll. th. I,42). Personae distinguuntur non tantum interioribus discriminibus, verum etiam exterioribus, sumtis praecipue a patefactione et beneficiis erga ecclesiam.

21. *Quen.* (I,414). *Actiones divinae ad intra* personales sunt, quae ad ipsum Deum ita terminantur, ut tamen pro principio agendi non agnoscant essentiam divinam, quatenus ea omnibus tribus personis communis est, sed prout certis characteribus et proprietatibus hypostaticis est determinata. Unde haec opera ad intra personalia sunt divisa h. e. non sunt tribus personis divinis communia, sed uni tantum personae vel duabus personis propria.

Wie oben not. 9 nach der Art des Unterschieds, der unter den einzelnen Personen stattfindet, gefragt wurde, so wird hier nach dem Unterschiede gefragt, der zwischen essentia und persona besteht. *Quen.* (I,326) antwortet: Persona divina aliter ab essentia, aliter ab alia persona distinguitur: *ab illa* non re, sed ıatione, cum fundamento in re, vero re ipsa, omni operatione intellectus humani cessante. Ersterer Unterschied ist ein Unterschied non realiter seu ex natura rei ipsius aut modaliter sed ratione, quod inde probatur: si enim relatio paternitatis, filiationis aut spirationis revera distingueretur ab essentia divina, tum superadderetur aliquid ei reale et fieret aliqua compositio realis in personis divinis, quae per relationes illas constituuntur adeoque in ipso Deo. – (I, 327) ... ita essentia et relationes divinae re ipsa unum quid sunt et illa ab his sola ratione et mentis apprehensione seu modo concipiendi nostro discernitur,

It. (328). Vera et realis personarum divinarum distinctio non infert essentiae divinae divisionem aut multiplicationem. Deus enim non dividitur in tres personas, sed tres personae inter se distinctae unicam illam numero essentiam indivisam et infinitam indivisim participant, ita ut quaelibet persona eandem essentiam habeat sine ejus multiplicatione aut divisione. In hoc enim mysterio datur alius atque alius *ὑποστατικῶς*, non aliud et aliud *οὐσιωδῶς*. Atque ita tres illae realiter distinctae personae sunt et manent *ὁμοούσιοι*.

22. *Quen.* (I,415). *Actiones ad extra externae seu emanantes et transeuntes* sunt et dicuntur, quae et objectum extra Deum positum respiciunt et extra Deum peraguntur atque effectum extra Deum positum producunt sive relinquunt.

Gerh. (I,199). *Haec opera sunt indivisa,* quia tunc tres personae sunt simul, et simul operantur ... In Deo tanta est unitas, tanta vis unius et ejusdem essentiae, ut singulis personis singula et peculiaria opera, quae seorsim in creaturis operentur, assignari neutiquam debeant. Woraus der Satz folgt: unâ personâ in operibus ad extra nominatâ, intelligitur tota trinitas. *Quen.* (I,328). Hujus regulae ratio est essentiae divinae unitas, potentiae agendi communitas, operationum paritas, operumque patris, filii et spiritus s. identitas et hinc tandem consequitur denominationis aequalitas. Addenda tamen regulae Augustinianae haec clausula: servato ordine et discrimine personarum; quia enim pater a se ipso essentiam habet, ideo etiam a se agit, filius a patre et spiritus s. ab utroque agit et operatur. Joh. V,19.

Durch diesen Zusatz: servato ordine et discrimine personarum wird also der Kanon: opera ad extra esse indivisa noch näher bestimmt, denn die DD. wollen nicht geradezu in Abrede stellen, daß auch in den operibus ad extra der Personen-Unterschied erkannt werden könne; nicht ohne Grund, glauben sie nämlich, werde in der Hl. Schrift ein opus ad extra gerade dieser und nicht einer anderen Person zugeschrieben und der Unterschied, der bei aller Einheit des Wesens doch in der Ordnung angedeutet ist, die in der Hl. Schrift den einzelnen Personen angewiesen ist, und wonach der Vater in die erste, der Sohn in die zweite Stelle etc. gesetzt wird, scheint ihnen auch einen Unterschied in der Ordnung und in der Weise, wie die einzelnen Personen wirken, anzudeuten. Daher auch schon *Chmn.* (ll. th. I,42): Considerantur opera ad extra, sicut annotavit Lutherus, dupliciter: primo *absolute*, et ita sine discrimine sunt et dicuntur opera trium personarum communiter. Secundo *relative*, quando considerantur, quo ordine agant personae, quae sit cujusque personae proprietas, quae persona agat immediate. Die *Ordnung im Handeln und das Verhältnis*, in dem die drei Personen zu einem opus ad extra stehen, finden die DD. am deutlichsten ausgedrückt in der Stelle Rom. XI,36, wo sie das ἐξ auf den Vater, das διὰ auf den Sohn und das ἐν auf den Hl. Geist beziehen. *Chmn.* (ll. th. I,42). Quia enim apostolus loquitur de operibus ad extra, mentionem facit unius aeternae essentiae, ipsi honor, non ipsis. Et tamen sicut una est essentia sine confusione personarum, ita facit opera ad extra communia tribus personis, sine confusione, sed insinuat discrimen personarum, ex ipso, in ipso, per ipsum ... Summa: sicut credimus essentiae unitatem et tamen non debemus admittere personarum confusionem, ita intelligenda est et illa regula: opera ad extra esse communia tribus personis, *ita tamen ne confundantur discrimina et proprietates personarum.* Die DD. machen überhaupt die Bemerkung, daß zuweilen in der Hl. Schrift von einer einzelnen Person eine Eigenschaft oder Handlung ausgesagt wird, von der jedoch die anderen Personen in keiner Weise auszuschließen sind, da diese Eigenschaft oder Handlung dem göttlichen Wesen zukommt und nicht der proprietas der einzelnen Person angehört. Daraus ziehen sie den Schluß, daß doch der einen oder andern Person sensu eminentiori diese Eigenschaft zukommen müsse, entweder weil sie der Ordnung nach, die wir unter den drei Personen setzen, der einen oder andern Person näher zukomme, oder weil sie in gewissem Sinne mehr dem τρόπος ὑπάρξεως einer bestimmten Person zugehöre. Die DD. sagen in diesem Fall, es geschehe das per appropriationem. *Gerh.* (I,203). Hinc essentialia quaedam attributa cuilibet personae appropriantur a scriptoribus ecclesiasticis, cum tamen essentialia attributa propter identitatem essentiae tribus personis sint communia. So wird vorzugsweise dem Vater die Macht, dem Sohne die Liebe, dem Hl. Geist die Weisheit zugeeignet.

Einen anderen Fall erwähnt noch *Quen.* (I,415). Actiones personales ad extra certo respectu et modo etiam essentiales seu communes sunt omnibus tribus personis, *ratione scil. efficientiae seu principii et inchoative*, personales vero seu propriae uni alicui personae divinae, *ratione termini seu terminative*, quia in certa persona terminantur. Sic in specie visibili columbae solus apparuit spiritus. Vox de coelo, »hic est filius meus dilectus« solius personae patris erat et solus filius Dei sub forma et habitu viri apparuit tempore V. et N. T. ex Maria virgine natus et caro factus est. Attamen et hanc carnem solius filii et illam vocem solius patris et istam speciem columbae solius spiritus s. universa operata est trinitas.

23. Die DD. unterscheiden teilweise noch zwischen *characteres hypostatici seu proprietates personales* und zwischen *notiones personales.* Unter den ersteren verstehen sie dann diejenigen Eigentümlichkeiten, die eine Person in bestimmter Beziehung auf die andere hat; unter letzteren die Merkmale, an denen überhaupt eine Person im Unterschiede von der andern erkannt werden kann. So *Quen.* (I,330). Proprietates personales aliae sunt *absolutae*, quae nullam habent relationem ad aliam personam, qualis proprietas est ἀγεννησία et innascibilitas respectu patris, item inspirabilitas respectu patris et filii; aliae proprietates personales sunt *relativae*, quae habent respectum ad aliam personam et ordinem producentium et productorum constituunt, quarum sunt tantummodo tres: paternitas, filiatio et processio.

Holl. (285) unterscheidet: *proprietates personales* i. e. relationes in actu personali fundatae, personam in esse certae personae constituentes et per oppositionem relativam realem ab alia persona distinctionem inferentes, (solcher zählt er drei: paternitas, filiatio et processio) und *notiones personales* i. e. rationes cognoscendi personas divinas easque ad intra distinguendi. Diese, latius sumtae und constitutivae cujuslibet personae, in esse talis personae, begreifen die proprietates personales in sich und als solche werden die im Text angegebenen fünf gezählt. Strictius sumtae aber, oder significativae i. e. quae personas divinas quidem notificant earumque distinctionem indicant, sed nullam personam in esse talis personae constituunt, unterscheiden sie sich von den propr. personalibus und sind ihrer zwei: *ἀγεννησία* und spiratio activa.

24. *Quen.* (I,327): Ex discrimine personarum reali oritur earum ordo, cum in subsistendo, tum in operando. Distinguendum tamen inter ordinem naturae – temporis – dignitatis – originis et relationis. Non datur inter personas divinas ordo naturae, quia sunt *ὁμοούσιοι*, nec temporis, quia sunt coaeterni, neque dignitatis, quia sunt ejusdem honoris. *Sed datur inter illas ordo originis et relationis,* quia pater a nullo est, filius a patre et spiritus s. ab utroque. – Ordo in subsistendo inter divinas personas probatur ex unius personae ab altera processione, seu emanatione. Si enim pater a nullo procedit, sed essentiam a se ipso habet, tanquam fons et principium s. trinitatis, filius a patre essentiam habet per aeternam generationem et spiritus s. eandem habet a patre et filio per aeternam spirationem, sequitur *patrem esse primam, filium secundam et spiritum s. tertiam personam* et hic ordo in ipsa natura fixus est immutabilis est luculenterque monstratur in formula baptismi Matth. XXVIII,19. 1Joh. V,7. – Von dem ordo in operando, der in den particulis *διακριτικαῖς ἐξ, διά, ἐν* erkannt wird, war schon in not. 22 die Rede.

25. *Gerh.* (III,243). Nomen *ὁμοούσιος* utrumque complectitur, quod filius sit distincta a patre persona ac quod sit ejusdem cum patre essentiae.

Id. Non enim Pater et filius sunt *ἑτερούσιοι*, alterius seu diversae essentiae; non *συνούσιοι*, sicut homines, qui habent unam communem essentiam, nec tantum *ὁμοιούσιοι*, sed *ὁμοούσιοι*, eandem essentiam, aeternitatem, voluntatem, operationem, potentiam et gloriam habentes.

Quen. (I,320). Ὁμοούσιος dicitur ab *ὁμῶς* et *οὐσία*, quod essentia una et indivisa aequaliter illis personis competat, quae dicuntur *ὁμοούσιοι*. –

It. Vocabulum *ὁμοούσιος* non est scripturae, sed in concilio Nicaeno ab Orthodoxis unanimiter receptum contra Arianos. Quamvis autem in scriptura non legatur, suum tamen in illa habet fundamentum. Quod enim Christus dicit Joh. X,30. 1Joh. V,7. illud nervose et breviter hac voce explicatur, quod scil. pater et filius sint *ὁμοούσιοι*.

26. *Quen.* (I,328) fügt noch hinzu, als consequentia *ὁμοουσίας*: perfectissima omnium perfectionum essentialium communio und identitas tum ipsorum operum divinorum ad extra, tum modi agendi, ut *ταὐτὰ καὶ ὁμοίως* agant (Joh. V,19) quanquam non eodem ordine. Von letzterem s. weiter unten.

In der *περιχώρησις* pflegen die DD. noch zu unterscheiden: *π. essentialis,* singularissima immanentia unius personae divinae in alia, und *π. personalis,* intima eaque ineffabilis immeatio, qua divinitas *τοῦ λόγου* assumtam humanam naturam intime permeat, inhabitat et perficit, welch letztere nicht hierher gehört.

27. *Holl.* (301). Nomen patris hic non accipitur *οὐσιωδῶς seu essentialiter,* sed *ὑποστατικῶς seu personaliter.* – Nomen patris, *essentialiter sumptum,* non soli primae personae divinitatis, sed omnibus personis divinis ex aequo convenit: siquidem hoc sensu acceptum respectum infert ad creaturas, quarum Deus pater dicitur tum ob creationem, quomodo angeli audiunt filii Dei, Iob XXXVIII,7. tum ob regenerationem, et adoptionem, quomodo homines conversi et renati ex merito Christi, fide apprehenso, hanc *ἐξουσίαν*, potestatem vel dignitatem nacti sunt, ut fiant filii Dei, Joh. I,12. *At personaliter acceptum* nomen patris proprium est primae personae divinae et infert respectum ad filium consubstantialem,

quem ex essentia sua genuit imaginem sui, cujus ἴδιος πατήρ, proprius pater, perhibetur. Joh. V,18.

28. *Quen.* (I,332). *Character patris ad extra* manifestatur in opere creationis, conservationis et gubernationis hujus universi. Opus enim creationis peculiariter patri tribuitur in s. literis et in symbolo apostolico, non exclusive neque ἐξοχικῶς, aut solum proprie, multo minus, ut uni causae principali, ita ut filius instrumentum tantum sit, sed ob personalem ordinem, quia pater per filium et spiritum s. creavit, conservat et gubernat omnia. Gen. I,1.2. Ps. XXXIII,6. Joh. I,3. Et quia Deo patri tribuitur potentia, quae in creatione maxime illuxit.

29. *Quen.* (I,332). *Secunda persona* est filius Dei non per υἱοθεσίαν sive adoptionem gratiosam; nec propter gratiosam et gloriosam cum Deo conjunctionem atque dilectionem, sic enim omnes pii, beati et angeli sancti sunt Dei filii; nec propter mirabilem in utero Mariae virginis ex spiritu s. conceptionem, ut volunt Sociniani, sed per et propter veram, propriam, essentialem, singularissimam et inexplicabilem aeternam generationem atque ita singulariter, incommunicabiliter et μονοτρόπως est filius Dei. Paucis: est filius Dei non χάριτι, sive per gratiam, sed φύσει, sive per naturam, Joh. I,14.18.

Holl. (305). Exinde filius Dei proprius, Rom. VIII,32. et unigenitus, Joh. I,14. existens in sinu patris, Joh. I,18. imago Dei invisibilis et primogenitus omnis creaturae, Col. I,15. splendor gloriae et character personae patris, Hebr. I,3. appellatur.

30. Von daher wird nach *Holl.* (322) von dem Vater als character hypostaticus ausgesagt die *generatio aeterna activa,* von dem Sohne die *filiatio* oder *generatio passiva,* qua filius Dei a patre aeterno, ut substantialis ipsius imago unius ejusdemque essentiae communicatione vere et proprie, modo tamen hyperphysico et impervestigabili producitur.

Nähere Beschreibung der *generatio: Holl.* (322–325). Generatio filii Dei *non est impropria, metaphorica aut accidentalis* (qualis est hominum peccatorum regeneratio) *sed propria, vera et substantialis,* (Beweis: a) non foret filius Dei proprius, si ejus generatio impropria aut metaphorica esset; b) D. pater, producendo filium suum, huic suam communicat essentiam, ut sit ipsius imago), *non physica* (quae fit in materia et ex materia, in tempore, secundum prius et posterius estque mutatio essentialis ex non ente in ens. *Quen.* [I,385]), *sed hyperphysica* (quae fit ab aeterno, sine omni temporis successione, materia et mutatione et in sola essentiae communicatione consistit. *Quen.* [I,385]), *non temporalis sed aeterna,* (prob. a) ex scripturae dictis, quae testantur, filium esse aeternum; b) ex relatione inter patrem et filium. Prima persona est pater aeternus. Ergo etiam secunda persona filius est aeternus; c) quia alias patris essentia statueretur mutabilis, si in tempore coepisset filium gignere ... Ferner aus Ps. II,7: Describitur actus ille generationis per τὸ hodie, quod usurpatum de actu divino interno, qualis generatio non nisi »divinum hodie« est adeoque excludit fluxum temporis, praescindit a praeterito et futuro atque notat perpetuum νῦν sive diem immutabilis aeternitatis), *non externa sed intima* (quia Deus pater filium suum non ad extra produxit sed intra essentiam suam genuit: nec a patre separatur filius, ut alias fit, sed in sinu patris manet, Joh. I,18. nec filius tantum in patre est, sed pater etiam in filio est per *intimam* communionem mutuamque περιχώρησιν), *non voluntaria sed naturalis et necessaria est* (quod si generatio filii Dei, per actum voluntatis elicita et libera, non autem necessaria aut naturalis esset, non foret filius patri aequalis et ὁμοούσιος, nam hic existit necessario et non potest non esse. – Probe hic observandum est, quod D. pater non coactus nec tamen consilio liberae voluntatis generationem praecedentis sed necessitate naturae, ab omni tamen coactione penitus remota, generatione perfectissima filium genuerit ...).

Über die *aeternitas generationis* sagt *Quen.* (I,330) noch: Haec generatio filii non fit derivatione aut transfusione, nec actione, quae incipiat aut desinat, sed fit indesinente emanatione, cui simile nihil habetur in rerum natura. Deus pater enim filium suum ab aeterno genuit et semper gignit nec unquam desinet gignere. Si enim generatio filii finem haberet, haberet etiam initium et sic aeterna non esset. Nec tamen propterea generatio haec dici potest imperfecta et successiva, actus namque generationis in patre et filio consideratur in opere perfectus, in operatione perpetuus. –

Das consequens der generatio passiva ist die missio passiva. Quen. (I,338). Consequens hujus generationis passivae est missio passiva filii Dei in carnem, quae non est praecise ejusdem incarnatio; differunt enim ut prius et posterius. Missus enim primo est et deinde factus ex muliere. Gal. IV,4.

Not. Emissio filii Dei (1) *non est localis et separativa ablegatio,* quasi localiter ex supremo coelo in infimas terras fuerit ablegatus et a patre suo coelesti separatus. Repugnat enim hoc infinitae et intimae identitati personarum patris et filii, (2) non est *missio imperiosa,* sed liberi consensus, adeoque nullam arguit mittentis et missi inaequalitatem, quam inde exsculpere olim conati sunt Ariani et hodie conantur Sociniani. Missio in divinis non tollit aequalitatem personarum, sed tantum supponit originis ordinem. Est (3) *missio non coacta,* sed spontanea, Joh. IV,34. V,30. non est (4) *ipsa praecise incarnatio.* Missio enim antecessit incarnationem, haecque illius terminus est, ideo namque missus filius est, ut homo fieret. –

Der Unterschied von *gignere* und *creare* nach *Gerh.* (I,288): *Gignere* est ex substantia sua aliquid producere simile secundum essentiam. *Creare* est ex nihilo aliquid facere diversum a substantia creantis. – *Quen.* (I,330) sagt zwar: licet generatio haec sit propriissima et verissima, ipse tamen generationis modus nobis est incognitus et ineffabilis, doch versucht er es, sich eine wenigstens annähernde Vorstellung davon zu machen in ff.: Adumbrari utcunque potest haec divina generatio similitudine radiorum solis, fluentium a corpore solari jugi dependentiâ. Nam ut sol non est antiquior suis radiis, nec gignens generato prior est tempore: sic pater aeternus ab aeterno generavit filium, et sicut sol suos radios ab initio generavit et etiam nunc gignit, et porro generabit, nec tamen inde potest inferri generationem radiorum solis nondum esse perfectam, ita et Deus sapientiam suam aeternam ab aeterno genuit, et semper gignit, nec unquam desinet gignere, nec tamen idcirco dici potest, generationem filii nondum esse perfectam. Id videtur spiritus s. innuere Ps. II,7. Quibus verbis generatio filii sic exprimitur in praeterito, ut tamen dicatur fieri hodie, quia generatio filii praesens est et nunquam desitura. Grande tamen inter haec duo discrimen est, sol enim substantia est, radii vero accidens. At substantia filii eadem est cum substantia patris. –

31. Der character hypostaticus ist die *spiratio passiva seu processio spiritus s. a patre et filio,* i. e. aeterna spiritus s. origo, qua ipse intra sinum deitatis a patre et filio, unius ejusdemque numero essentiae communicatione, ut commune utriusque spiraculum producitur. *Holl.* (337). – *Quen.* (I,343). Origo spiritus s. qua ille eandem numero essentiam a patre et filio accipit, intra complexum Deitatis per processionem ineffabilem.

Holl. (337). Dicitur spiratio passiva, *non physice,* quasi inferat potentiam passivam aut imperfectionem, *sed grammatice,* quia spiritus s. non spirare, sed spirari dicitur. Neque spiratio activa et passiva sunt duae spirationes, sed est una eademque spiratio, quae ratione principii spirantis et producentis, *spiratio activa,* ratione termini producti, *passiva* vocatur. Ceteroqui purissima est emanatio spiritus s. a patre et filio.

Intelligitur hic spiratio *non externa,* qualis erat insufflatio Christi ad discipulos Joh. XX,22. sed *interna et immanens,* cum fiat intra *ipsum* deitatis sinum; *non transitoria et evanescens,* qualis est hominum spirantium, *sed aeterna et permanens*; quia spiritus s. ab aeterno procedit, ceu spiraculum omnipotentis, Iob XXXIII,4. et spiritus oris

Domini, Ps. XXXIII,6, *non spiratio accidentalis sed substantialis*; in Deum enim non cadit accidens, neque spiritus s. ceu persona et substantia divina actu accidentali produci potest.

Eine Analogie für den Begriff des procedere suchen einige DD. in dem Ausgehen des Wortes aus dem Munde, und in unserem Geiste. Von dem ersteren sagt aber *Gerh.* (I, 321): Sed nostrum verbum ita procedit ex corde, ut sit sonus evanescens, at spiritus s. ita procedit, ut sit persona subsistens. Von dem anderen (ibid.): spiritus Dei est ἀσώματος, ejusdem omnino naturae et essentiae cum ipso, noster autem spiritus est corporeus, quippe exhalatio quaedam ex tenuissima et subtilissima sanguinis portione nec ejusdem omnino cum anima naturae.

Beweis der *processio a patre filioque: Holl.* (337). Spiritum sanctum a Deo patre procedere, αὐτολεξεὶ et disertis verbis docet sacra scriptura. Joh. XV,26. Eundem procedere a filio Dei, ex denominatione spiritus filii (Gal. IV,6), ὁμοουσίᾳ patris et filii (Joh. XVI,15), acceptione omniscientiae a filio (Joh. XVI,13.14), visione apocalyptica fluvii de throno agni procedentis (Ap. XXII,1), missione spiritus s. a filio (Joh. XV,26), insufflatione Christi ad discipulos facta (Joh. XX,22), ordine et distinctione personarum divinarum, valide colligitur.

32. Das consequens der processio ist die *missio spiritus s. temporalis. Quen.* (I,331). Missio spiritus s. in tempore in et ad apostolos aliosque fideles est aeternae processionis manifestatio, vel consequens et effectus. Illa perennis est et necessaria, haec gratiosa intercisa et libera, itemque conditionata, non tamen localis est haec missio, nec inferioritatem infert, quia non est ministerialis et servilis.

33. Den Schrift-Beweis geben wir teils nach *Gerhard*, teils nach *Quenstedt* und *Holl.* Im A. T. findet *Gerh.* angedeutet: I. eine pluralitas personarum in divinis und II. nominatim eine trinitas personarum in divinis.

Ad. I. Die pluralitas wird erwiesen (I,186sqq.):

a) illis locis, in quibus plurale Elohim usurpat de Deo: ... Gen. XX,13. XXXV,7. – Deut. V,26. Jos. XXIV,19. 2Sam. VII,23. Iob XXXV,10. Ps. CXLIX,2. Es. XLIV,2. LIV,5. Jer. X,10. XXIII,36, ubi observa, vocem hanc pluralem non solum cum verbo singulari in plurimis scripturae locis constructum haberi (ad essentiae unitatem denotandam), sed etiam cum verbo et adjectivis pluralibus quandoque conjungi (ad personarum pluralitatem evidentius insinuandam).

b) locis, in quibus D. ipse in plurali numero de se loquitur. Gen. I,26. Gen. III,22. Gen. XI,7. Es. VI,8.

c) locis, in quibus Deus de Deo et Dominus de Domino loquitur, ibi enim itidem pluralitas personarum significatur: Gen. XIX,24. Exod. XVI,7. XXXIV,5.6. Num. XIV, 21. 2Sam. V,24. 2Sam. VII,11. Ps. XLV,8. Ps. CX,1. Jer. XXIII,5. u. 6. XXXIII,15. Dan. IX,17. Os. I,7. Zach. II,8.9.

d) locis, in quibus fit mentio filii Dei, illum enim verum Deum esse oportet Ps. II,7. Ps. LXXII,17. Prov. XXX,4. Denique referenda huc sunt omnia Vet. test. testimonia, in quibus Jehova dicitur talem angelum mittere, cui nomen Jehova vel opera divina tribuuntur; tunc enim angeli nomine intelligitur Dei filius, verus cum patre et spiritu s. Deus. Exod. XXIII,20.21.

Ad. II. Die tres personae in una essentia werden erwiesen (I,190sqq.):

a) ex locis, in quibus distincte tres personae divinitatis enumerantur. Gen. I,1.2. Exod. XXXI,1.3. 2Sam. XXIII,2. Ps. XXXIII,6. Es. XLII,1. Es. XLVIII,16. Es. LXI,1. LXIII,7. Hagg. II,5.

b) e. l. in quibus nomen Jehovae et Dei tribus distinctis vicibus in una sententia repetitur, ibi enim pro modo revelationis veteri test. conveniente tres personae deitatis insinuantur. Num. VI,23.24.25.26. Deut. VI,4. Ps. XLII,2.3. Ps. LXVII,7.8. Es. XXXIII,22. Jer. XXXIII,2. Dan. IX,19.

c) ex τρισαγίῳ illo angelorum Es. VI,3.

d) e. l. in quibus D. de Deo et Dominus de Domino loquitur. cf. oben I, c. Von den alttest. Beweis-Stellen für die Trinität sagt aber *Gerh.* (III,218) im allgemeinen: 1. Non hoc dicimus, quod testimoniorum de trinitate in V. et N. T. sit eadem claritas et evidentia, quia clarior hujus mysterii revelatio N. T. fuit reservata. 2. Nec hoc volumus, quod in disceptatione contra pertinacem adversarium ab obscurioribus V. T. dictis faciendum sit initium. Sed hoc duntaxat asserimus, quod ex V. T. pro adstruendo trinitatis dogmate quaedam testimonia afferri possint et debeant, cum Deus semper ab initio sese sic patefecerit, ut ecclesia omnibus temporibus Deum ita agnoverit, invocarit et celebrarit – quod in una indivisa essentia sint tres distinctae personae. –

Im N. T. wird erwiesen I. die trinitas personarum in divinis; II. von jeder einzelnen Person die vera deitas.

Ad. I. *Quen.* (I,324sqq). Demonstratur ss. trinitas tribus modis:

1. ex 1Joh. V,7.

2. singulari illa θεοφανείᾳ facta in baptismo Christi Matth. III,16.17. ubi tres divinitatis personae manifestantur.

3. ex solemni baptismi formula a Christo tradita Matth. XXVIII,19. Non possumus autem baptizari εἰς ὄνομα patris, filii et spiritus s., quin trium istorum auctoritate, dignitate et essentia aequalium nomen super nobis invocetur. Hinc argum.: Ad cujus fidem, religionem, cultum et obsequium obstringimur, is est verus Deus.

Ad II. (I,329). 1. Patris Deitatem probant a) nomina solius veri Dei propria;

b) attributa v. gr. aeternitas, infinitas, omniscientia, omnipotentia etc.;

c) opera vere et mere divina;

d) cultus vere divinus.

2. (I,332sqq.) *Filii deitas* probatur:

I. *ex nominibus.* Nomina alia sunt essentialia, alia personalia. Essentialia sunt, quae naturam et essentiam Christi divinam exprimunt. Personalia nomina sunt, quae personam designant.

1. Nomina divina essentialia: in V. T. Christus, germen Davidis, appellatur Jehova, justitia nostra. Jerem. XXIII,6. Vocatur Jehova, quem unxit Jehova Es. LXI,1.8. Adonai Es. VI,1.2.3. cf. c. Joh. XII,41. – In N. T. filius Dei.

a) absolute, sine ulla conditione limitante aut alienante appellatur Deus. Joh. I,1. Joh. XX,28.

b) Nominibus divinis adduntur verba, quibus filius Dei incarnatus designatur. Sic Paulus Act. XX,28. Idem apostolus 1Tim. III,16. Hebr. II,14. Joh. I,14. 1Joh. IV,2.3.

c) Nominibus divinis annectuntur epitheta, quibus summus Deus indigitatur. Nam (α) Christus a s. Johanne nominatur verus Deus et vita aeterna. 1Joh. V,20. (β) A s. Paulo filius Dei vocatur magnus Deus. Tit. II,13. (γ) Ab eodem apostolo Christus nuncupatur Deus super omnia benedictus in saecula Rom. IX,5. Vocatur κύριος ἐξ οὐρανοῦ 1Cor. XV,47; dicitur omnium Dominus Act. X,36. adeoque Dominus coeli et terrae, quae est descriptio veri Dei. Matth. XI,25; dominus dominorum et rex regum Apoc. XVII,14. XIX,16.

2. Nomina divina personalia.

Vocatur Christus in sacris literis a) filius Dei proprius Rom. VIII,32. habens Deum patrem proprium. Joh. V,18.

b) filius unigenitus a patre Joh. I,14.

c) filius exsistens in sinu patris Joh. I,18.

d) filius primogenitus Hebr. I,6.
e) filius angelis superior Hebr. I,5.
f) filius Deo patri aequalis Joh. XV,17.18.

II. *Ex attributis divinis.*

Est enim filius Dei 1. aeternus Col. I,17. Hebr. XIII,8. Joh. I,1.14. Apoc. I,8.
2. immensus et omnipraesens. Joh. I,18. Matth. XVIII,20. XXVIII,20.
3. immutabilis. Ps. CII,28. Hebr. I,12.
4. sanctissimus. Dan. IX,24.
5. omnipotens. Apoc. I,8. Joh. X,28.
6. omniscius. Joh. XXI,17. Joh. II,25.
7. beatissimus et *αὐταρκέστατος*. Joh. XVI,15.
8. gloriosissimus. 1Cor. II,8. Joh. XVII,5.

III. *Ex operibus divinis. Opera divina* filii Deitatem demonstrantia vel sunt ad intra, ut spiratio activa spiritus s. et ejusdem missio, de quibus suo loco; vel ad extra. Opera divina ad extra cum Christo Dei filio in scripturis tribuantur, utique ex illis vera ejus Deitas efficaciter probatur. Tribuitur autem ipsi 1. mundi creatio Gen. I,2. Ps. XXXIII,6. CII,26. Prov. VIII,30. Joh. I,3. Col. I,16. Hebr. I,10. 2. rerum omnium conservatio et gubernatio Joh. V,17. 1Cor. VIII,6. Hebr. I,3. 3. miraculorum operatio Ps. LXXII,19. 4. generis humani redemtio Os. XIII,14. Zach. IX,11. 5. ecclesiae conservatio et protectio Matth. XVI,18. 6. mortuorum resuscitatio Iob XIX,25. Joh. VI,39.40. XI,25. 7. salvatio Matth. I,21.

IV. *Ex cultu divino et religioso.* Ultimum argumentum pro Deitate Christi petitur a cultu et honore divino. Tribuitur autem Christo cultus divinus 1. in genere Joh. V,23. 2. in specie Es. XLV,23. Phil. II,10. Joh. XIV,1. Matth. XXVIII,19.

3. (I,340). *Spiritus s. Deitas* probatur I. ex divinis nominibus. Diserte enim vocatur Jehova 2Sam. XXIII,2. רוּחַ יְהוָֹה locutus est per me cf. vers. 2. et Actor. I,16. Es. I,21. Ezech. I,3 etc. cum Zacharia VII,12. Luc. I,70. cum 1Petr. I,11. 2Petr. I,21. Es. VI,8.10. cum Actor. XXVIII,25sqq. etc. *θεός* Actor. V,3.4. 1Joh. V,7.9 etc *κύριος* 2Cor. III,17. 1Cor. XII,4.5.

II. Ex attributis divinis essentialibus, nempe aeternitate Es. XL,13. omnipotentia Es. XI,2. 1Cor. XII,11. omniscientia 1Cor. II,10. bonitate et misericordia Neh. IX,20. Ps. CIII,11. omnipraesentia Ps. CXXXIX,7.

III. Ex operibus divinis, ut sunt creatio universi, Gen. I,2. Iob. XXVI,13. Ps. XXXIII,6. conservatio, Iob XXXIII,4. miraculorum productio, Actor. X,38. His adde opera gratiae et justitiae, de quibus scriptura passim.

IV. Ex cultu divino, utpote a) ex adoratione. Es. VI,3. Act. XXVIII,25 et 26. b) ex invocatione. 2Cor. XIII,13. Apoc. I,4. c) a fide in spiritum s. Matth. XXVIII,19. –

Kap. III
De creatione

§ 20

An die Lehre von dem Dasein, dem Wesen und den Eigenschaften des dreieinigen Gottes reiht sich die Lehre von seinen Werken. Sein erstes opus ad extra ist die Schöpfung der Welt[1].

Von dieser Schöpfung lehrt uns die Hl. Schrift folgendes:

1. Sie ist ein Werk Gottes, und zwar ein Werk, das Gott allein, ohne Mitwirkung oder Beihilfe irgendeiner Kreatur [2], aus freiem Entschluß [3] allein durch sein allmächtiges Schöpferwort[4] vollbracht hat; ein Werk des einen wahren Gottes, darum ein Werk des dreieinigen Gottes[5].

2. Da Gott im eigentlichen Sinn des Wortes Schöpfer der Welt ist, so ist damit jede Vorstellung von einem von Ewigkeit her schon vorhandenen Stoff, aus dem Gott die Welt nur gebildet, den er nur zubereitet oder gestaltet hätte, ausgeschlossen, vielmehr ist auch der Stoff selbst, aus dem die Welt besteht, der von Gott geschaffene. Dies wird in dem Satz ausgedrückt, *daß die Welt aus nichts geschaffen sei*; ein Satz, der eben das sagen will, daß nichts vorhanden gewesen sei, dessen sich Gott zur Weltbildung bedient habe, sondern daß alles Sein erst von ihm hervorgerufen worden sei. 2Makk. VII,28. Rom. IV,17. Hebr. XI,3. Es. XLI,24. Prov. VIII,22[6].

3. Da uns in Gen. I. ein bestimmter Anfang der Schöpfung gelehrt wird, so ist damit die Vorstellung einer von Ewigkeit her existierenden Welt ausgeschlossen[7].

4. Die Welt, wenn wir unter ihr die ganze Bildung und Gestaltung verstehen, die sie am Ende der Schöpfungstage hat, ist nach der Erzählung der Genesis nicht mit einem Male, sondern in allmählicher Aufeinanderfolge entstanden (sex dierum intervallo Deus omnia condidit, quae condita et creata sunt: eleganti rerum observato ordine). Die Art und Weise, wie sie entstanden (ordo creationis), ist Gen. I beschrieben, und wir können dieser Erzählung zufolge unterscheiden: a) die Erschaffung der Materie; b) die Ausscheidung der einzelnen aus nichts geschaffenen Stoffe; c) die Anordnung der rohen Massen und ihre Bildung zu der Form, in der sie am Ende der Schöpfungstage vorlag[8]. Danach kann auch unterschieden werden *creatio immediata* und *mediata*: unter ersterer versteht man die Erschaffung aus nichts, unter letzterer die Anordnung der bereits erschaffenen Masse[9].

5. Der nächste und höchste Endzweck der Schöpfung ist die *gloria Dei*; denn Gott will, daß er auch erkannt und geehrt werde als der große Gott, der er ist Ps. XIX,2. Prov. XVI,4. Unter allen Geschöpfen aber, die geschaffen sind, nimmt der Mensch die höchste Stelle ein, und um seinetwillen ist alles andere in der Welt geschaffen, daher als finis creationis intermedius zu nennen ist: usus et utilitas hominum Gen. I,28[10].

6. Wenn die Welt so allein von Gott geschaffen ist, so folgt endlich, was die Schrift auch ausdrücklich sagt (Gen. I,31), daß alles in der Welt sehr gut war und so alles Böse und alles Übel, das jetzt in ihr ist, erst als ein später Hereingekommenes betrachtet werden muß[11].

Dies alles ist zusammengefaßt in der Definition: Creatio est actio unius et quidem solius Dei, ac indivisum trium personarum divinitatis opus, quo pater per filium coaeternum in spiritu s. coaeterno libera voluntate sex distinctis diebus condidit omnia visibilia et invisibilia, non ex materia aliqua ab aeterno sibi coëxistente, sed ex nihilo propter gloriam sui nominis et hominum utilitatem, et omnia, quaecunque Deus facit, sunt valde bona. *Gerh.* (IV,51)[12].

1. Der Unterscheidung von operibus ad intra und ad extra, deren wir schon in der Lehre von der trinitas gedachten, tun viele DD. hier erst Erwähnung. *Quen.* (I,415) teilt die actiones divinas ad extra ein: in actiones potentiae, ut creatio et conservatio mundi; in act. misericordiae, ut generis humani redemtio, vocatio, regeneratio, conversio, salvatio, und in act. justitiae, ut mortuorum resuscitatio, ultima dijudicatio, diabolorum et impiorum damnatio.

Über den Zusammenhang der Lehre von der creatio mit der von der Trinität *Chmn.* (ll. th. I,112). Hactenus in loco de trinitate descriptus est Deus, quid sit in arcana sua natura et facta quidem mentio etiam est operum Dei sed illorum praecipue, quae divinitas intra sese extra omnem creaturam operatur. Deus vero, qui posuit tenebras latibulum suum et habitat lucem inaccessibilem, prodiens ex arcana sua sede, manifestavit se etiam in operibus ad extra ... et quia prima manifestatio ad extra facta est in opere creationis, ideo proxime sequitur locus de creatione. –

2. *Chmn.* (ll. th. I,115). Creatio est actio unius Dei: quod propter eos dicitur, qui plura principia posuerunt. Item est actio solius Dei, quae nulli creaturae tribui debet vel potest. Mal. II,10. Iob XXXI,15. 1Cor. VIII, 6. Es. XLV,9 et 7. Iob IX,8. Damit ist zugleich die Meinung derer ausgeschlossen, qui Deo in opere creationis adjungunt naturae cooperationem, sicut in rebus jam conditis et ordinatis fit (*Chmn.* [I,116]), sowie auch derer, qui creationis opus inter Deum et angelos diviserunt (*Gerh.* IV,7).

Calov. (III,897). Causa instrumentalis vel media nulla fuit in primaeva creatione, quia per Verbum creavit Deus omnia. –

3. *Quen.* (I,417). Neque causa creationis *προηγουμένη* ulla fuit, praeter solius Dei, non ex necessitate naturae sed *ex libertate voluntatis* se communicantis beneplacitum.

Calov. (III,896). Causa impulsiva creationis est immensa Dei bonitas, ex qua D. sese ut summum bonum communicare voluit, liberrimeque communicavit. –

Holl. (357). Creatio est actio divina libera; propterea quod Deus hoc universum condidit, non adductus necessitate, prorsus ac si famulitio creaturarum indiguerit, cum sit *αὐταρκέστατος*, sed libere, ut potuerit creare et non creare, citius aut serius, hoc vel alio modo condere. –

4. Daher wird die creatio auch bezeichnet als: non successiva sed *ratione singulorum entium creatorum instantanea – neque enim motu aut operosa molitione* Deus singula condidit, sed cum dixit: »fiat lux«, subito facta est. *Holl.* (ib.)

Calov. (III,900). Actio non est successiva proprie sed instantanea; singula enim, quae creavit Deus, in instanti sine motu vel successione creavit, quamvis si collectim ea spectentur, per sex *νυχθήμερα* absoluta sit creatio: non quod totos illos dies continuos impenderit creationi, sed quod singulorum dierum momentis aliquid creavit.

5. *Calov.* (III,889). Causa efficiens creationis est unus et solus Deus.

Gerh. (IV,4). Est autem ille unus verus Deus: pater, filius et spiritus s.: ideo creationis opus et patri et filio et spiritui s. in scriptura tribuitur. De patre dicitur 1Cor. VIII,6, de filio Joh. I,3. Col. I,16, de spiritu s. Iob XXVI,13. XXXIII,4. Ps. CIV,30. ... Gerh. (IV,6) Concludimus igitur creationem esse actionem indivisam unius ac solius veri Dei, patris scil., filii et spiritus s. – Wenn dann doch die creatio in besonderem Sinne das opus Dei patris ad extra genannt wird (cf. loc. de trin. not. 28), so geschieht dies nur per appropriationem (cf. l. d. tr. not. 22). *Holl.* (352). Opus creationis Deo patri in s. literis et symbolo apostolico peculiariter tribuitur: a) propter ordinem operandi: eo quod pater a se habet, quod agat et creet, filius Dei et spiritus s. a patre; b) quia D. pater omnipotentiam suam efficacissimo verbo mandati in opere creationis manifestavit. Gen. I,3; c) creatio est opus divinum ad extra primum, adeoque de prima divinitatis persona per quandam appropriationem dicitur. –

Chmn. (ll. th. I,115). Non disputandum est autem curiosius de discrimine personarum in opere creationis, sed contenti simus illa revelatione, quod ab aeterno patre, per filium, fovente spiritu s., creata sint omnia. Rom. XI,36. Sunt *autem haec non ad inaequalitatem personarum trahenda,* sicut Ariani blasphemarunt, filium fuisse instrumentum Dei in creatione, sicut faber utitur securi. Nam hae praepositiones (*ἀπό, διά, ἐν*) non naturam dividunt, sed unius inconfusae naturae proprietates exprimunt. So auch *Holl.* (353). Tres divinitatis personae non sunt tres causae sociae, non tres auctores creationis sed una causa, unus auctor creationis, unus creator. – Licet tres distinctae sint personae, una tamen virtute influunt in opus creationis. Si diversa operandi virtute influerent, forent causae sociae. –

6. *Quen.* (I,417). Materia creationis *ex qua* respectu rerum primo die creatarum nulla datur. Quae enim primo die creata sunt, *non ex praeexistente sive aeterna sive antea creata materia sed ex nihilo pure negativo facta sunt.* – Quando dicitur, opera primi diei esse creata ex nihilo, *particula ex non designat materiam ex qua, sed excludit.* Non enim aliud notatur per *τὸ* ex nihilo, quam terminus a quo, h. e. Nihilum, ex quo omnia facta dicuntur, non materiae sed termini a quo duntaxat rationem habet et de creationis ordine intelligi debet et recte particula »ex« per »post« verti potest, ut sensus sit: post nihilum, velut terminum a quo, aliquid factum est. –

Chmn. (ll. th. I,115). Quod materia ex qua non fuerit ab aeterno, sed ex nihilo creata sint omnia i. e. *cum res non essent, Deo dicente esse coeperint.* ... Dicitur autem, de nihilo creata esse, non ut vulgo loquimur, de nihilo litigant i. e. de re levi: sed quando fit, exoritur, existit aliquid, et non est aliquid, ex quo fiat.

Gerh. (IV,7). Facessant deliria Stoicorum, qui fingebant duo aeterna principia, *νοῦν καὶ ὕλην*, mentem sive Deum et materiam, quam aeternis temporibus confusum chaos fuisse et certo tempore a mente demum efformatam somniabant.

Bei Gelegenheit dieser Lehre wird von den DD. auch auf den Unterschied der Worte creare, gignere und facere aufmerksam gemacht. *Creare* (בָּרָא): ex nihilo aliquid facere diversum a substantia creantis. *Gignere* significat, de substantia sua aliquid producere, simile secundum essentiam. *Facere* (עָשָׂה) accommodatur etiam illis rebus, quae fabricantur ex materia. Aus dem Unterschied von creare und gignere ergibt sich schon der Satz: (*Holl.* [356]). Deus mundum hunc aspectabilem non creavit *ex essentia sua* neque hanc in partes quasi diffudit, ut quaelibet creatura deitatis particula dici possit. –

Calov. (III,899). Non consistit creatio in emanatione ex essentia Dei, non in generatione nec etiam in motu aut mutatione naturali ... sed in actione externa qua e nihilo ... virtute infinita res producuntur.

7. *Quen.* (I,421). Mundus nec ab aeterno fuit nec ab aeterno creari potuit. – *Prob.* (ibid. 422): a) ex creationis historia; b) ex mundi fine et interitu; c) ex aeternitate soli Deo propria; d) ex modo productionis: quia ex nihilo creata sunt omnia, hinc sequitur, materiam ex qua non fuisse ab aeterno. Indem die Ewigkeit der Weltschöpfung geleugnet wird, darf man sich aber auch nicht so ausdrücken, als ob die Welt in einer bestimmten Zeit geschaffen worden sei, da eine Zeit als vor der Welt vorhanden nicht gedacht werden kann. Die DD. pflegen sich so darüber auszudrücken: *Hfrffr.* (67): Moses (Gen. I,1) respondet, inquiens: Hanc mundi machinam non semper aut ab aeterno fuisse: sed exortu suo ab aliquo certo temporis principio dependere: ita ut cum infinitis retro aeternitatis

seculis mundus nullus esset: fecisse Deum, ut, *definitio illo temporis principio,* mundus exoriretur. – *Calov.* (III,901). Creatio rerum non ab aeterno facta est, sed in *principio illo, quo omne tempus fluere coepit.* Proinde non in tempore proprie, sed in primo instanti ac principio temporis coepit creatio. Quod dicitur principium viarum Domini, Prov. VIII,22. ante quod, uti nulla via, nulla externa actio, nullum opus, ita nullum tempus, nullum aevum aut seculum fuit. Tum enim coeperunt secula aptari verbo, Hebr. XI,3. tum coepit seculorum omnium creatio. Hebr. I,2.

Die Frage: quare Deus non citius creavit mundum et quid fecit solus in illa aeternitate otiosus? wird abgewiesen als eine quaestio furiosorum, ea quae non quidquam utilitatis habent, curiose inquirentium (*Hfrffr.* [69]).

8. *Hfrffr.* (72). Ex Gen. I,1sq. apparet: in creatione mundi triplicem opificis operationem fuisse: 1. primum equidem creavit, h. e. cum nulla prius extaret materia, ex nihilo produxit rudem illam indigestamque molem corpoream, quam Moses coeli, terrae et aquae nominibus insignivit. 2. Deinde primo triduo tria isthaec corpora distinxit. 3. Tandem altero triduo suo quodque ornatu consummavit.

Quen. (I,417). Creationis actio tribus absolvitur gradibus: 1. rudis materiae, quae totius universi quasi seminarium fuit productione primo die facta: 2. creaturarum simplicium distinctione et dispositione, per tres dies priores peracta. Nam primo die lucem a tenebris, altero aquas inferiores a superioribus, interposito firmamento, et tertio terram ab aquis distinxit, et 3. mundi exornatione et consummatione, altero triduo perfecta. Nam quarto die coelum luminaribus, quinto aquam piscibus, aërem volatalibus, sexto denique terram animalibus et postremo omnium animantium principe, nempe homine condecoravit. –

Von dem zuletzt erschaffenen Menschen handeln die späteren DD. meist in einem eigenen Abschnitt, den sie dem loc. de providentia voranstellen. Wir glauben aber das Wesentliche davon besser hier in ff. Sätzen anreihen zu können: a) Von seiner Stellung in der Welt sagt *Quen.* (I,511): Deus operi creationis ultimam veluti manum impositurus, creaturarum nobilissimam, cujus gratia reliquas omnes produxerat, hominem vid. condidit.

b) Definition, *Holl.* (406) in ff. Homo est animal, constans anima rationali et corpore organico, a Deo conditum, ipsiusque imagine in prima creatione condecoratum, ad creatorem sincere colendum, vitam pie traducendam, et aeternam beatitatem consequendam.

c) Der erste Mensch war Adam. *Quen.* (I,513). Adam sexta hexaëmeri primi die a Deo conditus, omnium hominum primus est, totiusque generis humani per orbem universum parens. 1Cor. XV,45.47. Gen. II,5. (Antithesis Is. Peyrerii, Prae-Adamitarum conditoris (1655), qui dicit: »Gentiles genere et origine a Judaeis diversos esse: Judaeos formatos a Deo in Adamo, gentiles antea creatos fuisse eadem, qua caetera animantia, die. *Horum* originem Gen. I. describi, *illorum* cap. II. ... Gentiles multis saeculis priores esse gente Judaica, genere naturaque diversos ab eodem, et diluvio Noachico judaico superstites.« *It.:* »Conditi orbis epocham non ducendam esse ab illo principio, quod vulgo fingitur in Adamo, altius et a longissime retroneis seculis id repetendum esse.« –) – *Br.* (239). Condidit autem Deus initio *unum tantum individuum, nempe masculinum; feminam postea* ex costa viri dormientis produxit. Gen. II,22.

d) Von dem modus productionis *Quen.* (I,512). In eo consistit, quod Deus hominem fecit a) suscepta singulari de hoc opificio deliberatione. Gen. I,26; b) immediate suis, ut sic dicam, manibus; c) ornate et eleganter; d) successive (Gen. II,7.21.22) primum corpus (respectu Adami) formando, deinde animam ipsi inspirando. –

e) De principiis hominis constitutivis internis: *Quen.* (I,513). Sunt materia et forma physica. *Materia* est corpus animatum organicum, ante lapsum impatibile, non-mortale.

Gen. I,26. Sap. II,23. *Forma physica* est anima, ante lapsum ingenti sapientiae et scientiae concreatae luce collustrata. Col. III,10. Pura insuper, ac omnis omnino labis peccaminosae expers. Eph. IV,24. – Als tertia pars essentialis hominis wird also nicht der spiritus aufgezählt. Zu den dafür angeführten Stellen Luc. I,46.47. 1Thess. V,23. Hebr. IV,12 bemerkt *Quen.* (I,518). 1. per spiritum scriptura s. in ejusmodi dictis non intelligit aliquem spiritum, ab anima humana substantialiter differentem sed partem animae superiorem; 2. disting. inter *spiritum acceptum pro parte hominis essentiali,* et sic idem est, quod anima, et ab hac non distinguitur, et *usurpatum pro donis spiritualibus et sanctificationis,* quae a spiritu s. in credentes conferuntur vel pro spiritus s. gratia et effectu scil. qualitatibus et donis spiritus s. in homine regenito. –

f) Die Frage, utrum animae humanae quotidie a Deo creentur, an vero per traducem propagentur? wird dahin beantwortet: (*Quen.* [I,519]). Primi hominis anima immediate a Deo fuit creata, Evae vero, ut et reliquorum hominum animae non creantur quotidie, nec ut corpus aut animae brutorum ex suis parentibus gignuntur, *sed per traducem vi benedictionis divinae a parentibus propagantur.* Den Beweis führt *Quen.* (I,520sqq.) in ff.: 1. ex primaeva Dei benedictione Gen. I,28. cf. cum VIII,17. IX,1; 2. ex quiete et cessatione Dei ab omni opere die septimo. Gen. II,2; 3. ex productione animae Evae Gen. II,21.22; 4. ex generationis descriptione Gen. V.3. Sicut Adam post lapsum genuit filium ad imaginem et similitudinem suam, non tantum quoad corpus sed etiam quoad animam, ita et reliqui homines; 5. ex Gen. XLVI,26; 6. ex absurdis: a) si statuatur, animas a Deo immediate creari vel peccatum originis negandum plane fuerit, vel Deus ab injustitia liberari non poterit, quorum utrumque absurdum; b) sequitur, hominem non generare hominem totum, s. totum compositum, sed tantum ejus partem, qui vero non dat formam hominis, non generat hominem, nam homo sine forma, h. e. anima, non est homo ... 7. ex Ps. LI,7. – Cf. noch folg. Bemerkungen von *Quen.* (I,519). 1. Disting. inter creationem animarum omnium *simultaneam,* factam sub primordium mundi, et *quotidianam,* quae nunc fiat, quoties homines generantur. 2. Uti de animae humanae e corpore egressu et post egressum statu, parum certi novit humana ratio, scriptura s. non illustrata, ita quoque de animae humanae ortu in vel cum corpore nihil certi definire potest. 3. Disting. inter traductionem vel propagationem animae ipsam, et traductionis ac propagationis modum. Propagationem animae a parentibus liberos procreantibus fieri, non autem creari aut infundi animas a Deo immediate e s. literis satis manifestum est, modus vero definitus non est, adeoque ab ejus determinatione et definitione abstinemus. – Von dem *corpus* sagt noch *Holl.* (411) a) Corpus est vera pars hominis, sine quo non est verus et integer homo (412). b) Anima humana non est a Deo conjecta in corpus, tanquam in carcerem squalidum, quo impediatur, quominus promte se elevare et subvolare possit ad Deum cognoscendum, amandum et venerandum. (Antithesis Mysticorum.) Von der *anima Holl.* (409). *Anima inspirata dicitur a Deo, sed non ex Deo.* Neque enim de substantia sua Deus animam homini inspiravit. – (417). Anima humana neque ex essentia divina effluxit, neque per spiritualem regenerationem atque mysticam cum Deo triuno unionem, in essentiam divinam redit aut refluit. Daher *Br.* (237). Hominem ... creavit Deus; corpus quidem ejus ex terra, animam vero ex *nihilo* producens et corpori conjungens. –

9. *Quen.* (I,417). Omnia ex nihilo creata sunt: alia tamen *immediate* scil. opera primi diei, alia *mediate* scil. mediante illa materia, quam Deus ante ex nihilo pure negativo creaverat, nempe opera sequentium quinque dierum – (ibid. 418). *Illa* est summi ordinis, et primario seu principaliter sic dicta creatio, per quam Deus citra interventum alterius immediate egit in nihilum, evocando ex eo id, quod realem et positivam essentiam habet; *haec* vero est creatio secundi ordinis, secundario et minus principaliter, proprie

tamen sic dicta, qua Deus ex praejacente quidem materia, sed inhabili et prorsus indisposita aliquid produxit.

10. *Quen.* (I,418). ***Finis creationis ultimus*** est Dei gloria. Manifestavit enim Deus in et per creationem a) gloriam bonitatis, dum bonitatem suam cum creaturis communicavit; b) gloriam potentiae, dum omnia creavit ex nihilo, solo nutu atque verbo; c) gloriam sapientiae, quae elucet ex rerum creatarum multitudine, varietate, ordine, harmonia. Ps. XIX,2.

Gerh. (IV,4). Ut Deus, qui natura invisibilis est, etiam a visibilibus possit sciri, opus factum est ab eo, quod opificem visibilitate sua manifestaret. –

Quen. (I,418). ***Finis intermedius*** est hominum utilitas. Omnia enim Deus fecit propter hominem, hominem autem propter se ipsum. Ps. CXV,16.

11. *Chmn.* (ll. th. I,116). Pertinet et hoc ad definitionem creationis, quod omnia, quae Deus fecit, sint valde bona. Gen. I,31. Sap. I,13 et 14.

Quen. (I,418). Excludimus hoc ipso ἁμαρτήματα naturae, quae post lapsum hominis demum coeperunt – –.

Calov. (III,902). Consequentia creationis sunt Dei complacentia, tum quies ab opere creationis nec non jus vel dominium in creaturas absolutum. –

12. *Quen.* (I,415). Creatio est actio Dei unitrini externa, qua is res omnes visibiles et invisibiles ex nihilo, sex dierum spatio, solo liberrimae voluntatis suae imperio omnipotenter et sapienter produxit, in nominis sui laudem et hominum utilitatem.

Br. (248). Definitur creatio, quod sit actio Dei triunius ad extra, qua Deus, bonitate sua impulsus, mundum hunc et quae in eo sunt omnia, primum quidem corpora simplicia, ex nulla praejacente materia; deinde ex corporibus simplicibus, tanquam inhabili et indisposita materia, corpora mixta; quin etiam independenter ab omni materia substantias immateriales produxit, ita ut quodlibet horum, juxta ideam mentis suae, solo voluntatis imperio potenter efficeret, et sex dierum spatio totum opus absolveret, ad sapientiae, potentiae et bonitatis suae gloriam atque hominum utilitatem. –

Kap. IV
De providentia

§ 21

Gott ist nicht ein Werkmeister, der sein Werk, wenn er es gemacht hat, sich selbst überläßt und davongeht: sondern wie er dieses, die Welt, gemacht hat, so erhält er sie auch und trägt immerwährend Sorge um sie[1]. Darum spricht auch die Hl. Schrift nie von der Schöpfung, ohne zugleich der über der Welt waltenden Fürsorge zu gedenken, und eben darin liegt der höchste Trost des Christen, daß er sich Gott als einen in der Welt stets gegenwärtigen denken darf, der Sorge trägt für das Größte wie für das Kleinste und durch nichts gehindert ist, diese Sorge zu üben. Diesen Trost legt uns schon die natürliche Betrachtung der Welt und die Beobachtung ihres Laufes nahe, doch vermögen wir ihn erst durch die Gewißheit, die uns die Offenbarung hierüber gegeben hat, unwandelbar festzuhalten[2].

Die Vorsehung Gottes[3] erweist sich aber näher darin, daß Gott I. das in der Welt bereits Geschaffene erhält, daß er II. bei allem, was in ihr vorgeht, mitwirkt, und III. alles in ihr lenkt und leitet. Die Lehre von der Vorsehung zerfällt danach in die Lehre von der conservatio, dem concursus und der gubernatio[4].

I. *Conservatio* est actus providentiae divinae, quo Deus res omnes a se creatas sustentat, ut in natura sua proprietatibus insitis et viribus in creatione acceptis persistere possint. *Holl.* (441). – Die Welt würde wieder in das Nichts zurückfallen, wenn Gott nicht, wie die Gattung und das einzelne in ihr, so auch den Bestand und Fortgang der Ordnung und Zusammenwirkung, die er dem Ganzen angewiesen hat, allezeit erhielte[5]: denn die geschaffenen Dinge haben nicht in sich selbst die Kraft ihrer Subsistenz, sondern haben sie nur so lange, wie Gott ihnen diese zukommen läßt[6]. Wir unterscheiden daher nur dem Begriffe nach die creatio von der conservatio, in Gott aber müssen wir das eine mit dem anderen uns gesetzt denken, daher wird die conservatio auch als creatio continuata bezeichnet[7].

II. *Concursus*[8]. Mit der Vorsehung Gottes ist aber viel mehr ausgesagt als nur das, daß Gott die Welt schafft und erhält, denn würde weiter nichts von ihm geschehen, so hätten wir alle Veränderungen und Handlungen, die in der Welt vorgehen, doch allein auf die Kreatur zurückzuführen, und Gott hätte keinen weiteren Anteil daran als den, daß er den Kreaturen die Kräfte und das Vermögen zu solchem Handeln gegeben hätte. Aber Gott ist noch viel anders gegenwärtig in der Welt zu denken. Die Hl. Schrift lehrt uns, daß er bei allem, was in der Welt vorgeht, mittätig und mitwirkend ist; daß alles das, was geschieht, nicht geschehen könnte ohne ihn und seine tätige Mitwirkung; daß also jede einzelne Wirkung, Veränderung oder Handlung in der Welt nur durch den Einfluß Gottes zustande kommt. Gott ist also hierbei zwar nicht wie bei der Schöpfung und Erhaltung die einzige Ursache von dem, was geschieht; denn Gott hat den lebendigen Wesen einen Willen gegeben, der sich in Handlungen betätigen soll, und hat auch den leblosen Dingen eine Kraft eingepflanzt, die wir als die wirkende Ursache der Veränderungen zu betrachten haben. So also darf Gottes Vorsehung allerdings nicht gedacht werden, als ob er allein der Urheber aller Handlungen wäre, weil sonst dieser Wille, den wir bei den lebendigen Wesen anzunehmen haben, nicht zu seinem Recht, und die Kraft, die auch in die leblosen Dinge gelegt ist, nicht zu ihrer Anwendung käme: wohl aber ist Gott die Mit-Ursache von allem, was geschieht. Bei allen Handlungen also, die von einer Kreatur ausgehen, ist diese ebensosehr Ursache davon als Gott, er aber hinwiederum stets als der Mitwirkende zu denken; jede Veränderung, Wirkung oder Handlung, die vorgeht, ist auf beide zugleich, auf die Kreatur und auf Gott, zurückzuführen[9]. Dies ist in der Lehre von dem concursus ausgesprochen. Concursus sive cooperatio Dei est actus providentiae divinae, quo Deus cum causis secundis in ipsarum actiones et effectus influxu generali et immediato juxta cujuslibet creaturae exigentiam et indolem suaviter coinfluit. *Holl.* (442)[10]. – So gewiß es aber ist, daß in allem, was geschieht, Gott als der Mitwirkende zu denken ist[11], so ist doch die Art seiner Mitwirkung höchst verschieden, je nach der Beschaffenheit der mitwirkenden Ursachen (der causae secundae) und je nach dem Bedürfnis, das vorhanden ist. Anders nämlich wirkt Gott da mit, wo die Handlung von der leblosen Natur ausgehen soll, und anders da, wo die causa secunda, mit der zugleich Gott wirkt, mit Freiheit begabt ist[12]; wiederum wirkt Gott anders bei den guten, anders bei den bösen Handlungen[13]. Die allgemeine Mitwirkung Gottes aber ist stets als eine unmittelbare[14] zu denken, zugleich aber auch als eine solche, durch die die Wirkung nicht zum voraus schon bestimmt wird (non concursus praevius sed simultaneus, non praedeterminans sed suaviter disponens), weil in diesem Falle die wirksame Teilnahme der causa secunda ausgeschlossen und deren Freiheit aufgehoben wäre[15].

III. *Gubernatio*: actus divinae providentiae, quo Deus optime res et actiones creaturarum ordinat, moderatur ac ad fines suos dirigit secundum sapientiam, justitiam et bonitatem suam ad nominis sui gloriam et hominis salutem. *Calov.* (III,1194).[16] Gott nimmt eben darum an allen Handlungen mitwirkenden Anteil, damit er die ganze Welt nach seinen Zwecken leiten könne. Wie also die conservatio sich auf das Sein und Bestehen der geschaffenen Dinge bezieht, so bezieht sich die gubernatio auf die von diesen, den Kreaturen, ausgehenden Handlungen. Sie lenkt und leitet Gott nach seinem Willen so, daß sie seinen Zwecken entsprechen; und zwar erstreckt sich diese Regierung Gottes auf das Ganze wie auf das Einzelne, auf das Große wie auf das Kleine[17].

Indem aber Gott, wie wir aus der Lehre von dem concursus schon gesehen haben, die Menschen in ihrer Freiheit gewähren läßt, ist dadurch die Art und Weise seiner Regierung bestimmt, er regiert nämlich so, daß diese Freiheit dadurch nicht beeinträchtigt wird. Daher geschieht vieles, was nicht geschehen würde, wenn der Freiheit des Menschen nicht ein solcher Spielraum gelassen wäre; und durch das verschiedene Verhalten der Menschen, die Gott in ihrer Freiheit nicht hindern will, läßt er sich auch bestimmen, verschiedene Wege einzuschlagen, um die Welt nach seinen Zwecken zu lenken. – Diese verschiedene Weise ist beschrieben in den Ausdrücken der permissio, impeditio, directio und determinatio. Nämlich

1. Vieles geschieht, was in keiner Weise des eigensten Wohlgefallens Gottes sich zu erfreuen hat, aber Gott läßt es zu, läßt es gewähren, weil er das ihm Wohlgefällige nicht mit Zwang und Versagung der menschlichen Freiheit durchsetzen will. Er sucht dann auf anderem Wege seine Endzwecke zu erreichen (permissio)[18].

2. Oft begnügt sich Gott daher auch damit, das, was wider seine Zwecke wäre, nur zu hindern (impeditio)[19].

3. Die aus der Freiheit des Menschen hervorgehenden Handlungen, seien sie gut oder böse, weiß er, nachdem sie geschehen oder von ihm zugelassen sind, so zu lenken, daß sie seinen Zwecken dienen und entsprechen müssen (directio)[20].

4. Da er es endlich ist, von dem alle Kraft und alles Vermögen zum Handeln stammt, so weiß er seine Zwecke auch dadurch zu erreichen, daß er da, wo die Handlungen der Menschen seinen Zwecken zuwider wären, ihnen die Kraft dazu versagt, oder sie in gewissen Grenzen hält, die sie nicht überschreiten dürfen (determinatio)[21].

Von der providentia im allgemeinen, insofern sie alles drei, die conservatio, den concursus und die gubernatio, in sich befaßt, gilt noch:

1. Daß sie sich zwar auf alles erstreckt, aber nicht auf alles in gleicher Weise, daß sie vielmehr einen Unterschied macht je nach der Stellung, die das einzelne in der Welt hat. Und da nun in der Welt dem Menschen die oberste Stelle eingeräumt ist, so bezieht sich auch auf ihn die Vorsehung in besonderer Weise; in besonderster Weise aber auf die Frommen, da des Menschen Seligkeit der letzte Endzweck Gottes mit ihm ist[22].

2. Die Vorsehung Gottes bedient sich im allgemeinen der Mittel-Ursachen und richtet auf diese Weise ihre Zwecke aus, doch ist Gott aber keineswegs an diese Mittel-Ursachen gebunden, sondern er übt oft auch seine Vorsehung mit ihrer Umgehung aus, und wirkt also wider das, was wir den Naturlauf nennen, woraus sich der Unterschied der prov. ordinaria und extraordinaria ergibt[23].

3. Anders bezieht sich endlich Gottes Vorsehung auf das Böse und anders auf das Gute (providentia, quae circa bonum et quae circa malum occupatur)[24].

Def.: Quen. (I,535). Providentia est actio externa totius ss. trinitatis, qua res a se conditas universas ac singulas tam quoad speciem, quam quoad individua potentissime conservat inque earum actiones et effectus coinfluit et libere ac sapienter omnia gubernat ad sui gloriam et universi hujus atque imprimis piorum utilitatem ac salutem[25].

1. *Gerh.* (IV,52). Creator omnium Deus non discessit ab opificio a se condito, sed omnipotentia sua illud adhuc hodie conservat et sapientia sua omnia in eo regit ac moderatur.

2. *Gerh.* (IV,52). Utrumque conjungit scriptura, utrumque fideli corde credendum, Deum esse *κτιστήν*, Deum esse *προνοητήν*. Iob XII,9 et 10. Act. XVII,24.25.28. Ps. CXXI,2. Imaginatio illa perversa, quod Deus creaturas reliquerit propriae tantum gubernationi, magnam caliginem offundit mentibus humanis, et tetras parit dubitationes. – Ipsa illa, quae conservatur ac regitur natura, divinae providentiae testis est. Si naturae discipulus esse volueris, invenies non minus vilissimis et minimis rebus consuli, quam

nobilissimis; ad finem necessaria conferri omnibus; in certo ac mirabili ordine persistere omnia; ea, quae sine sensu et cogitatione agunt, tamen obtinere suum finem; res inter se pugnantes ita temperari, ut, vires invicem frangendo, repugnantia sua mundo prosint. – *Sed illa ex naturae libro petita divinae providentiae cognitio languida est et imperfecta,* non aliquo naturae ipsius sed mentis nostrae vitio. – *Certior autem et perfectior est illa providentiae divinae cognitio, quae ex scripturae libro petitur.* –

3. *Quen.* (I,527). Dicitur providentia a providendo et actum providentis ac solicitam rerum ad se pertinentium curam gerentis notat. –

Der Ausdruck providentia (*πρόνοια*) kommt in den kanonischen Büchern nicht in dem Sinne vor, der hier damit verbunden wird, sondern nur in Sap. XIV,3. Gleichbedeutend aber damit sind die Ausdrücke: visio Gen. XXII,8. 1Sam. XVI,1. Ez. XX,6. ordinatio Ps. CXIX,91. servatio Ps. XXXVI,7. *διοίκησις* Sap. XII,18. *διακυβέρνησις* Sap. XIV,3. *πρόταξις* Act. XVII,26. –

Schrift-Beweis: Holl. (424). Tota s. scriptura nihil aliud est, quam pellucidum speculum, e quo, quocunque te vertas, promicat pervigil ille oculus providae directionis: daher Ps. CXXI,4. Gott custos Israel genannt wird. a) Die *prov. conservatrix* wird bewiesen aus: Ps. XXXVI,7. b) die *pr. cooperatrix* aus Act. XVII,27.28. c) die *pr. gubernatrix* aus Jer. X,23.

4. In diese drei Teile zerfällt die providentia, insofern sie ein opus Dei ad extra ist. Bevor es aber zu diesem opus ad extra kommt, müssen in Gott selbst Akte vorangegangen sein: ein Vorherwissen dessen, auf das sich seine Fürsorge erstrecken soll, und ein Entschluß, diese Fürsorge zu üben. Rechnet man beides mit hinzu, so zerfällt die providentia a) in *πρόγνωσις* (praevisio vel praescientia), b) in *πρόθεσις* (propositum aut decretum Dei), c) in *διοίκησις*, actualis rerum creatarum conservatio, cooperatio s. concursus et gubernatio. *Br.* (303). Variant sententiae: quatenus alii non tam actus immanentes mentis et voluntatis divinae, quam ipsos actus externos conservandi et gubernandi, nomine providentiae significari contendunt. Alii quidem actum immanentem eo nomine denotari docent: credunt autem, ad intellectum formaliter, ad voluntatem consequenter pertinere: alii vice versa. Quam tamen controversiam omnem non tam de re ipsa, quam de vocibus esse, facile cognoscitur. Omnes enim concedunt, ad providentiam in sua *latitudine* spectatam pertinere tum *πρόγνωσιν* seu actum intellectus, quo Deus praecognoscit, quid creaturis sit conducibile: tum *πρόθεσιν*, seu actum voluntatis, quo, quae conducibilia praevidit, ordinare ac disponere vult; tum denique *διοίκησιν*, seu ipsam creaturarum conservationem (concursum) et gubernationem. Interim si ad vim vocum spectemus, videtur providentia non tam actus externos, velut executivae potentiae, quam ipsam curam creaturarum in Deo adeoque actus intellectus et voluntatis denotare: unde actus illi externi proficiscantur. Internorum illorum actuum autem utique hic ordo est, ut actus intellectus antecedat, succedat actus voluntatis, seu propositum conferendi, juxta intellectus dictamen, quae creaturis prosunt: etsi non tam consequatur providentiam ipsam, quam una cum actu intellectus praevio eum intrinsece constituat. Si vero *usum loquendi* spectes, fatendum est, actibus conservationis (concursus) et gubernationis, qui sunt effectus, signa et characteres providentiae, ipsum providentiae nomen haud raro per metonymiam alias receptam adscribi solere.

Holl. (421 und 422). Providentia Dei, qua *πρόγνωσιν καὶ πρόθεσιν*, est actus intellectus, et voluntatis divinae internus, qua *διοίκησιν* actio externa. – *Stricte loquendo* providentia Dei est actio divina ad extra: versatur enim circa creaturas, et extra sinum Deitatis terminatur. Quo sensu strictiori actualis Dei providentia est ipsa conservatio, cooperatio et gubernatio creaturarum; praescientia autem et decretum de rebus conservandis et gubernandis praesupponuntur, ut actus intellectus divini dirigentis et voluntatis imperantis. –

In Beziehung auf die praescientia wird bemerkt: a) daß der Ausdruck *Vorauswissen* dieses Wissen Gottes um alles nur ungenau bezeichne, indem das Wissen Gottes nicht wie das unsrige durch ein Nacheinander der Zeit und des Gedankens vermittelt werde, Gottes Wissen vielmehr intuitiv sei, vermöge dessen er alles, das Vergangene, Gegenwärtige und Zukünftige, mit einem Male gleichsam wie in einem Spiegel sehe. *Gerh.* (IV,66). Duplex est in scientia nostra discursus: primo secundum successionem tantum, cum, postquam intelligimus aliquid in actu, convertimus nos ad intelligendum aliud: deinde est alius discursus secundum causalitatem, cum per principia venimus ad cognitionem conclusionum. Neuter horum discursuum Deo convenit: non primus, quia omnia videt in uno, quod est ipse, sicut nos multa simul videmus in speculo: nec secundus, quia hic primum praesupponit et quia talis processus est a noto ad ignotum, jam vero Deus videt effectus suos in se ipso sicut in causa. – *Quen.* (I,539). Πρόγνωσις seu praescientia tantum ἀνθρωποπαθῶς Deo tribuitur, cum praescientia proprie sit rerum futurarum, Deo autem nihil futurum est, sed omnia praesentia, non quidem actualiter per existentiam, sed objective, adeoque is nihil praevidet, sed omnia videt simplicissime in νῦν perpetuo, stabili et immutabili, ita ut in Deo potius sit παντεποψία quam πρόγνωσις.

b) Die Frage: an praescientia adfert rebus praescitis necessitatem vel certe res ita certo modo a Deo praescitae sunt, ut jam ex necessitate quapiam aliter fieri nequeant? beantwortet *Hutt.* (ll. comm. 256) dahin: neutrum cum veritate consonat. Nam qualis quaeque res sua natura est et quomodo etiam ex se eventura est, talis praevidetur sive praescitur a Deo: *ita ut praescientia haec pendeat ab eventu, eventus vero non pendeat a praescientia* ... Ut Hieronymus infert: praescientia futurorum non immutabile facit, quod Deus futurum novit: non enim quia Deus futura cognoscit, necesse est nos facere, quod ille praescivit: sed quod nos propria voluntate facturi sumus, ille novit futurum ... Dann weiter: Aliud est, quando dico, praescientiae divinae respectu aliquid esse immutabile aut fieri necessario: aliud vero est, quando dico, rem esse immutabilem propter praescientiam Dei, vel quod idem est, praescientiam rebus praescitis afferre necessitatem. Prius illus orthodoxe asseritur: posterius hoc non item: siquidem posterior haec locutio causam exprimit, propter quam res aliter se habere nequeat: prior vero illa veritatem tantum et certitudinem divinae praescientiae notat: neque quidquam vult aliud, quam Deum, quippe omniscium, jam inde ab omni aeternitate scire qualem quaeque res eventum sit habitura. Quo respectu recte dicitur: »res praescitas eo modo evenire, quo praescitae sunt, non causaliter respectu praescientiae, quasi haec res praescitas hoc et non alio modo evenire faciat:« sed tantum conditionaliter, quatenus Deus non aliter res praescivit, quam prout ex causis suis propriis et quidem libere sunt eventurae. Jam ergo quando res aliqua hoc modo fit, recte dicitur, quod alio modo fieri non potuerit, respectu divinae praescientiae, secundum vulgatam regulam; omne quod est quando est, tum esse necesse est.

Gerh. (IV,69). Si nondum plene percipis, sic habe: praescientia Dei non adfert rebus immutabilitatem a priori, sed saltem a posteriori; hoc est, quando Deus scit rem esse, necesse est eam esse. Interim tamen res sua natura et respectu suarum causarum poterat aliter esse, et tunc Deus aliter praescivisset. Res sive praesentes sive praeteritae sive futurae non a scientia, sed scientia a re et eventu dependet, qui talis praescitur, qualis est, ita ut si futurum non esset, id ipsum etiam a Deo praevideretur.

Damit verwandt ist die Frage: an praescientia divina praevio innititur decreto? welche *Holl.* (432) dahin beantwortet: praescientia et decretum Dei conceptum de rebus futuris aeterna et simul sunt ex parte Dei; nostro autem concipiendi modo praescientia Dei decretum divinum antecedit.

5. *Holl.* (441). Conservat Deus species et individua. *Species* conservat, essentias rerum

ab interitu vindicando, et perseverantiam iis impertiendo. *Individua* conservat, in locum intereuntium nova substituendo, ut essentia specierum perseveret.

Chmn. (Il. th. I,125). Proprium est providentiae, quod positum a se naturae ordinem intuetur et adjuvat, ut singulae substantiae habeant vires, motus et actiones convenientes. –

6. *Gerh.* (IV,83). Non ex se ut suis viribus res creatae subsistunt: sed portat Deus omnia verbo virtutis suae. Hebr. I,3. Col. I,17. Act. XVII,28.

Holl. (441). Conservatio divina non est actus mere ***negativus aut indirectus,*** neque enim in eo consistit, quod Deus res conditas non velit destruere aut annihilare, sed eas vigori suo relinquere, quoad vigere possunt ac durare, ex vi per creationem ipsis indita, sed est actus ***positivus et directus,*** quo Deus in genere in causas efficientes rerum conservandas influxu vero et reali influit, ut in natura, proprietatibus et viribus suis persistant ac perma eant.

7. *Quen.* (I,531). Deus res omnes conservat continuatione actionis, qua res primum produxit. Conservatio enim rei proprie nihil est aliud, quam continuata ejus productio, ***nec differunt nisi per extrinsecam quandam denominationem.*** Holl. (441). (Creatio et conservatio) distinguuntur diversis connotatis. Nam creatio connotat, rem ante non fuisse; conservatio rem ante fuisse, supponit: creatio dat essendi initium, conservatio essendi continuationem. –

8. Nicht alle DD. weisen der Lehre von dem concursus diese Stelle an: die früheren DD. vielmehr, wie *Gerhard* und *Calov,* dann auch unter den späteren *Baier* teilen die providentia nur ein in conservatio und gubernatio und erörtern nur anhangsweise die Lehre von dem concursus. *Holl.* (440). Ex mente nonnullorum theologorum actus, ad quos, circa creaturas exercendos, terminatur providentia divina, sunt duo, conservatio et gubernatio, quae tum universalem cum causis secundis concursum, tum specialem agentium creatorum directionem importare dicitur. Von *Quenstedt* an werden zuerst tres actus providentiae aufgezählt. Der Sache nach ist es gleichgültig, wie eingeteilt wird, doch scheint die letztere Einteilung das für sich zu haben, daß sie die Weise, wie Gott die Vorsehung übt, gleich in die Lehre von der Vorsehung mit einreiht. Es ist dann ausgesagt: 1. daß die Welt nicht bestehen kann ohne Gottes erhaltende Tätigkeit; 2. daß Gott der Welt so gegenwärtig ist, daß nichts, weder Großes noch Kleines, ohne seine tätige Mitwirkung geschieht; 3. daß er so gegenwärtig ist in der Welt, damit er alles in ihr nach seinen Zwecken leiten könne. –

9. *Quen.* (I,531). Deus non solum vim agendi dat causis secundis et eam conservat, sed immediate influit in actionem et effectum creaturae, ita ut idem effectus non a solo Deo, nec a sola creatura, nec partim a Deo, partim a creatura, sed una eademque efficientia totali ***simul a Deo et creatura producatur,*** a Deo videl. ut causa universali et prima, a creatura ut particulari et secunda. Die actio Dei und actio hominis sind simultane Aktionen: *Quen.* (I,545). Non est re ipsa alia actio influxus Dei, alia operatio creaturae, sed una et indivisibilis actio, utrumque respiciens et ab utroque pendens, a Deo ut causa universali, a creatura ut particulari. Quemadmodum eadem numero scriptio pendet a manu et calamo, nec pars una a manu et alia a calamo, sed tota a manu et tota a calamo: ita concursus Dei non est prior actione creaturae propria prioritate causalitatis, cum in re sit omnino eadem actio. Adeoque totum effectum producit Deus, sicut et causa secunda, quod fit per actionem Dei exteriorem, quae intime in actione creaturae includitur, imo una eademque est cum illa.

Der Schrift-Beweis wird geführt aus: Iob X,8. XXXVIII,28. Es. XXVI,12. Phil. II,13. bes. Act XVII,28. »in ipso vivimus, movemur et sumus.« *Quen.* (I,532): »In Deo sumus« tanquam conservante, »in ipso quoque movemur«, i. e. omnes nostras actiones et motus ipsius concursu perficimus, adeo ut sine ejus concursu ne digitum quidem extendere, nec minimum motum quidem producere possimus.

Wenn hier jede Veränderung, Wirkung oder Handlung, die geschieht, auf die Kreatur und auf Gott zugleich zurückgeführt wird, so werfen die DD. noch die zwei Fragen auf, ob damit nicht der providentia zunahe getreten sei, oder ob nicht, wenn man sie aufrecht erhalte, die Mitwirkung der Kreatur und jede freie Bewegung ihrerseits ausgeschlossen sei? *Hutter* (loc. com. 228) formuliert den Einwand so: si omnia divinae gubernationi subjacent, aut aliter fieri possunt, quam prout Deus ab aeterno gubernare decrevit, aut aliter fieri non possunt: si illud, falletur divina providentia: sin hoc, utique Dei providentia rebus praevisis adferet necessitatem et per consequens omnis tolletur contingentia. Atqui utrumque absurdum est: ergo vix stare poterit universalis illa et quidem efficax rerum omnium providentia s. gubernatio. Mit dem Worte contingentia wird eben die freie Bewegung der Kreatur bezeichnet. Contingens, sagt *Hutt.* (256), definitur esse id, quod cum fit neque impossibile neque necessarium est, sed habet causam, quae poterat ex natura sua aliter agere, ut est voluntas hominis, vel ut alii ... definiunt: contingens est, quod naturâ suâ vel esse vel non esse potest, quodque vel hoc vel alio modo se habere, vel quod fieri et non fieri potest: et priusquam fit, impediri potest, ne fiat: cum vero fit, causam habet, quae sua natura aliter agere poterat et cujus contradictoria non esset impossibilis. Exempli gratia ... proditio Judae fuit eventus contingens: poterat enim Judas abstinere a facinore isto et non prodere magistrum: ita, ut postquam jam actu prodidit, causa tamen in ipso fuerit, quae suâ naturâ aliter agere, h. e. se a facto isto continere poterat.

Die Antwort auf den obigen Einwand leitet *Hutter* dann ein durch zwei Unterscheidungen: (228). *Prior* distinctio est haec: omne mutabile et immutabile duobus modis dicitur: uno, quando aliquid natura sua, per se, absolute et simpliciter ita est comparatum, ut aliter se habere vel possit vel non possit. Altero vero modo, quando aliquid non per se sed ex accidente, non absolute et simpliciter, sed ex ὑποθέσεως est vel mutabile vel immutabile. Exempli gratia: Deus est bonus ac sapiens immutabiliter, per se ac simpliciter sive absolute. Angeli itidem sunt boni ac sapientes etiam immutabiliter: sed non per se sive simpliciter, verum ex accidente: quatenus nimirum jam ita in bono sunt confirmati, ut prolabi amplius nequeant. Sic quoad mutabilitatis exemplum: Adamus fuit bonus ante lapsum mutabiliter, nisi enim talis fuisset, labi non potuisset: quia vero bonus manere potuisset, si voluisset, rectissime statuitur mutabilitas haec in ipso fuisse non simpliciter et per se, sed ex conditione demum voluntatis. Fideles quoque post lapsum itidem boni sunt mutabiliter ... *Posterior* distinctio est necessarii sive necessitatis. Nam in theologia nostra ... duplex necessitas constituitur, alia absoluta sive simplex (necessitas consequentis, coactionis), cujus nimirum oppositum simpliciter est impossibile. Alia est necessitas conditionata (consequentiae, conditionis). Absoluta illa est, quâ res ita se habent, ut nihil quidquam in ipsis mutari possit: qualia sunt, quae de essentia Dei ejusdemque attributis praedicantur. Conditionata vero ea est, quâ res aliqua causam quidem habet, cujus gratia jam non mutari aut aliter se habere potest, sed naturâ tamen suâ est mutabilis et mutari atque aliter omnino se habere potuisset. Dann beantwortet *Hutt.* die erste Frage (anne fallitur providentia divina?) dahin: praemissis duabus istis distinctionibus ad posterius membrum disjuncti categorice et affirmative respondetur: ea, quae a Deo provisa sunt, aliter se habere non posse, vel quod idem est, non esse mutabilia, verum κατά τί et cum conditione hac: immutabiliter nimirum ea se habere non simpliciter aut per se sive necessitate absoluta, sed tantum ex accidente sive conditione rei provisae. Nam qualis quaeque res aliquando futura et eventura esset, ex causis suis sive naturalibus sive voluntariis: tales etiam Deus providit et jam hoc respectu providentia Dei falli nequit. Quod si aliter ex natura sua futurae fuissent, Deus etiam illud providisset et neque sic providentia ipsius falli potuisset, et hoc respectu res provisae aliter, quam prout provisae sunt, habere se posse rectissime negatur. Auf die zweite Frage: anne igitur providentia haec rebus provisis afferat necessitatem et per consequens tollatur contingentia? antwortet *Hutt.*: per alteram distinctionem rectissime respondetur. Quod si enim necessitas simplex sive absoluta aut consequentis intelligatur, simpliciter negatur providentia rebus provisis afferre necessitatem. Sic enim nullus amplius locus causis naturalibus neque etiam voluntati hominis ulla libertas relinqueretur. Quod utrumque tamen providentiae Dei subordinatum esse et cum ea sine contradictione stare posse, quaestione praecedente proxima ad oculum demonstravimus. Quod si vero altera intelligatur necessitas, quae est conditionis sive consequentiae, libenter omnino concedimus, a providentia Dei res provisas necessario dependere: *quia nimirum Deus non aliter providit res illas, quam prout ex causis suis eventurae erant: ergo sic etiam eveniunt, prout Deus eas providit.* Neque tamen propterea militat id, quod per consequentiam in argumento infertur: *ergo omnis tollitur contingentia.* Quia enim necessitas haec consequentiae est earum rerum, quae natura sua sunt mutabiles et mutari atque aliter se habere potuissent: utique necessitas et illa contingentia, tanquam subordinata, simul stare possunt, diverso licet respectu: necessitas nimirum, quatenus res aliqua causam habet, ob quam non amplius mutari aut aliter se habere queat. Contingentia vero, quatenus illa ipsa res natura sua ita comparata est, ut aliter se habere potuisset. Ex gr. proditio Judae respectu providentiae divinae dicitur necessaria, necessitate consequentiae; quia nimirum Deus ab aeterno providit Judam destinata malitia ac consilio certo proditurum Christum: contingens vero, quatenus voluntatis suae pravis desideriis resistere et Christum prodere non potuisset. Quod ipsum tamen si fecisset Judas, Deus etiam ab aeterno providisset et sic neque non prodendo falli potuisset Dei providentia. Die Behauptung ist also: contingentiam rerum et actionum humanarum salva et inconcussa Dei providentia, rectissime stare posse (p. 259), propterea quod contingentia isthaec divinae providentiae non opponitur, sed substernitur sive subordinatur. Quemadmodum enim providentia Dei singula atque universa, ita contingentes etiam actiones gubernat et determinat. Hinc enim fit, ut Deus non patiatur ruere impios, quo ipsi alias ex libera voluntate tendunt: sed metas praefigat, quousque frena libidini ipsorum laxaturus sit. Hinc etiam haud raro Deus vi suae providentiae vincula et repagula impiis injicit et ponit, ut prorsus a coeptis desistere et plane omittere cogantur, quae alias effrenata ipsorum libido perpetratura esset. Exemplo possunt esse Esavus, frater Jacobi, qui de occidendo fratre consilium inierat etc. Sed esto nihil tale interdum eveniat, sed Deus patiatur fieri, quae voluntas impiorum decernit: nihilominus tamen inde quoque singulare divinae providentiae artificium elucescit, dum vel inde merita supplicia impiis irrogandi eosque evertendi materiam sumit, vel pessima etiam consilia in commoda atque salutem piorum convertere novit: cujus rei historia Josephi et passionis Christi exempla longe illustrissima suppeditat.

10. *Quen.* (I,544). Non quaeritur hoc loco, an Deus vim operandi causis secundis communicet eamque conservet: hic enim concurrendi modus non plus Deo tribuit, quam quod esse rerum agendique facultatem, quam initio illis dedit, conservet, sed hoc quaeritur, *an Deus immediate in actionem et cum actione in effectum, qua talem, causarum secundarum ad unius cujusque exigentiam influat.* Die Begriffe von causa prima et secunda definiert *Quen.* (I,544) so: *Causa prima* est, quae omnino independens est, ab ipsa autem dependent, si quae sunt, caetera omnia, estque Deus. *Secunda,* quae aliam agnoscit causam se priorem, a qua dependeat, quales sunt causae efficientes creatae, quae etsi per

virtutem principalem et proportionatam operentur, a prima tamen, uti in esse, sic in operari dependent. In essendo, inquam, quia absque illius conservatione ne ad momentum quidem existere possunt in operando, et quia absque ejusdem cooperatione nec operari nec operando effectus suos producere possunt. –

Mit Recht bemerkt *Quen.* (I,532): Cum concursu divino coincidit quoad rem omnipraesentia divina, quae est actus providentiae divinae et formaliter ac definitive in sensu scil. biblico, tum adessentiam ad creaturas substantialem, illocalem, impartibilem, incircumscriptibilem, quam Scholastici in descriptione concursus Dei cum creaturis immediationem suppositi vocant, tum efficacem ac omnipotentem operationem, quam immediationem virtutis hic appellant, importat. Gen. I,2 Ps. CXXXIX,7. Jer. XXIII,23.24. Sap. I,6.7.8. Act. XVII,27.28. Col. I,17.

11. *Quen.* (I,531). *Objectum concursus sunt omnes causarum secundarum actiones et effectus qua tales.* Nur von dem concursus *generalis et indeterminatus* ist hier die Rede, d.h. nur das soll hier geltend gemacht werden, daß überhaupt keine Handlung vollbracht wird ohne Mitwirkung Gottes, welcher Art aber dieser concursus sei, kommt hier nicht in Betracht. Es wird also wohl zugegeben, aber hier nicht näher erörtert, daß der concursus sein kann ein conc. *specialis,* seu *gratiosus,* quo adest Deus omnibus fidelibus, sacra, honesta et utile meditantibus, scribentibus et agentibus, occasionem suppeditando, instigando, movendo, juvando, approbando etc., auch ein conc. *specialissimus* et extraordinarius, qui solis s. scriptoribus proprius fuit in V. et N. T., quique complectitur supernaturalem et extraordinariam mentis illuminationem, itemque peculiarem motum, instinctum, afflatum, impulsum et dictamen spiritus s. ad hoc et non aliud loquendum scribendumve (ibid. 543). So unterscheidet auch *Holl.* (443) bei den Menschen actiones naturales und actiones supernaturales: quaedam elici possunt ab homine viribus naturalibus, quaedam vires naturales hominis transcendunt. Von den letzteren handelt er auch hier nicht. In Beziehung auf die actus naturales aber bemerkt er: ad actus naturales concurrit Deus quidem concursu generali, sed non exclusive; nam extraordinarie sub illo influxu generali continetur etiam influxus peculiaris, intensiores agendi vires validioremque motum uni creaturae, quam alteri conferens. –

12. *Quen.* (I,545). Concurrit Deus cum causis secundis juxta uniuscujusque indigentiam et exigentiam h. e. quando, quoties, et quomodo causa illa concursum illum postulat, pro conditione naturae suae. Neque enim immutat Deus naturas agentium aut eorum agendi rationem et ordinem, sed agentia naturalia sinit agere naturaliter, libera libere. Concurrit Deus cum causis secundis juxta ipsarum naturam, cum liberis libere, cum necessariis necessario, cum debilibus debiliter, cum fortibus fortiter, pro sua suavissima dispositione universali operando. – *Holl.* (444). Cum necessario agentibus Deus concurrit *uniformiter*, v. gr. cum igne, ut urat, cum sole, ut luceat. Cum libere agentibus concurrit multiformiter, liberum ipsis arbitrium, liberamque hoc vel illud eligendi potestatem relinquens: quem enim Deus ordinem semel constituit, non facile mutat. Ps. CXIX,90.

13. Die schwierigste Aufgabe der Dogmatik ist die, die Weise des göttlichen concursus bei den bösen Handlungen der Menschen nachzuweisen, ohne doch die Schuld des Bösen irgendwie zugleich auch auf die c. prima, also auf Gott, zurückzuführen. Die DD. bedienen sich hierzu der beiden Formeln: Deum concurrere ad effectum, non ad defectum, – Deum concurrere ad materiale, non ad formale, wo die eine Formel sagen will, daß Gott wohl die Kraft, wonach die Handlung gut hätte werden *können,* dargeboten habe, daß aber, wenn von Seiten des Menschen diese nicht sei dazu angewendet worden, die Schuld davon nicht auf Gott falle. – Die andere Formal aber hat den Sinn, daß die Kraft, das Vermögen an sich, mit dem eine Handlung vollbracht werden kann, wohl auf die göttliche Mitwirkung zurückzuführen sei, die Anwendung aber und die Richtung, die dieser

Kraft gegeben werde, der menschlichen Freiheit anheimgegeben und so dem Menschen allein zu imputieren sei. Die eine Formel finden wir bei *Quen.*, die andere bei *Holl.*

Quen. (I,545). Disting. inter actionem et actionis ἀταξίαν, inter effectum et defectum. Ad actiones et effectus, non vero ad actionum ἀταξίαν ens summum concurrit: licet enim causa universalis in omnem particularium causarum actionem influat, ἀταξίας vero et malignitatis ut sic, si quae actioni adhaeret, non nisi creatura causa est, quippe quae in agendo deficit a sua regula et ordine primi agentis, scil. Dei, et concursum divinum sequius, ac oportet, applicat. Hinc dicimus in thesi, influere Deum in causarum secundarum actiones et effectus, qua tales i. e. ut actiones et effectus sunt, in entitate seu substantia sua, praeciso conceptu defectuum et vitiorum, quae entitatem non habent, et sunt a causis in agendo deficientibus. Paucis: Coinfluit Deus in actus peccaminosos quoad entitatem et speciem naturae, non quoad deformitatem et speciem moris. Concurrit quoque ad actus sordidatos sive sordidos, iisque intime adest, sed ita, ut non contaminetur, quippe substantia spiritualis pollutioni nullatenus obnoxia, non magis ac sol. (*Hutt.* 234. Deus ut causa universalis id tantum praestat, ut possis agere: quod vero male agis, illud ex causa particulari, nempe perversa tua voluntate redundat.)

Holl. (443). *Ad actionum moraliter malarum formale,* nimirum ἀνομίαν vel ἀταξίαν, Deus positivo influxu non concurrit, quia malitia est defectus et privatio, non proveniens a Deo perfectissimo, in quem nullus potest cadere defectus, sed a voluntate humana in agendo deficiente. Concurrit autem Deus ad *actionum moraliter malarum materiale remotum, non proximum. Illud* est actus indeterminatus, *hoc* est actus determinatus et ad rem prohibitam applicatus, v. gr.: quando Eva extendebat manum ad fructum vetitum, duo aderant actus: 1. extensio manus; 2. extensio applicata ad fructum vetitum. Prior actus dicitur materiale remotum, posterior materiale proximum. Ad hoc Deus non concurrit, quia ejus concursus est generalis et indeterminatus, adeoque determinatio ad hoc vel illud objectum non est a Deo, tanquam a causa prima et universali, sed a causa secunda et particulari. – Bei dem concursus Dei ad actiones moraliter bonas unterscheidet *Holl.* (443) den physischen und den moralischen concursus. *Physice* generalem concursum ad actiones morales praebet (Deus), vires animi et corporis ad agendum idoneas sustentando. *Moraliter* concurrit praecipiendo et promittendo.

14. *Holl.* (443). Concurrit Deus ad actiones creaturarum immediatione virtutis et suppositi. Immediatione suppositi concurrit, quoniam Deus substantia sua proxime adest creaturis operantibus, si quidem omnia in omnibus implet. Jer. XXIII,24. Concurrit etiam immediatione virtutis, efficaci influxu actionem creaturae, ejusque effectum immediate et proxime attingendo, eo, quod omnia in omnibus operatur. 1Cor. XII,6. – *Immediate* agere quis dicitur vel exclusive vel inclusive. *Exclusive,* cum quis solus agit; *inclusive,* cum quispiam una cum aliis cooperantibus actionem et effectum proxime attingit. Immediate Deus influit in actiones creaturarum, non exclusive; quasi creaturae ab actione excludantur aut otiosae sint; sed quaelibet creatura agit, quod suum est; Deus autem una cum creaturis operantibus actionem et effectum influxu suo immediate et proxime attingit.

15. *Holl.* (445). Qui docent concursum praevium, committunt contradictionem in adjecto. Nam si Deus concurrit, non praecurrit; si cooperatur, non praeoperatur. Praemotio est actus antecedens: concursus vero non antecedit, sed fit, cum actio ipsa producitur. – Si concursus divinus praedeterminaret agentia libera ad actionem, necessario agerent, non libere. –

Quen. (I,544). Causae secundae, vel agentia sive naturalia sive libera, non opus habent, ut quemadmodum dolabra, malleus aut securis a fabro praeviam motionem accipit, ad eliciendam actionem praevio impulsu excitentur, utpote quae vel sibi propriam insitamque virtutem ad operandum obtinent, ut ignis, vel sunt ipsa agendi virtus, ut calor, immo si res creatae nihil omnino absque praevia illa excitatione moliri queant, sequitur excitari etiam voluntatem ad actus vitiosos.

16. *Quen.* (I,533). Gubernatio est actus providentiae divinae, quo Deus omnes et singulas creaturas suas in viribus, actionibus et passionibus suis decenter ordinat, ad creatoris gloriam et universi hujus bonum ac piorum imprimis salutem. –

17. *Calov.* (III,1196). Uti conservatio versatur potissimum circa essentias, vires et facultates hominis, et rerum aliarum, ac permanentium rerum imprimis est: ita gubernatio versatur maxime circa actiones et passiones hominum rerumque omnium ... Atque haec gubernatio non tantum universalis est, sed etiam ad singulas actiones sese extendit easque omnes moderatur atque dirigit. Prov. XXIV,12. Jer. XVI,9. –

Den Unterschied zwischen der christlichen und der vorchristlichen Lehre von der Vorsehung gibt *Chemnitz* (ll. th. I,129) in ff. an: Notum est, quale fuerit Epicuri dogma, qui in universum sustulit providentiam, Deum scilicet, qui summe beatus est, non affici cura gubernationis rerum inferarum, quia talis occupatio interturbaret ejus beatitudinem, et non esset digna divina ejus excellentia. Concedit igitur esse certas vires causis secundis insitas secundum quas, quando fit applicatio agentis ad patiens, fit actio et mutatio quaedam: sed illam applicationem negat administrari et gubernari a Deo. Imo dicit non esse curae Deo; sed sicut atomi in sole volitantes sine ordine et casu volvuntur, ut idem atomus, qui antea fuerat in superiori parte, jam sit in media, mox futurus in infima, si casus ita tulerit. Ita fingit Epicurus causas secundas casu et sine ordine vagari, et produci quidem effectus ex applicatione causarum sufficientium, sed ipsam applicationem dicit fieri non Deo gubernante et moderante seriem causarum, sed prout casus tulerit.

Die christliche Lehre von der Vorsehung schließt also jede Vorstellung von einer blinden Notwendigkeit, wie von einem Zufall aus. *Holl.* (437). Non asserendum est *fatum Stoicum,* quo omnia absoluta et inevitabili necessitate eveniant; neque *fatum astrologicum rigidius,* a quo etiam actus liberi voluntatis humanae ab influxu astrorum dependeant ac determinentur. – Wohl aber erkennt *Holl.* an ein *fatum christianum,* quod est connexio causarum et effectuum necessaria, necessitate extrinseca, quatenus a Deo infallibiliter praescita, decreto absoluto vel conditionato constituta, et regimine divino suaviter disponente gubernata est. Im christlichen Fatum wird also anerkannt ein notwendiger Zusammenhang von Ursache und Wirkung, aber ein solcher, wodurch der Einfluß Gottes auf die hervorzubringende Wirkung nicht ausgeschlossen ist. *Id.* (440). *Fortuna,* quae est eventus per accidens, effectum per se intentum causae libere agentis concomitans, non datur ratione Dei omniscii et sapientissimi (Sap. XIV,3), sed respectu hominis ignorantis. –

18. *Quen.* (I,533). Permissio est actus providentiae gubernatricis, quo Deus creaturas rationales ad peccandum sua sponte sese inclinantes per impedimenta, quibus agens finitum resistere nequit, vel quibus non restiturum novit, a malo lege vetito non retrahit, sed justis de causis in peccata ruere sinit, Ps. LXXXI,13. Actor. XIV,16. Rom. I,24.28. *Holl.* (449). Permissio divina non est 1. blanda indulgentia, quasi Deus plane non curet, quando homines scelera committunt; nec est 2. relaxatio legis, quasi peccandi licentiam hominibus permittat; neque 3. est impotentia in Deo vel defectus scientiae, quasi malum velit, aut probet; vel defectus potentiae, quasi peccatum cohibere nequeat; neque 4. Deum facit otiosum peccatorum spectatorem, qui nec vetet peccata, nec metam malitiae ponat, neque flagitia poenis coërceat. Sed est 5. actus negativus, consistens in negatione vel suspensione impedimenti ineluctabilis. Posset quidem Deus objecto impedimento violento aut impervincibili peccatorem refrenare aut coërcere; at sunt numini sanctissimo causae permittendi peccatum justissimae. Cohibet interim (Deus) hominis peccantis voluntatem impedimento legali et subinde peccatorem propositis poenis et praemiis ad poeniten-

tiam invitat. Dazu die Unterscheidungen: *Quen.* (I,533). Deus quidem permittit, sed non vult τὸ permissum, quod fit non quidem Deo absolute nolente h. e. retinente ac impediente, attamen non volente. Ps. V,5. 1Joh. III,8. Dei non impedire non est velle, sed permittere et simul etiam nolle, quatenus serio ei displicent, quae permittit. – *Gerh.* (IV, 88). Non vult D. peccatum et tamen non impedit, quae est ipsa permissio. Quamvis vero permittat volens, non invitus, tamen permissio et voluntas ad diversa tendunt objecta, permissio refertur ad peccatum ipsum, voluntas ad finem utilem, quem pro sua sapientia ex illo novit educere.

19. *Quen.* (I,534). Impeditio est actus providentiae gubernatricis, quo Deus actionem creaturarum pro arbitrio suo constringit, ne effectum dent, quod vel naturali vel libera agendi vi alias efficerent.

20. *Quen.* (I,534). Directio est actus providentiae gubernatricis, quo Deus creaturarum actiones bonas ita moderatur, ut tendant et ferantur in objectum a Deo intentum (Act. IV,28), actiones vero malas ad certum finem a se praestitutum, sed a peccantibus non spectatum et saepe ipsorum intentioni contrarium, dirigit. Sic 1Sam. IX,17. X,21. Gen. XXXVII,7. L,20.

21. *Quen.* (I,534). Determinatio est actus providentiae gubernatricis, quo Deus creaturarum viribus, actionibus et passionibus certos terminos, intra quos se contineant, tum ratione temporis, tum ratione magnitudinis et gradus constituit. Iob. I,12. II,6. Ps. CXXIV,2.

22. *Chmn.* (ll. th. I,127). Licet providentia Dei extendat se ad omnes creaturas, habet tamen suos gradus. Praecipue enim commendatur in gubernando genere humano. 1Cor. IX,9. Matth. X,31. Rom. VIII,20. Deinde licet providentia Dei faciat solem oriri, et pluat super justos et injustos, peculiaris tamen et singularis est ratio providentiae specialis erga illos, qui sunt membra ecclesiae. 1Tim. IV,10. Ps. XXXIII,13.18.19. C,3.

Br. (308). Habet providentia divina etiam ex parte actuum, ad quos terminatur, suos gradus et prae ceteris creaturis respicit homines, in genere humano autem praecipue fideles. Rom. VIII,28. Daher die Einteilung in prov. *generalis* und *specialis. Illa* est, qua Deus totum terrarum orbem et quidquid ejus ambitu continetur, conservat et gubernat. *Haec* est, qua Deus ecclesiam tam militantem sive coetum hominum fidelium quam triumphantem sive chorum angelorum et hominum electorum benignissime intuetur, clementissime fovet et suavissime regit. (*Holl.* [448]). –

Quen. (I,529) unterscheidet objectum generale und speciale. Obj. gen. sunt in universum omnia, quae sunt. Hebr. I,3. Sap. VIII,1. XII,13.15. Obj. speciale aliud primarium, aliud secundarium est. *Obj. primar.* angeli sunt et homines et quidem hi in genere omnes. Act. XVII,28. Matth. V,45 (p. 530). Specialissime objectum ejus sunt homines pii ac fideles. Deut. XXXII,9. Ps. IV,4. XXXIII,18. XXXVII,19.26. LXXIII,24. LXXVII,21. XCI,11. Hebr. I,14. Matth. X,31. *Obj. secundaria* sunt reliqua creata omnia, ne minimis quidem exceptis. Deut. XXV,4. 1Cor. IX,9. Iob XXXIX,1. Ps. CXLVII,9. Prov. VI,8. Matth. VI,30. VIII,31. X,29.30. Luc. XII,6.

Da der Mensch der Mittelpunkt der ganzen Schöpfung und so auch der göttlichen Vorsehung ist, so erörtern die DD. noch näher die Beziehung, die die Vorsehung auf den Ursprung, den Fortgang und das Ende des menschlichen Lebens hat.

Quen. (I,529). Vitam (hominum Deus moderatur) partim in *ingressu*, homines in utero materno formando et conservando (Iob X,3.8.9.10.11.12. Ps. CXXXIX,14.15.16. Actor. XVII,25) eosdemque ex utero trahendo (Iob X,18. Ps. XXII,10.11. LXXI,6), partim in *progressu* (Deut. XXX,20. Iob X,12. Ps. LVI,9. XXXVII,23.24. Iob XXXIV,21. Prov. XVI,3. XXI,1. Ps. CXXXIX,2. Matth. VI,25. X,30), partim in *egressu* (Iob XIV,5), ita ut constitutus vitae terminus vel obtineatur (Gen. XLVII,29. 2Sam. VII,12), vel abbrevietur (Ps. LV,24), vel prolongetur (Es. XXXVIII,5), vel duplicetur (1Reg. XVII,22. 2Reg. XIII,21. Matth. IX,25. Luc. VII,15. Joh. XI,44. Act. IX,40. XX,12).

Ad 1. *Holl.* (427). Vitae humanae *ingressus* complectitur tum formationem et conservationem in utero matris tum extractionem ex utero. Dazu bemerkt *Br.* (309): Ea ratione recte statuitur, quod Deus non tantum causae universalis, sed et particularis rationem habeat, et causarum secundarum defectum suppleat, vel saltem eas in agendo dirigat et gubernet. Quod quidem aliqui sic exponunt, ut partim, spectata membrorum corporis varietate et nexu ac structura mirabili, causam efficientem particularem cum cognitione agentem requiri; adeoque aliam quandam, quam quae in semine est (*δύναμις πλαστική* vulgo vocata) ac sublimiorem virtutem, quae non nisi ipsius Dei esse cogitari possit, speciali influxu concurrere statuant; partim etiam, considerata animae immaterialitate, quodque illa ideo independenter a subjecto sive ex nihilo producenda sit, talis autem productio virtutem agendi infinitam postulet adeoque solius Dei propria sit, colligant inde, Deum ad productionem animae humanae specialem ac determinatum influxum praebere. Alii vero, etsi corpus pariter atque animam humanam ab ipsis parentibus, tanquam causis secundis, cum concursu Dei, tanquam causae universalis, produci credant: tamen, quod in productione et nativitate hominis varios casus et arcenda pericula, ac singularia multa peculiaris curae ac favoris divini documenta, aestimant, praeter universalem etiam specialem aut particularem concursum Deo tribuunt eoque referunt locum Iobi cap. X,8.9.10.11.

Ad 2. *Holl.* (427). Vitae *progressum* moderatur Deus alimenta vitae largiendo, Ps. CXLV,16. gressus nostros dirigendo, i. e. consilia, coepta factaque ad optatos exitus provehendo, Ps. XXXVII,23. hostium insidias aut apertam vim a nobis propulsando, Ps. III,8.9. ad certum vitae genus nos aptando et vocando, Jerem. I,5.6.7.

Ad 3. *Br.* (312). *Terminum* vitae humanae respicit divina providentia, non solum, quatenus de lege communi suum cuique temperamentum confertur, cujus vi ille ad certum vivendi spatium cum generali Dei concursu potest pertingere (terminus vitae naturalis Ps. XC,10); verum etiam quatenus hominibus quibusdam prorogatur vita ultra eum terminum (2Reg. XX,1 et 6), ad quem illi viribus naturae erant perventuri: aliis vitae finis citius imminet (Ps. LV, ult. CII,25), quam secundum naturae cursum oportebat (term. abbreviabilis). – *Id.* (313). Mutat autem divina providentia terminum vitae humanae naturalem (*terminus vitae praeternaturalis s. hyperphysicus*), cum circa pios homines (*terminus gratiae*), tum circa impios (*terminus irae*). – *Id.* (314). Piis Deus vitam prolongat vel in praemium obedientiae ipsorum (Ex. XX,12. Prov. III,1 et 2. IV,10) vel propter utilitatem publicam (2Kor. I,8. Phil. II,27.30). Iisdem vitam abbreviat, partim ne per aliorum prava exempla corrumpantur (Sap. IV,10.11), partim ne videant calamitates eventuras atque angantur (2Chron. XXXIV,28. Es. XXVI,20. LVII,2). – Impiis Deus justo judicio citius abrumpit vitam, quando vel ipse morbum letalem aut mortem illis infligit (Deut. XXVIII,21.22. Gen. XXXVIII,7.10. 1Sam. XXV,38. Jer. XXVIII,15.16), vel infligere jubet (Gen. IX,6. Exod. XXI,12.14. XXII,18. Levit. XVIII et XX) mortem, vel patitur, ut ipsi sibi per intemperantiam (2Reg. VIII,15), seu crimina alia (2Sam. XVIII,14. XVII,23) morbos aut mortem violentam contrahant. – *Id.* (315). Atque ita etiam constat, non esse absolute necessarium (seu non esse a Deo citra et ante omnem respectum ad causas aut circumstantias extra Deum inveniendas absolute et immutabiliter decretum. Alias enim irritae forent preces et vota piorum, promissiones et comminationes divinae ... Terminus hyperphysicus seu divinus semper est hypotheticus, includens conditionem pietatis vel impietatis vel contemtus mediorum), ut quisque hominum eo tempore ac genere mortis, quo moritur, moriatur. –

23. *Chmn.* (II. th. I,128). Deum non esse alligatum causis secundis, ut scil. nihil faciat

aliter, quam ut causae secundae cient, sed extra usitatum ordinem causarum secundarum et contra communem naturae cursum velle et posse ecclesiam juvare et impios punire, ita ut vel impediat, mutet, mitiget vel exasperet causas secundas.

Quen. (I,535). *Prov. extraordinaria* est, quando Deus vel absque mediis vel praeter aut supra media vel contra media eorumque naturam sive quod idem est, supra et contra ordinem a se institutum operatur, v. gr. Ex. XXXIV,28. 1Reg. XIX,8. Es. XXXVIII,8. 2Reg. VI,6 etc. (omnia miracula sunt effecta providentiae Dei extraordinariae). *Prov. ordinaria* est, qua Deus per media ordinaria videl. per institutum et consuetum naturae cursum opera sua exsequitur. –

24. *Holl.* (448). *Providentia circa bonum* est, quae bonum creaturarum conservando tuetur, cooperando promovet, et gubernando ad laudem gloriae divinae dirigit. *Prov. circa malum* est, qua Deus circa malum morale versatur non ut otiosus spectator, sed ut justissimus judex, atque adeo justitiam, gratia sua temperatam, actibus peccatum antecedentibus, concomitantibus et consequentibus exserit. In der hier gemachten Unterscheidung wird die verschiedene Weise, wie sich Gott zum Guten und zum Bösen verhält, erörtert, wie das im wesentlichen schon in der Lehre von der gubernatio (cf. not. 18–21) geschehen ist. Der Unterschied ist nur der, daß hier der allgemeinere Begriff von providentia gesetzt ist, der also wie die gubernatio so auch die conservatio in sich schließt.

Als actus providentiae peccatum antecedentes werden angeführt von *Holl.* (448–450) praevisio, peccati praevisi aversio und impeditio. Als actus comitantes; sustentatio naturae male agentis – concursus ad actionis vitiosae materiale remotum, ἀταξίας actioni peccaminosae adhaerentis permissio – determinatio peccati limitans – directio ad bonum finem. Als actus consequentes: poenarum divinarum irrogatio. Es. XXXIV,8. – peccatorum remissio. –

25. *Chmn.* (ll. th. I,125). Providentia est actio Dei generalis, qua adest suae creaturae, sustentans et conservans eam, donec vult eam conservari et ordinem sui operis a se institutum servat et adjuvat, non fatali aliqua necessitate sed ut agens liberrimum, ita ut propter homines omnia moderetur, multa mitiget, mutet, impediat in causis secundis.

Alles von der prov. Gesagte faßt *Gerh.* (IV,136) so zusammen: Providentiae divinae actio vel est aeterna, scilicet πρόγνωσις καὶ πρόθεσις, vel temporis, scilicet rerum creatarum conservatio et gubernatio, eaque vel ordinaria per media, vel extraordinaria, idque vel sine mediis vel contra media. Utraque versatur circa res omnes, praecipue circa naturam humanam, in cujus conservatione et gubernatione eminent vita et actiones hominum. Vitae spectatur vel ingressus vel progressus vel egressus. Actiones quaedam bonae, idque vel civiliter vel spiritualiter, vel malae, quomodo in his omnibus divinae providentiae actio concurrat, certis aphorismis exposuimus.

Kap. V
De angelis*

§ 22

Über das Dasein der Engel erhalten wir erst Gewißheit durch die Offenbarung, denn die Vernunft läßt uns ihr Dasein höchstens als möglich oder wahrscheinlich erscheinen[1]. – Sie werden zwar in der Schöpfungs-Geschichte nicht erwähnt, dennoch wissen wir, daß sie von Gott geschaffene Wesen sind, und haben auch Ursache anzunehmen, daß sie nicht vor und nicht nach, sondern innerhalb der sechs Schöpfungstage geschaffen worden sind; wir wissen aber nichts Näheres über den Tag, an dem sie geschaffen worden sind[2].

Die Hl. Schrift gibt uns näheren Aufschluß:

I. über die Natur,

II. über den sittlichen Zustand der Engel.

Ad. I. Die Hl. Schrift beschreibt uns die Engel als zwar endliche, weil geschaffene, aber intelligente und geistige, folglich unkörperliche Wesen, die ohne eines Körpers zu bedürfen, doch persönliche Subsistenz haben. (*Quen.* [I,444]. Sunt angeli substantiae spirituales (Ps. CIV,4. Hebr. I,14) h. e. omnis corporeae (tam crassioris quam subtilioris) molis expertes, finitae, completae, adeoque verae hypostases[3]. – Sunt porro angeli substantiae intelligentes, et tum sui ipsius tum aliarum rerum cognitione et intelligentia maxime pollent. Sie sind von Gott ursprünglich zu dem Endzweck geschaffen, ihn zu verherrlichen und ihm zu dienen[4].

Aus dieser in der Hl. Schrift gegebenen Beschreibung ihrer Natur und des Endzweckes, zu dem sie geschaffen sind, folgt die Reihe von Eigenschaften, die wir ihnen beizulegen haben, und durch die wir zu näherer Erkenntnis ihrer Natur gelangen[5].

Aus der Natur der Engel als *geistiger* Wesen folgen 1. die Eigenschaften der indivisibilitas, invisibilitas, immutabilitas, immortalitas, duratio aeviterna, illocalitas, ubietas definitiva und agilitas. Rein geistige Wesen können nämlich weder teilbar noch sichtbar (indivisibilitas – invisibilitas) sein[6]: nicht physisch wandelbar, denn nur das Materielle ist einer solchen physischen Veränderung und dem Werden unterworfen (immutabilitas)[7]: nicht sterblich, denn nur das Körperliche vergeht, sie aber sind vielmehr ihrer Dauer nach unvergänglich (immortalitas – duratio aeviterna)[8]. Ferner sind sie nicht an einem bestimmten Orte in der Art, daß sie einen Raum daselbst ausfüllen, doch darum nicht allgegenwärtig wie Gott, sondern immer nur an einem bestimmten Orte gegenwärtig, aber so, daß sie an jedem beliebigen Orte, auch dem kleinsten, sein können, weil sie keinen Körper haben, den der Raum fassen müßte (illocalitas – ubietas definitiva)[9]. Endlich können sie sich, weil sie in ihren Bewegungen nicht an Raum und Zeit gebunden sind, mit wunderbarer Schnelligkeit bewegen (agilitas)[10].

2. Als *intelligenten* Wesen kommen den Engeln zu die Eigenschaften der scientia und voluntatis libertas, und wegen des Dienstes, zu dem sie bestellt sind, die der potentia. Sie sind also von Gott ausgestattet mit Verstand[11] und freiem Willen[12] und mit zwar großer, aber doch nicht unbeschränkter Macht und Kraft[13]. –

Ad. II. Die Hl. Schrift teilt die Engel ein in gute und böse, sie nimmt also eine Verschiedenheit des sittlichen Zustandes bei ihnen an. Diese aber kann nicht von Anfang an vorhanden gewesen sein, denn wie alles, was bei der

Schöpfung aus Gottes Hand hervorging, gut war, so waren es auch die Engel: in diesem Zeitpunkt ist also bei allen ein und derselbe gute sittliche Zustand anzunehmen. Die Verschiedenheit des sittlichen Zustandes muß demnach später erst entstanden sein. Wir haben daher zu unterscheiden den ursprünglichen Zustand und den, der später folgte. (Status originalis et originalem secutus.)

Der ursprüngliche Zustand war ein solcher, in dem alle Engel gleich gut, gerecht und heilig waren, begabt von Gott mit Weisheit und mit dem Vermögen, Gottes Willen vollkommen zu erfüllen[14], doch auch mit solcher Freiheit des Willens, daß die Möglichkeit eines Ungehorsams gegen Gott und somit die eines Falles nicht ausgeschlossen war[15]. Mit solchen Gnadengaben waren die Engel von Gott ausgestattet, damit sie durch ihren rechten Gebrauch zu dem Endziele, zu dem sie geschaffen waren, nämlich zum seligen Anschauen und Genusse Gottes gelangen könnten: der ursprüngliche Zustand wird darum status gratiae genannt[16]. Da aber ein Teil der Engel von der ihnen verliehenen Freiheit einen üblen Gebrauch machte, hörte der ursprüngliche Zustand auf und es entstand jene Verschiedenheit des sittlichen Zustandes, infolge deren die Engel in zwei Klassen zerfielen, in gute und böse, und die einen in den statum gloriae, die andern in den statum miseriae übergingen[17].

A. Die guten Engel

Von dem Moment an, in dem die Engel in zwei Reihen auseinandergingen, ist auch bei denen, die Gott nicht ungehorsam waren, eine Veränderung vorgegangen. Weil sie nämlich Gott gehorsam und dem Guten treu geblieben sind, sind sie zum Lohne dafür derart in dem Guten befestigt worden, daß sie jetzt gar nicht mehr in die Gefahr zu fallen kommen können, und daß für sie auch die Möglichkeit zu sündigen aufhört. *Br.* (267). Boni dicuntur (angeli), qui in bonitate seu justitia et sanctitate, in qua conditi fuerant, perseverarunt atque a Deo, obedientiam ipsorum gratiose remuneraturo, confirmati sunt in bono, ut bonitatem perdere, peccare aut mali fieri amplius non possint[18]. Damit haben die guten Engel zugleich das Ziel erreicht, zu dem sie ursprünglich von Gott geschaffen worden sind, denn sie sind nun zum Genusse des Anschauens Gottes gelangt, und damit in den statum gloriae eingetreten[19]. Nur eine Folge dieses Zustandes ist dann die Erhöhung aller ihnen bei der Erschaffung verliehenen Kräfte[20]. Waren sie nämlich zuvor (im statu gratiae) schon weise, so sind sie es jetzt noch mehr, weil sie jetzt Gott schauen[21]; waren sie zuvor schon heilig, so sind sie es jetzt in der Art mehr, daß in ihnen nicht einmal mehr die Möglichkeit zu sündigen gesetzt ist. Damit ist aber ihre Freiheit nicht etwa geringer, sondern höher geworden, denn sie handeln gut nicht aus Zwang, sondern aus innerem freiem Trieb[22]. So ist auch ihre Macht noch größer geworden, denn sie vermögen jetzt auch die ihnen früher an Macht gleichen jetzt bösen Engel zu überwinden[23].

Das *Geschäft* der guten Engel aber ist: Gott anzubeten und ihm zu dienen in der Welt durch Beschützung und Überwachung der Frommen, sowie durch Bestrafung und Darniederhaltung der Bösen. *Quen.* (I,450). Officia et opera bonorum angelorum sunt adorare et laudare Deum Ps. CIII,20. CXLVIII,2. Es. VI,3. et mandata ejus exequi Dan. VII,10. tum impios puniendo Gen. XIX,13. 2Reg. XIX,35. tum pios custodiendo et protegendo. Ps. XXXIV.8. XCI,11 et 12. Hebr. I,14[24].

Für diese Dienste, die sie den Menschen leisten, gebührt ihnen wohl deren Dank, aber jede Art von Anbetung oder Anrufung wäre gottlos und abergläubisch[25].

Auch eine gewisse Rangordnung unter ihnen deutet die Hl. Schrift an, ohne uns jedoch nähere Auskunft über sie zu geben[26].

B. Die bösen Engel

So werden sie genannt wegen ihres Ungehorsams gegen Gott und wegen der bösen Gesinnung, die seit dem Fall ihnen geblieben ist[27]. *Holl.* (396). Angeli mali sunt, qui in concreata sapientia et justitia non perseverarunt, sed sponte sua a Deo et regula recti aversi, perpetui facti sunt Dei hominumque hostes, aeternis cruciatibus torquendi. – Worin dieser Ungehorsam gegen Gott bestanden habe, erhellt aus der Hl. Schrift nicht mit Gewißheit, doch liegt die Vermutung nahe, daß Hochmut die Sünde war, durch die sie von Gott abgefallen sind[28]. Der Grund zu dieser Sünde lag allein in ihrem Willen, mit dem sie sich freiwillig von Gott abwendeten, und in keiner Weise in einer äußeren Notwendigkeit oder einem Mangel ihrer Natur[29]. – Wie viele ihrer so von Gott abgefallen sind, in welchem Zeitpunkt, und ob alle zugleich? über dies alles haben wir keine sicheren Zeugnisse der Hl. Schrift und wissen nur das, daß ihr Abfall dem Fall der Menschen vorausgegangen ist und daß ein böser Engel an ihrer Spitze steht, gleichsam als ihr Anführer und Oberster[30].

Wie aber dem Gehorsam der guten Engel ein Lohn, so folgte dem Fall der bösen Engel eine Strafe von seiten Gottes, und zwar die, daß sie, die sich einmal von Gott abgewendet haben, für immer von ihm verstoßen bleiben, und demnach aus dem Zustand der Gnade, in dem sie sich bisher befunden haben, in den Zustand höchster Unseligkeit (status miseriae) versetzt worden sind: am Tage des Gerichts aber haben sie noch schwerere Strafen zu gewärtigen[31].

Und wie bei den guten Engeln die Versetzung in den statum gloriae eine Erhöhung der ihnen von Anfang an verliehenen Kräfte zur Folge hatte, so hat die Versetzung der bösen Engel in den Stand der Unseligkeit deren Verminderung zur Folge. Diejenigen Gaben und Kräfte verbleiben ihnen zwar, die von ihrer Natur unzertrennlich sind, aber ihre Erkenntnis ist nicht mehr wie im statu gratiae beseligend, sondern vielfach getrübt, weshalb sie über Gott und göttliche Dinge verkehrt denken[32].

Zu ihrer Aufgabe aber machen es sich die bösen Engel, der göttlichen Ehre, so viel sie nur können, Abbruch zu tun und die Menschen an ihrem zeitlichen und ewigen Heil zu hindern[33]. Doch können sie auch so bei allem bösen Willen sich dem Dienste Gottes nicht ganz entziehen, denn er bedient sich ihrer, um die Gottlosen zu strafen und die Frommen zu deren Heil zu züchtigen[34].

Def. Quen. (I,455). Angeli sunt spiritus finiti, completi, intelligentes, insigni potentia instructi et in justitia et sanctitate a Deo initio conditi, ad Dei gloriam et hominum ministerium, quorum aliqui liberrima voluntate a creatore suo et concreata perfectione defecerunt, et propterea non tantum gratia et felicitate, quam habuerunt, sed etiam beatifica Dei visione, quam habere potuissent, privati et in ignem infernalem ad perpetuos cruciatus sine omni spe veniae conjecti sunt. Reliqui vero in statu suo originali perstiterunt, et in bono a Deo confirmati sunt ita, ut nunquam eo excidere aut labi neque velint neque possint, Deoque in aeternum fruantur.

*Die Stellung, die die DD. diesem locus anweisen, ist verschieden. Die einen, wie *Quen.* und *Holl.*, reihen ihn dem locus de creatione an, die anderen dem de providentia. *Calov.* (IV,2) spricht sich über die verschiedene Stellung, die diesem locus angewiesen werden kann, in folgender Weise aus: Tractatio de angelis referri potest vel ad opera creationis, quemadmodum communiter fieri solet, unde doctrinae de providentia Dei praemittitur, vel etiam ad providentiam divinam, siquidem ad angelos etiam sese extendat divina providentia, iisdemque insuper *utatur in gubernatione hominum, ceu ministris,* cum in bonum hominis, tum in supplicium ejusdem. Quae sedes commodior videri queat, siquidem circa creationem Dei de angelorum apostasia aut de bonorum angelorum confirmatione in veritate ac sanctitate concreata non ita concinne agatur; haec enim attinent magis articulum de providentia Dei.

1. *Quen.* (I,443). Esse revera angelos docent tum expressae s. scripturae assertiones Ps. CIV,4. Hebr. I,14, tum variarum apparitionum descriptiones Gen. XVIII,2. XIX,1sq. – Existentia angelorum nititur non tam argumentis probabilibus ex philosophia petitis, sive a gradibus entium et complemento universi (quod dentur creaturae 1. mere corporeae ut stellae, lapides etc.; 2. partim corporeae partim spirituales ut homines; 3. mere spirituales ut angeli) sive a testimoniis humanis sive ab experimentis variis, quam apodictico argumento, clara nimirum et crebra scripturae assertione.

Br. (251). Dari angelos ex lumine naturae evidenter demonstrari vix potest, quamvis suaderi possit rationibus probabilibus. –

Über die Bedeutung des Wortes: *Quen.* (I,442). Nomen angeli non naturae est, sed officii et significat missum, legatum, nuntium. Hinc Augustinus: quaeris naturae nomen, spiritus est, quaeris officium, angelus est. – Vi vocis nomen angelus nuntium designat. Ex usu autem et stylo scripturae receptissimo naturam et certam creaturam designat. Weil aber das Wort ursprünglich nur ein Amtsname ist, wird es in der Hl. Schrift auch vom Sohne Gottes gebraucht, als dem angelus increatus. Es. LXIII,9. Mal. III,1. Gen. XLVIII,16 etc., auch von Menschen: Mal. II,7. Ap. I,20. Mal. III,1. Mr. I,2. Matth. XI, 10. Luk. VII,27.

2. *Chmn.* (Il. th. I,122). Quia descriptio creationis angelorum non extat in Mose, multa curiose disputantur, scil quando sint creati? ... Sed quia scriptura non expressit praecisum tempus et diem creationis angelorum, libenter nesciamus, quod scire nec debemus nec possumus. – Sufficiat ergo nobis scire: 1. angelos non a se ipsis extitisse, nec a substantia Dei genitos, sed creatos esse; 2. non ab aeterno fuisse angelos, et ante principium illud, quo omnia, quae sunt in coelo et in terra, visibilia et invisibilia esse coeperunt, non extitisse. Nam in principio fuisse, illius solius tantum est, per quem omnia facta sunt, quique aeternus est. Joh. I,1–3. –

Quen. (I,459). Angeli sunt a Deo creati (Col. I,16. Ps. CIV,4. CIII,21) in tempore una cum hoc mundo visibili sive intra hexaëmeri primi spatia; quo vero die aut tempore producti sint, nescire nos lubentes fatemur. – Den Beweis führt *Br.* (252) in ff.: ***Ante coelum et terram non sunt conditi,*** quia haec initio, adeoque prima ex creatis omnibus, sunt condita; vid. Gen. I,1. Atque alias notum est, quod per existentiam ante mundum conditum aeternitas Dei describatur. cf. Ps. XC,2. Jes. XLVIII,13. ***Non autem post, sed intra hexaëmeron creati sunt,*** quia hoc elapso quievit Deus ab opere creationis ordinario. ***Ante hominem*** autem conditos esse angelos, probari solet ex Iob XXXVIII,7. Imo credunt aliqui, ex hoc ipso loco posse intelligi, angelos prima die fuisse conditos, nempe quia, cum Deus terram fundasset, illico angeli Deum laudasse dicuntur. Sed haec non satis clara sunt, licet angelos nomine filiorum Dei denotari juxta I,6. non negemus, atque inter ceterarum creaturarum origines horum initium referri dicamus. Fortasse etiam, sicut hominem post alias creaturas, bono ejus destinatas, conditum novimus: ita et angelos homini ministraturos (juxta Hebr. I,14) ante hominem creatos esse recte colligitur. Neque tamen necesse est, ut nominibus vel coeli vel lucis Gen. I. metaphorice acceptis, angelos dicamus indicari.

3. Substantiae completae sive per se subsistentes werden die Engel genannt, weil sie nicht erst noch eines Körpers bedürfen, um mit diesem vereint eine Person zu bilden. *Holl.* (378). Anima humana est spiritus incompletus, per se et natura sua ordinatus ad totius hominis compositionem. Hinc etiam anima separata naturalem propensionem et inclinationem habet ad corpus, cum quo velut parte componente completum constituit hominem, at angeli naturaliter ordinati non sunt ad constituendum unum, per se, cum parte quadam componente, sed habent essentiam in se terminatam. Proinde anima est spiritus incompletus, angeli sunt spiritus completi. So kann also ***der*** Unterschied zwischen den Engeln und Menschen aufgestellt werden, daß die einen spiritus completi, die anderen spiritus incompleti sind, während der Unterschied zwischen Gott und den Engeln der ist, daß jener ein ungeschaffener und unendlicher Geist, diese geschaffene und endliche Geister sind. *Br.* (254). Sicut angeli essentiam spiritualem cum Deo et anima humana communem habent, ita differunt a Deo quidem, quod essentia ipsorum non ***infinita,*** sed ***finita*** est; ab anima humana autem, quod completa est illorum substantia. –

Den Beweis dafür, daß die Engel substantiae completae sind, führt *Quen.* (I,444) 1. ex illorum nominibus, dicuntur enim custodes Dan. IV,10. principatus, dominatus Col. I,16, Elohim Ps. LXXXII,6, filii Dei Iob. II,1, viri Dei Jud. XIII,6. 2. ex illorum actionibus personalibus, quales sunt ministrare, adstare Jehovae, apparere, loqui etc., quae sane motibus hominibus inspiratis aut actionibus Dei nudis tribui nequeunt; 3. ex angelorum lapsu seu ruina, et bonorum in veritate constantia; 4. ex eo, quod adscribitur ipsis scientia, desiderium, potentia. Dieser Beweis ist den DD. von großer Wichtigkeit denen gegenüber, die die Persönlichkeit der Engel leugnen. *Quen.* (I,444). Tenendum est contra

Sadducaeos veteres, qui angelos motus quosdam vel affectus hominibus inspiratos esse censuere, item Anabaptistas, qui angelos actiones solum Dei, delicta punientes aut bona remunerantes, esse delirant, itemque contra Davidem Georgium superioris seculi haeresiarcham, confundentem angelos cum mentis humanae cogitationibus. –

4. *Calov.* (IV,23). Finis angelorum creatorum est tum respectu Dei celebratio ejusdem et voluntatis divinae exequutio (Iob XXXVIII,7. Ps. CIII,21. CIV,4): tum respectu angeli aeterna Dei fruitio: tum respectu hominum, ministerium, ad quod ipsi praestandum destinabantur divinitus, siquidem Deus omnia propter hominem condiderit atque angelos ministros fecerit in ipsa creatione Ps. CIV, usurus ministerio eorum maxime ob homines, ad ipsorum salutem. Hebr. I,14. –

5. Die Mehrzahl der DD. teilt die Eigenschaften ein in attr. negativa und affirmativa. Zur ersteren Klasse rechnen sie: indivisibilitas – invisibilitas – immutabilitas – immortalitas – illocalitas. Zur anderen Klasse: scientia – voluntatis libertas – potentia – duratio aeviterna – ubietas definitiva – agilitas. Statt diesem, doch nur äußerlichen Einteilungsprinzip zu folgen, ziehen wir es vor, die Eigenschaften nach dem Vorgang von *Calov, Br.* u.a. in der Ordnung zu behandeln, wie sie dem Wesen der Engel entsprechen, zählen sie aber doch nach *Quen.* und *Holl.*, da sie bei *Calov* und *Br.* weniger ausführlich angegeben sind. –

6. *Quen.* (I,445). ***Indivisibilitas*** angelicae substantiae oritur ex incorporeitate, seu immaterialitate, quod enim non est materiatum, illud non est quantum, nec habet partes extra partes et per consequens est indivisibile in partes quantitativas.

It. (I,446). ***Invisibilitas*** est consequens spiritualitatis: spiritus enim oculis corporeis videri nequit, hinc quoque inter ἀόρατα angeli numerantur. Col. I,16. –

7. Die immutabilitas wird aber restringiert als eine solche, die es nicht ist absolute et simpliciter, sed comparate et relative. *Holl.* (382). Solus Deus simpliciter immutabilis est, angeli sunt immutabiles secundum quid; quia non *subjacent mutationibus physicis*, quae corporibus naturalibus sunt propriae. Neque enim angeli generant nec generantur, nec crescunt nec minuuntur; nec senescunt nec corrumpuntur, nec progrediuntur pedibus de loco in locum. Neque tamen omni mutatione superiores sunt; variant enim suum ubi, laetantur, tristantur, amant, aversantur, *quae sunt mutationes morales.*

8. a) Wenn den Engeln die immortalitas beigelegt wird, so geschieht das nur in dem Sinne, daß in ihnen als unkörperlichen, also dem Wandel und Vergehen nicht unterworfenen Wesen nichts liegt, was ihren Tod herbeiführen könnte; aber damit ist nicht geleugnet, daß Gott auch über ihr Leben Macht hätte.

Calov. (IV,24). Quamquam a Deo, a quo creati sunt e nihilo, in nihilum iterum redigi possint, per absolutam ejus potentiam, eoque pacto corruptibiles dici queant, ac solus Deus incorruptibilis sit, et immortalitatem habeat 1Tim. VI,16, physicae tamen corruptionis expertes sunt, nec ullum internum corruptionis principium habent, quia materiae expertes tantum sunt, ideoque natura incorruptibiles et immortales sunt. *Holl.* drückt dies durch die Unterscheidung von *incorruptibilitas in sensu physico* und *s. metaphysico* aus: Ab intra sunt *physice* incorruptibiles, quia non habent internum in se ipsis mutationis aut corruptionis principium, quod est materia. Neque ullum corpus physicum tantae est virtutis, ut spiritum aut angelum *ab extra* corrumpere valeat. At si *metaphysice* dicatur corruptibile, quod in nihilum redigi potest a potentia div. absoluta, angeli non sunt incorruptibiles, quia jubente Deo in illud recidere queunt nihilum, e quo emerserunt. Daher andere DD. für corruptibilitas in diesem Sinne den Ausdruck annihilabilitas vorschlagen. – Weiter haben die Engel das Prinzip der immortalitas nicht aus sich selbst, sondern es ist ihnen von Gott aus Gnaden gegeben, daher unterscheidet *Holl.* (382) noch so: Immortales et incorruptibiles sunt angeli non independenter, originaliter et per essentiam aeternam, nam sic solus D. est immortalis; sed sunt immortales dependenter, participative et per Dei creantis atque conservantis gratiam. –

b) *Quen.* (I,446). *Aevum* angelis tribuitur, quod medium est inter aeternitatem et tempus. Aeternitas, quae soli Deo convenit, et initio et fine caret. Tempus, quod creaturis corporeis competit, initium habet et finem. Aevum vero initium habet, sed finis expers est. *Calov.* (IV,28). Duratio creata rerum naturâ suâ indefectibilium a tempore distinguitur et aevum vocatur a philosophis. – Die duratio aeviterna besagt somit der Sache nach nichts anderes als die immortalitas; der Unterschied scheint nur der, daß ein und dasselbe, die Unvergänglichkeit, das eine Mal aus der Negation der Materie, das andere Mal aus der Negation der Zeit gefolgert wird: die Engel sind unsterblich, denn sie haben keine Materie, die der Vergänglichkeit unterworfen ist: sie sind ihrer Dauer nach unvergänglich, denn ihr Dasein wird nicht durch die Zeit gemessen.

9. Die Engel erfüllen als unkörperliche Wesen keinen Raum und sind daher *illocales.* *Quen.* (I,446). Neque enim angeli sunt in loco per cirumscriptionem, ut corpora naturalia, quia sunt spiritus, sed coëxistunt potius loco corporeo vel corpori. Aber sie sind doch nicht allgegenwärtig, sondern immer nur an einem bestimmten Orte gegenwärtig. Letzteres wird durch die Eigenschaft *alicubitas* bezeichnet. *Quen.* (I,446). Tribuitur ipsis ποῦ seu Ubi, in quo angelus est definitive. Sunt enim angeli in certo spatio per designationem seu definitive h. e. eorum *substantialis, non solum virtualis praesentia aliquo spatio* definitur, ut *ibi, non in aliis spatiis, nedum ubique sint* et quia angelus partium expers est, totus non tantum in toto loco est, sed et totus in qualibet etiam minima parte loci, imo in puncto existere potest. – Die Art und Weise, wie das Irgendwosein von den Engeln, von Gott oder von physischen Körpern ausgesagt wird, wird durch ff. Unterschiede bezeichnet: *Von den Engeln* wird gesagt, sie seien *in ubi definitivo,* quoniam pro lubitu certum sibi definiunt spatium, in quo toto sunt toti, et toti in qualibet spatii parte; propterea quod essentia illorum est indivisibilis. *Von Gott*: Er sei *in ubi repletivo,* quoniam omnia in omnibus implet. *Von den physischen Körpern*: sie seien *in ubi circumscriptivo s. occupativo,* ideo quod commensuratum sibi spatium occupant et ab ambiente aëre circumscribuntur. *Holl.* (384). At angeli non sunt *in ubi repletivo,* quia non sunt ubique sicut Deus: neque *in ubi occupativo,* quoniam juxta indolem spiritualis suae naturae commensuratum non occupant spatium. Mensura enim sequitur quantitatem, cujus expers est angelus. –

10. *Holl.* (384). Mira est angelorum agilitas et velocitas, ut sine motu locali, qualis est corporum atque adeo sine successione partium, quas non habent, ubi suum celerrime variare queant. Neque tamen omnis motus angelis denegandus videtur, cum modo hic, modo alibi adsint. Et quamvis angelorum motus sit rapidissimus, non tamen est instantaneus, propterea quod spatium, in quo moventur, extensum atque continuum est, quod nulla creatura in instanti transire potest. –

11. Angelorum scientiam esse magnam et omni humana superiorem, quia cum filii Dei scientia conjungitur, non tamen infinitam, cum diem judicii ignorent, wird geschlossen aus 2Sam. XIV,20. Mark. XIII,32. *Quen.* (I,445). Nach dem Vorgang der Scholastiker versuchen einzelne DD. die Weise und das Maß der Erkenntnis der Engel näher zu bestimmen. So *Quen.* (I,445). Non cognoscunt vero angeli omnia simul, una intellectione, sed distincte et per diversos conceptus, nec tantum per apprehensionem simplicem sed etiam componendo et dividendo, imo etiam et discurrendo et unum ex altero colligendo. *Cognoscunt Deum,* non tamen comprehendunt, propter essentiae divinae infinitatem et intellectus angelici finitudinem. (*Br.* [255 und 256.] Cognoscunt Deum non nisi abstractive h. e. a posteriori et rebus creatis; perfectius tamen, quam est nostra cognitio abstractiva.) Cognoscunt *cogitationes hominum* non a priori et distincte sed a posteriori et confuse, per signa, effectus et affectus. Quoad *futura contingentia* ex causarum inspectione eventus futuros saga-

cissime quidem, sed probabiliter tantum et ut plurimum, colligere possunt. – Die cognitio angelorum wird bezeichnet als eine ***naturalis***, quae angelis bonis et malis aeque communis est propter identitatem naturae; ***revelata***, quae fuit omnibus communis ante lapsum quorundam; ***beatifica***, quae angelis in bono confirmatis unice competit *Br.* (255). Viele DD. enthalten sich aber aller näheren Bestimmungen über die Art und den Grad der Erkenntnis. *Gerh.* (IV,22). Sed enim quid nos humi reptantes vermiculi de spirituum coelestium intellectione in hac mentis nostrae caligine statuere possumus, cum ne nostram quidem intellectionem exacte cognoscamus? Praestat ergo, Deo pro angelorum ministerio, quod nobis quotidie exhibet, devotas agere gratias, quam haec arcana et non revelata extra verbi limites curiose scrutari.

12. *Holl.* (382). Intellectum voluntas, voluntatem libertas comitatur. Libera autem est voluntas angelica, tum ratione actuum immanentium, volitionis aut nolitionis hujus vel illius objecti, tum ratione diversorum effectuum externorum, dum modo hoc, modo aliud facit libere. –

13. *Holl.* (382). Potentia angelorum magna, sed finita est. 1. ***Magna*** est, dicuntur quippe fortes robore Ps. CIII,20. fortes armati Luc. XI,21. Possunt enim a) corpora movere de loco in locum transferendo Matth. IV,5.8. Act. VIII,39; b) corpora prosternere 2Reg. XIX,35; c) corpora assumere eaque non quidem essentialiter aut personaliter sed accidentaliter sibi unire, iisque assistere, uti assistit gubernator navi; d) loqui cum Deo, angelis et hominibus. – *Cum Deo loquuntur,* cogitationes suas ad Deum dirigendo, dum ipsum adorant et laudant: ***cum angelis loquuntur,*** dum species intelligibiles sibi libere imprimunt: ***cum hominibus loquuntur*** voce sensibili et distincta, ad vocis humanae imitationem efformata in aëre (*Quen.* [I,446]. Fit illa loquela per formationem vocis in corporibus assumtis. Er fügt aber besonnen hinzu: hic nescire velle, quae magister optimus docere non vult, erudita inscitia est.) 2. ***Finita,*** non autem infinita est potentia angelica; infinita enim potentia cum creatori sit propria, creaturae merae est incommunicabilis. Inde fit, ut angeli nequeant a) creare, b) generare, c) substantias immutare, d) vera miracula facere Ps. LXXII,18, e) morbos omnes depellere, f) mortuos resuscitare. –

14. ***Quen.*** (I,446). Quoad statum originalem angeli omnes initio sunt aequaliter justi, boni et sancti a Deo conditi, ad glorificandum Deum et sanctum ipsi praestandum ministerium.

Der Beweis: a) ex generali elogio, creationis operibus subjuncto Gen. I,31. b) ex Joh. VIII,44. c) ex Jud. 6, ubi lapsus angelorum describitur tum negative tum affirmative, d) ex 2Petr. II,4. –

Holl. (335). Gratia illa importabat 1. ex parte intellectus lucem quandam habitualem intellectus seu concreatam scientiam, ad cognoscendum Deum ejusque voluntatem; 2. sanctitatem habitualem voluntatis, qua poterant angeli in statu viae actiones omnes aeternae Dei legi conformiter instituere et perficere. –

Not. Es wird ferner noch bemerkt, daß sie in großer, doch uns unbekannter, Anzahl geschaffen worden sind. *Quen.* (I,446). Quia angeli multiplicari non debuerunt, ut homines per procreationem, sed semel a Deo creati sunt, ideo certus ipsorum numerus fuit ab initio, qui uti successu temporis non auctus fuit nec augebitur, ita nunquam etiam deficiet. Quantus autem iste numerus sit, in scriptura definitum non est, et nihil ultra revelatum de eo nobis, quam quod sit magnus. Dan. VII,10. Matth. XXV,31. Hebr. XII,22.

15. *Holl.* (385). Concreata erat angelis justitia perfecta, sed non immutabilis aut inamissibilis. Neque enim voluntas angelorum in statu gratiae determinata erat ad perpetuo amandum et eligendum bonum, sed concesserat Deus angelis libertatem arbitrii cum concreata propensione ad bonum, ut non proxima sed remotissima in ipsis esset

potentia ad peccandum, consistens in negatione impossibilitatis ad peccandum et inamissibilitatis donorum concreatorum.

Quen. (I,447). Angelorum quorundam lapsus non contigit ex concreata quadam ad malum inclinatione vel proclivitate, sed ex abusu libertatis internae, h. e. lapsi sunt quidam angeli nullo intrinseco principio ad lapsum inclinante vel determinante, nullo externo motivo ad labendum restringente aut necessitante, sed quia nondum confirmati in bono et indifferentes erant ad bonum et malum, libertate illa sua abusi sunt, et stationem suam liberrime deseruerunt.

NB. Der ganze Zusammenhang lehrt, daß der bei *Quen.* gebrauchte Ausdruck: indifferentes ad bonum et malum nicht als Unentschiedenheit in betreff des Guten oder Bösen aufzufassen ist, sondern nur das Vermögen, das eine wie das andere zu wählen, ausdrückt, und daß der Ausdruck mit besonderer Beziehung auf den nachfolgenden Zustand gewählt ist, in dem die guten Engel als ad bonum confirmati beschrieben werden.

16. *Holl.* (384). Status originalis est status gratiae, quem in prima creatione per *gratiam creatoris* O. M. omnes angeli sunt nacti et in eodem aequaliter sapientes sanctique conditi atque *in via ad aeternam beatitudinem* collocati sunt. *Calov.* (IV,57). Antequam in bono confirmarentur, fuere adhuc in via ad beatitudinem: nondum *terminum* ipsum, nempe beatitudinem consecuti erant. – –

17. *Quen.* (I,447). Ratione status originalem secuti quidam angelorum in concreata bonitate, veritate et sanctitate perstiterunt, atque in ea a Deo confirmati sunt, aliqui vero peccando liberrima voluntate a creatore suo defecerunt. Et hinc distinctio orta est inter angelos bonos et malos.

Der Zustand der guten Engel wird von da status gloriae, der der bösen Engel status miseriae genannt. *Holl.* (384). *St. gloriae est,* in quo angeli, qui in concreata sapientia et sanctitate perstiterunt, admissi ad clarum intuitum Dei, hujus exuberantissima bonitate perpetuo fruuntur. Matth. XVIII,10. Ps. XVI,11. *Status miseriae* (2Petr. II,4) est conditio tristissima illorum angelorum, qui sponte sua a Deo defecerunt.

18. *Holl.* (386). Angeli boni sunt, qui in concreata vera sapientia et sanctitate perstiterunt, et a Deo lumine gloriae illustrati atque adeo in bono confirmati sunt, ut a periculo peccandi immunes Deum clare intueantur, ejusque bonitate perpetuo fruantur. *Quen.* (I,447). Boni angeli dicuntur, non tantum ob bonitatem entitativam, metaphysicam seu transcendentalem, quam omnes angeli etiam mali, habent; in quantum enim ens sunt, in tantum etiam boni sunt. Nec tantum propter habitum concreatum bonum, nam et in hoc pares cum angelis malis fuerunt, utpote qui aeque illum olim habuerunt, sed etiam ob actum bonum, seu obedientiam Deo praestitam et in bono perseverantiam et denique ob sui in bono confirmationem. Ratio itaque formalis, a qua denominantur angeli boni, est, quod in veritate et bonitate, in qua erant creati, permanserunt, et jam in ea ita confirmati sunt, ut nunquam ea excidere neque velint neque possint.

19. Dreierlei ist daher nach *Calov.* (IV,55) von den guten Engeln auszusagen: 1. *persistentia et continuatio in veritate et sanctitate concreata;* 2. *divina in bono confirmatio,* quae et donorum concessorum in creatione ad aeternam immutabilem persistentiam, in bono robur vel donum perseverantiae indefectibile, et donorum istorum insignem augmentationem importat. Unde impeccabilitas oritur. (*Quen.* [I,448]. Angeli boni ita sunt in bono confirmati, ut cum antea saltem potuerint non peccare, nunc omnino non possint peccare. Matth. XVIII,10. VI,10. 1Tim. V,21. Luc. XX,36. Gal. I,8. *Holl.* [386]. In statu viae angeli *poterant non peccare,* i. e. non erat in ipsis potentia proxima aut propensio ad peccandum, erat tamen in illis potentia remota ad delinquendum: in statu gloriae angeli *non possunt peccare*, i. e. in ipsis nec proxima nec remota ad delinquendum est potentia, sed *ἀναμαρτησία*, seu impeccabilitas eorumdem est immutabilis sanctitasque inamissibilis.) 3.

aeterna Dei fruitio, quae proprie est *status gloriae,* ad quem τελικῶς, vel quantum ad causam finalem attinet, conditi quidem omnes angeli fuerunt. Aequalis enim eorum, quantum ad creationem, fuit ratio. Sed quum alii a Deo defecerint seque gloria illa privarint, proprium domicilium deserentes (Jud. 6), reliqui, qui steterunt in veritate soli *beata Dei visione vel statu aeternae beatitudinis fruuntur,* qui »semper vident faciem Dei patris in coelo« Matth. XVIII,10. ac angeli lucis ideo dicuntur 2Cor. XI,14, angeli electi 1Tim. V,21, quemadmodum etiam beati homines in statu gloriae futuri dicuntur ἰσάγγελοι Luc. XX,36. – Die DD. stellen die confirmatio in bono meist als eine Folge der Aufnahme in den status gloriae dar: *Br.* (269). Postquam (angeli) obedientiam suam in statu viae, etiam labentibus aliis angelis, Deo constanter exhibuerunt; placuit Deo, eos lumine gloriae implere, ut ipsum Deum clare et intuitive possent cognoscere (hoc enim est videre faciem patris coelestis). – Secutus autem est hanc visionem Dei amor intensissimus, quo voluntas angelorum Deo ita inhaerere coepit, ut ab eo averti non posset. – Et sic facta est confirmatio eorum in bono, sive determinatio voluntatis ad bonum, ut quidquid agunt, id agant in ordine ad Deum, tanquam bonum infinite perfectum perfecte cognitum, sine labe ulla, ullo defectu. –

Holl. (386). Qui Deum summum bonum clare intuetur, non potest non perpetuo ipsius amore flagrare, cum nihil nisi bonum et amabile in eo cernatur: qui autem perpetuo Deum amat, non potest peccare. *Id.* Angeli boni tum in bono confirmati sunt, quando lumen gloriae ipsis a Deo infusum est, ut confirmatio eorum in bono quoad rem nihil aliud sit, quam infusio luminis gloriae, quo Deum intuitive cognoscunt. – Daß die Engel, nachdem sie einmal in den statum gloriae aufgenommen sind, unmöglich mehr sündigen können, wird besonders aus Luk. XX,36 abgeleitet: *Quen.* (I,448). In vita aeterna beati dicuntur futuri ἰσάγγελοι, jam vero certi sumus, nos nunquam ex illa coelesti felicitate casuros. Ergo multo magis tales sunt angeli, quibus nos similes erimus. – *Quen.* (I,448) scheint die confirmatio in bono weniger als eine Folge der fruitio Dei als vielmehr beides in einem gesetzt sich zu denken: Angeli semper vident faciem patris in coelo, quae beatifica Dei visio confirmationem in bono praesupponit, omne peccatum excludit, et impeccabilitatem introducit, h. e. *angelos et homines reddit beatos, in bono confirmatos et impeccabiles.* –

Dieses Eintreten in den statum gloriae wird wohl als ein Lohn bezeichnet, den die guten Engel von Gott empfangen, aber immer doch als ein solcher, der aus der freien Gnade Gottes hervorging: zugleich wird es als von Gott von Ewigkeit so beschlossen bezeichnet, aber nicht durch ein decretum absolutum.

Holl. (387). Gloria angelorum in bono confirmatorum neque absoluto divino decreto neque merito Christi neque merito angelico, sed liberalissimae bonitati Dei, perseverantem angelorum obedientiam ultra condignum remunerantis, tribuenda est.

20. *Quen.* (I,448). In genere observandum, quod jam per et post confirmationem in angelis bonis praestantiora et perfectiora sint, quam ante confirmationem fuerunt.

Holl. (388). Nacti sunt angeli beneficio confirmationis scientiam excellentiorem, sanctitatem perfectiorem, libertatem perfectiorem, potentiam majorem, concordiam arctiorem.

21. *Quen.* (I,448). Quod intellectum angelorum concernit, illustriori is nunc sine dubio radiat scientia, cum terminum assecuti sint et beata Dei visione fruantur, in quo est satietas gaudiorum Ps. XVI,11. et hinc angeli lucis dicuntur ob majorem lucem cognitionis. 2Cor. XI,14. – Doch wird auch hier die Beschränkung hinzugefügt: Licet vis intellectiva bonorum angelorum ingens sit, finita tamen est (Marc. XIII,32. 1Petr. I,12) et suis circumscripta limitibus. Est eorum intellectio multiscia sed non omniscia, nec futurorum quorumvis praesaga nec cordis recessus vel cogitationum humanarum a priori conscia.

22. *Cal.* (IV,60). 1. *Sanctitas,* quâ non naturâ tantum sancti sunt, quales erant in statu gratiae, sed perfectiores nunc in sanctitate sunt confirmati in bono, et in statu gloriae constituti: si quidem e cognitione Dei perfectiore perfectior redundet Dei amor, adeoque perfectior sanctitas, et quum luce cognitionis et sanctitatis Dei gloriosissima illustrentur *διὰ παντός* Matth. XVIII,10. 2Cor. XI,14. sanctitate perfecta, quae comprehensorum est, gaudeant ... *Non tamen sanctitas haec eorum essentialis est: solus enim Deus sanctus est essentialiter, sed accidentalis,* quia excidere eadem potuerunt. Iob. IV,18.

2. *Quen.* (I,449). Confirmatio in statu originali non ademit angelis bonis libertatem, sive non desierunt illi propterea liberi esse arbitrii, sed potius majorem libertatem exinde sunt consecuti. Competit enim illis 1. libertas a coactione, non enim coacte nunc agunt bona, sed libere et sponte sua. Libere Deum celebrant eique serviunt, non coacte, licet non possint non Deum celebrare, ejusque voluntatem exsequi; 2. libertas exercitii, quae alias dicitur contradictionis, quae est, quando quis uno objecto propositio potest velle et non velle, agere et non agere. Competit etiam angelis bonis 3. libertas quaedam specificationis, ea scil. quae est inter hoc et illud bonum in particulari libere eligendum vel non eligendum. Licet enim libertas specificationis, quae etiam dicitur contrarietatis, indifferentiam ad utrumque oppositorum, bonum et malum inferat, angeli vero boni non habeant libertatem ad contrarios actus, ut possint bene et male agere, sed tantum bene velle et bene agere queant, et hoc modo libertas contrarietatis angelis bonis non competat, habent tamen libertatem contradictionis, qua licet necessario bonum velint, quoad speciem actus, possunt tamen libere hoc bonum velle, alterum bonum malle, hoc bonum agere et alterum non agere. Imo libertas maxima est, non posse peccare, non posse non bene agere, quem summum libertatis gradum Deus obtinet omnium liberrimus.

23. *Quen.* (I,449). Potentia bonorum angelorum magna est. Cum enim insigni virtute instructi fuerint per creationem, majore tamen adhuc nunc pollent, postquam in statum gloriae evecti sunt, qua ipsam etiam diabolorum potentiam superant. – Hinc dicuntur heroes roboris. Ps. CIII,20. Aber auch hier wieder die Beschränkung: Licet magna sit angelorum bonorum potentia, finita tamen est et potentiae et voluntati divinae subordinata atque subjecta.

24. Apol. conf. p. 224,8. cf. et p. 117. *Holl.* (390). Angeli beati opera et officia sua expediunt coram Deo *consistendo* (*ψαλμῳδίᾳ* laetissima laudes Jehovae decantant – *λατρείᾳ* humillima Deum venerantur et adorant – *λειτουργίᾳ* promtissima voluntatem Dei exsequuntur) hominibus piis *assistendo* atque diabolis et hominibus malis *resistendo.* –

Ausführlicher *Br.* (272) (nach dem Vorgang der frühesten DD., wie *Chmn., Gerh.*): In vita sua beata operationibus diversis funguntur angeli boni: quarum aliae ad ipsam beatitudinem eorum pertinent (non enim beatitudo in otio consistit, sed partim ipsa *ἐνέργειαν* quandam importat; partim praeterea admittit plures operationes, ab his, qui beati sunt, exercendas); aliae ministeriales sunt, quibus angeli Deo et Christo *θεανθρώπῳ* (Hebr. I,6. Matth. IV,11) serviunt ac promovent hominum salutem. – *Id.* (274). Posterioris generis actiones respiciunt partim homines pios singulos, partim ipsos status hierarchicos custodiendos et promovenda commoda eorum. *Piis singulis* ministrant angeli, quando eos in ipso vitae initio atque infantia tuentur (Matth. XVIII,10), serviunt adultioribus (Ps. XXXIV,8. XCI,11.12 Matth. I,19.20. II,13.19. Act. X,3.7. Ap. I,1 XXII,6.16. Dan. VI,22. Act. XII,7. V,18.19. Luc, I,13.30 etc) in omni honesta functione: adsunt denique morientibus Luc. XVI,22.

Apol. conf. Art. XXI,8 ... largimur, quod angeli orent pro nobis. Exstat enim testimonium Zachariae I,12, ubi angelus orat: Domine exercituum, usque quo tu non misereberis Jerusalem etc.?

Br. (276). Ad officium angelorum *ratione status ecclesiastici* pertinet, quod promovent ministerium verbi: ac speciatim quod promulgationi legis mosaicae tanquam ministri adfuerunt (Deut. XXXIII,2. Gal. III,19); quod Christi adventum in carnem annunciarunt (Luc. I,26. II,9); quod impediunt idololatriae in ecclesiam introductionem (Jud. 9); intersunt coetibus sacris (1Cor. XI,10. 1Tim. V,21).

(ib.) Statui politico ita serviunt angeli, ut impediant, quo minus rumpantur vincula reipublicae (Dan. X,13), adjuvent et defendant magistratum ejusque ministros (Dan. VI,22), arceant pericula et hostes iniquos affligant. 2Reg. XIX,35. Es. XXXVII,36.

Id. (277). *Oeconomiae* ministrant promovendo conjugia piorum (Gen. XXIV,7), custodiendo rem familiarem (Iob I,10. Ps. XXXIV,8), tuendo pignora familiae, liberos (Matth. XVIII,10).

(*ib.*) Denique peculiare erit officium angelorum, quo fungentur in die extremo, quando Christum ad judicium accedentem comitabuntur, ejusque adventum sono tubarum proclamabunt (Matth. XXV,31. 1Thess. IV,16). Homines ex omnibus mundi partibus colligent (Matth. XXIV,31. Marc. XIII,27), pios ab impiis segregabunt (Matth. XIII,41), illos ad dextram Christi collocabunt (Matth. XXV,33) in occursum ei ductos in aëre (1Thess. IV,17); hos ad sinistram judicis constitutos (Matth. XXV,33) mox in infernum praecipitabunt (Matth. XIII,42,50). –

Auf die Frage endlich, ob jedem Menschen ein eigener sogen. Schutzengel zur Seite stehe, bekennen die DD., keine bestimmte Antwort zu haben. *Br.* (274). Hoc certum est, hominis custodiam non ita assignandam esse uni angelo, ut reliquorum auxilio destituatur. Ordinarie tamen unum angelum pio cuivis ad custodiendum destinatum, probabiliter dici potest: extraordinarie plures angelos ad singulos fideles mitti. –

25. Apol. conf. P. II, art. II. Etsi angeli in coelo pro nobis orent, ... tamen inde non sequitur angelos ... a nobis esse invocandos, adorandos etc. *Br.* (278). Propter illas perfectiones, quibus angelos bonos pollere vidimus, quodque nobis plurimum favent ac prosunt, decet utique, ut eos magnifaciamus, amemus et caveamus, ne malis actionibus eos offendamus. – Preces autem nostras ad angelos dirigere non decet. Hoc enim vel impium et idololatricum est (nempe si preces religiosas cum fiducia, ad ipsos tanquam largitores bonorum spiritualium, dirigamus), vel saltem inutile et inconsultum.

Holl. (392). Angeli religiose non adorandi neque invocandi sunt. –

26. *Holl.* (392). Dari inter angelos bonos certum ordinem, nullum est dubium, sed qui et qualis sit iste ordo angelicus, in hac vita arbitramur scire neminem. – *Prob.* a) ex regula generali, qua Deus in ecclesia militante omnia vult fieri decore et secundum ordinem, 1Cor. XIV,40. Nullum igitur est dubium, quin certus ordo sit in ecclesia triumphante inter angelos beatos, isque tanto perfectior, quanto splendidior est ecclesia triumphans militante; b) a diversis spirituum coelestium denominationibus, Eph. I,21. Col. I,16. 1Thess. IV,16. et Judae ep. 9. Diversa nomina discrimen angelorum inferunt; c) a pari. Datur ordo inter angelos malos. E. et inter bonos. Anteced. liquet ex Luc. XI,15, ubi Beelzebul princeps daemoniorum dicitur, et Matth. XXV,41. mentio fit diaboli et angelorum ejus.

27. *Quen.* (I,450). Dicuntur angeli mali non ratione essentiae, sunt enim ratione essentiae boni, et cum reliquis angelis in veritate, sanctitate et justitia creati, sed 1. ratione actus mali, sc. malitiosae defectionis et apostasias a Deo, 2. ratione habitualis malitiae sive horribilis depravationis naturae suae, quae actum illum est consecuta 3. ratione perseverantiae et persistentiae in malo incorrigibili, et 4. denique propter effectus malos; quia non nisi mala perpetrant.

28. *Quen.* (I,452). Quodnam in specie fuerit primum malorum angelorum peccatum, non liquet. Eorum tamen sententiam, qui affectatem Deiformitatem seu affectationem superioris ὑπεροχῆς fuisse existimant, probabilem reddit tentatio, qua Satan primos nostros

parentes aggressus est et debellavit Gen. III,5. ejusque ingenium et perpetuus conatus, quo Dei gloriam in se transferre studet. Matth. IV,9.

29. *Quen.* (I,452). Forma generica lapsus diabolici consistit in libera et spontanea a Deo et recti regula aversione. Poterant enim in veritate et sanctitate concreata persistere et non deficere, poterant recti regulam ex creationis gratia tenere, sponte ergo et libere, per libertatis scil. concessae abusum, peccarunt. – Non enim peccaverunt ex naturae defectu aut impotentia sed ex mera malitia et contumacia et per spontaneum concessi arbitrii abusum. –

30. *Quen.* (I,452). Subjectum, quod defecit, sunt angelica individua, quorum numerus in scripturis non est expressus, multa tamen fuisse, ex multitudine daemonum colligitur. Marc. V,9. Luc. VIII,30.

Id. (I,453). Quo ordine angeli mali peccarint, an omnes simul, an unus post alterum, sive an primo unus ceciderit, et alios suo exemplo et persuasione ad ἀποστασίαν et lapsum induxerit, de eo Scholastici disputant sed ἄτερ γραφῆς.

Holl. (399). Probabile est angelos malos lapsos esse sub certo quodam duce, aut principe, quem satanam et diabolum s. scriptura appellat Joh. VIII,44. Luc. XI,15, qui vel exemplo vel suasione plures angelos ad societatem ejusdem peccati pellexit. Ap. XII,4.

Über die Zeit des Falles: *Holl.* (ib.) Lapsi sunt non intra hexaëmeron creationis, sed eo absoluto (Gen. I,31). Ante lapsum primorum hominum, secunda orbis conditi hebdomade, incertum, qua die.

31. *Br.* (280). Commisso peccato, angeli illi omnes amisserunt gratiam sibi concreatam atque ita inciderunt in miseriam acerbissimam, sine spe restaurationis.

Calov. (IV,318). Poena angelorum malorum est tum desertio Dei aeterna, unde converti nunquam possunt: tum rejectio ad infernalia supplicia in aeternum sustinenda.

Holl. (403) teilt genauer ihre Strafen ein in poenas damni et sensus. *Poena damni,* quam etiam privativam vocant, est tristissima jactura gratiae et gloriae. *Poena sensus* seu positiva sunt cruciatus, quos persentiscunt daemones inde a lapsu permagnos, majores subibunt in die extremi judicii (2Petr. II,4. Jud. 6). – *Br.* (288). Erunt autem poenae, quibus affliguntur angeli mali, aeternae. Matth. XXV,41–46. Marc. IX,43. –

Auf die Frage: quare mali angeli non recipiantur in gratiam? antwortet *Gerh.* (IV,34): Praestat summam filii Dei erga lapsum genus humanum φιλανθρωπίαν ac misericordiam depraedicare, qua propter nos et propter nostram salutem descendit de coelis et homo factus est, non angelos sed semen Abrahae apprehendens (Hebr. II,16), quam extra limites scrutari causas justissimi illius judicii, quo Deus angelos a se aversos catenis noctis in tartarum praecipitatos tradidit in judicium servatos. Der Grund der ewigen Verwerfung wird meist in der Größe ihres Vergehens gefunden. Die atrocit. peccat. zeigt *Holl.* (398) a) ex objecto laeso, quod est Deus, angelorum creator optimus maximus; b) ex praesidiis, quibus malum declinare poterant. Angelorum quippe intellectus eximia sapientiae luce resplendescebat. Voluntas sanctitate perfecta eminebat c) ex modo peccandi. Peccarunt enim angeli non ex infirmitate aut inadvertentia, sed ex pleno intellectu, deliberato consilio et voluntario liberi arbitrii abusu, nemine instigante.

32. *Quen.* (I,454). Cognitionem naturalem sive quam habuerunt mali angeli ex naturae lumine per lapsum non amiserunt, Deum enim aliasque res supernaturales quodammodo cognoscunt, sed illa rerum supernaturalium cognitio est conjuncta 1. cum extremo odio et fremitu adversus Deum; 2. cum livore, invidia et furore adversus angelos bonos et homines pios et beatos; 3. cum ignorantia, dubitatione, errore et oblivione Matth. IV,6. Joh. XIII,2. 1Cor. II,8. Cognitionem vero ex lumine gratiae ortam prorsus amiserunt. *Holl.* (399). Cognoscunt angeli Deum, sed ut ad hanc θεογνωσίαν toti cohorrescant. – *Br.* (280). Intellectus illorum non solum lumine gratiae, verum etiam lumine gloriae desti-

tutus atque in contemplatione irae divinae ac suae miseriae defixus velut obtunditur et caret recto de bonis agendis judicio. (Alias corruptio intellectus diabolici etiam hinc ostendi solet, quod Satanas mortem Christi tanto studio promovit, non sentiens, inde sibi maximam contrahi adversitatem. Quae autem superest in angelis malis cognitio naturalis, ea nihil felicitatis a Deo rejectis addit.) Ihre weiteren Gaben werden so beschrieben: *Holl.* (399). *Voluntas* eorum ad malum projecta non gaudet libertate ea, quae infert indifferentiam ad bonum et malum, vel ad plura bona sed versatur libertas eorum circa mala particularia. *Potentia* illorum est quidem humana superior, attamen virtute divina ligata, ut absque permissione Dei nihil efficere valeant. – *Quen.* (I,454). Futura contingentia interdum ex revelatione divina certo norunt Iob I,12. II,6. 1Reg. XXII,22. Quaedam vero sagacitate naturali admodum probabiliter norunt. –

33. *Holl.* (400). Operationes angelorum malorum sunt variae quidem; at omnes directae ad labefactationem gloriae divinae (Ap. XII,7) et ad perniciem non temporalem minus, quam aeternam tum hominum singulorum tum statuum hierarchicorum. Im einzelnen (403): Cacodaemones *statum ecclesiasticum* (haereses spargendo Matth. XIII,27 et 28. – conatus piorum ecclesiae ministrorum impediendo 1Thess. II,18, auditorum mentes a meditatione et praxi verbi divini avocando Luc. VIII,12. – persecutiones adversus regnum Christi excitando Ap. XII,7), *statum politicum* (1Reg. XXII,21. 1Chron. XXII,1), et *oeconomicum* (mentes conjugum distrahendo: est enim homicida ab initio, qui litibus serendis delectatur, Joh. VIII,44. Conjugum liberis bonisque insidiando. Iob I,13) turbare, convellere, penitusque evertere assidue meditantur.

Zu dem Schaden, den die bösen Engel den einzelnen Menschen antun, wird besonders die obsessio corporalis et spiritualis gerechnet. Die allgemeine Beschreibung bei *Quen.* (I,456). Est actio diaboli, qua ex permissione Dei homines ad peccandum instigat, et corpora eorum occupat atque excruciat, ut salutis aeternae jacturam faciant. Ex primo, scil ad peccandum instigatione, *spiritualis,* ex altero, nempe ejusdem corporum humanorum occupatione, *corporalis obsessio* oritur. *Illa* est, cum diabolus dicitur possidere et implere mentes et corda impiorum, in ea et in ipsos venire, in iis ἐνεργεῖν. Act. V,3. Luc. XXII,3. Joh. XIII,2. 2Thess. II,9. Eph. II,2. *Haec* est, quando diabolus immediate et localiter intra corpus existit et operatur, illudque ad tempus subigit. Matth. IV,24. VIII,16 et 28. Marc. VII,25. IX,17. Matth. XII,22. XV,22. Luc. IV,33. Act. VIII,7. XIX,13. – Die obsessio spiritualis wird von *Quen.* (I,456) noch näher so beschrieben: Forma consistit tum in propinquiori substantiae diaboli ad animam impii adessentia Luc. XI,24,26. tum in efficaci et ad quaevis flagitia propellente ἐνεργείᾳ. Als *subjectum quo* (obsessionis spiritualis) wird bezeichnet anima impii, non mere passive sed simul active et ut συνεργὸς diaboli se habens. Joh. VIII,44 (*ibid.*). Als *subjectum quo* (obsessionis corporalis) wird angegeben: corpus humanum mere passive se hic habens; mediate tamen et ad συμπάθειαν etiam anima malo isto afficitur. (Satan corpus obsessi ejusque membra pro lubitu suo movet etc.) (I,457).

Die obsessio corporalis kann auch einen Frommen treffen. *Quen.* (I,457). Subjectum illius non solum constituit homo impius, sed etiam quandoque pius Marc. IX,21, cum nonnunquam contingat, ut ex arcano, justissimo tamen Dei, judicio atque consilio probi quoque homines a Satana possideantur. Impios Deus Satanae obsidendos tradit, ut puniantur et corrigantur, pios autem, ut peccatorum foeditas ostendatur et eorum fides exerceatur. –

Von den *signis obsessionis corporalis* sagt *Holl.* (402). Signa obsessionis corporalis recensentur varia, quorum quaedam obsessis sunt propria, quaedam melancholicis, ecstaticis et phreneticis communia, ideoque non disjunctim, sed conjunctim sumenda et consideranda sunt, ne gravibus morbis afflictos pro obsessis habeamus. – Indica corporalis obsessionis sunt:

1. linguarum peregrinarum atque disciplinarum notitia, nullo studio comparata; 2. occultorum et futurorum scientia atque manifestatio; 3. loquela aperto ore absque debita organorum dispositione facta; 4. avicularum, ovium, boum, porcorum, ursorum etc. repraesentatio; 5. robor plus quam humanum in portandis oneribus immanibus; 6. blasphemiae horrendae in sanctissimum numen eructatae; 7. agillima corporum diductio sine dissolutione compagis corporis, Luc. IV,35; 8. gestus et actus impuri, saevi, terribiles, v. gr. spumant interdum ore, frendent dentibus, abjiciunt se in aquam, in ignem, et mortem sibi consciscere nituntur; 9. gravis vexatio intus in visceribus, et partibus corporis, ventrisque intumescentia; 10. cessatio sensuum, tam internorum quam externorum, et facultatis locomotivae, Matth. XV,22. XVII,15. Luc. VIII,27–35. Marc. I,24.

Einzelne DD. erwähnen noch die Gespenster, durch die die Menschen von den bösen Engeln geschreckt werden: *Holl.* Cacodaemones hominibus illudere spectris sacrae docent literae. Es. XIII,21. XXXIV,14. Sap. XVII,3.4. Matth. XIV,26. Luc. XXIV,37. Aber: spectra non sunt animae defunctorum. Luc. XVI,29. Sap. III,1.

34. *Br.* Interim Deus ipse etiam utitur ministerio malorum angelorum, ad castigandos in hoc mundo pios (exempl. Iobi) et ad puniendos impios tum in vita (Ps. LXXVIII,49), tum post mortem (Matth. XVIII,34). –

PARS II. DE HOMINE

§ 23

Wenn in dem ersten Teil von Gott überhaupt und von den Werken, die er geschaffen, die Rede war, so handelt der zweite Teil von dem Menschen, um dessentwillen die Welt geschaffen und zu dessen Erlösung Christus erschienen ist. Es ist da dessen sittlicher Zustand zu beschreiben, und zwar der Zustand, in dem er sich jetzt befindet und der ihn der Erlösung bedürftig macht [1]. Da aber sein jetziger sittlicher Zustand nicht beschrieben werden kann, ohne daß zuvor erklärt wird, wie er geworden ist, denn es ist das nicht mehr der ursprüngliche Zustand, in dem der Mensch geschaffen war, so muß der Beschreibung des sittlichen Zustandes, in dem sich der Mensch jetzt befindet, die Beschreibung seines ursprünglichen Zustandes vorausgehen [2].

Der zweite Teil zerfällt demnach in die beiden Abschnitte: I. de statu integritatis; II. de statu corruptionis. –

Kap. I
De statu integritatis

§ 24

Status integritatis est prima hominis ad imaginem Dei in bonitate et rectitudine creati conditio. *Quen.* (II,2). – So wird der erste Zustand des Menschen genannt, weil der Mensch in diesem nach allen seinen Gaben, Kräften und Eigenschaften gänzlich unversehrt und unverdorben war [3]. Näher wird dieser Zustand beschrieben durch den Ausdruck: imago Dei, secundum quam creatus est homo (Gen. I,26.27. V,1): denn dadurch unterscheidet sich der Mensch von allen anderen Geschöpfen, daß er nach dem Bilde Gottes geschaffen ist [4]. Dieser Ausdruck bezeichnet im allgemeinen eine Ähnlichkeit mit Gott, die darin ihren Grund hat, daß Gott sich gleichsam selbst zum Muster und Urbilde genommen hat, nach dem er den Menschen geschaffen hat [5]. Worin dann die Ähnlichkeit mit Gott, durch die des Menschen ursprünglicher Zustand beschrieben werden soll, bestanden habe, lehren die Stellen Kol. III,10. Eph. IV,24 [6]. In diesen nämlich sagt der Apostel, daß die Menschen, von denen er voraussetzt, daß sie das Ebenbild Gottes verloren haben, wieder zu diesem erneuert werden sollen. Indem der Apostel dann diesen neuen Zustand als einen solchen beschreibt, in dem der Mensch durch die Kraft des Heiligen Geistes erneuert wird zu rechtschaffener Gerechtigkeit und Heiligkeit, sehen wir, daß unter dem

Ebenbilde Gottes (Gen. I und V) die besondere geistige und sittliche Vollkommenheit zu verstehen ist, der sich der Mensch in seinem ursprünglichen Zustand zu erfreuen hatte[7]. *Quen.* (II,9). Imago Dei est perfectio naturalis, in excellente conformitate cum Dei sapientia, justitia, immortalitate et majestate consistens, concreata homini primo divinitus, ad Deum creatorem perfecte agnoscendum, diligendum et glorificandum[8]. Demgemäß kam dem Menschen in seinem ursprünglichen Zustande zu:

1. Weisheit und das Vermögen, göttliche, menschliche und natürliche Dinge nach dem Maße seines Bedürfnisses vollkommen zu erkennen[9].

2. Heiligkeit und Freiheit des Willens, wonach der Mensch Gott und das Gute liebte und in allem dem göttlichen Willen gemäß zu leben vermochte[10].

3. Reinheit der sinnlichen Affekte und vollkommene Harmonie aller Kräfte und Triebe[11].

Holl. (470). Perfectiones, imaginem Dei constituentes, fuerunt: excellens scientia intellectus, perfecta sanctitas et libertas voluntatis, sincera puritas appetitus sensitivi et suavissimus quasi concentus affectuum, cum dictamine intellectus et regimine voluntatis, sapientiae, sanctitati et puritati Dei, pro caput hominis primi, conformes. –

Diese so beschriebenen geistigen und sittlichen Vorzüge sind der eigentliche Grund, um dessentwillen der Mensch das Ebenbild Gottes genannt wird[12]; sie werden auch zusammengefaßt in dem Ausdruck *justitia originalis*[13]. – An sie reihen sich dann als eine natürliche Folge davon noch körperliche Vorzüge an und eine besonders bevorzugte Stellung zur Außenwelt[14]: nämlich corporis impassibilitas et immortalitas, denn den geistig und sittlich so ausgestatteten Menschen konnten weder Leiden noch Tod berühren, und externum in cetera animantia dominium (Gen. I,26.28), denn die hohe Würde der Gottähnlichkeit äußerte sich auch darin. *Holl.* (475). Perfectiones minus principales, quibus imago Dei absolvitur, sunt corporis, nulla peccati labe infecti, immunitas a passionibus corruptivis, ejusdem immortalitas, et plena imperandi creaturis sublunaribus, imprimis bestiis, potestas[15]. – Bei dieser Beschaffenheit konnte es nicht anders sein, als daß der Mensch sich einer ungetrübten Glückseligkeit erfreute, zu der auch sein Aufenthalt im Paradiese (amoenissima habitatio) das Seinige beitrug[16].

Alle diese Vorzüge müssen wir als für den Menschen in seinem damaligen Zustand *natürlich* bezeichnen, zwar nicht in dem Sinne, als ob der Mensch, wenn er diese Vorzüge verlor, nicht mehr dem Wesen nach derselbe geblieben wäre, aber doch in dem anderen, wonach diese Vorzüge als mit dem Menschen zugleich gesetzt zu denken sind, und von ihm nicht getrennt werden konnten, ohne daß auch sein ganzer Zustand ein anderer wurde, als er zuvor war. Dies wird in dem Satz ausgedrückt, daß die imago Dei eine perfectio naturalis und nicht ein donum supernaturale externum ac accessorium sei[17]. Diesen Zustand mit allen seinen Vorzügen hätte der Mensch daher auch, wenn er nicht gefallen wäre, auf seine Nachkommen fortgepflanzt (naturalis propagatio. Gen. V,3. Rom. V,12). – Fragt man nach übernatürlichen Gaben, die in dem ursprünglichen Zustand dem Menschen noch zuteil geworden seien, so lassen sich als solche eher noch aufzählen: supernaturalis Dei favor, gratiosa ss. trinitatis inhabitatio et resultans inde suavitas et delectatio, denn diese Gaben sind in gewissem Sinne als eine besondere Zugabe und als Folgen des glücklichen und sittlich guten Zustandes des Menschen zu betrachten[18]. –

1. *Quen.* (II,1). Subjectum theologiae est homo, de primo felici suo statu deturbatus in miseriam, ad Deum et aeternam salutem perducendus. – Non agitur hic de homine, *ratione essentiae suae,* et prout creatura est, ... sed ut talis vel talis creatura est, et *ratione status sui,* qui *ante lapsum* integer fuit et felicissimus, post lapsum vero corruptus et miserrimus. –

2. *Holl.* (461). Circa lapsum hominis considerandus est tum terminus a quo, tum terminus ad quem. *Terminus a quo* est status innocentiae sive integritatis. Miseria hominis lapsi accurate expendi nequit, nisi exacte penderetur eam antegressa felicitas, qua homo, a Deo aversus, seipsum privavit. Privatio namque cognoscitur ex opposito habitu, et gravitas mali digne aestimatur ex amisso bono. – Die verschiedenen Zustände des Menschen zählt *Calov.* (IV,385) in ff. Ordnung auf: Status hominis diversi sunt, qui in theologia considerandi veniunt. Alius ante lapsum, qui vocatur *status integritatis*: alius post lapsum, qui iterum alius sub peccato extra gratiam est, quem vocant *statum peccati vel corruptionis*: alius sub gratia, per gratiosam restitutionem, quae in hac vita inchoatur, sed in altera consummabitur: unde *status gratiae* in hac vita *status reparationis* dicitur, quem excipit in altera vita *status glorificationis.* – Porro etsi Deus intendat omnium hominum reparationem eoque directa s. scriptura et theologia sit, multi tamen non reparantur, qui proinde post hanc vitam alium statum subire coguntur, aeternae nempe condemnationis: ideo quinque status, si omnes hominum conditiones spectandae sint, constitui possunt; naturae integrae, corruptae, restauratae, glorificatae et damnatae; status nempe *innocentiae, miseriae, gratiae, gloriae et ignominiae aeternae* ... Errant autem Papistae, qui alium adhuc statum comminiscuntur, quem vocant *purorum naturalium,* qui non est tantum purum putum commentum φαντασείας Scholasticorum, si quidem homo nec extiterit nec existere potuerit cum simplici negatione tum integritatis et gratiae, tum peccati et miseriae, qui nec justus nec injustus esset, Deoque nec placeret nec displiceret. – In unserem locus ist aber nur von den beiden ersten Zuständen die Rede, denn subjectum theologiae ist nur: homo sub statu peccati, qui reparandus est ad salutem.

3. *Calov.* (IV,389). Dicitur integritatis status, quia homo integer et rectus in eodem erat, Eccl. VII,30. mente, voluntate, affectibus et dotibus corporis, et omnia tum erant salva atque integra. – Vocant etiam statum *innocentiae,* quia innocens et sanctus erat, expers peccati et labis. –

4. *Br.* (289) ... Constat caeteras creaturas, licet ad certam ideam intellectui divino obversantem conditas, dici quidem valde bonas, non tamen ad imaginem Dei conditas. –

5. *Holl.* (462). Formalia requisita imaginis, generatim consideratae, sunt: 1. similitudo sive convenientia cum exemplari vel prototypo; quia imaginis est, repraesentare rem, cujus est imago. Hoc autem sine similitudine fieri nequit; 2. origo vel processio imaginis ab exemplari, quia imago ad imitationem prototypi, repraesentationis ergo, expressa est. – Der Unterschied von vestigium und imago nach *Holl.* (ib.) ff.: Imago repraesentat manifeste id, cujus est imago: vestigium obscure refert id, cujus est vestigium. In omni-

bus creaturis deprehenduntur vestigia potentiae, sapientiae et bonitatis divinae; at in homine integro pleno jubare effulgebat imago Dei. Doch bemerkt *Br.* (290) auch schon bei dieser allgemeinen Bestimmung von imago: Haec imago Dei in homine non referri debet vel potest ad omnia, quae in Deo sunt: neque eo perfectionis gradu est in homine, quo est in Deo. –

Der Ausdruck imago findet sich in Gen. I,26. Über die Bedeutung der dort gebrauchten Worte: צֶלֶם und דְּמוּת *Holl.* (463): In fonte (Gen. I,26) duae adhibentur voces, צֶלֶם imago, et דְּמוּת similitudo, non eo fine, ut distinctarum rerum symbola sint et imago ipsam animae humanae substantiam, similitudo ipsius perfectiones accidentales denotet (ut volunt nonulli Pontificii), sed ut posterior prioris sit exegetica et *imago simillima aut valde similis* designetur.

6. Es wird nämlich wohl erkannt, daß der Ausdruck imago Dei vieldeutig sei und daß daher erst aus anderen Stellen erfahren werden müsse, in welcher Beziehung der Mensch Gott ebenbildlich genannt werden könne. Den richtigen Kanon in Auffindung der hier in Betracht kommenden Weise der Gottähnlichkeit gibt *Calov.* (IV,572) in ff.: Quia conformitas hominis cum Deo ceu archetypo multifaria reperitur, ac diversimode proinde respectu conformitatis cum Deo a variis definitur imago Dei, ne hic a sensu proprio scripturae aberremus, haec cumprimis tenenda est regula: *eam conformitatem hominis cum Deo ad imaginem Dei spectare, quae in creatione primis parentibus impressa, per transgressionem maximam partem amissa, per renovationem in hac vita et maxime in beata regeneratione ad alteram vitam restauranda est.* Dieser Kanon leitet dann auf die Stellen Kol. III und Eph. IV, aus denen wir erkennen, daß die Gottähnlichkeit, von der hier die Rede ist, in geistigen und sittlichen Eigenschaften bestehen müsse. Daher wird die imago Dei, die von dem Menschen im ursprünglichen Zustand ausgesagt wird, als eine *accidentalis* bezeichnet, cujus accidentales (mutabiles et amissibiles) perfectiones infinitis Dei perfectionibus, secundum modum capacitatis humanae, conformes sunt *Holl.* (462). Durch diese Bestimmung wird sie 1. unterschieden von der imago Dei *substantialis,* die Christus ist nach 2Kor. IV,4, Kol. I,15. Hebr. I,3 und womit die Gleichheit des *Wesens* von Vater und Sohn bezeichnet wird. *Holl.* (462). Im. substant. est aeternus Dei filius, quia totam essentiam patris in se exprimit, modo subsistendi ab eo distinctus; 2. wird durch diese Bestimmung angedeutet, daß die Vorzüge des ursprünglichen Zustandes nicht des Menschen Wesen selbst, weder das des Leibes noch das der Seele ausmachen, sondern daß sie in Eigenschaften bestehen, die zwar eng mit dem Wesen verbunden sind, aber doch, wenn sie wegfallen, das Wesen des Menschen nicht alterieren. *Calov.* fährt daher nach dem oben angegebenen Satz fort: Unde patet, conformitatem, quae in substantia animae reperitur aut corporis, ad imaginem Dei, stylo biblico descriptam, non pertinere, *quia substantia animae aut corporis per lapsum non est deperdita, nec per renovationem restauratur. Quen.* (II,17). Distinguendum inter substantiam hominis seu materiam ipsam et id, quod substantiae hominis tanquam ἑπόμενον aliquod arctissime adhaeret et illam accidentaliter, intrinsece tamen perficit; sive disting. inter naturam ipsam et ejus qualitates sive perfectiones in qualitatibus: non illam sed has notat imago Dei. Paucis: imago illa Dei non est homo, sed in homine, h. e. non est homini substantialis sive essentialis, sed accidentalis. – Antith. Flacianorum contendentium, imaginem Dei fuisse ipsam primi hominis formam substantialem, ipsam animae rationalis essentiam, quae lapsu Adae penitus sit abolita.

Aber auch die imago Dei accidentalis wird unterschieden: als *generaliter et abusive* und als *specialiter et proprie accepta.* Im ersteren Falle wird vom Menschen die Ebenbildlichkeit ausgesagt propter generalem quandam analogiam aut convenientiam cum Deo. (*Holl.* [463]. Ipsa substantia animae humanae quaedam θεῖα seu divina exprimit, et exemplar divinitatis refert. Nam D. est spiritus immaterialis, intelligens, voluntate libera agens etc. Quae praedicata de anima humana certo modo affirmari possunt.) In diesem Sinne hat sie aber der Mensch auch durch den Fall nicht verloren, also wird sie auch nach dem Falle noch von ihm ausgesagt. Gen. IX,6. Jac. III,9. Nur aber von der Ebenbildlichkeit im letzten Sinne wird im stat. integr. gehandelt. *Quen.* (II,17). Imago Dei (specialiter accepta) non est quaerenda in illis rebus, quae post lapsum in homine adhuc supersunt, hominique non renato vere insunt. Ratio: quia imago Dei per inobedientiam primi Adami amissa, per obedientiam secundi Adami est nova creatione reparanda. In unserem loc. werden also unter dem Ebenbilde nur verstanden: ipsa dona et bona homini in prima sui creatione concessa et per lapsum amissa, h.e. ipsa illa omnium virium integritas et rectitudo primo homini concreata. –

7. *Gerh.* (IV,242). In his dictis (Col. III. Eph. IV) sunt termini aequipollentes: *ad imaginem Dei et juxta Deum,* ac proponitur in eis descriptio novi hominis, qui novus dicitur non propter essentiae mutationem, sed propter novas qualitates, cognitionem Dei, justitiam et sanctitatem veritatis seu veram. *Cujus respectu homo juxta Deum conditus et ad imaginem Dei renovatur, in eo consistit imago Dei*: at ratione cognitionis Dei, justitiae et sanctitatis etc. renovatur, et eorum ratione juxta Deum conditus est ad imaginem Dei. Ergo in illis ipsis primaeva Dei imago in homine consistit. –

8. *Br.* (293). Specialiter accepta imago divina importat perfectiones quasdam accidentales, intellectui et voluntati primorum hominum concreatas, perfectionibus, quae in Deo sunt, conformes, et collatas hominibus, ad actiones suas recte instituendas ac perficiendas finis ultimi consequendi causa. –

Gerh. (IV,248). Haec est descriptio imaginis Dei in primo homine in scriptura petita, nimirum quod fuerit justitia et sanctitas vera, quibus verbis denotatur summa omnium animae et corporis virium rectitudo, integritas, et cum lege divina conformitas, summa totius hominis perfectio, innocentia et mundities, quam nuditas hominis et paradisi inhabitatio etiam comprobat. –

9. *Br.* (293). Scilicet ex parte intellectus contulit Deus hominibus primis, ad imitationem sui, tanquam causae exemplaris, sapientiam quandam, i. e. lucem seu perfectionem aliquam habitualem intellectus, ad cognitionem rerum divinarum, humanarum et naturalium eximiam et pro statu primaevo sufficientem. –

Beweis: Quen. (II,5). 1. Ex Col. III,9.10; 2. ex Adami factis, qualia sunt: a) nominum conveniens expositio Gen. II,19, quae erat non solum grammatica, quoad nomenclaturam animalium, sed vel maxime logica, quoad verissimam definitionem; b) Evae agnitio Gen. II,23; c) prophetia seu praedictio firmitatis copulae conjugalis Gen. II,24.

Näher werden die Beschaffenheit und der Umfang der sapientia durch ff. bestimmt: *Br.* (294). Ita ut intellectus hominis essentiam et voluntatem Dei in tantum cognosceret, quantum necesse erat ad id, ut intellectus cultum Deo convenientem aut quantum satis erat ad juste et sancte vivendum, praescriberet. Die sapientia wird beschrieben als: talis, quae tamen temporis progressu posset augeri, non autem ita perfecta ac diffusa, ut se etiam ad libera Dei decreta cognoscenda extenderet aut accuratissimam rerum naturalium omnium scientiam inferret.

Quen. (II,6). Fuit haec Adami scientia excellens, plena, perfecta et tanta, quantam nullus hominum post lapsum sive ex libro naturae sive ex libro scripturae acquirere sibi potest. Quando igitur quaeritur: an apostolorum post acceptum spiritum s., an vero Adami ante lapsum major fuerit intellectus excellentia? resp. distinguendo inter notitiam rerum divinarum et mysteriorum fidei, quae, quia post Christi adventum uberius et distinctius cognoscuntur, credibile est, eorum cognitionem majorem fuisse in apostolis, quam in Adamo, et inter *perfectam consummatamque omnium naturalium et homini utilium rerum notitiam*, et hac Adam cunctos mortales et sic etiam apostolos tum extensive seu amplitudine tum intensive seu modo sciendi, scil. non ex ratione probabili vel effectis, sed ex propriis cujusque rei causis tum denique firmitate atque immobilitate scientiae antecelluit. – *Finitam* tamen fuisse et limitatam inde patet, quia non novit Adam arcana Dei decreta, non cordium cogitationes, non futura contingentia, non numerum stellarum. ... Haec ipsa scientia Adami concreata *perfici* quoque magis magisque potuisset et augmentum admisisset, si perfectionem graduum spectes, tum per revelationem sive ulteriorem informationem Dei in supernaturalibus, tum per experientiam et observationem propriam in naturalibus.

Holl. (471). Eximia quidem et sufficiens pro statu primaevo fuit scientia Adami: at *non fuit cognitio Dei* intuitiva. Nam clara Dei visio non datur in his terris, sed promittitur danda in coelis. 1Cor. XIII,12. 1Joh. III,2. –

10. *Br.* (294). Ex parte voluntatis collatae sunt homini a Deo vires spirituales, seu habitualis inclinatio et promtitudo ad Deum super omnia diligendum, et facienda omnia ex praescripto intellectus recte illustrati: omittenda autem, quae ille omittenda judicaret: regendas item facultates inferiores, ne ullatenus in actus inordinatos et peccaminosos erumperent. –

Quen. (II,6). Consistebat ergo voluntatis primi hominis perfectio 1. in naturali ad bonum inclinatione, omnem omnino potentiam praevaricandi proximam excludente; 2. in libera et expedita boni volitione volitique exsecutione atque ita erat in eo sancta voluntatis libertas, et libera sanctitas, excludens omne peccatum. ... Sic autem libera fuit voluntas, ut tamen tantum ad bonum propenderet, ad mali delectum aut boni neglectum prona non fuit, quidquid postea accidit, infausto liberi arbitrii abusu accidit. *Aber*: sanctitas in primo homine non absolutam impeccabilitatem, sed saltem secundum quid immunitatem a peccato in voluntate ejus introduxit. –

11. *Holl.* (474). In primo homine erat exactissima harmonia mirusque consensus virium superiorum et inferiorum. Nam legi divinae ratio, rationi voluntas, voluntati appetitus sensitivus, appetitui affectus, affectibus membra corporis promtissime obsequebantur. –

Br. (295). Hoc est, quod primi parentes in statu integritatis non cognoverunt, se esse nudos, neque erubuerunt; i. e. nulla inordinata libidine appetitus sensitivi (quamquam praesente objecto, quod allicere poterat) vel leviter tacti fuerunt. Gen. II,25.

Holl. (474). Antithesis est Pontificiorum et Socinianorum, tribuentium hominibus protoplastis concreatam rebellionem appetitus sensitivi adversus rectae rationis judicium.

12. *Br.* (296). Haec sapientia, justitia et sanctitas primorum hominum ita obtinet rationem imaginis divinae, ut ea sola atque unica sit, a quo homo, absolute loquendo, imago Dei appellari possit. –

13. Der Ausdruck justitia originalis zur Bezeichnung des ursprünglichen Zustandes war in der frühesten Dogmatik gebräuchlicher. *Ap. conf.* I,17. Justitia originalis habitura erat non solum aequale temperamentum qualitatum corporis, sed etiam haec dona, notitiam Dei certiorem, timorem Dei, fiduciam Dei, aut certe rectitudinem et vim ista efficiendi. Idque testatur scriptura, cum inquit (Gen. I,27): hominem ad imaginem et similitudinem Dei conditum esse. Quod quid est aliud, nisi in homine hanc sapientiam et justitiam effigiatam esse, quae Deum apprehenderet, et in qua reluceret Deus, h. e. homini dona esse data, notitiam Dei, timorem Dei, fiduciam erga Deum et similia. ... Et Paulus (Col. III. Eph. IV) ostendit imaginem Dei notitiam Dei esse, justitiam et veritatem. –

Chmn. (ll. th. I,227). justitia orig. non tantum fuit acceptatio, sed rectitudo et integritas omnium virium – just. orig. non fuit tantum aequabile temperamentum corporis, sed praecipue fuit rectitudo virium animae. – Just. orig. complectebatur non tantum secundam tabulam decalogi, sed primam quoque. Nec sita fuit tantum in exterioribus actionibus vel inferioribus viribus. – Das ist auch im wesentlichen alles, was die frühesten DD. von dem stat. integr. sagen: die im Text gegebene Darstellung gehört erst der späteren Zeit an.

Über den Ausdruck justitia originalis bemerkt noch *Calov.* (IV,598): Vocatur *justitia*, non prout haec virtus a caeteris distinguitur, quae particularis justitia indigitatur, sed uti justitia universalis accipi consuevit, quae tamen hic eminentiori modo intelligitur, *complexum omnium virtutem* non *moralium* tantum, sed *spiritualium*, non earum solum, quae ad voluntatem spectant, sed etiam intellectualium exhibens, quia nomine hoc in praesenti, ex usu theologico, significatur universalis illa *συμφωνία* in primo homine longe suavissima, mentis, voluntatis et cordis cum intellectu et voluntate ac corde Dei ... Nec immerito hoc nomen adhibetur: vocatur enim illa primaria naturae perfectio *justitia*, tum ratione essentiae, quia nempe id, quod sua natura verum, perfectum, rectum, integrum et incorruptum est, justum appellari solet: tum ratione efficientiae, quia hominem in conspectu Dei reddebat justum, i. e. innocentem, gratum, sanctum. ... *Originalis* vero justitia vocatur, tum quia in homine fuit omnium prima, tum quia is ab ortu ipso eandem per modum habitus concreati possidebat, tum ut justitia status primi et originarii a justitia ethica, imputata, inchoata, consummata alterius vitae et alia quacunque discriminetur, tum denique quia per generationem in posteros transmitti debebat, ut et illi cum origine sua naturalem hanc perfectionem consequerentur in statu innocentiae, quemadmodum nunc in statu peccati originale peccatum propagatur, et ab illa propagatione originale vocatur. *Calov.* (IV,597) definiert die justitia orig. als: habitus concreatus sapientiae in mente et sanctitatis ac puritatis in appetitu et corde perfectae, vi cujus primi parentes lumine naturali verum, etiam spirituale, sine errore ac dubitatione, cognoscebant, ac naturali propensione ad bonum libere ferebantur, ac citra internorum affectuum pugnam promte, quod volebant, exequebantur.

14. Viele DD. nehmen diese Vorzüge gleich mit in die Definition von imago auf, unterscheiden aber doch zwischen imago *μερικῶς accepta*, quae notat cognitionem et justitiam originalem, und imago *ὁλικῶς accepta*, quae omnia complectitur, quae imaginem Dei absolvunt. Die Vorzüge der ersteren Reihe nennen sie perfectiones principales, quarum sedes est anima, die der letzteren Reihe perf. minus principales, quarum sedes est corpus. Diese teilt *Quen.* (II,7) in solche ein, quae sunt partim in homine, partium extra hominem. Wenn diese mit in die Definition von imago Dei aufgenommen werden, so gilt über den Unterschied von imago Dei und justitia orig. ff.: *Quen.* (II,3). Differunt imago Dei et just. orig. ut totum et pars; imago Dei tam principalem quam secundariam cum Deo conformitatem complectitur, justitia vero originalis tantum de principali conformitate accipi solet. –

15. a) Die *impassibilitas* beweist *Holl.* (475) durch ff.: Passiones dolorificae et destructivae sunt poenae peccati, Gen. III,16. Sir. XXXVIII,15. Quam ob rem homo primus, peccati immunis, ejus passionis acerbae expers fuit.

Quen. (II,7) bemerkt zu ihr: Habuerunt protoplasti in statu innocentiae corpus impassibile, quatenus non obnoxium fuit iis, quae nocuissent naturali ipsorum dispositioni, et ad interitum et corruptionem ejus tendissent. Talia erant immunitas ab omnibus dolorum et molestiarum injuriis, privilegia contra imbres, ventos, aestum, morbos etc. aliaque incommoda, quae jam post lapsum innumera (prob. Gen. II,25). Interim tamen alterationes physicae, ut sunt generatio, nutritio etc., si perstitisset homo in integritate sua, non abfuissent, opusque habuisset cibo et potu ad sui sustentationem. –

b) *Immortalitas. Quen.* (II,7). Probatur ex Gen. II,17. Rom. V,12. VI,23. –

Disting. 1. inter immortalitatem, quae notat vacuitatem ab omni omnino moriendi potentia et actu, et sic Deus est immortalis, itemque angeli, animae nostrae et corpora beatorum et damnatorum; et immortalitatem, quae notat vacuitatem a moriendi potentia proxima, et per se ad interitum propendente, et simul ab actu moriendi, ita tamen ut mors accedere possit, certa conditione posita, et talis fuit in statu integritatis. – 2. inter *immunitatem a morte absolutam*, qualis erit in altera vita, et hypotheticam seu ordinatam, quae fuit in statu primo, scil. quousque non peccaret homo, quaeque non excludebat usum cibi ac potus, et praesertim esum arboris vivificae, sed includebat, quibus mediis naturaliter poterant vitam perpetuare protoplasti. Aliud est, *non posse mori*, et aliud *posse non mori*, aliudque *non posse non mori*. *Hoc* peccatoribus omnibus, *illud* Adamo integro, *istud beatis* competit (II,8). –

c) *Dominium. Holl.* (475). a) concessit Deus homini primo dominium in res sublunares, extensum per maria et terras, non autem per sidera coeli, nisi quatenus horum influxum in suam utilitatem convertit. b) Dominium illud non fuit absolutum et directum, sed respectivum et utile, quod denotat incolatum orbis, cum usu fructus. c) Dominium accipitur vel radicaliter *pro jure et potestate dominandi*, vel formaliter, *pro actuali dominio*. Priori sensu, pars minus principalis imaginis divinae dicitur; posteriori sensu, accidens extrinsecum aut appendix imaginis Dei fuit. –

Br. (297) führt noch mehr körperliche Vorzüge an: Caeterum contulit Deus homini etiam ex parte corporis aliquam sui imaginem, quatenus non tantum perfectiones animae per actus externos corporis se exseruerunt, sed praeterea ipsa membra corporis organici analogiam quandam habent ad attributa divina; vultus ad coelum erectus divinae majestatis speciem praebet; imprimis vero corpus immortale, seu quod perpetuo poterat durare, et ab omni corruptione liberum manere, immortalitatis divinae similitudinem ex intentione Dei habuit. *Br.* aber erkennt, daß nicht alle diese Vorzüge durch den Fall verlorengegangen sind und rechnet sie daher teilweise zur imago generaliter accepta.

16. Daher wird der ursprüngliche Zustand eine conditio felicissima genannt. *Quen.* (II,2). Hujus felicitas elucebat: 1. ex conditione animae, quae sapiens fuit et sancta; 2. ex conditione corporis, quod pulchrum, impassibile et immortale; 3. ex conditione vitae, quae felix et beata; 4. ex conditione domicilii, quod amoenissimum fuit, hortus nempe voluptatis, qui paradisus dicitur.

Gerh. (IV,247). Hinc factum, ut homo laetus, beatus et quietus in Deo creatore suo exultaret, nullus in eo metus, nullus terror, nulla tristitia in ipso locum haberet.

17. *Br.* (296). Fuit ergo etiam imago haec divina donum naturale, seu homini ad actus suos connaturales recte exercendos per naturam debitum: quo absente natura non fuerit pura, sed impura. *Holl.* (477). Imago Dei non quidem naturam primi hominis per modum partis essentialis constituit neque ex natura ejusdem per se et necessario, velut proprium inseparabile, emanavit: attamen primo homini naturalis fuit, quia per creationem cum ipsa hominis natura esse coepit; adeoque ipsi tum debita tum penitissime infixa fuit, juxta atque naturam hominis integri ad obtinendum finem ipsius, intime perfecit et per naturalem generationem ad posteros propagari potuit.

Die verschiedenen Bedeutungen, in denen das Wort naturale gebraucht wird, sind nach *Quen.* (II,9) diese: Naturale aliquid dicitur 1. *constitutive*, quod ipsam naturam constituit estque vel ipsa natura, vel pars ejus essentialis, ut anima et corpus; 2. *consecutive*, quod naturam consequitur et a forma essentialiter manat, ut facultates animae, docibilitas etc.; 3. *subjective*, quod naturae arctissime ut proprietas nativa inhaereat; 4. *perfective*, quod eam intrinsece exornat et perficit; 5. *transitive*, quod naturaliter cum natura simul in alios propagatur. Quando justitiam primaevam Adamo naturalem vel connaturalem fuisse dicimus, non primo vel secundo, sed *tertio, quarto et quinto modo naturale accipimus, videl. ob naturalem inhaesionem, perfectionem et propagationem.*

Die justitia orig. ist also nicht ein donum supernaturale, denn supernaturale est, quod non inest naturae a prima ipsius origine, sed ad imperfectionem ejus supplendam a Deo ex speciali gratia superadditur; wäre also die just. orig. ein donum superadditum, so würde das gegen Gen. I,31 streiten.

Holl. (478). *Antith.* Pontificiorum statuentium, imaginem Dei fuisse donum supernaturale ad supplendam connaturalem imperfectionem homini superadditum: sicut sertum aut vestimentum extrinsece ornat hominem, frenum compescit equum. Sicut autem, sublato vestimento et freno, natura hominis et equi manet incorrupta: ita iidem opinantur, per lapsum summota imagine Dei naturam hominis non esse corruptam, sed mansisse integram.

Zugleich mit dieser Behauptung wird auch die andere verworfen von einem status purorum naturalium. cf. not. 2. –

18. Die DD. sind über diesen Punkt nicht einig. *Gerh., Cal., Quen.* u. a. nennen die gratiosa trinitatis inhabitatio etc. ein donum supernaturale, andere aber, wie *Hollaz,* wollen auch diese als dona naturalia genommen wissen. *Holl.* (484). Sunt quidem nonnulli theologi magni nominis, qui censent gratiam Dei et inhabitationem ss. trinitatis primo homini fuisse supernaturalem. Attamen, si consideramus, 1. naturam hominis primi nec unquam fuisse nec esse potuisse integram sine spiritu divino inhabitante et sanctificante; 2. peccatum originale, quod in locum imaginis divinae post lapsum Adami successit, non tantum corporalem, sed et spiritualem mortem (quae est privatio mysticae unionis animae cum Deo) homini lapso intulisse; iis accedimus auctoribus, qui gratiam divinam et inhabitationem ss. trinitatis primo homini non supernaturalem, sed naturalem fuisse statuunt.

Als dona supernaturalia bezeichnet dagegen *Holl.* (ib.): revelatio imprimis extraordinaria et quae ei erant connexa (scil. lex positiva et vires supernaturales ad legem positivam implendam). –

Kap. II
Status corruptionis

St. corrupt. est status, in quem homo voluntarie sua a summo bono defectione se praecipitem dedit et malus simul ac miser evasit. *Quen.* (II,48).

Durch die Sünde ist dieser Zustand herbeigeführt worden, und so ist hier zu handeln: 1. von der Sünde im allgemeinen; 2. von der besonderen Sünde, durch die dieser Zustand herbeigeführt worden ist, sowie von dem dadurch herbeigeführten Zustande selbst; 3. von den aus diesem hervorgehenden Tat-Sünden; und endlich 4. von den dem Menschen nach dem Falle noch gebliebenen Kräften oder von der Frage, inwieweit dem Menschen noch Willensfreiheit zukomme.

§ 25
Die Sünde im allgemeinen

Sünde ist nach 1 Joh. III,9 jede Abweichung von einem göttlichen Gesetz (*Holl.* [488] Peccatum est aberratio a lege divina): mag es uns in das Herz geschrieben oder von außen gegeben sein[1]. Sie kann nur ausgehen von einem mit Vernunft und freiem Willen begabten Wesen; zu ihrem allgemeinen Begriff gehört aber darum nicht, daß jede solche Handlung, die eine Abweichung von dem göttlichen Gesetz begründet, auch mit dem Bewußtsein und Willen, daß damit eine solche stattfinde, geschehen sein müsse[2]. – Urheber der Sünde ist in keiner Weise Gott: weder hat er dem Menschen die Sünde anerschaffen, denn von allem, was er geschaffen hat, heißt es, es sei gut gewesen (Gen. I,31), noch hat er angeordnet, daß zu irgendeiner Zeit die Sünde sich des Menschen bemächtige. Er hat also den Menschen weder zum Sündigen angetrieben (Jak. I,13), noch die Sünde, als sie eintrat, gebilligt, vielmehr haßt er sie zu allen Zeiten (Ps. V,5. Zach. VIII,17. 1Joh. II,16)[6]. Der Grund zur Sünde liegt also allein in dem Willen der Kreatur, die aus freien Stücken sich von Gott abwendete und wider das göttliche Gesetz handelte[4]. Und darin hat Satan den Anfang gemacht und dann auch den Menschen zur Sünde verführt[5].

Unmittelbare Folge der Sünde ist dann, daß der Sünder, der das Gesetz, zu dessen Haltung er verpflichtet war, übertreten hat, eine Schuld auf sich geladen hat, die Strafe verdient. *Holl.* (502). Consequens peccati est reatus culpae et poenae[6]. Die Strafe aber ist teils zeitlich, teil ewig.

1. *Br.* (388sqq.). Per legem intelligi debet aeterna et immutabilis Dei sapientia ac judicium de his, quae creaturae rationali, qua talis est, conveniunt aut disconveniunt, conjunctum cum voluntate, ut ea fiant vel non fiant. – Promulgata est lex illa primum in ipsa creatione, cum conferretur hominibus notitia principiorum practicorum et facultas, eadem ad singulas actiones et actionum circumstantias applicandi. – Postea amissis per lapsum perfectionibus istis, vi imaginis divinae ante acceptis, lex illa equidem valde obliterata fuit, sed tamen manserunt aliqua ejus vestigia aut indicia: Deus autem praeter caeteras revelationes imprimis in Decalogo summam legis voce atque scripto repetiit et singula praecepta in s. scriptura passim clarius explicavit. – Est autem etiam illud revera peccatum, quod contra legem aliquam positivam sive divinam sive humanam committitur: modo lex humana non contrarietur divinae. –

2. *Holl.* (497). Peccator est creatura rationalis, voluntate libera praedita, et legi divinae subjecta, ab hac in faciendo et omittendo aberrans.

Id. (501). Peccati, generatim considerati, definitionem non ingreditur *τὸ ἑκούσιον* sive voluntarium. – *Voluntarium* dicitur peccatum vel subjective, quatenus voluntati inhaeret, vel efficienter, prout a voluntate deliberata proficiscitur. Posteriori modo non omne peccatum est voluntarium. Voluntarium dicitur pecc. vel formaliter, quod propria voluntate committitur, vel virtualiter, quod voluntarium fuit in generis humani radice et stirpe, a qua propagatum est in posteros; quorum eadem fuisset voluntas, quae Adami, si cum hoc eodem tempore vixissent. –

3. *Mel.* (ll. c. th. 56). Non Deus causa est peccati, nec peccatum est res condita aut ordinata a Deo, sed est horribilis destructio operis et ordinis divini.

Chmn. (ll. th. I,146). Observanda autem est etiam descriptio, quid sit, Deum non esse causam peccati, scil. non velle, non approbare peccatum nec impellere voluntates ad peccandum. Quidam enim intelligunt: non esse auctorem peccati ita, quia in principio non creavit peccatum, nec in se habeat, vel per se operetur peccatum. Sed tamen Dei voluntate homines peccare et Deum non permissive tantum, verum etiam effective operari in hominibus et per homines peccata: nec ideo dici auctorem peccati. Additur itaque tanquam explicationis gratia: auctor et causa peccati. –

Quen. (II,49). Causa efficiens peccati qua talis nullo prorsus modo Deus est, h. e. neque ex parte, neque ex toto, neque directe, neque indirecte, neque per se, neque per accidens, sive in specie lapsus Adamitici, sive in genere peccati cujuscunque Deus causa vel auctor est vel dici potest. – Non est Deus causa peccati 1. physice et per se, quia sic malum sive peccatum nullam causam habet; 2. non moraliter, imperando, suadendo vel approbando, quia non vult peccatum, sed odit, nec 3. per accidens, quia Deo nihil aut casu aut fortuito accidere potest. Repugnat id divinae sapientiae, praescientiae, bonitati, sanctitati et independentiae. – Prob. ex Ps. V,5. XLV,8. Es. LXV,12. Zach. VIII,17. 1Joh. I,5. Jac. I,13.17.

Wie Gott sich zum Bösen verhalte, davon war in der Lehre vom concursus die Rede.

4. *Quen.* (II,49). Quidquid *ἀνομίας* in agente rationale uspiam est, id omne liberae ipsius creaturae voluntati, in agendo sponte sua deficienti, adscribendum est. Ps. V,5. Os. XIII,9. Matth. XXIII,37. – Agens rationale vel creatura, quae pollet ratione et facultate cognoscendi ea, quae lex data vel jubet vel vetat, est causa peccati proprie dicta, videl. voluntas diaboli et hominis. Considerari autem debet hoc agens rationale, non ratione influxus alicujus realis, sed ratione defectus. Peccatum enim deficientem potius causam habet, quam efficientem.

5. *Conf. Aug.* XIX. De causa peccati docent, quod tametsi Deus creat et conservat naturam, tamen causa peccati est voluntas malorum, videl. diaboli et impiorum, quae non adjuvante Deo avertit se a Deo.

Chmn. (ll. th. I,148). Diabolus est primus auctor peccati: 1. quia ipse sua libera voluntate se avertit a Deo; 2. quia est causa peccati in genere humano, hoc modo, quia in natura integra decepit et seduxit Evam, ut averteret se a Deo.

6. *Holl.* (502). *Culpa* est foeditas, vel deformitas moralis ex actu legi difformi et creaturae rationali indecore resultans, atque per modum turpis maculae peccatori adhaerens. *Reatus culpae* est obligatio, qua homo, propter actum, legi morali difformem, sub peccato et macula quasi constrictus tenetur, ut ab illo actu peccator detestabilis censeatur et denominetur.

Poena divina est malum molestum, quo Deus judex offensus culpam antegressam et nondum remissam vindicat, ut justitiam suam demonstret et suam majestatem, legisque auctoritatem a contemtu asserat. *Reatus poenae* est obligatio, qua peccator a Deo, judice irato, obstrictus tenetur, ad sustinendam vindictam culpae, non remissae. – Culpa differt a poena. Nam illa praecedit, haec sequitur; culpa meretur poenam, poena culpae debetur ejusque quasi stipendium est. Rom. VI, 23 culpa a voluntate proficiscitur, a poena voluntas peccatoris abhorret: culpam peccator contrahit agendo, poenam sustinet patiendo. –

§ 26
Die erste Sünde des Menschen und der dadurch herbeigeführte Zustand, die Erbsünde

Die erste Sünde haben gleich die ersten Menschen begangen. Sie haben nämlich, vom Satan in Gestalt einer Schlange verführt, das ihnen von Gott (Gen. II,16.17) gegebene Verbot, von dem Baum der Erkenntnis zu essen, aus freien Stücken übertreten[1]. *Holl.* (507). Peccatum hominum primum est transgressio legis paradisiacae, qua homines protoplasti interdictum divinum de non comedendo fructu arboris scientiae boni et mali, a diabolo persuasi, et libertate voluntatis abusi, violarunt inque se et posteros suos, ordine naturae ex se propagandos, amissa imagine divina grandem culpam et reatum poenae temporalis atque aeternae derivarunt[2]. – Durch diese Übertretung hatten die ersten Menschen eine Schuld auf sich geladen, die Strafe verdiente; darum brachte auch Gott sogleich die (Gen. II,17) im Übertretungsfall angedrohte Strafe an ihnen zum Vollzug[3]. – Folge ihrer Sünde war dann, daß ihr ganzes Verhältnis zu Gott und ihr leiblicher, geistlicher und sittlicher Zustand sich änderte: der oben beschriebene Zustand der Gerechtigkeit hörte auf, und an dessen Stelle trat ein Zustand sittlicher Verderbtheit[4], der auch auf alle Nachkommen schon darum übergehen mußte, weil die, die durch natürliche Zeugung entstehen, doch keinen anderen Zustand überkommen können als den, den die Zeugenden im Momente der Zeugung haben, so daß also die erste Sünde nicht allein für die ersten Menschen, sondern auch für alle ihre Nachkommen von Folgen war[5]. Ist daher das erste Menschenpaar durch die Sünde ein Gegenstand des göttlichen Zornes geworden, so sind das alle von ihm abstammende Menschen gleichfalls: und zwar sind sie dies aus einem doppelten Grunde, einmal nämlich, weil dieser Zustand der Verderbtheit, den sie von den ersten Menschen überkommen haben, an sich vor Gott verwerflich macht[6], und dann, weil in Adam, als dem Stammhalter des ganzen menschlichen Geschlechtes, alle Nachkommen repräsentiert und mitenthalten sind; daher kann auch, was von Adam geschieht, als eine Tat aller betrachtet werden, deren Folgen auch alle zu tragen haben: so daß also die Sünde Adams auch den Nachkommen angerechnet, d.h. als deren eigene Sünde darum angesehen wird, weil sie alle in Adam repräsentiert sind[7]. – Der durch den Fall Adams erfolgte Zustand der Verderbtheit, der nun den ersten Menschen wie allen ihren Nachkommen zuteilgeworden ist, wird aber mit dem Ausdruck peccatum originale[8] bezeichnet: *Holl.* (518). Peccatum originale est intima corruptio naturae humanae, per lapsum primorum parentum justitiae originali privatae et ad omne malum pronae[9]. Nach seinen einzelnen Teilen wird er beschrieben:

1. als privatio justitiae originalis, homini inesse debitae;
2. als carnalis concupiscentia sive inclinatio ad malum[10].

An die Stelle der ursprünglichen Heiligkeit und Reinheit trat nämlich das gerade Gegenteil, ein durchaus sündhafter und das Böse wollender Zustand, der an sich schon Sünde ist, so daß der Mensch schon wegen dieser stetigen Geneigtheit zum Bösen und nicht erst wegen der aus ihr hervorgehenden Tatsünden ein Gegenstand des göttlichen Mißfallens ist[11]. Dieser verderbte Zustand ist dann der Grund und Quell aller Tatsünden und hat Gottes Zorn, sowie zeitliche und ewige Strafen zur Folge[12].

Von diesem Zustand muß endlich in demselben Sinne gesagt werden, daß er für uns natürlich sei, wie dies im statu integritatis von der justitia originalis gesagt wurde. Der Mensch würde zwar nicht aufhören Mensch zu sein, wenn dieser Zustand ein anderer wäre, und er macht also nicht das Wesen des Menschen aus, aber er ist zugleich mit dem Wesen, der Natur des Menschen, wie dieser jetzt geboren wird, gesetzt und also aufs engste und unzertrennlichste mit ihm verbunden; und so wie kein Mensch mehr in einem anderen Zustand als in diesem verderbten geboren wird, so ist auch dieser Zustand für die Menschen, solange sie hier auf Erden leben, unverlierbar. Der Mensch kann wohl, wenn er des Hl. Geistes teilhaftig geworden ist, der bösen Neigung den Gehorsam versagen und ist auch, wo er die Erlösung in Christo im Glauben ergriffen hat, der Wirkung dieser Sünde, d. i. dem Zorne Gottes und der Strafe entnommen, aber doch bleibt immer noch der böse Trieb zur Sünde in ihm. Dies alles ist ausgedrückt in den adjunctis peccati originalis, wie sie *Quen.* (II,62) anführt:

1. *Naturalis inhaerentia* Hebr. XII,1. Rom. VII,21, quae ergo, non substantia, sed accidens est[13].

2. *Naturalis propagabilitas* Gen. V,3. Iob XIV,4. Ps. LI,7. Joh. III,6. Eph. II,3[14].

3. *Duratio* (tenacitas seu pertinax inhaesio per omnem vitam. Rom. VII,17. Hebr. XII,1)[15].

1. *Quen.* (II,51). Peccatum primum in genere humano est voluntaria primorum parentum apostasia a Deo, creatore suo, qua a Diabolo seducti et legem divinam generalem et internam menti suae impressam, et interdictum speciale externum de non comedendo fructu arboris scientiae boni et mali, sponte sunt transgressi, de cujus peccati existentia non sinit nos dubitare historia Gen. III consignata. A Paulo appellatur παράβασις Ἀδάμ, Rom. V,14 quia ipse limites praecepti divini per comestionem fructus vetiti transilivit. Adamo autem κατ' ἐξοχὴν lapsus tribuitur, tum quia ipse fuit mulieris caput, tum quia fuit principium et radix humani generis, a quo principaliter peccatum in posteros descendit. Simili ratione vocatur παράπτωμα τοῦ ἑνός, v. 15. 17 et 18, ubi per unum hominem apostolus praecipue Adamum intelligit, ita tamen, ut Evam non penitus excludat. – Daraus ergeben sich ff. Bestimmungen:

(*Quen.* [II,51]). a) *Causa hujus peccati externa, prima et principalis* (aber remota) est Satan, agens hic non per impulsionem internam, neque per violentiam extrinsecam (utrumque enim integritati status, in quo primitus conditus erat homo, repugnat), sed per meram suasionem moralem externam. Joh. VIII,44. 2Cor. XI,3. Ap. XII,9.

b) *Causa instrumentalis* est serpens, isque verus et naturalis, sed a diabolo obsessus. Gen. III,1.14. – (non nudus serpens, verum a diabolo assumtus et impletus, quod patet ex colloquio et discursu cum Eva itemque ex supplicio Gen. III,15. Conculcatio enim capitis, per semen mulieris secutura, non ad naturalem, sed ad infernalem serpentem spectat.)

c) *Causa interna et directe efficiens* (propinqua) est hominis primi intellectus et voluntas, non ex defectu aliquo interno, qui tum, scil. in statu ante lapsum, nullus, sed per accidens, ob seductionem externam aberrans, seque a Deo avertens. (Non est homo lapsus ex absentia et denegatione gratiae alicujus specialioris, nec ex praesentia interni alicujus languoris et vitii naturalis, sed per accidentarium libertatis abusum, dum voluntas in persuasionem et seductionem diabolicam externam consensit et influxum Dei gratiosum interrupit.) –

d) Der *ordo et modus seductionis* ist dann dieser: *Holl.* (511). Primo Eva est immediate a diabolo seducta. (*Holl.* [505]. Primum peccavit Eva, non intellectu simplicior Adamo, sed voluntate facilior) mediate tamen et suasu mulieris Adam in idem peccatum pertractus est, adeoque lapsus Adami etiam in diabolum ut primum peccati auctorem redit. Zu der Stelle 1Tim. II,14 bemerkt *Quen.* (II,53): Intelligenda haec verba non de seductione simpliciter, sed de seductionis modo et ordine – seductio est vel exterior, foris per alloquium serpentis, vel interior, intus per suggestionem Satanae. Priori sensu Adam non est seductus, sed Eva solum. –

e) Die *einzelnen actus peccaminosi,* quos involvit haec ἀνομία, sind: *Holl.* (510) *α*) ex parte intellectus incredulitas (anceps haesit Eva inter verbum Dei Gen. II,17. et verbum diaboli Gen. III,4); *β*) ex parte voluntatis φιλαυτία et superbia Gen. III,5; *γ*) ex parte appetitus sensitivi inordinata fructus vetiti concupiscentia Gen. III,6. – e quibus emersit actus externus, lege paradisiaca prohibitus. –

2. *Holl.* (509). Primi parentes lapsu suo immediate violarunt legem positivam in paradiso promulgatam de non comedendo fructu arboris scientiae boni et mali; mediate et virtualiter inobedientia sua totius legis moralis repagula perfregerunt. – Ratio legis positivae erat δοκιμασία, sive probatio obedientiae, quam Deo debitam tota lex moralis requirit. Qui autem non veretur unum praeceptum transgredi, is non erubescit reliqua violare praecepta, cum eundem auctorem eandemque vim obligandi habeant.

3. *Holl.* (512 und 513). Consequentia lapsus Adamitici sunt reatus culpae et poenae. – Culpam poena pressit individua comes. Interminatus erat Deus sanctissimus homini, si legem praescriptam transgrederetur, mortem. Gen. II,17. Per mortem denotabatur mors spiritualis, corporalis et aeterna. *Mors spiritualis,* radix omnis mali, peccati primi immediatum est consequens. Nam quo momento homo animum a lege divina avertit, se ipsum privavit unione spirituali cum Deo, qui est vita animae, adeoque a Deo desertus spiritualiter mortuus est. Quae mors spiritualis secum traxit amissionem imaginis divinae, profundissimam totius humanae naturae corruptionem et defectum liberi arbitrii in rebus spiritualibus. Mortem spiritualem sive animae sequitur *mors corporis,* complectens omnes morbos et miserias extrinsece hominem circumstantes. Quo pertinet labor asper et molestus, viro jugiter exantlandus Gen. III,17. et partus uxoris dolorificus v. 16. *Quamvis autem primo lapsus momento protoplasti mortem corporis non oppetiverint, illico tamen debitores mortis facti sunt, cum isthaec peccati sit stipendium.* Rom. VI,23. *Mors aeterna* est perpetuo a beatifica Dei fruitione exclusio, cum cruciatibus perennibus, iisque longe acerbissimis conjuncta; quae vi comminationis, legi divinae annexae, subeunda fuisset Adamo, et universae ipsius posteritati, nisi Jesus Christus, redemtor generis humani et reparator amissae imaginis divinae, intervenisset. –

4. *Chmn.* (ll. th. I,227). Est enim et haec miseria peccati originalis, quod non tantum ipsa imago Dei amissa est, sed et ejus cognitio fere exstincta est. *Kg.* (80). Effectus peccati primi ratione *primorum parentum sunt*: divinae imaginis amissio, et quidem totalis, remanentibus saltem quibusdam sive ruderibus, sive vestigiis: profundissima item totius naturae depravatio: obligatio ad poenam in comminatione legi paradisiacae annexa expressam: vitae hujus aerumnae atque miseriae, et denique mors ipsa.

5. *Gerh.* (IV,315). Primorum parentum peccatum et quae illud secuta sunt, non ita intueamur, ac si ad ipsos solos spectassent, nulla autem ex parte nos attingerent; quia Adam postea genuit filium ad imaginem et similitudinem suam Gen. V,3; qualis ipse erat, tales filios generabat, imagine Dei spoliatos et justitia originali destitutos, peccato, irae Dei, morti et damnationi obnoxios. Fuit Adam et in illo fuimus omnes, periit Adam et in illo periimus omnes. – Ut, parentibus possessionem feudi amittentibus, etiam filii masculi eam amittunt, quia parentes non tantum pro se, sed etiam pro filiis

eam acceperunt; ita primi parentes ad imaginem Dei creati dona illa, Dei benignitate sibi concessa, pro se et posteris instar depositi fideliter custodiendi acceperant, ideo etiam ea non sibi tantum, sed toti stirpi ex se genitae peccando perdiderunt. –

Holl. (523). Proxima connatae hujus labis causa sunt parentes nostri, e quorum impuro sanguine macula originalis ad animam nostram promanavit. – Adeo naturae sequitur semina quisque suae. Nec niger corvus albam columbam, nec ferox leo mitem agnum, nec homo, peccato congenito pollutus, sanctum producit filium.

6. *Br.* (403) sagt mit Beziehung auf Rom. V,12: Itaque dicendum est, peccasse omnes in uno, quatenus, peccante illo, factum est, ut omnes ex ipso naturaliter descensuri necessitatem nascendi cum peccato contraherent et sic propter suum quisque peccatum in ipsa nativitate fieret morti obnoxius. Conf. ad Eph. II,3, ubi, quando homines omnes filii irae esse dicuntur, supponitur causa hujus reatus, nempe quod omnes natura sint peccatores. Filium irae enim esse, idem est ac esse obnoxium irae divinae ac dignum poena, a Deo, vindice legis, propter violationem legis infligenda. Itaque filius irae natura esse non potuit, nisi natura sua aut per naturae corruptionem sit peccato pollutus. *Br.* fügt aber hinzu (414): ut autem subtilius disputetur: quomodo Deus lapsum protoplastorum posteris ipsorum, nondum existentibus, ita imputare potuerit, ut propterea etiam ipsos justitia originali destitutos et peccatores nasci oporteret? non opus est, nec fortasse consultum. Sufficit enim *τὸ ὅτι* esse revelatum, etsi *τὸ πῶς* ignoratur. –

Gerh. (IV,316). Peccatum ergo illud (Adae) non est modis omnibus a nobis alienum, quia Adam non ut privatus homo, sed ut caput totius humani generis peccavit, atque ut humana natura per ipsum communicata, sic et naturae corruptio per propagationem communicatur. ... (327): quia ergo omnes homines, qui naturali et communi generationis cursu nascuntur, peccato sunt obnoxii, ideo etiam omnes natura sunt filii irae, rei mortis et damnationis; non enim potest non Deus irasci peccatis. –

7. *Holl.* (513). ***Primum peccatum Adami, quatenus is ut communis parens, caput, stirps et repraesentator totius generis humani spectatur, omnibus ipsius posteris vere et justo Dei judicio ad culpam et poenam imputatur.*** Unter peccatum, quod nobis imputatur, wird verstanden (*Quen.* [II,111]): inobedientia illa, qua primi parentes generis humani a Deo sese averterunt etc. Daher wird auch gesagt (II,53): Non solum primi parentes fuerunt subjectum primi peccati, sed et omnes ipsorum posteri, carnali generatione ex ipsis propagandi. Grund: Supponebant enim Adam et Eva pro toto genere humano, quippe qui considerari debent, tum ut principium *naturale*, seminale videl. generis humani, tum ut principium *morale*, repraesentativum, quippe totius posteritatis et in natura et in gratia. Hinc apposite inquit apostolus Rom. V,12. ἐφ' ᾧ, in quo, scil. primo homine, omnes peccaverunt, vel eo, quod unus ille peccavit, omnes peccarunt, scil. in Adamo omnium posterorum personarum repraesentante, et v. 19. »per inobedientiam unius hominis peccatores constituti sunt multi«. Scilicet nec nuda interpretatione nec imitatione saltem, sed et imputatione reatus realis et propagatione pravitatis naturalis et participatione culpae actualis per peccatum Adami peccatores constituti sumus. Adeoque causa proxima, cur peccante primo homine omnes ejus posteri peccaverint, est existentia totius speciei humanae in persona protoplasti Rom. V,12. Nam non tantum ut prima speciei humanae individua tunc considerabantur primi parentes, sed etiam revera radix, stirps et principium erat totius generis humani, quod et stare et labi in illis poterat. Hinc dicimur fuisse in lumbis et femore primorum parentum. – *Id.* (II,111). Spectatur peccatum primum I. ex parte ipsius Adami, qui unicâ numero legiruptione omnes posteros, cum culpae, tum reatui, tum poenae implicuit, quatenus nempe voluntas ejus interpres erat voluntatum omnium omnino eorum, qui, ut scriptura loquitur, in lumbis vel femore ejus erant, sive qui in virtute ejus seminali delitescebant, quorum jam interpretative proprium factum est pecca-

tum, ita ut nascantur cum absentia perfectionis debitae inesse. Voluntas, inquam, Adami, utpote principii et radicis generis humani, censebatur nostra, non formaliter, sed interpretative. Nam primus homo omnium posterorum voluntates in sua quasi voluntate locatas habet, unde et contra datam legem pro se et posteris suis suum et posterorum declaravit animum. II. Respectu Dei, ut judicis, qui jure, quo pollet summo, crimen divinae majestatis laesae etiam in posteris, utpote in Adamo lapsis, carentia quâ tali justitiae originalis punit, adeoque peccatum Adamiticum justissime illis ad damnationem imputat. *Quen.* unterscheidet aber auch noch imputatio immediata et mediata. (II,114): Immediate nobis imputatur primum peccatum Adamiticum, in quantum exstitimus adhuc in Adamo. Mediate vero nobis imputatur peccatum Adami, scil. mediante peccato originali inhaerente, in quantum in propriis personis et individualiter consideramur. Nemo enim habetur peccator a Deo, nemini imputatur ille primus actus, nisi ei, qui descendit peccato originali contaminatus ab ipso Adamo. –

Das Wort »imputare« erklärt *Quen.* (II,111) so: Vox imputandi hoc loco non physice pro implantatione vel insitione, sed relative pro aestimatione accipitur. In Hebraeo per חָשַׁב, in graeco per λογίζεσθαι, et germanice per *zurechnen* exponitur, quasi dicas, in supputando aliquid alicui attribuere, vel in numerando seu putando quid assignare. Bewiesen wird die Imputation aus Rom. V,12. 14 und 19. Die gewöhnliche Erklärung der ersten Stelle ist: in quo scil. Adamo omnes peccaverunt. Aber *Quen.* (II,58) bemerkt: Non multum interest, sive ἐφ' ᾧ vertas »in quo« sive »eo quod«. Si enim causalis retinetur, sententiam nostram confirmat. Ita enim argumentamur: »qui moriuntur, moriuntur eo quod peccarunt, sed omnes homines, etiam infantes et nondum nati moriuntur. Ergo moriuntur eo quod peccarunt«. Ast moriuntur infantes et nondum nati non ob suum aliquod delictum seu peccatum actuale: ergo ob alienum scil. Adami, qui suam illis labem aspersit. Quod si vero altera significatio acceptetur, (in quo) relative scil. in Adamo, ut radice, fonte, causa, capite, iterum peccatum Adamiticum omnibus imputari evincitur. – Zu Rom. V,19 bemerkt *Quen.* (II,113): Ut justi constituimur per imputationem justitiae Christi, ita injusti constituti sumus per inobedientiam Adami. –

Um sich recht genau auszudrücken, wird noch von *Quen.* (II,53) bemerkt, daß das Wort lapsus Adami in verschiedener Bedeutung genommen werde. Das eine Mal bedeute es: praecise transgressionem circa arborem vetitam, und sei so formaliter illius individui Adami peccatum: in diesem Falle werde gesagt: noster fit lapsus ille *sola imputatione.* Das anderemal bedeute es: simul id, quod ex transgressione illa fluxit, scil justitiae originalis carentiam et totius naturae corruptionem, und dann müsse gesagt werden: non sola imputatione, sed etiam per carnalem generationem ad posteros transit. – Übrigens bemerken wir, daß die Lehre von der imputatio culpae et poenae primorum parentum erst von den späteren DD., etwa von *Calov* an ausgeführt wird; eine Andeutung derselben liegt aber in dem Satz der *Form. conc.* (sol. decl. I,9), quod hoc haereditarium malum sit culpa seu reatus, quo fit, ut omnes propter inobedientiam Adae et Hevae in odio apud Deum et natura filii irae simus. –

8. Die Scholastik unterschied peccatum originale originans und p. orig. originatum. *Quen.* (II,115). P. orig. active sive *originans* est vitiosus ille *actus,* quem primus homo commisit transgrediendo legem paradisiacam, qui quidem actus in posteros non transiit nec in illis reperitur, nisi sola imputatione. Originem tamen tribuit intimae humanae corruptioni, quae dicitur peccatum originale passive sive *originatum,* quod est vitiosus *habitus,* quem actuali illa legis divinae transgressione contraxit Adam et in posteros propagavit. In dieser Bedeutung wird das Wort hier genommen.

Holl. (518). Phrasi *ecclesiastica, non biblica* hoc peccatum, e lapsu Adami ortum, dicitur originale, et quidem non ratione originis mundi aut hominis, sed 1. quia ab Adamo, radice et principio generis humani, derivatum; 2. quia cum origine Adamigenarum conjunctum; 3. quia origo et fons est peccatorum actualium. –

In sacris literis connata haec pravitas vocatur: 1. *peccatum inhabitans* Rom. VII,17; eo quod post lapsum in homine firmam sedem fixit, nec discedit, nisi domicilio animae et corporis dissoluto; 2. *p. circumstans;* quia nos undique cingit, instar vestis prolixae, cursorem remorantis Hebr. XII,1; 3. *lex in membris* Rom. VII,23; nam ut lex regit et moderatur agentem, ita peccatum originale membra corporis ad patrandum opera prava dirigit; 4. *malum adjacens* Rom. VII,21; ideo, quod homini, bonum facturo, sufflaminis instar adjacet. –

9. Ausführlichere Definitionen: *Holl.* (518). Pecc. orig. est privatio justitiae originalis, cum prava inclinatione conjuncta, totam naturam humanam intime corrumpens, ex lapsu primorum parentum derivata, et per carnalem generationem in omnes homines propagata, ipsos ineptos ad bona spiritualia, ad mala vero propensos reddens, reosque faciens irae divinae et aeternae condemnationis. –

Quen. (II,62). Est p. orig. a peccato Adami in omnes homines, communi et carnali modo progenitos, derivata et propagata justitiae originalis privatio, includens horrendam humanae naturae, omniumque virium corruptionem et depravationem, omnesque excludens a gratia Dei et vita aeterna, et subjiciens aeternis et temporalibus poenis, nisi ex aqua et spiritu renascantur, sive per Christum remissionem peccatorum consequantur. –

Der Beweis für das Vorhandensein des p. orig. wird geführt aus: Gen. VI,5. VIII,21. Iob XIV,4. Ps. XIV,2.3. LVIII,4. Es. XLVIII,8. Joh. III,5.6. Eph. II,3. bes. aus: Ps. LI,7. Rom. V,12–14. Gen. V,3. Die Hauptstelle Rom. V,12 kommentiert *Chmn.* (ll. c. th. I, 230) so: 1. Monstratur causa efficiens peccati originalis, scil. primus homo ... 2. ostenditur subjectum, quod non in solo Adam haereat, sed transierit in mundum, i.e. in omnes homines venientes in hunc mundum, 3. describitur reatus, quod sit non tantum mors corporalis, sed regnum mortis, judicium condemnationis ... 4. ne intelligatur reatus tantum ob alienum peccatum, sine proprio aliquo vitio, affirmat Paulus mundum reum esse et ex uno delicto primi hominis, et quia omnes peccaverunt, i.e. peccatores constituti sunt; 5. quale peccatum sit, indicat, cum inquit: habere pecc. orig. etiam illos, qui non actione aliqua sicut Adam praevaricati sunt; 5. describit modum, quomodo propagatur peccatum orig.: per unum, inquit, hominem.

10. *Quen.* (II,59). Forma est habitualis justitiae originalis privatio. Ps. XIV,3. LIII,4. Rom. III,10.11.12.23. cum forma contraria, totius nempe naturae profundissima corruptione conjuncta, Rom. VII,17.20.21. Hebr. XII,1.

cf. in libr. symb. bes.: Apol. conf. II,26. Form. conc. I,11. –

Zu ersterem (der just. or. privatio) bemerkt *Br.* (404): Huc pertinet mors illa, seu carentia vitae spiritualis, omniumque virium activarum, quae ad actus vitales legi divinae conformiter exercendos requirebantur. Atque haec mors hominibus, quatenus natura filii irae sunt, tribuitur Eph. II,1 et 5. Col. II,13. Quemadmodum enim justitia originalis, cum facultatibus animae primi hominis inesset, animabat quasi, et instruebat eas ad vivendum vitam, quae secundum Deum est, et ad actus motusque spiritualiter bonos, intra se eliciendos et exercendos; sic deperdita justitia illa primaeva homo similis est mortuo, per separationem animae a corpore omnibus plane viribus ad actus et motus vitales in se eliciendos exercendosque, destituto: destitutus quippe viribus ad actus et motus spirituales.

Zum anderen (der concupiscentia) *Br.* (404): Idem enim homo carnalis qui, ob privationem spiritualis vitae, mortui instar est alia ratione vivus et valde actuosus dicitur, sed ad vitam a vita Dei alienam Eph. IV,18. II,3. Nimirum facultates animae per essentiam sunt facultates vitales, et quando justitia originali privantur, licet careant viribus ad vitam secundum Deum instituendam necessariis; non tamen ipsae, quod esse vitale et vim eliciendi actus motusque vitales, perditae sunt aut abolitae: sectantur itaque aliam vitae rationem, a priori plane diversam. – Die concupiscentia ist also zugleich mit der privatio justitiae orig gesetzt, daher als antithesis contra Pontificios der Satz: *Quen.* (II,135). Consistit pecc. orig. formaliter non in mera privatione rectitudinis inesse debitae, sive defectu justitiae concreatae, sed etiam in illegalitate seu accessu legi divinae contrario ad objectum prohibitum, quae uno vocabulo dicitur prava concupiscentia. – Also ist das pecc. orig. eine pravitas privativa et positiva: *privativa,* expers boni inesse debiti; *positiva,* cupida mali indebiti, h.e. ipsa concupiscentia. Die pravitas positiva wird aber näher so bestimmt: *Quen.* (II,136). P. orig. dicitur pravitas positiva, non *secundum* ἀκρίβειαν et abstractionem philosophicam, in qua omne positivum ens est bonum a Deo creatum, sed *in latitudine theologica,* idque 1. denominative, quatenus subjective includit actum positivum; 2. formaliter, quatenus praeter actum, cui privatio inhaeret, et praeter privationem justitiae debitae inesse, inclinationem et malitiam aliquam contrarie oppositam involvit. –

Näher werden dann die einzelnen Teile des p. orig. von *Br.* (406–408) so beschrieben: Ex parte *intellectus* importat p. orig. totalem privationem lucis spiritualis, ita ut nec Deum recte cognoscere, neque adeo, qua ratione colendus sit Deus, perfecte praescribere, aut quae divinitus revelata sunt, firmo assensu amplecti possit; simul etiam pronitatem intellectus ad temeraria et falsa de rebus spiritualibus judicia ferenda; imo vero etiam in his, quae lumini naturae subjacent, impotentiam quandam in cognitione Dei et instituenda vita. – Ex parte *voluntatis* consistit peccatum originis in carentia sanctitatis originalis, seu virium diligendi Deum super omnia, et exequendi, quae intellectus recte dictitavit, itemque recte coercendi appetitum: quodque voluntas ex adverso propendet ad opera peccaminosa. – Ex parte *appetitus sensitivi* locum habet privatio obsequii superioribus facultatibus debiti quodque ille contra in ea, quae sensibus grata sunt, licet lege divina prohibeantur, quodam quasi impetu, sive non exspectato, sive repudiato, rationis judicio ruit. –

11. *Conf. Aug.* II. Docent, quod post lapsum Adae omnes homines, secundum naturam propagati, nascantur cum peccato, h. e. sine metu Dei, sine fiducia erga Deum, et cum concupiscentia: quodque hic morbus seu vitium originis *vere sit peccatum,* damnans et afferens nunc quoque aeternam mortem his, qui non renascuntur per baptismum et spiritum s. cf. *Apol. conf.* II,38–41. *Form. conc.* sol. decl. I,6: Hoc malum aliquando D. Lutherus peccatum naturae, item peccatum personae appellare solet, ut significet, etiamsi homo prorsus nihil mali cogitaret, loqueretur aut ageret (quod sane post primorum nostrorum parentum lapsum, in hac vita, humanae naturae est impossibile): tamen nihilominus hominis naturam et personam esse peccatricem, h. e. peccato originali prorsus et totaliter in intimis etiam visceribus, et cordis recessibus profundissimis totam esse, coram Deo, infectam, venenatam et penitus corruptam; et propter hanc corruptionem atque primorum nostrorum parentum lapsum natura aut persona hominis lege Dei accusatur et condemnatur, ita ut natura filii irae, mortis et damnationis mancipia simus, nisi beneficio meriti Christi ab his malis liberemur et servemur.

Quen. (II,60). Concupiscentia illa notans ipsam insitam naturae depravatae propendentiam ad malum, etiam prout in renatis reliqua est, veri nominis peccatum est, quia competit ei peccati definitio, unde decies quater peccatum eam appellat Paulus Rom. VII, non metonymice, quod tantum poena sit peccati primi et causae peccatorum actualium insequentium, ut volunt Pontificii, sed *proprie et formaliter,* quia vere peccatum est, unde etiam nominat eam apostolus legem peccati, legi mentis repugnantem – malum – peccatum peccans.

12. *Br.* (420). Effectus peccati orig. sunt mala varia: *ex parte animae* quidem, defectus liberi arbitrii in spiritualibus et infirmitas ejus in naturalibus: peccata actualia, specie et numero multa: privatio gratiae et opposita ira Dei; *ex parte corporis,* morbi et aerumnae aliae, ipsaque mors temporalis: denique et mors seu damnatio aeterna. –

13. Darin, daß von dem pecc. orig. die naturalis inhaerentia ausgesagt wird, ist ein Doppeltes enthalten:

1. Das *Quen.* (II,62): quod non sit accidens aliquod leviter et extrinsece adhaerens, sed intrinsece et intime inhaerens unde vocatur *εὐπερίστατον*, Hebr. XII,1; quod sit *accidens συνέμφυτον et naturale,* quod non quidem ex natura ut sic oritur, sed tamen una cum ea producitur vel ei connascitur; quod non sit accidens aliquod temporale et transiens, sed fixum ad permanens. Um eine solche Ansicht (die Pelagianische) fern zu halten, drücken sich die DD. sehr stark aus über die dem Menschen zu teil gewordene Verderbnis. So *Chmn.* (ll. c. th. I,259). Non pauci sunt, qui p. orig. ita extenuant, ut fingant, esse tantum accidentium quorundam corruptionem, ipsa hominis et praecipue animae substantia existente jam post lapsum et manente integra, illaesa et pura: ita ut, remoto isto quasi impedimento, ipsa hominis substantia jam post lapsum ante renovationem spiritus per se, in se aut ex se habeat spirituales aliquas vires seu facultates, quas ex se conferat ad inchoandas et efficiendas actiones spirituales. ... Contra has philosophicas et Pelagianas imaginationes opponenda, perspicue explicanda et acriter defendenda est vera et perpetua ecclesiae sententia ... quod scil. in homine jam post lapsum ante renovationem natura seu substantia nequaquam sit integra, pura aut sana, sed quod ipsa natura seu substantia hominis, praecipue vero animae humanae sit corrupta, vitiata seu depravata idque non leviter vel in superficie tantum, nec etiam in parte tantum aliqua, sed quod tota massa (ut ita dicam) substantiae seu naturae humanae, praecipue vero animae summa et extrema depravatione sit corrupta et vitiata. ... Haec corruptio seu depravatio non est abstractum aliquod seu idea aliqua extra substantiam seu naturam humanam, sed haeret in ipsa natura seu substantia nostra et tanquam spirituale venenum infecit, pervasit et diffusum est longe lateque per omnia membra totius substantiae seu naturae nostrae. Aus Überspannung und Mißverständnis dieser Behauptung entstand dann der Satz des *Flacius*: quod p. orig sit ipsa substantia hominis seu ipsa anima humana. Darum enthält die Aussage der naturalis inhaerentia

2. das *Quen.* (II,62): quod p. orig. non sit ipsa hominis substantia ... sed quod ipsi inhaereat per modum accidentis, ab ipsa enim hominis essentia distinguitur in scriptura et dicitur malum inhabitans Rom. VII,20. jam vero incola vel hospes non est idem cum domo, ita nec peccatum cum homine. *Form. concord.* sol. decl. I,33: Etsi peccatum orig. totam hominis naturam, ut spirituale quoddam venenum et horribilis lepra infecit et corrupit, ita quidem, ut jam in nostra natura corrupta ad oculum non monstrari possint distincte haec duo, ipsa natura sola et orig. peccatum solum: tamen non unum et idem est, corrupta natura, seu substantia corrupti hominis, corpus et anima, aut homo ipse a Deo creatus *in quo orig. p. habitat* (cujus ratione natura, substantia, totus denique homo corruptus est), et ipsum orig. peccatum, quod in hominis natura aut essentia habitat, eamque corrumpit. ... Discrimen igitur retinendum et inter naturam nostram, qualis a Deo creata est, hodieque conservatur, in qua peccatum orig. habitat, et inter peccatum orig., quod in natura habitat. Daher dann das p. orig. ein accidentale genannt wird: *Form. conc.* sol. decl. I,57: Cum igitur haec sit immota veritas, quod quidquid est, id aut substantia sit, aut accidens, hoc est, vel per se subsistens quiddam vel quod aliunde accidit et in substantia haeret ... profecto necessario fatendum est, ... peccatum non esse substantiam, sed accidens. Sie fügt aber hinzu (sol. decl. I,60): quando quaeritur, qualenam accidens sit peccatum originis, haec jam alia est quaestio. Hujus quaestionis declarationem veram nullus philosophus, nullus Papista, nullus sophista, imo nulla humana ratio proferre potest, sed ejus explicatio e sola s. scriptura est petenda. – Die in obiger Stelle aus *Chmn.* gebrauchte Ausdrucksweise wird noch durch ff. Unterscheidung gerechtfertigt (sol. decl. I,51): Et aequivocationes vocabulorum ad cavendas *λογομαχίας* diligenter et diserte sunt explicandae. V. gr. cum dicitur: Deus creat hominum naturam: per vocabulum (naturae) intelligitur ipsa substantia,

corpus et anima hominis. Saepe autem *proprietas aut conditio* alicujus rei (tam in bonam quam in malam partem) vocatur ejus rei natura, ut cum dicitur: serpentis natura est icere et veneno inficere (ibi exprimitur non serpentis substantia, sed malitia); in hac sententia D. Lutherus utitur vocabulo naturae, cum dicit, peccatum et peccare esse corrupti hominis naturam. –

14. *Form. conc.* sol. decl. I,7. Et hodie, etiam in hac naturae corruptione, Deus non creat aut facit in nobis peccatum, sed una cum natura, quam D. etiamnum in hominibus creat et efficit, peccatum orig. per carnalem conceptionem et nativitatem a patre et matre (ex semine per peccatum corrupto) propagatur. –

Daran reiht sich die Frage, in welcher Weise dieser verderbte Zustand sich fortpflanze, und die: an anima sit ex traduce? i.e. sicut in generatione caro prolis substantialiter traducitur ex semine patris, an etiam ita anima filii essentialiter traducatur ex anima patris? worüber *Chmn.* (ll. c. th. I,236): Lutherus in disputationibus concludit: se publice nihil velle affirmare de ista quaestione, sed privatim se tenere sententiam de traduce. ... Satis sit de causa efficiente scire, primos parentes lapsu suo meritos esse, ut, quales ipsi erant post lapsum et corpore et anima, tales procrearentur omnes posteri. Quomodo autem malum illud contrahat anima, salva fide potest ignorari, quia spiritus s. non voluit hoc certis et perspicuis scripturae testimoniis patefacere. Auch *Hutterus* sagt (328): fecit haec ipsa doctorum ecclesiae dissonantia, ut nostro hoc etiam saeculo non desint theologi facile primarii, qui circa hanc ipsam quaestionem maluerunt ἐπέχειν, quam intra et praeter expressam scripturae auctoritatem certi quid statuere ...; er fügt aber hinzu: Caeterum si a nobis quis quaerat, utram sententiam veritati maxime consentaneam esse arbitremur, intrepide respondemus, nos D. Lutheri sententiae ex asse suffragari, eamque scripturis consonam esse; nimirum ex traduce animam humanam propagari, ita ut quemadmodum suae speciei similem res unaquaeque profert, leo leonem, equus equum: sic homo etiam hominem generet et non caro duntaxat aut corpus, sed anima etiam sobolis essentialiter a parentibus traducatur (329) ... utique apud pios omnes nostra praeponderat sententia, quae animae originem ex traduce esse affirmat *Quen.* (II,62). Uti peccati πρῶτον δεκτικόν, anima, ita et ipsum peccatum originis, mediante anima, cui penitissime inhaeret, propagatur per traducem. – Das weitere darüber cf. in § 20 not. 8.

15. Die näheren Bestimmungen darüber sind ff.:

Quen. (II,62). Quatuor in peccato originali notabilia occurrunt, quorum singulis certus durationis terminus praefixus est: 1. fomes habitualiter inhaerens, sive radix; 2. fomitis sensus; 3. ejusdem dominium, et denique 4. reatus. ***Hic*** tollitur in regeneratione et justificatione; ***dominium*** in renovatione (non statim, sed paulatim et successive, quia renovatio in hac vita imperfecta est); ***sensus*** in morte; fomes ipse, non in cinefactione (quum non corpus, sed anima primum et immediatum peccati subjectum sit), sed ipsâ animae a corpore solutione.

Ap. conf. II,35. Semper ita scripsit (Lutherus), quod baptismus tollat ***reatum*** peccati originalis, etiamsi ***materiale, ut isti vocant, peccati*** maneat, videl. concupiscentia. Addidit etiam de materiali, quod spiritus s. datus per baptismum incipit mortificare concupiscentiam et novos motus creat in homine. Ad eundem modum loquitur et Augustinus, qui ait: peccatum in baptismo remittitur, non ut non sit, sed ut non imputetur. Hic palam fatetur esse, hoc est, manere peccatum, tametsi non imputetur. –

§ 27
Die Tatsünden

Die Erbsünde ist der Grund und Quell aller Tatsünden. Unter diesen verstehen wir aber nicht allein diejenigen, die sich in äußeren Taten bemerkbar machen, sondern auch diejenigen, die auf bloß inneren Aktionen des Menschen beruhen. *Hutt.* (ll. c. th. 346). Peccatum actuale est omnis actio sive interior sive exterior, pugnans cum lege Dei[1]. Ihrer sind sehr viele und verschiedene. Sie werden eingeteilt (nach *Quen.* [II,65]):

I. *Ratione causae in agendo deficientis internae*: in voluntaria et involuntaria. *Pecc. voluntarium* est actus, quo homo legem divinam contra dictamen conscientiae deliberato voluntatis proposito transgreditur. *Pecc. involuntarium* est actus legi difformis, non profectus ex certa scientia, nec ex deliberato voluntatis proposito. Die letztere wird eingeteilt in pecc. ignorantiae et infirmitatis[2].

II. *Ratione suppositi* peccantis 1. in nostra et aliena. *Nostra* sunt, quae ipsimet vel committendo prohibita vel omittendo imperata contrahimus. *Aliena* dicuntur, quae ab aliis quidem perpetrantur, nos vero iisdem communicamus, vel de illis participamus[3]; 2. in venialia et mortalia. *Pecc. veniale* est, quod quum primum commissum est, et eo ipso momento, quo perpetratur, veniam indivulso nexu conjunctam habet. *Pecc. mortale* est, quod mortem spiritualem infert eo ipso momento, quo committitur[4].

III. *Ratione materiae in qua*: in interna et externa. *Interna* sunt cordis, *externa* sunt oris et operis[5].

IV. *Ratione materiae circa quam*: in pecc. contra primam tabulam immediate et directe, et contra secundam tabulam: in specie in Deum, contra proximum, contra propriam peccantis personam.

V. *Ratione ipsius actus peccati*: in peccata commissionis et omissionis. *Pecc. commissionis* vocantur, quae consistunt in actibus positivis, cum praecepto negativo pugnantibus. *Pecc. omissionis* in negatione aut omissione actus, praecepto affirmativo praescripti, consistunt *Br.* (440)[6].

VI. *Ratione effectus*: in pecc. clamantia et non clamantia. *Pecc. clamantia* sunt actus vitiosi, qui, hominibus etiam tracentibus vel conniventibus, ad vindictam Deum provocant. *Pecc. non clamantia* dicuntur, quae Deus longanimitate sua tolerat et poenam vel differt, vel si a renatis sint commissa, remittit[7]. –

VII. *Ratione adjunctorum* 1. *in peccata graviora et leviora* (ob majorem et minorem culpam sive foeditatem adhaerentem)[8]; 2. *in pecc. occulta et manifesta*[9]; 3. *in mortua et viventia. Pecc. mortuum* est, quod in nobis quidem haeret, sed pro peccato non agnoscitur vel certe non pro tanto. *Pecc. vivens* est, quod tale agnoscitur et furit post legis cognitionem, Rom. VII,8.9; 4. *in peccata manentia et remissa. Pecc. manens* est, quod reatu et pondere suo adhuc premit hominem peccatorem. *Pecc. remissum,* cujus reatus ab homine peccatore per

Dei gratiam ob Christi meritum est sublatus; 5. in pecc. cum *induratione et excoecatione conjuncta* et *ab ea sejuncta*[10]; 6. *in peccata remissibilia et irremissibilia.* Zu letzteren wird nur gerechnet: *peccatum in spiritum sanctum*[11]. Pecc. in spir. s. est veritatis divinae evidenter agnitae et in conscientia approbatae malitiosa abnegatio, hostilis impugnatio, horrenda blasphematio, et omnium mediorum salutis obstinata et finaliter perseverans rejectio *Holl.* (556). Matth. XII,31.32. Marc. III,28.29. Luc. XII,10. Hebr. VI,4–6. X,26.29. –

1. *Calov.*(V,311). Peccatum actuale est aberratio a lege, qua cogitationes et actiones humanae, a carne profectae, legem divinam, a Moyse praescriptam transiliunt, reatum temporalium et aeternarum poenarum inferens.

Holl. (537). P. actuale est deflexio actus humani commissi vel omissi a regula legis divinae, reatum culpae et poenae inferens.

Quen. (II,63). Sumitur vox actus et actuale h. l. non stricte, pro externis tantum operibus, et peccatis commissionis, sed late, ita ut etiam internos vitiosos motus, tam primos quam secundos nec non peccata omissionis complectatur.

In scriptura s. peccata actualia dicuntur opera carnis Gal. V,19. opera infructuosa tenebrarum Eph. V,11. actiones veteris hominis Col. III,9. opera mortua Hebr. VI,1. IX,14. *ἔργα ἄνομα* 2Petr. II,8.

2. Dazu die weiteren Bemerkungen: a) *Quen.* (II,67). Voluntarium hic dicitur peccatum, non quia cum voluntate et in voluntate est, sic enim etiam involuntarie praevaricationes voluntariae forent, sed accipitur hoc loco ita, prout opponitur ei, quod fit per ignorantiam et *ἀπροαιρέτως*. b) *Holl.* (542). Consideratur p. voluntarium tum in *ordine ad conscientiam* tum in *ordine ad voluntatis propositum.* P. contra conscientiam est quadruplex. Committitur enim vel contra conscientiam *rectam,* cum homo in agendo vel omittendo dictamen conscientiae, cum lege divina consentiens, non sequitur, sed contemnit; vel contra conscientiam *erroneam,* quando homo in agendo vel omittendo a dictamine conscientiae errore imbutae deflectit; vel contra conscientiam *probabilem,* cum quis delinquit contra dictamen intellectus, probabiles ob causas aliquid hic et nunc agendum vel omittendum suadentis; vel contra conscientiam *dubiam,* quando quis id agit vel omittit, de quo dubitat, sitne agendum vel omittendum. – Pecc. voluntarium in ordine ad propositum voluntatis spectatum duplex est. Aliud enim est, quod ex mera malitia et voluntate plane libera; aliud, quod ex voluntate, vi metuve et circumstantibus periculis inclinata committitur. Matth. XXVI,70.72.74. Marc. XIV,68.70.71. Luc. XXII,57.58.60. Joh. XVIII,25.27. – c) Ad p. involuntarium *Quen.* (II,70). *Pecc. ignorantiae* est, quod ex caligine mentis, per spiritus s. illuminationem nondum penitus sublatâ, regenitis invitis obrepit. *Pecc. infirmitatis* est, quod sine certo peccandi proposito regenitis obrepit, ut sunt motus animi vitiosi, illis invitis oborti, et illegalia quaecunque, ex incogitantia vel praecipitantia et citra propositum sive dicta, sive facta: Gen. IX,21. XVI,5. XVIII,12. Num. XX,11.12. Act. XV,39. Rom. VII,15. Gal. II, 12.13.14. VI,1.

3. *Holl.* (552). *P. nostrum* est actus vitiosus, reali nostro influxu productus; *pecc. alienum,* nobis imputatum, est actus illicitus, ad cujus productionem nos non reali quidem influxu, efficaci tamen intentione concurrimus, ut jure nobis imputari queat (efficaci intentione concurrit ad peccatum alienum, qui praecipit, consulit, consentit, connivet, non obstat, non manifestat, atque adeo causa moralis est peccati alieni) Eph. V,7 et 11. 1Tim. V,22. 2Joh. 11. Ap. XVIII,4.

4. *Holl.* (547): a) *P. veniale* est omne peccatum involuntarium *in renatis,* quod neque gratiam inhabitantem spiritus s. excutit, neque fidem extinguit, sed eodem momento,

quo committitur, veniam indivulso nexu conjunctam habet, – *Distinctio* peccati in mortale et veniale non est petita a merito peccati; omne namque peccatum ex se et natura sua in foro legali est damnabile merito; sed 1. a diversa conditione subjecti sive personae peccantis. Nam p. veniale est in renatis, p. mortale in iis, qui vel nunquam fuerunt regeniti, vel a praedominante carne victi ex statu gratiae exciderunt. 2. Ab aestimatione Dei secundum evangelium; quia Deus reconciliatus et gratiosus pater renatis peccata infirmitatis et ignorantiae ad culpam et poenam non imputat. 3. Ab eventu. Pecc. mortale peccantem in statum irae, mortis et condemnationis praecipitem agit, ut, si in illo statu absque poenitentia moriatur, omnino condemnetur: pecc. autem veniale, quia veniam individuam comitem habet, cum gratia Dei et fide salvifica consistere potest. – *Id.* (551). *Causae* remissionis sive non imputationis sunt: misericordia Dei, satisfactio et intercessio Christi (1Joh. II,1.2. Rom. VIII,1). efficax operatio spiritus s., quotidiana poenitentia renatorum.

b) *Id.* (547). *pecc. mortale* est, quo renati a carne victi atque adeo in statu regenerationis non permanentes, contra dictamen conscientiae deliberato voluntatis proposito, legem divinam transgrediuntur, et eo ipso fidem salvificam amittunt, gratiam spiritus s. excutiunt, seque ipsos in statum irae, mortis et condemnationis conjiciunt.

5. *Holl.* (552). Peccata *cordis* sunt pravae cogitationes et cupiditates, quae intra sinum animi humani foventur; peccata *oris* sunt mala verba et gestus, quae ore exprimuntur; pecc. *operis* sunt facta, quae externo membrorum nisu contra legem Dei patrantur. Matth. V,21.22.

6. *Holl.* (552). *Pecc. commissionis* sunt actus positivi, quibus praecepta Dei negativa violantur. *Pecc. omissionis* sunt suspensiones actuum, praeceptis Dei affirmativis praescriptorum. Jac. IV,16.17. – Not. Quamvis plerumque in peccato omissionis sit aliquis actus positivus illicitus, vel interior voluntatis, ut velle omittere, quod praeceptum est; vel exterior, ut operatio, qua impeditur quis ab eo, quod facere tenetur: non tamen semper aut necessario requiritur talis actus positivus, sed ipsum non facere, quod praeceptum est, peccatum est. –

7. *Holl.* (553). *Pecc. clamantia* teste scriptura erant: 1. fratricidium a Caino commissum, Gen. IV,10; 2. peccata Sodomitica, Gen. XVIII,20; 3. oppressio Israelitarum in Aegypto, Ex. III,9. viduarum et orphanorum, Ex. XXII,23; 4. denegatio mercedis operariis solvendae, Jac. V,4. –

8. *Holl.* (554). Peccatum *unum altero gravius* est: 1. ratione causae efficientis, seu personae peccantis. Gravius peccat christianus quam gentilis, eodem se obstringens crimine; 2. ratione causae impellentis. Gravius delinquit, qui explendae libidinis causa stuprum infert uxori proximi, quam qui, fame coactus, furatur; 3. ratione objecti. Gravius impingit, qui patrem quam qui hostem interficit; 4. ratione normae. Gravius peccat, qui primam, quam qui secundam tabulam decalogi violat; 5. ratione effectus. Quo plura damna affert peccatum, eo gravius censetur. –

9. *Holl.* (554). P. occultum est, quod vel ipsi peccanti ignotum est vel quod soli peccanti et paucis aliis, qui id suppressum volunt, notum est. P. manifestum est, quod multis innotuit et, si cum aliorum offendiculo conjunctum sit, vocatur scandalum. – *Scandalum* est p. manifestum, quod, quibus innotuit, occasionem peccandi praebet. Distinguitur vulgo in scandalum *datum sive activum* et *acceptum sive passivum.* Illud est p. manifestum, quod aliis peccandi occasionem offert; hoc est dictum aut factum alterius per se non malum, quo alii offenduntur aut ex eodem peccandi occasionem sumunt. –

10. *Holl.* (555). Pecc. cum induratione conjunctum est p. atrocissimum, quo polluta mens hominis a verbo Dei aversa et coeca manet, voluntas in malo obfirmata spiritui s. resistit, appetitus belluinis voluptatibus indulget atque adeo peccator, difficulter aut plane

non corrigibilis, temporales et aeternas poenas sibi accessit. – Causa indurationis non est Deus; sed partim diabolus, mala ex malis serens, mentem excoecans et cor malitia implens 2Cor IV,4. Act. V,3. Eph. II,2; partim homo ordinaria salutis media repellens et continuo peccandi studio atque exercitio se mancipans. Matth. XIII,15. – Zu Ex. VII,3 bemerkt *Holl.* (492): Deus non indurat homines *causaliter aut effective*, cordibus hominum duritiem immittendo, sed *judicialiter, permissive et desertive.* Est enim induratio actus judicialis, quo ob antegressam voluntariam et evitabilem malitiam Deus hominem habitualiter malum juste permittit ruere in scelera graviora eidemque gratiam suam subtrahit et denique Satànae potestati eum tradit, a quo in majora subinde peccata propellitur, donec excidat finaliter jure haereditatis coelestis. –

11. *Quen.* (II,74). Vox spiritus hic non accipitur essentialiter, prout commune nomen est omnibus tribus Deitatis personis, sed accipitur personaliter pro tertia Deitatis persona, habito tamen respectu non tam ad ipsam personam spiritus s., ac si immediate in eam hoc peccatum feratur, quam ad ejus officium et beneficium, quatenus scil. ille per doctrinam evangelii homines illuminare intendit. ... Intelligitur ergo hic spiritus s. in officio suo spectatus, diciturque peccatum in sp. s. partim ratione ministerii spiritus s., partim ratione testimonii. Rom. VIII,16. –

Gerh. (V,85). Pecc. in spiritum s. est igitur agnitae et in conscientia adprobatae veritatis evangelicae destinato consilio facta abnegatio cum pertinaci impugnatione et voluntaria blasphemia conjuncta. – Observandum enim hanc peccati speciem a Christo in Pharisaeis argui, qui veritatis ab ipso praedicatae vi constricti et vulgore ejusdem in conscientia convicti, malitiosa tamen impietate sic in ipsum furebant, ut doctrinam et miracula ipsius Satanae adscribere non erubescerent. Epistola ad Hebr. peccantes in spiritum s. sic describit, quod illi, qui prius illuminati gustaverunt etiam donum coeleste et participes facti spiritus s. gustaverunt etiam bonum Dei verbum et virtutes venturi seculi, nihilominus postea prolabuntur et sic sibimet ipsis rursum crucifigunt Dei filium eumque ostentui habent. Item quod voluntaria apostasia filium Dei conculcent et sanguinem testamenti pollutum ducant, in quo sunt sanctificati, et spiritui gratiae contumeliam inferant. –

Quen. (II,82). Forma peccati in spirit. s. consistit 1. in doctrinae evangelicae evidenter et sufficienter agnitae et approbatae ex plena, libera et non impedita voluntate facta abnegatione Hebr. VI,4. X,26.29; 2. ejusdem hostili oppugnatione Matth. XII,31.32; 3. voluntaria et atroci blasphematione Hebr. X,26.29. Aber dazu die Bemerkung (ibid. p. 83): Haec peccati hujus requisita essentialia semper conjunctim, nunquam separatim accipienda sunt illudque demum peccatum in spiritum s. dicendum, de quo omnia illa conjunctim verificari possunt. – Aus der Natur der Sache folgt die weitere Bestimmung: P. in spirit. s. committunt non infantes, sed *adulti*, non destituti cognitione verbi divinitus revelati, sed illuminati et de veritatis coelestis certitudine in sua conscientia convicti, ex studio tamen et amore veritatis in ejusdem hostile odium prolapsi (*Holl.* 561); wozu *Br.* (444) bemerkt: sive doctrina illa assensu fidei divinae ac professione publica semel approbata sive tantum ita clare percepta fuerit, ut animus convictus nihil habeat, quod ad rem possit opponere. *Priore* modo peccant in spiritum s. apostatae illi, qui veritatem semel agnitam et creditam abrogant et convitiis petunt: quales describit P. Hebr. VI,4. Ad *posteriorem classem* pertinent Pharisaei et scribae, qui doctrinam Christi nunquam sua confessione comprobaverant, interim de veritate ejus ex scripturis et miraculis Christi ita convicti erant apud animum, ut praeter convitia nihil haberent, quod opponerent. Als adjuncta hujus peccati führt *Quen.* (II,83) an: 1. impoenitentia finalis Hebr. VI,4–6; 2. irremissibilitas absoluta Matth. XII,31. Marc. III,28.29. Luc. XII,10; 3. exclusio a precibus 1Joh. V,16. –

Holl. (564). Irremissibile est non ob defectum gratiae divinae, neque ob defectum satisfactionis Christi, neque ob defectum efficacis operationis spiritus s., sed ob malitiosam omnium mediorum gratiae rejectionem et ob finalem impoenitentiam. – Erläßlich dagegen ist das ***peccatum in filium hominis*** Matth. XII,32. Luc. XII,10. *Quen.* (II,87). Pecc. in fil. h. est veritatis evangelicae de filio Dei, qui homo factus est, vel jam agnitae abnegatio ex carnis infirmitate et metu periculi, sed ***non conjuncta cum hostili oppugnatione et blasphemia*** vel nondum agnitae oppugnatio vel blasphematio ex ignorantia. –

§ 28
Die Freiheit des Willens

Nachdem durch den Sündenfall eine so große Veränderung in dem Menschen vorgegangen ist, so ist noch die Frage zu erörtern, welche Kräfte zum Handeln dem Menschen noch geblieben sind[1]: denn da alle diese Kräfte doch bedingt sind durch das Vorhandensein von Erkenntnis und Willen, so ist es natürlich, daß, soweit Erkenntnis und Wille geschwächt oder verloren sind, auch die Kräfte zum Handeln darunter leiden. Die Frage nach den Kräften, die dem Menschen geblieben sind, ist aber identisch mit der, inwieweit ihm in Beziehung auf seine Handlungen Freiheit des Willens (liberum arbitrium) zukomme[2]? Da man aber nicht in allen Fällen und Zeiten das Gleiche unter lib. arbitrium verstanden hat, so ist erst der Begriff dieses Wortes näher zu bestimmen. Versteht man darunter den Willen an und für sich, so ist nicht in Abrede zu stellen, daß dieser dem Menschen auch nach dem Fall noch zukommt, denn ohne diesen würde er aufhören, ein Mensch zu sein[3]. Ebenso gehört es zum Wesen des Menschen, daß er zu seinem Wollen und zu seinen Handlungen weder von außen her noch von innen heraus (durch Instinkt) mit unwiderstehlicher Notwendigkeit bestimmt werden kann[4]. Alles dieses ist darum dem Menschen nach dem Fall nicht weniger als vorher zuzuschreiben; denn dies alles gehört im eigentlichen Sinne zum Wesen des Menschen, das durch den Fall keine Veränderung erlitten hat. Versteht man aber unter liberum arbitrium dasjenige Willensvermögen, dem zufolge der Mensch in allem, Gutem wie Bösem, gänzlich ungehindert handeln kann, wie es ihm gefällt, (lib. arbitr. est facultas voluntatis, quae rationis judicium secuta tum bonum amplecti tum malum aversari liberrime potest [*Hutt.* ll. c. th. 269][5]), so folgt schon aus der Veränderung, die durch den Fall mit dem Menschen vorgegangen ist, daß ihm dieses jetzt abzusprechen ist. Wenn nämlich die Veränderung in dem Verlust des göttlichen Ebenbildes besteht, so ergibt sich von selbst, daß der Mensch jetzt nicht mehr frei wählen kann zwischen Gutem und Bösem, sondern die Kraft, Gutes zu wollen und zu tun, verloren hat[6]. Wollen wir daher das lib. arbitrium, wie es sich bei dem gefallenen Menschen vorfindet, näher beschreiben, so werden wir sagen müssen: der Mensch vermag jetzt, vermöge des bösen Sinnes, der ihm seit dem Fall innewohnt, nichts wahrhaft Gutes und Gottwohlgefälliges mehr zu wollen noch zu tun, nichts von alle dem, was die Hl. Schrift als solches bezeichnet und vorschreibt, weil dieses alles nur da vollbracht werden kann, wo der Mensch unter dem besonderen Einflusse des Geistes Gottes steht. Es fehlt ihm danach so sehr *liberum arbitrium in rebus spiritualibus*[7], daß er nicht einmal aus eigenen Kräften nach dem Heil und nach einer Umwandlung seines jetzigen verderbten Zustandes zu begehren vermag[8]. Und ihm kommt in diesem Zustande nur noch zu: *liber. arbitrium in malis* (nur Wahlfreiheit in betreff des Bösen)[9] und *lib. arbitrium in rebus externis*[10], in allen denjenigen Dingen nämlich, die, wie sie durch das Licht der Vernunft erkennbar sind, so auch durch die natürlichen Kräfte vollbracht werden können, ohne daß hierzu eine wahrhaft gute Gesinnung erforderlich ist[11].

1. *Gerh.* (V,87). *Connexio cum praecedente*: Quam miris ac miseris modis peccatum orig. veneni instar omnes hominis vires pervaserit, quam intime corruptio ex eo naturae humanae adhaeserit, quam pestiferos venenatum illud semen proferat fructus, superius vidimus: restat inquirendum, quid in hominis viribus reliquum manserit. –

Chmn. (ll. c. th. 179). Hic est status, quales sint vires humanae post lapsum, in efficienda obedientia legis, cum in mente sit caligo, in voluntate aversio a Deo, in corde contumacia adversus legem Dei. Et quia a lege Dei postulantur non tantum externa civilia facta, sed perpetua et perfecta totius naturae humanae obedientia, quaeritur, quid et quantum voluntas, humana possit facere? Luculentior ergo est titulus *de viribus humanis,* quam de libero arbitrio. –

2. *Quen.* (II,170). Vocantur alias vires hae post lapsum in homine residuae liberum arbitrium. –

Erklärung des Begriffs, lib. arbitr.: *Gerh.* (V,87). Vires hominis aestimantur potissimum ex anima rationali, per quam homo a brutis secernitur, et in certam speciam constituitur. Animae rationalis duae facultates sunt: mens et voluntas; illa cognoscendo, discernendo, consultando, judicando, haec eligendo et repudiando suum expedit officium, ex utriusque potentiae συνδρομῇ et concursu nascitur id, quod vulgo vocatur liberum arbitrium, quo mentis et voluntatis facultas est, ita ut arbitrium pertineat ad mentem, liberum ad voluntatem. Daher *Holl.* (573). Propria et adaequata sedes liberi arbitrii est voluntas. Ad exercitium autem libertatis arbitrii intellectus antecedenter et παρασκευαστικῶς concurrit. –

Quen. (II,170). Terminus liberi arbitrii non habetur quidem in scriptura διαῤῥήδην; invenitur tamen ibidem quoad rem et terminos aequipollentes. Deut. XXX,19. Jos. XXIV,15. 1Cor. VII,37. Philem. v. 14. Hebr. X,26. 1Petr. V,2. –

3. *Chmn.* (ll. c. th. 182). Magna est diversitas in scriptoribus ecclesiasticis, quibusdam asserentibus, quibusdam negantibus liberum arbitrium. Imo idem scriptor saepe in diversis locis videtur contraria dicere de libero arbitrio: modo affirmans, modo negans. Haec diversitas non potest commodius dijudicari, quam ex grammatica vocabuli explicatione. Si enim communissime accipiatur appellatio liberi arbitrii, nihil aliud est dicere, hominem habere liberum arbitrium, quam: 1. esse rationalem, seu habere mentem et voluntatem; 2. praeter motus et actiones naturales, de quibus nulla est vel mentis deliberatio vel voluntatis electio, hominem habere motus voluntarios: ad quos exercendos concurrunt mentis judicium et voluntatis appetitio; 3. in vitiis et virtutibus, ut actiones vel bonae vel malae dicantur, requiri mentem cognoscentem et voluntatem, vel obtemperantem

vel repugnantem judicio. ***Hutter***. (Loci comm. theol. 267). Sumitur interdum arbitrii sive voluntatis terminus pro altera facultate animae, ipsa nimirum voluntatis substantia, cujus actus est simplex τὸ velle. Quo sane pacto ac respectu liberum arbitrium homini vix quisquam negaverit, nisi qui hominem facultate hae animae destitui aut carere, affirmare ausus fuerit. Cujus sane stoliditas merito ab omnibus exploderetur: si quidem facultas s. potentia animae negari non potest, nisi tota animae substantia negetur; propterea quod haec nihil est aliud, nisi quod sunt ejus facultates et una facultate perdita ipsam interire necessum habet *Gerh.* (V,100). Non quaestio est de ipsa voluntatis essentia, an illa post lapsum superstes manserit, id enim sonora voce profitemur, hominem non voluntate, sed voluntatis sanitate privatum esse.

4. *Gerh.* (V,87). Libertas assignatur arbitrio, primum habito respectu ad modum agendi, quia talis est, ut voluntas, quatenus talis, libere agat, h. e. non cogatur aut violenter rapiatur ***externo motu***, nec ex naturali instinctu solum agat, sed sponte sua seu interno motus principio aliquid vel amplectatur vel rejiciat; hoc sensu liberum et voluntarium sunt synonyma, ac voluntatem non liberam dicere, est perinde ac si quis dicere velit calidum absque calore. – Vocatur haec ***libertas a coactione***, qua fit, ut non possit voluntas cogi ad faciendum aliquid contra suam inclinationem. Item ***libertas a necessitate***, quatenus necessitas pro coactione et violentia accipitur. Alii vocant libertatem interiorem, qua voluntas hominis ἑκουσίως, sponte, libere, sine coactione, vi insita ac προαιρέσει movetur, suique motus internum habet principium. Aliis dicitur libertas in subjecto. – Haec libertas cum sit naturalis atque essentialis a Deo indita voluntati proprietas, per lapsum non est amissa. Substantia hominis non periit; ergo nec anima rationalis, ergo nec voluntas, ergo nec libertas voluntatis essentialis. Voluntas est potentia animae essentialis, et anima nihil aliud est, quam ipsae potentiae seu facultates essentiales; proinde manente anima, potentiae etiam ejus essentiales, intellectus et voluntas, manent. Vicissim vis libere et absque coactione volendi est voluntati essentialis, manente ergo voluntate, etiam vis illa manet. – Hoc sensu et hoc respectu liberum in homine arbitrium etiam post lapsum mansisse, firmiter credimus, et sonora voce profitemur. –

Quen. (II,171) unterscheidet libertas a vi et coactione und libertas a necessitate interiori, und bemerkt: Libertas a coactione homini communis est cum brutis, libertatem vero a necessitate homo communem habet cum Deo et angelis. Doch gilt da noch ff. Unterschied: Liberum arbitrium habet natura intelligens, et quidem infinita sive divina modo excellentissimo et perfectissimo; finita s. angelica et humana modo imperfectiori. –

5. ***Hutt.*** (ll. c. 268). Interdum arbitrii et voluntatis termino notatur certus quidam habitus s. qualitas, quae ad bonum libere eligendum et ad malum libere fugiendum est determinata.

Gerh. (V,98). Libertas arbitrii in homine ante lapsum fuit facultas rationis ac voluntatis, qua potuit homo peccare et non peccare.

Quen. (II,175). Forma liberi arbitrii consistit in indifferentia voluntatis, tum ea, quae est quoad specificationem, tum altera, quae quoad exercitium actus dicitur. H. e. in tali indifferentia et immunitate, qua voluntas non necessario determinatur ad unum, sed pro libertate sua, positis omnibus ad agendum requisitis, potest hoc vel illud agere, unum eligere et alterum repudiare, quae est *immunitas specificationis*; agere vel non agere, quae est *immunitas exercitii*. – Diese Freiheit wird auch libertas a ***necessitate immutabilitatis*** genannt, quae fit absque violentia et coactione ab interno principio immutabiliter ad effectum se habente. –

6. *Gerh.* (V,98): Si quaeratur de libertate rectitudinis seu de δυνάμει illa ad alterutrum, bonum puta, vel malum eligendum vel repudiandum, aequaliter se habente, dicimus eam

periisse. ... Postquam enim per peccatum imago Dei amissa est, simul etiam δύναμις illa bonum eligendi amissa est (quippe quae erat pars imaginis divinae), et quia per peccatum homo non solum spoliatus, sed et misere corruptus est; ideo in locum istius libertatis successit effrenis ille ad malum impetus, ita ut post lapsum in hominibus corruptis et nondum renatis (sive voluntate sua corrupti sunt, ut primi homines, sive ex parentibus corruptis nascantur, ut omnes eorum posteri) arbitrium sit liberum ad mala tantum, quia tales corrupti homines et nondum renati nihil nisi peccare possunt. –

Id. (V,100). Eo sensu et eo respectu, ut libertas accipiatur pro illa libera vi ac facultate bonum eligendi ac malum aversandi, quae in Adamo fuit, dicimus, rectissime pronuntiatum a Luthero: liberum arbitrium esse titulum sine re, vel rem de solo titulo.

7. *Quen.* (II,177). Per res spirituales ejusmodi intelliguntur motus et actiones, quae in lege et evangelio praescribuntur et non nisi spiritu Dei movente et agente praestari possunt, ut sunt vera Dei, juxta mensuram revelationis scriptae, agnitio, peccati admissi detestatio, sive dolor de peccatis, timor Dei, fides in Christum, nova obedientia, dilectio Dei et proximi.

Chmn. (ll. c. th. 190), Voluntas humana non potest sine spiritu s. suis viribus vel inchoare interiores et spirituales motus, vel praestare et efficere interiorem obedientiam cordis, vel in coepto cursu perseverare, perficere, consumere. – Vocantur autem actiones spirituales, quia Rom. VII,14: »lex est spiritualis«, i. e. non est contenta externis quibusdam civilibus actionibus, quas caro non renata utcunque praestare potest; sed postulat motus et actiones tales, quae 1. non possunt nisi spiritu Dei agente praestari; 2. quas caro non tantum non praestare potest, sed impedit etiam operantem spiritum s. – Die *Form. conc.* definiert sol. decl. II,20: spiritualia seu res divinae, quae ad animae salutem spectant. –

Von ihnen gilt: *Quen.* (II,178). In hisce jam dictis actionibus mere spiritualibus sive inchoandis sive promovendis sive efficiendis, non tantum ligatas, impeditas vel etiam attenuatas aut fractas, sed plane deperditas, *amissas, extinctas, et nullas esse vires,* tam in intellectu, quam in voluntate hominis non renati asserimus. Neque enim in objecto spiritualiter bono cognoscendo et appetendo in homine vires antiquae expoliuntur, sopitae suscitantur, infirmae roborantur, aut ligatae saltem solvuntur, sed plane novae et aliae vires aut facultates ipsi conferuntur atque induuntur. –

Den Beweis führt *Quen.* (II,178) quoad intellectum aus: Eph. V,8. 1Cor. II,14. 2Cor. III,5. Rom. I,21.22; quoad voluntatem aus: Gen. VI,5. Rom. VIII,7. Ezech. XI,19. XXXVI,26. Rom. II,5. VI,17.20. Joh. VIII,34. Eph. II,1.2. Col. II,13. Ps. XIV,2.3. Matth. VII,18.

Und so weit wird diese Unfreiheit ausgedehnt, daß *Quen.* (II,178) fortfährt: Ad hoc hemisphaerium etiam referimus *τὸ* ire in templum informationis ex verbo praedicato capiendae causa, legere et audire verbum Dei animo proficiendi, desiderio informationis ex verbo teneri, quae omnia opera sunt praevenientis atque incipientis gratiae. Huc etiam pertinet externa et historica cognitio sensus veri propositionum biblicarum, mysteria fidei tradentium. 1Cor. II,14. Eph. IV,18. V,8.

In den Symbolen die Hauptstellen in Form. conc. II.

8. *Form conc.* sol. decl. II,7. Credimus, quod ... homo ad bonum prorsus corruptus et mortuus sit ita, ut in hominis natura post lapsum ante regenerationem ne scintillula quidem spiritualium virium reliqua manserit, aut restet, quibus ille ex se ad gratiam Dei praeparare se aut oblatam gratiam apprehendere, aut ejus gratiae (ex se et per se) *capax esse possit aut se ad gratiam applicare aut accommodare aut viribus suis propriis aliquid ad conversionem suam vel ex toto vel ex dimidio vel minima parte conferre, agere, operari, aut cooperari (ex se ipso, tanquam ex se ipso) possit.* –

Verworfen wird daher von der *Form. conc.* (sol. decl. II,77): Synergistarum dogma, qui fingunt, hominem in rebus spiritualibus non prorsus ad bonum esse emortuum, sed tantum graviter vulneratum et semimortuum esse. Et quamvis liberum arbitrium infirmius sit, quam ut initium facere et se ipsum propriis viribus ad Deum convertere et legi Dei toto corde obedire possit, tamen si spiritus s. initium faciat et nos per evangelium vocet, gratiam suam, remissionem peccatorum et aeternam salutem nobis offerat, tunc liberum arbitrium propriis suis naturalibus viribus Deo occurrere, aliquo modo (aliquid saltem, etsi parum et languide) ad conversionem suam conferre, eam adjuvare, cooperari, sese ad gratiam praeparare et applicare, eam apprehendere, amplecti, evangelio credere, et quidem in continuatione et conservatione hujus operis, propriis suis viribus, una cum spiritu s. cooperari posse. – Der Satz *Melanchthons,* der sich im Examen ordinandorum vorfindet: concurrunt in conversione hae causae, verbum Dei, spiritus s., quem pater et filius mittunt, ut accendat nostra corda, et nostra voluntas assentiens et non repugnans verbo Dei, sowie die Sätze in art. XVIII. der conf. Aug. variata: »efficitur spiritualis justitia, quum *adjuvamur* a spiritu s.« und »humanam naturam interiores motus, verum timorem etc. non posse efficere, nisi spiritus s. gubernet et adjuvet corda nostra« werden daher als synergistisch bezeichnet. Unverfänglich wird der erste Satz noch von *Chmn.* (ll. c. th. I,201) so gedeutet: concurrit voluntas humana non ita, quasi ex suis viribus adjuvet actiones spirituales ... sed numeratur voluntas humana inter causas bonae actionis, quia potest resistere spiritui s. (Act. VII,51) et destruere opus Dei (Rom. XIV,20); filii Dei aguntur spiritu s. non, ut ignorantes et inviti credant aut bene operentur ..., sed gratia facit ex nolentibus volentes, quia operatur velle VII,22. –

9. *Quen.* (II,176). In statu corruptionis est in voluntate hominis libertas non tantum contradictionis seu exercitii, sed etiam libertas contrarietatis seu specificationis, ***non quidem ea, quae inter bonum et malum spirituale versatur,*** haec enim per lapsum amissa est, sed ea, ***quae est inter hoc et illud malum spirituale*** in particulari. Unter ***libertas contradictionis*** versteht man nämlich diejenige libertas, quae circa unum idemque objectum versatur inter terminos contradictorios, velle et non velle, agere et non agere. Unter ***libertas contrarietatis*** aber diejenige: quae versatur vel circa diversa objecta vel circa unius objecti diversos actus *Holl.* (570).

Gerh. (V,99). Consistit ergo arbitrii libertas in homine cum peccati servitute, nam et peccat et non potest non peccare et tamen libere peccat, ac peccare ipsum delectat; quamvis non nisi ad malum feratur, id tamen libere, i. e. ultro et sponte, non invitus aut coactus eligit, totoque impetu ad illud fertur. Adde quod in ipso malorum delectu quadam libertate utatur.

Hutt. (ll. c. 272). In malis etiam et vitiosis actionibus libertas voluntatis vel maxime conceditur, propterea quod nondum renata voluntas liberrime, h. e. non coacte, sed spontanee vult, eligit, approbat et facit, quod malum est. Unde est, quod peccati definitionem ingreditur voluntarium, ita ut proprie loquendo peccatum non sit, nisi quod est voluntarium ... Quaeritur autem hoc loco, cur haec ad malum propensio dicatur libera, imo libertas, cum potius tristis et horrenda sit servitus ... Sed rectissime respondetur, diverso respectu utrumque verum esse: nempe propensionem hanc voluntatis nostrae ad malum rectissime et servam et liberam nominari. Servam quidem respectu amissae imaginis Dei. Postquam enim per lapsum sublata est facultas eligendi boni et fugiendi mali, relicta est postmodum voluntas, quae sub tyrannide peccati usque adeo captive tenetur, ut non feratur nisi ad malum eligendum et bonum fugiendum ... Sed quantumvis serva haec sit voluntas, libera tamen nihilominus rectissime appellatur, si nimirum sedem peccati propriam respiciamus, quae est in voluntate hominis. Quod si quis alteram etiam causam adsignare velit, ideo nimirum ecclesiam libertatis terminum circa malas actiones usurpare, ut humanae curiositati modum statuat, ne videlicet peccati causam extra se quaerat, sed in se ipsa potius investiget et agnoscat: haud profecto refragabimur.

10. *Chmn.* (ll. c. th. I,183). Augustinus vocat res externas opera vitae praesentis. – (184.) Quia ergo in actionibus spiritualibus nulla est libertas voluntatis non liberatae, ne in universum voluntati libertas etiam in externis auferatur, traditur haec doctrina de libertate voluntatis in externa disciplina. Est autem disciplina, *diligentia gubernandi externas actiones et coercendi externa membra,* juxta praecepta decalogi: *etiamsi motus interiores vel non adsint vel non consentiant.* ... In externis vero tribuit Paulus Rom. I,20. menti etiam non renatae cogitationes, agnitionem, veritatem etc. Manifestissimum est mentem per lapsum non plane omni intellectu spoliatam esse: sed reliquam esse in hominibus etiam non renatis facultatem aliquam mentis, perspiciendi et dijudicandi *illas res, quae rationi et sensibus subjectae sunt.* Ut in variis artibus inveniendis et discendis, in oeconomia, in politia, in ethicis, in consiliis prudentia etc. Haec enim facultas facit differentiam inter hominem rationalem et animalia irrationalia. – *Mel.* (ll. th. 68). Cum in natura hominis reliquum sit judicium et delectus quidam rerum, quae sunt objectae rationi aut sensui, reliquus est etiam delectus externorum operum civilium, quare voluntas humana potest suis viribus sine renovatione aliquo modo externa legis opera facere: haec est libertas voluntatis, quam philosophi recte tribuunt homini; nam et Paulus, discernens justitiam carnis a spirituali, fatetur non renatos habere delectum aliquem et facere aliqua externa legis opera, manus a caede, a furto, a raptu continere, et hanc vocat justitiam carnis. *Hutt.* (272). Sunt ratio et voluntas in homine ita inseparabiliter inter se connexae, ut neutra sine altera existere possit, sed se mutuo ponant: ita ut aliqua rationis concessa facultate post lapsum, utique voluntatis etiam facultas necessario sit concedenda: nisi forte rationem sine voluntate aliquid vel eligere vel fugere, statuere quis velit, id quod prodigiose foret absurdum. – *Conf. Aug.* XVIII. De libero arbitrio docent, quod humana voluntas habeat aliquam libertatem ad efficiendam civilem justitiam et deligendas res rationi subjectas. Sed non habet vim sine spiritu s. efficiendae justitiae Dei seu justitiae spiritualis ...

Der Ausdruck justitia civilis wird näher erklärt in *Apol. conf.* XVIII,70. Neque adimimus humanae voluntati libertatem. Habet humana voluntas libertatem in operibus et rebus deligendis, quas ratio per se comprehendit. Potest aliquo modo efficere justitiam civilem seu justitiam operum, potest loqui de Deo, exhibere Deo certum cultum externo opere, obedire magistratibus, parentibus, in opere externo eligendo potest continere manus a caede, ab adulterio, a furto. Quum reliqua sit in natura hominis ratio et judicium de rebus sensui subjectis, reliquus est etiam delectus earum rerum et facultas efficiendae justitiae civilis. Id enim vocat scriptura justitiam carnis, quam natura carnalis, h. e. ratio per se efficit sine spiritu sancto. Quamquam tanta est vis concupiscentiae, ut malis affectibus saepius obtemperent homines, quam recto judicio. Et diabolus, qui est efficax in impiis, ut ait Paulus (Eph. II,2), non desinit incitare hanc imbecillem naturam ad varia delicta. Hae causae sunt, quare et civilis justitia rara sit inter homines.

Beweis. *Chmn.* (ll. c. th. I,185): 1. quod P. affirmat esse aliquam justitiam carnis. Rom. II,14. X,3. Phil. III,6; 2. quod P. dicit legem esse objectum liberi arbitrii, etiam in injustis, 1Tim. I,9, i. e. non renatis datam legem, ut coerceant voluntatem, affectus cordis et locomotivam in externis.

Die späteren DD. bezeichnen als die objecta. circa quae voluntas hominis in statu corruptionis occupata est: duo hemisphaeria, quorum unum inferius, alterum superius. Zum letzteren gehören die res mere spirituales seu sacrae internae, von denen oben die Rede war. Zum ersteren werden gerechnet: *Holl.* (577) omnes res et actiones physicae, ethicae politicae, oeconomicae, artificiales, paedagogicae et divinae, *quatenus e lumine rationis cognosci, viribusque naturae, concursu Dei generali adjutis, produci possunt. Gerh.* (V,101). Fatemur enim, aliquid libertatis remansisse quoad opera, quae justa sunt, justitia morali, politica et oeconomica, quae ad inferius hemisphaerium pertinent, ut loquitur Lutherus; potest utique homo nondum renatus locomotivam externam utcunque regere, potest externis membris dictamine rectae rationis imperare, potest justitiam civilem aliquo modo praestare et peccata externa graviora cum paedagogia externa pugnantia vitare: quinimo potest etiam verbum Dei exterius audire, meditari Doch gilt auch dies nicht ohne Einschränkung. *Holl.* (583). Voluntas hominum renatorum et irregenitorum post lapsum pollet viribus, diversas res, rationi subjectas, eligendi vel unam prae altera amplectendi, *quamvis illae vires sint languidae et infirmae.* Die Schwäche hat ihren Grund in impedimentis internis et externis. Als *imped. interna* werden aufgezählt: coecitas intellectus in deliberationibus errantis – languor voluntatis ad sectandum bonum et proclivitas ad amplexandum malum – vehementia affectuum saepe tanta, ut torrentis instar voluntatem secum abripiat et judicium rationis turbet. – *Imped. externa*: diaboli versutia – mundi blanditiae et terriculamenta – directio Dei limitans, consilia subvertens et facultatem agendi imminuens aut praecidens. *Hutter.* (269) teilt alle Handlungen der Menschen ein in: malas, quae lege morali sunt prohibitae; in medias atque indifferentes, und in bonas. Von den mediis sagt er: eaeque rursum triplices: vel enim *ad naturae nostrae conditionem* pertinent, quales sunt stare, sedere, dormire, edere, bibere et consimiles aliae: quarum pleraeque homini cum brutis sunt communes, maximam partem respicientes vegetativam, positivam, appetitivam et locomotivam animae potentiam: *vel civilem atque oeconomicam conversationem* respiciunt: quales emere, vendere, jus dicere, militare, opificia certa exercere eaque vel civilem vel oeconomicam vitam pertinent, vel denique *externam ecclesiae politiam et disciplinam* concernunt: quales sunt docere et audire verbum Dei, uti certis caeremoniis, dare et accipere sacramenta et similia externa opera, in sensus exteriores incurrentia. Secundi hujus generis actiones nominamus medias s. indifferentes, eo quod sua natura sive per se neque bonae neque malae sunt: sed quidquid vel bonitatis vel vitii sortiuntur, illud ex aliis causis accidentalibus obtinent. Von den actionibus bonis sagt er: sunt dupliciter: vel moraliter, quales sunt honeste vivere, suum cuique tribuere, alterum non laedere; vel spiritualiter, quales sunt, quae proprie spectant ad cultum Dei, sinceram religionem aeternamque animarum salutem. Nur die letzteren spricht er den nicht Wiedergeborenen ab. Von den anderen sagt er (273): elucescit hominibus non renatis concedendam esse aliquam voluntatis libertatem non modo quoad genus actionum *δεσποτικόν*, cum videlicet locomotiva in membris regitur voluntatis imperio sive intus congruant affectus sive non: sed et *προαιρετικόν*, quando voluntas bono affectu antefert honestas actiones. –

11. Diese Beschreibung des lib. arbitr. gilt von dem Menschen in statu corruptionis. Die DD. unterscheiden aber einen dreifachen Zustand: statum ante lapsum, statum corruptionis, statum reparationis, und in jedem dieser Zustände ist das lib. arbitr. verschieden. *Quen.* (II,176). *In statu ante lapsum* homo liber fuit: 1. a necessitate physica; 2. a necessitate coactionis; 3. a servitute peccati; 4. a miseria; 5. a necessitate immutabilitatis, non tamen 6. a necessitate obligationis (quae est determinatio directiva voluntatis ad bonum amplectendum et malum fugiendum, ad normam mandati superioris. *Holl.* [571]) (II,183). *In statu reparationis.* Reparatio amissae per lapsum integritatis est vel inchoata per conversionem, vel consummata per glorificationem: illa in hac vita, haec in altera vita fit. *In statu reparationis inchoatae* datur in homine converso sive post conversionem circa objectum supernaturale seu mere spirituale libertas, non solum a necessitate physica et coactionis sed etiam a necessitate immutabilitatis, quia ipsius voluntas non amplius determinata est ad malum sicut ante conversionem, sed potest libere eligere bonum per assistentem et

cooperantem spiritus s. gratiam, potest etiam eligere malum spirituale per carnis reliquias adhuc in ipso haerentes. – *In statu reparationis consummatae* sive in vita aeterna succedet plena et perfecta arbitrii humani libertas, non solum a coactione et a servitute peccati, sed etiam a miseria et a radice ac sensu peccati, itemque libertas a necessitate interna seu immutabilitatis, tum contrarietatis, seu quoad speciem, tum contradictionis, seu quoad exercitium. –

Form. conc. sol. decl. II,67. Ingens discrimen est inter homines baptizatos et non baptizatos. Cum enim, juxta Pauli doctrinam (Gal. III,27) omnes, qui baptizati sunt, Christum induerint et revera sint renati, habent illi jam liberatum arbitrium, h.e. rursus liberati sunt, ut Christus testatur (Joh. VIII,36). Unde etiam non modo verbum Dei audiunt, verum etiam, licet non sine multa infirmitate, eidem assentiri illudque fide amplecti possunt.

PARS III. DE PRINCIPIIS SALUTIS

§ 29

Soll der Mensch aus dem verlorenen Zustande, in dem er sich seit dem Fall befindet, errettet werden, so kann das nur durch die göttliche Gnade geschehen. Diese erweist sich in drei Akten, von denen der eine von dem Vater, der andere von dem Sohne, der dritte von dem Hl. Geist ausgeht. Der Vater hat ein Erbarmen mit dem gefallenen Menschen und dieses treibt ihn zu dem gnadenreichen Beschluß, durch Sendung des Sohnes die Erlösung zu bewirken. Der Sohn vollzieht sie, und der Hl. Geist reicht dem Menschen die Mittel dar, durch die er sich diese aneignen kann.

Der dritte Teil handelt danach:

I. De benevolentia Dei patris erga hominem lapsum erigendum et beandum.
II. De fraterna Christi redemtione.
III. De gratia spiritus s. applicatrice*.

* *Holl.* (585). Principia salutis sunt actus gratiae divinae, a quibus aeterna hominum salus dependet. – Tria haec salutis principia indigitat ipse salvator Joh. III,16. Deus Pater diligendo mundum et dando filium mediatorem se ostendit benevolum. Datus est filius, ut mundum, i. e. universum genus humanum, hunc terrarum orbem incolens, ab interitu vindicaret, adeoque ejusdem esset redemtor. Medium fruendi redemtione Christi est vera fides, in merito Christi defixa, quam gratiosa et per verbum ac sacramenta efficaci operatione accendit spiritus s., quippe qui dicitur spiritus fidei. 2Cor. IV,13. –

Quen. (III,1). Omnes tres personae Deitatis in salutis humanae procuratione occupatae sunt. Pater lapsos diligit, filius dilectos redimit, spiritus s. redemtos vocat et instruit.

Kap. I
De benevolentia Dei erga hominem lapsum*

§ 30

Der gnädige Wille Gottes, die gefallenen Menschen aus ihrem Elende zu reißen, ist das erste, was wir zu betrachten haben, denn aus ihm geht die Sendung des Sohnes, der die Erlösung vollbringt, und die Sendung des Hl. Geistes, der sie den einzelnen aneignen soll, hervor.

Diesen seinen gnädigen Willen hat Gott sogleich in der Gen. III,15 gegebenen Verheißung verkündet; aber nicht erst von daher schreibt sich dieser Wille Gottes, die Menschen zu erretten, sondern Gott hat von Ewigkeit her zugleich mit dem Beschluß der Schöpfung, weil er den Fall der Menschen voraussah, auch den ihrer Errettung gefaßt[1]. Dieser Beschluß Gottes wird aber in der Zeit nur an denen vollzogen werden, die auch die Bedingung, unter der ihnen die Errettung zuteil werden soll, erfüllen. Danach unterscheiden wir diesen gnädigen Willen Gottes als benevolentia generalis und specialis.

I. Der gnädige Wille Gottes wird *voluntas* (*benevolentia*) *universalis* oder *generalis* genannt, wenn er nur an sich betrachtet wird, wie er sich auf alle in gleichem Elend befindliche Menschen bezieht, und wie er sich darin äußert, daß er für alle die Heilmittel ordnet und ihnen wirksam anbietet, ohne daß dabei das Verhalten der Menschen zu der ihnen angebotenen Gnade schon in Betracht gezogen wird[2]. *Holl.* (586). Benevolentia Dei universalis est actus gratiae divinae, qua Deus spectata communi hominum lapsorum miseria permotus est, ut non tantum eorum omnium serio velit salutem, sed etiam ad hanc procurandam Christum dederit mediatorem, justa atque efficacia media destinaverit ea intentione, ut omnes homines iisdem utantur, veram ex illis concipiant fidem in Christum, per hunc parta salute aeterna potiantur et fruantur in laudem bonitatis divinae. – Dieser Wille wird auch *antecedens* genannt, insofern er der Natur der Sache nach aller Frage nach dem Verhalten des Menschen zu der dargebotenen Gnade vorausgeht[3]. Er bezieht sich auf alle Menschen gleichmäßig (in universum omnes, ne uno quidem excepto. Joh. III,16. 1Tim. II,4. Rom. XI,32. Act. XVII,30.31. Tit. II,11. 2Petr. III,9. Ezech. XXXIII,11)[4], beruht allein auf Gottes Erbarmen mit dem elenden Zustand des Menschen und ist in keiner Weise durch irgendein Verdienst oder eine Würdigkeit des Menschen hervorgerufen[5]. Dieser Wille Gottes ist ferner ernstlich und aufrichtig gemeint, daß alle Menschen das Heil in Christo erlangen sollen[6], und allen bietet Gott die Mittel dazu an und ist bereit, ihnen die Möglichkeit der Aneignung des Heils zu vermitteln[7]. Indessen ist dieser Wille Gottes doch nicht so absolut und unbedingt, wie es das Erbarmen Gottes mit den Menschen ist, aus dem die Heilsanstalt hervorgegangen ist: dieser Wille Gottes geht nämlich doch dahin, daß die Menschen gerettet werden sollen durch das Verdienst Christi und durch die Anwendung der ihnen geordneten Heilsmittel[8]. – Die Aussagen von der voluntas Dei universalis fassen sich demnach zusammen in folgende Affektionen. Sie ist 1. gratuita et liberalis (Gal. III,22. Rom. XI,32. VIII,32). 2. aequalis (Rom. III,22), 3. sincera et seria (Ezech. XVIII,23.32. XXXIII,11), 4. efficax (Rom. II,4), 5. non absoluta, sed ordinata et conditionata (Joh. III,16. 1Tim. II,6. Rom. V,8. 1Joh. I,4.9.10)[9]. – Von der voluntas Dei universalis unterscheidet sich:

II. die *voluntas Dei specialis.* So wird der eine und selbe[10] auf das Heil der Menschen bezügliche Wille Gottes genannt, wenn darin bereits das von Gott vorausgesehene Verhalten der Menschen zu der dargebotenen Gnade, als der Bedingung, unter der sie gerettet werden sollen, mit in Betracht gezogen wird. *Holl.* (586). Vol. specialis, quae peccatores oblata salutis media amplectentes aeterna salute donare constituit. Ist nämlich der Wille Gottes ein generalis, insofern Gott gegen alle Menschen eine gleich gnädige Gesinnung hat, und zu ihrem Heil in der Sendung des Sohnes eine für alle geltende Heilsanstalt errichtet hat, so folgt schon aus der obigen Bestimmung, wonach diese vol. Dei gen. nicht absoluta, sondern ordinata et conditionata ist, daß die Vollziehung dieses gnädigen Willens bedingt ist durch das Verhalten der Menschen zu der dargebotenen Gnade. Geht also der Wille Gottes, wenn er an sich, ohne Bezug auf dieses Verhalten der Menschen, betrachtet wird, dahin, daß *Alle* gerettet werden sollen durch die in Christo gestiftete Heilsanstalt, so ist er doch näher bestimmt der, *daß nur diejenigen gerettet werden sollen, die das dargebotene Heil auch annehmen und darin verharren*: und er bezieht sich nur auf diese. Dieser so näher bestimmte Wille (volunt. Dei specialis) wird dann auch *consequens* genannt, weil ihm das göttliche Voraussehen des rechten Verhaltens von seiten des Menschen vorangeht; er ist dann auch *particularis,* indem er sich nicht auf alle Menschen, sondern nur auf diejenigen bezieht, von denen Gott vorher weiß, daß sie sich recht zu der dargebotenen Gnade verhalten werden[11] (Eph. I,1. Jak. II,5. Ap. II,10. 1Tim. I,16. Joh. XVII,20).

Aus dieser voluntas Dei specialis, die in der voluntas Dei universalis ihren Grund hat und aus ihr ihren Ausgang nimmt, geht dann der Beschluß Gottes hervor[12], der praedestinatio[13] sive electio[14] genannt wird, der Beschluß nämlich, die bestimmte Anzahl derer, deren rechtes Verhalten zu der dargebotenen Gnade Gott vorausgesehen hat, durch das Verdienst Christi zu retten. *Holl.* (604). Praedestinatio est aeternum Dei decretum de conferenda salute aeterna omnibus et singulis hominibus, quos Deus in Christum finaliter credituros esse praevidit[15].

Ist also aufgrund der vol. universalis das Heil allen zugedacht und angeboten, vollzieht sich aber der Beschluß der Heils-Errettung nicht an allen, sondern nur an einer bestimmten Anzahl von Menschen, so liegt der Grund davon in der voluntas specialis, durch die nur diejenigen wirklich des Heiles teilhaftig werden sollen, die das allen angebotene Heil auch wirklich im Glauben annehmen und darin verharren[16]. Durch seine praescientia aber weiß Gott von Ewigkeit her voraus, welche diese sein werden, und dieses Voraussehen ist dann der Grund, auf den hin der nur eine bestimmte Anzahl von Menschen umfassende Beschluß Gottes ewig ist[17].

Dieses decretum Dei ist dann näher bestimmt 1. *non absolutum, sed ordinatum* (certo mediorum ordine determinatum) *et respectivum* (1Cor. I,21)[18], d.h. es ist keine Willkür von seiten Gottes, wenn er eine Anzahl von Menschen unter die electi aufnimmt und eine andere davon ausschließt, denn sein Beschluß hängt davon ab, daß die Ordnung, an die das Heil gebunden ist, innegehalten wird (non dicit apostolus, Deum absolute velle omnes salvare, quocunque tandem modo sese habeant, sed Deum velle omnes salvos fieri per certa scil. media. *Quen.*), und er nimmt somit bei diesem Rücksicht auf das Verhalten zu dieser aufgestellten Gnadenordnung. Dieses decretum ist aber 2. auch nicht *conditionatum, sondern categoricum et simplex,* d.h. Gott läßt es nicht noch *in der Zeit* zweifelhaft, ob er diesem oder jenem Menschen das Heil schenken wolle, so daß sein Beschluß nur der wäre, diesen oder jenen Menschen zu retten, *wenn* oder *nachdem* er das Verdienst Christi ergriffen hätte, sondern durch seine praescientia kennt er diejenigen im voraus, die das Verdienst Christi ergreifen werden, und nur auf diese bezieht sich sein Beschluß, ist aber dann auch einfach und kategorisch[19]. Daraus folgt aber auch 3. daß die electio (in sensu strictissimo sumta), weil sie auf einem decretum Dei aeternum beruht, *immutabilis et irrevocabilis* ist (ut ex electo non possit fieri reprobus. Matth. XXV,34. Jac. II,5, Matth. XXIV,24. 1Petr. I,2.4. Joh. X,28. Dan. XII,1. Rom. VIII,29.30): denn Gott würde nicht recht vorausgesehen haben, wenn sein Beschluß eine Abänderung erleiden müßte (electio immutabilis propter suppositionem decreti ordinati et infallibilitatem praescientiae divinae). Können darum auch die electi für eine Weile in Sünden verfallen und der Gnade verlustig gehen, so kann doch dieses nicht für immer geschehen, und sie können des ewigen Heils nicht verlustig gehen[20].

Die attributa sive adjuncta electionis et electorum lassen sich sonach folgendermaßen zusammenstellen:

Quen. (III,20). I. *Attributa electionis*: a) aeternitas (Eph. I,4. 2Tim. I,9. 2Thess. II,13. Matth. XXV,34); b) particularitas (Matth. XX,16); c) immutabilitas (2Tim. II,19. Matth. XXIV,24. 1Petr. I,4. Rom. VIII, 29.30).

II. *Attributa electorum*: a) paucitas (Matth. XX,16. XXII,14); b) possibilitas excutiendi ad tempus totaliter gratiam inhabitantem (Ps. LI,13. 1Cor. X,12); c) certitudo electionis[21] (Luc. X,20. Rom. VIII,38. 2Tim. IV,8. Phil. II,12); d) persistentia in fide finalis (Matth. X,22. Apoc. II,10).

Der praedestinatio steht gegenüber die *reprobatio*[22]. Wie nämlich Gott diejenigen vorausweiß, die den Glauben an Christum ergreifen und darin verharren werden, und wie er daraufhin seinen Beschluß, seligzumachen, faßt, so umfaßt auch in gleicher Weise sein Beschluß der Verdammnis die bestimmte Anzahl derer, die verlorengehen, und so ist reprobatio der actus voluntatis divinae consequentis, quo Deus (ante jacta mundi fundamenta) ex justitia sua vindicativa omnes et singulos peccatores contumaces, quos oblatam vocationis et justificationis gratiam finaliter excussuros et sine fide in Christum ex hac vita decessuros praevidit, aeternae condemnationi adjudicavit, in perennem justitiae suae gloriam *Holl.* (643).

Alle Bestimmungen hierüber entsprechen dann denen in der praedestinatio. Die causa movens interna ist die justitia Dei vindicativa seu punitiva (Rom. II,8);

die causa movens externa das repudium meriti Christi, h. e. praevisa ἀπιστία seu incredulitas finalis (Marc. XVI,16. Joh. III,36)[23]. Die forma reprobationis aber besteht in exclusione ab haereditate aeternae salutis et adjudicatione aeternae poenae secundum propositum et praescientiam Dei (Matth. XXV,41).

So entsprechen auch die adjuncta reprobationis et reproborum denen der electio und der electorum. Die *adjuncta reprobationis* sind: a) aeternitas (Matth. XXV,41. Jud. v. 4); b) immutabilitas (Num. XXIII,19. 1Sam. XV,29. Mal. III,6).

Die *adjuncta reproborum* sind:

a) pluralitas (Matth. VII,13); b) possibilitas essendi ad tempus in statu vere renatorum; c) perseverantia in infidelitate finali. –

Anm. 1. Die oben gegebene Darstellung gehört in dieser Ausbildung erst der späteren Zeit an. *Gerhard* ist der erste, der, mit Zurückbeziehung auf frühere scholastische Distinctionem, der Lehre die obige Gestalt gibt, während die früheren Dogmatiker in der Fassung der Lehre bei der Definition stehenbleiben, die wir in not. 13 als die zweite bezeichnet haben. Sie lautet dann so: »Gott habe von Ewigkeit her beschlossen, diejenigen zu retten, die an Christum glauben würden.« Indem aber die späteren DD. sich die Aufgabe stellten, das, was über die praedestinatio gesagt werden könne, systematisch zusammenzustellen, schien ihnen die Lehre in dieser Fassung nicht mehr zu genügen, weil der Beschluß Gottes, alle zu retten, die an Christum glauben würden, bei ihm selbst so unbestimmt sein könne, wie er in den Worten: »Alle die, die glauben würden« ausgedrückt war. Dieser Beschluß Gottes, meinten sie, müsse vielmehr so bestimmt sein, daß ihm von Ewigkeit her die bestimmte Anzahl derer, die gerettet würden, bekannt sein müsse, weil sonst die Meinung entstehen könnte, als ob Gott selbst es erst in der Zeit wolle entschieden werden lassen, welche Menschen gerettet werden sollten, was doch mit der Ewigkeit des Beschlusses, die angenommen wurde, nicht übereinstimmte. Aus diesem Bestreben, sich genau auszudrücken, entstand dann die Definition von praedestinatio in sensu strictissimo, sowie die Unterscheidung von πρόϑεσις und προορισμός. Um aber dem Irrtum vorzubeugen, als ob dann, wenn die Anzahl der electi von Ewigkeit her feststünde, die zeitliche Aufnahme in die Zahl derselben nicht mehr von dem Verhalten der Menschen zu der angebotenen Gnade abhinge, sondern auf einem decretum Dei absolutum et absconditum beruhe, wurde die weitere Bestimmung hinzugefügt, daß Gott, vermöge seiner dem Beschlusse selbst vorausgegangenen praescientia, von Ewigkeit voraus gewußt habe, welche die sein würden, die die dargebotene Gnade annehmen. (Die Conc. Form. kennt diese Bestimmung noch nicht. Denn die Stelle Sol. Decl. XI,54, worauf man sich deswegen berufen hat, besagt zwar, daß Gott den Glauben vorauswisse, aber nicht, daß dadurch die electio bedingt sei.) – So tritt auch bei den späteren die Unterscheidung von vol. Dei gener. et spec. hinzu, die dazu dienen sollte, zu zeigen, wie der Wille Gottes, selig zu machen, an sich zwar und ohne Bezugnahme auf das Verhalten des Menschen allgemein und auf alle bezüglich sei, wie er aber, weil die wirkliche Erteilung des Heils von dem Verhalten des Menschen zu diesem abhängig sei, sobald darauf Rücksicht genommen werde, ein besonderer werde und sich dann nur auf diejenigen beziehe, die sich zu dem dargebotenen Heile recht verhielten.

Anm. 2. Die Frage, ob das Vorauswissen Gottes das Schicksal der Menschen nicht mit Notwendigkeit bestimme, so daß die freie Bestimmung des Menschen damit aufgehoben sei, behandeln sämtliche DD. nicht an diesem Platze. *Chemnitz* (ll. c. th. I,162) versucht in dem locus de causa peccati das obige Bedenken dadurch zu beseitigen, daß er bemerkt, die praescientia sei kein actus voluntatis und daher auch durch diese nicht das Zukünftige bestimmt werde. Res sive praeterita sive futura non pendet a scientia, sed scientia a re ... et recte dictum est ab Origine; etsi communi sensu de praescientia sentiamus, non propterea erit aliquid, quia scit Deus futurum, sed quia futurum est, scitur a Deo. Und so auch die späteren DD. *Quen.* (I,539). Ipsa divina praescientia seu praevisio non nititur aliquo divino decreto, nec ullam per se imponit rebus praevisis necessitatem aut earum tollit contingentiam, licet ipsa in se sit certa et infallibilis (cf. das Nähere in § 21 not. 4). Die form. conc. beschränkt sich darauf, das Unerforschliche und Geheimnisvolle hervorzuheben, was näher zu erkunden, nicht des Menschen Aufgabe sei. Cf. sol. decl. XI,54.55. –

**Hutt.* (l. c. 768sq.) leitet die Lehre mit ff. Worten ein: Apostolus in aurea illa sua ad Romanos epistola, praedestinationis divinae materia prolixe et accurate satis pertractata, tandem in stuporem quasi versus, inexhaustam mysteriorum divinorum abyssum circa hunc articulum paulo altius expendens, in exclamationem pene insolitam erumpit: »O profunditas divitiarum sapientiae et scientiae Dei, quam incomprehensibilia sunt judicia ejus et investigabiles viae ejus.« Rom. XI,33. Fecit haec exclamatio, ut plerique orthodoxorum patrum timidiuscule et parce admodum de praedestinationis articulo dissererent: imo hodieque non desint, qui tractationem ejus temerariam et inutilem, imo spinosam et acerbam judicant inque coetu discentium non sine insigni periculo proponi posse statuunt: huc accommodantes tritum illud: noli me tangere. Quemadmodum vero patrum antiquorum modestiam ac circumspectionem laudem ... mereri arbitramur ... ita posteriorum quorundam superciliosam nimis censuram probare nullo modo vel possumus vel debemus. Quod si enim temeraria videri debet articuli hujus tractatio, certe a temeritatis suspicione vix vindicari poterunt Christus et apostoli, qui saepenumero et quidem exacte atque ex professo praedestinationis materiam suis proposuerunt et explicarunt auditoribus ... Quemadmodum ergo ea, quae Deus occulta esse voluit, non sunt scrutanda: ita quae manifesta fecit, non sunt neganda aut dissimulanda: ne in illis illicite curiosi, in istis vero damnabiliter inveniamur ingrati. ... His ita consideratis, utiliter et bona conscientia in explicando aeternae praedestinationis mysterio versari nos posse, habemus persuasissimum, ita tamen ut intra cancellos atque limites verbi divini nos contineamus neque vel in excessu vel in defectu peccemus. Hic vero ea cumprimis cautio nobis observanda fuerit, ut undenam judicium de hoc articulo peti ac informari possit et debeat, probe attendamus. Recte autem admonet liber christ. concordiae, rationi humanae extra et citra verbum Dei mysterium hoc pensitandi locum nullam esse relinquendum ... Porro neque in Deo ipso immediate quaerenda est praedestinatio, quem nemo vidit unquam. Sed verbum Dei solum est, ex quo universa mysterii hujus tractatio unice est petenda: ut in quo nihil est praetermissum, quod quidem salutis et electionis nostrae mysterium spectet: quin potius, apostolo teste, revelatum sit nobis in eo omne consilium Dei Act. XX,27. ... Quod verbum nullum est aliud praeter evangelium de Christo. Quam ergo in verbo evangelii revelatam habemus voluntatem Dei, eam ipsam statuendam esse asserimus aeternum et immutabile decretum; consilium et beneplacitum Dei et aeternae electionis et salutis nostrae ratio est: quia in Deo non sunt voluntates contradictoriae.

Und *form. conc.* (sol. decl. XI,9sqq). Haec sane aeterna electio seu ordinatio Dei ad vitam aeternam non nude in arcano illo coelesti et imperscrutabili Dei consilio consideranda est, quasi ea nihil praeterea complectatur aut ad eam requiratur, aut in ea meditanda expendendum sit nisi hoc, quod Deus praeviderit, quinam et quot homines salutem sint consecuturi et qui atque quam multi in aeternum sint perituri, aut quasi Dominus militarem quendam delectum instituerit atque dixerit aut statuerit: hic salvandus est, ille vero damnandus; hic ad finem usque in fide constans perseverabit, ille vero non perseveraturus est. Ex opinione enim hac multi absurdas, periculosas et perniciosas cogitationes hauriunt, quae aut securitatem et impoenitentiam aut angustias et desperationem in mentibus hominum gignunt et confirmant ... (13). Quare cum de aeterna electione seu praedestinatione et ordinatione filiorum Dei ad vitam aeternam recte et cum fructu cogitare aut loqui volemus, assuefaciamus nos, ne nudam, occultam nulli homini exploratam et cognitam Dei praescientiam ratione nostra perscrutari conemur. Sed ad eum modum divinam electionem meditemur, quemadmodum Dei consilium, propositum et ordinatio in Christo Jesu (qui est verus ille liber vitae) per verbum nobis revelatur. Totam igitur doctrinam de proposito, consilio, voluntate et ordinatione Dei (omnia videlicet, quae ad nostram redemtionem, vocationem, justificationem et salutem pertinent) simul mente complectamur.

1. *Gerh.* (IV,146). Postquam Adamus cum omnibus suis posteris aeternae mortis nexibus per lapsum irretitus esset neque huic malo vel hominum vel angelorum sapientia remedium aliquod inveniri posset: Deus ex arcana majestatis suae sede prodiens illud adorandum mysterium de reparatione generis humani per filium manifestavit Gen. III,15. – Quia ergo Deus hanc primam promissionem implens in plenitudine temporis misit filium suum natum et muliere Gal. IV,4, inde colligimus, Deum ab aeterno fecisse decretum de mittendo filio in carnem, per cujus obedientiam et satisfactionem sanarentur vulnera, quae infernalis serpens homini inflixerat et restituerentur amissa illa per lapsum bona.

2. *Quen.* (III,1). Benignissima illa (et misericordissima Dei patris erga homines lapsos) voluntas universalis ambitu suo omnes in universum homines in miseria constitutos complectitur habetque secundum nostrum concipiendi modum duos actus; quorum *primus* est illa Dei commiseratio, qua condoluit intime et sincere genus humanum idque totum tam turpiter per fraudem diaboli deceptum atque per lapsum in praesentissimum idque aeternum exitium praecipitatum esse, quaque voluit illud e malo eripere et salutem amissam eidem recuperare, si sine justitiae suae laesione id fieri possit. *Alter actus,* quo Deus motus hac misericordia et φιλανθρωπίᾳ decretum fecit de liberando genere humano per filii sui missionem ac ejusdem per evangelium manifestationem, eo fine, ut omnes in ipsum credant et ita salventur. Deus enim misericors ad interpositionem filii perfectissimam satisfactionem offerentis et spondentis ab aeterno ordinavit, omnes in filio suo restaurare illisque vitam aeternam dare.

3. *Gerh.* (IV,169). Antecedens voluntas ideo sic appellatur, quia considerationem obedientiae et inobedientiae hominum praecedit et respectu constat simplice, quo benefica illa Dei voluntas aequaliter se habet erga omnes.

Holl. (586). Voluntas antecedens est, qua Deus omnium hominum lapsorum et miserorum vult salutem et ad hanc consequendam dedit mediatorem Christum eaque ordinavit media, quibus parta per Christum salus viresque credendi omnibus hominibus offeruntur, seria cum intentione conferendi.

4. *Hutt.* (l. c. 792). Voluntate ista antecedente dilectionis et misericordiae in Deo ne unum quidem individuum ex toto genere humano, ne quidem filio perditionis excepto Joh. XVII,12. neglectum est aut praeteritum. Attributi hujus effectus est ille, quod Deus omnium mortalium salutem expetiit; quod filium suum universo mundo redemtorem aequaliter destinavit; quod beneficia ista omnibus promiscue offerri voluit, etiam his, qui actu ipso Verbum hoc non audiunt, actu non credunt, actu non salvantur: imo his etiam, quos sciverat Deus Verbum non audituros, nunquam credituros, nunquam etiam salvandos esse. Die Stellen, die gewöhnlich gegen die universalitas gratiae angeführt werden, sind: Rom. IX,19.18. IX,11–13.22. *Ad Rom.* IX,19. *Quen.* (III,12). Ex h. l. tale argumentum formant Calviniani: voluntas, de qua Paulus loquitur, est absoluta. Atqui voluntas salvandi et perdendi est illa voluntas, de qua loquitur P. Ergo voluntas salvandi et perdendi est absoluta. *Resp.*: Minor est falsa. Est enim eadem quidem voluntas, quae vult,

sed eandem absolute et cum conditione velle hoc diversum est. *Ad Rom.* IX,18. *Holl.* (594): a) Non loquitur apostolus de misericordia generali aut universali, sed speciali, qua credentes in Christum justificat (v. 30), adeoque non agit de voluntate Dei antecedente, sed consequente; b) misericordia Dei libera quidem, sed non absoluta est ... c) indurat Deus quem vult, non effective duritiem immittendo, sed judicialiter. ... *Ad Rom.* IX,11–13. *Quen.* (III,12): a) Non loquitur textus de Esavo et Jacobo secundum personas, sed de eorum posteris ... b) non agit hoc testimonium de aeterna praedestinatione ad salutem vel reprobatione ad interitum. Temere ergo assumunt Calviniani, dilectionem Jacobi et odium Esavi respicere illius dilectionem ad vitam et hujus reprobationem ad mortem aeternam et quidem absolutam, sed agit apost. Rom. IX,X,XI de rejectione Judaeorum ab illis excellentiis externis, quibus tot seculorum decursu fruebantur et assumtione gentilium in illas praerogativas, quas Judaei sibi solis vindicabant. Si de electione sermo esset, sequeretur hoc absurdum ex Calvinianorum sententia, omnes Jacobi posteros salvatos et contra omnes Esavitas damnatos esse. *Sensus ergo dicti est*: non tantum benedictionis Esavi posteris, quantum posteris Jacobi detuli aut concessi adeoque illos his posthabui, minus dilexi (sic vox odii habetur Luc. XIV,26. Matth. X,37). *Ad Rom.* IX,22. Ex his verbis liquet, quod Deus quidem praeparaverit vasa misericordiae ad gloriam, at vasa irae non dicuntur a Deo apparata, sed a Deo cum multa longanimitate tolerata. Quare homines indurati non a Deo, sed a se ipsis et a propria malitia ac a voluntaria perversitate facti sunt vasa irae, apparata ad interitum, propterea quod consilium Dei adversus se ipsos spernunt. Luc. VII,30.

5. *Holl.* (599). Dei misericordia nullis meritis est provocata. Gal. III,22. Rom. XI,32. Miseria peccatoris non movet Deum causaliter, sed praebet tantum occasionem et objicit Deo objectum miserum, erga quod φιλανθρωπίαν exercere non debeat, sed queat. In homine enim nulla plane est causa impellens.

6. *Holl.* (599). Non simulata aut fucata, sed seria et sincera est benevolentia Dei erga genus humanum in peccatum prolapsum; propterea quod in procuratione salutis humanae voluntas signi cum voluntate beneplaciti divini; praeceptum et promissio cum intentione divina quam amicissime conspirant. Hypocritam agit, qui aliud ore promit, aliud corde; id quod de Deo cogitare nefas est. *Hutt.* (l. c. 792). Patescit hujus attributi veritas ex perspicuis scripturae testimoniis 1Tim. II,4. 2Petr. III,9. Matth. XXIII,37. Ez. XVIII,32. Denique liquet idem ex juramenti deposito, religiosissima attestatione facti. Ez. XXXIII,11.

7. *Holl.* (599). Benevolentia Dei universalis non est inane votum, non sterilis velleitas, non otiosa complacentia, qua quis rem, quae sibi placet, et quam in se amat, non cupit efficere aut consequi, adeoque mediis ad hunc finem ducentibus non vult uti, sed est voluntas efficax, qua Deus salutem hominum ardentissime amatam, etiam efficere atque per media sufficientia ac efficacia consequi serio intendit Rom. I,4. – *Antithesis Calvinianorum* statuentium, Deum quidem voluntate in scripturis manifestata sive signi velle omnes salvos fieri, voluntate vero arcana, quam beneplaciti vocant, velle solos electos salvare *Quen.* (III,7).

8. *Holl.* (600). Quamvis prima Dei commiseratio, qua misertus est generis humani in peccatum prolapsi, nec non ordinatio mediatoris mediorumque salutis procuratio sit absoluta, misericors tamen Dei voluntas conferendi hominibus miseris remissionem peccatorum et aeternam salutem, non est absoluta, sed respectiva et justitiâ temperata. Respicit quippe satisfactionem Christi, qua justitiae divinae satisfactum est. – *Quen.* (III,5). Fundatur in Christo et determinatur ad finem et media, quibus ille accenditur. Über voluntas Dei überhaupt: *Hutt.* (l. c. 782). Voluntas Dei hoc in mysterio non consideratur per simplicissimam sui essentiam, non nisi secundum nostrum intellectum distinguitur et menti nostrae ad eam non patet accessus, sed ratione actus, quoad res creatas, extra

suam essentiam Deus egreditur. Priore illo considerationis modo et respectu voluntas in Deo haud magis est individua atque ipsa Dei essentia in plures dividi nequit. – Posteriore vero considerationis respectu, quatenus videlicet voluntas Dei extra essentiam ad creaturas egreditur: bifariam se habet. Quidquid enim in rebus creatis fieri vult Deus, id vel simpliciter vult vel cum certo modo ac conditione. Prior illa voluntas vulgo in scholis theologorum absoluta dicitur estque ea cum immutabili eventus necessitate conjuncta: quâ quae non sunt, vocet ut sint. Rom. IV,17. ... Posterior voluntas ea est, quae non aliter impletur, nisi cum modus praefixus vel conditio ipsa impletur: quâ non impletâ, fit etiam, ut non eveniat, quod Deus tamen maxime factum voluit. Prior illa ab hoc mysterio penitus secludenda, et ad Stoicorum ac Calvinianorum scholas relegenda, ... posterior vero haec, nempe modificata sive determinata voluntas Dei, praesentis mysterii actum ingreditur. –

9. *Holl.* (600). Benevolentia Dei est *ordinata*; ideo quod Deus altissimo consilio certam mediorum *τάξιν* aut ordinem constituit, quem in beandis peccatoribus respicit. Sunt illa media verbum Dei et sacramenta, quibus Deus peccatores ad regnum gratiae vocare, convertere, regenerare, justificare, salvare serio intendit. Hac voluntate ordinata Deus vult, ut omnes homines non tantum salventur, sed etiam ut omnes homines ad agnitionem veritatis perveniant. – Voluntas *conditionata* dicitur, non quasi Deus tantum velit finem, non velit media; aut velit finem sub conditione, quam ipse ex mero beneplacito penes multos nolit impleri; sed quatenus Deus, volens homines salvari, non vult eos citra satisfactionem ullamve conditionem implendam salvos fieri, sed sub conditione certorum mediorum ad salutem deduci. Daher der Satz von der universalitas gratiae näher so ausgedrückt wird: Deus omnibus *per ordinaria media* salvificam vult conferre fidem (*ib.*).

10. *Gerh.* (IV,169). Distinguit autem haec divisio (in volunt. antecedentem et consequentem) non ipsam per se voluntatem, quae in Deo una et indivisa est, sicut et una essentia; sed geminum istius respectum. In antecedente voluntate respectus habetur mediorum ad salutem, prout ex parte Dei ordinata sunt et omnibus offeruntur. In consequente voluntate respectus habetur eorundem mediorum, sed prout ab hominibus acceptantur vel negliguntur. *Hutt.* (l. c. 783). Est vero distinctio haec introducta in ecclesiam propter ea scripturae loca, quae voluntatem Dei non semper fieri aut impleri testantur. Ex. gr. Matth. XXIII,37. 1Tim. II,4.

11. *Holl.* (586). Voluntas consequens est, qua Deus ex humano genere lapso eos ad vitam aeternam elegit, quos praevidit ordinariis mediis usuros, et ad finem vitae in fide in Christum perseveraturos esse. – Nähere Bestimmungen: *Holl.* (587). Voluntas Dei dicitur *antecedens et consequens*: 1. non *ratione temporis*, quasi voluntas antecedens consequentem tempore praecedat: uti enim Deus temporis est expers, ita non habet voluntatem aliquam, quae alteram tempore antevertat; 2. nec *ex parte ipsius voluntatis divinae,* quasi dentur in Deo duae reapse distinctae voluntates. Est enim voluntas divina ipsa essentia Dei, cum connotato objecto, per modum actus volendi concepta; 3. sed dicitur voluntas Dei antecedens et consequens *ab ordine rationis nostrae,* diversos volendi actus in Deo pro diversa objectorum consideratione distinguentis et unum actum prae altero considerantis; ut saltem notetur, voluntatem antecedentem praecedere consequentem in signo rationis divinae. Prius quippe est, nostro intelligendi modo, Deum velle hominibus salutem et media salutis procurare, quam eundem velle finaliter in Christum credituris aeternam salutem actu conferre vel finaliter impoenitentibus aeternam damnationem adjudicare.

Quen. (III,2). Voluntas *antecedens* fertur in hominem qua miser est, non habita ratione circumstantiarum in objecto; *consequens* vero versatur circa hominem cum certis circumstantiis, quatenus scil. is fidelis vel incredulus est. (*Holl.* [588]. Quare voluntas Dei antec. et cons. sibi non contrarie aut contradictorie opponuntur, sed subordinantur. Haec in illa materialiter continetur et in illam posita conditione transit. Quod sic ostendo: Voluntate antecedente Deus vult, ut omnes homines salventur, si finaliter credant. Atqui ordinariis salutis mediis rite utentes sunt illi, qui finaliter credunt. Ergo voluntas Dei antecedens voluntate consequente non evertitur, rescinditur aut expungitur, sed potius conditione impleta in eandem transit.) *Antecedens* respicit *δόσιν*, *consequens* ex parte hominis λῆψιν salutis. *Illa* universalis est, *haec* particularis; *illa* praecedit, *haec* sequitur purificatam conditionem. In *illa* spectatur salus sub ratione mediorum, prout haec ex parte Dei aeque omnibus hominibus ordinata sunt et offeruntur. In *hac* spectatur eadem salus sub ratione mediorum, sed in quantum ea ab hominibus vel acceptantur vel negliguntur. Voluntas Dei *antecedanea* definit, quid homines facere debeant, vid. audire verbum Dei, per auditum istum fidem concipere, meritum Christi sibi applicare et mediante illa fide salvari. Voluntas *consequens* considerat, quid homines jam actu ipso faciant vel non faciant, an voluntati antecedenti obtemperent vel non, i. e. considerat, qui mediis salutis a Deo ordinatis actu ipso utantur, qui non, quinam verbum Dei audiant et in Christum credant, qui non. – Über die Notwendigkeit dieser Unterscheidung: *Holl.* (587). Necessaria est haec distinctio (inter voluntatem generalem et specialem) ob mirabile misericordiae et justitiae divinae inter se conciliandae temperamentum. Exstant enim in s. literis effata, quae misericordiam Dei in omnes peccatores pronam ostendunt. 1Tim. II,6. 2Petr. III,9. Exstant alia, quae notant justitiam Dei et ab hereditate salutis excludunt eos, qui ordini divino refragantur. Joh. III,18. Marc. XVI,16. Exstant denique dicta biblica, in quibus tam misericordia, quam justitia divina depraedicantur. Matth. XXIII,37. Christus voluntate antecedente, quantum in se erat, volebat congregari filios Israelis, sed voluntate consequente, quia nolebant congregari, volebat domum eorum desertam relinqui. cf. Act. XIII,46. Insinuata est haec distinctio parabilis Christi Matth. XXII,1. Luc. XIV,16.

12. *Quen.* (III,14). Ex admissa benevolentia Dei universali, in ordinatione et oblatione mediorum, quibus constituit Deus homines, convertere, regenerare, justificare et salvare, se exerente, oritur benevolentia specialis in praedestinatione ad vitam aeternam conspicua. ...

13. Die Dogmatiker bemerken, daß das Wort praedestinatio in der Kirche in verschiedenem Sinne gebraucht worden sei; *bald im weiteren Sinn,* wonach es den Beschluß Gottes bezeichne, wie er sowohl auf die Errettung der Gläubigen, als auf die Verdammung der Ungläubigen sich beziehe: *bald im engeren Sinn,* wonach er sich allein auf die ersteren beziehe. In letzterem Sinne finde es sich im biblischen Sprachgebrauch Rom. VIII,30. Eph. I,5. *Holl.* (607). Nonnulli patres et doctores ἀκύρως, abusive et justo laxius vocem praedestinationis sumserunt pro decreto divino tum de salvandis hominibus credentibus, tum de condemnandis infidelibus. In sensu autem biblico vox praed. semper in bonam partem accipitur, ut denotet decretum divinum de hominibus lapsis salvandis. Aber auch dann ist noch ein dreifacher Unterschied in der Begriffsbestimmung von praedestinatio zu bemerken, und je mehr die DD. bald die eine, bald die andere Begriffsbestimmung sich aneignen, desto mehr ist dieser Unterschied zu beachten, damit nicht die Meinung entstehe, als ob die DD. in der Sache selbst unter sich im Widerspruch stünden. Das eine Mal versteht man unter praed. ganz allgemein den Beschluß Gottes, eine Heilsanstalt zu errichten, durch die alle gerettet werden könnten. *Br.* (711). Denotatur decretum de toto opere perducendi homines ad salutem. So bestimmen den Begriff die *Formula concordiae* (sol. declar. XI,14: Totam igitur doctrinam de proposito, consilio, voluntate et ordinatione Dei [omnia videlicet, quae ad nostram redemtionem, vocationem, justificationem et salutem pertinent] simul mente complectimur cf. sqq.) und nach ihr *Hutterus* u. a. *Hollaz* (609) gibt davon folgende Definition: Praed. sensu latiori accepta definiri potest, quod sit aeternum decretum divinum, quo Deus ex immensa sua misericordia hominibus omnibus, quos in peccatum prolapsuros ab aeterno praevidit, filium suum mediatorem dare et per praedi-

cationem universalem amplectendum offerre, omnibus etiam, qui non repugnaturi essent, fidem per verbum et sacramenta conferre, credentes omnes justificare ac mediis gratiae porro utentes renovare, fidem usque ad finem vitae in illis conservare, ipsos denique finaliter credentes salvare constituit. Das andere Mal werden diejenigen schon näher bezeichnet, an denen der Beschluß der Errettung wirklich zum Vollzug kommen soll: es sind diejenigen, von denen Gott vorher weiß, daß sie glauben werden. (*Holl.* [608]. Sensu speciali s. strictiori significat ordinationem fidelium ad salutem cum προθέσει et προγνώσει complicatam.) Die πρόθεσις (decret. divinum generale et indeterminatum de impertienda aeterna salute omnibus hominibus peccatoribus in Christum finaliter credituris) wird also näher bestimmt durch die πρόγνωσις (praenotio certarum personarum s. individuorum humanorum, quae veram in Christum fidem usque ad novissimum vitae halitum retentura sunt). In letzterem Fall aber wird unter praed. (sensu strictissimo sumta) nur der auf Grund der allgemeinen πρόθεσις nach vorausgegangener πρόγνωσις wirklich gefaßte Beschluß verstanden, sofern er die bestimmte Anzahl von Menschen begreift, die gerettet werden sollen; ein Beschluß, der προορισμὸς genannt wird. *Holl.* (608). Sensu specialissimo et strictissimo, quo προορισμὸς a προθέσει et προγνώσει distinguitur et notat aeternum Dei decretum determinatum s. applicatum ad quosdam secundum individua homines, quos Deus ex communi corruptionis massa ad vitam aeternam elegit, propterea quod illos in Christum finaliter credituros esse distincte praevidit. – Der Sinn der beiden letzten Unterscheidungen ist der, daß, wenn ganz genau geredet werden soll, die in der zweiten Unterscheidung enthaltenen Begriffe von πρόθεσις und πρόγνωσις nur die dem eigentlichen und wirklichen Beschluß (dem προορισμὸς) vorangehenden Bestimmungs-Gründe seien, die also, wenn praedestinatio als actus, decretum bezeichnet wird, nicht mit in den Begriff selbst aufzunehmen sind; daher werden diese beiden Begriff, die der πρόθεσις und πρόγνωσις, auch als die principia normantia seu dirigentia, secundum quae facta est electio, bezeichnet und zwar so, daß πρόθεσις das princ. normans primum seu mediatum, πρόγνωσις aber das princ. normans proximum s. immediatum ist. *Quen.* (III,18). Est πρόθεσις electionis principium dirigens primum, sed non immediatum, verum mediatum, mediante enim προγνώσει seu praevisione individuorum finaliter crediturorum ad electionem concurrit.

14. Über das Verhältnis von praed. und electio. *Quen.* (III,16). Synonymon praedestinationis est electio. Non sunt autem praedestinatio et electio synonyma logica, ita ut habeant se ut genus et species, quod statuunt Calviniani (contendentes praedestinationem Dei tanquam genus sub suo ambitu duas continere species, electionem videlicet et reprobationem). Vel ut alii loquuntur, duo continere decreta: unum electionis, alterum reprobationis. *Hutt.* (773), sed secundum scripturae tenorem sunt συνώνυμα grammatica et ejusdem latitudinis. Ac quamvis formalis significationis respectu nonnihil differant, materialiter tamen et subjecti ratione non distinguuntur, unde et Eph. I,4 et 5. utrumque vocabulum electionis et praedestinationis eodem sensu accipitur, nec datur in scriptura dissimile exemplum. *Holl.* (605). Praed. et elect. *conveniunt* ratione subjecti; eo quod nullus est praedestinatus ad aeternam salutem, qui ad eam non sit electus, nec ullus electus, qui non sit praedestinatus. Aber: differunt ratione formalis significationis: Electio in suo formali conceptu ad objecta eligenda, praedestinatio vero ad finem et ordinem mediorum, quae ad electionis finem seu vitam aeternam ducunt, respicit. Etenim particula *prae* in voce *praedestinatio* ordinationis divinae prioritatem et aeternitatem, particula e autem in voce electionis communem hominum coetum, e quo fit segregatio quorundam hominum, connotat adeoque electio divina est quorundam hominum e communi corruptionis massa segregatio et ad hereditatem aeternae salutis adoptatio. – *Praedestinatio* 1. praesupponit πρόγνωσιν, praenotionem certarum personarum, finaliter credentium. Rom. VIII,29; 2. formaliter notat ordinationem eorum hominum, qui media gratiae secundum

praenotionem div. admittunt et constanter observant ad vitam aeternam. Act. XIII,48. *Electio* autem 1. praesupponit dilectionem Dei Eph. I,6; 2. formaliter notat segregationem eorum hominum, quos in Christum perseveranter credituros esse praevidit, e communi perditionis massa. Joh. XV,19. –

Ein anderer Ausdruck für praed. ist nach Phil. IV,3. Apoc. III,5 inscriptio in librum vitae. –

15.a) Ausführliche Definition. *Holl.* (604). Pr. est actus voluntatis divinae consequentis, quo Deus gratuita motus misericordia, propter meritum Christi, perseveranti fide apprehendendum, ex genere humano lapso solos et singulos illos homines, quos in Christum finaliter credituros esse praevidit, segregavit et ordinavit ad salutem aeternam consequendam in laudem gloriosae suae gratiae.

Quen. (III,19). Pr. est actio divinae voluntatis, qua ante jacta mundi fundamenta non secundum opera nostra, sed ex mera misericordia secundum propositum et beneplacitum suum, quod proposuit in se intuitu meriti Christi fide apprehendendi ad vitam aeternam ordinavit homines virtute spiritus s. per evangelii praedicationem in Christum perseveranter et finaliter credituros in laudem gloriosae gratiae suae. –

Quen. (III,14). Articuli hujus fundamentalis sedes propria et cardinalis est Eph. I,4–7.

b) Die *forma electionis* wird sodann von *Quen.* (III,18) so beschrieben: Consistit in tota illa τάξει seu ordine, quem Deus in aeterno electionis decreto sanciendo sibi propositum habuit et secundum quem pro sua misericordia propter Christi meritum fide apprehensum, credentes et in fide usque ad finem vitae perseverantes elegit, sive secundum quem electionem ab aeterno decretam in tempore exsequitur. – Indem die electio ihren Grund hat in der vorausgegangenen πρόθεσις und πρόγνωσις, die sich wie Obersatz und Untersatz zum Schlußsatze, dem προορισμός, verhalten, entsteht der syllogismus praedestinatorius:

Omnis perseveranter usque ad finem vitae crediturus in Christum certo salvabitur, atque adeo electus esto et inscriptus in librum vitae.

Atqui hic, ille, iste, Abrahamus, Petrus, Paulus etc. perseveranter usque ad finem vitae in Christum credituri sunt.

Ergo hic, ille, iste, Abrahamus, Petrus, Paulus etc. certo salvabuntur atque adeo electi sunto et inscripti in librum vitae. – *Holl.* (630).

c) Die *causae electionis* werden sodann so angegeben: *causa agens* electionis: Dei unitrini voluntas libere decernens (Rom. VIII,28. Eph. I,4. Joh. XIII,18. XV,16.19. Act. XIII,2. 2Thess. II,13); *causa movens impulsiva s. interna*: gratia Dei mere gratuita (Rom. IX,15.16. Eph. I,5. II,8.9. Rom. XI,5.6); *causa movens externa*: Christi meritum, ratione praevisae applicationis finalis spectatum (Eph. I,4–7). Als *causa externa minus principalis* geben einige an: fides in Christum eaque finalis.

16. *Hutt.* (795). Circa quaestionem (an aeterna salvandorum electio ponenda sit in voluntate antecedente an consequente?) bivium sententiarum se offert, nonnullis ad dextram nimis, aliis ad sinistram longius, utrisque a veritatis tramite deflectentibus: diverso licet modo, respectu ac fine. Calvini enim partes qui sequuntur, electionis decretum in sola antecedente Dei voluntate quaerendum esse autumant, sed ita, ut et voluntatem illam absolutam ac particularem et vero absolutam quoque paucorum hominum electionem inde eliciant. *Huberus* autem in sola itidem antecedente voluntate electionem constituit, quam voluntatem licet recte contra Calvinianos universalem esse pugnet, male tamen et falso inde contra Orthodoxos electionem universalem et prorsus illimitatam extruit. Quemadmodum ergo Calvinus omnem fidei respectum, ita Huberus ipsum actum fidei ab aeterno electionis decreto removet et eliminat. Uterque iste error, ab analogia fidei absonus, in eo deficit, quod electionem ab omni consideratione justitiae

per fidem propter Christum imputatae penitus subjungit. Quo sane pacto nullam potius omnino quam vel absolutam paucorum vel universalem omnium electionem fas esset colligere. Nomen enim Electorum in universa scriptura nuspiam nisi solis actu credentibus et in fide simpliciter perseverantibus attribuitur. Deinde vel ipse vocabulorum electionis et electorum sonus et propria affectio discrimen aliquod aut discrepantiam ratione hominum innuit et evincit. Nam Electi vocantur ex discrimine non Electorum: jam vero in antecedente voluntate discrimen aliquod inter homines ut constituatur, pietas ipsa fidesque christiana prohibent. Ergo ab utroque isto errore divortium faciens orthodoxa ecclesia, electionem *non in sola atque nuda duntaxat antecedente Dei voluntate, sed in consequente potius collocat.* –

17. *Holl.* (633). Electi sunt a Deo in Christo redemtore homines peccatores miserabiles, non promiscue omnes, quomodocunque se habentes, sed quos Deus finaliter in Christum credituros esse ab aeterno distincte praevidit. Also: (619). Electio hominum peccato corruptorum ad vitam aeternam a Deo misericordissimo facta est intuitu fidei in Christum ad finem usque vitae perseverantis. – Um den Ausdruck: intuitu fidei vor Mißverständnis zu bewahren, wird noch bemerkt von *Quen.* (III,36). a) Fides et quidem perseverans aut finalis etiam ingreditur circulum electionis aeternae, *non ut jam praestita, sed ut praecognita.* Ex divinitus enim praevisa fide meritum Christi finaliter apprehendente ad vitam aeternam electi sumus; b) fides ingreditur electionem non ratione cujusdam dignitatis meritoriae, sed respectu correlati sui sive quatenus est unicum illud medium apprehendendi meritum Christi; sive fides non est causa meritoria electionis, sed duntaxat conditio praerequisita seu totius pars ordinis divinitus in electione constituti. Andere drücken sich so aus, daß sie den Glauben als die causam externam minus principalem bezeichnen. Über die verschiedenen Ausdrücke, durch die die fides in Beziehung zur praed. gesetzt wird. *Br.* (725). Fidem in Christum alii quidem nostratium causam instrumentalem decreti electionis; alii conditionem ejus; quidam conditionem ex parte objecti eligendi; alii partem ordinis praedestinatorii dixerunt; sed sensu eodem, inter se et cum his, qui causam impulsivam minus principalem appellant. Omnes enim agnoscunt, fidem neque nudam conditionem esse, quae nullam causalitatem exerceat; sed prout ad actum salvandi, sic ad actum decernendi salutem (salutem virtualiter causantis) se habere, tanquam id, cujus intuitu simus electi, neque tamen ipsam sua dignitate movere potuisse Deum ad nos eligendos, ut esset causa principalis. Unde, quando fides alias dicitur habere se instar manus aut organi, quo gratia Dei eligentis et meritum Christi ut causa salutis apprehenditur, atque hac ratione etiam hic *instrumentum* dici consuevit; hic tamen indicandum est, quomodo fides ad ipsum decretum electionis sese habeat: ubi nostrates non dicunt, habere se per modum instrumenti, quo causa efficiens principalis, Deus eligens, utatur ad producendum reali influxu actum electionis. Qui vero *causam instrumentalem moralem* dixerunt, non possunt aliud quid, quam causam impulsivam minus principalem intelligere. ... Itaque superest tandem ea loquendi formula, qua fides *causa seu ratio impulsiva,* non tamen κατ' ἐξοχήν sive principalis: verum cum addito, vitandae ambiguitatis causa, *minus principalis* dicatur.

Über das Verhältnis von praescientia und praedestinatio *Hutt.* (ll. c. 803) 1. Praescientiae vox hoc loco non accipitur generaliter, indefinite et laxe, de notitia rerum futurarum omnium: quo sensu rerum tam malarum quam bonarum praescientia Deo competit et praedestinationem una praesupponit. Sed restricte et determinate ad certam materiam certumque subjectum; nempe ad praescientiam fidei in Christum, quae est electorum propria. Quae determinata praescientiae notatio semper praedestinationem praesupponit secundum illud Romanorum VIII,29. *quos praescivit,* nempe Augustino etiam interprete, credituros in filium suum, *hos et praedestinavit*: et praedestinavit quidem conformes imagini filii sui. Nam hoc loco apostolus non agit de voluntate Dei antecedente, ratione cujus vult omnes homines esse conformes imagini filii sui, sed agit de iis, qui jam in ipso Dei decreto sunt conformes imagini huic. II. Praescientia haec non est ipsa Dei praedestinatio sive decretum electionis, uti Calvinus autumat. ... Nam apostolus in verbis modo citatis (Rom. VIII,29) expresse tanquam duo distincta considerat: praescientiam et praedestinationem: *quos*, inquiens, *praescivit, hos et praedestinavit.* Alioquin ineptissimus iste sensus prodiret: quos praedestinavit, hos et praedestinavit. ... Recte ergo statuitur, quod praescientiae vox hoc loco notet juxta Hebraeorum idiotismum notitiam Dei non simplicem, sed cum approbatione et delectatione: quippe terminatam ad objectum Dei placens: videlicet ad Christum fide apprehensum: vel quod eodem recidit, ad fidem apprehendentem Christi meritum. III. Praescientia haec, quam diximus ingredi decretum electionis, non ideo statuitur esse causa, ob vel propter quam fiat electio aut salus ipsa electis conferatur: quia neque pars essentialis est constituens ipsam electionem; sed pro adjuncto duntaxat praedestinationis et quidem inseparabili astruitur. Nam praescientia, quippe inferiori gradu posita, tametsi a praedestinatione aliquando possit esse seclusa, quod fit in peccatis et pravis hominum actionibus: posita tamen praedestinatione, quippe gradu superiore, inferiorem semper includi necesse est. Hinc apostolus, firmum, inquit, stat fundamentum Dei, habens hoc signum: novit Deus, qui sunt ejus. 2Tim. II,19. Non novit autem in tempore demum, sed praecognovit inde ab omni aeternitate. Est perinde notitia sive πρόγνωσις isthaec quidam quasi oculus electionis illius aeternae: quem qui eruere velit, coecam nobis pariet et obtrudet electionem.

18. *Holl.* (631). Decr. *respectivum,* quia Deus cum e lapsis hominibus aliquos et quidem hos potius quam illos ad vitam aeternam praedestinavit, respexit ad aliquid extra se tanquam ad causam impulsivam externam, scil. meritum Christi perseveranti fide apprehendendum.

Quen. (III,31). Praedestinatio ad vitam aeternam non est *absoluta*, sed in Christo mediatore fundata. – Antithesis Calvinianorum, qui ex causis electionis meritum Christi excludunt et ad media exsecutionis in tempore suppeditata referunt adeoque negant, Christum esse causam meritoriam electionis nostrae. – Die Lehre *Calvins* unterscheidet sich demnach so von der der luth. Kirche, daß nach ersterer die praedestinatio auf einem decretum Dei absolutum beruht (quo Deus ex sese simpliciter aliquid vult et facit sine praerequisita conditione aut citra respectum extrinsecum alterius causae vel rationis intervenientis, quomodo absolute voluit creare et conservare. *Quen.*): daher ist es auch nicht der ernstlich gemeinte Wille Gottes, daß alle die selig werden, denen das Evangelium gepredigt wird, sodann zwischen voluntas manifestata sive signi und voluntas arcana sive beneplaciti unterschieden wird.

19. *Holl.* (631). Simpliciter quippe et categorice decrevit Deus hunc, illum, istum hominem salvare, quia perseverantem ipsius in Christum fidem certo praevidit. ... Wenn von dem decretum behauptet wird, es sei nicht conditionatum, so scheint das in Widerspruch zu stehen mit der obigen Behauptung, das decretum sei nicht absolutum. Den scheinbaren Widerspruch erledigt *Holl.* (632) durch ff.: Quando decretum praedestinationis haud dicitur absolutum, eo ipso non statuendum est conditionatum. Neque enim sententia est, quod hunc vel illum ad salutem ab aeterno elegerit Deus, *si* is in Christum crediturus esset, inque fide vera hinc decessurus, sed *quia* crediturus et perseveraturus erat: ut fides, ante actum praedestinationis spectata, in voluntate Dei, conditio sit quidem, sub qua ipse omnium salutem cupit; in decreto autem ipso non ut conditio se habeat, sub qua electio facta, verum ut ratio, qua Deus permotus ad eligendum. Non igitur negandum est decretum absolutum esse, in ordine ad conditionatum, sed ne excludatur respectus rationis a priori, extra Deum, tanquam partis in ordine praedestinatorio, fidei nimirum in Christum

ab aeterno praevisae vel quod eodem recidit, meriti Christi, fide apprehensi. Neque confundendum est decretum cum voluntate Dei antecedente, quae quod conditionem non excludat, verum ordinet, ex verbo Dei (Rom. XI,23) affirmamus. –

20. *Quen.* (III,21). Electi per peccata moralia spiritum s.. fidem et gratiam Dei totaliter amittere et excutere adeoque damnabiles fieri ad tempus, non vero finaliter deficere et in aeternum perire possunt. Est autem amissio gratiae alia totalis, alia finalis. *Totalis* est qua quis gratia Dei prorsus excidit; *finalis*, qua quis proxime ante mortem a fide deficit et in incredulitate decedit –

21. *Holl.* (642). Homo renatus in medio vitae cursu suae electionis certus est conditionate (Phil. II,12) at in termino vitae idem gaudet certitudine praedestinationis suae absoluta. –

22. *Holl.* (644). Reprobatio (*ἀποδοκιμασία*) non invenitur totidem syllabis in sacris literis. Vox *ἀδόκιμος* usurpatur 1Cor. IX,27. 2Cor. XIII,5. Hebr. VI 8. – *Quen.* (III,21). Vocatur alias *προγραφὴ εἰς τὸ κρίμα*, Jud. 4. –

23. *Brochm.* De causa reprobationis ubi agitur, pia circumspectione opus est. Cavendum est, ne eo modo statuamus Deum causam esse reprobationis, quo electionis causa est. Etenim causa electionis est et ratione efficientis et ratione finis, et ratione decretorum et mediorum omnium ad illum finem ducentium. At secus se res habet cum reprobatione Cum enim reprobatio sit aeterna perditio, ad quam non nisi per peccatum, potissimum vero incredulitatem, recta venitur: nemo non videt, quod Deo, ut efficienti, adscribi non possit reprobatio, quatenus aut ipsa damnatio est, aut quatenus medium huc ducens peccatum est. Vera igitur reprobationis causa est in ipso homine, nimirum contumax contemtus gratiae in evangelio oblatae. ... Deus interim non est reprobationis otiosus spectator, sed tanquam justus scelerum et spretae gratiae vindex, singularibus quibusdam actibus occupatur circa impios et incredulos, qui licet diu moniti, invitati, castigati fuerunt, nihilominus evangelium contemnere et evangelio mera malitia se opponere perrexerunt.

Kap. II
De fraterna Christi redemtione, tanquam altero salutis principio

§ 31

Die von Gott von Ewigkeit her beschlossene Erlösung ist in der Zeit durch seinen eingebornen Sohn Jesum Christum vollzogen worden [1], und von ihr ist hier zu handeln. Sie zerfällt aber in die Lehre I. von der Person des Erlösers; II. von dem Werk, durch das er die Erlösung zustande gebracht hat; III. von den verschiedenen Ständen, in denen er sich von seiner Menschwerdung an befindet. –

1. *Holl.* (650). Redemtor generis humani est Jesus Christus – Redemtor vocatur Jesus, i. e. salvator, quia ipse populum suum salvaturus erat a peccatis eorum, Matth. I,21. – (655). Vocatur Christus, i. e. unctus, quia a spiritu sancto in regem, sacerdotem et prophetam nostrum unctus est. Joh. I,42. – Die DD. weisen noch nach, daß Jesus Christus sei der verus Messias, in quem omnia vaticinia V. T. de Messia edita ad amussim quadrant. *Holl.* (675). Prob. 1. quicunque est Deus et homo, is est verus Messias. Atqui Jesus etc.

Major patet ex 2Sam. VII,12.13. Ps. CX,1. Micha V,1. Jer. XXIII,5. ... 2. quicunque e semine Abrahae, tribu Juda, stirpe regia Davidis et ex illibata virgine natus est, is est verus Messias. Maj. e Gen. XXII,18. XLIX,10. 2Sam. VII,12. Esaj. VII,14. Min. e Luc. III,23. II,34. ... 3. quicunque dominator Israelis, ut Deus, ab aeterno genitus, ut homo in plenitudine temporis, natus est Bethlehemi, is est verus Messias Maj. e Micha V,1. Min. e Matth. II,6. ... 4. cuicunque advenienti divinitus destinatus praecursor viam paravit, is est verus Messias. Maj. e Es. XL,3. Mal. III,1. Min. e Marc. I,2.3. ... 5. quicunque rex Sionis pauper et humilis Hierosolymam ingressus est, inequitans asinae, is est verus Messias. Zach. IX,9. 6. quicunque est Goël, sive redemtor jure consanguinitatis Iob XIX,25, propheta similis Mosi Deut. XVIII,15, rex catholicus Zach. IX,9. Ps. LXXII,8, sacerdos secundum ordinem Melchisedek Ps. CX,4, sacerdos pro peccatoribus intercedens Es. LIII,12 extrema passurus Ps. XXII. Es. LIII, moriturus Dan. IX,26, sepeliendus Es. LIII,9, immunis futurus a corruptione, descensurus ad inferos et resurrecturus Ps. XVI,10, ascensurus ad coelos Ps. LXVIII,19, sessurus ad dextram Dei patris Ps. CX,1, is est promissus Messias. Quae omnia de Jesu Nazareno novum testamentum praedicat.

A. De persona Christi

§ 32
Unitio – unio personalis

In Christo dem Erlöser finden wir eine Zweiheit der Naturen und eine Einheit der Person vor, wie sich das in dem Satz ausspricht: in Christo, nato ex Maria virgine, sunt duae naturae, divina *τοῦ λόγου* et humana natura sic unitae, ut Christus sit una persona *Chmn.* (ll. th. I,75). Der Reihe nach haben wir danach

I. von den zwei Naturen in Christo,

II. von der Person Christi zu handeln.

Ad. I. Christus ist Gott und Mensch. Das wird anders auch so ausgedrückt, daß man sagt, er sei in zwei Naturen, der göttlichen und menschlichen[1]. Die göttliche Natur hat er von Gott dem Vater und von Ewigkeit her, die menschliche hat er von der Jungfrau Maria in der Zeit angenommen[2]. Von diesen beiden Naturen ist aber jede in ihrer ganzen Wahrheit und vollen Integrität[3] zu denken, denn Christus ist wahrer Gott und wahrer Mensch[4]. Als wahrer Mensch nimmt er sodann teil an allen den natürlichen Schwachheiten, denen die menschliche Natur seit dem Fall unterworfen ist; er nimmt aber daran teil nicht infolge einer natürlichen Notwendigkeit, sondern infolge seines freien Willens, für sein Mittlergeschäft: denn da er zwar von einem Menschen, der Jungfrau Maria, geboren, nicht aber von einem menschlichen Vater gezeugt ist, hat seine menschliche Natur auch nichts von alledem überkommen, was erst Folge der Sünde Adams ist[5]. Dieses hindert aber nicht, von Christo eine wahre, vollständige und uns gleiche Menschheit auszusagen, wie sie doch auch von dem noch nicht gefallenen Adam ausgesagt wird, da die infolge der Sünde Adams uns überkommene Erbsünde nicht die Natur des Menschen zu einer anderen gemacht hat; wohl aber folgt aus den besonderen Verhältnissen, die bei der Geburt Christi obwalteten, und aus dem besonderen Bezug, den der göttliche *λόγος* zu dieser menschlichen Natur hat, daß von ihr besondere Eigentümlichkeiten ausgesagt werden müssen, die sie vor der anderer Menschen voraus hat. Diese sind die 1. der *ἀνυποστασία*; 2. der *ἀναμαρτησία*; 3. der singularis animae et corporis excellentia. Die erstere folgt aus dem besonderen Verhältnis, das der göttliche *λόγος* zur menschlichen Natur eingegangen ist. Diese nämlich ist zu keiner Zeit als für sich subsistierend und für sich eine Person bildend zu denken, denn der *λόγος* hat keine menschliche Person, sondern nur eine menschliche Natur angenommen. Von der menschlichen Natur wird daher negativ die *ἀνυποστασία* ausgesagt, insofern dieser menschlichen Natur keine eigene Persönlichkeit zukommt; positiv die *ἐνυποστασία*, insofern dieser menschlichen Natur eine andere Hypostase, die der göttlichen Natur, zuteil geworden ist. – Die *ἀναμαρτησία* ist ausdrücklich gelehrt in vielen Stellen der Hl. Schrift (2Kor. V,21. Hebr. VII,26. Es. LIII,9. Dan. IX,24. Luc. I,35. 1Petr. I,19. II,22), und folgt auch aus der übernatürlichen Geburt Christi. Die singularis animae et corporis excellentia aber folgt aus seiner Sündlosigkeit[6].

Ad II. Die Person des Erlösers wird gebildet, indem der *λόγος*, die zweite Person der Gottheit, der Sohn Gottes, sich mit menschlicher Natur einigt, und zwar so fest und innig, daß die beiden jetzt geeinten Naturen nur eine Person ausmachen, die die des Erlösers, des Gott-Menschen ist[7]. Der Akt selbst, durch den dieses geschieht, wird *unitio personalis* genannt. *Holl.* (665). Actio divina, qua filius Dei naturam humanam in utero virginis Mariae in unitatem suae personae assumsit[8]. Dieser Akt ist gewollt und beschlossen von der gesamten Hl. Trinität, von ihr ist die Masse bereitet, aus der die menschliche Natur besteht, und durch sie ist sie mit der göttlichen Natur geeint, vollzogen ist aber dieser Akt an der zweiten Person der Gottheit, die allein Mensch geworden ist[9]. Diese zweite Person der Gottheit, der *λόγος*, verhält sich aber in dem Akte der Einigung zu der menschlichen Natur so, daß er, der *λόγος*, der Personbildende[10], wie überhaupt der Tätige ist, durch den die Einigung zustande kommt: denn er ist es, der ein aktives Verhältnis zur menschlichen Natur hat, die er annimmt, während die menschliche Natur zu ihm in passivem Verhältnis steht[11]. Diese feste Einigung der göttlichen und menschlichen Natur, als *Zustand* betrachtet, heißt dann *unio personalis seu hypostatica. Holl.* (679). Unio pers. est duarum naturarum, divinae et humanae, in una filii Dei hypostasi subsistentium, conjunctio, mutuam, eamque indissolubilem utriusque naturae communionem inferens[12]. Resultat dieser Tätigkeit des *λόγος* ist es dann, daß die Hypostase der göttlichen Natur jetzt auch Hypostase der menschlichen Natur geworden ist, d. h. die beiden Naturen haben jetzt *eine* Hypostase, die des *λόγος*, und bilden zusammen *eine* Person, die des Erlösers, des Gott-Menschen[13]. Infolgedessen ist dann auch die

Einigung der beiden Naturen so eng und unzertrennlich[14], daß keine mehr ohne die andere oder außer der andern gedacht werden kann, sondern beide in allen Momenten ganz beieinander zu denken sind[15], doch in der Art, daß von beiden Naturen jede ihrem Wesen und ihren Eigentümlichkeiten nach dieselbe und unvermischt mit der anderen bleibt[16]. – So lehrt uns die Hl. Schrift. Von der Art und Weise aber, wie diese beide Naturen in der einen Person geeint sind, eine richtige Vorstellung zu gewinnen, ist unmöglich, da die Hl. Schrift uns nur die Einigung selbst, nicht aber das Wie? der Einigung lehrt. Wir werden uns daher damit begnügen müssen, daß wir falsche Vorstellungen, die man von dieser Einigung sich machen könnte, abwehren[17]. Demnach sagen wir, daß die unio nicht sei: 1. eine *essentialis,* qua duae naturae in unam essentiam coaluerint (antith. Eutychianorum); 2. nicht eine *naturalis,* qualis est animae et corporis in homine; 3. nicht eine *accidentalis,* qualis est: a) inter duo vel plura accidentia disparata, in uno subjecto copulata (sic albedo et dulcedo uniuntur in lacte); b) inter accidens et substantiam (qualis datur in homine docto); c) inter duas substantias, sed accidentaliter unitas (qualis est inter asseres); 4. nicht eine *mere verbalis,* exsurgens vel ex titulo sine re (ut cum consiliarius principis dicitur, qui nunquam ipsi fuit a consiliis) vel ex locutione impropria (ut cum Herodes vocatur vulpes); endlich 5. nicht eine *habitualis* aut *respectiva,* quae consistere potest, licet extrema hujus unionis reapse separata sint et distent. (Datur enim varia unio respectiva, nempe moralis inter amicos, oeconomica inter conjuges, politica inter cives, ecclesiastica inter membra ecclesiae.)[18] *Holl.* (679). Positiv dagegen wird von der unio ausgesagt: sie sei

1. eine *vera et realis,* quia datur inter extrema vere cohaerentia cum exclusione separationis alicuius aut distantiae;
2. eine *personalis* (aber nicht personarum) *et perichoristica;*
3. eine *perpetuo durans* (cf. nott. 6–8).

1. *Hfrffr.* (260). Per naturas ambo principia seu partes (ut ita loquamur) intelliguntur, quibus persona Christi constituta est. Natura nimirum divina et natura humana. Von persona wird bemerkt: Persona redemtoris nostri hic consideratur non ut ἄσαρκος sive qualis ante incarnationem ab aeterno fuit; sed qua ἔνσαρκος sive qualis esse coepit in plenitudine temporis per assumtionem naturae nostrae humanae in hypostasin suam divinam. *Holl.* (656).

Allgemeine Definition von natura und persona: *Chmn.* (de duab. nat. 1). Essentia seu *substantia s. natura* est illud, quod ex se multis individuis ejusdem speciei commune est, quodque totam singulorum essentialem perfectionem complectitur.

Persona s. individuum est quiddam singulare, quod totam quidem et perfectam ejusdem speciei substantiam habet, sed characteristica quadam et personali proprietate determinatum seu limitatum atque ita ex reliquis ejusdem naturae individuis, non essentia, sed numero discretum seu distinctum per se subsistit. Est enim persona substantia individua intelligens, incommunicabilis, quae nec alterius pars est, nec ex altero sustentatur, nec habet dependentiam ad aliud. Ita ergo essentiae seu naturarum nomina sunt θεότης, ἀνθρωπότης, deitas, humanitas, divina natura, humana natura, essentia divina, substantia humana. Personae appellationes sunt Deus, homo.

Über den Unterschied der Bedeutung, in der das Wort natura s. essentia von Gott und von den Menschen gebraucht wird, cf. loc. de trin. not. 13. *Quen.* (*De natura Christi divina* [III,75]): Natura divina alias significat unam numero essentiam divinam, omnibus tribus personis communem ac totam in singulis, verum in articulo de persona Christi non absolute consideratur, quatenus est communis tribus deitatis personis, sed relate, quatenus in persona filii Dei subsistit et *τρόπῳ ὑπάρξεως* in persona secunda trinitatis limitatur. Unde tota quidem essentia div. humanae naturae est unita, sed in una suarum hypostaseon, scil. secunda.

2. *Quen.* (III,75). Persona *ἔνσαρκος* ex duabus constat naturis, divina et humana: divinam habet ab aeterno a Deo patre, per aeternam, veram, proprie dictam et substantialem generationem, unde etiam Christus est verus, naturalis et aeternus Deus ac Dei filius. Naturam humanam veram et integram accepit in tempore ex Maria virgine.

Es wird darum in Christo auch eine duplex generatio unterschieden, eine generatio aeterna, per quam habet, quod est filius Dei, und eine gen. temporalis, per quam habet, quod est homo aut filius hominis. Gal. IV,4. *Br.* (457).

3. *Holl.* (659). Conc. Chalcedonense: confitemur verum Deum et verum hominem, eundem ex rationali anima et corpore, coëssentialem patri secundum divinitatem et coëssentialem nobis secundum humanitatem, per omnia nobis similem, demto peccato.

Schrzr. (177). Antithesis Eutychianorum, qui ante unitionem duas quidem naturas admittunt, exinde vero humanam a divinitate penitus absorptam asserunt.

Quen. (III,75). Ratione naturae humanae consideranda ejus 1. veritas; 2. integritas; 3. *ὁμοουσία*. Prius phantasiam excludit, alterum partialitatem, tertium *ἑτερουσίαν*.

Gerh. (III,373). In Christo est *vera et perfecta divina natura,* ac proinde etiam Christus est verus, naturalis et aeternus Deus. Non tantum dona divina, sed etiam veram et perfectam divinam naturam in Christo esse dicimus, nec simpliciter dicimus ipsum esse et vocari Deum, sed esse verum, naturalem et aeternum Deum, ut a Photinianorum et omnium *θεομάχων* blasphemiis confessionem nostram eo clarius separemus.

Id. (III,400). In Christo est *vera, integra et perfecta natura humana,* ac proinde etiam Christus est verus, perfectus et naturalis homo. – Per humanae naturae *veritatem* intelligitur, quod ὁ λόγος non phantasma vel nudam externam speciem humanae naturae assumserit, sed in rei veritate homo factus fuerit. Per naturae humanae *integritatem* intelligitur, quod omnes essentiales humanae naturae partes, non solum corpus, sed etiam animam rationalem in personae unitatem assumserit, quod caro ipsius fuerit animata caro. Nec fuisse duntaxat, sed adhuc dicitur esse homo, quia, quod semel assumsit, nunquam deposuit nec deponet unquam. – Diese Aussagen gelten auch gegen die Monotheleten, qui mentem in Christo humanam agnoverunt, voluntatem vero humanam Christo denegarunt. (*Brchm.*).

4. *Holl.* (656). I. *Vera et aeterna divinitas* probatur argumentis solidissimis, desumtis a) a nominibus divinis (arg. *ὀνομαστικοῖς*); b) ab attributis soli vero Deo propriis (arg. *ἰδιωματικοῖς*); c) ab actibus Dei personalibus et essentialibus (arg. *ἐνεργητικοῖς*); d) a cultu religioso soli Deo debito (arg. *λατρευτικοῖς*); cf. loc. de trin. n. 33.

II. Christum esse *verum hominem* demonstratur a) ex nominibus humanis (Joh. VIII,40. 1Tim. II,5); b) ex partibus hominis essentialibus (Joh. II,21. Hebr. II,14. Luc. XXIV,39. Joh. X,15. Matth. XXVI,38. Luc. II,52. Joh. V,27. Matth. XXVI,39); c) ex attributis vero homini propriis (Matth. IV,2. Joh. XIX,28. Matth. XXV,37. Luc. XIX,41. Joh. XI,33); d) ex operationibus humanis (Luc. II,46.48, Matth. IV,1. XXVI,55); e) e genealogia Christi hominis (quoad lineam ascendentem Luc. III,23, quoad lineam descendentem Matth. I,1).

5. *Chmn.* (de duab. nat. 11) ... Christus a spiritu s. conceptus, assumsit humanam

naturam sine peccato, incorruptam. Illae igitur infirmitates, quae tanquam poenae comitantur peccatum, non futurae fuissent conditionis necessitate in carne Christi, sed potuisset corpus suum ab illis infirmitatibus liberum et immune servare. Non necesse erat caro peccati, et tamen verus fuisset homo, sicut Adam ante lapsum sine illis poenalibus infirmitatibus verus fuit homo. Sed propter nos et propter nostram salutem infirmitates illas ... Christus incarnatus, ut caritatem suam nobis commendaret, volens assumsit, ut ita poenam a nobis in se derivatam tolleret et nos ab ea liberaret. *Hutt.* (l. c. 125): assumsisse eas non quatenus culpae alicujus respectum, sed duntaxat quatenus poenae conditionem habent: neque etiam istas singulas et universas, sed eas tantummodo, quas ab ipso assumi opus redemtionis requirebat, quaeque dignitati naturae nihil derogabant. Man unterscheidet aber infirmitates naturales und infirmitates personales.

Holl. (657). ***Infirmitates hominum naturales communes*** sunt, quae omnibus hominibus post lapsum insunt, v. gr. esurire, sitire, defatigari, algere, aestuare, dolere, indignari, turbari, lacrymari; quas, cum sint inculpabiles, Christus teste s. scriptura assumsit, non coacte, sed libere, non propter se, sed propter nos (*Quen.* (III,76) ut officio mediatoris perfungi et victima pro peccatis nostris fieri posset), non in perpetuum, sed ad tempus, scil in statu exinanitionis, non autem retinuit easdem in statu exaltationis ... ***Infirmitates personales*** sunt, quae a causis particularibus proficiscuntur et vel a vitio δυνάμεως πλαστικῆς, sive virtutis efformativae in generante, ut phtisis, arthritis, vel a culpa particulari, nimirum ab ingurgitate nimia aut aliis excessibus, ut febris, hydrops etc., vel a peculiari nemesi aut judicio divino, ut morbi familiae Joabi (2Sam. III,29) ortum trahunt. ***Haec a sanctissima Christi humanitate longissime absunt, quippe quas assumi nec generi humano expediebat et dignitati humanae derogasset.***

6. *Holl.* (657). Competunt humanae Christi naturae quaedam proprietates individuales, quibus eadem velut ὑπεροχαῖς sive praerogativis nonnullis caeteros homines antecellit, cujusmodi sunt:

a) ἀνυποστασία, carentia propriae subsistentiae, divina filii Dei hypostasi, tanquam longe eminentiori, compensata. – Si humana Christi natura propriam retinuisset subsistentiam, duae in Christo forent personae adeoque duo mediatores, contra 1Tim. II,5. Ratio est: quia persona per subsistentiam, ultimo completam, in esse suo formaliter constituitur, adeoque ex unitate subsistentiae unitas personae aestimanda est. Oportet igitur naturam alterutram ex his, quae in unam personam coalescunt, carere propria sua subsistentia: cumque divina natura, quae cum subsistentia sua realiter eadem est carere eadem non possit, patet, humanae naturae tribuendam esse carentiam propriae subsistentiae. Von ἀνυποστασία wird noch unterschieden die ἐνυποστασία: *Quen.* (III,77) ἀνυπόστατον est, quod per se et secundum propriam personalitatem non subsistit; ἐνυπόστατον vero, quod in alio subsistit et alterius hypostaseos particeps factum est. Quando ergo humana natura Christi dicitur ἀνυπόστατος, non aliud significatur, quam quod non per se et secundum se ipsam in propria personalitate subsistat; ἐνυπόστατος autem dicitur, quia alienae ὑποστάσεως particeps facta est et in λόγῳ subsistit. –

Holl. (658) berücksichtigt ff. Einwendungen: Dicis: si humana natura caret subsistentia propria, eadem imperfectior erit natura nostra αὐθυποστάτῳ sive per se subsistenti. Resp. Perfectio rei ex essentia, non ex subsistentia aestimanda est. – Und wichtig die Bemerkung bei *Gerh.* (III,421): Quod quidam terminum a quo ἐνσαρκώσεως statuunt ἀνυποστασίαν carnis, quae intercesserit inter subsistentiam, qua massa illa, ex qua Christi corpus formatum, substitit ut pars virginis non propria et ipsa virginis subsistentia, et inter subsistentiam, qua natura humana ex massa sanctificata, per spiritus s. operationem formata in primo incarnationis momento subsistere coeperit ipsa τοῦ λόγου subsistentia sibi communicata, illud non est accipiendum eo sensu, *quasi caro Christi ullo unquam tempore prorsus ἀνυπόστατος fuerit*; sed quod nostra ἐπινοίᾳ talis carnis ἀνυποστασία ante ejus in subsistentiam τοῦ λόγου receptionem non temporis, sed naturae ordine praevia statuitur. *Caro illa et anima non erant prius unita in unam personam, sed tempore simul fuere carnis ex massa a spiritu s. segregata et sanctificata formatio, carnis illius formatae animatio, carnis formatae et animatae in subsistentiam λόγου assumtio, carnis formatae, animatae et subsistentis in utero virginis conceptio.*

b) ἀναμαρτησία. *Chmn.* (de duab. nat. 13 und 14). Ideo Mariae Gabriel dicit, spiritus sanctus superveniet in te et virtus altissimi obumbrabit tibi, ut sanctum sit, quod ex te nascetur. Spiritus sancti igitur operatione effectum est, ut Maria virgo sine virili semine conciperet et gravida redderetur. Et illam massam, quam de Mariae carne et sanguine in illa conceptione filius Dei assumsit, spiritus s. ita sanctificavit et mundavit ab omni labe peccati, ut sanctum sit, quod nascitur ex Maria. Es. LIII,9. Dan. IX,24. Luc. I,35. 2Cor. V,21. Hebr. VII,26. 1Petr. I,19. II,22. (*Quen.* [III,77]. ἀναμαρτησία dico inhaesiva, non imputativa; peccata enim nostra ipsi vere imputata sunt ipseque factus est pro nobis peccatum. 2Cor. V,21.)

Schrzr. (189). Christus nec unquam peccavit nec peccare etiam potuit. Quod vero nec peccare quidem potuerit, s. impeccabilis sit, probamus: α) qui excepto solo peccato hominibus similis est, ille peccabilis esse non potest. Nam cum homines omnes sint peccabiles, etiam Christus quoad peccatum et peccabilitatem similis esset, quod contradicit apostolo Ebr. VII,26. β) qui et origine sanctus et a peccato originali immunis est, et pravam voluntatem nunquam habere potest, et cum ipso Deo unam personam constituit, is plane impeccabilis est. γ) qui sublimior angelis, ille omnino est impeccabilis. δ) cui spiritus s. immense datus est, ille etiam immense sanctus et justus est, adeoque peccare non potest. –

c) *Singularis animae et corporis excellentia. Quen.* (III,78). Perfectio animae triplex, intellectus, voluntatis et appetitus (*Holl.* [658] anima Christi primas tenet sapientiae Luc. II,47. Joh. VII,46 ... sanctitatis). Perfectio corporis: α) summa εὐκρασία, bona et aequabilis corporis temperies; β) ἀθανασία s. immortalitas (*Holl.* [ib.] quae ipsi competit tum ob integritatem naturae impeccabilis Rom. VI,23, tum ob vinculum unionis personalis indissolubile. Christus igitur ratione principii intrinseci est immortalis, quod autem mortuus est, hoc est a principio extrinseco et secundum voluntariam οἰκονομίαν Joh. X, 17.18. Mansit tamen corpus Christi in morte libere suscepta ἄφθαρτον sive immune a corruptione Ps. XVI,10. Act. II,31); γ) summa formae elegantia ac venustas Ps. XLV,3. (*Holl.* [ib.]. Conjicitur pulchritudo corporis Christi ex animae inhabitantis excellentia ... atque ex operatione immediata spiritus s., cujus ἐπελεύσει templum corporis Christi splendidissimum exstructum est. *Quen.* [III,78]: Quod despectus et abjectus inter viros dicitur Es. LIII,3, id ad deformitatem adventitiam ex vulneribus passionis pertinet.)

7. *Chmn.* (de duab. naturis. 18). Non satis est scire et credere, duas naturas, divinam et humanam, quodmodocunque esse in Christo, sed addendum est, quod sint arctissime, hypostatica, scilicet unione, ita copulatae, ut unum et idem sit ὑφιστάμενον, constans duabus illis naturis et subsistens in duabus naturis.

Holl. (668). Divina et humana naturae in una persona συνθέτῳ filii Dei existentes, unam eandemque habent hypostasin, modo tamen habendi diverso. Natura enim divina eam habet primario, per se et independenter; natura autem humana secundario, propter unionem personalem, adeoque participative. –

8. *Br.* (461). Unitio humanae naturae cum divina in eo consistit, quod naturae illae ita sunt conjunctae, ut fierent una persona. Gleichbedeutende Ausdrücke sind: σάρκωσις, ἐνσάρκωσις, σαρκογεννησία, incarnatio, inhumanatio et incorporatio (ἐνανθρώπησις καὶ ἐνσωμάτωσις), assumtio (πρόσληψις).

Quen. (III,80). Sedes fundamentalis hujus mysterii: Joh. I,14. Gal. IV,4. 1Tim. III,16. Hebr. II,14.16. Rom. IX,5.

Definition: *Holl.* (665). Incarnatio est actio divina, qua filius Dei naturam humanam, nobis consubstantialem, peccati vero expertem, propriaque subsistentia destitutam, in utero matris virginis Mariae in unitatem personae suae assumsit, eidemque tum hypostasin, tum naturam suam divinam communicavit, ut jam perpetuo in duabus naturis, divina et humana, arctissime unitis, subsistat Christus θεάνθρωπος.

9. *Gerh.* (III,413). Quaeritur: quomodo incarnationis opus tribuatur patri et spiritui s., ut tamen solus filius dicatur incarnatus? Disting. 1. inter massae illius, ex qua Christi corpus formatum, sanctificationem, per quam ex ea omnis peccati labes extersa, ac 2. formationem corporis Christi ex sanctificata illa massa virtute divina factam, quae utraque actio communis est toti trinitati, et 3. inter corporis illius in ὑπόστασιν τοῦ λόγου assumtionem, quae filio Dei est propria. Unde incarnationis opus *commune dicitur toti trinitati*, quoad actum; filio autem proprium, quoad carnis assumtae terminum, qui est λόγου ὑπόστασις; dicitur *opus ad extra essentiale*, sive toti trinitati commune, quoad effectionem seu productionem; *opus ad intra et personale* sive filio proprium, quoad terminationem s. relationem. *Actus* assumtionis procedit ex divina virtute tribus personis communi, *terminus* assumtionis est ὑπόστασις filio propria. – Pater misit filium in mundum. Spiritus s. superveniens guttas illas sanguinis *sanctificavit*, et a peccato mundavit, ex quibus corpus Christi formatum, ut quod ex Maria natum fuerit, sit sanctum, ac divina virtute in beata virgine hoc operatus est, ut praeter naturae ordinem sine virili semine foetum conciperet. Filius descendit de coelo, *obumbravit virginem*, venit in carnem, factus caro eidem participando, in ea se manifestando, eam in personae unitatem assumendo. (In Luc. I,35 wird unter virtus altissimi meist der Sohn verstanden.) *Holl.* (661). Obumbratio notat arcanam et admirabilem impletionem templi corporis, a spiritu s. exstructi. Nempe filius Dei obumbravit virginem Mariam, dum modo impervestigabili in uterum virginis descendit et massam sanguinis virgineam a spiritu s. excitatam peculiari approximatione implevit sibique univit, ut σωματικῶς velut in proprio templo in ea habitaret. – *Id.* (661 und 662). *Adpropriatur conceptio θεανθρώπου* spiritui s. Luc. I,35. a) quia opus universum foecundationis ipsi adscribitur Gen. I,2; b) ut puritas massae sanguineae, e qua crevit caro Christi, esset evidentior; c) ut sic eadem esset causa generationis Christi hominis et regenerationis nostrae, scil. spiritus s. *Principium materiale idque totale* conceptionis et productionis Christi hominis est Maria, virgo illibata (Jes. VII,14), e regio Davidis stemmate atque adeo e tribu Juda prognata (Luc. III. Act. II,30). *Principium materiale partiale et proximum* est semen virginis Mariae animatum (Hebr. II,14.16).

Nach dem Vorgang der Socinianer stellte *Vorstius* die Behauptung auf: »spiritum s. in Christo homine formando seminis viri, immo ipsius viri vicem supplevisse, neque quicquam in hac generatione Christi praeter actionem et semen viri defuisse.« Zur Abwehr derselben bei *Gerh.* (III,417) die Frage: an ob peculiarem illam in conceptione Christi operationem spiritus s. recte dicatur pater Christi? und die Antwort: Minime vero, quia nulla ex illis actionibus, quae spiritui sancto in hoc opere tribuuntur, patris proprietatem et adpellationem ipsi confert. Pii veteres revocant illam actionem ad tria capita. Primum est ἄμεσος ἐνέργεια, quod dederit virgini facultatem sine virili semine praeter naturae ordinem concipiendi foetum. Alterum est θαυμάσιος ἁγιασμός, quod massam illam, ex qua corpus filii Dei formatum, sanctificaverit, id est, a peccato mundaverit. Tertium est ἄρρητος ἕνωσις, quod divinam et humanam naturam in unam personam univerit. *Spiritus s. fuit causa conceptionis non σπερματική, sed* a) δημιουργική, b) ἁγιαστική, c) τελειωτική ... Sed ob nullam ex his operationibus spiritus s. dici potest pater Christi, quia caro Christi non est ex essentia spiritus s. genita, sed ex substantia Mariae virginis: ἐκ τοῦ πνεύματος non notat materiam, sed causam efficientem et operationem ... Cum dicimus de spiritu s., est »de« potentiale.

10. *Chmn.* (de duab. nat. 23). Non humana natura assumsit divinam, nec homo assumsit Deum, nec persona divina assumsit personam humanam, sed natura divina τοῦ λόγου seu Deus λόγος seu persona filii Dei, subsistens ab aeterno in divina natura, assumsit in plenitudine temporis certam massam humanae naturae, ut ita sit in Christo natura assumens scil. divina et natura assumta scil. humana. Est autem alias semper humana natura alicujus certi individui natura, cujus proprium est subsistere in certa aliqua hypostasi, quae proprietate quadam characteristica distincta est a reliquis ejusdem naturae hypostasibus. Ita quisque homo habet propriam animam. In Christo vero incarnato divina quidem natura ante hanc unionem per se substitit et quidem ab aeterno. *Non autem ita massa illa naturae assumtae ante hanc unionem per se substitit, ita ut ante hanc unionem fuerit certi alicujus et distincti individui proprium corpus et propria anima, h. e. peculiaris et in sese subsistens persona, quam postea filius Dei assumserit. Sed in ipsa conceptione massam illam humanae naturae filius Dei in suae personae unitatem, ut in ea subsistat et sustentetur, assumsit et assumendo propriam sibi fecit, ita ut corpus illud non sit alterius individui seu alterius personae, sed ipsius filii Dei proprium corpus et anima illa ipsius filii Dei propria sit anima. Id.* (ll. c. th. I,76). Quia in Christo incarnato sunt duae naturae individuae intelligentes et tamen una tantum persona, quia unus est Christus, dicimus illas duas naturas unitas, non ita, quod humana Christi natura prius concepta et formata fuerit in utero Mariae, antequam natura divina ei uniretur. Si enim ullo unquam tempore humanitas Christi per se ante unionem habuisset subsistentiam, tunc, sicut sunt duae naturae individuae intelligentes, in Christo essent etiam duae personae. – Die communicatio hypostaseos sive subsistentiae geht also von dem λόγος aus: *Holl.* (668). Comm. hypost. est, qua filius Dei assumtae naturae humanae, propria personalitate destitutae, divinam suam ὑπόστασιν ad communionem et participationem vere et realiter contulit, ut eadem terminetur, in subsistendo compleatur atque in esse ultimo hypostatico constituatur.

11. *Quen.* (III,83). Habet vero horum duorum extremorum (divinae et humanae naturae) unum rationem agentis seu perficientis, alterum vero rationem patientis et perfectibilis. Illud Dei filius est, seu persona λόγου simplex, sive quod idem est, natura divina hypostasi λόγου determinata; hoc natura humana est. ... Illud extremum est principium activum περιχωρήσεως quod agit et perficit, hoc principium passivum ejusdem περιχωρήσεως, quod perficitur seu perfectiones recipit. *Kg.* (126). Περιχώρησις (immixtio, permixtio activa) ea est, qua natura divina τοῦ λόγου perficiens intime se circumcirca pervadit, ut sic dicam, humanam naturam eique toti et totam, totalitate scilicet et perfectione essentiae, communicat. Col. II,9. Ihre Wirkung ist aber die, daß die plenitudo divinitatis der menschlichen Natur innewohnt und die beiden Naturen sich sind invicem praesentissime praesentes.

12. *Gerh.* (III,412). Status unionis proprie et specifice vocatur unio, ἕνωσις ὑποστατική, estque arctissima duarum naturarum distinctarum in una persona sibi invicem praesentissimarum περιχώρησις, impermixta et inconfusa immeatio, propter quam una natura non est extra aliam, nec salva personae unitate esse potest. *Discrimen inter unionis statum et actum* tale statuitur, quod actus transeat, status vero permaneat, quodque actus sit personae simplicis i. e. τοῦ λόγου, qui ante incarnationem fuit simplex persona, in naturam scil. humanam; status vero sit inter duas naturas, divinam et humanam, in ὑποστάσει συνθέτῳ; quod actus consistat in humanitatis assumtione, in primo incarnationis momento facta; status vero in ipsa arctissima naturarum cohaesione perpetuo durante.

Quen. (III,86). Formale hujus unionis personalis: a) unius ejusdemque hypostaseos participatio seu communio 1Tim. II,5, b) personalis intimaque ac perpetua naturarum ad se invicem praesentia Joh. I,14. Col. II,9.

13. *Form. conc.* (sol. decl. VIII,6). Etsi filius Dei per se integra et distincta divinitatis aeternae persona est adeoque verus, substantialis, perfectus Deus cum patre et spiritu s. ab aeterno fuit, quod tamen humanam naturam in unitatem suae personae assumserit, non ita quasi duae jam in Christo personae aut duo Christi facti sint; sed quod Christus Jesus jam in una persona simul verus sit aeternus Deus ab aeterno ex patre genitus et verus homo ...

Chmn. (de duab. nat. 24). Ad specificam differentiam hypostaticae unionis pertinet, quoad duae illae naturae copulantur et uniuntur ad constituendum unum in Christo incarnato *ὑφιστάμενον*, h. e. illa unione naturam assumtam inseparabiliter ita propriam factam esse personae verbi assumentis, quod licet duae sint et maneant naturae in Christo sine conversione et confusione, salva differentia et naturarum et proprietatum essentialium, non tamen duo, sed unus sit Christus.

Daher heißt Christus seit der unitio *persona σύνθετος*. *Gerh.* (III,427): Dicitur autem hypostasis *σύνθετος*. non quod in se ac per se alterationem quandam et simplicitatis suae excidentiam passa, fuerit composita, sed quia post incarnationem est duarum naturarum hypostasis, cum antea solius divinae naturae hypostasis fuerit. Persona *τοῦ λόγου* ante incarnationem *αὐτοτελεστάτη* fuit at simplex *ὑπόστασις*, in natura tantum divina subsistens; per incarnationem facta est *ὑπόστασις σύνθετος*, constans simul divina et humana natura atque ita ***ad integritatem personae Christi jam incarnati non modo divina, sed etiam assumta ejus humana natura*** pertinet. – Quia hypostasis *λόγου* facta est carnis hypostasis, ideo *carni ὑπόστασις λόγου* est communicata (woraus dann die *ἐνυποστασία* humanae naturae folgt).

14. *Hfrffr.* (268). Unitae sunt hae duae naturae in Christo: 1. inconvertibiliter. Nam filius Dei factus est non mutatione divinitatis in carnem nec conversione humanitatis in divinitatem; 2. inconfuse. Non enim mixtione unum sunt duae naturae, qua tertium quiddam existat, nihil simplicium integrum servans; 3. inseparabiliter et indistanter. Ita namque duae naturae in Christo unitae sunt, ut nullis nec temporum nec locorum intervallis unquam separentur. Adeo ut nec in morte soluta sit unio nec ullibi monstrari possit *λόγος* sine assumta humanitate. Non enim filius Dei humanam naturam sicut vestem assumsit, quam suo tempore iterum deponat. Aut sicut angeli interdum humana forma hominibus apparuerunt, ita filius Dei apparuit: sed carnem assumtam propriam sibi fecit et quam semel assumsit, deserit nunquam. Sic enim concil. Chalcedonense: confitemur unum et eundem Jesum Christum, filium et dominum unigenitum, *ἐν δύο φύσεσιν, ἀσυγχύτως, ἀτρέπτως, ἀδιαιρέτως, ἀχωρίστως*.

15. *Gerh.* (III,428). Neque enim pars parti, sed totus *λόγος* toti carni et tota caro toti *λόγῳ* est unita; ideo propter *ὑποστάσεως ταυτότητα καὶ τῶν φύσεων εἰς ἄλληλα περιχώρησιν λόγος* ita praesens est carni et caro ita praesens est *τῷ λόγῳ*, ut nec *λόγος* sit extra carnem, nec caro extra *λόγον*, sed ubicunque est *λόγος*, ibi etiam praesentissimam sibi habet carnem, quippe quam in personae unitatem assumsit: et ubicunque est caro, ibi praesentissimum sibi habet *τὸν λόγον*, quippe in cujus hypostasin est assumta. Quemadmodum *λόγος* non est extra suam deitatem, cujus est hypostasis: sic etiam non est extra suam carnem, essentia quidem finitam, in *λόγῳ* tamen personaliter subsistentem. Ut enim *τῷ λόγῳ* propria est sua deitas per aeternam a patre generationem: sic eidem *τῷ λόγῳ* propria facta est caro per unionem personalem. *Form. conc.* sol. decl. VIII,11.

16. *Form. conc.* (sol. decl. VIII,7). Credimus jam in una illa indivisa persona Christi duas esse distinctas naturas, divinam videlicet, quae ab aeterno est, et humanam, quae in tempore assumta est in unitatem personae filii Dei. Et hae duae naturae in persona Christi nunquam vel separantur, vel confunduntur, vel altera in alteram mutatur, sed

utraque in sua natura et substantia seu essentia (in persona Christi) in omnem aeternitatem permanet. Credimus ..., quod ut natura utraque in sua natura et essentia inconfusa manet, neque unquam aboletur; ita etiam utraque natura suas naturales essentiales proprietates retineat neque in omnem aeternitatem eas deponat ...

17. *Gerh.* (III,422). Modus unionis hujus est mirabiliter singularis ac singulariter mirabilis, omnium non modo hominum, sed etiam angelorum captum transcendens, unde *ὁμολογουμένως μέγα μυστήριον* vocatur. – Modi unionis varii sunt ac diversi, qui a personalis unionis modo removendi. – Ut enim pii veteres dicunt, melius sciri ac dici posse, quid non sit Deus, quam quid sit, ita quoque de divina et supernaturali illa duarum naturarum in Christo unione vere pronuntiare possumus, quod facilius dici possit, quis non sit ejus modus, quam quis sit.

Aus der Hl. Schrift rechtfertigt *Gerh.* (ibid.) die dogmatische Auffassung in ff.: Dicta scripturae, quae de unione duarum in Christo naturarum loquuntur, potiora haec sunt: Joh. I,14. Col. II,9. 1Tim. III,16. Hebr. II,14–16. Haec omnia cum sint parallela, ideo in explicatione unionis perpetuo conjungenda. Verbum caro factum a Johanne dicitur; sed ne quis cogitaret, verbum ita carnem esse factum, sicut aqua factum est vinum, ideo Paulus dicit, quod Deus i. e. Dei filius in carne sit manifestatus, et quod carni et sanguini *κεκοινώνηκε*. Jam vero *κοινωνία* est ad minimum inter duo distincta, alias esset *μεταβολὴ καὶ σύμφυσις*. Deus dicitur in carne manifestatus apud apostolum; sed ne quis cogitaret, esse talem *φανέρωσιν*, qualis fuit in V. T., quando vel Deus ipse, vel angeli in figuris externis apparuerunt, ideo Johannes dicit, quod *ὁ λόγος* sit caro factus, i. e. quod carnem in suam hypostasin ita assumserit, ut nunquam eam in posterum deponat. Filius Dei dicitur assumsisse semen Abrahae; sed ne quis cogitaret, esse talem assumtionem, qualis fuit ea, quando angeli figuras corporeas ad tempus assumserunt, ideo dicitur, quod perinde, ut pueri communicant carni et sanguini, ita quoque iisdem participaverit. Jam vero constat, pueros eo modo communicare carni et sanguini, ut caro et sanguis sive natura humana nascendo ipsis a parentibus communicetur. Describitur unio ab apostolo per *κατοίκησιν λόγου* in assumta carne; sed ne quis cogitaret, filium Dei eo modo habitare in assumta carne, quo modo habitat Deus per gratiam in cordibus fidelium, ideo notanter addit, quod *πᾶν πλήρωμα τῆς θεότητος* in assumta carne habitet et quidem *σωματικῶς*, corporaliter, ut habitaculum denotetur, vel personaliter, ut unionis modus exprimatur.

18. Die proprietates negativae werden von den Dogmatikern sehr verschieden aufgezählt. Außer den im Texte angegebenen sind die wichtigsten die: Unio facta est a) *ἀσυγχύτως*, inconfuse; b) *ἀτρέπτως*, inconvertibiliter; c) *ἀδιαιρέτως*, indivise; d) *ἀχωρίστως*, inseparabiliter; e) *ἀναλλοιώτως*, immutabiliter; f) *ἀδιαλύτως*, indissolubiliter; g) *ἀδιαστάτως*, indistanter. Oder: nicht *τοπικῶς*, ut olim in templo Hierosolymitano; nicht *ἐνεργητικῶς*, ut in creaturis, nicht *χαριέντως*, ut in sanctis, nicht *δοξαστικῶς*, ut in beatis et angelis.

§ 33
Fortsetzung
Communio naturarum – propositiones personales – communicatio idiomatum

Wenn durch die unio personalis die Hypostase der göttlichen Natur zugleich auch die der menschlichen Natur geworden ist, und so von der Person des Erlösers nicht mehr allein eine göttliche, sondern eine göttliche und menschliche

Natur auszusagen ist, so ist damit zugleich auch eine wirkliche Gemeinschaft der beiden Naturen untereinander gesetzt, infolge deren die beiden Naturen sich nicht bloß äußerlich zueinander verhalten: denn da die Hypostase der göttlichen Natur von dieser selbst nicht wesentlich verschieden ist, diese Hypostase aber sich der menschlichen Natur mitgeteilt hat, so folgt daraus, daß auch zwischen der göttlichen und menschlichen Natur eine wahre und wirkliche Mitteilung und Gemeinschaft stattfindet[1]. Die erste Wirkung der unio personalis ist also die *communio* (auch *communicatio*) *naturarum. Quen.* (III, 87): Comm. nat. est arctissima et intima divinae naturae *τοῦ λόγου* et humanae assumtae *κοινωνία* et *συνδύασις*, per quam *ὁ λόγος* humanam naturam personaliter sibi unitam intima et profundissima *περιχωρήσει* permeat, perficit, inhabitat, sibique appropriat, ut ex utraque sibi invicem communicante fiat unum incommunicabile, una scil. persona. – Wie aber in dem Akt der unio die göttliche Natur als die tätige betrachtet wird, und der göttliche λόγος als der, der die menschliche Natur angenommen hat, so ist auch die Gemeinschaft der beiden Naturen untereinander näher so zu beschreiben, daß unter den beiden Naturen das tätige Verhalten zunächst von der göttlichen Natur ausgeht, und sie es ist, die die menschliche durchdringt[2]. Eine adäquate Vorstellung davon zu gewinnen, wird uns freilich hier so schwer wie bei der unio personalis, und wir müssen uns mit Analogien begnügen, die.wenigstens annäherungsweise uns eine Vorstellung davon geben. Solche finden wir aber in der Verbindung und Gemeinschaft von Seele und Leib; in dem Verhältnis, in dem die drei Personen der Gottheit zueinander stehen; oder in dem Verhältnis, das bei glühendem Eisen zwischen Feuer und Eisen stattfindet. Gleichwie Seele und Leib sich nicht so äußerlich zueinander verhalten wie etwa der Mensch zu dem Kleide, das er angezogen hat, oder wie der Engel zu dem Leibe, in dem er erscheint, sondern gleichwie die Verbindung zwischen Seele und Leib wirklich, innig und vollkommen ist, so ist es auch die Verbindung und Gemeinschaft der beiden Naturen. Wie Leib und Seele unzertrennlich miteinander vereinigt sind und den einen Menschen konstituieren, so ist auch die menschliche und göttliche Natur auf das unzertrennlichste vereinigt. Wie die Seele auf den Leib einwirkt und mit ihm verbunden ist, ohne daß doch eine Vermischung beider eintritt, vielmehr die Seele doch immer Seele und der Leib immer Leib bleibt, so ist auch die Gemeinschaft der beiden Naturen in der Art zu denken, daß doch jede in ihrer Integrität verbleibt. Wie endlich die Seele nie außerhalb des Körpers ist, so ist auch der λόγος immer im Fleisch und nie außerhalb von ihm zu denken[3].

Ist nun eine solche communio naturarum wirklich vorhanden, so folgt daraus:

I. daß die von den beiden Naturen hergenommenen Personenbezeichnungen auch gegenseitig voneinander müssen prädiciert werden können, daß also ebensogut muß gesagt werden können: »der Mensch (Jesus Christus) ist Gott« als: »Gott ist Mensch«; Ausdrücke, die natürlich nicht den Sinn haben, daß Gott, indem er Mensch geworden, aufgehört habe, Gott zu sein, sondern vielmehr den, daß derselbe Christus, der da Gott ist, auch zugleich Mensch sei (*Holl.* [686]: Filius Dei personaliter idem est, qui filius hominis, et filius hominis personaliter idem est, qui filius Dei); demnach gebührt dem Subjekt Gott ebensosehr das Prädikat Mensch als dem Subjekt Mensch das Prädikat Gott[4]. Denn wollte man nicht so sagen, so würde man damit verraten, daß man statt zwei Naturen in Christo sich vielmehr zwei Personen denke, deren jede das bliebe, was sie ursprünglich war, was nestorianisch wäre. Es folgen also aus der communio naturarum *propositiones personales,* i. e. ejusmodi enuntiationes, in quibus concretum unius naturae (unitae) praedicatur de concreto alterius naturae, h. e. duae illae ἀληϑῶς disparatae essentiae, divina et humana, de se invicem vere et realiter, sed modo prorsus singulari ac inusitato in concreto enuntiantur ad exprimendam unionem personalem[5]. – Zur Abwehr falscher Gedanken über diese propositiones personales können diese auch näher noch so bezeichnet werden, daß sie sind: 1. *nicht mere verbales*, d. h. sie sind nicht so zu verstehen, als wäre nur der Name, nicht aber das damit angedeutete Wesen von dem Subjekt auszusagen, wie das Nestorius tut, wenn er von dem Sohn der Maria sagt, er sei der Sohn Gottes, womit er dem Subjekt nur gleichsam einen Titel beilegt, in keiner Weise aber zugeben will, daß derselbe, der der Sohn der Maria ist, auch wirklich der Sohn Gottes sei; 2. *nicht identicae* (quando idem de se ipso praedicatur), d. h. die Aussagen, die von dem Subjekt gemacht werden, dürfen nicht so ausgelegt werden, als ob sie von diesem nur soweit gälten, als die Aussage gerade der Natur entspricht, von der die Bezeichnung des Subjektes hergenommen ist. Der Satz also: »der Sohn Gottes ist der Sohn der Maria« darf nicht so ausgelegt werden: »der Mensch, der vereinigt ist mit dem Sohn Gottes, ist der Sohn der Maria«; 3. *nicht impropriae, figuratae aut tropicae*, als wäre in dem Prädikat, das von dem Subjekt ausgesagt wird, dem Subjekt nicht dessen Wesen zugesprochen, sondern als wären nur einzelne Eigenschaften dieses Prädikats dem Subjekt zugeeignet, so daß im uneigentlichen Sinne gesagt würde, Gott ist Mensch, wie das so zu verstehen ist, wenn von einem Gemälde gesagt wird: das ist ein Mann, eine Frau; wenn von Herodes: er sei ein Fuchs; 4. *nicht essentiales et univocae*, als wäre das Subjekt seinem Wesen nach das, was der Prädikat-Satz von ihm aussagt (»Gott ist Mensch« hieße dann: »das Wesen Gottes ist das, daß es das Wesen des Menschen ist«). – Die propositiones personales sind vielmehr:

1. *reales,* d. h. das, was von dem Subjekt ausgesagt wird, kommt ihm wirklich und in Wahrheit zu;
2. *inusitatae et singulares,* denn wie die unio personalis kein weiteres Beispiel für sich hat, so haben das auch die propositiones pers. nicht.

Aus der communio naturarum folgt aber auch

II. daß eine Mitteilung der Naturen an die Person, sowie der Naturen aneinander stattfindet[6]. Diese wird ausgesprochen in der Lehre von der *communicatio idiomatum. Br.* (467). Communic. idiom. est, per quam fit, ut ea, quae, duabus naturis inter se comparatis, ad unam earum per se et formaliter pertinent, alteri etiam naturae revera competant (yel respectu concretorum vel in ordine ad naturam ipsam in abstracto spectatam)[7]. Nach dieser Lehre kann also weder von einer der beiden Naturen eine Eigenschaft ausgesagt werden, die nicht Eigenschaft der ganzen Person wäre, noch kann von einer der beiden Naturen eine Wirkung oder Handlung ausgesagt werden, an der nicht auch die andere Natur teilnähme, natürlich aber nicht in der Art, als wenn mit den Eigenschaften oder der daraus hervorgehenden Wirkung zugleich auch das ihnen zugrunde liegende Wesen auf die andere Natur überginge[8]. Es findet danach eine communicatio idiom. statt zwischen den Naturen und der Person und zwischen den Naturen untereinander[9]. Die communicatio idiomatum zerfällt also in verschiedene Arten, deren wir drei zählen (denn so viele werden in der Heil. Schrift erwähnt)[10], das genus idiomaticum, majestaticum und apotelesmaticum. –

I. *Genus*. Wenn wirklich die beiden Naturen zu einer Person geeinigt sind, so muß auch jedes idioma, das zunächst der einen von beiden Naturen zukommt, *von der ganzen Person* ausgesagt werden, müssen überhaupt die idiomata der göttlichen Natur so gut als die der menschlichen Natur der Person des Erlösers angehören. – Wenn also das Geborenwerden oder das Leiden ein idioma der menschlichen Natur ist, so muß ebensogut gesagt werden können: »Christus, der Gottmensch, sei geboren, habe gelitten«, als von ihm gesagt wird: »durch ihn seien alle Dinge geschaffen«, obwohl das Schaffen ein idioma der göttlichen Natur ist[11]. Denn wollte man nicht so sagen, sondern behaupten, ein idioma der menschlichen Natur dürfe nur von dem concretum der menschlichen Natur, und ein idioma der göttlichen Natur nur von dem concretum der göttlichen Natur ausgesagt werden, so daß es also hieße: »der Mensch Jesus Christus ist geboren«, »durch Christum, der Gott ist, sind alle Dinge geschaffen«, so wäre die unio personalis aufgehoben, und es schiene, als ob nicht zwei Naturen, sondern zwei Personen angenommen würden[12]; aber gerade darin erweist sich die unio personalis als wirklich, daß alle idiomata, die der einen oder anderen Natur angehören, gleich sehr idiomata der Person sind. – Da es ferner vermöge der communio naturarum und der daraus folgenden propositiones personales ganz einerlei ist, ob man Christum nach seinen beiden Naturen oder nach einer derselben nennt, so kann auch ein idioma einer der beiden Naturen gleich gut von dem concretum der einen oder der anderen Natur ausgesagt werden, kann also ebensogut gesagt werden: »Gott ist gestorben« als: »der Mensch Jesus Christus ist allmächtig«[13].

Indem aber so die idiomata der beiden Naturen dem concretum der beiden

Naturen (Christo dem Gott-Menschen) oder dem concretum einer der beiden Naturen (Gott – dem Menschen Jesus Christus) zugeteilt werden, so folgt daraus noch in keiner Weise, daß darum die idiomata der einen Natur die der anderen werden, denn die beiden Naturen verändern sich durch die unio personalis nicht ihrer Substanz nach, und so behält auch jede der beiden Naturen die ihr wesentlichen und natürlichen idiomata für sich. Also *nur von der Person* können ohne weitere Unterschiede gleich gut die idiomata der einen oder der anderen Natur ausgesagt werden, keineswegs kann das von den Naturen unter sich in dem Sinne geschehen, als ob von den beiden Naturen nun nicht mehr jede einzelne die ihr wesentlichen idiomata behielte[14]. Um ein solches Mißverständnis zu verhüten, wird bei solchen Aussagen gewöhnlich noch besonders bemerkt, von welcher Natur sich die der Person beigelegten idiomata herleiten[15].

Allgemeine Definition: *Holl.* (693). Primum genus communicationis idiomatum est, quando propria divinae vel humanae naturae vere et realiter tribuuntur *toti personae* Christi, ab alterutra vel utraque natura denominatae[16]. Dieses genus zerteilen die späteren DD. in drei species, je nachdem die verschiedenen idiomata von dem concretum der göttlichen Natur oder dem concretum der menschlichen Natur oder dem concretum beider Naturen ausgesagt werden. Diese species sind: a) *ἰδιοποίησις seu οἰκείωσις*, appropriatio, quando humana idiomata de concreto divinae naturae enuntiantur Act. III,15. XX,28. 1Kor. II,8. Gal. II,20; b) *κοινωνία τῶν θείων*, quum de persona verbi incarnati, ab humana natura denominata, idiomata divina ob unionem personalem enuntiantur Joh. VI,62. VIII,58. 1Kor. XV,47; c) *ἀντίδοσις* s. *συναμφοτερισμός*, alternatio seu reciprocatio, qua tam divina quam humana idiomata de concreto personae, sive de Christo, ab utraque natura denominato, praedicantur Hebr. XIII,8. Rom. IX,5. 2Kor. XIII,4. 1Petr. III,18. *Holl.* (694). –

II. *Genus.* Wenn der göttliche λόγος die menschliche Natur in sich aufgenommen hat, so daß durch die unio personalis die Hypostase der göttlichen Natur auch die der menschlichen Natur geworden ist, so ist eine weitere und natürliche Folge davon die, daß der menschlichen Natur damit auch die Eigenschaften der göttlichen Natur und also deren ganze Herrlichkeit und Majestät zuteil geworden sind[17], denn durch die unio personalis ist nicht allein die Person, sondern, da Person und Natur sich nicht trennen lassen, auch die göttliche Natur in Gemeinschaft getreten mit der menschlichen Natur, und zwar erfolgt die Mitteilung der göttlichen Eigenschaften an die menschliche Natur im selben Moment, in dem sich der λόγος mit der menschlichen Natur geeint hat[18]. Hier aber findet keine Wechselwirkung statt, denn es kann wohl die menschliche Natur der idiomata der göttlichen teilhaftig werden, und diese kann so einen Zuwachs zu den ihr wesentlichen Idiomen erhalten, nicht aber umgekehrt, weil die göttliche Natur ihrem Wesen nach unveränderlich ist und keinen Zuwachs erleiden kann[19]. Die Eigenschaften endlich, die vermöge der unio personalis und der communio naturarum der menschlichen Natur zugeteilt werden, sind wahrhaft göttlich und also noch wohl zu unterscheiden von den besonderen menschlichen Vorzügen, die die menschliche Natur, die der λόγος angenommen hat, vor anderen menschlichen Naturen voraus hat[20].

Definition: *Holl.* (699). Secundum genus comm. id. est, quo filius Dei idiomata divinae suae naturae assumtae humanae naturae propter unionem personalem vere et realiter communicavit ad communem possessionem, usurpationem et denominationem[21].

III. *Genus.* Der ganze Zweck der Menschwerdung Christi ist kein anderer als der, daß der λόγος, geeint mit der menschlichen Natur, das Werk der Erlösung vollbringe. Aus der Gemeinschaft der beiden Naturen, die durch die unio personalis eingegangen worden ist, folgt dann, daß alle Wirkungen, welche von Christo ausgehen, nicht einseitig auf eine von beiden Naturen zurückgeführt werden können[22]. Die Wirkung geht wohl von einer der beiden Naturen aus, und jede der beiden Naturen vollbringt die ihr eigentümliche Wirkung, aber in der Art, daß während der Äußerung einer solchen Wirkung von seiten einer Natur die andere Natur nicht müßig, sondern zugleich tätig ist, daß also, während die menschliche Natur leidet, die göttliche, die freilich nicht auch leiden kann, doch insofern an dem Leiden der menschlichen Natur teilnimmt, als sie dieses Leiden will, es zuläßt, der Natur darin beisteht, sie kräftigt und stärkt zur Aushaltung der ihr auferlegten Last[23]; dann daß die menschliche Natur nicht allein als durch die ihr wesentlichen Eigenschaften tätig zu denken ist, sondern zu diesen vermöge des zweiten genus der comm. id. die ihr mitgeteilten göttlichen Eigenschaften hinzutreten, mit denen sie wirkt[24]. Denn die göttliche Natur hätte nicht für sich allein ein Lösegeld geben können zur Versöhnung der Welt, sie mußte dazu vereint sein mit der menschlichen Natur, die, aus Leib und Seele bestehend, zur Errettung der Menschen konnte dahingegeben werden, und wiederum die menschliche Natur hätte vieles nicht vollbringen können (Wunder etc.), hätten ihre Eigenschaften nicht durch den Hinzutritt der göttlichen einen Zuwachs erhalten[25].

Def.: *Gerh.* (III,555). Tertium genus comm. id. est, quo in operibus officii utraque natura agit, quod sibi proprium est cum communicatione alterius 1Kor. XV,3. Gal. I,4. Eph. V,2[26].

Übersieht man nun diese ganze Lehre von der Person Christi, so leuchtet ein, von welch großer Bedeutung sie ist. Nur weil in Christo göttliche und menschliche Natur in einer Person geeint war, konnte er das Werk der Erlösung vollbringen[27].

Um dies einleuchtend zu machen, bedurfte es einer so ausführlichen Darlegung dieser Lehre[28].

1. *Quen.* (III,87). Si hypostasis τοῦ λόγου vere et realiter est assumtae carni communicata, utique inter divinam et humanam naturam assumtam est vera et realis communicatio cum ὑπόστασις τοῦ λόγου et divina natura τοῦ λόγου non differant realiter. Sed illud est, ergo et hoc. *Form, conc.* (sol. decl. VIII,14). De hac autem hypostatica unione non ita sentiendum est, quasi duae illae naturae, divina et humana, eo modo unitae sint, quo duo asseres conglutinantur, ut realiter seu re ipsa et vere nullam prorsus communicationem inter se habeant. Hic enim Nestorii et Samosateni error est et haeresis, qui haeretici senserunt atque docuerunt, duas naturas separatim seu seorsim se habentes et omni modo ad invicem seu inter se incommunicabiles esse. Hoc falso dogmate naturae separantur et duo Christi finguntur, quorum unus sit Christus, alter vero Deus λόγος, qui in Christo habitet.

Quen. (III,143). Antithesis Calvinianorum, quorum nonnulli docent, solam personam τοῦ λόγου humanae naturae unitam esse, non vero simul divinam ejus naturam, nisi consequenter et per concomitantiam, propter identitatem cum personalitate, quae sola primo unita sit atque ita duplicem fingunt unionem, mediatam et immediatam; naturas esse unitas, non immediate sed mediante persona τοῦ λόγου.

2. *Holl.* (680). Communio naturarum in persona Christi est mutua divinae et humanae Christi naturae participatio, per quam natura divina τοῦ λόγου, particeps facta humanae naturae, hanc permeat, perficit, inhabitat sibique appropriat; humana vero, particeps facta divinae naturae, ab hac permeatur, perficitur atque inhabitatur.

Br. (463). Ex unione personali communicatio naturarum fluit, per quam fit, ut humana natura filii Dei et divina natura filii hominis natura sit. Ad quam designandam vox περιχωρήσεως, quae nativa significatione penetrationem aut alterius in altero existentiam denotat, adhiberi coepit: *ita quidem ut divina natura active diceretur penetrare,* humana natura passive penetrari. – Quod tamen intelligendum est remotis imperfectionibus. Non enim ita penetrat natura divina humanam, *ut successive unam ejus partem post alteram occupet et extensive se per eam diffundat*; sed quia spiritualis et indivisibilis est, *simul tota actuat et perficit quamlibet naturae humanae partem et naturam totam, estque et manet tota in humana natura tota et tota in qualibet ejus parte.* Huc pertinet locus Col. II,9.

Holl. (681). Non est quidem περιχώρησις terminus biblicus, attamen ecclesiasticus et tum potissimum usurpari coepit, cum Nestorius communionem naturarum negavit. Non intellexerunt autem περιχώρησιν localem et quantitativam, quemadmodum hydria dicitur χωρεῖν aquam, sed illocalem et metaphorice dictam.

3. *Form. conc.* (sol. decl. VIII,18 u. 19). Et quidem erudita antiquitas unionem hypostaticam et naturarum communicationem similitudine animae et corporis, item ferri candentis aliquo modo declaravit. Anima enim et corpus (quemadmodum etiam ignis et ferrum) non tantum per phrasin aut modum loquendi, aut verbaliter, sed vere et realiter communicationem inter se habent: neque tamen hoc modo confusio aut naturarum exaequatio introducitur, qualis fieri solet, cum ex melle et aqua mulsum conficitur; talis enim potus non amplius aut aqua est mera aut mel merum, sed mixtus quidam ex utroque potus. Longe certe aliter se res in illa divinae et humanae naturae unione (in persona Christi) habet: longe enim sublimior est et plane ineffabilis communicatio et unio divinae et humanae naturae in persona Christi ...

Holl. (681). Occasionem περιχωρήσεως personalis describendae sumserunt patres a) ex περιχωρήσει personarum SS. Trinitatis essentiali, b) ἐξ περιχωρήσει animae et corporis naturali, c) ex περιχωρήσει ignis et ferri accidentali. Sicut enim una persona trinitatis est in alia, anima permeat corpus, ignis penetrat omnes poros ferri: ita divinitas Christi est in humanitate, quam circumcirca implet et permeat. E quibus collectu proclive est, quod περιχώρησις notet, 1. unionem personalem esse intimam et perfectissimam. Externa et imperfecta est unio, cum angelus assumit corpus, gubernator assistit navi, vestimentum adhaeret homini; quam exteriorem unionem remoturi doctores ecclesiae unionem personalem et ex ea fluentem communionem appellitarunt περιχώρησιν. Quemadmodum enim anima corpori non externe assistit, neque ejus tantum motum dirigit, sed illud ipsum immeat, immigrat, informat, suammet essentiam, vitam, facultates corpori largiendo: ita λόγος immeat carnem, suamque illi divinam naturam intime communicat. 2. Communionem naturarum esse mutuam, ita tamen, ut natura divina velut ἐντελέχεια, i. e. actus purissimus, assumtam humanam naturam permeet et perificiat, assumta caro permeetur atque perficiatur. 3. Unionem et communionem naturarum in Christo personalem esse ἀχώριστον, inseparabilem. Anima rationalis ita se corpori insinuat, ut ab eo separari nullatenus potuisset, nisi, lapsu ex accidente interveniente, divino judicio, mortis violentia secuta fuisset. Solvebatur quidem unio naturalis animae et corporis Christi in triduo mortis; non autem solvebatur natura divina τοῦ λόγου ab assumta humanitate, sed huic erat praesentissima. 4. Unionem et communionem naturalem esse ἀσύγχυτον, ἄμικτον καὶ ἄτρεπτον, i. e. nullam inferre confusionem, mixtionem aut transmutationem. Personae Trinitatis se mutuo permeant sine confusione; anima corpus informat absque omni utriusque turbatione, mixtione aut mutatione; ita λόγος permeat suam carnem, ut neutri in essentialibus quidquam decedat, neutrum alteri misceatur, aut cum altero confundatur. 5. Naturas Christi unitas esse ἀδιαστάτους, sive esse sibi mutuo praesentes. Personae Trinitatis ita se invicem immeant, ut nulla sit aut extra aut ultra alteram. Anima itidem rationalis sic est in corpore, ut nuspiam sit extra aut ultra illud: ita etiam λόγος in carne est, nuspiam ut ultra, nuspiam ut extra illam sit.

4. *Gerh.* (III,453). Propositionum personalium origo et fundamentum solum atque unice consistit in unione personali et communicatione naturarum, a qua unice et immediate profluunt, ex qua etiam unice aestimandae et explicandae sunt. Quia enim humana et divina in Christo naturae sunt personaliter unitae, quia duabus illis naturis personaliter unitis intima περιχώρησις intercedit, ut divina natura τοῦ λόγου non subsistat extra assumtam humanam, nec assumta humana natura subsistat extra divinam, inde atque ideo Deus est homo et homo est Deus. Quia λόγου ὑπόστασις non tantum divinae suae naturae, sed etiam humanae est ὑπόστασις, ideo Deus est ac dicitur homo. Quia humana natura assumta ipsa τοῦ λόγου ὑποστάσει subsistit, ideo homo est ac dicitur Deus.

Biblische Beispiele: Jer. XXIII,5. XXXIII,16. Matth. XXII,42–45. Luk. XX,44. Ps CX,1. 2Sam. VII,19. Es. IX,6. Matth. I,21–23. XVI,13.16. Luc. I,35. II,11. 1Kor. XV,47.

5. a) Der Ausdruck *concretum* wird da gebraucht, wo für Christus als den, der in zwei Naturen ist, eine persönliche Bezeichnung gesucht wird. Wird die persönliche Bezeichnung von einer seiner beiden Naturen hergenommen, so wird diese *concretum naturae* genannt und also, da Christus in zwei Naturen ist, concretum naturae *divinae*, wenn die Bezeichnung von der göttlichen Natur, conc. naturae *humanae,* wenn sie von der menschlichen Natur hergenommen ist. Zur ersten Klasse gehören die Bezeichnungen: Gott, Sohn Gottes etc., zur anderen die: Mensch, Menschensohn, Sohn der Maria. *Holl.* (685). Concretum naturae est vox, qua significatur natura cum connotatione ὑποστάσεως. *Br.* (465). Per concr. intelligitur vox, quae suppositum in casu recto, naturam autem in casu obliquo significat. Sic Deus denotat suppositum, habens divinam naturam; homo denotat suppositum, habens humanam naturam. Von dem concr. naturae ist noch zu unterscheiden das concretum personae; ein Ausdruck, der da gebraucht wird, wo die persönliche Bezeichnung nicht sowohl von einer der beiden Naturen hergenommen ist, wo sie vielmehr dazu dient, diese bestimmte Person, in der die beiden Naturen als in einer Person geeint sind, durch einen anderswo hergeholten Ausdruck zu bezeichnen. *Br.* (466). Concr. personae vox aut nomen ejusmodi, quod personam, utraque natura constantem, formaliter signivicat, v. gr. Christus, Messias, Immanuel, quae nomina in casu recto suppositum, in casu obliquo neutram naturam solam, sed potius utramque significant. – Im gegenwär-

tigen Fall kommt nur das concretum naturae zur Anwendung, denn es handelt sich nur um die Fälle, in denen die Gemeinschaft der Naturen auch in ihren persönlichen Bezeichnungen sich ausdrücken soll. Zu den propositionibus personalibus im eigentlichen Sinne gehören also diejenigen propos. nicht, in denen von dem concretum personae ein concretum naturae prädiciert wird, wie das in den Sätzen: Christus ist Gott, ist Mensch, ist Gott-Mensch geschieht. *Gerh.* (III,453). Quia hae propositiones non tam personae unitatem, quam naturarum in Christo dualitatem praecise et formaliter exprimunt; inde enim atque ideo Christus est et dicitur homo, quia in ipso est natura humana, inde atque ideo est et dicitur Deus, quia in ipso est natura divina; inde atque ideo est et dicitur θεάνθρωπος, quia in ipso est non solum humana, sed etiam divina natura.

Es versteht sich ferner von selbst, daß diese propositiones nur bei vorausgesetzter unio personalis gebraucht werden können und nicht im allgemeinen gelten, daher *Holl.* (685). Si extra unionem personalem spectentur divina et humana natura, vel Deus et homo, disparata sunt nec unum de altero affirmari potest. Sicut enim non possum dicere: leo est equus, ita dicere nequeo: Deus est homo. Si autem unio intercedat inter Deum et hominem et quidem realis unio, qualis intercedit in Christo inter divinam et humanam naturam, recte de se invicem praedicari possunt in concreto. Ratio est, qui per unionem duae constituunt unam personam, et quodlibet concretum naturae significat illam ipsam personam. Quoniam ergo homo Christus idem ille est, qui Deus est, vel haec persona, quae Deus est, illa ipsa persona est, quae homo est, recte etiam dicitur: homo est Deus et Deus est homo.

b) Von den abstractis naturae (*abstractum* est, quo natura quidem, non autem respectu unionis, sed in se ipsa et ab unione seu concretione [non re ipsa tamen, verum mente tantum] abstracta consideratur. *Hfrffr.* [283]) kann nicht das gleiche gelten, wie von den concretis naturae, es kann also nicht gesagt werden: Deitas est humanitas, humanitas est Deitas. *Quen.* (III.88). Ratio est, quia unio non est facta ad unam naturam, sed ad unam personam σύνθετον, salva naturarum differentia, ideo non una natura in abstracto praedicatur de altera, sed concretum unius naturae praedicatur de concreto alterius naturae. –

6. *Gerh.* (III,466). Quidquid in assumtione humanae naturae venit sub unionem, illud etiam venit sub communicationem. Jam vero idiomata veniunt sub *unionem,* quia nulla natura destituitur suis proprietatibus, cum natura, carens proprietatibus, careat etiam existentia, ac naturae duae in Christo unitae sunt non nudae sive exutae suis proprietatibus, sed integrae sine defectu, nullam propriorum excidentiam passae. Ergo etiam idiomata veniunt sub *communicationem.*

Holl. (691). Nulla unio perfecta et perichoristica sine communicatione idiomatum esse potest, uti exempla corporis animati ostendunt. Unionem parastaticam duorum asserum fieri sine communicatione idiomatum facile largimur, eo quod ille gradus unionis est infirmus atque imperfectus. At vero, definiente scriptura, unio personalis duarum in Christo naturarum est absolutissima, perfectissima et perichoristica: ergo sine communicatione idiomatum esse nequit. – Ebenso kann der Beweis aus der communio naturarum geführt werden, die gleich sehr wie die unio die comm. idiomatum zur notwendigen Folge hat.

7. *Holl.* (690). Communicatio idiomatum est vera et realis propriorum divinae et humanae naturae in Christo θεανθρώπῳ, ab alterutra vel utraque natura denominato, participatio ex unione personali resultans.

Erläuterung der einzelnen Begriffe von communicatio und idioma:

a) *Gerh.* (III,465). *Communicatio* est unius, quod pluribus commune est, in plura illa, quae id commune habent, distributio. *Quen.* (III,91): Non quod ἰδιώματα κοινὰ communia evadant, sed quod fiant κοινωνητὰ per et propter unionem personalem.

b) ἰδίωμα, latine *proprium: Quen.* (III,92). Per ἰδιώματα intelliguntur illae naturarum proprietates et differentiae, quibus tanquam notis et characteribus quibusdam duae naturae (in unitate personae) a se invicem discernuntur et dignoscuntur. Sumitur autem vox ἰδιωμάτων vel stricte *pro ipsis proprietatibus naturalibus*, vel late, quatenus ipsas etiam *operationes*, per quas proprietates proprie dictae sese exserunt, comprehendit; *hoc loco* in latiori significatu accipiuntur propria seu idiomata, ita ut praeter proprietates stricte dictas etiam actiones et passiones ἐνεργήματα καὶ ἀποτελέσματα ambitu suo comprehendat, quia idiomata per ἐνεργείας et ἀποτελέσματα se exserunt. *Gerh.* (III,466). Observa, aliam esse rationem idiomatum divinorum, aliam humanorum. Divinae naturae idiomata sunt ipsa τοῦ λόγου essentia et ab ea realiter non distinguuntur. Humanae naturae idiomata sunt non constitutiva, sed consecutiva essentiae. Über die Berechtigung, mit der diese Lehre aufgestellt wird, *Holl.* (690): Phrasis haec, communicatio idiomatum, sacris in literis αὐτολέξει non reperitur, res tamen ipsa clarissima habet scripturarum fundamenta. Nam quoties carni Christi actiones et opera divinae omnipotentiae scriptura assignat, toties per consequentiam omnipotentia ipsi tribuitur tanquam actus primus, a quo ἐνέργεια divina velut actus secundus manat. – Quamvis autem a Scholasticis primum dicta sit communicatio idiomatum, orthodoxa tamen antiquitas in certaminibus cum Nestorio et Eutyche aequipollentes loquendi formulas adhibuit. Die erste vollständige Ausbildung dieser Lehre hat unter den DD. *Chemnitz* in seinem Buch de duabus naturis in Christo. 1580.

8. Daher die nähere Verwahrung bezüglich der communicatio, wonach gesagt wird, es sei *nicht* eine communicatio κατὰ μέθεξιν seu essentialis, qua unum in alterius essentiam ac definitionem transit, sondern eine comm. κατὰ συνδύασιν (non essentialem nec accidentalem, sed) personalem, h. e. talis communicatio duarum naturarum, per quam alterum unitorum cum altero ita connectitur, ut, essentia distincta manente, alterum alterius proprietatem, vim et efficaciam per et propter communionem factam sine omni confusione vere accipiat et participet. *Quen.* (III,102). So werden auch noch weitere Bestimmungen gegeben, wie bei der unio personalis. *Gerh.* (III,466). Ut unio non est essentialis nec verbalis tantum, nec per σύγχυσιν, vel ἀλλοίωσιν, vel μίξιν, vel παράστασιν, nec est προσωπική, vel sacramentalis; ita quoque communicatio talis non est.

9. *Gerh.* (III,465). Communicatio idiomatum est naturae ad personam, vel naturae ad naturam.

Hfrffr. (286). Communicatio id. est divinarum humanarumque proprietatum vera et realis participatio, qua propter unionem duarum naturarum in Christo hypostaticam *non tantum utriusque naturae idiomata personae* (quae simul Deus et homo est), *verum etiam alterutrius naturae propria, alteri,* h. e. λόγῳ humana, et assumto homini divina attribuuntur. Et propter eandem κοινωνίαν unaquaeque natura operatur cum communicatione alterius, naturis tamen earumque proprietatibus servatis illaesis.

Quen. (III,155). Antithesis Calvinianorum, qui 1. statuunt idiomatum communicationem esse quidem realem respectu personae, a Deitate vel humanitate denominatae, sed respectu naturarum eam verbalem tantum esse, h. e. esse solum communicationem vocum et locutionum, non proprietatum. 2. Denominationes solum verbales dicunt, quum de Deo humana aut de homine divine efferuntur.

10. *Quen.* (III,92). Communicationis id. certi et distincti gradus dantur: quia vero quaestio de numero graduum vel generum comm. id. non ad fidem ejusque constitutionem, sed ad τρόπον παιδείας et methodum docendi pertinet, hinc alii duo, alii tria, alii quatuor idiomatum genera constituunt. – Plerisque tamen nostris theologis ternarius arridet numerus, utpote qui juxta triplicem modum praedicandi in s. codice est animadversus. Tria inquam genera scriptura distincte proponit, licet non numeret. – Einzelne DD. nehmen vier genera communicationis id. an, indem sie die praedicationes, in quibus propria humanae naturae tribuuntur filio Dei, unterscheiden von den praedicationi-

bus, in quibus alterutrius naturae idiomata de tota Christi persona enuntiantur, und also die propositio: Christus est passus, zu einer anderen Klasse rechnen, als die propositio: Deus est passus. Doch erklären sich die meisten DD. gegen diese Einteilung. – Aber auch die Ordnung, in der die drei genera aufgeführt werden, ist nicht bei allen DD. die gleiche. *Quen.* (ibid.): Alii sequuntur *ordinem doctrinae,* alii *ordinem naturae. Illi* (Form. concord. – *Chmn.* – Aegid. Hunn.) communicationem actionum officii, utpote faciliorem et minus controversam praeponunt communicationi majestatis, quae maxime controversa et copiosius explicanda sit. *Hi* ordinem naturae sequuntur, praeponuntque communicationem majestatis communicationi actionum officii, quia illa hanc natura praecedit. –

11. *Gerh.* (III,472). Fundamentum hujus comm. id. est unitas personae. Cum enim post factam incarnationem una Christi persona in duabus et ex duabus naturis, quarum utraque suis proprietatibus quasi vestita est, subsistat, inde utriusque naturae tam divinae, quam humanae propria de una Christi persona συνθέτῳ praedicantur. *Form. conc.* (sol. decl. VIII,36). Cum in Christo sint duae distinctae naturae, quae essentiis et proprietatibus suis neque mutantur, neque confunduntur, utriusque vero naturae una tantum sit persona: ea, quae unius tantum naturae propria sunt, alteri naturae non seorsim, quasi separatae, sed toti personae (quae simul Deus et homo est) attribuuntur, sive Deus sive homo nominetur.

12. *Chmn.* (de duab. nat. 67). Nestorius talem ponebat communicationem, ut Deo Christo tantum tribuerentur divina idiomata, homini vero Christo tantum humana, hominem scil. non Deum natum ex Maria, crucifixum etc. Item: Deum, non autem hominem aegrotos sanasse, mortuos vivificasse: sed ita alia esset persona Christi Dei et alia Christi hominis fierentque duae personae et duo Christi.

13. *Chmn.* (de duab. nat. 69). Ad ostendendam arctissimam hanc personae unitatem ea, quae propria sunt sive divinae, sive humanae sive utriusque naturae, tribuuntur uni illi hypostasi, sive designetur concreto, sumto a divina sive ab humana sive ab utraque natura. – *It.* (68). Quia unio naturarum facta est in hypostasi verbi, ita ut una et eadem jam sit persona utriusque naturae subsistens in utraque natura simul, vocabula igitur concreta, ex divina natura sumta, ut Deus λόγος, filius Dei, quando de Christo incarnato praedicantur, licet denominatio fiat a divina natura, tamen significant non divinam tantum naturam, sed personam subsistentem jam in duabus naturis, divina scil. et humana. Et concreta vocabula, sumta a natura humana, ut homo, filius hominis, quando praedicantur de Christo incarnato, non designant nudam aut solam humanam naturam, sed hypostasin subsistentem et in divina et in humana natura sive quae constet simul et divina et humana natura et ad quam utraque natura pertinet. Atque hinc fit, quod concretis vocabulis, significantibus personam Christi, sive ab utraque sive ab alterutra tantum natura denominatis, recte tribuuntur omnia idiomata, sive sint divinae sive humanae naturae.

14. *Chmn.* (de duab. nat. 67). Illam vero communicationem cum Eutyche et cum Monotheletis non confundit (vera fides) inter naturas, cum conversione et confusione et naturarum et idiomatum, ut humanitas dicatur esse divinitas, *vel essentiale idioma unius* naturae fiat substantialis proprietas alterius naturae in abstracto, vel extra unionem, vel in sese aut per se, in ipsa unione consideratae. Sed proprietas uni naturae conveniens communicatur seu tribuitur personae in concreto. Daher *Holl.* (696). 1. *Subjectum* non est abstractum, sed concretum naturae vel personae. (Man kann also nicht sagen: deitatem esse crucifixam.) 2. *Praedicatum* (das nämlich, das von dem Subjekt, d. i. von der persona ἔνσαρκος [σύνθετος] ausgesagt wird) non ipsam substantiam divinam aut humanam, sed idioma alterutrius naturae designat. *Gerh.* (III,485). An usurpandae sint in hoc genere praedicationes abstractivae: Deitas est passa, divinitas est mortua? Er teilt mit, daß sie von einigen zwar gebraucht würden mit dem Beisatz: Deitas passa est in carne, ist aber der

Meinung, daß man sich dieser Ausdrucksweise besser enthalte; und beweist es: 1. ex scripturae silentio; 2. ex Deitatis natura. Deitas est ἀπαθής, ἄτρεπτος καὶ ἀναλλοίωτος. Ergo non potest illi passio tribui. Deitas est toti trinitati ..., quodsi ergo Deitas in sese diceretur passa, tota trinitas passa esset, ac Sabellianorum et Patripassianorum error in ecclesiam revocaretur ...; 3. ex unionis conditione. Per unionem non sublatum est discrimen naturarum, sed hypostasis λόγου facta est carnis hypostasis ad unam personam σύνθετον constituendam, potest igitur aliquid de tota persona praedicari secundum humanam naturam, et tamen minime consequens est, idem quoque tribuendum divinitati. Actiones et passiones sunt personae, non naturae, recte igitur dico: Deus passus est carne, sed non possum dicere: divinitas τοῦ λόγου est in carne passa. –

15. *Form. conc.* (sol. decl. VIII,37). Sed in hoc praedicationum genere non sequitur, quod ea, quae toti personae tribuuntur, simul utriusque naturae sint proprietates, sed *distincte declarandum* est, secundum quam naturam aliquid toti personae adscribatur.

Chmn. (de duab. nat. 69). Ne tamen naturae existimentur esse confusae, addi solet scripturae exemplo declaratio, cui naturae conveniat proprietas, quae personae tribuitur, seu secundum quam naturam personae tribuatur. Quae enim unius naturae propria sunt, non impediunt, quominus absit et altera natura cum suis proprietatibus. Nec impediunt, quominus ea, quae unius naturae propria sunt, tribuantur personae subsistenti in utraque natura. Nec necesse est, ea, quae in hoc genere praedicantur de persona, convenire utrique naturae. Sed satis est, si secundum alteram sive divinam sive humanam personae conveniant. – *Quen.* (III,94). Tales particulae sunt ἐν, ἐξ, διά, κατά, 1Petr. II,24. III,18. IV,1. Rom. I,3. IX,5. Act. XX,28. Durch diese so hinzugefügte nähere Bestimmung wird *dann* ausgedrückt, wie das dem Subjekt beigelegte Prädikat, wenn auch wegen der unio personarum beiden Naturen, doch zunächst eigentlich nur einer von beiden Naturen angehöre. Daher der modus praedicandi (die Art und Weise, wie von dem Subjekt etwas prädiciert wird) so beschrieben wird: *Holl.* (696). Est realis et proprius, quo de tota persona θεανθρώπῳ divina vel humana idiomata enuntiantur (nam quae sunt propria humanitatis per se, ea vere et proprie praedicantur de filio Dei propter unionem personalem et vice versa), ita tamen, ut per particulas discretivas naturae, cui formaliter competunt, vindicentur, alteri vero naturae, cui non formaliter, sed propter unionem personalem conveniunt, approprientur. Der modus praedicandi wird durch ff. Beispiele erklärt: *Holl.* (697). Filius Dei natus est e semine Davidis secundum carnem Rom. I,3. *Subjectum* hujus propositionis idiomaticae est filius Dei, quo notatur tota persona Christi, denominata a natura divina. *Praedicatum* est nasci e semine Davidis, quod est idioma humanum. Hoc praedicatur de concreto naturae divinae, cui illud non competit per se, sed per aliud ob unitatem personae θεανθρώπου. Unde per particulam limitativam κατά, secundum carnem, idioma humanum vindicatur naturae humanae, cui nativitas temporalis formaliter convenit, non tamen excluditur aut separatur natura divina a participatione nativitatis, quippe cui τὸ nasci e semine Davidis competit appropriative. Die propositio: Deus est passus, wird so erklärt: Filius Dei passus est secundum humanam naturam in personalitate divina subsistentem. Ut ergo, cum vulnus infligitur carni Petri, non sola caro Petri dicitur vulnerata sed vere vulneratus est Petrus sive persona Petri, tametsi anima ipsius vulnerari nequeat: ita, cum patitur filius Dei secundum carnem, non patitur sola caro, vel humana ejus natura, sed vere patitur filius Dei vel persona filii Dei, utut ἀπαθής sit natura divina. *Id.* (698). Der Satz: »Gott hat gelitten«, darf also nicht mit *Zwingli* in den aufgelöst werden: »Der Mensch Jesus Christus, der zugleich Gott ist, hat gelitten«, in welchem Falle der modus praedicationis kein realis et proprius wäre. *Form. conc.* (sol. decl. VIII,39). Hoc Cinglius vocat alloeosin, cum aliquid de divinitate Christi dicitur, quod tamen humanitatis proprium est et contra. Verbi gratia, ubi in scriptura dicitur: nonne haec oportuit pati Christum etc., ibi nugatur Cinglius, quod vocabulum Christus hoc loco pro humana natura sumatur. Cave tibi, cave, inquam, tibi ab ista alloeosi. ... Si enim mihi persuaderi patiar, ut credam, solam humanam naturam pro me passam esse: profecto Christus mihi non magni pretii salvator erit, sed ipse tandem salvatore eget ... *Quen.* (III,155). (Calviniani) propositiones primi generis communicationis idiomatum vel per *ἀλλοίωσιν* cum Zwinglio exponunt, qua nomen personae vel alterutrius naturae loco subjecti positum explicant de altera natura tantum, cujus proprium est, quod in praedicato exprimitur; vel per synecdochen totius pro parte cum Piscatore, ut scil. totus Christus *θεάνθρωπος* quidem subjecti loco ponatur, sed ita ut passio ad partem tantum ejus, i. e. ad solam carnem restringatur et redigatur. V. gr. propositionem istam: Deus est passus, exponunt hoc modo: solus homo, licet Deitati unitus, est passus. –

16. Als Benennungen dieses ersten genus werden angeführt und deren Ursprung auf ältere Kirchenväter zurückgeführt: *ἀντίδοσις*, alternatio, *τρόπος ἀντιδόσεως* (Damascenus), *ἐναλλαγὴ καὶ κοινωνία ὀνομάτων*, permutatio et communicatio nominum (Theodoretus), *ἰδιοποιία καὶ ἰδιοποίησις*, appropriatio (Cyrillus), *ἀλλοίωσις* (aber in anderem Sinn als bei *Zwingli* gebraucht), *οἰκείωσις*, *συναμφοτερισμός*. – Beispiele aus der Hl. Schrift: Hebr. XIII,8. 1Kor. II,8. Act. VII,55. Ps. XXIV,7.8. Act. III,15. Joh. VIII,58.

17. *Gerh.* (III,499). Id quod communicatur, s. materia communicationis est divina majestas, gloria ac potentia, et proinde dona vere infinita et divina. –

Quen. (III,102). Fundamentum communicationis hujus est communicatio hypostaseos, et naturae divinae *τοῦ λόγου*. Quia enim natura humana assumta in unione et per unionem particeps facta est *ὑποστάσεως* et naturae divinae *τοῦ λόγου*, ideo etiam divinorum idiomatum vere et realiter particeps facta est; haec enim ab essentia divina realiter non differunt. –

Quen. (III,158) über die ratio modi: negamus communicationem hanc esse mere verbalem et titularem, qualem Reformati defendunt (p. 160 qui hoc sec. genus comm. id. prorsus negant; propositiones illas: »caro Christi vivificat, filius hominis est omnipotens etc.« per *ἀλλοίωσιν* Zwinglii ita exponunt: »filius Dei, qui carnem assumsit, vivificat etc.«), sed esse veram, propriam ac realem asserimus. Non vero statuimus essentialem quandam divinorum idiomatum in humanam Christi naturam transfusionem (wodurch der Vorwurf des Eutychianismus abgewehrt wird), nec humanae naturae in divinam commutationem, nec naturarum exaequationem, abolitionem, sed personalem communicationem. –

18. *Quen.* (III,101). Quo enim momento facta est personalis unio, eo quoque facta est majestatis communicatio. Divina enim natura *τοῦ λόγου* cum tota plenitudine se univit et communicavit assumtae carni, ab ipso initio incarnationis. Mit Beziehung auf die unten folgende Lehre von den statibus Christi wird aber noch von *Quen.* hinzugefügt: distinguendum hic inter communicationem *πρὸς τὴν κτῆσιν*, et communicationem *πρὸς τὴν χρῆσιν*. Quoad *κτῆσιν* et actum primum communicata sunt divina idiomata naturae humanae in ipso momento s. in ipso actu unionis simul et semel nec nova postea sunt superaddita. Et licet actus secundus ac plenarius usus majestatis communicatae per exinanitionis statum repressus fuerit, radii tamen omnipotentiae, omniscientiae etc., quoties divinae sapientiae visum fuit, non raro transparuerunt. Ipsum vero plenarium exercitium hujus majestatis in exaltatione ad dextram Dei demum coepit. –

19. *Quen.* (III,159). Reciprocatio, quae in primo genere locum habet, in hoc genere non datur: neque enim uti fit naturae humanae *βελτίωσις* s. *ὑπερύψωσις*, ita etiam naturae divinae *ταπείνωσις*, *κένωσις*, *ἐλάττωσις* fieri potest. Natura divina est immutabilis itaque nec perfici nec minui nec evehi nec deprimi potuit. *Μεταδόσεως* objectum est natura egens et mutationi obnoxia, cujusmodi divina non est. Assumti provectio est, non assumentis. – Der Grund, warum nur an die menschliche Natur die idiomata der göttlichen mitgeteilt werden und nicht umgekehrt, läßt sich auch aus der Art der unitio ableiten. *Br.*

(472). Huc redit, quod, quemadmodum ex parte naturarum, etsi divina humanae et humana divinae personaliter uniatur, hoc tamen intercedit discrimen, quod divina natura humanam intime penetrat et perficit, humana vero non vicissim penetrat ac perficit divinam, sed ab hac penetratur et perficitur; ita in communicatione idiomatum hoc ex parte naturarum intercedat discrimen, quod divina natura, humanam penetrans, eandem etiam abstractive conceptam perfectionum suarum divinarum suo modo participem facit: non autem vicissim humana natura, quae nec permeat aut perficit divinam naturam, hanc abstractive conceptam suarum proprietatum participem aeque facere possit aut faciat. –

20. *Gerh.* (III,499). Non negamus praeter essentiales humanae naturae proprietates etiam dona quaedam habitualia subjective Christo homini inhaerere, quae, etsi sunt excellentissima et omnium hominum ac angelorum dona longo intervallo excedunt, tamen sunt et manent finita; sed addimus praeter haec dona habitualia et finita etiam *dona vere infinita et immensa* per unionem personalem et exaltationem ad dextram patris esse Christo homini communicata.

Bekanntlich bildet die Lehre von der communicatio idiomatum überhaupt einen Differenzpunkt zwischen der luth. und reform. Kirche. Von der meisten Bedeutung aber ist die Differenz über dieses zweite genus idiom., indem die Lehre darüber für die Abendmahls-Lehre entscheidend ist, und zwar handelt es sich da besonders um das Attribut der omnipraesentia. Wir geben daher an diesem Ort erst eine Übersicht über die Differenz zwischen den beiden Kirchen, dann eine nähere Darstellung der Lehre von der omnipraesentia. *Cotta* (in *Gerh.* locis IV, dissert. I,50) stellt zuerst die Punkte zusammen, in denen beide Teile in betreff der Lehre von der Person Christi überhaupt untereinander übereinstimmen. Consentiunt 1. in Christo unam tantum esse personam, duas vero naturas, divinam nimirum atque humanam. – 2. binas istas naturas arctissima intimaque unione, quae personalis vocari solet, esse conjunctas. 3. unione illa, qua intimior cogitari nequit, neque naturas confundi, quod damnatum est in Eutychianis, neque personam dividi, quod damnatum est in Nestorianis; sed 4. hanc ipsam unionem ἀτρέπτως, ἀσυγχύτως, ἀδιαιρέτως, ἀχωρίστως concipiendam esse, adeoque. 5. hac unione neque naturarum differentiam neque proprias cujusvis adfectiones esse sublatas, humanam enim Christi naturam semper esse humanam, neque unquam desiisse actu suo naturali esse finitam, extensam, circumscriptam, passibilem. Naturam vero divinam esse et manere semper infinitam, immensam, impassibilem. Nihilo tamen minus 6. vi unionis personalis utriusque naturae proprietates personae Christi factas esse communes, ita ut persona Christi ϑεανϑρώπου idiomata divina possideat, usurpet et ab iis denominetur. Praeter id vero 7. naturae Christi humanae beneficio unionis hypostaticae communicata esse dona habitualia longe praestantissima, v. gr. potentiam maximam, sapientiam summam, utut finitam; quin 8. ad actiones Christi mediatorias unamquamque naturam suum contulisse, naturamque divinam actibus humanae naturae infinitam virtutem ad salvandum redimendumque genus humanum adfudisse. Denique 9. intimam illam Dei et hominis in Christo conjunctionem ita miram atque sublimem esse, ut mentis nostrae captum quam longissime superet. Aber: Discedunt (Reformati) a nobis, quando de communicatione in abstracto seu naturae ad naturam quaestio instituitur. Negant quippe, proprietates divinae naturae per unionem hypostaticam naturae Christi humanae vere ac realiter communicatas esse et quidem ad communem possessionem, usurpationem ac denominationem, ita ut humana natura servatoris nostri revera sit omnipraesens, omnipotens, omniscia. Über den Besitz und den Gebrauch der göttlichen Eigenschaften, die der menschlichen Natur Christi zukämen, bewegte sich also der Streit zwischen Lutheranern und Reformierten, und zwar wurden besonders die Eigenschaften der omnipotentia, der omniscientia (quam tamen in statu exinanitionis non semper et ubique, sed libere, quando et ubi voluit, usurpavit), der omnipraesentia, der virtus vivifica und des cultus religiosae adorationis, die auch der Menschheit Christi zukämen, hervorgehoben (ut caro Christi eadem adoratione cum divina natura *τοῦ λόγου* sit colenda et adoranda); unter diesen Eigenschaften aber keine mehr als die der omnipraesentia, weil es sich in dem zwischen Lutheranern und Reformierten gepflogenen Streit über die Gegenwart Christi im Abendmahl zumeist um sie handelte. Den Haupteinwand gegen eine reale Gegenwart Christi im Abendmahl hatte schon *Karlstadt*, dann *Zwingli* von der Behauptung hergenommen, daß Christus zur Rechten des Vaters sitze und also nicht zugleich auf Erden, in den Elementen des Brotes und Weines, sein könne. Luther berief sich dagegen auf die unio personalis; aus ihr und der daraus folgenden communio naturarum leitete er dann die omnipraesentiam carnis Christi ab und bewies damit die Möglichkeit einer realen Gegenwart von Christi Leib und Blut im Abendmahl. Somit wurde die Lehre von der omnipraesentia, oder wie sie von den Reformierten genannt wurde, der ubiquitas carnis Christi sehr wichtig, und die luth. DD. sind in deren Beschreibung sehr genau.

Die Frage, um die es sich hier handelte, bestimmt *Quen.* (III,185) so: an Christus secundum humanitatem in divinam et infinitam *ὑπόστασιν* suam assumtam et ad dextram majestatis divinae evectam, in hoc ipso glorioso exaltationis statu omnibus in universum creaturis praesens sit vera, reali, substantiali et efficaci omnipraesentia? Von dieser Frage werden die anderen, ob Christo nach seiner göttlichen Natur die omnipraesentia und ob sie überhaupt der Person Christi zukomme, wohl unterschieden. Das erstere verstand sich von selbst, und auch hinsichtlich der anderen Frage waren beide Teil unter sich einig, darin nämlich, daß die omnipraesentia toti personae in concreto recte tribuatur, s. divina Christi persona, in qua natura humana subsistit, ubique sit, vel quod idem est, quod Christus ubique sit ratione personae. Weiter unterschied man von obiger Frage auch noch die nach der praesentia *personalis s. intima,* quae est inter *λόγον* et carnem mutua (qua *ὁ λόγος* naturam assumtam sibi unitissime praesentem habet extra locum, ita ut *ὁ λόγος* nunquam et nusquam sit extra vel citra suam carnem vel haec extra vel citra illum, sed ubi ponis *λόγον*, ibi etiam te oportet carnem ponere, ne introducatur Nestoriana personae ex utraque natura subsistentis divulsio). Es handelte sich vielmehr um die praesentia *extima,* ad creaturas scil. relata, und zwar wird von der Mehrzahl der DD. unter dieser omnipraesentia verstanden: *praesentissimum ac potentissimum Christi juxta humanam naturam dominium.* Die thesis der DD. hinsichtlich der Frage danach ist dann die: communicata est humanae naturae Christi in primo personalis unionis puncto majestas omnipraesentia *τοῦ λόγου*, vi cujus juxta cum divina natura jam in statu exaltationis omnipraesens est vera, reali, substantiali et efficaci praesentia. Adeoque datum esse Christo secundum humanam naturam praesentissimum ac potentissimum dominium, quo Christus ut homo ad dextram Dei evectus omnia in coelo ac terra plena majestatis suae usurpatione conservat et gubernat. *Quen.* (III,185). Von dieser omnipraesentia wurde endlich noch die Vorstellung einer praesentia physica, diffusiva, expansiva, crassa, localis, corporalis et divisibilis (quam Calviniani ... nobis affingunt) abgewehrt, und diese als eine majestatica, divina, spiritualis, indivisibilis, quae nullam localitatem, vel inclusionem, vel expansionem, vel diffusionem subinferat, bezeichnet *Id.* (III,186); auch wurde damit nicht behauptet, Christi Leib habe seine natürlichen Eigenschaften in der Art verloren, daß er jetzt aufgehört habe, an einem bestimmten Ort zu sein. (*Holl.* [712]: Distinguendum inter actum carnis Christi naturalem et personalem. Caro Christi actu naturae, cum Christus versaretur in his terris, fuit in certo loco, in utero matris, in cruce etc. circumscriptive, vel occupative; et jam quoque in statu gloriae juxta proprietatem glorificatorum corporum in aliquo *ποῦ* coelesti est, non quidem circumscriptive, sed definitive. Sed huic actui naturali non obstat ille actus personalis, quo illocaliter est in *λόγῳ*, a qua praesentia omnes locales ideae aut conceptus abstrahendi sunt.) – Zu den für das sec. genus idiom. geltenden Beweisen fügen die DD. für die omnipr. insbesondere noch hinzu den e sessione Christi ad dextram Dei. (*Holl.* [714]. Secundum quam naturam Christus sedet ad dextram Dei, secundum eandem omnipraesenter dominatur. Atqui secundum humanam naturam etc. Ergo. Sedere ad dextram Dei per regnare exponitur. Quemadmodum igitur dextra Dei ubique est et dominatur, quippe qua designatur in s. l. virtus et potentia Dei immensa et infinita, nusquam exclusa, nusquam non operosa, ita sedere ad dextram Dei est vi exaltationis divina virtute vere immensa ubique dominari, quod ne cogitari quidem potest sine omnipraesentia, quandoquidem dominium divinum non est absentis vel praesentis.) – Die gegenteilige Behauptung der Reformierten war die: sicut corpus Christi, dum versaretur in terris, aberat in coelo, ita nunc idem illud corpus post ascensionem abesse a terra et supra coelos evectum ibi comprehendi credimus. Ihre Hauptgründe gegen die omnipr. waren aber die: daß dadurch die Wahrheit des Leibes Christi, seines Todes und seiner Himmelfahrt aufgehoben werden, weil eine wahre menschliche Natur nicht könne in infinitum extendi; weil, wer allgegenwärtig ist, nicht sterben könne; weil, wer vermöge seiner Allgegenwart schon im Himmel ist, nicht erst dahin aufsteigen könne. Darauf antwortet *Holl.* (718): Non labefactatur eadem 1. articulus de veritate carnis Christi, quippe quae non est omnipraesens praesentia physica et extensive, sed hyperphysica, divina et illocali, quae ipsi non formaliter et per se, sed participative et per unionis personalis gratiam competit. 2. non convellitur articulus de morte Christi; nam per mortem soluta quidem est unio naturalis corporis et animae, salva tamen manente unione hypostatica divinae et humanae naturarum ... non evertitur. 3. articulus de ascensione Christi, nam ante ascensionem caro Christi in coelo praesens erat praesentia indistantiae, qua actum personalem: *κατ' οἰκονομίαν* autem corpore glorificato in coelum visibiliter ascendit, ut omnipraesentia dominii omnia impleret. Christus enim per omnipotentiam suam divinam se diversimode praesentem sistere potest. –

Trotz dieser genauen Bestimmungen über die omnipr. carnis Christi findet doch über sie unter den lutherischen DD. kein nach allen Seiten hin konstanter Lehrtypus statt. Der Grund davon liegt darin, daß man bis zur Form. conc. hin bei der Ausbildung dieser Lehre nur den praktischen Endzweck im Auge hatte, mit ihr die Möglichkeit einer Gegenwart von Leib und Blut Christi im Abendmahl zu erweisen. Soweit dies nötig war, stimmen auch die luth. DD. alle untereinander überein. Nicht mehr so aber ist das da der Fall, wo es sich ohne Beziehung auf die AMs.-Lehre allein um die dogmatische Durchbildung des Begriffs der omnipr. handelte. Weil die DD. aber doch von dem richtigen Takt geleitet wurden, einer Differenz, die keinen praktischen Austrag gab, keine große Bedeutung beizulegen, so entstand darüber kein Streit und bestanden die verschiedenen Ansichten unangefochten nebeneinander. – Für verschiedene Ansichten nämlich war noch immer Raum genug gegeben. Es konnten nämlich die Fragen entstehen: 1. ob die omnipr. carnis Christi nur als eine solche zu denken sei, nach der Christus seiner menschlichen Natur nach allgegenwärtig sein *könne, wann und wo er wolle,* oder als eine solche, nach der er vermöge der communicatio idiom. vom status exaltationis an immer ohne Ausnahme actu gegenwärtig sei und nur im stat. exinanitionis wegen des da übernommenen Mittlergeschäftes sich dieser Gegenwart enthalte. 2. Wie die omnipraesentia carnis Christi zu definieren sei, ob nur als eine solche, nach der die menschliche Natur an dem dominium, das die göttliche Natur ausübe, teilnehme, oder auch als eine solche, wonach sie allen Kreaturen so gegenwärtig sei, wie ihnen das Christus nach seiner göttlichen Natur ist. Darüber waren die Ansichten der DD. schon vor der Form. conc. nicht die gleichen, und diese selbst drückt sich darüber so schwankend aus, daß eine klare Beantwortung der obigen Fragen ihr nicht entnommen werden kann. Daher kommt es, daß spätere DD. der verschiedenen Ansichten sich für die ihrige auf die Form. conc. glaubten berufen zu können. Nach dem Abschluß der Form. conc. gingen dann die DD. dahin auseinander, daß die Mehrzahl nur der omnipr.

als eines potentissimum ac praesentissimum in creaturas dominium erwähnen, sich auf die Frage nach der nuda adessentia gar nicht einlassend oder sie verwerfend. Diese omnipraesentia wurde dann auch omn. modificata genannt. So *Quen.*, *Br.*, wobei letzterer sich dafür auf die Form. conc. beruft (475), (manifeste describunt [autores Form. conc.] omnipraesentiam illam *non ut absolutam,* pro nuda indistante propinquitate ad omnes creaturas absque efficaci operatione, sed tanquam modificatam s. cum efficaci operatione conjunctam et pro exigentia dominii illius universalis, quod Christus secundum utramque naturam exercet). Zugleich behaupten diese, daß von der exaltatio an Christus auch seiner menschlichen Natur nach als stets omnipraesens, d. h. als stets dominium potentissimum übend zu denken sei. Andere dagegen, wie die Mehrzahl der schwäbischen Theologen, aber auch Hollaz, behaupten, daß der menschlichen Natur Christi nicht nur von der exaltatio an das dominium potentissimum zukomme, sondern auch die adessentia und zwar diese von der conceptio an. – Ein vorübergehender Streit entspann sich erst, als die Helmstädter und Braunschweiger Theologen sich der Annahme der Form. conc. weigerten, hauptsächlich weil, wie sie behaupten, darin eine Lehre von der omnipr. vorgetragen sei, mit der sie nicht übereinstimmen könnten. Sie gaben nämlich zwar zu, daß Christus nach seiner Menschheit gegenwärtig sein könne, wo er wolle, sie behaupteten aber, daß er actu nur da gegenwärtig sein wolle, wo es ausdrücklich von ihm verheißen worden sei, nämlich im AM. und in der Kirche. Zudem bezeichneten sie diese Gegenwart nicht als eine Wirkung der omnipraesentia, sondern der omnipotentia. Die von ihnen behauptete omnipr. nannten sie eine omnipr. *respectiva.* Dieser Ansicht (die später auch Calixt sich aneignete) widersprachen die beiden Reihen der DD., hauptsächlich weil sie die Möglichkeit der Gegenwart Christi im AM. aus der omnipraesentia und diese aus der communic. idiom. abgeleitet wissen wollten, ohne daß sie darum unter sich über ihre Auffassung ins reine kamen. Dieser Punkt also ist unerledigt geblieben. Eine andere Frage, die noch entstand, war die über die Zeit, in der Christus seiner menschlichen Natur nach in den Gebrauch der göttlichen majestas eingetreten sei. Darüber cf. den locus de statibus Christi.

21. Schrift-Belege: Humanae naturae communicatur *majestas*: Matth. XI,27. Luc. I,33. Joh. III,13. VI,62. Phil. II,6. Hebr. II,7. *Sessio Christi hominis ad dextram majestatis*: Matth. XXVI,64. Marc. XIV,62. Luc. XXII,69. Rom. VIII,34. Eph. I,20. Hebr. VII,26. VIII,1. *Omnipotentia*: Matth. XXVIII,18. Phil. III,21. *Omniscientia*: Kol. I,19. II,3.9. *Omnipraesentia*: Matth. XVIII,20. XXVIII,20. Eph. I,23. IV,10. *Virtus vivificandi:* Joh. VI,51. 1Kor. XV,21.45. *Potestas judicii*: Matth. XVI,27. Joh. V,27. Act. XVII,31. *Benennungen*: Communicatio majestatis – genus majestaticum *βελτίωσις*, *προσθήκη μεγάλη*, *ὑπερύψωσις*, *μετάδοσις*, *δόξασις*, *μετάληψις θείας ἀξίας*, *μετοχὴ θείας δυνάμεως*, *θέωσις*, *ἀποθεοσία*, *θεοποίησις*. In sacris literis: unctio, näml. Ps. XLV,8. Joh. III,34. Act. X,38.

22. *Form. conc.* (sol. decl. VIII,46). Quod ad rationes officii Christi attinet, persona non agit et operatur in seu cum una vel per unam naturam tantum, sed potius in, cum et secundum atque per utramque naturam, seu, ut Concilium Chalcedonense loquitur, una natura agit seu operatur cum communicatione alterius, quod cujusque proprium est. Itaque Christus est noster mediator, redemtor, rex etc., non secundum unam tantum naturam sive div., sive hum., sed secundum utramque naturam. *Gerh.* (III,555). Filius Dei inde atque ideo assumsit naturam humanam, ut in ea, cum ea et per eam opus redemtionis et partes officii mediatorii perageret 1Joh. III,8 etc. Proinde in operibus officii non agit ut Deus tantum, nec ut homo tantum, sed ut *θεάνθρωπος*, ac quod idem est, naturae in Christo duae in operibus officii non agunt divise, sed unite. Ex personae unitate profluit unitas *ἀποτελέσματος*. *Holl.* (726). Fundamentum hujus communicationis remotum est unitas personae et intima communio naturae divinae in Christo. Fundamentum proximum est communicatio idiomatum primi et secundi generis.

23. *Chmn.* (de duab. nat. 85). Quando una in Christo natura id, quod sibi proprium est, agit, aut quando Christus secundum proprietatem unius naturae aliquid agit, quod tunc in illa actione seu passione altera natura non sit otiosa, ut vel nihil vel aliud agat, sed quod unius naturae proprium est, fiat et agatur in Christo cum communione alterius naturae, salva differentia illa, quod cujusque proprium est, ut quando Christus humana sua natura patitur et moritur, quod et hoc fiat cum communione alterius naturae, non ut divina etiam natura in sese patiatur et moriatur, hoc enim naturae humanae proprium est, sed quia divina Christi natura adest personaliter naturae patienti, ac vult illam humanae suae naturae passionem, non avertit eam, sed permittit humanitatem suam pati ac mori, corroborat ac sustentat eam, ut possit sustinere immensum illud onus peccati mundi ac totius irae Dei et efficit passiones illas coram Deo pretiosas ac mundo salutares.

24. *Chmn.* (de duab. nat. 85). Quia officia et beneficia Christi salvatoris talia sunt, in quorum multis seu plerisque humana natura in Christo solis naturalibus seu essentialibus suis proprietatibus seu operationibus non potest cooperari, ideo praeter et ultra naturales proprietatis innumera *ὑπερφυσικὰ καὶ παραφυσικὰ* humanae naturae ex hypostatica cum divinitate unione tradita et communicata sunt.

Holl. (726). Modus communicationis et mutui confluxus consistit in hoc, quod natura divina *τοῦ λόγου* non tantum divina patrat opera, sed et actiones assumtae carnis sibi vere et realiter appropriat; natura autem humana non solum secundum naturales suas vires, sed et secundum eam virtutem divinam, quam ex unione personali sibi communicatam habet, in officio mediatoris agit. *Quen.* (III,106). Dico *mediante ὑποστάσει* appropriat sibi humanitatis actiones et passiones, neque enim dicendum: *natura divina* effundit sanguinem, patitur, moritur, sicuti dicitur: natura humana vivificat, operatur miracula, gubernat omnia, sed *Deus* effundit sanguinem, patitur, moritur.

25. *Chmn.* (de duab. nat. 86). Scripturae testimonia manifeste ostendunt, ideo factam unionem duarum naturarum in Christo, ut officium redemtionis, propitiationis, salvationis etc. in utraque cum utraque et per utramque Christi naturam perficeretur. Si enim redemtio, propitiatio etc. potuisset effici vel per divinitatem solam vel per humanitatem solam, frustra λόγος propter nos homines et propter nostram salutem descendisset de coelis et incarnatus homo factus esset. – *Gerh.* Poterat quidem humana natura pati, mori, sanguinemque effundere. Verum caruissent passiones et mors Christi cruenta effectu salutari, nisi natura divina pretium infiniti valoris passionibus istis mortique, quam servator pro nobis sustinuit, addidisset. Danach wird das Werk der Erlösung, sowie jede einzelne Handlung Christi, als eine solche betrachtet, an der die beiden Naturen in Christo teilhaben. Der Ausdruck dafür ist ἀποτέλεσμα (opus commune, ex communicativo et intimo naturarum confluxu resultans, sive ad quod producendum utriusque naturae operationes concurrunt. *Quen.* (III,105). Da jedoch jede einzelne Handlung zunächst von einer der beiden Naturen ausgeht, von derjenigen nämlich, deren ursprünglichen Idiomen sie zukommt, so ist dafür der Ausdruck ἐνέργημα (effectus unius naturae proprius). So ist das vergossene Blut Christi eine Wirkung der menschlichen Natur, denn nur die menschliche Natur hat Blut vergossen, der unendliche Wert, der diesem Blut zukommt, ist eine Wirkung der göttlichen Natur. Die Sühnung unserer Sünden aber, die durch das vergossene Blut eben nur dadurch gewirkt wird, daß beide Naturen das Ihrige dazu beigetragen haben, die menschliche Natur, daß sie es vergossen, die göttliche Natur, daß sie dem Blut unendlichen Wert gegeben, ist das Werk (ἀποτέλεσμα) beider Naturen. – Die apotelesmata Christi bezeichnet. *Holl.* (728) noch als duplicis ordinis. Quaedam divinitas *τοῦ λόγου* citra confluxum carnis producere nequit (e. gr. passio satisfactoria, mors vivifica); quaedam ex libera *εὐδοκίᾳ* s. beneplacito, sine carne producere non vult (e. gr. miracula). –

26. *Br.* (478). Tertium genus comm. id. consistit in eo, quod operationes, ad officium

Christi pertinentes, non sunt unius et solius cujusdem naturae; sed utrique communes, quatenus utraque ad illas, quod suum est, confert; et sic utraque agit cum communicatione alterius.

Quen. (III,209). Antithesis Calvinianorum, qui 1. negant communicationem apotelesmatum s. actionum officii ad κοινωνίαν ἰδιωμάτων referri posse ... 2. docent, utramque naturam suum agere, per se solam et absque communicatione alterius atque sic humanam Christi naturam in operibus officii humana tantum agere ex naturalibus suis proprietatibus a divinis vero actionibus prorsus excludendam esse ... 3. statuunt carnem Christi ad miracula concurrisse ut nudum tantum et ἀεργὸν instrumentum.

27. *Chmn.* (de duab. nat.). Quae unio propter nos homines et propter nostram salutem ad officium redemtionis, regni et sacerdotii Messiae facta est. Quia enim per passionem et mortem fieri debebat redemtio, opus fuit humana natura. Et quia divina potentia per mortem conculcandum erat caput serpentis: ideo divina natura in persona redemtoris opus fuit. Ac placuit Deo, ut propter nostram consolationem ad officia regni, sacerdotii et dominii Christi nostra etiam assumta natura adhiberetur, atque ita ἀποτελέσματα officiorum Christi in utraque, cum utraque et per utramque Christi naturam perficerentur.

28. *Chmn.* (de duab. nat. 81). Nec vero existimetur otiosa esse subtilitas, accurata ita in loquendo diligentia. Sed semper in conspectu sit, quis sit verus doctrinae hujus usus. Ita enim diligentiam proprie loquendi magis amabimus, et facilius cavere poterimus, ne degeneret in λογομαχίας, seu λεπτολογίας.

B. De officio Christi

§ 34
Officium Christi triplex*

An die Lehre von der Person Christi reiht sich die von dem Werk, das er vollbracht hat; denn eben zu dem Zweck ist er Mensch geworden, um dieses Werk vollbringen zu können: das Werk selbst aber ist das der Erlösung des Menschengeschlechts. *Conf. Aug.* III. Docent, quod Verbum, h. e. filius Dei assumserit humanam naturam ..., ut reconciliaret nobis patrem et hostia esset non tantum pro culpa originis, sed etiam pro omnibus actualibus hominum peccatis. Dieses Werk der Erlösung zu vollbringen, war die Aufgabe, die Christo auf Erden gestellt war, und das Geschäft, dem er sich unterzogen hat. Wir nennen es sein Mittler-Geschäft und begreifen darunter alles, was Christus getan hat, um eine Erlösung zu stiften, und was er noch tut, um diese den Menschen zu vermitteln. Officium mediatorium est functio, competens toti personae θεανθρώπου, orta ex actionibus θεανθρωπικαῖς, qua in utraque, cum utraque et per utramque naturam[1] Christus omnia perfecte executus est, tam acquirendo quam applicando, et etiamnum exequitur, quae ad salutem nostram requiruntur *Quen.* (III,212)[2]. Diesem Geschäft unterzieht sich aber Christus seinem ganzen Umfang nach so, daß er 1. solange er auf Erden weilt, selbst den Menschen den gnädigen Ratschluß der Erlösung verkündigt, nach seinem Hingang aber dafür sorgt, daß er den Menschen verkündigt wird; daß er 2. die Erlösung selbst vollzieht, indem er das Lösegeld zahlt, durch das unsere Versöhnung mit Gott zustande kommt; daß er 3. nach seinem Hingang die so gestiftete Gemeinde der Erlösten erhält, mehrt, leitet und schützt. – Indem diese drei Funktionen denen der alttest. Propheten, Priester und Könige entsprechen, wird danach das officium Christi mediatorium eingeteilt in off. propheticum, sacerdotale et regium[3].

* Diese ganze Lehre findet sich erst von *Gerhard* an in einem eigenen locus abgehandelt, während sie bis dahin nur bei Gelegenheit anderer Lehren, meist in dem 1. de justificatione zertrennt behandelt wurde; und auch die Form, in der diese Lehre jetzt dargestellt wird, findet sich zuerst vollständig (aber nur in kurzen Umrissen) bei *Gerhard. Melanchthon* ist der erste, der, aber in der Lehre von der Auferstehung der Toten, den Ausdruck regnum Christi braucht. *Strigel* sodann reihte daran das sacerdotium Christi, das später in das off. sacerdotale und propheticum auseinandergelegt wurde. Man kann nicht verkennen, daß dieser locus lange keine so gründliche Durchbildung erlitten hat, wie viele andere.

1. Die Dogmatiker sagen hier ausdrücklich, daß Christus mediator sei secundum utramque naturam, was sich eigentlich von dem vorigen locus her von selbst versteht. Irrige Behauptungen, die im Schoß der ev. Kirche selbst hierüber aufgestellt worden sind, haben die Veranlassung gegeben, dies hervorzuheben, wie denn auch schon die *Form. conc.* (epit. art. III,2sq.: de justitia fidei coram Deo) falsche Behauptungen hierüber zurückweist. Una enim pars (Osiander) sensit, Christum tantummodo secundum divinam naturam esse nostram justitiam. ... Contra hanc opinionem alii quidam (Stancarus, Pontificii) asseruerunt, Christum esse nostram coram Deo justitiam duntaxat secundum humanam naturam. Ad refellendum utrumque errorem credimus ..., quod Christus vere sit nostra justitia, sed tamen neque secundum solam divinam naturam, neque secundum solam humanam naturam, sed totus Christus secundum utramque naturam ... *Quen.* (III,212). Utraque enim natura concurrit ad functionem mediatoriam, non confuse, sed distinctim et salvis manentibus utriusque proprietatibus, nec tamen seorsim, sed cum communicatione alterius.

2. *Gerh.* (III,576). Officium Christi consistit in opere mediationis inter Deum et homines, quod est finis incarnationis 1Tim. II,5. *Holl.* (729). Si officium Christi mediatorium strictiori sumatur sensu, cum officio ipsius sacerdotali videtur coincidere 1Tim. II,5.6. Nil tamen prohibet, quominus illud latiori accipiatur sensu, ut off. propheticum et regium complectatur. Nam et Moses propheta dicitur mediator, et reges haud raro mediatorum sustinere personas, neminem fugit.

3. *Gerh.* (III,576). Off. Christi vulgo triplex statuitur, propheticum, sacerdotale et regium, quod tamen revocari potest ad duo membra (so Hutterus), ita duplex Christi statuatur officium, sacerdotale et regium. Sacerdotis enim est non solum sacrificare, orare, intercedere et benedicere, sed etiam docere, quod ad propheticum off. referunt. *Quen.* (III,212). A plerisque tamen retinetur tripartita distinctio. – Der Grund dieser Einteilung bei *Gerhard* (ibid.) Sufficientia hujus distributionis probatur 1. ex dictorum scripturae coordinatione. Quot sunt classes, in quas referri possunt adpellationes, quae ratione officii Christo tribuuntur, et dicta scripturae, quae de Christi officio loquuntur, tot etiam partes officii Christi recte statuuntur. Jam vero tres sunt classes, in quas referri possunt adpellationes, quae ratione officii Christo tribuuntur. Ergo etc.; 2. ex beneficiorum Christi enumeratione. Christus peccatorum nostrorum reatum apud Deum expiat ... quod est proprium sacerdotis. Christus consilium Dei de redemtione et salute nostra nobis promulgat, quod est prophetae.

Christus beneficium redemtionis et salutis – efficaciter nobis adplicat, regit nos sceptro verbi et spiritus s. ... quod est regis.

§ 35
Officium propheticum

Unter officium propheticum versteht man das Geschäft Christi, den Menschen den göttlichen Ratschluß der Erlösung zu verkündigen, und diese zur Annahme des ihnen gebotenen Heiles zu bewegen[1]. Dieses Geschäft übte Christus, solange er auf Erden weilte: er übte damit prophetische Tätigkeit, denn der Propheten Geschäft war es, zu lehren und den Willen Gottes zu verkünden[2], und zwar vollzog er durch die höhere Würde und Kraft, die ihm als dem Gott-Menschen zukommt, dieses Geschäft auf eine viel vollkommnere und wirksamere Weise als alle ihm vorangegangenen Propheten[3]. Das hörte aber auch nicht auf mit seinem Weggang von der Erde, vielmehr hat Christus durch Einsetzung des heil. Lehramtes Sorge dafür getragen, daß es auch ferner, und zwar mit gleichem Erfolg, geübt werde, denn er hat dem Wort und den Sakramenten, durch die das Lehramt ausgerichtet wird, die gleiche ihm selbst durch seine göttliche Natur einwohnende Kraft und Wirksamkeit beigegeben und er ist sonach auch nach seinem Hingang in ihnen und durch sie immer noch wirksam[4]. Sein Lehrgeschäft ist darum als ein noch stets fortgehendes zu betrachten, und es ist nur zu unterscheiden zwischen dessen *unmittelbarer* und *mittelbarer* Ausübung[5].

Officium propheticum est functio Christi *ϑεανϑρώπου*, qua is ex sacrosanctae trinitatis consilio divinam de redemtione et salute hominum voluntatem sufficientissime nobis revelavit, ea seria intentione, ut in universum omnes ad agnitionem veritatis coelestis perveniant *Quen.* (III,212)[6]. Ab hoc officio proph. dicitur Christus *propheta* Deut. XVIII,18. Matth. XXI,11. Joh. VI,14. Luc. VII, 16. XXIV,19. evangelista Es. XLI,27. magister Es. L,4. LV,4. LXIII,1. rabbi vel doctor Matth. XXIII,8 et 10. Bischof der Seelen 1Petr. II,25. pastor Ez. XXXIV, 23. XXXVII,24. Joh. X,11. Hebr. XIII,20.

1. *Gerh.* (III,578). Functio docendi est, qua Christus ecclesiam suam informat in illis, quae ad salutem scitu et creditu sunt necessaria. *Quen.* (III,217). Voluntas Dei, ad quam revelandam Christus propheta ille magnus ab aeterno destinatus et in tempore missus est, complectitur primario et principaliter doctrinam evangelii, secundario vero legem, uti et ipsum Verbum Dei revelatum in legem et evangelium dispescitur. – In specie consistit hoc munus: a) in plenaria doctrinae evangelicae, umbris typisque legalibus olim involutae, expositione sive in concione de gratuita promissione remissionis peccatorum, justitiae et vitae aeternae per et propter Christum ... b) in legis assertione et vera interpretatione. – Über Christi Verhältnis zum Gesetz: *Holl.* (760). Veterem legem moralem Christus neque abrogavit, neque mitigavit, neque perfecit, cum sit perfectissima (Ps. XIX,8), eandem tamen a corruptelis Pharisaeorum vindicavit et solide interpretatus est (Matth. V,21sqq.). Proinde Christus non est novus legislator, sed legis veteris interpres et vindex. –

2. *Holl.* (756). Prophetarum V.T. erat, verbum Dei docere, verum Dei cultum tradere, occulta nosse et praedicere futura. Haec sicut Christus quoque fecit, ita functus est officio prophetae. Doch wird kein Gewicht auf das letztere, das Weissagen, gelegt. Daher *Quen.* (III,218). Munus prophet. non consistit simpliciter et praecise in futurorum revelatione, sed generaliter in voluntatis div. annuntiatione.

3. *Holl.* (756). Christus est propheta maximus (Luc. VII,16. Deut. XVIII,18. Act. III,22. Joh. I,45. VI,14. Hebr. III,5.6), catholicus (Joh. I,9. Matth. XXVIII,19), illuminatissimus (Ps. XLV,8 Joh. III,34. Kol. II,3. Joh. I,18), obsignatissimus (Joh. VI,27. Matth. III,17. XVII,5. Joh. XII,28), efficacissimus et examplaris (Luc. XXIV,19). – *Gerh.* (III,578). Efficacia doctrinae est divina illa vis, qua Christus per spiritum s. efficaciter movet corda hominum ad doctrinam fidei amplectendam Ps. LXVIII,35. Joh. VI,45.

4. *Holl.* (759). Secundum naturam divinam vim, efficaciam et auctoritatem summam verbo et sacramentis conjunxit. Unde praedicantibus ubique apostolis Dominus cooperatus est.

5. *Quen.* (III,218). (Revelavit hanc voluntatem divinam) *immediate,* quando ipse *αὐτοπροσώπως* in propria persona ecclesiam suam tempore ministerii per triennium et semestre docuit et informavit, suosque discipulos futuros ecclesiae catholicae doctores instituit. *Mediate,* quando vicaria opera usus est apostolorum et eorum successorum, per quos Christus docendi munus continuavit, adhuc continuat et ad finem usque mundi continuabit. Joh. XX,21. Matth. XXVIII,19. Marc. XVI,15. Eph. IV,11. *Gerh.* (III,578). Ad hoc igitur officium Christi pertinet consilii divini de redemtione generis humani in evangelio promulgatio, ministerii ecclesiastici institutio et conservatio, sacramentorum ordinatio, spiritus s. donatio, et efficax cordium humanorum per illum immutatio, illuminatio, regeneratio, renovatio, sanctificatio etc. –

6. *Quen.* (III,219). Finis a Christo propheta summo per se intentus est *omnium* hominum ad coelestis veritatis agnitionem perductio 1Tim. II,4. 2Petr. III,9. Omnia eo tendunt, ut coeci in viam ducantur, et qui in tenebris ambulant, illuminentur Act. XXVI,18. Quamvis enim in quibusdam contingat, ut inde excoecentur et indurentur, id tamen non culpa hujus prophetae ejusque opera fit, sed propria impietate sua istud malum sibi contrahunt Joh. III,19. XII,39.40.

§ 36
Officium sacerdotale

Christi anderes Geschäft ist das, die Erlösung selbst und die Versöhnung mit Gott zustandezubringen[1]. Christus übte damit ein priesterliches Geschäft, denn der Priester Amt war es, durch Opfer, die sie darbrachten, Gott zu versöhnen und die Schuld, die die Menschen auf sich geladen haben, damit abzutragen. Jedoch brachte Christus nicht, gleich den Priestern des A. B., Fremdes zum Opfer, sondern sich selbst; daher ist er Priester und Opfer in einer Person[2]. Dies sein Geschäft wird officium sacerdotale genannt. Off. sacerdot. in eo consistit, quod Christus inter Deum et hominis, a se invicem dissidentes, medias partes tenet, ita quidem ut pro hominibus cum Deo reconciliandis sacrificium et preces offerat[3]. *Br.* (491). Danach zerfällt es in zwei Teile, entsprechend den beiden Funktionen, die den Priestern obliegen, in das der Darbringung des Opfers und das der Gebetsvertretung bei Gott[4]. Dieses Geschäft ist sonach zum einen Teil bereits vollzogen, zum anderen Teil ein solches, das Christus immer noch vollzieht. Der erstere Teil desselben wird *satisfactio* genannt; ein Ausdruck, mit dem zugleich der Grund bezeichnet wird, warum die Versöhnung mit Gott nur durch ein Opfer möglich wurde, indem nämlich durch dieses dem durch unsere Sünden beleidigten, und darum Strafe verlangenden Gott Genüge zu leisten war[5]. Der andere heißt *intercessio*.

I. *Satisfactio*. Wenn der Zorn Gottes, der auf den Menschen um ihrer Sünden willen ruht, samt allen seinen Folgen, ein gerechter und heiliger ist, so ist es auch mit Gottes Gerechtigkeit und Heiligkeit nicht verträglich, daß er so schlechthin und ungestraft den Menschen ihre Sünden vergibt, und allen Zorn samt seinen Folgen aufgibt: nicht mit seiner Gerechtigkeit, denn diese verlangt, daß er sich zu den Sündern anders verhalte als zu den Frommen, und daß er über die ersteren Strafe verhänge; nicht mit seiner Heiligkeit, denn derzufolge haßt er das Böse; endlich ist es auch nicht mit seiner Wahrhaftigkeit verträglich, denn er hat zuvor den Übertretern seines heiligen Gesetzes Strafe angedroht[6]. Wenn Gott darum im Drang seiner Liebe zu den Menschen doch wieder in ein Gnadenverhältnis mit ihnen treten soll, so muß zuvor etwas geschehen, was macht, daß er unbeschadet seiner Gerechtigkeit und Heiligkeit es tun kann[7]; es muß die Schuld, die die Menschen durch ihre Sünden auf sich geladen haben, abgetragen werden, es muß ein Lösegeld bezahlt, es muß ein Ersatz geleistet werden für die Beleidigung, die Gott angetan worden ist, oder was gleichbedeutend ist, es muß eine Genugtuung[8] geleistet werden. Da nun eine solche zu leisten uns, den Menschen unmöglich ist, so haben wir es als einen besonderen Akt des göttlichen Erbarmens[9] zu preisen, daß Gott eine solche durch Christum hat möglich zu machen gewußt, und daß er zu diesem Endzweck den Entschluß gefaßt hat, Christus Mensch werden zu lassen, damit dieser die Genugtuung an unserer Statt leiste[10]. In ihm nämlich, der Gott und Mensch ist, hat durch diese Vereinigung der beiden Naturen zu einer Person alles, was er nach seiner menschlichen Natur vollbringt, einen unendlichen Wert, während jede Leistung, die von einem bloßen Menschen ausgeht, nur beschränkten und endlichen Wert hat. Kann daher der, der bloßer Mensch ist, keine Leistung zustande bringen, die von solchem Umfang und Wert wäre, daß damit die unendliche Schuld, die auf dem Menschengeschlecht ruht, abgetragen und die frühere Vergehung gutgemacht würde, so kann das doch Christus, weil alles, was er als Mensch tut und leidet, nicht allein das Tun und Leiden eines bloßen Menschen ist, sondern weil das, was er tut, durch die Vereinigung der göttlichen mit der menschlichen Natur und der daraus folgenden Gemeinschaft die Kraft, den Wert und die Bedeutung eines göttlichen Werkes erhält[11], so daß also von ihm eine Leistung unendlichen Wertes ausgehen kann, die er der unendlichen Schuld der Menschen entgegenstellen, und diese Schuld damit aufheben kann. In Christo, dem Gott-Menschen, ist daher alles Vermögen, eine solche Leistung zu vollbringen, in ihm ist aber auch der Wille dazu da. Ein Doppeltes aber muß geleistet werden. Es muß einmal bewirkt werden, daß Gott aufhört die Menschen als solche zu betrachten, die den Forderungen des heiligen Gesetzes nicht genügt haben. Dieses geschieht, wenn der, der genugtun will, an der Menschen Statt das ganze Gesetz so erfüllt, daß von ihm jetzt geleistet ist, was von dem Menschen unterlassen worden war. Dann muß bewirkt werden, daß auf den Menschen keine Schuld mehr ruht, um deretwillen sie Strafe verdienen, und dieses geschieht, wenn der für die Menschen Genugtuende die Strafen auf sich nimmt. Beides aber hat Christus bewirkt[12]: das erstere durch seine *obedientia activa* (quae in perfectissima legis impletione consistit), denn da hat er, der für seine Person dem Gesetz nicht unterworfen war, dasselbe an Statt der Menschen erfüllt[13]; das andere durch seine *obedientia passiva* (quae in sufficientissima poenarum, quae nos manebant, persolutione consistit), denn da hat er gelitten, was die Menschen hätten erleiden sollen, und hat er so ihre Strafe auf sich genommen und an ihrer Statt ihre Sünden abgebüßt[14]. Dadurch also, daß sich der Gehorsam gegen den göttlichen Ratschluß in diesen beiden Stücken erwies, hat Christus an Statt der Menschen[15] eine vollkommen ausreichende[16], für alle Sünden aller Menschen gültige[17] satisfactio geleistet, die bezeichnet wird als: prior officii sacerdotalis pars, qua Christus ex decreto divino consummatissima obedientia, activa et passiva, justitiae divinae, peccatis hominum laesae, satisfecit, in laudem justitiae et misericordiae divinae et acquisitionem nostrae justitiae atque salutis *Holl.* (735)[18]. Indem Christus aber auf die beschriebene Weise genuggetan hat, hat er dadurch uns die Vergebung der Sünden und das ewige Heil erworben, daß wir sein Verdienst nennen, das uns zugutekommt. *Quen.* (III,225). Ex satisfactione meritum ortum est. Satisfecit Christus pro peccatis nostris et pro poenis illis debitis, et ita promeruit nobis gratiam Dei, remissionem peccatorum et vitam aeternam[19]. –

Diesem ersten Teil des off. sacerd. reiht sich der zweite an, die

II. *Intercessio.* Nachdem nämlich Christus sich so zum Opfer für die Menschen dargebracht hat, besteht der zweite Teil seines priesterlichen Geschäftes darin, daß er, nachdem er erhöht ist zur Rechten des Vaters, bei diesem sich auf Grund seines Verdienstes hin wirksam dafür verwendet, daß den so erlösten Menschen auch alles das zugute kommt, was er ihnen durch sein Leiden und Sterben erworben hat, überhaupt alles, was ihr leibliches und besonders ihr geistiges Wohl zu fördern imstande ist. Intercessio, posterior officii sacerdotalis pars, qua Christus ϑεάνϑρωπος vi universi meriti sui pro omnibus hominibus, imprimis vero electis suis, vere proprieque, at sine ulla majestatis suae imminutione interpellat ad impetrandum iisdem, quaecunque corpori atque animae praecipue salutaria (imprimis vero ad aeternam salutem consequendam utilia et necessaria) esse novit. 1Joh. II,1. Rom. VIII,34. Hebr. VII,25. IX,24. *Holl.* (749)[20]. Diese intercessio bezieht sich also zwar auf alle Menschen, weil alle Menschen, solange sie hier auf Erden leben, der Erlösung teilhaftig werden können; insofern aber Christus denen, die im Glauben sich sein Verdienst bereits angeeignet haben, ganz anderes und mehr geben kann als denen, die sich gegen dieses noch widerstrebend verhalten, so wird sie ihrem *Umfang* nach unterschieden als *int. generalis,* qua orat Christus patrem pro omnibus hominibus, ut salutaris mortis suae fructus illis applicetur (Rom. VIII,34. Es. LIII,12. Luc. XXIII,34), und als *int. specialis,* qua orat pro renatis et electis, ut in fide et sanctitate conserventur atque crescant (Joh. XVII,9) *Holl.* (749)[21]. Ihrer *Art* nach aber wird sie beschrieben als vera, realis et propria, d. i. als eine solche, nach der sich Christus nicht damit begnügt, die Wirkung seiner satisfactio nur stillschweigend abzuwarten, sondern nach der er tätig, wirksam, wirklich sein Verdienst beim Vater geltend macht, in der Weise, wie es ihm gemäß seiner göttlichen Würde geziemt[22]. Ihrer *Dauer* nach ist sie endlich eine nie aufhörende[23].

Die Wirkung dieses priesterlichen Geschäftes ist so seinem ganzen Umfang nach *die Erlösung der Menschen.* Ihnen werden jetzt, wenn sie diese im Glauben sich aneignen, weder ihre Sünden weiter zugerechnet, noch zeitliche oder ewige Strafen auferlegt, noch ruht der Zorn Gottes mehr auf ihnen; denn sie sind im wahren und eigentlichen Sinn[24] von alle dem losgekauft durch das Lösegeld, das Christus für sie gezahlt hat. Redemtio generis humani est liberatio spiritualis, judicialis et pretiosissima omnium hominum, vinculis peccati constrictorum, a culpa, offensa Dei, et poena temporali atque aeterna, facta a Christo θεανθρώπῳ, per obedientiam ipsius activam et passivam, quam Deus, judex justissimus ut λύτρον perfectissimum benigne acceptavit, ut genus humanum, in spiritualem libertatem vindicatum, aeternum cum Deo vivat. – *Holl.* (752)[25].

1. *Kg.* (I,150). *Finis* officii sacerdotalis est hominum cum Deo reconciliatio. Hebr. IV,16. IX,26.28. 1Joh. II,2. Näher *Quen.* (III,222). 1. perfecta hominis peccatoris cum Deo reconciliatio seu amicitiae pristinae inter partes dissidentes, Deum et homines peccatores, redintegratio. Rom. V,10. Kol. I,20,21. 2Kor. V,18.19. Hebr. VII,27; 2. liberatio a captivitate diaboli. Luc. I,74. Hebr. II,14.15. 1Joh. III,8; 3. a peccato tam quoad reatum Kol. I,14. Eph. I,7, quam quoad servitutem ejus 1Petr. I,18. Gal. I,4 et quoad inhaerentiam. Rom. VIII,23. –

2. *Holl.* Materia sacrificii ipse Christus est. Eph. V,2. *Br.* (493). Cum in caeteris sacrificiis offerrentur victimae, a sacerdotibus distinctae, Christus semet ipsum sacrificavit, quando passioni et morti sponte se subjecit atque ita Deo se obtulit victimam, pro peccatis non suis, sed aliorum ac totius generis humani expiandis. –

3. *Holl.* (731). Officium Christi sacerdotale est, quo Christus mediator et sacerdos N. T. unicus exactissima legis impletione et sacrificio corporis sui, nostri causa laesae justitiae divinae satisfecit et efficacissimas pro salute nostra preces Deo offert. *Quen.* (III,220). Ab hoc officio sacerd. vocatur Christus sacerdos. Ps. CX,4. (Hebr. V,10. VI,20. VII,26. IX,11. X,21). ἀρχιερεὺς μέγας Hebr. IV,14, pontifex Hebr. IV,15. IX,11. III,1. – Das Priestertum Christi findet sich vorgebildet im Priestertum Aarons und Melchisedeks. Letzteres verhält sich aber zu ersterem wie der Schatten zur Sache selbst. *Apol. conf.*

XII,37. Ut in V. T. umbra cernitur, ita in N. T. res significata quaerenda est, non alius typus tanquam ad sacrificium sufficiens. – *Holl.* (732). Ut corpori umbra, ita Aaron Christo in eminentia cessit. – *Quen.* (III,221). Typum in Melchisedeco propositum Paulus in Hebr. VII diligenter evolvit et ad Christum applicat ... Haec ipsa collatio Christi cum Melchisedeco radicaliter a Mose proponitur Gen. XIV,17, formaliter a Davide ostenditur Ps. CX,4. et specialiter a Paulo exponitur. –

4. *Quen.* (III,225). Duabus partibus, satisfactione (oblatione sacrificii, *Holl.*) et intercessione universum officium Christi sacerdotale absolvitur; quia primo pro omnibus totius mundi peccatis perfectissime satisfecit, et salutem promeruit. Deinde vero de acquisitae salutis applicatione sollicitus pro omnibus interpellavit et etiamnum interpellat ac intercedit. His sacerdotis partibus plane defuncturum Messiam praedixit Esajas LIII,12.

5. *Holl.* (735). Satisfactio non est vox biblica, sed ecclesiastica, cujus tamen synonyma extant in sacro codice, nempe *ἱλασμός*, propitiatio pro peccatis totius mundi (1Joh. II,2. IV,10), (*ἱλαστήριον* Rom. III,24.25), *καταλλαγή* Rom. V,10. 2Kor. V,18, *ἀπολύτρωσις* Eph. I,7. Kol. I,14, solutio *τοῦ λύτρου* Matth. XX,28. Nam redemtio ista solutionem pretii, quod satis est, pro captivo denotat, et reconciliatio illa Dei cum hominibus ita describitur in scripturis, ut constet, eam non sine λύτρῳ, quod divina justitia a mediatore poposcerit, factam esse. –

6. *Hutt.* (ll. com. 418). Haec comminatio (Gen. II,17) post lapsum protoparentum nostrorum necessario impleri debuit: propterea quod veritas ac justitia Dei est immutabilis et Deus mentiri nescit. Atqui si Deus de hac veritate sua, veluti Photiniani loquuntur, de jure suo remisisset et sine ulla satisfactione genus humanum misericordia sua complexus esset, tum mentitus esset Deus, dicens: morte morieris. Ergo stante immota hac veritate ac justitia Dei generi humano vel aeternum pereundum fuit aut ad hac poena non nisi interventu absolutissimae satisfactionis redimi potuit. Atqui hoc a nemine mortalium expediri poterat. Ergo per filium Dei Christum servatorem expediretur necessum erat.

7. Daher der Satz (*Hutt.* ll. com. 406): misericordia Dei non est absoluta, sed in Christo, ejusdemque merito et satisfactione unice fundata. – Deus non modo summe est misericors, sed et summe justus. .....Atqui justitia haec Dei exigebat ab universo genere humano eas poenas, quas Deus ipse in paradiso primis parentibus, si legem propositam transgrederentur, denunciaverat. ... Ergo misericordiae Dei locus haud esse potuit, priusquam justitiae divinae esset satisfactum. ... Manet proinde ratum, firmum et fixum, misericordiam hanc Dei locum habere non potuisse, nisi respectu sive intuitu satisfactionis Christi.

Die Liebe Gottes zu den Menschen wird eben darum als eine ordinata, nicht als eine absoluta bezeichnet. *Hutt.* (ll. com. 415). Dilexit quidem Deus jam inde ab omni aeternitate universum genus humanum, sed non absolute et simpliciter, sed ordinate, nempe in filio suo dilecto. Quae ordinata dilectio includit et respicit filium itidem non absolute, vel eo tantum respectu ordinate, quatenus Deus ipsum voluit esse doctorem generis humani: sed et sic ordinate, quatenus ipse peccatorum nostrorum reatum in se recepit, et pro toto genere humano irae sive justitiae divinae satisfecit. Praesupponit ergo ordinata haec caritas s. dilectio Dei necessario iram ipsius, ita ut dilectio haec in Deo non potuerit prius habere locum, quam simul ab omni aeternitate irae huic s. justitiae divinae esset satisfactum per filium, qui mediatorem se inter Deum et homines ab aeterno obtulit.

8. *Quen.* (III,227). Objectum, cui satisfactio praestita, solus Deus unitrinus est. (*Holl* [736]. Observes, quod Christus certe respectu *sibi ipsi* satisfecerit. Quatenus enim Christus satisfecit, ut mediator, respicitur ut *θεάνθρωπος*; at quatenus ipse etiam satisfactionem postulavit, praecise ut Deus auctor et vindex legis, per essentiam justus, intuendus est.) – *Quen.* (III,227sq.). Tota enim ss. trinitas peccatis offensa irascebatur hominibus et ob justitiae suae immutabilitatem (Rom. I,18) naturae sanctitatem et comminationum veritatem

(Gen. II,17) impune peccata dimittere et citra satisfactionem homines in gratiam recipere non poterat. – Non habet vero hic Deus unitrinus respectum nudi creditoris, ut Sociniani statuunt, sed justissimi judicis secundum infinitae suae justitiae rigorem, infinitum satisfactionis pretium exigentis. Ipsa enim redemtio, facta εἰς ἔνδειξιν τῆς δικαιοσύνης (Rom. III, 25), arguit necessitatem poenae exigendae vel ab ipso reo, scil. homine peccatore vel ejus vade, videl. Christo. Si Deus absque satisfactione homini delictum condonare potuisset, salva infinita sua justitia, tanto impendio filii unici non fuisset opus ...

Hauptstellen in den symbolischen Büchern sind folgende: *Apol. conf.* III,58. Lex damnat omnes homines, sed Christus, quia sine peccato subiit poenam peccati et victima pro nobis factus est, sustulit illud jus legis, ne accuset, ne damnet hos, qui credunt in ipsum, quia ipsa est propitiatio pro eis, propter quam nunc justi reputamur. Quum autem justi reputentur, lex non potest eos accusare aut damnare, etiamsi re ipsa legi non satisfecerint. *Ibid.* XXI (IX),19. Alterum est in propitiatore, quod merita ipsius proposita sunt, ut, quae pro aliis satisfacerent, quae aliis donentur imputatione divina, ut per ea tanquam propriis meritis justi reputentur. Ut si quis amicus pro amico solvit aes alienum, debitor alieno merito tanquam proprio liberetur. Ita Christi merita nobis donantur, ut justi reputemur fiducia meritorum Christi, quum in eum credimus, tanquam propria merita haberemus. *Form. conc.* sol. decl. III,57. Cum obedientia illa Christi non sit unius duntaxat naturae, sed totius personae: ideo ea est perfectissima pro humano genere satisfactio et expiatio, qua aeternae et immutabili justitiae divinae (quae in lege revelata est) satis est factum. Ea obedientia est illa nostra justitia, quae coram Deo valet ...

Übrigens waren es vorzugsweise die Socinianer, gegen die die DD. die oben dargelegte Lehre zu verteidigen hatten, und unter dem Einfluß der Antithese gegen die Socinianer nahm die Lehre die obige Gestalt an. Die Lehre der Socinianer war nach *Hutter*, der sich schon in seinem loc. theol. in eine ausführliche Bekämpfung derselben einläßt, diese (ll. com. 401): justificari coram Deo hominem non propter meritum aut satisfactionem Christi: quippe quam neque justitia Dei exegerit, neque Christus sua morte praestiterit; sed propter solam peccatorum condonationem, quam Deus non ob meritum aliquod filii, sed ex liberrima voluntate largiatur iis, qui Christi verbo credunt et vitae innocentiae student. – In der Widerlegung dieser Lehre unterscheidet dann *Hutter* drei controversias (402). *Prima* est de misericordia Dei, quam Photiniani contendunt: 1. Deo non esse naturalem s. essentialem, sed contingentem; 2. esse eam respectu hominum peccatorum simpliciter absolutem neque fundatam in ulla aliqua satisfactione sive Christi sive nostra. *Altera* est de justitia Dei vindicatrice s. puniente peccata hominum, quam Photiniani fingunt plane nullam in Deo esse vel fuisse unquam: usque adeo ut in scripturis Deus ne quidem peccatoribus irasci aut iratus fuisse uspiam legatur. *Tertia* est de satisfactione et merito Christi servatoris nostri: utrumque enim simpliciter negant, blaspheme admodum contendentes: 1. quod nulla prorsus satisfactione opus fuerit. ... 2. quod passio Christi neque sit neque potuerit esse satisfactio aut meritum pro peccatis nostris. ... 3. quod causa finalis passionis Christi nulla fuerit alia, quam ut nobis viam salutis posset monstrare et nos per doctrinam ipsius salutem amplecteremur. ... 4. quod remissio peccatorum nobis obtingat sine effusione sanguinis Christi sola libera simplici et absoluta voluntate misericordiae divinae, qua nobis peccata velit condonare et vere condonet, si veram agamus poenitentiam.

9. *Holl.* (736). Sapientia et misericordia Dei maxime ex admiranda mediatoris satisfactione elucet, τῷ λύτρῳ pretiosissimo sapientissime invento, et misericordissime decreto atque acceptato. –

10. *Hutt.* (ll. com. 408). Proinde ut misericordia Dei recte cum ipsa ejus justitia conveniret, necessum erat, ut interveniret temperamentum aliquod justitiae et misericordiae divinae: ratione cujus tum justitia Dei suum jus urgeret et simul misericordia etiam locum

habere posset: tale temperamentum et quidem longe perfectissimum cernere licet in uno eodemque salutis nostrae opere, ratione unius ejusdemque subjecti, nempe Christi servatoris. Hic enim mundum reconciliaturus, idque non sine singulari misericordiae affectu, vidit justitiae prius satisfaciendum esse. Ergo poenas nostris peccatis debitas ipse in se derivavit, ipse pro nobis factus peccatum, languores nostros vere tulit et sic factus obediens Deo partri ad mortem usque crucis, divinae justitiae ex asse satisfecit et sic non Deo patri tantum, sed sibi ipsi quoque ἑαυτῷ mundum reconciliavit.

Das Lösegeld mußte aber an Gott gezahlt werden und ihm mußte die Genugtuung geleistet werden. *Hutt.* (ll. com. 430). Neque diabolus neque peccatum neque mors neque infernus, sed Deus ipse erat principalis detinens captivum genus humanum, ut qui carceri infernali mancipaverat illud per hanc sententiam: morte morieris. Diabolus autem tantum lictoris partes sustinuit, peccatum erat instar vinculorum, mors et infernus instar carceris. Proinde non diabolo, non peccato, non morti aut inferno, sed Deo pretium redemtionis exsolvendum erat, in cujus solius potestate erat positum liberum denuo pronunciare genus humanum idque in gratiam redimere: dummodo justitiae suae ex asse esset satisfactum. –

11. *Quen.* (III,228). Infinitus Deus erat peccato offensus et quia peccatum est offensa, injuria et violatio infiniti Dei, atque, ut sic dicam, Deicidium, hinc infinitam quandam malitiam habet, non quidem formaliter ..., sed objective et infinitas poenas meretur adeoque et infinitum satisfactionis pretium exigebat, quod solus Christus praestare potuit. – *Gerh.* (III,579). Reatus ex peccatis totius humani generis ortus erat infinitus, utpote in infinitam Dei justitiam impingens. Laesum erat infinitum bonum, requirebatur ergo infinitum pretium. Jam vero actiones et passiones humanae naturae sunt finitae ac certi temporis, exinanitionis scil. periodo terminatae. Ut ergo redemtionis pretium esset analogum nostro debito et infinito reatui, necessarium erat, ut ad illius persolutionem non finitae tantum, videl. humanae, sed etiam infinitae, divinae scil. naturae actio sive mediatio concurreret, ac passio et mors Christi aliunde, videl. a divinae naturae efficacissima operatione, infiniti pretii valorem acquireret, adeoque bonum infinitum malo infinito opponi posset. – cf. die Lehre von dem tertium genus communic. idiom. – Christus konnte eine solche Genugtuung leisten als Gottmensch. *Quen.* (III,227). Principium quo (Chr. satisfecit) est utraque natura, divina quidem, originale et formale, humana, organicum ex virtute divina per unionem hypostaticam communicata agens. – cf. *Form. conc.* sol. decl. III,56. –

Not.: Die angeführten Stellen zeigen, daß die DD. eben darum auf die Vereinigung der göttlichen und menschlichen Natur ein so großes Gewicht legen, weil, wenn nicht die göttliche Natur in der oben (§ 33 not. 23) bezeichneten Weise an dem Leiden der menschlichen teilgenommen hätte, dieses Leiden keinen unendlichen Wert gehabt hätte; und sie folgen auch darin der Anselmischen Theorie. Diese legt aber weiter auch darum ein Gewicht auf die Vereinigung der beiden Naturen in Christo, weil sie sagt: »wäre diese Leistung unendlichen Wertes nicht von einem ausgegangen, der zugleich Mensch ist, so hätte diese nicht uns, den Menschen, zugutekommen können«; und ohne diesen Zusatz ist die Theorie allerdings unvollständig. Obgleich nun unsere DD. diesen Punkt nicht ausdrücklich hervorheben, so dürfen wir doch annehmen, daß sie ihn stillschweigend mit aufgenommen haben. Es liegt das in der Konsequenz der Anselmischen Theorie, die sie in diesem Punkt sich angeeignet haben.

12. *Quen.* (III,244). Medium, cujus interventu satisfactio praestita, est pretium universae Christi obedientiae, quae complectitur: 1. legis exactissimam impletionem; 2. poenarum a nobis transgressoribus promeritarum perpessionem seu acerbissimam passionem. Nam *agendo* culpam, quam homo injuste commiserat, expiavit et *patiendo* poenam, quam homo juste perpessurus erat, Christus sustulit. Hinc duplex vulgo dicitur Christi obedientia, vice nostri praestita: *activa,* quae in perfectissima legis impletione, et *passiva,* quae in sufficientissima

poenarum, quae nos manebant, persolutione consistit. – Distinctio illa in obedientiam activam et passivam non est adeo exquisita, ut bene observat D. Menzerus, quia obedientia passiva activam non excludit, sed includit, utpote quae in media etiam morte Christi mirifice sese exeruit. Hinc recte a Bernardo vocatur actio passiva et passio activa. »Nos non nisi unam Christi obedientiam, eamque perfectissimam ex scripturis et cum illis agnoscimus«, inquit jam dictus B. Menzerus, quam in tota vita et morte agendo et patiendo secundum patris sui voluntatem sanctissime et plenissime ipse praestitit. – Obedientia activa est conformitas cum ipsa lege. Ac proinde proprie et exquisite vocatur obedientia et per se. *Passiva* autem dici solet obedientia, perpessio poenae violatori legis inflictae. Quae si obedientia dicenda sit, vocabitur ἐν πλάτει sive ex consequenti, certe sola et sine concursu obedientiae activae conformitas non est cum ipsa lege. ... Christi obedientia minus exquisite dicitur passiva, quia omnia fecit et passus est sponte sua, propter nos et nostram salutem.

13. *Holl.* (737). Obedientia activa Christus legem divinam nostra vice exactissime implevit, ut hanc impletionem legis vicariam peccatores poenitentes vera sibi fide applicantes, coram judice Deo justi reputentur. Gal IV,4.5. Rom. X,4. Matth. V,17. –

In der Lehre von der obedientia activa kommt folgendes in Betracht: 1. daß Gott uns nicht vergeben könne, wenn wir nicht als solche betrachtet werden könnten, die den Forderungen des göttlichen Gesetzes genügt hätten. *Quen.* (III,244). Quia enim non tantum ab ira Dei justi judicis liberandus erat homo, sed et, ut coram Deo posset consistere, justitia ejus opus erat, quam nisi impleta lege consequi non poterat: ideo Christus utrumque in se suscepit, et non tantum passus est pro nobis, sed et legi in omnibus satisfecit, ut haec ipsius impletio et obedientia in justitiam nobis imputaretur; 2. daß Christus nicht für seine Person dem Gesetz untertan war. *Quen.* (III,246). Causa, propter quam filius Dei legi fuit subjectus, non fuit proprium ejus debitum; Christus enim non solum qua Deus, sed etiam secundum humanam naturam legi nequaquam fuit obnoxius. ... Nam Christus respectu sui fuit dominus et non servus totius legis. Marc. II,28. Et licet fuerit et sit semen Abrahae, tamen, quia in unitate suae personae fuit et est Dei filius, proinde respectu sui ipsius legi non fuit obnoxius; daß demnach, wenn Christus doch das Gesetz erfüllt hat, er es an unserer Statt getan hat. *Gerh.* Rom. VIII,3. Hic adscribitur filio Dei impletio legis, quae nobis praestitu impossibilis erat, ut impleretur justitia legis in nobis per fidem, scil. per Christum. cf. Rom. V,8. Phil. III,9. Missus ergo est filius Dei, ut id praestaret, quod nobis propter ἀσθένειαν impossibile erat, adeoque opus erat, ut ipse Dei filius legem pro nobis adimpleret, ut justitia a lege requisita ab ipso praestita nostra per imputationem fidei fieret et ita in judicio Dei a nobis κατὰ λογισμόν, secundum aestimium Dei, impleretur seu impleri censeri posset. Zur impletio legis nostra causa verpflichtete sich Christus, wie *Calov.* (VII, 424) behauptet, schon durch die circumcisio, quae ipsi non erat medium regenerationis aut renovationis, quia neutra indiguit; quapropter non nisi nostra et circumcisionem suscepit et per eandem sese obligavit ad impletionem legis vicariam, vel nostri loco praestandam.

Über die Beschaffenheit des Gesetzes, das Christus erfüllt hat, *Holl.* (737): Lex, cui subjectus est, intelligitur tum universalis, seu moralis, tum particularis, i. e. caerimonialis et forensis. – *Quen.* (III,245). Et sic impleta est a Domino 1. lex *caerimonialis,* ostenso vero ejus fine et scopo et impletis omnibus umbris et typis, quae vel personam vel officium ejus praefigurabant; 2. lex *judicialis,* tum adimpletis illis, quae in ea typica erant, tum confirmatis illis, quae in ea erant juris communis, naturalis et perpetui; 3. *moralis,* quatenus perfecta obedientia et conformitate vitae actionum omnium absque ullo peccato atque defectu legem servavit et doctrinam legis a Pharisaeis depravatam instauravit et nativae integritati et perfectioni restituit.

Zur Hinzunahme der obedientia activa zur obedientia passiva hat Andr. Osiander Anlaß gegeben. Die Lehre wurde zuerst von Flacius (Von der Gerechtigkeit wider Osiandrum 1552) so begründet: »Die wesentliche Gerechtigkeit Gottes, wie sie im Gesetz geoffenbart ist, fordert von uns armen, ungerechten, ungehorsamen Menschen zwei Stücke der Gerechtigkeit; das erste ist, daß wir für die geschehene Übertretung und Sünde Gott vollkommen genugtun; das andere, daß wir danach auch vollkommen seinem Gesetz mit Herzen gehorsam sind, wollen wir anders ins Leben eingehen. Wenn wir das dergestalt nicht vollbringen, droht sie uns die ewige Verdammnis. Und also beschließt uns diese wesentliche Gerechtigkeit Gottes unter die Sünde und den Zorn Gottes. ... Nun sind oft zwei Stücke dieser schuldigen Gerechtigkeit gegen das Gesetz: das erste die völlige Genugtuung der Strafe für die begangene Sünde; denn nachdem es billig und recht ist, einen Sünder zu strafen, ist ein Stück der Gerechtigkeit, die schuldige Strafe gerne leiden. Das andere der vollkommene Gehorsam, so alsdann folgen und geschehen soll. Darum steht auch die Gerechtigkeit des Gehorsams Christi, die er vor dem Gesetz für uns geleistet hat, in den zweien, nämlich in seinem Leiden und in der Vollkommenheit des Gehorsams gegen Gottes Gebote.« Die *Form. concord.* faßt (in der sol. decl. III,14) die Lehre so: itaque justitia illa, quae coram Deo fidei aut credentibus ex mera gratia imputatur, est obedientia, passio et resurrectio Christi, quibus ille legi nostra causa satisfecit et peccata nostra expiavit. Cum enim Christus non tantum homo, verum Deus et homo sit in una persona indivisa, tam non fuit legi subjectus, quam non fuit passioni et morti (ratione suae personae) obnoxius, quia Dominus legis erat. Eam ob causam ipsius obedientia (non ea tantum, qua patri paruit in tota sua passione et morte, verum etiam, qua nostra causa sponte sese legi subjecit eamque obedientia illa sua implevit) nobis ad justitiam imputatur, ita ut Deus propter totam obedientiam (quam Christus agendo et patiendo, in vita et morte sua nostra causa patri suo coelesti praestitit) peccata nobis remittat. cf. III,57. Anklänge an diese Lehre finden sich zwar schon bei früheren Theologen, auch bei *Luther*, aber man hatte bisher doch die obedientia vorzugsweise auf das Leiden Christi bezogen. So *Mel.* (ll. c. th. II,212). Cum igitur homines non praestiterint obedientiam, necesse fuit ipsos in poena interire aut alium persolvere poenam seu λύτρα: itaque mirando et inerrabili consilio solvit λύτρα filius Dei pro nobis intercedens et derivavit in sese iram, quam nos sustinere oportuit: quare non sine compensatione Deus legem suam mitigavit, sed justitiam servavit in flagitanda poena. Ideo Christus inquit: non veni solvere legem, sed implere eam, *scilicet subeundo poenam pro genere humano et docendo et instaurando eam in credentibus.* Und dabei blieben auch zur Zeit und nach der Zeit Osianders noch viele Theologen stehen und nahmen zur obedientia passiva die obedientia activa nur in dem Sinn hinzu, daß sie sagten, Christi Gehorsam habe sich nicht nur im Leiden, sondern auch in seinem ganzen heiligen Leben erwiesen. So sagt *Gerhard* (der an anderen Stellen aber für die obed. activa im Sinne der *Form. conc.* sich ausspricht): (VII,60) ... inquirendum restat, per quod Christus justitiam coram Deo valentem promeruerit? Respondemus ex scripturis: totam Christi obedientiam, tam activam quam passivam, tam vitae quam mortis, ad illud meritum concurrere. Quamvis enim in compluribus scripturae dictis morti et effusioni sanguinis Christi redemtionis opus tribuatur, id tamen haudquaquam exclusive accipiendum, ac si sancta Christi vita ab opere redemtionis per hoc excludatur, sed ideo illud fieri existimandum, quia nusquam illuxit clarius, quod nos dilexerit ac redemerit Dominus, quam in ipsius passione, morte ac vulneribus, ut loquuntur pii veteres; et quia mors Christi est velut ultima linea ac complementum, τέλος, finis et perfectio totius obedientiae, sicut ap. inquit Ph. II,8. Quid quod plane ἀδύνατον est, activam obedientiam a passiva in hoc merito separare, quia in ipsa Christi morte concurrit voluntaria illa obedientia et ardentissima dilectio, quarum prior patrem coelestem, posterior nos homines respicit. Joh. X,18. Gal. II,20. Einen bestimmten Widerspruch gegen die von *Osiander* gemachte Unterscheidung legte unter den lutherischen Theologen zuerst (1563) *Parsimonius* ein, nahm ihn aber bald wieder zurück. Er sagte: »das Gesetz verbindet entweder zum Gehorsam oder zur Strafe, nicht zu allen beiden zugleich. Derowegen dieweil Christus die Strafe für uns gelitten, so hat er den Gehorsam für sich geleistet.« Item: »Was er geleistet hat, dürfen wir nicht leisten, dazu sind wir auch nicht verbunden. Den Gehorsam des Gesetzes aber müssen wir leisten. Derohalben hat Christus nicht für uns, sondern für sich selbst dem Gesetz den Gehorsam geleistet, auf daß er ein unbeflecktes und Gott wohlgefälliges Opfer wäre« (*Arnold*, Kr. und Ketzer-Gesch. Tl. II. B. XVI. Kap. XXX. § 12). – Reformierterseits erhob *Joh. Piscator* in Herborn den lautesten Widerspruch gegen diese Lehre.

Zur Geschichte der Lehre von der obedientia activa s. *Fr. H. R. Frank*, die Theologie der Concordienformel II. 1861. *J. G. Thomasius*, Christi Person und Werk. III. Tl. 1. Abt. 2. Aufl. 1863.

14. *Holl.* (737). Obedientia passiva Christus totius mundi peccata in se transtulit (2Kor. V,21. Gal. III,13) et poenas iis debitas ultro luit, sanguinem suum pretiosissimum fundendo et mortem ignominiosissimam pro omnibus peccatoribus obeundo (Es. LIII,4. 1Petr. II,24. Joh. I,29. Rom. IV,25. Gal. I,4. 1Kor. XV,3. 1Petr. III,18. Hebr. X,12. Rom. VI, 23. Hebr. IX,28), ut credentibus in redemtorem Christum peccata ad aeternam poenam non imputentur. – Zum genugtuenden Leiden Christi werden gerechnet: omnes actus Christi a primo conceptionis momento usque ad triduum mortis satisfactorii; ut quod per novem menses in utero virginis delituit, in paupertate natus est, in perpetua miseria vixit, famem, sitim, frigus sustinuit. Haec enim omnia pro nobis et nostra causa pertulit. *Quen.* (III,253). Doch wird gesagt, die obedientia passiva bestehe imprimis in morte et effusione spiritus. –

15. Die Genugtuung, die Christus geleistet hat, ist demnach eine *satisfactio vicaria. Holl.* (737). Ad satisfactionem poenalem vicariam, a) si *formaliter* spectatur, requiritur: 1. *surrogatio,* qua in debitoris locum alius substituitur et translatio culpae sive criminis alieni imputatio; 2. *poenarum luitio,* quas surrogatus vas aut sponsor loco debitoris persolvit; b) *finaliter* considerata fit illa poenae persolutio ad impetrandam absolutionem debitoris, ut is a culpa et poena immunis pronuncietur. Die Angriffe der Socinianer gegen die satisfactio vicaria s. widerlegt bei *Gerh.* t. VII. l. XVII, c. II. § 37sqq. und *Quen.* de officio Chr. pars polemica, qu. 6. – Den Haupteinwand: »Actio unius non potest esse alterius actio: impletio legis est actio Christi: ergo impletio non potest esse nostra actio« widerlegt *Holl.* (734) so: Actio consideratur vel *physice,* prout est motus agentis, vel *moraliter,* prout est bona vel mala. Non physice, sed moraliter actio unius potest esse alterius per imputationem. –

16. *Quen.* (III,246). Forma seu ratio formalis satisfactionis consistit in ipsa omnium eorum, quae nos debebamus, exactissima et sufficientissima solutione. ... Haec ipsa vero totius debiti alieni a Christo libere suscepti, ipsique in judicio divino imputati solutio non erat sufficiens ex divina acceptatione. Neque enim acceptavit Deus aliquid in hac satisfactione ex liberalitate, quod in se tale non esset, nec de jure suo in exactione poenae nobis debitae et a sponsore praestitae aliquid remisit, sed quod justitiae ejus rigor postulabat, id etiam omne Christus in satisfactione sustinuit; adeo ut ipsas etiam infernales poenas senserit, licet non in inferno et in aeternum ... – Est itaque satisfactio Christi sufficientissima et consummatissima secundum se et ex intrinseco suo infinito valore, qui valor inde oritur, 1. quia persona satisfaciens est Deus infinitus; 2. quia natura humana per unionem personalem divinae et infinitae majestatis facta est particeps, ideo ipsius passio et mors infiniti aestimatur ac habetur valoris et pretii, ac si divinae naturae foret propria. Act. XX,28. – Wenn die Menschen ewige Strafen verdient haben, und Christus doch nur für kurze Zeit gelitten hat, so ist dies also doch hinreichend zu ihrer Sühnung,

eben weil die Leiden Christi unendlichen Wert haben. *Hutt.* (ll. comm. 427) begegnet dem Einwand der Photiniani: »quod legis execratio fuerit mors aeterna: jam vero, cum Christus mortem aeternam non subierit, ideo neque execrationem legis pro nobis ipsum subiisse aut sustinuisse«, indem er sagt: ratio fallit sophismate non causae ut causae. Neque enim ideo meritum Christi non est infiniti pretii, quia Christus non aeternam mortem subiit; quemadmodum enim inobedientiae nostrae peccata sunt actu finita, reatu vero infinita: siquidem impingunt in infinitam Dei justitiam: sic obedientia et mors Christi fuit quidem actu finita quatenus certi temporis periodo, diebus nimirum exinanitionis fuit circumscripta; meriti vero ratione est infinita, si quidem ab infinita persona proficiscitur, ipso nimirum unigenito filio Dei. Deinde neque illud simpliciter verum est, quod execratio legis tantum definienda sit per mortem aeternam. Hoc enim verum si esset, perquam incommode apostolus execrationem illam legis definivisset per illud Mosaicum Deut. XXI,23. »Execrabilis omnis, qui pendent in ligno«. Tum mors aeterna non modo definitur perpetua continuatione sive perpessione cruciatuum infernalium, sed et sensu dolorum infernalium, cum abjectione sive desertione a Deo conjuncto: ita ut qui vel ad momentum saltem hujusmodi dolores sustinet, is aeternam mortem sensisse dici queat. Quemadmodum sane Christus non ad momentum vel exiguum aliquod temporis spatium, sed per omne tempus exinanitionis, sensum dolorum istorum infernalium vere subiit, ita ut tandem exclamare necessum haberet: Deus meus, Deus meus, quare me dereliquisti? Quod vero posteriore modo aeternam mortem non subiit, in causa fuit, quod ipse innocens moriendo legi satisfecerat. *Holl.* (742) bemerkt: Christus sustinet poenam aequipollentem aeternae poenae, subivit quippe poenas infernales *intensive* quoad earum vim, pondus ac substantiam, licet non *extensive*, quoad durationem ac subjectorum patientium accidentia. Sustinuit cruciatuum extremitatem, non aeternitatem. –

17. *Quen.* (III,228). Objectum, pro quo satisfactum, aliud reale, aliud personale est. I. *Obj. reale* sunt 1. *omnia omnino peccata,* tam originalia quam actualia, tam praeterita quam futura, tam venialia quam mortalia, imo et ipsum peccatum in spiritum s. Es LIII, 4sq. Tit. II,14. 1Joh. I,7. Hebr. I,3. 1Joh. II,2; 2. omnes peccatorum nostrorum poenae, tam temporales quam aeternae. Es. LIII,5. Gal. III,13. Rom. V,8.9. Hebr. II,14.15. Os. XIII,14. 1Kor. XV,54. –

II. *Obj. personale* sunt (non angeli, sed) homines peccatores, omnes ac singuli, nemine prorsus excepto. Passus enim et mortuus est pro omnibus et quidem secundum seriam et sinceram Dei patris et suam *εὐδοκίαν* et benignam intentionem, qua vere vult salvos fieri omnes et singulos homines, etiam illos, qui a salute excidunt: non *κατὰ δόξαν*, sed *κατ' ἀλήθειαν*, i. e. non putative et opinabiliter, sed actu ipso reali et verissime. Es. LIII,6. Matth. XX,28. 2Kor. V,14.15. Hebr. II,9. 1Tim. II,6. Joh. I,29. 1Joh. II,1.2. Rom. XIV,15. 1Kor. VIII,11. Hebr. VI,4–6. 2Petr. II,1. (ibid. 238). –

18. *Quen.* (III,253). Satisfactio est actus officii sacerdotalis Christi *θεανθρώπου*, quo ex aeterno Dei unitrini decreto pro immensa misericordia lubens, volensque se ipsum vadem et sponsorem pro toto genere humano per peccatum in incredibilem miseriam conjecto, substituit, omnibusque ac singulis totius mundi peccatis in se receptis, ss. trinitati gravissime offensae perfectissima obedientia sua et poenarum, quas homines meruerunt, perpessione, toto exinanitionis tempore imprimis ultimo agone hisce in terris ipsorum loco satisfaciendo omnibus ac singulis hominibus omnium peccatorum remissionem, ab omnibus peccatis immunitatem, gratiam et pacem cum Deo, aeternam justitiam et salutem acquisivit et promeruit. –

19. Über das Verhältnis von satisfactio und meritum *Holl.* (736). 1. Satisfactio antecedit, meritum consequitur: praestita enim satisfactione justitiam et vitam aeternam promeruit Christus. 2. Satisfactio fit Deo ejusque justitiae: at non Deo, sed nobis Chri-

stus promeruit salutem. 3. Meritum praecedit ordinem ad mercedem, satisfactio ad injuriam compensandam. Compensavit igitur Christus satisfactione sua injuriam Deo illatam, iniquitatem expiavit, debitum exsolvit et a poenis aeternis nos liberavit; merito autem suo nobis justitiam et salutem aeternam acquisivit. 4. Satisfactio Christi est exsolutio nostrorum debitorum, quibus Deo eramus obstricti: meritum autem oritur ex impletione legis et passione indebita. Der ganze Gehorsam, den Christus geleistet hat, kommt uns zugute, und Christus brauchte sich für seine Person nichts zu verdienen. Dies drücken die DD. in dem Satze aus: Christus qua homo obedientia sua nihil sibi meruit. Quia Christus per unionem personalem omni plenitudine divinitatis donatus (Kol. II,9) et loco laetitiae (donis spiritus s.) prae consortibus suis unctus est (Ps. XLV,8). Ergo non necesse fuit, ut sibi quidquam mereretur. *Holl.* (749).

20. *Conf. Aug.* XXI,2. Scriptura unum Christum nobis proponit mediatorem, propitiatorium, pontificem, intercessorem. *Apol. conf.* III,44. (Christus) qui sedet ad dextram patris et perpetuo interpellat pro nobis. –

Quen. (III,254). De hoc sacerdotali actu legere est in typo Levit. XVI,17.18. Exod. XXVIII,29.35. – Est Christus ϑεάνϑρωπος intercessor noster solus 1Tim. II,5. – (p. 257.) Fundamentum hujus intercessionis est ipsius intercessoris satisfactio et universum meritum, nam per et propter cruentam satisfactionem suam sive vi meriti sui Christus sacerdos pro nobis interpellat apud Deum patrem. – Nähere Erläuterung der intercessio in ff.: (ibid.) Christus vere et formaliter pro omnibus hominibus intercedit vi meriti sui, non quidem *acquirendo* illis de novo gratiam et favorem divinum, sed tantum pro ratione status praesentis, qui exaltatio est, *petendo,* ut ipsis applicetur acquisitum bonum ad justitiam et salutem. – *Gerh.* Intercessio nihil aliud est, quam redemtionis applicatio et continuus quasi vigor, favorem apud Deum jugiter concilians.

21. *Quen.* (III,256). Non quidem adhuc intercedit pro illis, qui in impoenitentia mortui aeternas in inferno luunt poenas (eorum enim non intercessor, sed judex damnans et puniens ipse est), sed in genere pro omnibus illis, qui adhuc in mundo vivunt, et gratiae divinae januam etiamnum patentem sibi habent, sive illi electi sint sive reprobi. Nam etiam pro transgressoribus sive crucifixoribus suis intercessit. Es. LIII,12. Luc. XXIII,34. – *Holl.* (750). Quomodo pro electis oret, legimus Joh. XVII,11. E quibus colligitur, Christum pro renatis et electis sic interpellare, ut a malo praeserventur, in unitate fidei conserventur, et verbo veritatis magis magisque sanctificentur. *Quen.* (III,257). Patet, Christum haec recensita bona peculiaria, quae solis fidelibus ac piis actuali fruitione salutari competunt, isti incredulo, ingrato, impio et refractario mundo, qua talis est et manet, merito non petiisse, utpote qui eorum capax non est. – Haec bona specialia Christus isti mundo non petiit, haud ex absoluto aliquo adversus eum odio, ... sed propter propriam ipsius malitiam, ingratitudinem et contumaciam. ... Non itaque commendat salvator patri suo in hisce precibus praefractos evangelii contemtores et violentos persecutores, sed dilectos suos discipulos, qui verbum ejus receperint: quod vero mundum non simpliciter excludat, vel a satisfactione vel ab intercessione, patet ex Joh. XVII,21. –

22. *Holl.* (749). Intercessio Christi non est *nude interpretativa* per ostensa merita (quasi Christus pro nobis intercedat non precibus, sed solo merito ejusque aeterna efficacia. *Quen.* [III,257]), plus enim infert verbum ἐντυγχάνειν Rom. VIII,34. Hebr. VII,25. de intercessione Christi usurpatum, quam realem illam quidem, at mutam ostensionem meritorum. ... Est itaque intercessio Christi non tantum *realis,* sed et *vocalis et oralis*; non *humilis* per submissionem (quasi Christus supplex flexis genibus et manibus expansis atque vocali ejulatu patrem deprecetur, talis enim precatio cum statu Christi glorioso pugnat: ϑεοπρεπῶς igitur [Joh. XVII,24] de ea est sentiendum, non σαρκικῶς aut δουλικῶς [Quen. III, 257], sed est *expiatoria* et *efficax* ad impetrandum bona hominibus salutaria (quia, quid-

quid ille petit a patre, gratum probatumque ipsi est. Joh. XI,22). Efficax est intercessio Christi ad salutem nobis impetrandam, *licet effectu non fruantur,* qui in Christum non credunt. Proinde dicitur efficax, ratione salutaris Christi intentionis, non ratione eventus in incredulis et reprobis. – *Br.* aber bemerkt zur intercessio verbalis (498): An intercessio illa verbalis sit et in hoc consistat, quod Christus vi meriti ac satisfactionis suae olim praestitae et precum olim factarum Deum moveat ad remittenda nobis peccata? non necesse est definire. –

23. *Quen.* (III,258). Non terminabitur illa intercessio consummatione seculi, sed in omnem aeternitatem durabit. Hebr. VII,25. Ps. CX,3. Hebr. V,6. VII,17. Nec existimandum est, supervacaneam esse aeternam intercessionem, post finem seculi, electis in vitam aeternam translatis, neque enim ideo orat et intercedit, ne aeterna salute per peccatum excidant, sed ut in gloria conserventur, quae uti merito, sic et intercessioni Christi meritoriae accepta ferenda est ...

Da Rom. VIII,26 auch einer Vertretung des Hl. Geistes Erwähnung geschieht, so fragen einige DD., was unter ihr zu verstehen sei, und wie sie sich zu der Vertretung, die durch Christus geschehe, verhalte. *Quen.* (III,259). Alii *τὸ ὑπερεντυγχάνειν* accipiunt tantum metaleptice et effective, ut dicatur orare et gemere, quia nos orare et gemere facit, quid et quomodo recte oremus, ostendit et docet ac preces in nobis format. Alii vero etiam proprie illud intelligunt de ipsa persona spiritus s., quod scil. ipse spiritus s. in sua persona pro nobis oret et intercedat. ... *Quenstedt* entscheidet sich für die erstere Weise. Den Unterschied zwischen beiden Weisen der Vertretung gibt er so an: illa (Christi) intercessio est *θεανθρωπική*, haec est mere *θεϊκή* – illa est mediatoria, non vero haec – Christi intercessio fundata est in ipsius passione et morte, quod de spiritus s. intercessione dici nequit. (ibid. 260). –

24. *Holl.* (751). Redemtio non est *simplex, absoluta et metaphorica,* sed *pretiosa, satisfactoria et propria.* 1Kor. VI,19.20. 1Petr. I,18. Matth. XX,28. 1Tim. II,6. *Id.* (752). Illa est liberatio ab indicta poena sine interveniente pretio. Haec est, qua reus a culpa et poena persoluto pretio redimitur. ... Nam proprie loquendo *redimere* significat *iterum emere,* sicut et verba graeca *λυτροῦν*, *ἀγοράζειν*, *ἐξαγοράζειν* et hebraea פָּדָה, גָּאַל emtionem vel redemtionem, quae fit intercedente pretio, designant. Quamobrem cum in praesenti argumento, ubi de redemtione generis humani, in peccatum prolapsi, praestita per Christum, agimus, eaedem voces hebraeae et graecae in sacro codice usurpentur, sensu proprio easdem accipimus, eo quod nulla nobis imposita necessitas recedendi a sensu proprio apparet. –

Ausdrücke in der Hl. Schrift zur Bezeichnung der redemtio sind a) im A. T. גְּאֻלָּה Lev. XXV,24.26.29.31.32.48.51.52. פִּדְיוֹן Ex. XXI,30. Ps. XLIX,9; b) im N. T. *λύτρωσις*, Luc. I,68. II,38. Hebr. IX,12. *ἀπολύτρωσις*, Luc. XXI,28. Rom. III,24. VIII,23. 1Kor. I,30. Eph. I,7.14. IV,30. Kol. I,14. Hebr. IX,15. XI,35. *ἀγόρασις*, 2Petr. II,1. Apoc. V,9. XIV,3. *ἐξαγόρασις*, Gal. III,13. IV,5. –

25. Die DD. *König, Quenstedt* und *Hollaz* handeln noch ausführlicher von der redemtio, indem sie unterscheiden: 1. Captivum (universum genus humanum). 2. Captivum detinens (Deus, Rom. XI,32. Gal. III,22, cui pendendum erat lytrum, et diabolus, qui laqueis peccatorum impios constringit 2Tim. II,26, cuique non pretium, sed supplicium debetur). 3. Detentum redimens (Christus, redemtor unicus et catholicus universi generis humani, jure, viribus et voluntate redimendi pollens). 4. Vincula, a quibus Christus genus humanum redemit (peccata, offensa Dei et poenae temporales atque aeternae). 5. Medium redemtionis. 6. Finis redemtionis (ultimus: gloria Dei; intermedius: libertas a reatu et dominio peccati). Da aber alle die hier abgehandelten Punkte schon in der früheren Darstellung enthalten sind, so konnte ihre weitere Ausführung übergangen werden, und sie ist auch bei den erwähnten DD. nur als Zusammenfassung des schon früher Gesagten zu betrachten.

§ 37
Officium regium

Dem, der der Welt Gottes gnädigen Ratschluß der Erlösung verkündigt und die Erlösung selbst vollbringt, ist auch die Herrschaft über die Welt gegeben, und indem er diese Herrschaft ausübt, übt er ein königliches Geschäft. Diese königlich Würde gebührt Christus als Gott von Ewigkeit her: mit dem Moment seiner Menschwerdung nimmt aber auch seine menschliche Natur an dieser teil[1]. Doch hat er, solange er hier auf Erden weilte, seine königliche Herrschaft nicht ihrem vollen Umfang nach ausgeübt, sondern vielmehr solange auf ihren Gebrauch und ihre Ausübung zum größten Teil verzichtet; und erst von dem Moment seiner Erhöhung an ist er in den vollen Genuß der königlichen Herrschaft eingetreten[2]. – Indem aber so Christus König und Herr der Welt ist, erstreckt sich seine Herrschaft über alles, was in der Welt ist und die Welt angeht, und kommt ihm gleich sehr die Erhaltung und Regierung der Welt im allgemeinen, wie die Erhaltung und Regierung der Kirche im besonderen zu. Zugleich erstreckt sich diese seine Herrschaft nicht allein über die jetzige, sondern ebensosehr auch über die zukünftige Welt. Dieses Reich Christi ist an sich nur eines und umfaßt eben die ganze Welt, die jetzige und die zukünftige, mit allem, was sie enthält. Doch aber kann dieses eine Reich auch wieder als ein dreifaches unterschieden werden in dem selben Sinn, in dem wir innerhalb dieser Zeit Welt und Kirche, und in dem wir die Bürger dieses und des zukünftigen Lebens, des Himmels und der Erde, unterscheiden. Danach wird dann die Welt und die Kirche in diesem Leben jede als ein besonderes Reich, über das Christus herrscht, gedacht, das dritte Reich aber bilden die in jenem Leben Befindlichen. Dieses dreifache Reich wird als regnum potentiae, gratiae et gloriae bezeichnet. *Regnum potentiae* wird das erstere genannt, weil es das Reich ist, in dem Christus in Regierung und Erhaltung der Welt seine göttliche Macht übt; *regnum gratiae* das andere, weil Christus darin seine erlösende Gnade betätigt; *regnum gloriae* endlich das dritte, weil er darin seine göttliche Herrlichkeit vor den Augen derer, die sich darin befinden, aufs vollständigste entfaltet[3].

Das officium regium wird danach definiert als: functio Christi *ϑεανϑρώπου*, qua is secundum utramque naturam, divinam et humanam et hanc quidem ad dextram majestatis exaltatam, omnes omnino creaturas in regno potentiae, gratiae et gloriae majestate et virtute infinita, quoad divinitatem ex generatione aeterna, quoad assumtam humanitatem ex personali unione ipsi competente, modo divino, moderatur et gubernat. *Quen.* (III,264)[4].

Zu dem *regnum potentiae* (quo Christus huic universo potenter dominatur, idque conservat et providentissime gubernat) gehören alle Kreaturen der Welt, die sichtbaren und die unsichtbaren[5]: über alle erstreckt sich Christi Herrschaft, und alles muß sich ihm unterwerfen. Von ihm wird alles erhalten und regiert[6].

Zu dem *regnum gratiae* (quo Christus ecclesiam in terris militantem colligit, gubernat, spiritualibus donis exornat, conservat et defendit in nominis divini laudem, regni satanici destructionem et fidelium salutem. *Holl.* (763). Jer XXIII,5. XXXIII,15. Zach. IX,9) gehören die an Christum Gläubigen, die Glieder seiner Kirche. Diese Kirche zu mehren und ihren Gliedern alle Segnungen des Evangeliums zukommen zu lassen, ist das königliche Geschäft, das Christus in diesem Reich übt[7], und Wort und Sakramente sind die Mittel, deren er sich hierzu bedient[8]. Dieses Reich wird wohl sein Ende nehmen mit dieser Welt, aber nur, um in das regnum gloriae überzugehen[9].

Zu dem *regnum gloriae* endlich (quo Christus ecclesiam in coelis triumphantem gloriosissime regit et aeterna felicitate replet, in nominis divini laudem et beatorum aeternam refectionem. Matth. XXV,34. Joh. XVII,24. *Holl.* [763]) gehören alle Bürger des Himmels, die guten Engel und die seligen Menschen: sie sehen den Herrn in seiner Herrlichkeit, wie er diese an den Toten erweist, indem er sie auferweckt zum Leben[10]. Es beginnt diese Herrlichkeit des Herrn mit der Zeit seiner Auffahrt zum Himmel, wird aber vollkommen sich erst von da an entfalten, wo nach dem letzten Gericht auch die Gläubigen in das Reich seiner Herrlichkeit eingehen werden, um es mit ihm zu besitzen. Matth. XXV,34[11].

1. *Quen.* (III,260). Sicut Christus in officio prophetico et sacerdotali agit et operatur secundum utramque naturam; ita etiam in hoc officio regio secundum utramque partes suas agit et exequitur; dominatur enim omnibus creaturis non tantum ut Deus, secundum divinitatem, sed etiam ut homo, secundum exaltatam humanitatem. – Von seiner königlichen Würde redet die Hl. Schrift: Ps. II,6. XX,10. XLV,2.4.6. XLVII,8, Hebr. II,7.8. Ps. VIII,7. XCVII,5. 2Sam. XXIII,3. 1Tim. VI,15. Apoc. XVII,14. XIX,16. –

Weiter bemerkt *Quen.* (III,261): Est una numero potestas regia, quam Christus secundum divinam naturam habet, et quam secundum humanam naturam possidet, modus tantum habendi eam variat; quam enim ab aeterno habet per aeternam generationem, secundum divinitatem, eam in tempore, per et propter unionem personalem, secundum humanitatem accepit, et nunc in exaltationis statu plenarie exercet. Seine regnandi potestas etiam secundum humanam naturam erhellt aus Ps. VIII,7. Jer. XXIII,5. Joh. XVII,5. –

2. *Holl.* (764). Christus statim in ipsa conceptione ad regiam dignitatem inunctus est, et, conservatus visibiliter in his terris, jus regnandi possedit, atque interdum pro arbitratu exercuit. At plenissimo et nunquam cessante regiminis usu in statu exinanitionis volens se abdicavit. Es ist also Christus: eo tempore, quo visibiliter in his terris versatus est, verus rex. Luc. II,11. XIX,35. Marc. XIV,61. Antithesis est Socinianorum, negantium, Christum ante resurrectionem re ipsa fuisse regem; quamvis non diffiteantur, cum ante mortem regem fuisse designatum. *Holl.* (764). – *Quen.* (III,264). Distinguenda itaque hic officii regii impositio et concessio ab ejusdem plenaria administratione et executione. Rex et Dominus Christus homo erat etiam in utero, Luc. I,43. in praesepio, Luc. II,11. in vinculis, Joh. XVIII,37. in cruce, Luc. XXIII,42. non tamen actu exercuit illud dominium. – Daß Christus auch im status exinanitionis die königliche Macht zu Gebote stand, finden die DD. erwiesen in der Ausübung der Wunder.

3. Noch *Hutter* und *Hafenreffer* rechnen zu dem off. regium nur seine Herrschaft über

die Gläubigen, und erst der mit ihnen gleichzeitige *Gerhard* fing an, alle Beziehungen, in denen Christus Herr und König ist, unter das off. regium zu subsumieren, was dann auch von allen späteren DD. geschehen ist. Es versteht sich von selbst, daß damit keine Differenz in der Lehre selbst gesetzt ist. Nie ist nämlich der Glaube der Kirche ein anderer gewesen, als der, daß Christus Herr und König der Welt sei. Denn so sagt z. B. *Chmn.* (de duabus naturis, 205): Scriptura manifeste affirmat, Christo etiam secundum humanitatem ut Domino ... subjecta esse omnia non tantum in ecclesia, sed in genere omnia, ... ac diserte et expresse nominantur in illa subjectione pecora campi, volucres coeli, pisces maris et quaecunque sunt opera manuum Dei, sive sint in coelo, sive in terra, sive sub terra, hostes etiam Christi atque adeo diabolus et mors ipsa. – Der Unterschied ist nur der, daß erst von *Gerhard* an alles das in einem locus zusammengefaßt wird, was von der Herrschaft Christi zu sagen ist.

Über die Einteilung selbst *Gerh.* (III,578): Regnum illud Christi consideratur vel in hac, vel in futura vita. In hac vita dicitur regnum potentiae vel gratiae ..., in altera vita dicitur regnum gloriae, *Br.* (498). Regium Christi officium triplex est, pro diversa ratione eorum, quos rex Christus tanquam sibi subjectos respecit, et diversimode gubernat. Quamvis enim, si voces ipsas spectes, regnum gratiae pariter et gloriae sub regno potentiae comprehendi videatur; quatenus revera utrumque a divina potentiae humanae Christi naturae communicata dependet, tamen usus loquendi postulat, ut regnum gratiae in ordine ad spiritualia bona, quae in hoc seculo; et regnum gloriae, in respectu ad gloriam seculi futuri dicatur; potentiae regnum autem dominium universale significet. – *Quen.* (III,264). Alii dicunt, Christum regnare in mundo per potentiam, in ecclesia per gratiam, in coelo per gloriam, et in inferno per justitiam. (Zu letzterem bemerkt *Holl.* [763]: Dicis: datur etiam quartum regnum Christi, scil. regnum justitiae in angelos malos et homines damnatos. Resp. Regnum justitiae referimus ad regnum potentiae. *Br.* [501] aber: Alii utrumque [regn. gloriae et regn. justitiae] ad idem regnum gloriae referentes, glorificationem electorum per se eo pertinere dicunt; damnationem vero reproborum ... eum in modum istuc referunt, quo alias opposita ad eandem facultatem referri solent. –)

Die dreifache Einteilung ist demnach nicht so zu verstehen, als wären es drei gesonderte Reiche, über die Christus herrsche; sondern der Einteilungsgrund liegt teils in den verschiedenen göttlichen Wirkungen, die Christus ausübt, so daß also dieselben, die sich im *regnum gratiae* befinden, auch im *regn. potentiae* sind, in dem einen aber die göttliche Heilsgnade, in dem andern die göttliche Macht zur Ausübung kommt; teils liegt der Einteilungsgrund in der Verschiedenheit des Ortes, in dem die sich befinden, über die Christus herrscht; das eine Mal auf Erden, das andere Mal im Himmel. *Quen.* (III,264). Regnum gratiae includit vel potius praesupponit regnum potentiae: nam etiam regnum potentiae requiritur ad regnum gratiae, sive ecclesiam in hoc mundo per spiritus ministerium, mediante verbo et sacramentis, instituendam, regendam etc. –

4. *Gerh.* (III,578). Off. reg. est, quo Christus θεάνθρωπος omnia in coelo ac terra gubernat ac imprimis ecclesiam suam adversus hostes tuetur. – Aber *Hfrffr.* (353) (siehe not. 3): Off. regium, quo cives suos verbi ministerio usque ad mundi finem colligit, eosque praeclaris donis ornatos contra hostes (in quorum medio dominatur) fortiter defendit ac tandem aeterna gloria et honore coronat. –

5. *Quen.* (III,265). Objectum seu materia, circa quam hoc dominium versatur, sunt omnia in universum Dei opera, sive omnes creaturae visibiles, invisibiles, corporeae, incorporeae, animatae, inanimatae, rationales, irrationales. Ps. VIII.7.8.9. 1Kor. XV,27.28. Hebr. II,7.8. Eph. I,21.22. 1Petr. III,22.

6. *Gerh.* (III,578). Regn. pot. est generale dominium super omnia, videl. gubernatio coeli et terrae, Ps. VIII,7. Dan. VII,14. Matth. XXVIII,18. Eph. I,21. subjectio omnium

creaturarum, 1Kor. XV,27. Eph. I,20. Hebr. II,8. dominium in medio inimicorum, quos reprimit, coërcet et punit, Ps. II,9. CX,2. 1Kor. XV,25.

7. *Holl.* (763). Subditi in hoc regno gratiae sunt omnes homines fideles, qui ecclesiam militantem constituunt. *Actus regii* sunt ecclesiae collectio, gubernatio, exornatio, conservatio, defensio adversus hostes gratiae, et in medio ipsorum dominatio. – Joh. III,5. XVII, 17. Eph. V,26. Tit. III,5. Matth. XXVIII,20. Wenn *Quenstedt* (III,268) dagegen sagt: objectum regni gratiae secundum voluntatem antecedentem sunt *omnes omnino homines,* maxime vero pii et fideles, so will er damit nur sagen, daß allen Menschen die Teilnahme an den Segnungen der Kirche zugedacht ist und ernstlich angeboten wird, und er setzt so keinen Widerspruch gegen die Angabe von *Hollaz.* –

8. *Quen.* (III,267). *Causa instrumentalis* sunt Verbum et sacramenta; placuit enim regi in Sion Ps. II,6. non nisi mediantibus Verbo et sacramentis ordinarie hic agere, ac per haec media regnum in his terris sibi colligere, augere et conservare. Matth. IV,23. IX,35. XXIV,14.

9. *Quen.* (III,270). Consummatio seculi terminabit quidem modum regni gratiae, non vero substantiam regni. – Quae 1Kor. XV,24. dicuntur de traditione regni, non de ipso regimine, sed de modo regnandi seu regiminis forma et qualitate tantum intelligenda sunt, quia scil. Christus non amplius regnabit per media, nempe per Verbum et sacramenta, per crucem et inter hostes, ut antea; sed hostibus omnibus prostratis, ultimo hoste, morte videl., destructo, impiisque ad tartara detrusis, tradet regnum Deo patri, i. e. tradet hostes captivos et sistet electos, in quibus obtinet regnum suum spirituale. Erit ergo traditio triumphatoria hostium subactorum et repraesentatio fidelium liberatorum. Non deponet per hunc *παραδόσεως* actum regni sui spiritualis et coelestis administrationem, sed saltem alium modum gubernationis tunc Christus in suo regimine auspicaturus est.

10. *Holl.* (763). Subditi in hoc regno gloriae sunt tum angeli boni, tum homines beati (qui in regno gratiae in fide usque ad finem perseverant Matth. XXIV,13. Ap. II,10). *Actus regii* sunt: resuscitatio fidelium mortuorum ad vitam, horum solemnis introductio in vitam aeternam Matth. XXV,34. Luc. XXII,29.30. et felicissima atque gloriosissima gubernatio. –

11. *Quen.* (III,273). Christus rex quidem gloriae etiam ut homo statim a prima conceptione fuit omnis gloriae possessor, sed actu gloriose non regnavit, nisi post exaltationem, finitis passionibus. Hoc ipsum vero gloriae regnum ultimum suum complementum accipiet in universali mortuorum resurrectione, omnium electorum congregatione, et in coelestis haereditatis possessionem translatione; atque inde in aeternum durabit.

C. De statibus Christi

§ 38

Da das Werk der Erlösung, zu dessen Vollbringung der λόγος Mensch geworden ist, nur durch Leiden und Tod zustande kommen konnte, so ist es ganz natürlich, daß wir Christus während seines Erdenlebens bis zur Vollendung des Erlösungswerkes in Knechtsgestalt einhergehen sehen, allen Schwächen und Gebrechen der menschlichen Natur unterworfen. Erst von seiner Auferstehung an legt er die Knechtsgestalt ab und erscheint in göttlicher Herrlichkeit. Sonach haben wir von der Menschwerdung Christi an einen zweifachen Zustand bei ihm anzunehmen, einen Zustand in Knechtsgestalt und einen Zustand in Herrlichkeit. Da aber durch die aus der unio personalis folgenden communicatio idiomatum die menschliche Natur teilhatte an allen Eigenschaften und an aller Herrlichkeit der göttlichen Natur, und da demzufolge gleich von dem Moment der Menschwerdung an ein Zustand in göttlicher Herrlichkeit zu erwarten gewesen wäre, so können wir den vorhergehenden Zustand in der Knechtsgestalt nur so begreifen, daß wir annehmen, Christus habe da sich freiwillig einer Herrlichkeit begeben, die ihm an sich zukäme. Und so lehrt uns auch die Hl. Schrift in Phil. II, 5–9. Danach nennen wir den ersteren Zustand *statum exinanitionis,* einen Zustand der Entäußerung, den anderen *statum exaltationis,* einen Zustand der Erhöhung. Diese Entäußerung aber, die den Zustand in der Knechtsgestalt zur Folge hat, liegt nicht etwa in dem Akt der Menschwerdung; denn wenn das gleich eine gnädige Herablassung des λόγος ist, daß er die menschliche Natur angenommen hat, so kann doch hier nicht von dieser die Rede sein, da der Zustand der Entäußerung als vorübergehend bezeichnet wird, die Menschwerdung aber für alle Zeiten bleibend ist[1]. Es kann überhaupt weder die Entäußerung noch die Erhöhung von dem λόγος oder von der göttlichen Natur ausgesagt werden; denn diese, als sich stets gleichbleibend, ist weder einer Entäußerung noch einer Erhöhung fähig; nur von der menschlichen Natur kann das eine oder das andere ausgesagt werden[2], und nur auf sie bezieht sich die Entäußerung und die Erhöhung, von der hier die Rede ist. Wenn aber von ihr eine Entäußerung ausgesagt wird, so darf auch dies nicht so verstanden werden, als ob in diesem Zustand der Entäußerung die menschliche Natur der göttlichen Herrlichkeit gänzlich entblößt und nur auf sich beschränkt gewesen wäre, und als ob die göttliche Herrlichkeit als solche der menschlichen Natur erst in dem Zustand der Erhöhung zugekommen wäre, was sich schon dadurch widerlegt, daß Christus auch im *statu exinanitionis* Taten ausübte, die den Besitz göttlicher Herrlichkeit voraussetzen[3]. Endlich darf die Entäußerung auch nicht so verstanden werden, als ob die menschliche Natur infolge des ihr unveränderlich zukommenden Besitzes göttlicher Herrlichkeit die ihr von daher zustehende Herrschaft zwar ausgeübt, aber die Übung vor den Augen der Menschen verborgen habe, was gar keine wirkliche Entäußerung gewesen wäre[4], sondern es muß angenommen werden, daß die menschliche Natur, obwohl sie an und für sich volles Anrecht hatte auf die göttliche Herrlichkeit und im Besitz aller daraus folgenden Herrschaft war, hier auf Erden aus Rücksicht auf das zu vollbringende Erlösungswerk auf *ihren Gebrauch und ihre Ausübung* freiwillig verzichtet[5], und statt dessen ein Leben der Niedrigkeit geführt habe, daß also die menschliche Natur Christi, der durch die *communicatio idiomatum* alle Gott zukommende Majestät gebührte, auf diese verzichtet und dafür Armut, Niedrigkeit und alle natürlichen (doch unsündlichen) Schwächen, Gebrechen, Beschränktheiten und Mängel der menschlichen Natur angenommen hat[6]. Die Entäußerung besteht also in der wirklichen, wenn auch zu Zeiten unterbrochenen Verzichtleistung der menschlichen Natur Christi auf die ihr zustehende Herrlichkeit; die Erhöhung aber darin, daß die menschliche Natur nach vollbrachtem Erlösungswerk den vollen Gebrauch dieser göttlichen Herrlichkeit antrat[7]. Der erstere Zustand beginnt mit der Menschwerdung und währt bis zum letzten Moment seines Aufenthalts im Grabe. Der andere beginnt mit der Wiederbelebung und währt in Ewigkeit, entfaltet sich aber in verschiedenen Graden[8].

Br. (482). *Status exinanitionis* in eo consistit, quod Christus majestatis divinae, quam in unione personali humana natura communicatam accepit, usu plenario (vere et realiter, libere tamen et aliquamdiu) se abdicavit et tanquam vilis homo sustinuit, quae longe infra divinam majestatem fuerunt (ut pati et mori posset pro mundi vita).

Status exaltationis est status Christi ϑεανϑρώπου, quo Christus secundum humanam naturam, depositis infirmitatibus carnis, plenarium divinae majestatis usum suscepit et exseruit[9]. –

Betrachten wir die beiden Zustände im einzelnen, also

I. den *status exinanitionis*, so treten als die Hauptmomente[10], in denen die Erniedrigung Christi sich zeigt, folgende entgegen: *Holl.* (769sq.).

1. *conceptio* Luc. I,31. Actus supernaturalis, quo caro Christi, superveniente spiritu s., producta ex massa sanguinea Mariae virginis, in ejusdem utero, primum esse nobis consubstantiale accepit[11];

2. *nativitas*, die noch dazu mit vielen niedrigen Umständen verbunden war. Luc. II,7. N. Chr. est egressio Dei infantis ex utero materno in has lucis auras[12];

3. *circumcisio*, durch die sich Christus zugleich dem Gesetz untertan gemacht hat. Luc. II,21. C. est Jesu infantis, octavo die facta, cruenta praeputii amputatio[13];

4. *educatio*, wonach Christus sich auch den Gesetzen des Familienlebens unterworfen hat. E. fuit assuefactio ejusdem in aetate puerili, tum ad genus vivendi Israelita dignum, tum ad artem fabrilem[14];

5. *conversatio visibilis Christi his in terris*, durch die er sich allen Unbilden der ihn umgebenden Menschen aussetzte und alle Ungemächlichkeiten eines niedrigen Lebens auf sich nahm. Conv. Chr. fuit sanctissima ipsius consuetudo in diebus carnis suae cum variis, etiam contemtissimis, hominibus, plena molestiis, incommodis, periculis[15];

6. *passio magna*, das Leiden Leibes und der Seele, das Christus in den letzten Tagen seines Erdenlebens erduldete. Passio Chr. magna est extrema passio, quam redemtor noster exantlavit, circa finem vitae, biduo ante mortem, partim in anima, partim in corpore, maximos et acerbissimos dolores perferendo[16];

7. *mors Christi.* – M. Chr. est privatio vitae, ob dissolutum vinculum naturale corporis et animae[17];

8. *sepultura.* – S. est impositio corporis salvatoris nostri, in cruce exanimati, in monumentum recens, ad declarandam mortis Christi veritatem. –

II. Der *status exaltationis.* Dieser beginnt mit Christi Wiederkehr zum Leben[18] und erweist sich der Unterwelt durch den descensus, dieser Welt durch die resurrectio und die ascensio, und kommt zu seinem Endziel in der sessio ad dextram Dei patris[19].

1. *Descensus ad inferos.* Nachdem Christus wieder zum Leben erweckt war, ist er, bevor er in seiner Auferstehung von den Toten den Menschen den Beweis, daß er lebe, gegeben hat[20], niedergefahren zur Hölle (1Petr. III,18–20. Kol. II,15), und hat da dem Satan und den verdammten Geistern sich als Sieger über Tod und Satan und als Herr über Tod und Leben erwiesen[21]. Diese Höllenfahrt Christi ist sonach nicht im uneigentlichen Sinne zu verstehen, als sei damit nur die Größe der Schmerzen angedeutet, die Christus um der Menschen willen erduldet, oder als sei damit nur die Wirkung angezeigt, die Christi Leiden und Sterben für die Menschen hatte, die nämlich, daß diese von der Hölle dadurch befreit worden seien, sondern sie ist im eigentlichen Sinne als ein wirkliches Hinabsteigen in die Hölle zu verstehen[22]. Wir haben uns also den ganzen Christus eine Zeitlang als in der Hölle befindlich zu denken: der Akt des Niedersteigens selbst ist aber nur von seiner menschlichen Natur auszusagen, da seine göttliche Natur als die alles erfüllende ohnehin als an jedem Orte ganz gegenwärtig zu denken ist[23]. 1Petr. III,18–20. Eph. IV,9.

Holl. (777). Desc. Christi ad inferos est verus, realis et supernaturalis motus, quo Christus, vincula mortis eluctatus et redivivus, tota sua persona ad inferos se contulit, ut spiritibus malis et damnatis hominibus se victorem mortis demonstraret[24].

2. *Resurrectio.* Nach seiner Höllenfahrt, drei Tage nach seinem Tode, erscheint Christus wieder auf Erden einem kleinen Kreis von Vertrauten. Mit dem Tode hat er aber auch alle Schwächen und Gebrechen der menschlichen Natur abgelegt, und diese befindet sich jetzt in dem verklärten Zustand. Durch die Auferstehung hat er sich erwiesen als Sieger über Tod und Teufel, und ohne sie wäre unser Glaube eitel. 1Kor. XV,14.

Holl. (779). R. est actus gloriosae victoriae, quo Christus *ϑεάνϑρωπος*, per eandem cum Deo patre et spiritu s. potentiam, corpus suum, animae redunitum et glorificatum, e sepulcro eduxit, variisque indiciis discipulis suis vivum stitit, in confirmationem nostrae pacis, fraternitatis, gaudii et spei de nostra secutura resurrectione[25]. –

3. *Ascensio.* Nachdem Christus sich seinen Jüngern als Auferstandener erwiesen hat, steigt er auf gen Himmel, d. h. erhebt sich auch seine menschliche Natur in den Himmel, in dem sie bisher noch nicht war. Act. I,9. Luc. XXIV,51.

Holl. (784). Asc. est actus Christi gloriosus, quo is resuscitatus, secundum humanam naturam, vero, reali et per liberam oeconomiam locali motu, modoque visibili usque ad nubes, et inde invisibili ratione in commune beatorum coelum, et ipsum thronum Dei sese evexit, ut regnum Dei, hostibus triumphatis, occuparet (Act. III,21), clausum paradisum reseraret (Apoc. III,7), et permanentem in coelis sedem nobis pararet (Joh. XIV,2)[26].

4. *Sessio ad dextram Dei.* Mit diesem Ausdruck wird das Eintreten Christi nach seiner menschlichen Natur in die volle göttliche Herrlichkeit und Herrschaft bezeichnet; denn erst von dem Moment seiner Himmelfahrt an tritt die menschliche Natur Christi den wirklichen Gebrauch der göttlichen Herrlichkeit, deren sie sich im stat. exinanitionis begeben hatte, in ihrem ganzen Umfang an. Hebr. I,13. Eph. IV,20–22. Marc. XVI,19. Rom. VIII,34. Apoc. III,21.

Holl. (786). S. ad d. Dei est gradus gloriae summus, quo Christus ϑεάνϑρωπος secundum humanam naturam, in thronum majestatis divinae evectus, omnia, quae sunt in regno potentiae, gratiae et gloriae, potentissime praesentissimeque gubernat, in nominis sui gloriam, et ecclesiae afflictae solatium et salutem[27].

1. *Holl.* (765). Quamvis in sensu ecclesiastico et improprio interdum incarnatio dicatur exinanitio (ubi sumitur pro clementi inclinatione, qua ὁ λόγος se inclinavit ad miserandum nostri et ad succurrendum nobis, ac de coelo descendens humanam naturam assumere est dignatus. Haec exinanitio improprie et in sensu ecclesiastico sic dicta vocatur humiliatio incarnationis. *Gerh.* [III,562]), proprie tamen et ex *usu scripturae* incarnatio non est vocanda exinanitio. Nam 1. exinanitio dicitur de filio Dei ἐνσάρκῳ s. Christo ϑεανϑρώπῳ; incarnatio de filio Dei ἀσάρκῳ; 2. illa intelligitur hic exinanitio, quae per exaltationem est sublata; sed incarnationis status permanet. –

2. *Holl.* (767). Exinanitus est Christus secundum humanam naturam in unione personali consideratam.

Id. Subjectum quo est sola humanitas, sed in unione considerata; nam 1. divinitas cum sit immutabilis et perfectissima, exaltari et exinaniri nequit; 2. exinanitio facta est usque ad mortem crucis, Phil. II,8. ac divinitas nec mortua nec crucifixa est. –

3. *Chmn.* (de duab. nat. 216). Nec post resurrectionem demum tota plenitudo divinitatis coepit in Christo habitare corporaliter, quasi post factam in conceptione hypostaticam illam unionem ante ascensionem et sessionem ad dextram vel inanis vacuitas vel particularitas quaedam divinitatis corporaliter in Christo habitarit, vel quasi hypostatica unio seu inhabitatio personalis totius plenitudinis deitatis in assumta Christi natura, processu annorum subinde major, arctior, plenior et perfectior facta fuerit, cum a primo momento hypostaticae unionis tota plenitudo deitatis habitarit corporaliter sive in carne seu assumta natura Christi.

Holl. (765). Exinanitio Christi formaliter consistit ... *non* in omnimoda majestatis divinae abdicatione aut evacuatione, ... nam 1. haec non fieri potuisset sine solutione unionis personalis, quae cum sit perfecta et interna unio, non potest existere sine communicatione naturarum et idiomatum; 2. durante statu exinanitionis Christus interdum luculenta edidit specimina majestatis divinae in carne sua habitantis (Joh. II,1sqq.), quamvis Christus ea majestate rarius et quasi extraordinarie usus sit. –

4. *Holl.* (765). Exinanitio non consistit in nuda majestatis divinae κρύψει seu occul-

tatione (non ita, ut usus quidem majestatis perpetuus et plenus esset, occulte autem sive latenter fieret *Br.* (482), nam exinanitio 1. non cadit in Christum exaltatum, in quem tamen cadit majestatis occultatio 1Kor. I,7; 2. occultatio donorum non est vera exinanitio, sicut sol, nubibus tectus, non est vere obtenebratus; quamvis non diffiteamur, quod Christus *τὴν κτῆσιν* seu possessionem communicatae majestatis occultaverit nec ubique exseruerit. –

5. *Chmn.* (de duab. nat. 216). Exinanitio igitur non significat privationem, ablationem, despoliationem, exuitionem, abjectionem, depositionem, remotionem, carentiam, absentiam, defectum, nuditatem seu vacuitatem plenitudinis divinitatis, quae in Christo corporaliter habitavit, ab ipso momento conceptionis, Sed respicit usum seu usurpationem ejus, quod scil. infirmitate tecta, non semper tempore exinanitionis, in humana natura Christi luxerit, et per eam plene ac manifeste se exseruerit, virtutem enim divinam praesentem et corporaliter inhabitantem ab operatione in humanitate et per humanitatem Christi paulisper retrahens et retinens, sicut Ambrosius loquitur, permisit naturales proprietates et reliquas assumtas infirmitates, quasi solas in humana sua natura praevalere, praedominari et se exserere. Ne quis tamen propter hujus usurpationis exinanitionem fingeret absentiam et defectum ipsius plenitudinis divinitatis in Christi humanitate, Christus ipso tempore exinanitionis, quando voluit, ostendit plenitudinem illam in sua carne habitare, et usum ejus, quando voluit et quantum voluit, per assumtam naturam ipso exinanitionis tempore exercuit, manifestavit et exseruit. Ita in miraculis gloriam suam manifestavit ....

Holl. (765). Consistit (exinanitio) in abdicatione pleni atque incessantis usus divinae majestatis, assumtione formae servilis, assimilatione cum aliis hominibus et humillima obedientia. –

Die ausführliche Beschreibung des status exinanitionis bei *Holl.* (766): Quatuor requisita connectenda sunt ad plene describendam exinanitionem Christi: 1. *κένωσις* (intermissio, retractio, inhibitio actus plenarii, perpetui et universalis Christo homini realiter communicatae div. majestatis et excellentiae. *Quen.* [III,334]). 2. *λῆψις μορφῆς δούλου*, assumtio conditionis servilis. Fuit namque Christus servi in modum tractatus, venditus, et servili supplicio affectus. 3. *ὁμοίωσις ἀνθρώπων*, assimilatio cum hominibus tenuioribus et ignobilibus imprimis Israelitis, in nativitate, circumcisione, ablactatione, arte fabrili, in conversatione et gestu. 4. *ταπείνωσις ὑποτακτική*, humillima obedientia activa et passiva.

Den statum exinanitionis finden die DD. beschrieben in Phil. II,5–8. In dieser Stelle erklären sie die einzelnen Ausdrücke also: »*Μορφὴ θεοῦ*« formaliter et praecise non ipsam divinam essentiam notat, sed proprie divinam conditionem gloriosam seu gloriam et majestatis divinae usum universalem, quae consistere non possunt absque vera deitate, sed eandem in eadem hypostasi supponunt. *Quen.* (III,333). – *Chmn.* (de duab. nat. 138). *Μορφή* est, quando natura seu essentia aliqua ita consideratur, sicut idiomatis, attributis et conditionibus vel divinis vel humanis praedita et quasi vestita ac ornata est. – *Quen.* (III,333). »*Ἐν μορφῇ θεοῦ ὑπάρχων.*« Participium *ὑπάρχων* hic est *ἐμφατικώτατον*, indicans: 1. Christum non sumsisse *μορφὴν θεοῦ* (uti dicitur sumsisse *μορφὴν δούλου*), sed in ea exstitisse. 2. Christum cum *μορφῇ θεοῦ* simul vere habuisse ipsam div. essentiam et naturam. ... 3. Christum Jesum, postquam sumsisset *μορφὴν δούλου* non deposuisse vel ipsam *θεότητα* vel *ὁλικῶς* et omni modo a se abdicasse *μορφὴν θεοῦ*, sed eam non integre et plene exseruisse, nec eam pompose jactitasse, sed potius in servili forma aliis hominibus tum serviisse, ita tamen ut semper manserit *ὑπάρχων ἐν μορφῇ θεοῦ*. – *Holl.* (766). *Οὐχ ἁρπαγμὸν ἡγήσατο τὸ εἶναι ἴσα θεῷ*«, non judicavit, rapinae instar publice ostentandam esse majestatem omnipotentis et omnipraesentis Domini, sed eandem clam habuit, et tum demum, quando ipsi visum fuit, nonnullos deiformitatis radios exseruit. –

»Ἴσα θεῷ« se Deo aequaliter gerere in gloria et majestate. »Ἑαυτὸν ἐκένωσε« non effundendo communicatam majestatem, sed ejus usum plenum et universalem retrahendo et cohibendo. »Μορφὴ δούλου«, non est natura humana, quam Christus θεάνθρωπος non demum assumsit sed habuit, quam etiam per exaltationem non deposuit: sed est status servilis, et conditio abjecta. – Den Sinn der ganzen Stelle faßt *Quen.* (III,335) so: Christum jam inde a primo incarnationis momento divinam gloriam et majestatem sibi secundum humanam naturam communicatam plena usurpatione exserere, et tanquam Deum se gerere potuisse, sed abdicasse se plenario ejus usu et humilem sese exhibuisse, patrique suo coelesti obedientem factum esse usque ad mortem crucis. –

6. *Holl.* (767). *Generatim* loquendo Christus in statu exinanitionis se abdicavit usu plenario, universali et indesinenti aeternae gloriae, per unionem personalem assumtae carni communicatae Joh. XVII,5 (zu dieser Stelle die Bemerkung: glorificatio non designat a) donationem possessionis gloriae, nam Christus ut homo jam ante possedit gloriam infinitam Joh. I,14 neque b) ejus particularem usurpationem, quam in miraculis quibusdam ostenderat; c) sed notat inthronisationem et introductionem Christi hominis in suum regnum omnipotenter ... administrandum). *Speciatim* suspendit et cohibuit usum omnipotentiae (quam si exercuisset, passio Christi et mors satisfactoria pro peccatis nostris impeditae fuissent etc.), omniscientiae (vere enim ignoravit diem extremi judicii Matth. XXIV,36, sterilitatem ficus Matth. XXI,19. locum sepulcralem Lazari Joh. XI,34), abundantissimae opulentiae (si quidem propter nos egenus factus est 2Kor. VIII,9. Matth. VIII,20), omnipraesentis dominii (Joh. XI,21) et adorabilitatis religiosae (si quidem minor factus est angelis Hebr. II,7). –

7. *Holl.* (775). Exaltatio (ὑπερύψωσις Phil. II,9. δόξασις Joh. XVII,5. στεφάνωσις Hebr. II,9. ἐνθρωνισμός Hebr. VIII,1), active sumta, definitur, quod sit solemnis inthronisatio et inauguratio Christi redivivi ad plenam ac perfectam coelestis imperii usurpationem et gubernationem coeli et terrae, imprimis ecclesiae.

Quen. (III,368). Forma exaltationis consistit in status servilis seu formae servi depositione ac in plenaria, universali atque incessante majestatis divinae in unione personali acceptae et in exinanitione possessae usurpatione. (Neque enim data est Christo in exaltatione nova potentia, virtus aut majestas, quam antea non habuit, sed collata tantum ei fuit plena facultas administrandi ejus regni, quod per ipsam unionem acceperat.) –

Die Hauptstelle, in der die exaltatio beschrieben ist, ist (außer Ps. VIII,6.7. CX,1. Hebr. II,7. Act. V,31) wiederum Ph. II,9–11. *Holl.* (775). a) Particula διό non notat meritoriam collationem, sed consequentiam ordinis. b) *Collator gloriae est* Deus pater. Joh. XVII,7. Rom. VI,4 (doch nur vorzugsweise, tanquam fons; sonst ist sie ein Akt der gesamten Trinität, und es kann auch gesagt werden, der Sohn habe sich selbst auferweckt Joh. II,19. X,17 etc.). c) ὑπερύψωσις, exinanitionem et humiliationem consecuta ... infert loco evacuationis formae Dei plenam formae Dei usurpationem, loco occultationis eorum, quae sunt aequalia Deo, publicam eorum manifestationem; loco assumtionis formae servilis ejusdem depositionem et dominii universalis administrationem. d) *Donatio nominis super omne nomen* designat collationem gloriae summae, qua nulla sublimior nominari potest, quae per exaltationem Christo donata est, quoad plenissimam χρῆσιν. e) *Consequens donatae gloriae* est subjectio omnium creaturarum, genuflexione adumbrata. Ps. XCVII,7. Ap. V,13. Joh. XIV,13. Jac. II,19. – Es gilt auch hier wieder wie bei der exinanitio: 1. daß das Wort exaltatio hier nicht genommen wird in sensu ecclesiastico pro evectione humanitatis in ὑπόστασιν λόγου et consequente inde αὐχημάτων divinorum communicatione, sondern in sensu biblico, prout notat Christi a morte liberati universam glorificationem; 2. daß die exaltatio sich nur auf die menschliche Natur Christi beziehe.

Den Unterschied zwischen incarnatio, exinanitio und exaltatio stellt *Chmn.* (de duab. nat. 218) so zusammen: Atque hinc etiam manifestum est, non fieri confusionem articulorum fidei, sed illos distinctos esse ac manere et singulos peculiare aliquid continere. In *incarnatione* enim facta est hypostatica unio deitatis λόγου cum assumta humanitate, in qua tota plenitudo deitatis a primo momento conceptionis personaliter inhabitavit. Sed ratione *exinanitionis* usurpatio et manifestatio ejus, ut non statim et semper per humanitatem assumtam se exsereret, ad tempus dilata et quasi suspensa fuit. Per *ascensionem* vero, depositis infirmitatibus, et remota exinanitione, rationem vivendi juxta conditiones hujus seculi reliquit, atque ita ex mundo exivit. Per *sessionem* vero ad dextram Dei ingressus est in plenariam et manifestariam usurpationem et ostensionem ejus potentiae virtutis et gloriae deitatis, quae tota plenitudine personaliter in assumta natura, ab initio unionis habitavit, ut nunc non amplius sicut in exinanitione se contineat, retrahat, et quasi lateat, sed ut in assumta, cum assumta et per assumtam humanam naturam plane, manifeste et gloriose exserat. –

8. *Holl.* (768). *Status exinanit.* duravit a primo momento conceptionis usque ad ultimum momentum quietis in sepulcro. *Quen.* (III,367). Terminus *exaltationis* a quo et per quem est passio et antegressa exinanitio. Terminus ad quem est gloria et majestas infinita (Joh. XVII,5. Eph. I,20. Phil. II,9.10). consideranda hic in usurpatione et quoad distinctos gradus. –

9. Die so dargestellte Lehre findet sich noch nicht mit der gleichen Bestimmtheit in der Form. conc. ausgesprochen. Diese hält zwar auch sehr fest an dem Satz, daß Christus schon hier auf Erden auch nach seiner menschlichen Natur im Besitz der göttlichen Herrlichkeit gewesen sei; aber neben Stellen, in denen gesagt wird, daß Christus während seines Erdenlebens auf ihren Gebrauch verzichtet habe, finden sich auch andere, in denen eine Verzichtleistung nicht erwähnt wird. Zu der ersten Reihe gehören *Form. conc.* sol. decl. VIII,26: Ex hac unione et naturarum communione humana natura habet illam exaltationem, post resurrectionem a mortuis, super omnes creaturas in coelo et in terra, quae re vera nihil aliud est, quam quod Christus formam servi prorsus deposuit; humanam vero naturam non deposuit, sed in omnem aeternitatem retinet, et ad *plenam possessionem* et *divinae majestatis usurpationem* secundum assumtam humanam naturam evectus est. Eam vero majestatem statim in sua conceptione, etiam in utero matris habuit, sed ut apostolus (Phil. II,8) loquitur, seipsum exinanivit, eamque, ut D. Lutherus docet, in statu suae humiliationis secreto habuit, neque eam semper, sed quoties ipsi visum fuit, usurpavit. Jam vero, postquam non communi ratione, ut alius quispiam sanctus in coelos ascendit, sed ut apostolus (Eph. IV,10) testatur, super omnes coelos ascendit, et re vera omnia implet, et ubique non tantum ut Deus, verum etiam ut homo, praesens dominatur et regnat a mari ad mare et usque ad terminos terrae. *Form. conc.* ep. 16. Eamque majestatem ratione unionis personalis semper habuit Christus, sed in statu suae humiliationis sese exinanivit, qua de causa revera aetate, sapientia et gratia apud Deum atque homines profecit. Quare majestatem illam non semper, sed quoties ipsi visum fuit, exercuit, donec formam servi, non autem naturam humanam, post resurrectionem plene et prorsus deponeret et in plenariam usurpationem, manifestationem et declarationem divinae majestatis collocaretur et hoc modo in gloriam suam ingrederetur (Phil. II,6sq.). Itaque jam non tantum ut Deus, verum etiam ut homo omnia novit, omnia potest, omnibus creaturis praesens est et omnia, quae in coelis, in terris et sub terra sunt, sub pedibus suis et in manu sua habet (Matth. XXVIII,18. Joh. XIII,3. Eph. IV,10). *Form. conc.* sol. decl. VIII,65: Haec autem humanae naturae majestas in statu humiliationis majori ex parte occultata et quasi dissimulata fuit. –

Zur anderen Reihe: sol. decl. VIII,73: Id vero non eo certe modo fit, quod ille, quatenus homo, aliqua tantum norit et praestare possit, quemadmodum alii sancti virtute spiritus s. ... quaedam norunt et praestare possunt. Cum enim Christus, divinitatis ratione, secunda sit persona in sacrosancta Trinitate, et ab ipso non minus quam a patre spiritus s. procedat, ... certe Christo, secundum carnem, quae cum filio Dei personaliter unita est, tota plenitudo spiritus per hypostaticam illam unionem communicata est. Ea vero liberrime in et cum humana Christi natura et per eam omnem vim suam exserit, non eo modo, ut Christus secundum humanam suam naturam aliqua tantum norit, aliqua vero ignoret, et quaedam praestare possit, quaedam vero praestare nequeat, sed jam etiam secundum assumtam humanam naturam omnia novit et potest. ... 75. Manifestum est autem ex historiis, quod ... secta reperta fuerit eorum, qui Agnoëtae appellabantur, propterea quod fingerent, filium quidem utpote Verbum patris omnia scire, at assumtam ipsius naturam multarum rerum ignaram esse. Hanc haeresin etiam Gregorius M. refutavit.

Die Form. conc. ist noch unbestimmt, weil es auch die Dogmatiker ihrer Zeit waren. Diese waren geteilter Meinung. Die einen nahmen nach dem Vorgang von *Brenz* (de div. majestate Dom. n. J. Chr. ad dextram Dei patris et de vera praesentia corporis et sanguinis ejus in coena. 1562) an, daß Christus auch im Stand der Erniedrigung nicht nur im Besitz der göttlichen Herrlichkeit gewesen sei, sondern sie auch hier geübt habe, nur aber nicht öffentlich. (Jacebat in sepulcro mortuus exinanitione: gubernabat vivus coelum et terram majestate, ac haec quidem tempore humiliationis ante resurrectionem.) Die anderen schlossen sich an *Chemnitz* an (de duabus naturis in Christo 1570), der zwar auch Christus den Besitz der göttlichen Herrlichkeit zusprach, aber einen teilweisen Verzicht auf ihren Gebrauch während des Erdenlebens annahm (majestatem, plenitudinem Deitatis humana natura in primo momento unionis accepit ac habuit, sed tempore humiliationis illam non semper exercuit et usurpavit). Die *Form. conc.* fand keinen Grund, eine bindende Entscheidung zu geben. Später (1619) wurde die Frage wieder aufgenommen, und es entstand Streit darüber zwischen den Gießner und Tübinger Theologen. Man ging aus von der omnipraesentia carnis Christi (cf. § 33. not. 20. s. fin.). Die Tübinger Theologen (*L. Osiander*, *Nikolai* und *Thummius*) waren der Ansicht, die omnipraesentia carnis Christi sei sosehr eine unmittelbare Folge der unio personalis, daß Christus seiner menschlichen Natur nach vom Moment der conceptio an als allgegenwärtig zu denken sei, und zwar definieren sie die omnipraesentia als eine nuda adessentia vel propinquitas ad creaturas, qua omnibus creaturis indistanter praesens fuit. Sie nahmen also eine omnipraesentiam absolutam an, die, wie wir oben (§ 33, n. 20) gesehen, *Br.* verwarf. Diese Ansicht war dann von Einfluß auf die Lehre von dem status exinanitionis et exaltationis. Die omnipraesentia nämlich, nur als nuda adessentia gedacht, mußte dann, da sie eine unmittelbare Folge der unio personalis war, notwendig auch von der menschlichen Natur Christi prädiciert werden, und bei ihr konnte von einem Gebrauch oder Nichtgebrauch gar keine Rede sein; dann aber konnte doch auch derselben Natur, der einmal die ununterbrochene adessentia zugeschrieben war, das dominium nicht wohl abgesprochen werden. Daher behaupteten sie, daß nur die Art und Weise, wie Christus seiner Menschheit nach diese Herrschaft ausübte, eine andere in dem status exinanitionis und eine andere in dem status exaltationis gewesen sei. Der Unterschied zwischen dem status exinanitionis und dem st. exaltationis sollte demnach nur der sein, daß Christus in dem ersteren diese Herrschaft geübt habe in Knechtsgestalt, verborgen vor den Augen der Welt, in dem anderen status aber sie offenbar in der seiner Majestät entsprechenden Gestalt übe. (Docuerunt Christum exinanitum coelum atque terram gubernasse, eadem ratione, uti gubernationem hanc in statu exaltationis ad dextram patris sedens exerceat, hoc duntaxat discrimine, quod in statu exinanitionis gubernationem istam texerit atque occultaverit sub forma servili, nunc autem, conditione ista servili deposita, eandem gloriose ac majestatice declaret ac manifestet.)

Nach dieser Auffassung der Tübinger fand also keine κένωσις im eigentlichen Sinne statt, sondern nur eine κρύψις: denn die göttliche Herrschaft wird nach dieser Lehre ja auch im status exinanitionis von der menschlichen Natur ausgeübt, nur auf heimliche, den Menschen nicht wahrnehmbare Weise (daher denn auch die Behauptung: Christum secundum naturam humanam jam inde a primo conceptionis momento sedisse ad dextram Dei patris, non quidem modo gloriose majestatico, sed sine illo et sub forma servi); und die Annahme der forma servilis und der infirmitatum humanarum von seiten Christi konnte nicht, wie die Tübinger allerdings wollten, als eine solche eigentliche κένωσις ausgelegt werden. Es war danach ferner dieselbe exaltatio, die nach der anderen Auffassung erst nach der Auferstehung Christi stattfand, sogleich von dem Moment der Menschwerdung an gesetzt (»unam et solam esse propriissime dictam exaltationem, assumtionis puncto perfectissime factam, quae neque [ratione οὐσίας] major et excelsior fieri potuerit, posteriorem autem exaltationis significationem [i. e. exaltationem Christi resurrectionem ejus insecutam] non esse novam novae dignitatis et excellentiae collationem, sed prius in assumtionis et unionis momento collatam et communicatam, exinanitionis statu obtectam et servili forma velatam, in exaltationis vero statu plenissime coram coelestibus, aliisque creaturis revelatam, detectam, manifestatam et demonstratam majestatem«). Und zwischen dem status exinanitionis und status exaltationis war demnach nur der Unterschied, daß in beiden die *Art* der Übung göttlicher Herrschaft verschieden war. (»Quod exaltatio, Christi resurrectionem ex mortuis et ascensionem ad coelos insecuta, Christo, ut homo est, non contulerit rem, sed duntaxat modum rei, h. e. quod Christus, ut homo redivivus, et ad dextram Dei exaltatus non pervenerit demum in plenariam divinae majestatis usurpationem in regimine mundi, sed acceperit tantum novum regiminis modum, nempe majestatice gloriosum et manifestum; quippe qui fuerit in statu exinanitionis ratione personae ignominiosus et occultus.«)

Dieser Ansicht traten die *Gießner* Theologen (*Menzer* und *Feuerborn*) entgegen, indem sie sich an *Chemnitz* anschlossen. Die Streitfrage wurde die: an homo Christus in Deum assumtus in statu exinanitionis tanquam rex praesens cuncta licet latenter gubernarit? Diese Frage verneinten die Gießner Theologen und bejahten die Tübinger. Bei den ersteren gestaltete sich die Lehre schon wegen einer anderen Auffassung der omnipraesentia anders. Sie nämlich verwarfen die omnipraesentiam absolutam; sie nahmen also nicht an, daß Christus nach seiner menschlichen Natur im Stande der Erniedrigung omnibus creaturis praesens sei, sondern definierten die omnipraesentia als eine divina operatio (statuerunt ideam operationis ingredi definitionem omnipraesentiae ejusdemque characterem constitutivum, quem vocant, partemque essentialem esse nec Christum exinanitum eo sensu, ut statuunt Tubingenses, praesentem sese exhibuisse. *Cotta* diss. II in *Gerh.* ll. IV,62). Aus der unio personalis folgte ihnen dann nur das, daß der menschlichen Natur Christi der wirkliche Besitz der göttlichen Eigenschaften zukomme (a primo conceptionis momento Christus ut homo habuit majestatem regiam etc.); den Gebrauch aber, den die menschliche Natur von ihnen machte, leiteten sie nicht sowohl von der unio personalis, als vielmehr von der divina voluntas ab (quaestio erat de fundamento adaequato et formali omnipraesentiae ...; an illud in sola unione personali, an vero in libera Christi voluntate ejusdemque sessione ad dextram patris sit collocandum? Prius statuebant Tubingenses, posterius Gießenses). Die unio pers. schien ihnen darum da noch nicht aufgehoben, wo die menschliche Natur von diesen göttlichen Eigenschaften keinen Gebrauch machte (τὸ non usurpare divinam majestatem regiam non dissolvit personam, sed τὸ non habere), so wie sie auch, unbeschadet der unio personalis, glaubten annehmen zu können, daß wohl die göttliche Natur Christi zu allen Zeiten den Kreaturen indistanter gegenwärtig sei, nicht aber so die menschliche Natur. *Quen.*

(III,187). Quamvis toto κενώσεως tempore divina Verbi natura praesens fuerit omnibus creaturis, ita ut interim natura humana in Deum assumta non praesens, sed longissime absens sit etiam propinquitate substantiali ab iis creaturis, quibus ὁ λόγος adfuit, non tamen rumpitur unio, non divellitur persona, non separantur naturae. –

So glaubten sie sich also auch nicht an der früher schon gebräuchlichen Annahme, daß Christus seiner menschlichen Natur nach für eine Weile auf den Gebrauch und die Ausübung des göttlichen Dominiums verzichtet habe, gehindert, und sie behaupteten, daß Christus nach seiner göttlichen Natur bis zur Vollendung seines Erlösungsgeschäftes die Herrschaft über die Welt ausgeübt habe, ohne daß die menschliche Natur schon teil daran genommen hätte. Nach ihrer Auffassung war dann auch die exaltatio, wie ihnen das auch die bestimmten Aussprüche der Hl. Schrift zu fordern schienen, wirklich in der Art, daß erst mit ihrem Eintreten, also erst von der Auferstehung an, der menschlichen Natur der volle Gebrauch und die volle Übung der göttlichen Herrschaft zukam, wobei jedoch nicht ausgeschlossen war, daß die menschliche Natur auch im Stande der Erniedrigung teilweise und ausnahmsweise, wie in den Wunderverrichtungen, von dieser Herrschaft Gebrauch machte (was besonders von den sächsischen Theologen hervorgehoben wurde). Den Unterschied zwischen dem status exinanitionis und exaltationis sahen sie darin, daß erst mit letzterem der menschlichen Natur der volle Gebrauch der göttlichen Herrschaft zugekommen sei. Durch diese ihre Ansicht glaubten sie endlich den Ungereimtheiten zu entgehen, die aus der Ansicht der Tübinger hervorgingen, wie die, daß nach der letzteren Ansicht zu der Zeit, wo Christus in der Krippe und im Grabe gelegen und am Kreuze gehangen, er auch nach seiner menschlichen Natur alles erfüllt und an allen Orten und allen Kreaturen gegenwärtig gewesen sei.

Seit der von den sächsischen Theologen ausgegangenen decisio (1624), die der Hauptsache nach zugunsten der Gießner ausgefallen war, näherten sich diesen zwar die Tübinger in dem einen Punkt, daß auch sie in Beziehung auf die Funktionen des officii sacerdotalis eine exinanitio im eigentlichen Sinne zugaben, wonach also Christus in Beziehung hierauf bei seinem Leiden und Sterben, überhaupt bei allem, was er für die Erlösung tat, sich des Gebrauchs göttlicher Herrlichkeit begeben habe. (Coeperunt remittere Tubingenses et concedere, »quoad objectum sacrificii et passionis, aut quod idem est, quoad officium sacerdotale Christum se revera evacuasse majestate divina, adeoque quoad statum oppositum passioni realiter et vere accepisse majestatem antea non habitam, verum quoad officium propheticum et regium exinanitionem esse solam occultationem, et vicissim exaltationem, quoad haec duo officia, consistere in sola revelatione, non collatione majestatis reali.«) – *Der* Unterschied blieb aber immer noch zwischen beiden, daß die Tübinger in dem officium propheticum et regium, ihre frühere Meinung festhaltend, die exinanitio als bloße occultatio faßten und überhaupt es bloß als eine Ausnahme bezeichneten, wenn Christus während seines Erdenlebens in gewissen (den oben bezeichneten) Fällen auf die Ausübung der auch seiner menschlichen Natur zustehenden Herrschaft verzichtete, während die Gießner Theologen im geraden Gegensatz darin eine Ausnahme erblickten, wenn Christus während seines Erdenlebens von dem ihm zustehenden Recht der göttlichen majestas auch für seine menschliche Natur Gebrauch machte. – Der Streit wurde durch den Dreißigjährigen Krieg unterbrochen, aber die nachfolgenden Dogmatiker bekannten sich mit einiger Ausnahme der Tübinger, die zwar in der Folge dem Streit keine große Bedeutung beilegten, aber doch den Lehrtropus ihrer Universität begünstigten (cf. *Cotta* diss. II in *Gerh.* ll. t. IV), zu der Lehre der Gießner und der sächsischen Theologen, in der Weise, wie sie oben dargestellt worden ist. – Eine ausführliche Erörterung dieser Lehre und Beschreibung der hierauf bezüglichen Streitigkeiten s. bei *Quenstedt* III,389sqq. (dem auch die beigebrachten Belege aus den Schriften der Tübinger und Gießner Theologen entnommen sind) und *Thomasius*, Christi Person und Werk. II. Tl. 2. Aufl. 1857. S. 429, 3. Aufl. I. S. 579ff.

10. *Quen.* (III,338). Constat exinanitio Christi in genere duobus actibus, scil. plenarii et universalis communicatae majestatis usus abdicatione, et servilis formae assumtione. Haec ipsa porro servilis forma seu conditio sub se habet certos actus, in quibus maxime fuit conspicua.

Andere Einteilungen als die im Text gegebenen: *Gerh.* (I,361). Conceptio, gestatio in utero, nativitas, incrementum aetatis et sapientiae, obedientia in forma servili usque ad mortem crucis, quam secuta est sepultura. *Kg.* (161). Conceptio, nativitas, passio, derelictio, mors, sepultura. *Quen.* wie *Kg.*, nur fügt er noch hinzu: subjectio legalis per circumcisionem. *Br.* wie *Holl.*, nur läßt er die circumcisio aus.

11. *Holl.* (769). Jam consideramus eam non in se praecise, sed quatenus ad statum exinanitionis pertinet, seu quatenus caro Christi, licet non ex virili semine, tamen in utero feminae formata fuit; qua ratione certum est, nonnullas infirmitates concurrere.

Gerh. (I,361). Quod dixi, conceptionem et gestationem in utero, ac nativitatem ex utero matris pertinere ad exinanitionis statum, ex eo potest intelligi, si consideraverimus, Adamum fuisse verum hominem, qui tamen nec in utero conceptus, nec ex utero matris natus; potuisset igitur eodem modo Dei filius absque tali conceptione et nativitate veram humanam naturam assumere, sed voluit in omnibus fratribus similis fieri Hebr. II,17. –

12. *Br.* (483). In qua (nativitate) praecipue consideratur, quod fructus ventris Mariae, per consuetos menses gestatus, ita demum in lucem editus est: velut juxta communem hominum sortem. Illud autem, quod quidam putant, Mariam clauso utero peperisse filium, incertum est: magis autem certa et manifesta natalium tenuitas et nascentis contemtus atque egestas.

13. *Holl.* (769). Circumcisio est actus humillimae Christi obedientiae, qua Christus non tantum in profundo exinanitionis statu jacuit sub novacula circumcisoris, sed et lege divinae subjectus est, cum tamen sit dominus legis. Matth. XII,8. Marc. II,28.

14. *Holl.* (770). Qua Christus Josephi patris curae et matris Mariae mandatis se sponte sua objecit. Luc. II,51.

15. *Br.* (484). Subjectus enim fuit magistratui, aliis par aut inferior habitus: explendae famis ac sitis causa edit ac bibit: lassus dormivit, molestias laborum atque itinerum, pericula, tentationes, tristitiam, egestatèm, contumelias etc. pertulit. –

16. *Br.* (484). Imprimis confluxus ille afflictionum, quas Christus biduo ante mortem exantlavit: quo praecipue referenda est desertio illa, cujus mentio fit Matth. XXVII,46. Scilicet desertus est Christus, non quidem quasi vel vinculum unionis personalis ruptum; vel ipse a facie Dei penitus rejectus fuisset, nunquam recipiendus in gratiam; neque quod revera et proprie loquendo desperaverit: sed quod in maximo concursu malorum, propter peccata hominum sibi imputata, sic senserit iram Dei, aut Deum a se, omnium peccatorum personam sustinente, alienum, ut nullum sentiret intra se ex plenitudine inhabitantis divinitatis solatium. Qua ratione etiam intelligendum est, quod alias dicitur, Christum dolores infernales sustinuisse. –

17. *Quen.* (III,360). Ratio formalis consistit in vera, voluntaria et locali animae a corpore separatione (Luc. XXIII,43 et 46), salvo interim manente unionis personalis vinculo. Not.: Ex dissolutione animae a corpore non est inferenda unionis duarum naturarum in Christo dissolutio. Licet enim unio naturalis inter animam et corpus disrupta sit, unio tamen personalis inter λόγον et naturam assumtam intercedens non fuit soluta, sed mansit divina natura in Christo vere cum anima, quae tum erat in coelo, et vere cum corpore in sepulcro unita. Mansit, inquam, λόγος in ipsa morte suppositum partium physice separatarum, corporis et animae, totaque natura divina in anima separata et tota natura divina in

corpore terrae relicta fuit sine ulla distractione aut distensione, quod utrumque naturae divinae contrariatur. – *Holl.* (772). Passio et mors Christi fuit vera, non putativa, spontanea, non coacta, suscepta non casu, sed ex certa dispositione et consilio Dei, cruenta et ignominiosa, vicaria, meritoria et satisfactoria. –

18. *Holl.* (776). Ζωοποίησις seu vivificatio est liberatio Christi a morte et redunitio animae et corporis, qua Christus secundum carnem reviviscere coepit. Non est haec peculiaris gradus exaltationis, sed conditio praerequisita ad disponendum subjectum, scil. Christum, ad suscipiendum plenum et universalem majestatis divinae usum.

19. *Holl.* (776). Christus redivivus majestatem suam divinam per certos quosdam gradus exercuit: 1. descendendo ad inferos, spiritibus malis et hominibus damnatis se vivum exhibuit ut victorem mortis; 2. resurgendo apostolis et per hos toti mundo declaravit, se per mortem suam justitiae divinae satisfecisse; 3. ascendendo in coelum angelis et beatis hominibus ostendit, se esse victorem non tantum mortis, sed et cacodaemonum, hominumque salvatorem; 4. sedendo ad dextram Dei plenissimum et universale dominium in omnes creaturas, quae sunt in regno potentiae, gratiae et gloriae, exercet. – Da mit der sessio ad dextram die exaltatio vollkommen erfolgt ist, so unterscheidet *Hfrffr.* (339), statt gleich den andern Grad in der exaltatio anzunehmen, den *statum glorificationis*, in quem Christus post resurrectionem venit, dum humanae naturae infirmitates deponens in conditionem glorificatorum corporum translatus est, und den *statum majestatis* Christi hominis, in quem Christus post gloriosam suam ascensionem in coelos translatus et ad dextram Dei patris collocatus est.

20. *Quen.* (III,373). Descensus temporis articulus est juxta 1Petr. III,19. momentum illud, quod intercessit inter ζωοποίησιν et ἀνάστασιν Christi stricte ita dictam. – Wenn behauptet wird, der descensus sei der resurrectio vorausgegangen und also nicht erst nach der vivificatio erfolgt, so bemerkt *Holl.* (668). Distinguendum inter resurrectionem externam et internam. Illa est egressio e sepulcro et exterior coram hominibus manifestatio, et designatur in symbolo apostolico; haec est ipsa vivificatio.

21. *Holl.* (778). Descendit Christus in infernum non eo fine, ut a daemonibus quidquam mali pateretur (Joh. XIX,30. Luc. XXIV,26), sed ut de daemonibus triumphum ageret (Ap. I,18. Kol. II,15), et ut homines damnatos in carcere infernali jure concludi convinceret. 1Petr. III,19. – Fuit praedicatio Christi in inferno *non evangelica*, quae hominibus tantum in regno gratiae annunciatur, sed legalis, elenchtica, terribilis, eaque tum *verbalis*, qua ipsos aeterna supplicia promeritos esse convicit, tum *realis*, qua immanem terrorem iis incussit. – Auf die Frage: Cur solis illis, qui tempore Noachi increduli fuerunt, Christus in inferno praedicasse dicitur? antwortet *Holl.* (ibid.): 1. Non excluduntur alii, sed hi tanquam enormia impoenitentiae et singularia judicii divini exempla proponuntur; 2. peculiariter apostolus illos nominavit, ut doceret, etiam antediluvianos debuisse in Christum credere ...; 3. ut apostolus commode transiret a diluvio typico ad antitypum baptismum.

22. *Quen.* (III,371). Descensus Christi ad inferos improprie sumitur vel *metaphorice*, prout notat exquisitissimos illos et vere infernales dolores ac cruciatus, quos tempore passionis Christus in sanctissima anima sua sensit ac sustinuit Ps. XVI,10, vel *metonymice* de virtute et efficacia passionis et mortis Christi Zach. IX,11 (ut sensus sit: Christus effecit et promeritus est sua passione et morte, ut liberati ac redemti simus ab inferno). Neutra autem significatio est hujus loci. *Holl.* (777). Sed *proprie* sumtus descensus ad inferos notat verum et realem abitum in ποῦ damnatorum, quippe quem Petrus (1 ep. III,19) πορείαν sive profectionem vocat. – cf. Matth. V,25. Ap. XVIII,2. XX,7. 2Petr. II,4. Dazu die Bemerkung: Quamvis descensus Christi ad inf. fuerit verus et realis, non tamen physicus fuit, aut localis, sed *supernaturalis* motus fuit. Nam motus physicus et localis est proprius corporum naturalium; sed corpus Christi vivificatum erat glorificatum.

Neque fuit motus successivus; factus enim est ἐν πνεύματι, i. e. virtute divina, quae tarda molimina nescit. –

23. *Quen.* (III,372). Christus ϑεάνϑρωπος totaque adeo persona (non igitur secundum animam tantum nec secundum corpus tantum), post redunitionem animae ac corporis ad istud damnatorum ποῦ descendit, ac diabolis ac damnatis sese victorem exhibuit. Descensus enim, cum sit actio personalis, non potest non toti personae ϑεανϑρώπου adscribi. Et uti de toto ϑεανϑρώπῳ in symbolo apostolico dicitur, quod sit passus, crucifixus, mortuus et et sepultus, ita et de eodem dicitur, quod descenderit in infernum. – Es wird zwar, wie natürlich, die Höllenfahrt von Christus dem Gott-Menschen, ausgesagt, d. h. es wird gelehrt, Christus, der Gott-Mensch, sei eine Zeit lang in der Hölle gewesen; das Hinabfahren selbst aber wird nur von der menschlichen Natur Christi ausgesagt. Descendit Christus in inf. non secundum divinam naturam, secundum hanc enim jam ante in inferno per dominium omnia replens erat. ... Descendit ergo Christus *secundum humanam naturam.* Nam praedicata illa ϑανατωϑεὶς σαρκὶ et ζωοποιηϑεὶς soli humanae naturae competunt. *Quen.* (III,373). –

24. Die Lehre in der hier gegebenen Fassung gehört erst den späteren DD. an. Bis zur Konkordienformel findet sich der schon im apostolischen Symbol befindliche Ausdruck »Descendit ad inferos« noch gar nicht erklärt. Sie aber wurde zu einer Äußerung darüber zumeist durch Streitigkeiten veranlaßt, die der Hamburger Superintendent *Johann Aepin* (1549) erregt hatte. Nach diesem war die Niederfahrt Christi »ein Teil jenes Gesamtgehorsams, den er zu unserer Erlösung geleistet hat.« (Aepini simplex et certa confessio. Credo, descensum animae Christi ad inferna partem esse passionis Christi, hoc est, certaminum, periculorum, angustiarum, dolorum et poenarum, quas propter nos in se recepit et sustinuit, eo quod descendere in infernum in scripturis significat extremis et summis luctis, doloribus et angustiis implicitum esse. Credo, descensum Christi ad inferna esse partem obedientiae ejus in prophetis praedictae et propter peccatum nostrum ei impositae.) Christi Niederfahrt ist also »ein Akt seiner Erniedrigung, und zwar ihr letzter Grad«. (Credo descensum Christi ... pertinere ad ejus humiliationem, non glorificationem et triumphum ... Ultimus gradus hujus humilitatis et exinanitionis, extremaque pars obedientiae et satisfactionis Christo Dei judicio impositae fuit descensus ejus ad infernum.) »Während Christi Leib im Grabe lag, ist seine Seele in die Hölle gefahren, er ist nicht hinabgefahren mit Seele und Leib nach deren Wiedervereinigung vor der Auferstehung, sondern mit der Seele allein« (Petrus clare docet in Actis cap. II., animam Christi corpore ejus in sepulcro requiescente, sensisse inferni et mortis dolores), »und die Hinabfahrt war nicht ein offenbarer Akt des Sieges und Triumphes, sondern ein Akt des Leidens, dem Christus sich unterstellte in demselben Sinne, wie er sich unterzog dem Gericht des Todes.« (Scripturae testimonia ... ne levissimo quidem indicio usquam ostendunt, descendere ad inferos esse triumphare, et ipsum descensum jucundum, laetum, magnificum manifestumque esse triumphum. Nihil ergo certi firmique est in illorum cavillatione, qui certant, descensum Christi nihil aliud fuisse, quam victoris Christi violentam et manifestam oppressionem et triumphum, quo inferos contriverit et vi oppresserit.) »Wohl hat Christus für uns die Hölle zerstört und dem Teufel seine Macht genommen, aber nicht durch gewaltsame Vernichtung der Unterdrückung, sondern durch Gerechtigkeit und Gehorsam: wie er den Tod durch sein Sterben, so hat er die Hölle durch seine Höllenfahrt besiegt und zerstört.« (Ut Christus mortem non debellavit vi manifestaque violentia, sed morte vere moriendo, ita inferos evertit non bellica violentia nec gloriosa, manifestaque oppressione diaboli, sed justitia, vere moriendo, ad inferos descendendo pro nobis et e morte resurgendo.) Gegen die Verwendung der Petrinischen Stellen für den Artikel von der Höllenfahrt Christi erhebt *Aepin* allenthalben Einspruch. Als Beweisstellen für jenen Glaubensartikel haben vielmehr nächst dem symbolum apostolicum, dem gleiche Autorität wie der prophetischen

und apostolischen Schrift zukommt, zu gelten Ps. XVI,10. LXVIII,19. XXX,4. Hos. XIII, 14. Act. II,27. Matth. XII,40. Eph. IV,8.9. Rom. X,6.7.

Eine Frage ganz anderer Art hatte dann der Hofprediger *Johannes Parsimonius* in Stuttgart (1565) in Anregung gebracht. »Er bestritt die Lokalität des infernum. Die Hölle ist ihm nicht ein körperlicher Ort, nicht körperliches Feuer, nicht körperliche Finsternis.« (Vocat quidem scriptura infernum locum et dicit, eum esse deorsum et infra nos situm, sed ista non Aristotelice et mathematice, sed theologice et juxta phrasim spiritus s. sunt intelligenda ... Vocabula locus, sursum, deorsum, supra, infra, intra, altum, profundum et similia non sunt vocabula spiritualis, sed corporalis mundi, et cum scriptura loquitur de rebus spiritualibus et alterius seculi, mutuatur a rebus corporalibus et terrenis vocabula illisque non proprie, sed metaphorice utitur.) »Die Hölle ist da, wo Gottes Zorn und die Empfindung dieses Zornes ist. ... Danach kann auch die Niederfahrt zur Hölle nicht eine leibliche räumliche Bewegung sein, sondern nur eine Veränderung des Zustandes nach Maßgabe des oben von dem infernum gegebenen Begriffs. ... Christus ist also nicht, im Grabe lebendig gemacht, vor der Auferstehung körperlicher- und räumlicherweise zur Hölle hinabgestiegen. Wie Christus hinabgestiegen ist, und zu welcher Zeit, dies hat uns die Hl. Schrift nicht näher offenbart ...« (Sacra scriptura vult nos credere Christum descendisse ad inferos et liberasse nos a regno sathanae et perpetuis inferni cruciatibus non vult nos scire, quando et quo temporis puncto ad inferos descenderit, alias nobis illud revelasset.) »Christus hat nach seinem Tode nichts überall gelitten; er hat aber bei Lebzeiten die Schmerzen der Hölle erduldet, und in diesem Sinne ist er, illokalerweise, in die Hölle hinabgefahren. In jedem Fall aber hat sich Christus als Sieger und Triumphator erwiesen.«

Diese beiden Theologen waren Ursache, daß in die Konkordienformel ein Artikel über den descensus ad inferos eingerückt wurde. Dieser enthält aber keine Entscheidungen über die durch jene Theologen angeregten Streitfragen, sondern wehrt vielmehr die unnützen Fragen ab und beschränkt sich darauf, an dem Bekenntnis festzuhalten, daß Christus durch seine Höllenfahrt »die Hölle allen Gläubigen zerstört und sie aus der Gewalt des Todes, Teufels, ewiger Verdammnis des höllischen Rachens erlöst habe«. *Form. conc.* epit. IV. Disceptatum fuit super hoc articulo inter quosdam theologes, qui Augustanam confessionem profitentur: quando et quomodo Dominus noster Jesus Christus, ut testatur fides nostra catholica, ad inferos descenderit, an id ante vel post mortem ejus factum sit. Praeterea quaesitum fuit, num anima tantum, an divinitate sola, an vero anima et corpore descenderit, idque an spiritualiter an vero corporaliter sit factum. Disputatum etiam est, *num hic articulus ad passionem an vero ad gloriosam victoriam et triumphum Christi sit referendus.* Cum autem hic fidei nostrae articulus ... neque sensibus neque ratione nostra comprehendi queat, sola autem fide acceptandus sit: unanimi consensu consulimus, de hac re non esse disputandum, sed quam simplicissime hunc articulum credendum et docendum esse ... Satis enim nobis esse debet, si sciamus Christum ad inferos descendisse, infernum omnibus credentibus destruxisse nosque per ipsum e potestate mortis et Satanae ab aeterna damnatione atque ideo e faucibus inferni ereptos. Quo autem modo haec effecta fuerint, non curiose scrutemur, sed hum hujus rei cognitionem alteri saeculo reservemus ...

Über die Geschichte dieses Artikels s. *Frank,* die Theologie der Konkordienformel III. 1863 de descensu ad inferos, mit dessen Worten wir die Lehre des *Aepin* (die er zum Teil aus einem Manuskript der Wolfenbüttelschen Bibliothek geschöpft hat) und des *Parsimonius* mitgeteilt haben.

Von den verschiedenen Erklärungen über den desc. ad inf. *Gerh.* (I,362): De descensu ad inf. plurimum variant veterum et recentiorum theologorum sententiae: 1. Quidam hunc articulum plane omiserunt. Sic Nicaena, Constantinopolitana et Toletanae aliquot synodi ejus non meminerunt. 2. Clemens Alex. dicit: Christum et apostolos descendisse ad inferos, ut evangelium praedicarent mentibus damnatis et spem salutis afferrent credentibus. 3. Chrysostomus descensum ad inf. refert ad virtutem miracula edendi, qua Christus multos mortuos suscitabat. 4. Quidam generatim accipiunt descensum ad inf. de toto humiliationis statu (Sohnius). 5. Quidam statuunt, descendere ad inferos idem esse, quod sepelire (*Bucerus, Beza*). 6. Quidam intelligunt hunc descensum de cruciatibus, quos Christus in anima perpessus sit (*Calvinus*). 7. Quidam intelligunt de vi virtute mortis Christi ad defunctos etiam promanante. Nos cum D. Luthero statuimus, articulum hunc non esse argute et scrupulose tractandum, quo modo factum sit et *quid significet* descendere ad inferos, sed retinendam esse simplicissimam sententiam, sicut *τὸ ῥητὸν* verborum sonat. Credimus igitur, Christum certo ad inferos descendisse,... nosque per ipsum e potestate mortis et satanae, ab aeterna damnatione atque adeo e faucibus inferni ereptos esse. –

25. *Quen.* (III,377). Accipitur vocabulum resurrectionis vel complexe, prout est actus officialis meritorius et utrique naturae competit: vel praecise, prout est affectio humanitatis ex exaltatione ad illam resultans: non illa, sed haec significatio hic locum habet. – Sicut non secundum divinam naturam, quippe quae in se considerata passionis omnis expers est, sed secundum humanam naturam cruci affixus et in mortem traditus fuit; ita quoque non secundum divinam, sed tantum humanam naturam a Deo suscitatus est. Non tamen propterea divina natura ab hoc actu prorsus excluditur; illa enim naturae humanae communicavit potentiam resurgendi et resurrectionem ipsius nobis fecit salutarem, h. e. ut esset mortis, peccati et inferni victrix et nostrûm justificatrix.

Id. (378). Materia est idem substantia et numero corpus, quod crucis mortem sustinuerat cum eadem numero anima, quae antea ab illo discesserat, redunitum, at novis qualitatibus vestitum Phil. III,21. ... Quando quaeritur, quali corpore Christus resurrexerit, resp.: 1. non *ψυχικῷ* seu naturalibus infirmitatibus obnoxio, sed *πνευματικῷ* seu spiritualibus dotibus, videl. invisibilitate, impalpabilitate, illocalitate etc. ornato; hujus dotis virtute Christus clausum sepulcri lapidem, clausam januam penetravit, vestimento et alimento non indiguit; quod vero edisse legitur Luc. XXIV,43, non fecit ex necessitate, sed libera voluntate, nec ad corporis proprii alimoniam, qua illud nec indigebat nec eandem admittebat, sed ad fidei discipulorum confirmationem; 2. non infirmo, sed valido ac potente; 3. non corruptibili (quale Christi corpus nunquam fuit), sed incorruptibili et immortali, tum quoad actum, tum quoad potentiam, nec 4. ignominiam habente, sed glorioso, et hinc vocatur Christi corpus *σῶμα τῆς δόξης αὐτοῦ* Phil. III,21.

Endzweck der resurrectio nach *Holl.* (783): Resurrexit Christus ad manifestandam victoriam suam de morte et diabolo impetratam, Act. II,24. et ad offerendum et applicandum omnibus hominibus fructus passionis et mortis suae. – Diese fructus sind: fidei nostrae de Christi plenaria satisfactione confirmatio 1Kor. XV,17; beneficiorum morte Christi partorum applicatio; nostra justificatio Rom. IV,25; spei nostrae de conservatione ad salutem obsignatio 1Petr. I,3, nostra ad vitam aeternam resuscitatio Joh. XI,25. XIV,19. 1Kor. IV, 14. 1Thess. IV,14, nostraque renovatio Rom. VI,4. 2Kor. V,15. –

26. *Quen.* (III,380). Sumitur *ἀνάβασις* vel late, prout sessionem ad dextram Dei includit, ut Act. II,33.34. Eph. IV,10. vel stricte, prout notat visibilem illam Christi in altum elevationem, ut Marc. XVI,19. Act. I,9.11. quae posterior significatio est hujus loci.

Quen. (III,382). De termino ascensionis ad quem communi loquuntur dicta Marc. XVI,19. et Act. I,11. Coelum autem, in quod Christus ascendit, non est coelum naturae aëreum vel sidereum, hoc enim hic cogitare impium, non coelum gratiae (*Holl.* [785] quod est ecclesia militans in his terris, cui Christus visibilem praesentiam suam usque ad diem extremi judicii subtraxit); non status gloriosus seu infinitae gloriae, qui ad sequentem articulum de sessione ad dextram Dei pertinet, seu finitae, quia in hoc statu fuit statim a resurrectione, *sed ποῦ, sedes, et domicilium beatorum*, ubi se conspiciendum a facie ad faciem beatis praebet et laetissimo suo conspectu sanctorum animas divino ac coelesti solatio perfundit. Joh. XIV,2. Luc XXIII,43. Terminus ad quem proprius est *ὑπεράνω πάντων οὐρανῶν* Eph. IV,10, ipsa scil. ad quam consedit dextra Dei, qua *ὑψηλότερος τῶν οὐρανῶν γενόμενος*, Hebr. VII,26. Habemus pontificem magnum, inquit Paulus Hebr. IV,14, *διεληλυθότα τοὺς οὐρανούς*. Ad quem locum adnotat Gerhardus: penetrare coelos non est visibilem coelorum machinam distinctis sphaerarum orbibus variatam eo modo transire, ut in ultimo coelo, tanquam in loco quodam circumscriptus teneatur, phrasi physicae, sed sublimiorem omnibus coelis fieri et divinam gloriam ingredi et capessere, phrasi scripturae. – Ascendisse Christum in *ποῦ* beatorum supra probavimus. Quod ipsum vero, cum non sit locus circumscriptus et physicus, non fit quoque in illud localis et physicus transitus. Est quoque Christus in coelo, non tamen circumscriptione locali, sed definitive et secundum corporis glorificati modum. Vim ergo faciunt verbis apostoli Act. III,21. Calviniani, qui *τὸ δέξασθαι* passive interpretantur, hoc modo: quem oportet coelo capi, h. e. contineri, comprehensum includi. Quod tamen intellectum volunt non de violenta incarceratione, attamen de locali circumscriptione sive locali coeli occupatione. Ast activam significationem suadet 1. verbi *δέξασθαι* indoles; est enim pure deponens verbum, quod semper activum est, nunquam passivum; 2. constructio, construitur enim h. l. cum accusativo *οὐρανόν*, pro quo dicendum fuisset *ὑπ' οὐρανοῦ*. 3. Loca parallela, quod enim Petrus dicit h. l. capere coelum, id spiritus s. correspondentibus formulis sic reddit et declarat, consedere eum *ἐκ δεξιῶν τοῦ θεοῦ* Marc. XVI,19. Eph. I,20; 4. Scopus textus, qui est praevenire Judaeorum scandalo; Petrus eos hortatur duobus praecedentibus versiculis ad agendum mature poenitentiam. Sed quae consequentia? Christum oportet coelo localiter capi; ergo vos Judaei debetis in eum credere et mature poenitentiam agere. Fortius argumentum a statu gloriosae exaltationis petitur hoc modo: Christus coeleste ac aeternum occupavit regnum ac praesens ubique potenter regnat, ergo hanc tanti regis majestatem et praesentiam revereri ac matura resipiscentia prosequi decet. 5. Argumentor ita: si Christus coelo capitur, ita ut nuspiam extra coelum esse possit, usque ad extremum diem, ut volunt Calviniani, non igitur ascendit longe supra omnes coelos, ut impleret omnia, Eph. IV,10. Non factus est superior coelis, Hebr. VII,26. Minime ergo inter se pugnant, sed simul stare possunt, Christum in coelo, h. e. in *ποῦ* beatorum secundum veri corporis, sed glorificati modum esse eumque supra omnes coelos ad ipsam usque Dei dextram evectum esse.

Gerh. (XIX,152). Nequaquam statuimus, quod adscensio Christi fuerit quidam *ἀφανισμός*, disparitio vel evanescentia, aut nuda quaedam *ἀορασία*, sicut jam ante aliquoties divina virtute seipsum fecerat *ἄφαντον*, sed sincere credimus et confitemur, quod Christi *ἀνάληψις* fuerit *τοπικὴ μετάστασις*, localis translatio, visibilis elevatio, vera et realis adscensio, qua Christus in monte oliveti e terra sursum visibiliter in altum subductus ac depositis vitae hujus infirmitatibus in coelum translatus, et ad dextram Dei, ultimum adscensionis illius terminum collocatus est. Hoc vero est, quod negamus Christum, postquam nubes eum ab oculis discipulorum subduxit, successiva quadam *πορείᾳ* pertransiisse primum sphaeram ignis, deinde orbes planetarum ac firmamentum seu primum mobile et coelum crystallinum, donec progressu temporis pervenerit ad suum patrem in coelo empyraeo; in quo modo locali et corporali residens, arresto quasi quodam constrictus teneatur, quo minus ante judicii diem invisibili et illocali modo nobis praesens in terris adesse possit. –

27. Cf. *Form. conc.* sol. decl. VIII,28. *Br.* (487). Dextra Dei non est certus aliquis locus, sed ipsa omnipotens Dei virtus, quae coelum et terram replet. Matth. XXVI,64. Exod. XV, 6. Hebr. I,3. VIII,1. XII,2. Eph. I,20–23. Ps. CXXXIX,10. – *Holl.* (787). Sedere ad dextram Dei significat: communicata a patre per exaltationem omnipotentia et majestate regia plene et indesinenter uti, ad regimen universale et gloriosissimum in regno potentiae, gratiae et

gloriae; vel quod idem est, sedere ad dextram Dei est vi unionis personalis, et hanc secutae exaltationis, potentissime, praesentissime et gloriosissime omnia opera manuum Dei gubernare. 1Kor. XV,25.27. Ps. CX,1.2. Hebr. II,7.8.

Gerh. (III,509sqq.). a) *Dextra Dei*: qualis est Dei dextra, taliter quoque sessio ad dextram Dei intelligenda. Jam vero dextra Dei non est locus aliquis corporeus, circumscriptus, limitatus, definitus, sed est infinita Dei potestas ac praesentissima ejus majestas in coelo et terra, est praesentissimum illud dominium, quo Deus omnia conservat et gubernat. Sic enim describitur in sacris literis Dei dextra, quod magnificata sit fortitudine et confringat inimicos Exod. XV,6. Ps. XVIII,36. XLIV,4. CVIII,7. LXIII,9 etc. Ex quibus et similibus scripturae locis talis colligitur dextrae divinae descriptio, quod sit infinita Dei potentia, ubique in coelo ac terra praesentissime et potentissime omnia gubernans, moderans et administrans. Unde etiam vocatur dextra *δυνάμεως*, virtutis Matth. XXVI,64. Luc. XXII,69. et dextra majestatis Hebr. I,3, thronus *μεγαλωσύνης* VIII,1, dextra sedis Dei XII,2, thronus *δόξης* Matth. XXV,31. Ergo etiam sessio ad dextram Dei sic explicanda et intelligenda, ut per eam divinae potestatis, majestatis ac dominii in coelo et terra participatio intelligatur.

b) *Sessio ad dextram Dei.* Quo modo ac sensu ipsa scriptura sessionem ad dextram Dei explicat, eo modo ac sensu quoque omnium rectissime ac simplicissime accipitur. Jam vero ipsa scriptura sessionem ad dextram Dei explicat de praesentissimo ac potentissimo coeli terraeque dominio. Ergo. Minor probatur ex collatione locorum Ps. CX,1; hunc locum allegans apostolus 1Kor. XV,25. sic infert: »oportet illum regnare, donec ponat inimicos suos sub pedibus suis.« Quod Davidi est sedere ad Dei dextram, id apostolo est regnare et omnia sibi subjecta habere. Sic Marc. XVI,19. »Dominus Jesus assumtus est in coelum et sedet a dextris Dei«; cum hoc loco conferimus dictum apostolicum Eph. IV,10. Ergo sedere a dextris Dei et omnia implere, praesentia scil. majestatis, sunt *ἰσοδυναμοῦντα*. Et quia illa potentia ac praesentia majestatis peculiariter sese exserit per opera gratiae in ecclesiae collectione, conservatione, protectione etc., ideo apud Marcum sequitur XVI,20. »apostoli praedicaverunt ubique Domino cooperante«, apud Paulum sequitur Eph. IV,11. »ipse dedit quosdam apostolos etc.« ac praecedit IV,8. »dedit dona hominibus.« Ac Petrus Act. II,33, effusionem Spiritus s. miraculosam fructum et consequens hujus sessionis ad Dei dextram statuit: »dextra Dei exaltatus et promissione Spiritus s. accepta a patre effudit hoc, quod videtis.« Cumprimis notanda est emphatica descriptio sessionis ad dextram Dei tradita a Paulo Eph. I,20sqq. ac Petro 1 ep. III,20. Ubi nota, verbis illis posterioribus: »dedit ipsum caput super omnia ipsi ecclesiae«, non limitari vel restringi illam praesentiam ac potentiam ad ecclesiam, sed illis describi effectum et fructum illius dominii super omnia Christo collati. Ut enim Deus totum mundum conservat propter ecclesiam: ita quoque Christo secundum humanam naturam divina illa potentia ac majestas communicata, ut sit rex et protector ecclesiae. Denique notandum et illud, quod Christus, quando veniet in nubibus coeli ad judicium, nihilominus sessurus sit super sedem majestatis suae et a dextris virtutis Dei Matth. XXIV,30. XXV,31. XXVI,64. Ergo dextra Dei non est aliquis finitus ac circumscriptus in coelo locus, alias Christus in nubibus ad judicium veniens non amplius ad Dei dextram sederet. Item quod Christum judicem conspecturi sint omnes homines coram tribunali ejus sistendi Zach. XII,10. Matth. XXIV,30. Ap. I,7. Atqui si Christus cum corpore suo glorificato, *λόγῳ* personaliter unito et ad dextram Dei evecto ad determinatum aliquem in coelo locum ita adstrictus esset, ut non nisi in unico illo loco adesse et conspici posset, quomodo omnes homines multitudine innumerabiles in uno illo loco simul ac semel ipsum intueri possent? Si sedes majestatis, in qua Christus ad judicium veniens sedebit, tot milliarium *διαστήμασι* a terris esset remota, quomodo omnes homines uno eodemque intuitu ipsum videre possent?

Es ist hierbei wohl zu beachten, daß diese sessio ad dextram Dei als der letzte und höchste Akt der exaltatio bezeichnet wird, wie darum *Chemnitz* (l. th.) sagt: scriptura itaque sessionem Christi ad dextram Dei patris omnipotentis interpretatur de exaltatione humanae naturae in Christo ad summam majestatem et potentiam super omnia. Mit Recht sagt daher auch *Quen.* (III,385) in Übereinstimmung mit allen DD.: Subjectum *quod* sessionis ad dextram Dei est λόγος ἔνσαρκος, Matth. XXVI,64. Mark. XIV,62. Luc. XXII,69, subjectum *quo* natura humana, Rom. VIII,34. Phil. II,8.9. Ap. V,9.12.13. Probatur ... ab antegressa Christi exinanitione et subsequuta exaltatione. Juxta quam naturam Christus primum est exinanitus et postea exaltatus, secundum eandem sedet ad dextram Dei; ast non juxta suam Deitatem, sed duntaxat humanitatem Christus fuit primum exinanitus et postea exaltatus: haec enim sola exinanitionis et exaltationis capax est. Von dieser sessio gilt daher was *Holl.* (788) sagt: s. scriptura tribuit sessionem ad dextram Dei *toti quidem personae* Christi, sed secundum humanam naturam, d. h. die Sache selbst, das Sitzen zur Rechten Gottes, kommt freilich der ganzen Person zu, eine exaltatio aber, wie eine solche in dem Begriff der sessio ad dextram D. liegt, kann nur von der menschlichen Natur Christi ausgesagt werden, denn nur diese ist einer solchen fähig. Mit der Aussage der sessio verbinden die DD. überhaupt so sehr die Vorstellung der Erhöhung, daß sie hierbei einen Unterschied noch machen zwischen sedere ad dextram Dei und regnare. *Quen.* (III,384). Sedere ad dextram Dei patris non est omnino idem quod regnare cum Deo patre. Nam 1. Christus adhuc ἄσαρκος regnavit una cum patre et spiritu s. ab aeterno, non tamen tunc sedit ad dextram Dei, haec enim sessio coepit primum a tempore exaltationis. (Regnat Christus ut Deus una cum patre et spiritu s. ab aeterno per essentialem omnipotentiam; Christus ut homo seu juxta naturam humanam assumtam regnat non ab aeterno, sed a tempore exaltationis suae per sessionem ad dextram Dei. Demonstrat hoc accurate *Menzerus,* in Anti-Martin. ubi monet, propositionem majorem, quae regnandi verbum generalius accipit, sic restringendam esse: *sedere ad dextram Dei est regnare, scil. ita ut ipsius regni causa, ratio et modus sit sessio illa ad dextram Dei.*) 2 regnare cum patre est ἀποτέλεσμα officii regii, resultans ex facultate et ἐνεργείᾳ utriusque naturae Christi, non item τὸ sedere ad dextram Dei patris. –

Kap. III
De gratia spiritus s. applicatrice

§ 39
Vorbemerkung

Indem wir zu dem zunächst sich anreihenden Abschnitt übergehen, bemerken wir zuerst, daß eine Reihe hierher gehöriger dogmatischer Begriffe erst von den späteren Dogmatikern weiter ausgebildet und ihnen ein eigener Platz in der Dogmatik angewiesen worden ist: dies sind die Begriffe der vocatio, illuminatio, conversio et regeneratio, unio mystica und renovatio, die alle bei den früheren DD. nur gelegentlich, meist in dem Abschnitt de libero arbitrio und de praedestinatione (in der Form. conc. loc. III) berührt, aber nicht näher verarbeitet worden sind. – Erst mit *Calov* fangen die DD. an, die genannten Begriffe zusammenzustellen: sie suchen damit alles das an einem gesonderten

Platz unterzubringen, was von dem zu sagen ist, was Gott, genauer der Hl. Geist, tut, um die gefallenen Menschen zur Annahme des Heiles in Christo zu bewegen, und was geschieht, um die beabsichtigte Änderung in den Menschen hervorzubringen. Von *Quenstedt* an wird dann dies alles unter der Überschrift: de gratia spiritus s. applicatrice zusammengefaßt[1]. – Ein Fortschritt in der systematischen Durchbildung der Dogmatik läßt sich darin nicht verkennen, und je weniger die früheren DD. für eine bestimmte Gestaltung der hier in Frage stehenden Begriffe etwas getan haben, desto mehr finden wir uns bei der Darstellung dieses Abschnittes zu den späteren DD. hingedrängt. Jedoch hat das Hinzutreten dieser Begriffe in selbständiger Ausbildung eine Anordnung der ganzen Lehre zur Folge, die wir nicht glücklich nennen können. Nachdem nämlich unter der Überschrift: de gratia spiritus s. applicatrice die obigen Begriffe abgehandelt sind, denen noch der der justificatio eingeschoben ist, handeln diese erst nach den Lehren de verbo divino und de sacramentis von der fides und den operibus (*Holl.* noch von der poenitentia) und unterscheiden diese als die media salutis a parte hominis von Wort und Sakrament als den mediis salutis a parte Dei[2]. Bei dieser Anordnung tritt uns dann besonders der Übelstand entgegen, daß von der fides so spät erst ausführlich gehandelt wird. Wären wir nun zwar deshalb noch nicht berechtigt, von der obigen Anordnung abzugehen, da unsere Aufgabe nur die der historischen Treue ist, und wir nichts Weiteres zu vertreten haben, so kommt uns doch von anderer Seite her ein Grund, der uns das Recht gibt, davon abzugehen. Bei der von den späteren DD. eingeführten Anordnung werden nämlich die in der Reformationszeit und bei den früheren DD. so eng zusammenhängenden Artikel de justificatione und de fide zu weit auseinandergerissen, wie überhaupt die dort im Vordergrund stehenden Artikel hier einen, wenn auch nur in der Anordnung, minder günstigen Platz erhalten: und da es nun ebenso unsere Aufgabe ist, die früheren wie die späteren DD. möglichst gleichmäßig zu berücksichtigen, so glauben wir von der Anordnung der späteren DD. schon darum abgehen zu müssen, um beiden Reihen von DD. Gerechtigkeit widerfahren zu lassen. Aus diesem Grunde also, und nicht in der Absicht, eine an sich richtigere dogmatische Anordnung zu treffen, wozu wir nicht befugt sind, ordnen wir in der Art, daß wir zuerst von fides und justificatio sprechen (die beide wohl auch unter den Begriff der gratia spiritus s. applicatrix subsumiert werden dürfen, da beide nur durch die Kraft des Hl. Geistes gewirkt werden), und dann erst von vocatio, illuminatio, conversio et regeneratio, unio mystica und renovatio, wonach unsere Anordnung auch so anzusehen ist, daß wir in der ersten Abteilung die von den frühesten DD. vorangestellten Artikel behandeln, in der anderen aber die von den späteren DD. ausgearbeiteten hinzubringen.

1. *Quenstedt* (III,461) rechtfertigt die Anordnung so: Deus unitrinus salutis nostrae cupidissimus est, omnesque tres Deitatis personae circa salutem aeternam nobis procurandam sunt occupatissimae, Deus pater aeternam beatitudinem et bona coelestia benignissima sua voluntate in aeterno suo consilio nobis destinavit, Christus, Dei ac hominis filius, cruenta sua redemtione salutem destinatam nobis acquisivit et spiritus s. acquisitam salutem et spiritualia bona per verbum et sacramenta nobis offert et applicat. Quia igitur hactenus egimus ***de gratia paternae commiserationis ac dilectionis et de gratia fraternae redemtionis,*** restat, ut agamus ***de gratia spiritus s. applicatrice,*** quae aliquot actibus absolvitur. (*Holl.* [791]. *Gratia spiritus s. applicatrix* est principium illorum actuum divinorum, quibus spiritus s. per verbum Dei et sacramenta beneficia spiritualia et aeterna, benignissima Dei patris benevolentia humano generi destinata, et fraterna Jesu Christi redemtione acquisita, dispensat, nobisque offert, confert et obsignat. –

2. Die angegebene Ordnung findet sich fast bei allen späteren DD. mit nur geringen Veränderungen in der Stellung der einzelnen Begriffe. *Br.* allein handelt von fides und operibus nicht unter der Überschrift de mediis salutis. Seine Anordnung ist die, daß er nach dem Abschnitt de officio Christi handelt: de fide in Christum – de regeneratione et conversione – de justificatione – de renovatione et bonis operibus. *Holl.* fügt zu den Artikeln de gratia vocante, illuminante, convertente, regenerante, justificante, inhabitante et renovante auch noch hinzu die de gr. conservante (*Holl.* [963]. Conservatio est actus gratiae, quo spiritus s. habitans in hominibus justificatis et renovatis, hos adversus diaboli, mundi et carnis tentationes, quibus ad peccatum et apostasiam a Deo sollicitantur, supernaturalibus viribus praemunit, fidemque ipsorum et vitae sanctitatem confirmat et auget, ne e statu gratiae excidant, sed in eodem perseverent et aeternum salventur) und de *gratia glorificante* (*Holl.* [790]. Glorific. est actus gratiae, quo Deus homines justificatos, in fide usque ad finem perseverantes et ex hac vita egressos, e regno gratiae in regnum gloriae transfert, ut aeternam beatitudinem obtineant, nomenque divinum sempiternis laudibus concelebrent).

Die früheren DD. handeln nur de justificatione – de fide – de bonis operibus – de poenitentia et confessione, ohne eine systematische Anordnung zu versuchen, nur in der Form der lose zusammenhängenden loci nach Melanchthons Vorgang. –

§ 40

Wie Christus das Werk der Erlösung vollbracht hat, so ist es der Hl. Geist, der uns das Mittel darreicht, durch das wir uns dies aneignen können. Das Mittel ist der *Glaube*, die Wirkung des Glaubens ist die *Rechtfertigung*.

§ 41
1. Fides

Nachdem die Versöhnung mit Gott durch Christus zustande gebracht wurde, indem er an Statt der Menschen das Gesetz erfüllt und für die Sünde der Welt genuggetan hat, wird von da an den Menschen das neue Heil gepredigt und ihnen in diesem die Vergebung ihrer Sünden angeboten (Luk. XXIV,47. Act. II,38.

V,31. X,43. XIII,38. XXVI,18). Um dieser teilhaftig zu werden, bedarf es nun nicht noch eines Werkes von seiten der Menschen, durch das er sich diese erst verdiente; denn Christus hat allein alles getan, was zur Erwerbung des Heils nötig war, sondern des allein bedarf es, daß der Mensch das ihm dargebotene Heil in Empfang nehme, daß er die ihm gegebene Verheißung sich auch aneigne, und dies geschieht durch den Glauben[1]. Zu diesem Glauben wird es aber in dem Menschen nur dann kommen, wenn er, nachdem ihm das durch Christum erworbene Heil verkündet und angeboten ist, die Wirklichkeit des Vorhandenseins dieses Heils und die Wahrheit dieser Verheißung, sowie das Tröstliche, das für ihn darin liegt, erkennt und die Zuversicht zu fassen vermag, daß dieses Heil nicht etwa nur diesem oder jenem, sondern auch ihm zugedacht ist: denn eine fröhliche Botschaft kann dem Menschen doch nur dann nützen, wenn er an ihrer Wahrheit nicht zweifelt, sondern sich überzeugen kann, daß auch er damit gemeint ist[2]. Nach seinen einzelnen Bestandteilen besteht der Glaube demnach:

1. Aus notitia, *eaque explicita,* credendorum, imprimis de Christo ejusque merito et gratia Dei seu remissione peccatorum ac salute a Deo per illud impetranda. *Br.* (503)[3].

2. Aus *assensus,* i. e. judicium intellectus approbans, quo ea, quae de Christo ejusque merito et satisfactione pro peccatis nostris et de gratia Dei ac promissionibus de gratuita remissione peccatorum propter Christum scriptura tradit, certo et indubitato vera esse credimus, inque illis simpliciter acquiescimus. *Quen.* (IV,283)[4].

3. Aus *fiducia,* actus ejusmodi, quo voluntas acquiescit in Christo mediatore, tanquam bono praesente atque nostro, et causa alterius boni, nempe remissionis peccatorum et vitae aeternae consequendae. *Br.* (506)[5].

Keiner dieser drei Bestandteile darf fehlen, und keiner für sich allein macht den Glauben aus, von dem hier die Rede ist[6]. Zum Glauben ist also eine wirkliche Kenntnis der Verheißungen erforderlich, und es genügt nicht fides informis seu implicita (qua quis dicit, se credere id, quod ecclesia credit), sondern es muß fides explicita vorhanden sein[7]. Der Glaube besteht ferner nicht in bloßem Notiznehmen und Fürwahrhalten dessen, was ihm verheißen wird, wobei sich der Mensch innerlich gleichgültig dagegen verhalten könnte (fides historica), daher genügt es nicht, nur die Predigt von dem Heil so schlechthin für wahr zu halten. Also reicht auch nicht *assensus generalis* hin (quo in genere creditur, Deum esse justum et misericordem ac filium redemtorem in mundum misisse, sed in specie non fit applicatio, Jac. II,19), sondern der assensus muß ein specialis sein (quo statuit peccator illas promissiones generales ad se in individuo pertinere)[8]. Und endlich wird das Heil erst dann Eigentum des Menschen, wenn er es auch wirklich mit Zuversicht ergreift und sich zu eigen macht: das letztere ist darum als der wesentlichste Bestandteil des Glaubens zu betrachten[9].

Der Glaube ist demnach die dem einzelnen zuteil gewordene gewisse Zuversicht, daß er sich des Heiles in Christo getrösten dürfe[10]. Als solcher wird er fides specialis, auch salvifica oder justificans genannt[11], und er ist das einzige Mittel, durch das wir des Heiles teilhaftig werden[12]. Diesen Glauben selbst aber kann der Mensch in keiner Weise aus eigener Kraft in sich erzeugen, denn das Mißtrauen, das der Mensch im natürlichen Zustand gegen Gott hat, kann auch allein durch Gott überwunden werden; kommt es also im Menschen zu dem Glauben, so ist dieser als ein Werk Gottes in ihm zu betrachten[13], und Wort und Sakramente sind die Mittel, deren sich Gott dazu bedient[14]. –

Wo aber solcher Glaube von Gott in dem Menschen gewirkt ist, da ist mit ihm auch eine sittliche Veränderung vorgegangen; denn *der* Mensch würde das dargebotene Heil gar nicht ergreifen, der nicht den Trost, der darin liegt, erkennen würde; dieser Trost aber hat zu seiner Voraussetzung Erkenntnis der Sünde und Abscheu wider diese; wo also dieser Glaube vorhanden ist, da ist mit ihm immer auch eine zum Guten geneigte Gesinnung gesetzt[15], und zwar so notwendig, daß, wo diese fehlt, angenommen werden kann, daß der Glaube nicht rechter Art ist, und die Aneignung des Heils nicht wirklich stattgefunden hat (fid. salvifica vera et viva, non falsa aut mortua)[16]. Aber dabei ist doch wohl zu bemerken, daß, wenn auch der Glaube nicht ohne sittliche Gesinnung gedacht werden kann, diese doch nur das den Glauben Begleitende, zugleich mit ihm Gesetzte ist, das Heil selbst aber nur durch gläubiges Vertrauen in Empfang genommen werden kann. Die sittliche Gesinnung ist also in keiner Weise der Grund, auf den hin dem Menschen das Heil in Christo zuteil wird[17]. – Da es endlich dem Menschen nicht an Kennzeichen fehlt, an denen er das Vorhandensein des Glaubens in sich selbst erkennen kann, so kann er sich selbst vollkommen gewiß werden, ob der rechte Glaube, der da rechtfertigt, in ihm gewirkt sei[18]: dieser ist aber schwach oder stark zu nennen, je nachdem die Zuversicht, mit der der Mensch das dargebotene Heil ergreift, geringer oder größer ist[19].

1. *Br.* (502). Quamvis per passionem et mortem Christi revera praestitum fuerit, quidquid satisfactionis ab universis in mundo hominibus ad abolendum debitum per offensas illorum contractum, adeoque ad placandum Deum, eosque ipsi reconciliandos, exigi poterat: voluit tamen Deus, ut peccatores satisfactionem illam, pro se ipsis a filio Dei praestitam, agnoscant et fide apprehensam suam faciant et sic voluit, ut, quisquis mediatorem fide amplectitur, merito ejus fruatur ... – Glaube in dieser Bedeutung ist *fides subjectiva* s. qua creditur (fides proprie dicta, quae inest homini credenti tanquam subjecto), und wird als solcher unterschieden von *fides objectiva* s. quae creditur (quae est doctrina fidei, quae improprie dicitur fides, quia est objectum fidei. Act. VI,7. XIII,8. XVI,5. Rom. XII,7).

2. *Ap. conf.* II,48. Illa fides, quae justificat, non est tantum notitia historiae, sed est assentiri promissioni Dei, in qua gratis propter Christum offertur remissio peccatorum et justificatio. Et ne quis suspicetur, tantum notitiam esse, addemus amplius, est velle et accipere oblatam promissionem remissionis peccatorum et justificationis. – 81. Sic igitur

reconciliamur patri et accipimus remissionem peccatorum, quando erigimur fiducia promissae misericordiae propter Christum.

Chmn. (ll. c. th. II,270). 1. Scriptura vocat fidem, notitiam et scientiam. Luc. I,77. Kol. II,3. Eph. III,19. Sunt enim fidei ex verbo Dei proponenda et inculcanda decretum et historia redemtionis, promissio gratuita et universalis, quod propter illam victimam Deus velit peccatores, fide ad mediatorem confugientes, recipere. 2. Quia vero multi, qui haec audiunt, intelligunt et noverunt, vel negligunt vel dubitant vel repugnant, aversantur et persequuntur: oportet igitur huic notitiae conjunctam esse assensionem, non quidem generalem tantum, sed qua firma persuasione, quam Paulus πληροφορίαν vocat, quisque statuat, universalem illam promissionem privatim ad se quoque proprie et peculiariter pertinere, se quoque includi et comprehendi in illa universali promissione. 3. Deinde ex hac notitia et assensione, quae in mente est, cor seu voluntas concipit operatione spiritus a gemitum seu desiderium, ut, quia serio sentit, se oneratum esse peccatis et ira Dei, velit, expetat, quaerat sibi donari illa beneficia, quae in promissione evangelii proponuntur ... Quando hoc modo, mente, voluntate et corde te avertis a conspectu peccati et sensu irae Dei et respicis ad agnum Dei, qui tollit peccata mundi: hoc est, quando a sententia damnationis, quae per legem tibi denuntiatur, confugis ad thronum gratiae et ad propitiatorium, quod pater coelestis proposuit in sanguine Christi, necesse est accedere fiduciam, quae firma persuasione ex verbo Dei statuat, Deum tunc tibi donare, communicare et applicare beneficia promissionis gratiae, et te hoc modo vere apprehendere et accipere ad justitiam, salutem et vitam aeternam ea, quae gratuita evangelii promissio offert.

3. *Br.* (503). Credere enim non possumus, nisi quae mente apprehendimus aut apprehensione simplici cognovimus. Unde notitia vulgo primus fidei gradus aut pars prima seu initium fidei appellatur. – Probatur notitiam illam ad fidem in Christum requiri ex Joh. VI,69. XVII,3. Luc. I,77. Act. XVII,23.30. Eph. IV,18. Gal. IV,9.

4. *Quen.* (IV,283). Secundus hic fidei actus (scil. assensus) strictior est primo (scil. notitia), quoniam notitiam fidei habere possunt etiam haeretici, nec tamen verbo cognito praebent assensum. Assensus autem hic non perfunctorius, non dubius, non vacillans, sed certus firmusque esse debet, unde ἔλεγχος μὴ βλεπομένων dicitur Hebr. XI,1. Nititur hic actus fidei non rerum evidentia aut causarum et proprietatum notitia, sed Dei dicentis infallibili auctoritate. –

5. *Holl.* (1178). Fiducia est actus voluntatis, quo peccator, conversus et renatus, avide expetit et quaerit misericordiam Dei, partam merito Christi et hunc, tum ut praesens suum bonum, tum ut causam remissionis peccatorum aeternaeque salutis amplectitur, adversus omnes terrores ipsi innititur atque in eodem secure recumbit et acquiescit.

Quen. (IV,284). Sic fiducia nihil aliud est, quam acceptio seu apprehensio meriti θεανθρώπου appropriativa ad me et te in individuo. Apprehensionem insinuant loca: Joh. I,5.12. XVII,8. Rom. V,17. Gal. III,14. Luc. VIII,13. Act. VIII,14. Jac. I,21. Act. X,43. 1Tim. I,15. Appropriatio constat ex Iob XIX,25. Es. XLV,24. Joh. XX,28. Gal. II, 20sqq. Fiduciae ergo est Christum quaerere. Es. LV,6. Am. V,4. avide appetere Ps. XLII,2.3. eundem cum sua justitia apprehendere Rom. IX,30. omni acceptione complecti 1Tim. I,15. meritum ipsius sibi appropriare Gal. III,26. Phil. I,21. et suavissime in eo acquiescere Rom. IV,21. Hebr. X,22.

Haec apprehensio est voluntatis et practica, quae totius cordis et voluntatis in merito Christi recumbentiam involvit, notatque desiderium et accessum ad Christum, ejusque meriti applicationem et appropriationem fiducialem et haec proprie est fiducia.

6. *Br.* (508). Haec itaque illa fides est, quae dicitur apprehendere Christum aut meritum Christi; scilicet ut est assensus cum fiducia seu fiducia cum assensu conjuncta;

ex quibus actibus velut unitis constat, et nunc illius, nunc hujus nomine appellatur, altero semper connotato. – Unde patet, quomodo fides sit in diversis potentiis: intellectu et voluntate: nempe tanquam aggregatum aut complexum quid ex diversis actibus ad idem objectum terminatis et ordinem quendam inter se atque ad unum illud idemque objectum habentibus. *Holl.* (1166). Fides est in intellectu ratione notitiae et assensus, in voluntate ratione fiduciae.

Quen. (IV,282). Tres hae fidei partes exprimuntur Joh. XIV,10.11.12. ubi v. 10. loquitur de notitia, v. 11. de assensu, v. 12. de fiducia.

Die drei Bestandteile des Glaubens werden auch ausgedrückt durch die Unterscheidung von credere Deum, cr. Deo und cr. in Deum. – Credere Deum est credere, quod ipse sit Deus. Credere Deo est credere, vera esse, quae loquitur. Credere in Deum est credendo amare, credendo in eum ire, credendo ei adhaerere et ejus membris incorporari. Primam (fidem) habere possunt haeretici, secundam tantum orthodoxi, tertiam soli renati, adeoque posterius semper includit prius, sed non contra: priores duae ad intellectum, tertia ad voluntatem pertinet; priores respiciunt omne Dei verbum, tertia promissionem gratiae et meritum Christi. – *Quen.* (ibid.)

7. *Br.* (503). Fides explicita seu talis, qua res credenda, licet evidenter non cognoscatur, aut omnia cognoscibilia, quae in ea sunt, actu cognitionis attingantur, distincte tamen seu ita cognoscatur, ut ab aliis objectis discerni possit. Opponitur autem ei *cognitio implicita,* qua quis v. gr. credere putatur, Christum esse mediatorem, quando credit, vera esse, quae credit ecclesia, licet quaenam illa sint, quae ecclesia credit, ipse minime cognitum habeat. –

8. *Holl.* (1178). Assensu *generali* promissiones universales de gratia Dei et merito Christi verae esse judicantur. Assensu *speciali* statuit peccator conversus et renatus, illas promissiones generales ad se in individuo pertinere. – In 1Tim. I,15 conjungitur assensus fidei generalis et specialis. *Assensu generali* comprobanda est haec sententia, quod Jesus Christus venerit in mundum, ut omnes peccatores salvaret. Ab hac propositione universali descendit apostolus ad se in individuo et credit, propter Christum se ad salutem consecutum esse misericordiam Dei. Ex quo patet, meritum Christi esse universale et promissiones indeterminatas de gratuita remissione peccatorum propter Christum impetranda. Quando autem huic aut illi homini actu prodesse debent, necesse est, ut meritum Christi universale et promissiones indeterminatae per *assensum specialem* applicentur ac determinentur ad hunc illumve peccatorem poenitentem.

9. *Quen.* (IV,284). *Esse fiduciam praecipuam fidei partem* probamus; 1. *ab etymologia.* Fides et fiducia, *πίστις καὶ πεποίθησις* unam eandemque habent originem, utrumque enim a *πείθω* descendit, quod est suadeo et persuadeo, cf. Joh. II,24 (a collatione locorum veteris et novi testamenti; quae in V. T. confidentibus et fiduciae, ea in N. T. credentibus et fidei tribuuntur. *Holl.* [1182]; 2. *a synonymia.* Fides Hebr. XI,1. dicitur *ὑπόστασις*, quae firmiter et immote subsistentem cordis fiduciam denotat, cf. Ps. XXXIX,5. (LXX.) 2Kor. IX,4. XI,17. Hebr. III,14. Dicitur quoque fides *πεποίθησις* 2Kor. III,4. Eph. III,12. – *πληροφορία* certa et immota persuasio Rom. IV,20.21. Kol. II,2. Hebr. X,22, – *παῤῥησία* Eph. III,12. 1Joh. III,21. 1Joh. IV,17; 3. *ab exegetica declaratione.* Explicatur enim fides per receptionem Christi Joh. I,12, per apprehensionem meriti Christi Rom. III,30 (per fiduciam 1Joh. V,13. Matth. IX,22. XV,28. 1Joh. V,4); 4. *a manifestis dictis,* in quibus fides aliter accipi nequit nisi pro fiducia, ut Matth. IX,22. XV,28. 1Joh. V,4; 5. *ab oppositis.* Opponitur fidei haesitatio, *ἀπιστία* seu *ὀλιγοπιστία*, Rom. IV,20. Jac. I,6. Luc. VIII,50. Marc. V,36. Matth. VIII,26. XIV,31; 6. *a rationibus.* Per quodcunque enim fides justificans constituitur et ab aliis fidei speciebus distinguitur, id est ejus formalis ratio; atqui per fiducialem Christi ejusque

meriti apprehensionem fides justificans constituitur, Joh. I,12. Rom. III,25. et ab historica fide Jac. II,19. et fide miraculosa, quae aliud promissionis genus intuetur, distinguitur, Marc. XVI,16. Ergo.

10. Glaube kann also gleich gut definiert werden als fiducia misericordiae propter Christum, oder assentiri promissioni gratiae propter Christum, oder apprehendere Christum aut meritum Christi, oder doctrinae salvificae e sacris literis rite cognitae solidoque assensu approbatae fiducialis atque individualis applicatio ad peccatorum remissionem facta, ad consequendam per et propter Christi meritum aeternam salutem. cf. not. 1.

Holl. (1163). Fides in Christum est donum spiritus s., quo peccator conversus et renatus promissionem evangelicam de gratia Dei et remissione peccatorum aeternaque salute, propter satisfactionem et meritum Christi impetranda, salutariter agnoscit, solido assensu comprobat, et singulari fiducia sibi applicat, ut justificetur et aeternum salvetur. – Objectum fidei specialis ist demnach: *Holl.* (1166). Christus mediator, quatenus ut causa meritoria gratiae Dei et remissionis peccatorum nobis evangelica promissione offertur (1Joh. II,2. Rom. III,25. Act. XVI,31); vel, quod idem est, gratia Dei, propter satisfactionem Christi peccata remittens et in evangelio promissa (Rom. III,24); vel, quod eodem recidit, promissio evangelica de gratia Dei et peccatorum remissione, propter satisfactionem Christi impetranda (Rom. IV,16. Gal. III,22. 1Tim. I,15). Wozu *Holl.* (1167) noch bemerkt: Unum, quoad rem, significatur objectum fiduciae, sive in Christo mediatore sive in gratia, propter Christum mediatorem facta, id consistere dicas. Tantum in modo concipiendi et loquendi est diversitas.

11. *Fides specialis* im Unterschied von fides generalis. *Holl.* (1164). Fides generalis est, qua homo salvandus credit, omnia vera esse, quae verbo divino revelata sunt; de qua fide generali jam nobis sermo non est, propterea quod fidem consideramus ut medium salutis adeoque in ordine ad speciale seu peculiare objectum, quod habet vim recuperandi salutem per peccatum amissam et cujus intuitu fides inter media salutis recenseri potest. Est igitur *fides specialis,* qua peccator conversus et renatus promissiones universales de Christo mediatore et gratia Dei per ipsum impetranda, sibi in individuo applicat et credit, Deum velle sibi etiam propitium esse et peccata remittere propter Christi satisfactionem, pro suis et omnium hominum peccatis praestitam. Dicitur itaque fides specialis, non quod specialem aliquam promissionem pro objecto habeat, quae credenti peculiariter sit facta, sed ob applicationem, per quam sub promissione universali de gratia Dei et merito Christi ad se in individuo descendit. *Ap. conf.* II,45. Haec igitur fides specialis ... consequitur remissionem peccatorum et justificat nos ... – Über das Verhältnis von fides generalis et specialis *Chmn.* (ll. c. th. II,268): Fides justificans (specialis) praesupponit et includit fidem generalem, quae certa persuasione statuit, sine omni dubitatione verissima esse, quae in verbo Dei patefacta sunt ... Quando enim hoc generale fundamentum vacillat, tunc non potest concipi vel in lucta retineri firma fiducia promissionis evangelicae. Habet etiam fides justificans multas proprietates communes cum fide generali. ... Und gegen die Einwürfe des Katholizismus: Pontificii perpetuo doctrinam nostram calumniantur, quasi fingamus fidem partialem, quae non sit catholica; quia subtrahatur reliquis articulis fidei et universo verbo Dei, restringatur autem tantum ad unicum illud membrum de Christo mediatore, quasi in reliquis partibus verbi Dei assensio non sit necessaria, sed arbitraria. Ad refutandam igitur hanc calumniam statim in principio definitionis ponitur declaratio, nos reliquas partes doctrinae coelestis non excludere, quando proprium objectum fidei justificantis esse dicimus promissionem gratiae. Sed sicut summa, finis, scopus et meta totius scripturae est Christus in officio mediatoris: ita fides cum universo verbo Dei assentitur, respicit ad scopum totius scripturae et omnes alios articulos refert ad promissionem gratiae ...

12. *Form. conc.* (sol. decl. III,38) ... quod sola fides et nulla prorsus alia res sit illud medium et instrumentum, quo Dei gratia et meritum Christi in promissione evangelii apprehendatur, accipiatur nobisque applicetur.

Holl. (1173). Est enim fides justificans organon receptivum et quasi manus miseri peccatoris, qua sibi applicat et ad se recipit, complectitur et possidet ea, quae in gratuita promissione evangelii offeruntur. Deus rex summus e coelo manum gratiae, merito Christi partae, et in ea salutem porrigit et offert: peccator, in abysso miseriae constitutus, manu fidei mendica accipit, quod offertur. Oblatio et receptio sunt correlata. Quare manui gratiae, quae thesaurum justitiae et salutis offert, respondeat manus fidei, quae thesaurum oblatum apprehendit et recipit. –

13. *Form. conc.* (sol. decl. III,11). Fides donum Dei est, per quod Christum redemtorem nostrum in verbo evangelii recte agnoscimus ...

Gerh. (VII,162). Nimirum per peccatum ita sumus corrupti ac depravati, ut non solum indigeamus redemtione, peccatorum remissione, salutis ac vitae aeternae dono; sed etiam, ut ne fidem quidem ex nobis et de nostro adferre possimus, per quam divinae gratiae ac bonorum coelestium participes reddamur. Misertus igitur nostri Deus perinde facit, ut fidelis medicus, qui non solum medicinam adfert aegroto, unde sanetur, sed etiam, si opus sit, et hoc efficere aegrotus nequeat, id agit, ut, quam adfert, capere possit medicinam. – *Quen.* (IV,281). Causa efficiens principalis fidei salvificae est Deus, Joh. VI,29. Phil. I,29. Hinc etiam fides vocatur donum Dei, Eph. II,8. operationis Dei, Kol. II,12. Unde liquet, fidem esse Dei regenerantis, non nostrae voluntatis donum, non meritum. Ex gratia oriri, non natura, adventitiam esse, non haereditariam, supernaturalem, non naturalem. Quod enim ratione tum initii, tum incrementi, tum complementi a Deo est, illud ex arbitrio nostro et naturae viribus pendere nequit. Atqui fides est a Deo ratione tum initii, Phil. II,13. I,6. tum rat. incrementi, Marc. IX,24. Luc. XVII,5. tum rat. complementi, Phil. I, 6. 2Thess. I,11. Ergo. – *Br.* (721). Causa impulsiva *interna* est bonitas seu misericordia et gratuitus favor Dei (Phil. I,29): *externa* est meritum Christi. –

14. *Ap. conf.* II,73. Non excludimus verbum aut sacramenta. Diximus enim supra, fidem ex verbo concipi, ac multo maxime ornamus ministerium verbi.

Gerh. (VII,163). Neque vero immediate vel per enthusiasticos raptus spiritus s. vult operari fidem in cordibus hominum, sed mediate per verbi praedicationem, auditum, lectionem, meditationem. ... Ergo *causa instrumentalis* fidei est praedicatio verbi; spiritus s. non solum offert in verbo evangelii immensa beneficia Christi passione ac morte parta, sed etiam per verbum illud efficax est in cordibus hominum, accendit in eis fidem, qua oblata bona amplectantur sibique applicent. – Den Unterschied, der in der Ordnung ist, in der Wort und Sakrament an Erwachsene und an Kinder kommen, deutet *Quen.* (IV, 282) in ff. an: Medium conferens in adultis primo verbum evangelii praedicatum, auditum, lectum, devote consideratum, Joh. XVII,20. Rom. X,17. 1Kor. I,21. 2Kor. IV,6. post sacramenta sunt. In infantibus vero primo baptismus principium fidem generans est. –

Demnach unterscheidet *Holl.* (1186) den Glauben (quae essentialiter et absolute considerata una est) ratione modi cognoscendi in *fidem directam,* quae recta fertur in Christum et eo conciliatam gratiam Dei (v. gr. infantes credunt, sed nondum fidem suam propter defectum pleni judicii explorare queunt), und in *fidem reflexam et discursivam,* qua homo renatus credit et sentit, se credere, ut cum Paulo dicere possit 2Tim. I,12.

15. *Ap. conf.* II,45. Quia (fides) in poenitentia, h. e. in terroribus consolatur et erigit corda, regenerat nos et affert spiritum s., ut deinde legem Dei facere possimus. ... *Ibid.* (64). Quum autem de tali fide loquamur, quae non est otiosa cogitatio, sed quae a morte liberat et novam vitam in cordibus parit et est opus spiritus s.: non stat cum peccato mortali, sed tantisper dum adest, bonos fructus parit.

Form. conc. (sol. decl. IV,10). Fides est divinum quoddam opus in nobis, quod nos immutat, ex Deo regenerat, veterem Adamum mortificat et ex nobis plane alios homines (in corde, animo et omnibus viribus nostris) facit et spiritum s. nobis confert. Et est fides illa quiddam vivum, efficax, potens, ita ut fieri non possit, quin semper bona operetur. Neque fides quaerit demum, an bona opera sint facienda, sed priusquam de ea re inquiratur, jam multa bona opera effecit et semper in agendo est occupata.

Br. (518). Fiducia non est sine dilectione. Nam quando voluntas nostra Christum tanquam bonum praesens ac Deum propter Christum placatum nobisque propitium redditum respicit, non solum amore complacentiae eundem prosequitur, verum etiam amore benevolentiae: quatenus movetur, ut bene velit illi, seu cupiat praestare, quae ipsi bona aut grata sint futura.

16. *Holl.* (1163). *Fides falsa sive vana ac mortua* aequivoce dicitur fides, cum tantum sit inanis persuasio ac jactantia fidei, aut temeraria praesumtio de Dei misericordia et gratia, propter meritum Christi, in homine impoenitente peccatisque suis indulgente, de quo Jac. II,20. – Nobis hic sermo est de fide vera et viva, quae vitam suam accipit a Christo et cum justificavit peccatorem conversum, per caritatem et studium bonorum operum se vivam exserit et ostendit. *Ap. conf.* III,128. Mortuam ait (Jacobus) fidem esse, quae non parit bona opera; vivam ait esse, quae parit bona opera III,21 et 22; fides illa, de qua loquimur, existit in poenitentia, h. e. concipitur in terroribus conscientiae, quae sentit iram Dei adversus nostra peccata et quaerit remissionem peccatorum et liberari a peccato. Et in talibus terroribus et aliis afflictionibus debet haec fides crescere et confirmari. Quare non potest existere in his, qui secundum carnem vivunt, qui delectantur cupiditatibus suis et obtemperant eis. –

17. *Ap. conf.* II,56. Fides non ideo justificat aut salvat, quia ipsa sit opus per sese dignum, sed tantum, quia accipit misericordiam promissam. – *Ibid.* 74. Dilectio etiam et opera sequi fidem debent, quare non sic excluduntur, ne sequantur, sed fiducia meriti dilectionis aut operum in justificatione excluditur. *Form. conc.* (sol. decl. III,41). Manet, quod Lutherus recte dicit: Bene conveniunt et sunt connexa inseparabiliter fides et opera, sed sola fides est, quae apprehendit benedictionem sine operibus et tamen nunquam est sola. – 42. Quando de fide agitur, quomodo videlicet ea justificet, haec est ea de re D. Pauli doctrina, quod sola fides sine operibus justificet, quatenus nobis Christi meritum applicat et communicat: quando vero quaeritur, qua in re et quonam indicio homo Christianus vel in se ipso vel in aliis hominibus veram et vivam fidem, item simulatam et mortuam fidem agnoscere et discernere possit: cum multi torpentes et securi Christiani sibi opinionem quandam loco fidei imaginentur (cum tamen veram fidem non habeant), de hac re Apologia si respondet: Jacobus eam vocat mortuam fidem, quam non omnis generis bona opera et fructus spiritus sequuntur. – Sehr treffend die Unterscheidung von *Holl.* (1172): Vis et ἐνέργεια fidei duplex est: *receptiva* s. apprehensiva et *operativa.* Illa est, qua fides Christum et omnia merito ipsius parta beneficia passive recipit (Joh. I,12. XVII,8. Kol. II,6. 1Tim. I,15. Rom. V,17. Act. X,43. Jac. I,12. Gal. III,14). Haec est, qua fides per opera caritatis et reliquarum virtutum active se exserit, Gal. V,6. *Not.:* Epitheton illud operari per caritatem (in Gal. V,6) attributum est fidei, *quae justificavit,* non attributum fidei, quae adhuc justificatura est, multo minus forma aut essentia fidei justificantis, *quatenus* justificat. Neque enim describit apostolus officium fidei justificantis, *quatenus* justificat, sed aliud fidei officium, nempe operari per caritatem – und die Stelle aus *Brenz* (apol. conf. Würtemb.): Fides, ut ita dicam, duplices habet manus. *Unam, quam extendit sursum* et apprehendit Christum cum omnibus ipsius beneficiis et hac parte nos dicimus justificare. *Alteram, quam protendit deorsum* ad exercenda opera caritatis et reliquarum virtutum et hac parte *testificamur quidem veritatem fidei,* sed non justificamur. –

Die *sämtlichen Aussagen* über den Glauben stellt *Quen.* (IV,281) so zusammen: Si *originem* fidei justificantis spectes, coelitus immittitur; si *media offerentia*, per ipsum Dei verbum et sacramenta gignitur; si *effectum*, veniam peccatorum adipiscitur; si *consequens*, per sancta caritatis opera indicatur; si *praemium*, aeterna salute compensatur; si *ordinem ad virtutes*, radix ceterarum ac fundamentum est. –

18. *Holl.* (1187). Competit fidei in Christum certitudo a) ex parte objecti quod creditur, cui falsum subesse repugnat. Verbum quippe Dei, quod fidei assensu recipitur, est certissimum ob auctoritatem Dei revelantis; b) ex parte subjecti, sive ejus, qui credit et promissionibus divinis tenacissime adhaeret atque innititur. Etenim fides est ἔλεγχος πραγμάτων οὐ βλεπομένων, Hebr. XI,1; certa assensio et plena fiducia, Rom. IV,21. Kol. II,2. Hebr. VI,11; firma persuasio, Eph. III,12. 1Kor. VI,17.

Id. (1188). Possunt et solent homines conversi et renati certitudine infallibili cognoscere, quod vere credant, tum e συμμαρτυρίᾳ sive contestatione spiritus s. cum testimonio spiritus sui, sive animae suae illuminatae et renatae (Rom. VIII,16. 1Joh. V,9), tum e δοκιμασίᾳ, examine aut probatione fidei (2Kor.XIII,5).

19. *Holl.* (1186). *F. parva vel infirma* est, cum vel tenuis lux notitiae Christi in intellectu gliscit vel assensu debili et languido recipitur promissio gratiae, vel fiducia cum pavore conscientiae luctatur. Sic Marc. IX,24. Est tamen fides infirma etiam vera: sicut scintilla sub cinere latens est verus ignis et tenellus infans verus homo est. *Fides magna vel firma* est clara notitia misericordiae divinae, in Christo propositae, assensus solidus, fiducia intrepida et omnes terrores vincens. cf. Rom. IV,18. – *Chmn.* (ll. c. th. II,270). Nota debent esse fundamenta. Justificamur enim fide non propterea, quod sit virtus tam firma, robusta et perfecta, sed propter objectum, quod fides apprehendit Christum. ... Quando igitur fides in objecto non errat, sed verum illud objectum quamvis languida fide apprehendit vel saltem conatur et expetit apprehendere, tunc vera est fides et justificat.

§ 42
2. Justificatio

Die Wirkung des Glaubens ist die Rechtfertigung[1]. Darunter versteht man denjenigen Akt Gottes, durch den er das Strafurteil, das über den Menschen um seiner Sünden willen verhängt ist, aufhebt, ihn also von seiner Schuld los und ihm das Verdienst Christi zuspricht. *Br.* (574). Justificatio actum illud denotat, quo Deus judex hominem peccatorem adeoque reum culpae et poenae, sed in Christum credentem justum pronuntiat[2]. Dieser Akt tritt ein in dem Moment, in dem der Mensch im Glauben das Verdienst Christi ergreift[3], und er kann mit Recht als actus forensis s. judicialis bezeichnet werden, weil Gott da gleichsam wie im bürgerlichen Gericht ein Urteil über den Menschen ausspricht, das diesem eine ganz andere Stellung, als er bisher hatte, und ganz andere Rechte zuweist[4]. Unter Rechtfertigung hat man also in keiner Weise einen sittlichen Zustand, der sich in dem Menschen vorfindet, oder eine sittliche Umwandlung, die mit ihm vorgegangen ist, zu verstehen, sondern nur ein über den Menschen ausgesprochenes Urteil, durch das sein Verhältnis zu Gott umgestaltet wird[5], und zwar in der Art, daß der Mensch sich jetzt als solchen betrachten kann, dessen Sünden getilgt sind, der sich um ihretwillen nicht mehr vor Gott zu verantworten hat, der vielmehr vor Gott angenehm und als ein Gerechter erscheint, an dem Gott nichts mehr zu strafen, über den er nicht mehr zu zürnen Ursache hat. Durch diesen von Gott ausgehenden Akt der Rechtfertigung wird dem Menschen danach zuteil:

1. remissio peccatorum (Rom. IV,7. Ps. XXXII,1.2. Rom. III,25. Luk, XI,4. 2Kor. V,19);
2. imputatio justitiae Christi[6] (Rom. V,9. 2Kor. V,21. Gal. III,6. Phil. III,9. Rom. IV,5);

denn Gott sieht von dem Moment an, in dem bei dem Menschen der Glaube eintritt, alles das, was Christus geleistet hat, an, als hätte er, der Mensch, es getan, und spricht so das Verdienst Christi dem Menschen zu, als wäre es dessen eigenes Verdienst[7]. – Daraus ist zugleich ersichtlich, was wir als den Grund zu bezeichnen haben, auf dem unsere Rechtfertigung ruht, und das das Mittel ist, durch das wir zu dieser Rechtfertigung gelangen können. Der Grund liegt allein in dem Verdienst Christi; denn dadurch sind unsere Sünden getilgt, und ist es Gott möglich geworden, uns wieder in Gnaden anzunehmen[8]. Das Mittel aber, durch das wir zur Rechtfertigung gelangen, ist der Glaube[9]. In keiner Weise wird also von unserer Seite als Bedingung zur Erteilung der Rechtfertigung ein Verdienst oder eine Würdigung gefordert, von der unsere Rechtfertigung erst noch abhinge. Es wird zwar nicht in Abrede gestellt, daß in dem Menschen, wie mit dem Eintreten des Glaubens, so auch zugleich mit dem Eintreten der Rechtfertigung eine sittliche Umwandlung vorgegangen ist; aber diese ist doch auch da nur als das die Rechtfertigung Begleitende und mit ihr zugleich Vorhandene, in keiner Weise aber als die Bedingung zu betrachten, unter der uns die Rechtfertigung zukommt[10]; und das um so weniger, als in der Gnade Gottes, die in der Rechtfertigung sich zutage legt, erst der Grund und die Möglichkeit einer solchen Umwandlung gegeben ist[11]. Die sittliche Würdigkeit des Menschen darf also da, wo nach dem Grunde gefragt wird, auf den hin der Mensch wieder bei Gott in Gnaden angenommen wird[12], in keiner Weise mit in Anschlag gebracht werden, und es ist von höchster Bedeutung, dieses recht fest zu halten, weil da, wo die Rechtfertigung auch nur zum Teil durch unsere eigene Leistung bedingt wäre, wir des festen Grundes entbehrten, auf den hin wir uns der Rechtfertigung getrösten könnten[13]. Die Rechtfertigung ist demnach durchaus als ein freies Gnadengeschenk von seiten Gottes zu betrachten, das uns umsonst und ohne daß von unserer Seite eine Leistung dazuzukommen hätte, angeboten wird und das allein hin- und angenommen werden kann durch den Glauben, wie sich das in dem Satz ausspricht, daß wir gerechtfertigt werden: gratis, sola fide[14] propter Christum[15].

Diese Lehre, wonach in dem Akt der Rechtfertigung alles Werk von seiten des Menschen ausgeschlossen und die Rechtfertigung als die allein durch die

Gnade Gottes bewirkte betrachtet wird, ist es, die den Mittelpunkt der durch die Reformation gewonnenen Erkenntnis bildet[16]: in ihr ist dem Menschen ein sicherer und gewisser Grund gegeben, auf den er die Hoffnung seines Heiles bauen kann, und ist ihm ein gewisser Weg gezeigt, auf dem er dieses Heil finden soll[17].

1. *Quen.* (IV,286). Effectus fidei immediatus est peccatorum remissio, adoptio, justificatio, cum Christo unio, accessus ad Deum, et conscientiae tranquillitas. Inter quos fidei effectus *palmam tenet justificatio,* ad quam omnes reliqui effectus referri possunt.

2. *Quen.* (III,526). Justificatio est *actus* ss. trinitatis externus, judicialis, gratiosus, quo hominem peccatorem gratis propter Christi meritum fide apprehensum remissis peccatis, justum reputat, in gloriosae gratiae ac justitiae suae laudem et justificatorum salutem.

3. *Br.* (574). Posita fide et per fidem ... statim justificatur homo, ita ut tempore simul sint actus, quo homini confertur fides, et actus, quo homo justificatur: licet ille natura prior sit, hic posterior.

4. *Br.* (574). Justificatio *forensem significationem* habet, et actum illum denotat, quo Deus judex hominem peccatorem adeoque reum culpae et poenae, sed in Christum credentem, justum pronuntiat ...

Chmn. (ll. c. th. II,250). Paulus articulum justificationis ubique describit *tanquam processum judicialem,* quod conscientia peccatoris coram tribunali Dei lege divina accusata, convicta et sententiae aeternae damnationis subjecta, confugiens ad thronum gratiae restituitur, absolvitur et, a sententia damnationis liberata, ad vitam aeternam acceptatur, propter obedientiam et intercessionem filii Dei mediatoris, quae fide apprehenditur et applicatur. Justificare hat demnach die Bedeutung von: justum pronuntiare. *Form. concord.* (sol. decl. III,17). Vocabulum justificationis in hoc negotio significat justum pronuntiare, a peccatis et aeternis peccatorum suppliciis absolvere, propter justitiam Christi, quae a Deo fidei imputatur. *Br.* (575). Quamvis vox latina *justificare* composita sit ex nomine justus et verbo facere, non tamen ex usu loquendi, praesertim in scripturis, quando homo peccator coram Deo justificari dicitur, *infusionem habitualis justitiae* denotat: verum juxta indolem vocis הִצְדִּיק (2Sam. XV,4. Deut. XXV,1) et vocis δικαιοῦν apud LXX. interpretes et Paulum Rom. III et IV. etiam latinum *justificare* a foro externo ad forum spirituale translatum est, in quo homines velut coram tribunali divino sistantur et cognita causa lataque sententia absolvantur. – Nach katholischer Lehre ist justificare gleichbedeutend mit justum reddere, ex impio justum facere. Dagegen *Ap. conf.* III,131. Justificari significat hic non ex impio justum effici, sed usu forensi justum pronuntiare. *Quen.* (III,515). Verba haec (δικαιοῦν et הִצְדִּיק) nunquam et nusquam in universa scriptura s. etiam extra negotium justificationis hominis peccatoris coram Deo justificationem per infusionem novarum qualitatum significant, sed quotiescunque de Deo justificante impium coram tribunali suo usurpantur, significationem forensem habent. – Den biblischen Beweis führt *Gerh.* (VII,4sqq.) in ff. ausführlich: Significatio forensis (verbi δικαιοῦν) demonstratur: 1. *quia notat actum judicialem,* non solum extra doctrinam justificationis gratuitae coram Deo (Es. V,23. Deut. XXV,1. 2Sam. XV,4. Ps. LXXXII,3. Es. XLIII,9), sed etiam in ipso justificationis articulo (Ps. CXLIII,2. Job IX,2.3. Luc. XVIII,14); 2. *quia opponitur condemnationi* (Deut. XXV,1. 1Reg. VIII,32. Prov. XVII,15. Matth. XII,37. Rom. V,16. VIII,33.34); 3. *quia ejus cognata sunt forensia.* Exprimitur enim judicium Ps. CXLIII,2; judex Joh. V,27; tribunal Rom. XIV,10; reus Rom. III,19; accusator Joh. V,45; testis Rom. II,15; chirographum Kol. II,14; debitum Matth. XVIII,24; advocatus 1Joh. II,1; absolutio Ps. XXXII,1. Lex coram Dei judicio accusat peccatorem, ut fiat obnoxius Deo Rom. III,19. Conscientia συμμαρτυρεῖ hanc legis accusationem, Rom. II,15. Cumque per peccatum tota hominis natura et omnia ejus opera sint misere contaminata, ideo nihil invenit, quod judicio Dei opponere possit; lex igitur fulmen maledictionis et condemnationis in hominem peccati convictum vibrat, sed evangelium monstrat Christum mediatorem, qui perfectissima sua obedientia pro debitis peccatorum nostrorum satisfecerit, ad hunc peccator territus et voce legis damnatus vera fide confugit, hanc Christi justitiam judicio Dei et accusationi legis opponit, ac hujus respectu et imputatione justificatur, h. e. sententia damnationis absolvitur et justus pronuntiatur; 4. *quia aequipollentes phrases itidem sunt judiciales.* Justificare enim est: non vocari in judicium, Ps. CXLIII,2. non condemnari, Joh. III,18. non venire in judicium, Joh. V,24. non judicari, III,18. Publicanus descendebat justificatus in domum suam, absolutus scil. a peccatis suis, Luc. XVIII,14. Paulus justificare exponit per imputare justitiam, Rom. IV,3.5. tegere iniquitates, non imputare peccatum, v.7. remittere peccata, Rom. III,25. condonare peccata, Kol. II.13. – Pertinent etiam huc sequentes phrases: Deo reconciliari, Rom. V,10. justum constitui, v.19. benedictionis participem fieri, Eph. I,3. remissionem peccatorum accipere, Act. X,43. salvum fieri, Act. IV,12. cf. parabolam Matth. XVIII,27.

5. *Br.* (577). Justificatio non importat realem et intrinsecam hominis mutationem. *Holl.* (928). Justificatio est actus judicialis isque gratiosus, quo Deus satisfactione Christi reconciliatus peccatorem in Christum credentem ab objectis criminibus absolvit et justum aestimat atque declarat. *Quae actio, cum sit extra hominem in Deo, non potest hominem intrinsece mutare.* Sicut igitur debitor, pro quo alius debitum dissolvit, ut liber a debito censeatur, non intrinsece, sed extrinsece, ratione status mutatur: ita peccator, qui ob satisfactionem Christi, vera fide applicatam, a peccatis liber reputatur et pronuntiatur, non mutatur intrinsece, sed extrinsece, ratione melioris status. – *Terminus a quo* hujus mutationis extrinsecae est status peccati et irae sive reatus culpae et poenae; quia per reatum culpae et poenae peccator in statu peccati et irae manet (Rom. IV,7. Eph. I,7. 2Kor. V,19). *Terminus ad quem* est status gratiae et justitiae, quia Deus peccatorem in Christum credentem remissis peccatis in gratiam recipit et justitiam Christi ei imputat (Rom. IV,5.6. Gal. III,6. 2Kor. V,21. Phil. III,9. Rom. V,19). Zu letzterem bemerkt noch *Br.* (579): Aliqui huc referunt jus filiorum Dei et haereditatem vitae aeternae, quae nobis in foro divino conferatur sive adjudicetur. Quidam dignitatem praemiorum justitiae, quam in hoc justificationis actu consequamur, addunt. Alii tamen et fere plerique actum illum, quo fidelibus filiatio aut haereditas illa, aut jus praemiorum confertur, a justificatione distinguunt et inter consequentia ejus referunt. ... Scriptura etiam non raro tanquam duo distinguit, immunitatem a reatu peccatorum et ἐξουσίαν filiorum Dei atque haereditatem coelestem, quarum haec illam supponat et justificatis ulteriore aut aut novo beneficio obtingat: scilicet, quod finito demum processu judiciali sequatur *υἱοθεσία* illa, seu adoptio in filios, de qua Rom. VIII,15.23. Gal. IV,5. Eph. I,5.

6. *Quen.* (III,524). Consistit justificatio nostra coram Deo in *remissione seu nonimputatione peccatorum, et imputatione justitiae Christi.* Die *Form. conc.* stellt zuweilen beide Ausdrücke nebeneinander, zuweilen führt sie den Inhalt des rechtfertigenden Urteils auf den einzigen Ausdruck der remissio peccatorum zurück. Sie sagt (epit. III,4): Credimus ... hoc ipsum nostram esse coram Dei justitiam, quod Dominus nobis peccata remittit ex mera gratia ... Ille enim donat atque imputat nobis justitiam obedientiae Christi; propter eam justitiam a Deo in gratiam recipimur et justi reputamur. Und sie sagt (sol. decl. III,9): de justitia fidei ... confitemur, quod homo peccator coram Deo justificetur, h. e. absolvatur ab omnibus suis peccatis et ab judicio justissimae condemnationis et adoptetur in numerum filiorum Dei, atque haeres vitae aeternae scribatur. ... Das gleiche tun auch andere DD. Damit ist keine Differenz in der Sache selbst gesetzt. *Br.* nennt als forma justificationis allein die remissio peccatorum, weil er die im-

putatio justitiae Christi als das die remissio Begründende voraussetzt. Er sagt (588): certum est, quando formam justificationis dicimus esse remissionem aut non-imputationem peccatorum, non excludi imputationem justitiae Christi ..., neque imputationem ipsius fidei ad justitiam. Scilicet existimamus tantum, imputationem justitiae Christi ipsiusque fidei in signo rationis *priorem esse actu illo forensi justificationis,* quo homines absolvuntur a reatu peccatorum, quia ad quaestionem: quare Deus hominem justificet? ratione a priori data respondetur: quia Deus justitiam seu meritum Christi fide apprehensum homini imputat seu ita judicat ad hominem pertinere, ut is propterea a reatu peccatorum absolvatur. – Andere DD. äußern sich nur verschieden über das Verhältnis, in dem remissio peccatorum und imputatio justitiae Chr. zueinander stehen. *Quen.* (ibid). Hae ipsae vero (ut ita dicam) partes non sunt diversae aut distinctae τῷ εἶναι, sed duntaxat τῷ λόγῳ, imputatio enim justitiae Christi materialiter est ipsa remissio peccatorum, et remissio peccatorum est ipsa justitiae Christi imputatio, ita ut utraque vox, seorsim sumta, totam justificationis naturam exprimere queat. ... Unde et apostolus Paulus Rom. IV. *remittere peccata et imputare justitiam* inter se commutat in descriptione justificationis, quam modo per remissionem peccatorum, modo per imputationem justitiae definit. Ut enim uno eodemque tempore et actione recte dici potest, tenebrarum expulsionem ex aëre esse ipsius luminis in aërem introductionem, ita unus idemque homo impius uno eodemque tempore et actu justificationis plane individuo et a reatu absolvitur et justus pronuntiatur. *Holl.* (915). Remissio peccatorum et imputatio justitiae Christi sunt actus indivulsi et intime conjuncti, formaliter tamen distincti, cum ille privativus, hic positivus sit: ille ex obedientia Christi passiva, hic ex obedientia activa immediate proficiscatur. Non diffitemur interim, unum ex altero recte inferri, cum nullus detur peccator, cui remissa sint peccata, et tamen non imputata sit justitia Christi et vice versa.

In der früheren Zeit hatte man wohl in die Definition von justificatio auch die renovatio oder regeneratio mit aufgenommen. So sagt *Mel.* (ll. com. th. II,207sq.): Primus (gradus) libertatis evangelicae est, quod gratis propter filium Dei donatur nobis remissio peccatorum, reconciliatio, justificatio s. imputatio justitiae et acceptatio ad vitam aeternam et haereditas vitae aeternae ... Secundus gradus est donatio spiritus s., qui novam lucem in mente et novos motus in voluntate et corde accendit, gubernat nos et inchoat in nobis vitam aeternam. Und die *Ap. conf.* II,72: quia justificari significat ex injustis justos effici seu regenerari, significat et justos pronuntiari seu reputari. Utroque enim modo loquitur scriptura. *Ibid.* III,40: quamquam ... constet, justificationem non solum initium renovationis significare, sed reconciliationem, qua etiam postea accepti simus. Indem man später diese Ausdrücke ausschied und sich in der Definition von justificatio auf remissio peccatorum und imputatio justitiae Christi beschränkte, trat damit keine Änderung in der Lehre ein. Melanchthon und die Apologie wollten damit nur sagen, daß, weil der Glaube, mit dem man das Verdienst Christi ergreift, von dem Hl. Geist gewirkt ist, mit ihm auch zugleich die regeneratio in ihrem Anfang gesetzt sei (Ap. II,45: haec fides specialis, qua credit unusquisque sibi remitti peccata propter Christum et Deum placatum et propitium esse propter Christum, consequitur remissionem peccatorum et justificat nos. Et quia in poenitentia, h. e. in terroribus consolatur et erigit corda, regenerat nos et affert spiritum s., ut deinde legem Dei facere possimus), und daran hielten auch die späteren DD. noch fest (cf. not. 10). Sie ließen sich aber durch die später eingetretenen Kontroversen mit den Katholiken und auch lutherischen Theologen (*A. Osiander*) bestimmen, schon in der Definition von justificatio den Schein abzuwehren, als ob die gleichzeitig mit der remissio peccatorum in ihrem Anfang eintretende renovatio irgendeine Bedingung der Erteilung der Sündenvergebung wäre. Damit stimmt die Apologie vollkommen überein.

7. *Quen.* (III,525). Forma imputationis (justitiae Christi) consistit in gratiosa Dei

aestimatione, qua peccator resipiscens ob alienam, h. e. Christi perfectissimam obedientiam fide apprehensam κατ' ἐπιείκειαν evangelicam, coram tribunali divino justus reputatur, ***haud secus ac si ab ipsomet homine illa praestita esset.*** – *Apol. conf.* III,184. Justificari hoc loco forensi consuetudine significat reum absolvere et pronuntiare justum, sed propter alienam justitiam, videl. Christi, quae aliena justitia communicatur nobis per fidem ... Quia justitia Christi donatur nobis per fidem, ideo fides est justitia in nobis imputative, id est, est id, quo efficimur accepti Deo propter imputationem et ordinationem Dei. Der Ausdruck: *justitia Christi* wird von der *Form. conc.* (sol. decl. III,14) folgendermaßen erklärt: Justitia (Christi, quae coram Deo fidei aut credentibus ex mera gratia imputatur, est *obedientia, passio et resurrectio Christi*, quibus ille legi nostra causa satisfecit et peccata nostra expiavit. Gleichbedeutend mit dem Ausdruck: »justitia Christi nobis imputatur« ist der andere Ausdruck: »meritum seu obedientia Christi nobis imputatur.« Auch der: *»fides nobis imputatur ad justitiam«* Rom. IV,5, der so erläutert wird: nimirum quatenus, apprehendit sibique applicat Christi justitiam. *Justitia fidei* sodann: nihil aliud est, quam remissio peccatorum, gratuita acceptatio peccatoris propter solam obedientiam et meritum perfectissimum unius Christi (ibid. 54).

Chmn. (ll. th. II,294) rechtfertigt den Begriff der imputatio den Pontificiis gegenüber in folgender Weise: Est quaedam imputatio, quae habet et respicit fundamentum in ipso operante, cui fit imputatio, et haec fit non secundum gratiam, sed secundum debitum. Est vero alia imputatio, quae in eo, cui fit, non habet, nec respicit fundamentum, cujus ratione et respectu imputetur, sed fundamentum est in gratia et misericordia Dei justificantis impium. Et eo ipso, cum dicit, hac imputatione impium justificari, ostendit, in credente, cui fit gratuita haec imputatio, fundamentum esse contrarium, cui scilicet non justitia esset imputanda, sed reatus, si Deus vellet judicium intrare. Paulus igitur distincte et diserte ostendit, se velle vocabulum imputationis in articulo justificationis intelligi non in priori significatione, sed in posteriori. Et idem mox latius ostendit et probat ex Davide, qui describit beatitudinem esse ejus hominis, cui Deus imputat justitiam sine operibus. Ergo fundamentum hujus imputationis, de qua Paulus loquitur, non est in eo, cui fit imputatio, dicit enim: sine operibus. Et Eph. II,8. expressius dicit: non ex nobis. Addit autem, peccata in hac imputatione remitti, iniquitates tegi, delicta non imputari. Est igitur in illis credentibus, quibus fit haec gratuita imputatio, fundamentum contrarium, si Deus vellet judicium cum ipsis intrare. ... Imputatio igitur illa justitiae consistit in gratia et misericordia Dei, quae propter Christum fundamentum inhaerens, peccatum scilicet, tegit, ne imputetur, et fundamentum, quod non haeret in credente, imputatur ei ex gratia, quasi ea, qua debet, perfectione inhaereret. ... Tria igitur haec jam ex veris fundamentis colligimus, quae ad vocabulum imputationis in hoc articulo pertinent. 1. In credentibus non est fundamentum illud, cujus ratione et respectu justitia ad beatitudinem imputatur, ne in Abrahamo quidem, etiam quando spiritu s. ornatus est eximiis donis novitatis. 2. Contrarium reperitur fundamentum, si Deus vellet in judicium intrare, quod tegendum est, ne imputetur, peccatum scilicet. 3. Est autem illa imputatio relatio mentis et voluntatis divinae, quae ex gratuita misericordia propter Christum credentibus peccata non imputat, sed imputat illis justitiam, i. e. habentur coram Deo in judicio ejus, ac si perfectam haberent justitiam inhaerentem, et ideo tanquam justis datur eis salus et vita aeterna. Quartum vero, quod etiam ad imputationem pertinet, quodnam et quare addendum sit, hinc potest intelligi. Quando judex sua relatione terminum justitiae imputat reo sine fundamento, est abominatio. Quidam respondent, Deum esse agens liberrimum et ideo posse justificare, quos velit et quomodocunque velit. Sed Deus suam voluntatem in lege patefecit et illa non potest solvi ... Ergo juxta illam revelatam voluntatem Deus non vult aliquem justificare sine justitia, h. e. nisi juxta legem satisfactum sit pro peccato et lex perfecta obedientia fuerit impleta. Et Paulus dicit, quando fides imputatur ad justitiam, legem non destrui sed stabiliri, h. e. ut dialecticorum terminis loquamur: relatio mentis divinae imputat credenti terminum justitiae ad vitam aeternam non sine fundamento. Illud autem fundamentum non est in credentibus. Sed Deus nobis proposuit filium suum mediatorem, factum sub lege, cui satisfecit et portando peccata et integra obedientia ... Ita habebimus integram relationem, fundamentum est in obedientia et redemtione, in Christo Jesu Domino nostro. Relatio est gratia et misericordia Dei, terminus est persona credens, cui propter justitiam Christi peccata non imputantur, sed per Christum reputatur justa coram Deo ad vitam aeternam, imputata ipsi justitia Christi ...

Haec explicatio totam doctrinam illustrat, et multas cavillationes refutat. ... Jesuitae dicunt, relationem sine fundamento esse inanem phantasiam et illusionem, ut si Crassus aere alieno oppressus salutatur dives. Tale quid, dicunt, esse justitiam imputativam, quae non habeat fundamentum inhaerens in nobis. Sed hae cavillationes graviter refutantur ex illis, quae diximus. Non enim docemus, Deum ex levitate quadam sine fundamento credentibus imputare justitiam, sed affirmamus ex verbo Dei, oportere tam firmum ... esse fundamentum gratuitae imputationis, ut justitia inhaerens in ipso Abrahamo et Davide non possit esse fundamentum illius relationis et imputationis ..., sed oportuerit filium Dei incarnari ... Est igitur justitia fidei non minimae, sed maximae entitatis, quia Christus est nostra justitia, nec est inanis phantasia, est enim cogitatio et judicium Dei. Von der Bedeutung des Wortes justificatio bemerkt noch *Holl.* (914): Imputare in articulo justificationis non sumitur *in sensu physico,* ut significet inserere, implantare, sed *in sensu morali, judiciali ac declarativo,* ut significet adjudicare, accensere, attribuere, aestimatione et judicio suo effectum actionis voluntariae ad aliquem transferre, derivare, devolvere.

Die Realität der imputatio erweist *Br.* (581) in ff.: Dicitur imputatio, non quasi sit *otiosa vel imaginaria aut fundamento et fructu carens* relatio meriti alieni ad alium: sed quod sit actus intellectus et voluntatis ejus, qui judicium exercet; quo judicat meritum alienum, quod vice alterius praestitum et ab eo, pro quo praestitum fuit, fide apprehensum est, posse salva justitia acceptari, quasi illius proprium meritum esset, et vult illud hoc modo acceptare, quasi ille hoc, quidquid est, de suo praestitisset. Quem λογισμὸν Paulus ipse tradit Rom. IV,3–6. *Quen.* (III,525). Realissima ergo est haec imputatio, sive spectes *ipsam justitiam, quae imputatur, sive actum imputandi.* Verissima et realissima est ipsa Christi justitia seu obedientia in agendo et patiendo consistens, quae nobis imputatur, quippe quae menti et voluntati divinae in lege expressae exacte respondet. Realis quoque est actus imputandi sive ipsa imputatio, quia mensura ejus est infallibilis Dei intellectus. Unde non potest Deus justum reputare et aestimare eum, cui non vera justitia est appropriata, neque a voluntate divina, omnis bonitatis norma, proficisci potest imaginariae vel fictitiae aestimationis seu justitiae approbatio. Vere itaque justi sunt, quibus justitia Christi imputatur, licet non *inhaesive* sive per inhaerentiam, sed *imputative* et per extrinsecam saltem denominationem tales sint, nam etiam ab eo, quod extrinsecum est, vera potest fieri denominatio. Inanis itaque quaestio est, an propter illam imputationem revera justi simus, an tantum justi censeamur? Dei enim judicium est secundum veritatem. Proinde, qui in judicio Dei justus esse censetur, ille revera justus est.

8. Die DD. (*Quen.* III,517) unterscheiden: *causa impulsiva interna* justificationis nostrae, quae est mere gratuita Dei gratia (Rom. III,24. XI,6. Eph. II,8.9. 2Tim. I,9. Tit. III,4–6), und *causa impulsiva externa et meritoria,* quae est Christus mediator, ratione obedientiae suae activae et passivae (Rom. III,24. 2Kor. V,21). (*Br.* [583]. Causa impulsiva externa non tollit gratuitum Dei favorem in negotio justificationis aut

ab eo ipsa excluditur: cum potius hoc ipsum debeatur gratiae divinae, quod Deus filium suum misit, qui pro nobis satisfaceret, ut justificari possemus, quodque hoc meritum alienum ac si nostrum esset accipit.) Daraus ergibt sich, in welchem Sinne gesagt wird, der Grund der Rechtfertigung sei extra hominem. *Mel.* (ll. c. th. I,179). Hos (pavores, qui in vera poenitentia exsistunt) si considerarent, scirent, mentes perterrefactas quaerere consolationem *extra sese* et hanc consolationem esse fiduciam, qua voluntas acquiescit in promissione misericordiae, propter mediatorem donatae. *Quen.* (III,525). Imputatio haec habet fundamentum firmissimum, non in homine, qui justificatur, sed *extra eum,* nempe in ipso Deo imputante et Christo mediatore imputationem, praestita satisfactione, promerente. – Die gegenteilige Lehre ist die der katholischen Kirche, die unter justificare versteht: *ex injusto justum facere.* Nach dieser Lehre liegt der Grund unseres Heiles nicht in der Aneignung des Verdienstes Christi, sondern in unserer sittlichen Umwandlung. Es wird dann gesagt: illud, propter quod homo justificatur et haeres aeternae vitae constituitur, est infusus justitiae et caritatis habitus vel novitas, sive justitia nobis inhaerens, per quam legem observamus. *Quen.* (III,540). Wo man dann katholischerseits den Ausdruck justitia Christi braucht, verbindet man damit einen ganz anderen Sinn als in der lutherischen Kirche; denn während nach dieser unter justitia Christi diejenige Gerechtigkeit verstanden wird, die Christus durch seinen Gehorsam gegen den Vater *uns* erworben hat, versteht die katholische Lehre unter justitia Christi die sittliche Vollkommenheit Christi selbst, die ihm inhärierende Gerechtigkeit. Diese wird aber von den lutherischen DD. als *essentialis* von jener, der justitia habitualis et meritoria, wohl unterschieden. Auch der lutherische Theologe *Andr. Osiander* verstand unter justitia Christi die justitiam Christi essentialem, und vermischte so gleich den Katholiken Rechtfertigung und Heiligung. So sagt er in seiner conf. et disput. a. 1549: Legis impletionem a Christo factam et obedientiam remissionemque peccatorum esse praeparationem ad justitiam, ipsam vero justitiam, qua coram Deo justi censemur, esse divinam Christi naturam, ingredientem in nos per fidem et in nobis inhabitantem vel essentialem atque aeternam Dei justitiam, quae in nobis habitans faciat nos juste agere. Worauf die Entscheidung der *Form. conc.* (sol. decl. III,55): Cum in ecclesiis nostris apud Theologos A. C. extra controversiam positum sit, totam justitiam nostram extra nos et extra omnium hominum merita, opera, virtutes atque dignitatem quaerendam, eamque in solo Domino nostro Jesu Christo consistere: dextre considerandum est, qua ratione Christus in negotio justificationis nostra justitia dicatur. Nempe quod justitia nostra neque in divina (*Osiander*) neque in humana natura (*Stancarus*), sed in tota ipsius persona consistat, quippe qui ut Deus et homo in sola sua tota et perfectissima obedientia est nostra justitia. –

9. *Holl.* (903). Medium ληπτικόν seu ex parte hominis peccatoris recipiens meritum Christi et in eo fundatam Dei gratiam, est fides. – Der Glaube wird dann wohl auch als causa bezeichnet, aber als *causa impulsiva minus principalis,* oder als *c. instrumentalis, organica,* auch ληπτική; nur in dem Sinn nämlich, daß durch den Glauben das Verdienst Christi, die rechtfertigende Gnade etc. hingenommen werden müsse, und durchaus nicht in dem anderen, daß in dem Glauben eine die Rechtfertigung bewirkende Kraft liege. Dies ist schon in dem allgemeinen Satz der *Ap. conf.* (II,53) enthalten: Quoties de fide justificante loquimur, sciendum est, haec tria objecta concurrere: promissionem et quidem gratuitam et merita Christi, tanquam pretium et propitiationem. Promissio accipitur fide, gratuitum excludit nostra merita et significat tantum, per misericordiam offerri beneficium; Christi merita sunt pretium, quia oportet esse aliquam certam propitiationem pro peccatis nostris. Näher *Form. conc.* (sol. decl. III,13). Fides non propterea justificat, quod ipsa tam bonum opus, tamque praeclara virtus sit, sed quia in promissione evangelii meritum Christi apprehendit et amplectitur. – *Holl.* (903). Fides justificat non per se, propria dignitate

aut valore, movendo Deum ad justificandum hominem credentem, sed quia tanquam instrumentum aut medium ληπτικὸν sive receptivum apprehendit meritum Christi, cujus intuitu Deus impellitur, ut peccatorem poenitentem et in Christum credentem, salva justitia sua, ex gratia a reatu culpae absolvat et justum reputet. Fidei enim justificantis ἐνέργεια sive vis interna est λαμβάνειν, recipere Christum, in Christo fundatam gratiam Dei, peccata condonantem, oblatam in promissione evangelica et ab hac dependentem remissionem peccatorum. Joh. I,12. Rom. V,17. Gal. III,14. Act. X,43. Fides acceptat effectum satisfactionis Christi, remissionem peccatorum. Ex his oraculis coelestibus colligimus, fidem esse medium receptivum, quo satisfactio Christi et ea parta gratia Dei acceptatur. *Quen.* (III,518) unterscheidet daher zwischen *causalitas fidei, quae consistit in apprehendendo et recipiendo,* quae non est alia quam organica et instrumentalis, und zwischen *ratio causandi* seu *vis justifica,* quae competit fidei non in se et in sua natura, sive quatenus est apprehensio. Posset enim apprehendere merita propria, imaginaria, vel justitiam humanam, neque tamen sic justificaret. Nec competit ipsi ex liberali Dei aestimatione seu acceptilatione, quasi Deus tanti fidem aestimet, ut justificandi dignitatem et valorem ipsi tribuat, sed unice ex objecto justifico apprehenso sive ratione objecti, quatenus scil. apprehendit meritum Christi. Hoc P. expresse indicat Rom. III,25, scil. totam vim justificam fidei dependere a re apprehensa ... Quemadmodum ex gr., quando manus famelici oblatum panem apprehendit, apprehensio ista, qua talis, hominem non saturat, posset enim apprehendere lutum et lapidem vel alia, quibus saturari non posset, sed tota saturatio pendet ab objecto apprehenso et manducato, nempe a pane ... Sic esuriens justitiam Matth. V,6. apprehendit equidem fide, seu manu mendicante panem, qui de coelo descendit Joh. VI,50.51, neque tamen apprehensio, qua talis, famem spiritualem pellit ..., sed tota apprehensionis vis dependet a re apprehensa per fidem, ἀπολυτρώσει scil. ac sanguine Jesu Christi ...

10. *Form. conc.* (sol. decl. III,32). Recte etiam dicitur, quod credentes, qui per fidem in Christum justificati sunt, in hac vita primum quidem *imputatam fidei justitiam,* deinde vero etiam *inchoatam justitiam novae obedientiae* seu bonorum operum habeant. Sed haec duo non inter se permiscenda aut simul in articulum de justificatione fidei coram Deo ingerenda sunt. *Chmn. ex. c. Trid.* (I,233). Certum est, utrumque esse beneficium filii Dei mediatoris, *et remissionem peccatorum et renovationem,* in qua spiritus s. in credentibus accendit novas virtutes. Christus enim sua passione meruit nobis non tantum remissionem peccatorum, verum etiam hoc, quod propter ipsius meritum datur nobis spiritus s., ut renovemur spiritu mentis nostrae. Haec beneficia filii Dei dicimus quidem esse conjuncta, ita *ut, quando reconciliamur, simul etiam detur spiritus renovationis.* Sed propterea non confundimus illa, sed distinguimus, ita ut cuique suum locum, ordinem et suam proprietatem tribuamus, sicut ex scriptura didicimus, ut scil. reconciliatio seu remissio peccatorum praecedat et postea sequatur inchoatio dilectionis seu novae obedientiae. Praecipue vero, ut fides statuat, se habere placatum Deum et remissionem peccatorum, non propter sequentem et inchoatam novitatem, sed propter mediatorem filium Dei. –

11. *Form. conc.* (sol. decl. III,27). Oportet personam primum esse justam, antequam bona opera facere queat. *Ap. conf.* (IV,36). Hoc imprudentissime scribitur ab adversariis, quod homines rei aeternae irae mereantur remissionem peccatorum per actum elicitum dilectionis, cum impossibile sit diligere Deum, nisi prius fide apprehendatur remissio peccatorum. Non enim potest cor, vere sentiens Deum irasci, diligere Deum, nisi ostendatur placatus; donec terret et videtur nos abjicere in aeternam mortem, non potest se erigere natura humana, ut diligat iratum, judicantem et punientem. Facile est otiosis fingere ista somnia de dilectione, quod reus peccati mortalis possit Deum diligere super omnia, quia non sentiunt, quid sit ira aut judicium Dei, at in agone conscientiae et in acie experitur conscientia vanitatem illarum speculationum philosophicarum.

12. *Chmn. ex. c. Trid.* (I,234). Haec est principalis quaestio, hic status, hoc *κρινόμενον*, quid scilicet id sit, propter quod Deus hominem peccatorem in gratiam recipiat, quid judicio Dei opponi debeat et possit, ne juxta rigidam legis sententiam damnemur, quid fides apprehendere et adferre, quo niti debeat, quando vult cum Deo agere, ut accipiat remissionem peccatorum, quid interveniat, propter quod Deus peccatori, qui commeritus est iram et aeternam damnationem, reddatur placatus et propitius, quid conscientia statuere debeat, illud esse, propter quod donetur nobis adoptio, in quo tuto collocari possit fiducia, ut acceptemur ad vitam aeternam. An illud sit satisfactio, obedientia et meritum filii Dei mediatoris, an vero inchoata in nobis novitas, dilectio et reliquae virtutes in nobis. –

13. *Mel.* (I,192). Quia plurimum refert, hanc exclusivam (sc. particulam *gratis*) recte intelligi, exponam quatuor causas, propter quas eam retineri et defendi necesse est: 1. ut debitus honor Christo tribuatur; 2. ut conscientia certam et firmam consolationem retineat (si haec exclusiva ignoretur confirmatur dubitatio, videl. si existimes, non remitti peccata, nisi cum satis dignam contritionem aut dilectionem habebis, haerebit dubitatio, quae alias contemtum Dei, alias odium et desperationem parit); 3. ut vera invocatio praestari possit; 4. ut conspiciatur discrimen legis et evangelii.

14. *Form. conc.* (sol. decl. III,36). Hoc ipsum vult Paulus, quando in hoc articulo particulas exclusivas, quibus ex articulo justitiae fidei opera excluduntur (ut sunt hae: absque operibus, sine lege, sine merito, non nisi ex gratia, gratis non ex operibus), tanta diligentia tantoque zelo urget. Hae autem exclusivae omnes hisce verbis comprehenduntur, cum docemus: *sola fide coram Deo justificamur et salvamur.* Hoc enim modo opera nostra excluduntur, non quidem ea ratione, quasi vera fides possit existere sine contritione, aut quasi bona opera non necessario veram fidem (tanquam certissimi fructus) sequantur, aut quasi credentes in Christum non debeant bene operari: sed *ab articulo justificationis coram Deo opera excluduntur,* ne negotio justificationis peccatoris coram Deo, quasi ad eam rem necessaria, pertinentia et requisita, inserantur et admisceantur. Et haec est vera particularum exclusivarum in articulo justificationis sententia, quae diligenter et sedulo in hoc articulo retinenda atque urgenda est. – *Chmn.* (ll. th. II,304). Si vero quaeratur, cur tam acriter digladiemur de particula *sola* et non potius contenti simus illis particulis exclusivis, quae in scriptura extant (vocab. gratia – gratis – sine operibus – imputatio) verae et graves causae sunt. Sicut enim ecclesia omnibus temporibus suis quibusdam modis loquendi libere usa est, ut contra varias adversariorum insidias res ipsae planissime possint proponi, explicari, defendi et retineri: ita in articulo justificationis principem locum tribuimus exclusivis Paulinis. Quo vero consilio et quibus de causis etiam particulam (*sola*) usurpemus et retineri velimus, verae et graves sunt rationes. – *Particula sola omnes illas exclusivas, quibus scriptura utitur, simul complectitur, idque significantissime.*

Um den Sinn, in dem gesagt wird: *sola fide justificamur,* recht genau zu bestimmen und vor Mißverständnissen zu wahren, fügen die DD. noch eine Reihe von Erläuterungen hinzu, aus denen wir ff. herausheben. *Quen.* (III,552sq.). 1. Non loquimur hic de fidei *ἐνεργείᾳ* seu de operatione fidei justificantis, quae in variis actibus virtutum, ut caritatis, spei etc. se exserit, sed de ejus operatione, quae *ipsi est propria, nativa et solitaria,* et reliquis virtutibus omnibus prorsus est incommunicabilis et est: meritum Christi apprehendere, sibique applicare. –2. Particula exclusiva »sola« *non excludit diversa causarum genera, sed eadem subordinat.* Non enim opponitur a) gratiae Dei, justificationis causae efficienti principali; b) non merito Christi; c) nec verbo et sacramentis, quae causae instrumentales justificationis nostrae a parte Dei offerentis et dantis sunt, *sed nostris operibus,* utpote quae hac propositione excluduntur sic, ut propositio haec: fides sola justificat, aequipolleat huic: fides absque operibus justificat. 3. Disting. inter exclusionem operum *ratione communicationis efficientiae.* Opera excluduntur non ab actu praesentiae, sed a communicatione efficientiae, non ut non adsint fidei et justificatis, sed ut cum fide nullam habeant in justificando homine ἐνέργειαν s. causalitatem. 4. Disting. inter fidem consideratam *respectu ipsius justificationis* et tum sola est instrumentum apprehendens Christi meritum solaque justificat, et spectatam *in persona justificati* sive post justificationem et hoc modo nunquam est sola, sed semper reliquis virtutibus stipata, imo earum omnium est radix et initium. 5. Disting. inter *fidem solam et solitariam.* Sola justificat, h. e. est unicum illud organon, quo Christi justitiam apprehendimus nobisque applicamus, sed nunquam sola existit sive solitaria est, h. e. a reliquis virtutibus sejuncta et separata, siquidem vera fides semper est viva, non mortua, adeoque sibi praesentia habet opera bona tanquam proprium effectum. –

15. Der richtigste und gewöhnlichste Ausdruck ist also der: *justificamur fide s. per fidem.* Gleichbedeutend damit sind aber die Ausdrücke: justificamur per gratiam – per meritum – per obedientiam Christi. cf. *Form. conc.* sol. decl. III,9 et 12. Wenn der Ausdruck: sola fides justificat gebraucht wird, so wird, um alle Mißverständnisse zu vermeiden, dies noch folgendermaßen erläutert: *Musaeus* (bei *Holl.*). Quando de fide dicitur in *casu recto,* quod justificet, locutio videtur esse metonymica. Non enim sensus est, fidem absolvere hominem a peccatis, et reputare eum justum; sed dicitur fides justificare, quia ejus intuitu Deus nos justos reputat, seu quia fides (non sua quidem, sed meriti Christi dignitate) Deum movet, ut nos justificet. *Holl.* (ibid.). Haud ex vano inquit Osiander: »Si accurate et secundum scripturam loqui velimus, dicendum esset, solum Deum justificare (est enim actio solius Dei); fide autem hominem justificari.« Non enim ipsa fides justificat eo ipso, quod se habet mere apprehensive. Modus autem loquendi, quia ita invaluit, ut dicatur, sola fides justificat, retineri potest, si modus loquendi ex usu scripturario dextre applicetur. –

16. *Form. conc.* (sol. decl. III,6). Hic articulus de justitia fidei praecipuus est in tota doctrina christiana, sine quo conscientiae perturbatae nullam veram et firmam consolationem habere aut divitias gratiae Christi recte agnoscere possunt. Id D. Lutherus suo etiam testimonio confirmavit, cum inquit: si unicus hic articulus sincerus permanserit, etiam christiana ecclesia sincera, concors et sine omnibus sectis permanet; sin vero corrumpitur, impossibile est, ut uni errori aut fanatico spiritui recte obviam iri possit. –

Chmn. (ll. th. II,216). Hic unicus locus praecipue discernit ecclesiam a reliquis omnibus gentibus et superstitionibus, sicut Augustinus inquit: ecclesia discernit justos ab injustis, non lege operum, sed lege fidei. Imo hic locus est tanquam arx et praecipuum propugnaculum totius doctrinae et religionis christianae, quo vel obscurato vel adulterato vel subverso impossibile est puritatem doctrinae in aliis locis retinere. Salvo autem hoc loco corruunt per se omnes idolomaniae, superstitiones et quidquid est corruptelarum in omnibus fere aliis locis ...

17. Die späteren DD. fügen noch hinzu: effecta und affectiones justificationis. Als *effecta* zählt *Quen.* (III,256) auf: 1. unio nostri mystica cum Deo. Joh. XV,4–6, XIV,23. Gal. II,19.20. III,27. Eph. III,17; 2. adoptio in filios Dei. Joh. I,12. Rom. VIII,14; 3. pax conscientiae. Rom. V,1; 4. certa precum exauditio. Rom. VIII,32. Jac. I,5–7; 5. sanctificatio. Rom. VI,12; 6. salus aeterna. Rom. IV,7.8. Als *affectiones:* 1. *efficientia instantanea,* neque enim paulatim et successive fit, ut renovatio, sed in momento, in instanti simul et semel; 2. *perfectio,* quia perfecte remittuntur omnia peccata, ut nulla opus sit satisfactione propria. 1Joh. I,7. Rom. VIII,1. Hebr. X,14; 3. *identitas modi justificationis* respectu omnium omnino salvandorum. – Communis omnium salus praesupponit communem fidem et communem eundemque justificandi modum. Act. IV,12. XV,11. Rom. III,22–26; 4. *certitudo* in nobis non conjecturalis,

sed infallibilis et divina. Rom. VIII,25.38.39. V,1.2. Eph. III,12. 1Joh. III,14; 5. *incrementum,* non quoad actum justificationis, qui instantaneus, sed ratione fidei ac sensus. 2Kor. X,15. Kol. I,10, 2Petr. III,18. Eph. IV,14.15; 6. *continuatio* Apoc. XXII,11; 7. *amissibilitas* Ez. XVIII,24. Hebr. VI,5.6. Joh. XV,2; 8. *reiterabilitas* Joh. VI,37. Rom. V,20. –

§ 43

Nachdem von fides als dem Mittel, durch das wir des Heiles teilhaftig werden, und von justificatio als der Wirkung des Glaubens gehandelt ist, hat die Beschreibung der inneren Zustände und der sittlichen Umwandlung zu folgen, die in dem Menschen zugleich mit und nach der justificatio vorgehen. Auch diese aber sind Wirkungen des Hl. Geistes. Nach der Ordnung, in der dieser sie hervorbringt*, zählen wir: 1. vocatio; 2. illuminatio; 3. regeneratio et conversio; 4. unio mystica; 5. renovatio. –

* *Holl.* (795). Actus gratiae applicatricis, secundum ordinem, quo cohaerent et se subsequuntur, sunt: vocatio, illuminatio, conversio, regeneratio, justificatio, unio mystica cum Deo triuno, renovatio, conservatio fidei et sanctitatis, glorificatio. – So zählen fast alle späteren DD. Die justificatio, die wir oben schon behandelt haben, fällt uns hier aus. – *Holl.* (ibid.) gibt von dieser Ordnung ff. Rechenschaft: Hunc ordinem et quasi concatenatam seriem actuum gratiae applicatricis discimus ex Act. XXVI,17 ubi Christus Paulum compellat »In gentes te mitto«, en gratiam vocationis! »Ut aperias oculos eorum«, en illuminationem! »Et convertantur a tenebris ad lucem«, en actum conversionis! »Et a potestate Satanae ad Deum«, en ipsam regenerationem, per quam filii Dei evadimus! »Ut accipiant remissionem peccatorum«, en justificationem! »Et sortem inter eos, qui sanctificati sunt per fidem in me«, en unionem cum Christo per fidem, sanctificationem, sanctitatis conservationem et glorificationem! – In den symbolischen Büchern ist die Ordnung wohl angedeutet (wie auch hie und da von den nachfolgenden DD. der früheren Zeit), doch nur im Vorübergehen, in *Catech. minor.* art. 3 rsp. und *Form. conc.* sol. decl. II,50. – Verworfen werden die tres mysticorum viae, wonach der zur Kirche Berufene a tribus viis, purgativa, illuminativa et unitiva ad sanctum montem perfectionis atque Deificationis possit expedite progredi. Der Grund: quia neque justo ordine dispositae sunt, neque homines iis incedentes ad terminum a mysticis praefinitum certo pertingunt. –

§ 44
1. Vocatio

V. est actus gratiae, quo spiritus s. hominibus, extra ecclesiam constitutis, voluntatem Dei de salvandis peccatoribus per verbum divinum manifestat et ipsis beneficia a redemtore Christo offert, ut ad ecclesiam adducantur, convertantur et aeternam salutem consequantur *Holl.* (803)[1].

Die Gnade Gottes, mit der er das Heil im Menschen wirken will, beginnt mit der vocatio; denn Gott muß das Heil an den Menschen bringen, da dieser ungerufen auch nicht nach diesem begehren würde. Die vocatio ist aber zu unterscheiden als *v. indirecta et directa,* oder, was hier gleichbedeutend ist, als *v. generalis et specialis*[2]. Unter ersterer versteht man den Ruf, der durch das Gewissen und die natürliche Gottes-Erkenntnis an den Menschen ergeht, und so nur im allgemeinen eine dunkle Sehnsucht nach dem ihm noch unbekannten Heil erweckt; unter letzterer aber den Ruf, der durch die Predigt des Evangeliums an den Menschen ergeht und ihn zum Eintritt in das Reich Gottes, zur Bekehrung und zur Empfangnahme des Heiles in Christo direkt einlädt und nur von dieser ist hier die Rede. Sie aber ist keine bloß äußere, sondern ist stets begleitet von einer Wirkung des Hl. Geistes, derart, daß der so Gerufene den Zug des Hl. Geistes nicht verkennen kann und daß sein Gewissen ihm bezeugt, wie sehr er Ursache habe, diesem Ruf zu folgen: sie ist also ebensosehr ernstlich gemeint (seria) als stets wirksam (efficax)[3]. – Weil nun in der Predigt des Evangeliums die einzige Möglichkeit liegt, durch die der Mensch zum Heil in Christus gelangen kann (causa organica est externa verbi praedicatio Rom. X,17. 2Thess. II,14)[4], so bedient sich Gott ihrer als des Mittels, durch das er den Ruf an die Menschen gelangen läßt, und je nachdem er diese durch Menschen, die er dazu verordnet und antreibt[5], oder ohne deren Vermittlung unmittelbar ruft, ist die vocatio als *mediata* oder *immediata* zu bezeichnen, und danach eine *ordinaria* oder *extraordinaria*[6]: nur aber zu den außergewöhnlichen Fällen gehört es, daß Gott anders als durch die Vermittlung von Menschen ruft. Der Grund, warum er ruft, liegt einzig und allein in seinem Erbarmen mit dem Elend, in dem sich die Menschen, solange sie des Heiles in Christus nicht teilhaftig sind, befinden[7]. Darum ergeht auch dieser Ruf an alle Menschen und ohne Auswahl, denn alle sind in gleichem Elend. Die vocatio ist daher eine *universalis,* und zwar a) *ratione intentionis Dei,* qua serio vult, ut omnes homines ad agnitionem veritatis perveniant 1Tim. II,4. 2Petr. III,9; b) *ratione mandati Christi* Matth. XI,28; c) *ratione ipsius praeconii*: omnes enim homines in universo mundo sunt vocati Mark. XVI,20. Rom. X,18. Die Allgemeinheit des Rufes besteht aber nicht darin, daß Gott an alle einzelnen Menschen in den verschiedenen Zeiten den Ruf hat in *gleicher Weise* ergehen lassen, sondern darin, daß er Sorge dafür trägt, daß die Predigt, die den Ruf an die Menschen zu bringen hat, überhaupt in irgendeiner Weise zu allen Nationen und so auch zu allen einzelnen Menschen kommen *kann*[8] Der Ruf ergeht also insofern gleichmäßig an alle Menschen, als die Heilsgnade allen Menschen durch dieselben Mittel angeboten wird; eine Ungleichmäßigkeit findet aber statt in Beziehung auf die Ordnung, die Art und die Zeit der Berufung: denn den einen kommt sie früher als den anderen zu, bei den einen weilt sie länger als bei den anderen, die einen erhalten die Predigt unmittelbar von den von Gott verordneten Verkündigern, die anderen erst durch dritte Hand[9].

Der Nachweis, daß der Ruf an alle Nationen und an alle einzelnen Individuen gelangt sei, ist freilich für uns schwer zu führen, doch wissen wir aus Geschichte und Offenbarung folgendes: Einmal, daß drei Zeiten waren, in denen Gott auf feierliche Weise die Predigt von dem Heil in solcher Weise hat ergehen lassen, daß damit jedesmal der ganzen damals lebenden Welt Gelegenheit gegeben war, diese zu vernehmen, wodurch zugleich die Möglichkeit für sie gesetzt war, diese Predigt allen ihren Nachkommen zukommen zu lassen. Es ist dies zur Zeit Adams, Noahs und der Apostel geschehen[10]. Finden sich dann im Verlauf der Zeit einzelne Völker, denen die Predigt des Evangeliums gänzlich unbekannt ist, so spricht das nicht gegen die so bezeichnete universalitas vocationis, sondern hat seinen Grund darin, daß diese Völker die ihnen verkündete Predigt nicht treu bewahrt oder gar nicht zu Herzen genommen haben, worunter dann die Nachkommen zu leiden haben. Durch die Schuld der ersteren ist es dann gekommen, daß die vocatio, die nach der Absicht Gottes eine universalis sein sollte, eine particularis geworden ist[11].

Dann wissen wir, daß Gott es in seiner Gnade auch nicht bei dem solennen Ruf in jenen drei Zeiten hat bewenden lassen, sondern daß er noch allerlei Veranstaltungen getroffen hat, durch die auch später der Ruf an die Nationen und Einzelnen gelangen konnte und gelangen kann[12]. Warum Gott dann an einzelne Völker den Ruf hat direkter ergehen lassen als an andere, ist uns freilich unbekannt; denn die Ratschlüsse und Wege Gottes sind freilich unerforschlich. Aber das kann uns nicht irremachen in der Lehre, daß der Ruf der Absicht Gottes nach allgemein sei, da diese Absicht Gottes aufs bestimmteste in der Hl. Schrift ausgesprochen ist[13].

1. Die ausführliche Definition *Quen.s* (III,466): Vocatio est actus gratiae applicatricis spiritus s., quo is benignissimam Dei erga universum genus humanum lapsum voluntatem per externam verbi praedicationem, in se semper sufficientem ac efficacem, manifestat, et bona, per redemtoris meritum parta, omnibus in universum hominibus offert, ea seria intentione, ut omnes per Christum salvi fiant et aeterna vita donentur. –

2. In ersterer Weise unterscheiden *Kg.* und *Quen.*, in letzterer *Holl. Quen.* (III,461). *Late sumta includit etiam vocationem indirectam,* quae fit tum intuitu hujus universi, ejusdemque gubernationis et divinae in creaturas beneficentiae, Rom. I,19.20. II,14.15. Act. XVII,27, tum per famam generalem et confusam de coetu quodam, in quo dicitur agnosci et coli solus verus Deus, 1Reg. X,1. 2Reg. V,2.3. 1Thess. I,8. – Hae modo recensitae vocationis species sunt magis invitamenta et incitamenta quaedam ad inquirendum de vero Dei cultu et coetu, in quo ille viget, quam vocatio proprie dicta: ratio est, quia pro fine proximo et immediato non habent ipsam hominis aeternam salutem, vel cognitionem Christi redemtoris et mysteriorum ad salutem aeternam adipiscendam necessariorum, sed saltem adductionem ad januam verae ecclesiae.

Stricte accipitur terminus, prout significat vocationem *directam,* ... qua Deus homines per verbum sive lectum sive praedicatum ad fidem et poenitentiam vocat, illisque gratiam conversionis offert, qua converti ipsi et salutis participes fieri possint.

Holl. (803). Vocatio ***generalis et paedagogica*** ad ecclesiam est, qua Deus peccatores extra ecclesiam constitutos ad inquirendum verum Dei cultum et coetum, in quo illi viget, obscurius et velut e longinquo invitat, et ad januam ecclesiae adducit. Vocatio illa generalis fit: a) objective, per propositionem regiminis et beneficentiae divinae in creaturas; b) effective, per efficacem influxum atque impulsum divinum, quo tum e notitiis innatis theoreticis et practicis, tum e documentis beneficentiae divinae suscitantur conclusiones practicae in mentibus infidelium, inaequali tamen mensura ad inquirendum de vero cultu Dei; c) cumulative, per famam de ecclesia, toto orbe diffusam.

3. *Quen.* (III,463). Forma vocationis consistit in seria (Matth. XXIII,37) atque ex Dei intentione semper sufficiente (Rom. VIII,30), semperque efficaci (Rom. I,16) voluntatis divinae manifestatione ac beneficiorum per Christum acquisitorum oblatione. – *Id.* (464). Nulla enim vocatio Dei sive ex se et intrinseca sua qualitate sive ex Dei intentione est inefficax, ut nec possit, nec debeat effectum salutarem producere, sed omnis efficax est (habet enim verbum Dei praedicatum ex ipsius Dei ordinatione et voluntate intrinsecam divinam et sufficientem vim et efficaciam ad regenerationem, conversionem etc. producendam), licet, ***quo minus effectum suum consequatur, ab hominibus obicem ponentibus impediatur, atque ita inefficax fit vitio malae obstinataeque hominum voluntatis.*** Die Unterscheidung, die die Calvinisten zwischen vocatio interna et externa machen, wird daher verworfen. *Quen.* (III,466). Distinguunt Calviniani inter vocationem externam et internam et utramque exponunt a) ratione principiorum, quod *illa* fiat per verbi ministerium, vel omnibus vel quibusdam extrinsecus oblatum, haec per spiritum s. intus corda electorum illuminantem et flectentem; b) ratione subjectorum, quod *illa* electis et reprobis communis sit, *haec* solis electis peculiaris, ita ut reprobi nullo tempore illius compotes reddantur; c) ratione efficaciae, quod *haec* sola sit efficax et irresistibiliter tum intellectum illuminet, tum voluntatem flectat, nec unquam, ubi semel animum occupaverit, aboleri aut extingui possit, *illa* autem sine hac inutilis ad salutem et inefficax sit. – Nos distinctionem admittimus, sed ita ut externam vocationem internae non opponamus, nec unam ab altera separemus, cum externa vocatio internae medium sit ac organon et per illam Deus efficax sit in cordibus hominum. Si externa vocatio non ex asse congruit internae, si externe vocatus esse potest qui non interne, vana fuerit, fallax, illusoria. –

4. Über den Ruf, der durch die Predigt des Evangeliums und durch die des Gesetzes an den Menschen ergeht, *Holl.* (807): Deus peccatores miseros ad ecclesiam directe et salutariter vocat verbo evangelii (2Thess. II,14) ad quod pertinet etiam baptismus (Joh. III,5). Facit tamen ad vocationem peccatorum aliquid lex divina, sed non nisi indirecte, privative et per accidens ...

Apol. conf. V,51. Per legem terret Deus, ut sit locus consolationi et vivificationi: quia secura corda et non sentientia iram Dei fastidiunt consolationem. –

5. *Quen.* (III,463). Causa ministerialis est vel ordinarius verbi minister, Matth. XXII,3, vel extra ordinem quandoque quivis alius, quacunque is intentione ad verbi annunciationem accesserit, 2Reg. V,7.

6. *Quen.* (III,462). *Mediata* est, qua Deus in V. T. ministerio vel angelorum vel hominum aliquos vocavit, et hodie post institutum a Christo ministerium ecclesiasticum per solos homines vocat. *Immediatam* dicimus, non quidem ratione medii, seu verbi, sine eo enim nulla unquam vocatio salutaris peracta est, sed ratione hominum, quia Deus sine hominum opera ipse verbum adhibuit. Sic Gen. XII,1. Act. IX,3.4.

Ordinaria est vocatio, quae peragitur mediis a Deo constitutis, h. e. per externum et visibile verbi ministerium. *Extraordinaria* est, quando quis non per ordinarium verbi ministerium, sed per miracula, ecstases, aliaque media insolita ad evangelii lucem vocatur.

Sic magi Matth. II,1, latro Luc. XXIII,42. – Illa extraordinaria vocatio particularis et rarissima est, olim quidem in V. T. et in principio Novi quandoque adhibita, hodie autem post evangelium in toto orbe praedicatum et ecclesiam per apostolos plantatam plane sublata est. Weiter wird noch unterschieden die vocatio *solemnis*, quae fit per verbum praedicatum und die v. *minus solemnis*, quae fit per verbum lectum vel legibile. –

7. *Quen.* (III,463). Causa impellens ac movens *interna* est sola Dei misericordia et bonitas, innixa Christi Jesu merito, 2Tim. I,9; *externa* extrema hominum miseria. *Holl.* (806). Miseria autem humana non quidem causaliter impulit Deum ad vocationem gratiosam, ipsi tamen occasionem commiserescendi praebuit.

8. *Holl.* (809). Quando vocationem ad regnum Dei universalem asserimus, non hoc dicimus, quod omnibus et singulis hominibus actu, coram et immediate, per praecones peculiariter missos, annuntiata sit doctrina evangelii: sed quod Deus misericordissimus doctrinam evangelicam de obtinenda salute per fidem in Christum tam clare promulgaverit, ut omnes omnino homines ad ejus notitiam pervenire possint, ita ut Deus nulli genti, nulli homini copiam illius doctrinae ac viam, qua in notitiam ipsius pertingere queat, absoluto decreto denegaverit.

9. *Holl.* (816). Vocatio ordinaria *aequalis* est in substantia, sive quatenus essentialiter spectatur (quia vocamur gratia aeque salutari – quia eaedem vires credendi omnibus offeruntur – quia vocamur iisdem mediis, eodem evangelio, eodem baptismo aeque efficaci, si propositum divinum spectes), sed *inaequalis* est ratione ordinis, modi et gradus, horae et morae. – *Ratione ordinis*, primum Judaeis, postea gentibus verbum evangelii erat praedicandum. Act. XIII,46. *Ratione modi et gradus*, quibusdam illuxit lumen majus, quibusdam minus. Aliae gentes vocatae sunt per verbum scriptum et lectum, aliae per famam de ecclesia sparsam, eamque vel propiorem et clariorem, vel remotiorem et obscuriorem. *Ratione morae et horae*, quidam populi citius, quidam tardius sunt vocati. Nonnullis longiori temporis tractu lux evangelii fulsit; apud nonnullos intra paucos annos obfuscata est. Quae accidentalis inaequalitas cum in hac mortalitate nequeat penitus pervestigari, in dispensatione divina mediorum salutis acquiescamus, fatamur et miremur, non autem anxie rimemur abyssum judiciorum divinorum, mentibus humanis imperviam. Rom. XI,33.

10. *Hutt.* (loc. comm. 788). Deus tribus ut minimum vicibus toti mundo verbum suum revelavit. Primum post creationem mundi in ecclesia Adamitica. Deinde post diluvium in domo et familia Noahi. Tandem post ascensum Christi ad coelos, in exitu et dispersione apostolorum in universum mundum. (Von der apostolischen Zeit gilt: quo non venit ἀποστολή, eo ἐπιστολή. Rom. X,18.) Hic sane aequum omnino fuerat, a posteris verbum gratiae semper retineri et quod fieri itidem poterat ad alios pariter propagari. NB. Die vocatio datieren die DD. mit Recht nicht erst von der Zeit der N. T. Offenbarung an, da auch die vorhergehenden Offenbarungen das gleiche Ziel mit der des N. T. haben und zusammen nur eine Offenbarung ausmachen, daher sie auch, wenn sie als terminum vocationis ad quem die ecclesia nennen, diese in ihrem weitesten Umfang verstehen, wonach auch Israel zur Kirche gehört.

11. *Gerh.* (IV,188). Vocatio est universalis, quoad Deum mandantem – fit autem particularis, culpâ hominum: primo, quatenus quidam Epicuraeo contemtu id aspernantur: quidam etiam persequuntur et violenter a se repellunt. Deinde quatenus culpâ majorum amissum verbum non semper in omnibus ubique gentibus et locis actu praedicatur. *Holl.* (810). Quod gentes olim et hodie multi populi praedicatione verbi destituuntur, illorum fit culpâ, non destinata voluntate aut consilio Dei, lucem evangelii simpliciter denegantis. Nam 1. illi populi verbum divinum contemnunt et malitiose rejiciunt; 2. vocationem et notitiam de Christianorum dogmatibus ac caerimoniis in genere, *per famam, quae hodie*

universalis est, neglexerunt; 3. vocationem paedagogicam et effectivam non traduxerunt ad usum, scil. ad inquirendum verum Dei cultum et coetum, in quo ille viget. Quam ob rem vocatione salutari, quae per praedicationem evangelii fit, sua se culpa privarunt. Auf den Einwand: filius non portabit iniquitatem patris (Ezech. XVIII,20) erwidert *Hutter* (789): Sensus theseos nostrae est: quod posteri luant culpam parentum et majorum suorum in eo, quod extra ecclesiam nascuntur: non vero, quod propter ingratitudinem parentum omnis ipsis vel potestas audiendi verbi divini vel salus ipsa praecisa et ademta sit. Prius illud asserimus, posterius hoc negamus. Prius illud temporalis duntaxat poena est, quae quantumvis extra ecclesiam natos non tamen excludit vel arcet ab aditu ad ecclesiam et auditu verbi. ... Nam aeque hodie atque olim Deus ecclesiam in illustri loco posuit, ut fama de Deo et religione Christianorum ad omnes gentes et nationes, quae sub coelo sunt, se diffundat. Jam vero quod populi isti partim in parentum et majorum suorum idolomania contumaciter haerent, partim verum Dei cultum rident et contumelia afficunt: non certe jam parentum suorum peccata portare, sed propter propriam culpam justo Dei judicio perire et damnari statuendi sunt. – Und *Gerh.* (IV,190): Si exempla infantum in gentilitate natorum adferuntur, ad ea et similia respondemus: judicia Dei possunt esse occulta, nunquam vero injusta: multa in hoc doctrinae capite sunt nobis impervestigabilia in lumine naturae et gratiae, quae aliquando plenius cognoscemus in lumine gloriae. Illi ipsi infantes nos tantum originalem labem secum trahunt a parentibus, sed etiam a talibus nascuntur majoribus, quibus Deus pretiosum verbi sui depositum, ad posteros etiam propagandum, et sacramenta, per quae etiam liberi ipsorum in gratiam Dei recipi possent, commendaverat. Parentum ergo peccata, non Dei justitiam et misericordiam accusent. Neque immerito requirimus, ut certos nos reddant tales disputatores, illos infantes, si pervenissent ad adultam aetatem, oblata Dei beneficia fuisse recepturos, ac non potius peccata parentum imitaturos. –

12. *Hutter* (loc. comm. 789). Maximae partis hac in re (zur Zeit der Predigt in jenen drei großen Perioden) tam foeda fuit ingratitudo, ut suopte tum damno tum, quod gravius est, culpa etiam propria thesauri istius jacturam fecerit. Sed sub hac ipsa tamen stupenda mundi ingratitudine et verbi contemtu nihilominus tamen Deus misericordiae suae radios in eo quoque elucescere voluit, quod ecclesia Dei sive populus, qui verbi divini thesaurum incomparabilem sartum tectum quovis tempore asserebat, ita semper in mundo in illustri loco constitutus fuit, ut quibusvis populis et nationibus, modo non extreme ignavis, de verbi divini praedicatione facile constare potuerit. Quemadmodum sane hodieque Judaeis et Turcis de religione christiana non potest non satis constare, ut qui in medio Christianorum ubique vivunt, nisi ipsi extremae contumaciae obicem ponant. *Holl.* (810). Quamvis extra jam recensitas temporum periodos universalis, solemnis et actualis verbi divini praedicatio non semper et ubique omnibus gentibus obtigerit; nulli tamen genti Deus universalem vocationem penitus denegavit, nulli homini aditum ad ecclesiam invidit. Plurimos enim populos Deus vocat a) per vocationem minus solemnem; b) per famam de ecclesia longe lateque diffusam; c) per documenta beneficentiae divinae in regno naturae ubique obvia; d) per efficacem impulsum Dei, quo exsuscitantur conclusiones practicae, et stimulantur conscientiae ad inquirendum verum Dei cultum et coetum, in quo ille viget. –

13. *Quen.* (III,465). Quod Deus uni nationi largitur evangelii lucem, alterâ neglectâ; quod Turcarum, Americanorum et aliorum barbarorum aliqui ad fidem convertuntur, reliqui, qui illis aequales sunt, in sua infidelitate relinquuntur, arcano et impervestigabili Dei judicio est adscribendum ... Agnoscendum quoque est, Deum quaedam circa ordinem, modum, tempus et gradus vocationis ex absoluta voluntate agere.

Gerh. (IV,191) aber: Sed demus, in his et similibus exemplis specialibus non posse nos exacte causas divinorum consiliorum requirere vel proponere; non tamen ad absolutum aliquod reprobationis decretum erit confugiendum, *sed adhaereamus firmiter pronuntiatis istis universalibus.* 1Tim. II,4. Ezech. XXXIII,11.

Die symbolischen Bücher bleiben einfach bei dem Satz stehen: quod non tantum praedicatio poenitentiae, verum etiam promissio evangelii sit universalis, h. e. ad omnes homines pertineat *Form. conc.* (sol. decl. XI,28) und daß die vocatio geschehe per verbum; ohne näher auf die Fälle der Erfahrung einzugehen, in denen ein Widerspruch mit der Lehre von der universalitas vocationis gesetzt zu sein scheint.

§ 45
2. Illuminatio*

Da dem natürlichen Menschen alles Geistliche eine Torheit ist und er es nicht erkennen kann, vielmehr allerlei Vorurteile und Zweifel ihn am rechten Verständnis des Geistlichen hindern, so würde die vocatio vergeblich sein, wenn nicht der Hl. Geist auch dahin wirkte, daß das Evangelium dem Menschen in seinem rechten Lichte und in seiner rechten Bedeutsamkeit erschiene[1]. Darum geht auch die weitere Arbeit des Hl. Geistes dahin, daß er diese Torheit des natürlichen Menschen überwinde, die Zweifel und Vorurteile beseitige und eine rechte Erkenntnis und Einsicht in das Wesen und die Bedeutung des Ev. ihm beibringe. Es handelt sich da also nicht allein um eine äußere Kenntnis der christlichen Heilslehre, sondern um eine innere Erkenntnis[2], darum, daß dem Menschen der Sinn aufgehe für die rechte Schätzung des Evangeliums, daß alle Hindernisse beseitigt werden, die ihm den Heilsratschluß Gottes verhüllten, und daß es ihm innerlich klar werde, wie er in solchem Sünden-Elende, wie die Hl. Schrift sagt, sich befinde, und wie ihm eine Hilfe dagegen und ein Trost in der Gnade in Christus gesetzt sei[3]. Wenn es durch die Wirkung des Hl. Geistes dahin gekommen ist, dann ist auch von seiten Gottes alles geschehen, und es kommt nur noch auf den Willen des Menschen an, daß dieser sich für die Empfangnahme dieses Heiles auch entscheide[4]. Diese Wirkung aber ist es, die der Hl. Geist hervorzubringen sucht durch die illuminatio. Illum. est actus gratiae applicatricis, quo spiritus s. hominem peccatorem, ad ecclesiam vocatum, per ministerium verbi docet et sincero studio magis magisque informat, ut depulsis ignorantiae et errorum tenebris ipsum verbi Dei notitia imbuat, atque ex lege agnitionem peccati, ex evangelio misericordiae divinae, in merito Christi fundatae, cognitionem eidem instillet[5]. *Holl.* (819). Die illuminatio ist demnach zunächst eine Wirkung des Hl. Geistes auf das Erkenntnisvermögen des Menschen; es wendet sich aber doch auch schon in diesem Akt der Hl. Geist wenigstens mittelbar an den Willen des Menschen, insofern diese Erleuchtung eben den Zweck hat, durch die Erkenntis des Sünden-Elends, die sie wirkt, und durch die Vorhaltung der göttlichen Gnade zur Bekehrung und Heiligung des Willens hinzuführen[6]. Sie findet statt in jedem Menschen, der den Ruf des Hl. Geistes zu Herzen nimmt und ihm Ohr und Herz öffnet, aber nicht ohne daß dies geschieht, weil der Hl. Geist nie zwingend und nie da wirkt, wo der Mensch widerstrebt[7]; auch kommt sie dem Menschen nicht anders zu als durch das göttliche Wort[8], das seine Diener zu vermitteln haben[9] und das diejenigen, die sich der illuminatio erfreuen wollen, in Gebet und frommer Betrachtung in sich sollen wirken lassen[10]. Insofern sich dann das göttliche Wort in lex und evangelium teilt, kann auch die illuminatio, je nachdem sie von dem einen oder anderen gewirkt wird, unterschieden werden als illuminatio legalis et evangelica; und gemäß der verschiedenen Aufgabe, die dem Gesetz und dem Evangelium gestellt ist, wird das erstere dem Menschen nur seine Sünde und den daraus folgenden Zorn Gottes, das andere ihm die Gnade in Christo offenbaren[11], und so wird auch die Wirkung auf den Menschen in der Art verschieden sein, daß das eine nur Schrecken, das andere aber bei dem in Aussicht gestellten Heil auch Trost wirkt. Darum ist auch die von dem Evangelium ausgehende Wirkung allein die wahrhaft heilbringende, während die von dem Gesetz ausgehende sich mehr vorbereitend auf diese hin verhält[12].

Wie aber alle Erkenntnis, so ist auch diese durch den Hl. Geist gewirkte eine allmählich entstehende, was schon daraus ersichtlich ist, daß die Erkenntnis, von der hier die Rede ist, aus mehreren Stücken besteht, wovon der Natur nach das eine sich an das andere anreiht[13]. Und wie der natürlichen Ordnung nach die äußere Erkenntnis der inneren vorangehen muß, so wird auch hier der Hl. Geist erst nur eine äußere Erkenntnis, die vorbereitend zur Empfangnahme der innern wirkt, und dann erst eine innere wirken, so daß weiter unterschieden werden kann zwischen illuminatio literalis et paedagogica und zwischen ill. spiritualis et complete salutaris[14]. Da aber die eine wie die andere Erkenntnis dem Menschen nur bei rechtem Verhalten zu der ihm zukommenden Wirkung des Hl. Geistes zuteil wird, so kann die Wirkung des Hl. Geistes, wenn der Wille des Menschen nicht weiter geht, auch bei der ersteren stehenbleiben, oder die Wirkung des Hl. Geistes kann sich auch nur auf das Erkenntnis-Vermögen des Menschen nicht aber, wie folgen sollte, auf seinen Willen erstrecken[15], in welchem Falle freilich die Absicht des Hl. Geistes mit dem Menschen nicht ganz erreicht und die ill. keine perfecta ist[16]: weshalb aber doch nicht in Abrede gestellt werden kann, daß auch die so auf der ersten Stufe stehenbleibende Erkenntnis vom Hl. Geist gewirkt ist[17].

* *Hollaz* allein behandelte die ill. in einem eigenen locus ausführlich; wovon der Grund gewiß darin liegt, daß die hier zur Sprache kommenden Gegenstände gerade in seiner Zeit eine besondere Bedeutung gewannen, teils dem Mysticismus, teils dem jetzt aufkeimenden Pietismus gegenüber. Frühere DD. haben für die illum. teils gar keinen eigenen locus, teils handeln sie ganz kurz von ihm, wie *Calov*, der sie an die cognata vocationis anreiht.

1. *Holl.* (850). In homine non illuminato non datur tantum ignorantia simplicis ne-

gationis, sed etiam ignorantia pravae dispositionis, quae est error, verae scientiae contrarius; eo quod homo ψυχικός non tantum non apprehendit ea, quae sunt spiritus Dei, sed judicat etiam ea esse absurda. 1Kor. II,14. Opponitur itaque salutari notitiae non solum ignorantia simplex, sed etiam prudentia carnis (Rom. VIII,6), et sapientia hujus mundi (1Kor. I,20). Habet enim mundus suam sapientiam, sed tenebris arrogantiae immersam, ut sese contra sapientiam divinam efferat 2Kor. X,5.

2. *Holl.* (819). Non intelligitur hic illuminatio *objectiva*, qua lumen verbi divini externe proponitur, sed *effectiva*, qua spiritus s. lucem notitiae accendit, et *subjectiva*, qua peccator coecus per operationem spiritus s. se illuminari patitur. – *Id.* (851). Quando illuminationem describimus per informationem, non intelligimus tantum *externam*, quae fit lingua, aut calamo ministri ecclesiae, sed etiam *internam*, qua spiritus s. concursu suo speciali ac gratioso, in cordibus auditorum vel lectorum, malitiose non obsistentium per verbum divinum praedicatum aut lectum lucem supernaturalis sapientiae accendit.

3. *Holl.* (850). *Terminus illuminationis a quo* est coecitas intellectus, oppleti tenebris ignorantiae et errorum (Eph. IV,18). *Terminus ad quem* est lux salutaris cognitionis. – Ex lege est agnitio peccati, Rom. III,20, ex evangelio proficiscitur agnitio gloriosae gratiae Dei in retecta facie Jesu Christi, 2Kor. IV,6. Quam cognitionem comitatur assensus, quo homo illuminatus cum id omne, quod in verbo Dei patefactum est, tum imprimis evangelium de remissione peccatorum et aeterna salute, per Christum impetranda, pro certo et indubitato habet: qui assensus indubitatus vocatur ἔλεγχος, convictio intellectus, Hebr. XI,1.

4. *Holl.* (820). Prima et praecipua illuminationis ratio in praeparando hominem ad conversionem consistit. Ideo enim naturales tenebrae, ignorantia mysteriorum et errores iis oppositi ex intellectu humano per gratiam expelluntur et ille cognitione Dei et rerum sacrarum imbuitur et tanquam luce quadam illustratur, ut ad recipiendam justificantem gratiam aptus reddatur. Antecedit itaque haec illuminans gratia conversionis complementum. –

5. *Holl.* (850). *Illum.* divina formaliter consistit in informatione spiritus s. per verbum divinum lectum aut praedicatum, non tantum externa, sed etiam interna, et efficaciter penetrante intimos recessus cordis humani, ut ex eo tenebrae ignorantiae et errorum expellantur, et lumen supernaturalis cognitionis ipsi infundatur. – *Id.* (819). Gratia illuminatrix vocatur etiam *gratia docens*; quia spiritus s. illuminando docet omnia ad salutem necessaria, Joh. XIV,26. item *gratia ungens* ex 1Joh. II,20.27. ... apertio oculorum mentis, Act. XXVI,18. quemadmodum enim coecus per apertionem oculorum nanciscitur videndi facultatem: ita peccator, tenebris ignorantiae oppletus, accipit per illuminationem spiritus s. facultatem cognoscendi verum Deum.

6. *Holl.* (828). Primo immediate illuminatur peccatoris ad ecclesiam adducti intellectus (2Kor. IV,6. Eph. I,18); consequenter et mediate etiam illius voluntas, Tit. II,11.12. – Gratia Dei salutaris, quae omnibus hominibus, benefici instar solis, illuxit, intellectum peccatoris erudit, et perfundit luce cognitionis, ut haec lux diffundatur in voluntatem, ad fugiendum impietatem et eligendum sanctimoniam vitae. Unde Paulus Colossensibus optat illuminationem, ut sanctificari queant, Kol. I,10. – Der Unterschied zwischen illuminatio und regeneratio ist dann dieser (832): illum. magis intellectum, regeneratio magis voluntatem respicit: illa in informatione e verbo divino de rebus sacris, haec in donatione fidei formaliter consistit. Illius effectus est cognitio mysteriorum divinorum: hujus effectus est fiducia merito Christi innixa. Illa praecedit, haec sequitur. – Der Unterschied aber von ill. et sanct. (*ibid.*): Sanctificationem sensu latiori sumtam omnes actus gratiae applicatricis complecti, inter omnes Christianos constat: eadem tamen sensu strictiori accepta ab illuminatione distinguitur: 1. ratione subjecti partialis; quia per illuminationem proxime et

formaliter intellectus, per sanctificationem voluntas perficitur; 2. ratione latitudinis, quia plures homines illuminantur quam sanctificantur; 3. ratione effectus et termini proprii, quia effectus illuminationis est γνῶσις sive cognitio supernaturalis Dei et rerum divinarum Eph. I,18. 2Kor. IV,6, sed sanctificationis effectus est sanctitas et justitia Eph. IV,24.

7. *Id.* (827). Deus benignissimus omnes homines illuminare quidem serio intendit; actu autem illuminantur illi, qui ad ecclesiam vocati et adducti gratiam spiritus s. admittunt, verbumque divinum attente audiunt, legunt et meditantur. – Non est gratia spiritus s. irresistibilis, si quidem peccator praefracte contumax supernaturalem illuminatione, objecto velamine, aut obice malitioso, impedire potest 2Kor. IV,3.4. – At peccatorem morose non obluctantem spiritus s. per verbum divinum efficaciter illuminat Ps. CXIX,130. –

8. *Id.* (820). Spiritus s. nos non immediate, sed mediante verbo divino illuminat 2Petr. I,18. (Aber sehr besonnen [825]: vis illuminandi, qua praeditum est verbum divinum, non praecise alligata est auditionis, lectionis aut meditationis actibus, sed verbum Dei auditum, lectum, in animum transmissum, eodemque retentum, viribus suis illuminandi semper pollet.) – (821.) Non promisit Deus in verbo suo, velle se ullum hominem per ecstasin illuminare, fidem illius confirmare, praegustumque vitae aeternae ipsi impertiri. Antithesis Platonicorum, Quakerorum, Mysticorum. – *Def.* von ἔκστασις (Entzückung); Est rara et extraordinaria operatio, vel Dei, vel phantasiae corruptae, vel diaboli, qua mens hominis alienatur a sensibus corporis, ut horum usu cessante promtior et expeditior sit ad capiendum objectas rerum imagines. Differt a raptu, quia ecstasis simpliciter notat discessum mentis a sensibus, raptus autem violentiam addit. –

9. *Id.* (826). Per ministros verbi, publico docendi munere rite perfungentes, spiritus s. animas hominum, ad res sacras caligantium, vere et proprie illuminat. Eph. III,8.9. 2Kor. IV,6. Act. XXVI,18. Joh. V,35. Matth. V,14.

10. *Id.* (844). Ad obtinendam illuminationem spiritualem tria requiruntur adminicula: oratio (Luk. XI,13. Eph. I,17.18), meditatio (Joh. V,39), tentatio (Ps. CXIX,71). – Den falschen Sätzen des Mystizismus und Quietismus gegenüber werden noch folgende Sätze aufgestellt:

I. Illuminatio et regeneratio peccatoris non fit per purgationem sive abstractionem animae a creaturis et conversionem in se ipsam. Und dazu folgende Erläuterungen:

a) Non improbamus omnem abstractionem animi a rebus peregrinis, et curis saecularibus in actuali verbi usu, piisque meditationibus et precationibus. ... Aversamur eam abstractionem, aut annihilationem, qua mens ab omnibus creaturis atque a donis divinis abstrahitur, et esse suum in Deo perdit.

b) Non reprehendimus omnem resignationem, cum et nostri theologi moderatam piamque resignationem (die Gelassenheit) doceant. ... Illam vero resignationem improbamus, quae notat exspoliationem omnium affectuum, desideriorum et cogitationum.

c) Distinguendum est inter descensum in cor vel animam commemorativum peccati vel status miseriae et explorativum poenitentiae et fidei atque apprehensivum luminis interni, immediate revelantis. ... Impraesentiarum controvertitur de introversione animi in se ipsum, ad exspectandum et observandum et apprehendendum lumen internum, immediate revelans. –

II. (847). Tantum abest, ut lumen divinum supernaturale cum silentio sit exspectandum, ut potius verbum Dei externum, quod est lumen clarissimum, serio sit praedicandum, sedulo audiendum, frequenter legendum, attenteque pensitandum, juxta atque piae preces, sacris hymnis mistae, in coelum mittendae sint, quo lux salutifera cognitionis in cordibus nostris suboriatur et subinde majora incrementa sumat. Dazu die Bemerkungen:

a) (848). Cum Mystici distinguant inter silentium verborum, cogitationum et desideriorum, nos primum silentium verborum certo respectu approbamus; amant enim meditationes verbi divini intra privatos parietes silentium; at silentium desideriorum et cogitationum improbamus.

b) Veros christianos decet quidem cum silentio conjuncta exspectatio auxilii divini, non autem *tacita exspectatio* luminis, immediate revelantis.

c) Doctrina de interno animae sabbatho, quatenus notat α) cessationem ab operibus carnis, β) quietem animae in Deo, γ) meditationem beneficiorum divinorum, δ) aeterni sabbathi desiderium et exspectationem in ecclesiis nostris retinetur et inculcatur. At rejicitur sabbathum internum, quatenus non verborum tantum, sed et omnium cogitationum et sensuum silentium notat. –

11. *Id.* (824). Illuminatio, ratione medii illuminantis, est vel *legalis,* vel *evangelica. Illa* est, quae peccatum, iram Dei, et poenas peccati temporales atque aeternas nobis manifestat (Rom. VII,7). *Haec* est, quae gratiam Dei, in merito Christi fundatam, justitiam coram Deo valentem, et vitam aeternam nobis revelat (2Kor. IV,4). – *Evangelium* illuminat corda hominum, ut agnoscant gloriam Christi, in crucem quidem sublati, in coelum autem evecti, et sedentis ad dextram Dei patris. ... Declarat ergo et manifestat evangelium misericordiam, sapientiam et justitiam Dei patris, in retecta facie Christi, qui essentialis ejus est imago.

12. *Id.* (825). *Lex divina,* fulminis instar, habet lucem terrentem, occidentem et condemnantem. Evangelium autem, benefici ritu solis, diffundit lucem exhilarantem et vivificantem 2Kor. III,6–9. Lex pollet viribus illuminandi paedagogice salutaribus Gal. III,24 (lex divina nobis ostendit et patefacit tum connatam animae lepram, tum morbos voluntarie contractos, adeoque occasionem nobis praebet ad quaerendum animorum medicum et justitiae salutisque auctorem, Christum). *Ex evangelio autem* oritur illuminatio *complete salutaris* iis hominibus, qui doctrina evangelica ex intentione Dei recte utuntur – (quod dat scientiam salutis, quae est in remissione peccatorum et revelat viscera misericordiae Dei nostri, in quibus visitavit nos oriens ex alto, Luc. I,77.78).

13. *Id.* (851). Illum. ordinaria non absolvitur uno momento, sed fit per temporum intervalla, per gradus, per actus saepe repetitos, ut homo disponatur ac praeparetur ad majorem subinde veritatis lucem admittendam, adeo ut, si primum illuminationis gradum repellat, alterum ipsi spiritus s. deneget; quippe qui sine primo locum habere nequit. – Not.: Sermo nobis est de illuminatione ordinaria, non de extraordinaria. Quin Deus gratia singulari et extraordinaria, potentiaque absoluta, uno momento plene illuminare possit hominem, ut omnes articulos fidei cognitos habeat, nulli dubitamus: cum nobis constet, quod spiritus s. donum linguarum apostolis uno momento infuderit.

14. *Id.* (840). Illuminatio respectu hominis, doctrinam coelestem recipientis, est vel *literalis et paedagogica* vel *spiritualis et complete salutaris. Illa* est operatio spiritus s., qua is per gratiam suam externe assistentem et praeparantem intellectum hominis irregeniti quidem, ad regenerationem tamen tendentis, literali credendorum notitia instruit, et assensum evangelii historicum producit, ut ad suscipiendam fidem salvificam magis magisque disponatur (Joh. I,9. 2Petr. I,19. Ps. XXV,8. Eph. III,9). *Haec* est operatio spiritus s., qua is cor hominis contritum ingrediens et inhabitans, salvificam misericordiae divinae in merito Christi fundatae cognitionem in eodem accendit, assensum evangelii fiducialem producit, eundemque interno suo testimonio confirmat et obsignat.

Quen. (II,77) drückt den Unterschied so aus: *Illum. paedagogica, mere literalis et externa est,* quando quis veritatis divinae agnitione est instructus, deque ejus certitudine in conscientia sua convictus, nondum tamen cognitam hanc veritatem sigillo spiritus in corde suo obsignatam aut per gratiosam spiritus s. inhabitationem, confirmatam habet: *spiritualis, gratiosa et interna,* quando scilicet quis vere renatus non tantum habet literalem doctrinae evangelicae intelligentiam, sed simul est templum spiritus s., quod ipse gratiose inhabitat, sive quando veritas non modo scitur et agnoscitur, sed simul a spiritus

s. in corde gratiose inhabitantis interno testimonio corroboratur, confirmatur et obsignatur. –

15. *Holl.* (829). Cum illuminatio supernaturalis sit actus gratiae applicatricis successivus; utique imperfecta illuminatio in intellectu hominis esse potest, sine sanctificatione voluntatis. – Antithesis est omnium scriptorum mysticorum, qui viam purgativam illuminativa priorem esse statuunt. –

16. *Id.* (843). Eo fine paedagogice illuminatur peccator, ut disponatur et praeparetur ad illuminationem spiritualem, quae non tantum illustrat intellectum, sed dirigit etiam voluntatem ad amorem Dei et proximi. Quam illuminationem spiritualem si non assequitur peccator convertendus, notitia illius literalis non est sufficiens, non fructuosa, non salutaris, quia ad debitum usum non traducitur adeoque *finaliter* falsa vocari potest; ideo quod fine vero, a Deo intento, frustratur. – Die illum. imperfecta et paedagogica wird dann von vielen DD. der gratia divina assistens, die perfecta der gr. div. inhabitans zugeschrieben. *Perfecta* ist also die illum. nur dann, wenn die gratia dem Menschen einwohnt, und er durch sie seinen Willen heiligen läßt, in welchem Fall aber von der illum. der Fortschritt zur sanctificatio geschieht.

17. Auch die illum. imperfecta et paedagogica (*Id.* 831) ist nicht naturalis, sed supernaturalis: ideo, quod a) a lumine specialis revelationis proficiscitur, b) per supernaturalem spiritus s. operationem a nobis obtinetur, c) circa mysteria fidei versatur, d) et ad finem spiritualem divinitus ordinatur. Non possumus, quin hic sedulo notemus, theologos vere orthodoxos illuminationem nunquam in naturalem et supernaturalem distinxisse. –

§ 46
3. Regeneratio et conversio

sind die Ausdrücke, mit denen das wirkliche Eingetretensein des Menschen in das neue Reich der Gnade bezeichnet wird. Die beiden Ausdrücke sind in der Hl. Schrift bald in weiterem, bald in engerem Sinn und oft promiscue gebraucht. Sie beschreiben in ersterem Fall den ganzen Gott wohlgefälligen Zustand des begnadigten Sünders mit allen sittlichen Kräften, die ihm jetzt zu Gebote stehen, und schließen also die Rechtfertigung und Heiligung mit in sich; im anderen Fall aber, in dem sie zwar auch nicht geradezu sich ausschließen, aber doch auch nicht vollkommen identisch sind, bezeichnen sie allein die innere Umwandlung, die mit dem ganzen Zustand des Menschen vorgegangen ist, ohne daß das Vermögen eines heiligen Lebens schon mit hinzugerechnet ist. Die beiden Begriffe werden dann dadurch voneinander unterschieden, daß unter regeneratio eben nur das wirkliche Vorhandensein des neuen geistlichen Lebens, wie es durch die Wirkung des göttlichen Geistes in dem Menschen geschaffen ist, verstanden wird, in der conversio aber zugleich die Bedingungen, die von seiten des Menschen geleistet werden müssen, damit es zu solchem geistlichen Leben komme, mit aufgenommen werden[1]. Indem so die beiden Ausdrücke doch in gewissem Sinn auseinandertreten, können sie auch abgetrennt voneinander behandelt werden.

I. *Regeneratio.* Sie ist actus gratiae, quo spiritus s. hominem peccatorem salvifica fide donat, ut remissis peccatis filius Dei et haeres aeternae vitae reddatur[2] *Holl.* (876), also diejenige Wirkung Gottes, durch die er die geistliche Blindheit, die in dem natürlichen Menschen ist, und das geistliche Unvermögen, an die Heilsgnade zu glauben, überwindet und das Vermögen zu glauben in dem Menschen schafft[3]. Es geht sonach in der regeneratio eine Veränderung mit dem Menschen vor[4], die darin besteht, daß anstelle der früheren Blindheit in geistlichen Dingen geistliche Erkenntnis, anstelle des Unglaubens der Glaube tritt, daher dieser so ganz anders gewordene geistliche Zustand des Menschen tropisch mit dem Ausdruck der *Wiedergeburt* und der so wiedergeborene Mensch als eine *neue Kreatur* bezeichnet wird[5].

Da die regeneratio bedingt ist durch das Verhalten des Menschen zu der auf ihn statthabenden Wirkung, so wird diese auch mit einemmal oder allmählich erfolgen, je nachdem der Widerstand des Menschen größer oder geringer ist. Das erstere findet statt bei den Kindern, in denen kein anderer Widerstand vorhanden ist als der jedem natürlichen Menschen einwohnende, der aber durch den in der Taufe wirkenden Hl. Geist überwunden wird; das andere wird statthaben bei allen Erwachsenen, bei denen nur allmählich der Widerstand schwindet[6].

Immer aber ist die Wirkung des Hl. Geistes wirksam (efficax) in der Art, daß von seiten Gottes dem Menschen bereitwillig und vollkommen hinreichend alle die Kräfte angeboten werden, deren er zum Glauben und geistlichen Leben bedarf; doch ist diese Gnade nicht zwingend wirkend, also nicht irresistibilis, denn ihre Annahme hängt von dem freien Willen des Menschen ab[7]. Darum ist auch die regeneratio zwar von seiten Gottes eine perfecta, indem Gott bestrebt ist, die regeneratio in dem Menschen vollkommen zu schaffen, und ihn ganz zu einer neuen Kreatur umzubilden, von seiten des Menschen aber nur mehr oder minder vollkommen, je nachdem der Mensch diese Gnade des Hl. Geistes ganz oder nur teilweise in sich wirken läßt[8]. Ebenso hängt es von der Treue des Menschen ab, ob er in dem neuen Zustand der regeneratio bleibend verharren wird oder nicht, und so ist die regeneratio auch eine amissibilis, zugleich aber durch die Gnade Gottes eine reiterabilis; denn auch dem wieder aus der Gnade Gefallenen steht, solange er hier auf Erden lebt, die Rückkehr in den Stand der regeneratio immer wieder offen[9].

II. *Conversio.* Zu Glauben und geistlichem Leben kann es in dem Menschen nicht anders als so kommen, daß Gott ihn von den Wegen der Sünde ab und zu sich hinkehrt, und so ist die conversio der actus, quo spiritus s. peccatorem convertere, et peccator converti dicitur *Holl.* (852)[10].

Die conversio ist dann eine Wirkung Gottes zu nennen, insofern es zu dieser Umkehr ohne die wirkende Gnade Gottes durchaus nicht kommen kann. Insofern aber diese Umkehr in dem Menschen nicht statthaben kann ohne eine geistige

Bewegung in ihm, die durch seinen eigenen Willen bedingt ist, so kann auch nach anderer Betrachtungsweise die conversio als vom Menschen ausgehend betrachtet werden. Danach wird unterschieden conversio in sensu transitivo et intransitivo [11]. In letzterem Sinn ist sie identisch mit poenitentia, motus animi, per gratiam spiritus s. convertentem et regenerantem excitatus, quo homo peccator agnita ex lege divina peccata sua serio cum dolore detestatur, simul vero satisfactionem et meritum mediatoris Christi eoque partam misericordiam Dei, in evangelio promissam, vera fide apprehendit, sibique applicat, ut impetrata gratuita peccatorum remissione aeternum salvus fiat *Holl.* (1141).

Die Vorgänge, durch die es zur conversio kommt, sind näherhin diese. Indem der unwiedergeborene und unbekehrte Mensch von der Geburt an unter der Herrschaft der Sünde steht und seine Sündenlust sich ungescheut in Tatsünden äußert, geht die erste Wirkung der Gnade dahin, den Menschen von diesem sündhaften Zustand abzukehren und zu diesem Endzweck in ihm wahren Schmerz über die begangenen Sünden und Verlangen nach Befreiung von der Herrschaft der Sünde, d.h. contritio (serium et sanctum dolorem cordis, quo peccator agnita ex lege divina peccata sua detestatur) zu erzeugen [12]. Die zweite Wirkung der göttlichen Gnade ist aber die, daß sie den über seine Sünden erschrockenen Menschen antreibt, zu dem Verdienst Christi, das seiner Sünden Menge deckt und für ihn einsteht, seine Zuflucht zu nehmen und die Vergebung seiner Sünden im Glauben zu ergreifen [13], so daß also die conversio, die in der contritio beginnt, in der fides sich vollendet. Die erstere wird durch die Predigt des Gesetzes, die andere durch die Predigt des Evangeliums gewirkt [14]. Aus dem Gesagten folgt dann schon, daß auch die conversio gleich der regeneratio nicht mit einemmal, sondern durch verschiedene Akte der einen und selben Gnade zustande kommt [15]; diese Gnade wird dann verschieden bezeichnet, je nachdem sie den Anfang oder den Fortgang der Bekehrung und je nachdem sie mit oder ohne Zutun des Menschen wirkt [16]. Der Mensch verhält sich so bei dem Anfang der conversio durchaus passiv [17], im weiteren Verlauf aber insofern selbsttätig, als die durch die Gnade gewirkten Kräfte dabei tätig sein müssen [18]. Indem aber diese Kräfte eben durch die Gnade gewirkt sind und der Mensch aus natürlichen Kräften gar nichts vermag, so ist die conversio doch als allein durch die gratia gewirkt zu betrachten [19]. Von der conversio gilt endlich, was von der regeneratio gilt, daß sie zwar efficax, aber nicht irresistibilis ist; von beiden, daß die causa impulsiva interna die misericordia Dei, die causa impulsiva externa s. meritoria das meritum Christi ist.

1. Von dieser Unterscheidung weicht allein *Hollaz* ab, der, erst von der conversio, dann von der regeneratio handelnd, beide so voneinander unterscheidet, daß die forma conversionis strictissime sumtae in excitatio contritionis, die forma regenerationis in donatio fidei bestehe (856). Sicut alius actus gratiae applicatricis est, quo Deus *contritionem* operatur, alius actus gratiae, quo peccatori contrito fiduciam donat, merito Christi

innixam: ita prior actus *conversio* (strictissime sumta), posterior actus gratiae *regeneratio* commode appellatur. ... *Contritio* est effectus gratiae convertentis, *fides* est effectus gratiae regenerantis. *Poenitentia, ὁλικῶς* sumta, est effectus utriusque actus gratiae, scil conversionis et regenerationis, ad unum ἀποτέλεσμα producendum confluentis. – Dadurch scheint allerdings der eine Begriff von dem anderen mit Bestimmtheit geschieden, doch kann auch *Hollaz* selbst im weiteren Verlauf diese Unterscheidung nicht festhalten, und muß die fides schon zur conversio mitrechnen. – Von den übrigen DD. haben die meisten die Ordnung unseres Textes und wollen damit, daß sie von den beiden Begriffen getrennt handeln, mehr nur zwei Seiten eines und desselben Begriffes hervorheben, als daß sie diese streng voneinander scheiden. Gewöhnlich wird als Unterschied allein der angegeben: Differunt haec duo: 1. ratione subjectorum: regeneratio enim adultorum et infantum, conversio vero adultorum saltem est, quum infantes non dicantur proprie converti; 2. ratione mediorum: reg. fit per verbum et sacramenta, conversio per verbum solum.

2. *Br.* (532). Reg. est actio Dei, qua Deus hominem, viribus spiritualibus carentem, sed contumaciter non repugnantem, ex mera gratia propter Christum per verbum et baptismum, ex parte intellectus et voluntatis viribus spiritualibus ad credendum in Christum vitamque adeo spiritualem inchoandam donat aut eas in ipso producit, justificationis, renovationis et salutis aeternae consequendae causa. Dies ist die regen. in sensu strictiori, wie sie in den Stellen Gal. II,20. Joh. I,13. 1Joh. V,1 beschrieben ist. Davon ist unterschieden die reg. im weiteren Sinne: *Quen.* (III,477). *Late* accipitur pro restitutione vitae spiritualis in genere. ... Atque hac ratione regeneratio etiam justificationem et subsequentem renovationem sub se comprehendit, quo sensu vocabulum reg. usurpavit etiam Form. conc. III,19. *Stricte* accipitur vel pro remissione peccatorum seu justificatione Gal. III,11. in quo usu saepe multumque in Apol. conf. poni Form. conc. dicit vel pro renovatione, quomodo a Luthero passim sumi ibidem ostenditur. *Form. conc.* (sol. decl. III,19sqq).: Vocabulum regenerationis interdum in eo sensu accipitur, ut simul et remissionem peccatorum et subsequentem renovationem complectatur, quam spiritus s. in illis, qui per fidem justificati sunt, operatur, quandoque etiam solam remissionem peccatorum et adoptionem in filios Dei significat. Et in hoc posteriore usu saepe multumque id vocabulum in Apologia confessionis ponitur. Verbi gratia, cum dicitur: justificatio est regeneratio. Sed et Paulus haec vocabula cum discrimine ponit (Tit. III,5). ... Quin etiam vivificationis vocabulum interdum ita accipitur, ut remissionem peccatorum notet. Cum enim homo per fidem justificatur, id ipsum re vera est quaedam regeneratio, quia ex filio irae fit filius Dei et hoc modo e morte in vitam transfertur ... Deinde etiam regeneratio saepe pro sanctificatione et renovatione (quae fidei justificationem sequitur) usurpatur.

3. Daher *Quen.* (III,482). *Terminus a quo* in genere est mors peccati, non tamen ὁλικῶς sumta, prout praeter privationem virium credendi, etiam carentiam virium sancte vivendi, una cum dominio et reatu peccati importat; sed μερικῶς spectata, in quantum dicit absentiam virium objectum justificum salutariter agnoscendi et amplectendi. In specie ex parte intellectus terminus a quo est ingens illa coecitas et ἀδυναμία omnimoda, ad salutariter agnoscendum objectum salvificum Eph. V,8. Joh. I,5. 1Kor. II,14. Ex parte voluntatis par impotentia amplectendi salutariter oblatum in evangelio bonum Rom. VIII,7. – *Terminus ad quem* generatim loquendo est vita spiritualis, non totaliter spectata, prout praeter adeptionem virium credendi, immunitatem a dominio et reatu peccati includit; sed partialiter sumta, in quantum collatas vires supernaturales ad credendum notat. In specie ex parte intellectus est tum spiritualis mentis capacitas, ad salutariter agnoscendum objectum salvificum 2Kor. IV,6; tum actualis et salvifica ejusdem agnitio: ex parte voluntatis cordis in bono agnito recumbentia fiducialis Rom. VI,11. *Hollaz* bemerkt noch (881): In praesenti nobis potissimum sermo est de regenerando intellectu et voluntate peccatorum adultorum: infantum rege-

neratio intellectu aliquanto difficilior est. Quin tamen intellectus infantum in regeneratione per baptismum a spiritu s. imbuatur notitia Dei salutari et voluntas eorum donetur fiducia in Christum, nulli dubitamus. Acquiescimus hic in judicio Chemnitii in exam. conc. Trid.: Licet nec satis intelligamus, nec verbis explicare possimus, qualis sit illa spiritus s. actio et operatio in infantibus, qui baptizantur: esse tamen et fieri ex verbo Dei, certum est. Illam autem actionem seu operationem spiritus s. in infantulis vocamus fidem et dicimus, parvulos credere. Illud enim medium seu organon, quo regnum Dei, quod in verbo et sacramentis offertur, accipitur, scriptura vocat fidem et credentes dicit accipere regnum Dei. Et quidem Mark. X,15. Christus affirmat, adultos ita accipere regnum Dei, sicut parvuli illud accipiunt. Die *forma regenerationis* besteht demnach in spiritualis vitae donatione, h. e. in virium credendi fideique salvificae largitione, sive in mentis nostrae illuminatione et fiduciae in corde nostro excitatione, oder wie es andere ausdrücken: in ipsa fidei donatione.

4. Diese mutatio spiritualis ist aber nicht eine *substantialis* (neque enim alia intellectus et voluntatis substantia introducitur per regenerationem, deleta et extincta praeexistente naturali substantia), sondern eine *accidentalis* (qua novae qualitates introducuntur in intellectum et voluntatem hominis; non tantum praeexistentes illustrantur et excitantur). *Quen.* (III,484). Quemadmodum in resuscitatione corporis eadem numero caro, quam hic gestavimus, reproducetur, instructa aliis qualitatibus; ita in regeneratione eadem substantia naturalis nostri corporis manet, mutatis saltem qualitatibus. Regeneratio naturam non abolet, sed perficit ac dirigit, nec eam mutat, ut natura esse desinat. Die Antithese ist a) die der Fanatiker, qui statuunt: per regenerationem aboleri corporis prioris substantiam ac manente anima eadem dari corpus novum, essentialiter a priore differens. ... b) Flacianorum, statuentium, Deum in regeneratione et conversione novum cor atque adeo novum hominem ita creare, ut veteris Adami substantia et essentia, imprimis vero anima rationalis, penitus aboleatur et nova animae essentia ex nihilo creetur.

5. *Quen.* (III,485). »Novus homo« et »nova creatura« 2Kor. V,17. Gal. VI,15. ob novas vires spirituales in regeneratione et renovatione collata, quibus reparatur imago Dei, consistens in agnitione Dei Kol. III,10. in justitia et sanctitate veritatis Eph. IV,24. Gleichbedeutende Ausdrücke sind: vivificatio Eph. II,5, resuscitatio Eph. II,6. Es ist aber wohl zu bemerken, daß alle diese Ausdrücke nur in tropischem Sinne gebraucht werden, was den Mystikern gegenüber ausdrücklich hervorgehoben wird. So von *Holl.* (890). *Proprie loquendo* neque Christus in nobis nascitur, neque novus in nobis est homo, neque beneficio regenerationis fit caro de carne nostra.

6. *Holl.* (885). Regeneratio infantum est *momentanea*, sed ordinaria hominum adultorum regeneratio est *successiva*. – In infantibus non datur repugnantia affectata et morosa; naturalem vero eorundem resistentiam gratia spiritus s., baptismo conjuncta, frangit et cohibet, ne regenerationem impediat: quamobrem eorum renascentia uno momento absolvitur. – Adulto regenerando multi sunt scrupuli, qui adhibita cura evellendi sunt, isque illuminandus et informandus est e verbo divino longiori temporis tractu, donec plena fides in animo ejus accendatur.

Quen. (III,483). Reg. successiva, non semper momentanea, sed gradualis et crescens et licet ipsa ζωοποίησις fiat eo momento, quo fides in nobis accenditur, et Christus, verus justitiae sol, in cordibus nostris oritur, illa tamen vita spiritualis successivis actibus sese exerit. *Br.* (530). Nec obstat nomen regenerationis, cujus vis et significatio ex analogia generationis sit aestimanda, haec autem fiat in instanti: neque enim similitudo ista ultra suum terminum est extendenda. ... Qui autem regenerationem in instanti fieri dixerunt, illi vel justificationem, vel collationem initiorum fidei quoad primam cogitationem sanctam et pium desiderium intellexisse videntur.

7. *Holl.* (885). Reg. est actio spiritus s. efficax et sufficiens ad producendam fidem, sed non est irresistibilis (Act. XVIII,5.6). *Quen.* (III,483). Gratia Dei regenerans in se semper est *efficax*, licet sese non semper exerat actu secundo ob repugnantiam subjecti regenerandi. Est efficacia *ordinata et mediata*, mediantibus scil. verbo et sacramentis se exerens, *non physica*, qualis est in pharmaco, sed *hyperphysica*, per physicas tamen actiones, illuminationem, generationem, seminis sationem, irrigationem etc. in scripturis exposita –

8. *Quen.* (III,483). Regeneratio ex parte Dei regenerantis est *perfecta* et tam non recipit majus et minus, quam ipsa carnalis generatio; ex parte vero hominum recipientium est *imperfecta* (quia peccator influxum spiritus s. non perfecte recipit), quia malum morale illis semper adjacet, Rom. VII,23, quia peccatum in illis adhuc habitat, v.17.18. et quia fides in illis augeri et crescere potest. –

9. *Holl.* (886). Peccatis deliberato proposito admissis, et conscientiam vastantibus, gratia regenerationis amittitur (1Tim. I,19). Aber: amissa regeneratio a peccatore poenitente recuperari potest, Gal. IV,19. Homines renati, gratia Dei conservante adjuti, sollicite sibi cavent, ne repetito peccato, malitiose conscientiam suam laedant: quod si tamen a machinis diaboli, illecebris mundi carnisque suggestionibus superati, ter, quater aut pluries in peccatum mortiferum prolabantur, de gratia Dei convertente et regenerante minime dubitant. (Exempla in Exod. IV,24. Num. XX,12. Ex. XXXII. Num. XII,1.2. 2Sam. XI,4. 15. XXIV,1. cf. 1Chron. XXI,8.) –

10. *Quen.* (III,500). Conversio est actio gratiae spiritus s. applicatricis, qua is una cum patre et filio ex pura puta gratia, in Christi merito fundata, per verbum divinum praedicatum, hominem adultum spiritualiter mortuum ex statu peccati in statum fidei, successive quoad actus praeparatorios, in instanti vero, quoad ultimum actum, vi quidem supernaturali et divina, sed resistibili transfert, ut poenitentiam agens per fidem remissionem peccatorum consequatur et salutis aeternae fiat particeps. – Es wird hier unterschieden conversio late et stricte dicta. *Quen.* (III,489). Conv. accipitur vel *late*, prout non tantum aliquam translationem ex peccati statu in statum fidei, sed etiam justificationem ac renovationem, nec non hujus continuationem ambitu suo complectitur. Act. XXVI,20. (So die *Form. conc.* [sol. decl. II,70]. Hoc certissimum est, in vera conversione immutationem, renovationem et motum fieri oportere in hominis intellectu, voluntate et corde, ut nimirum hominis mens peccata agnoscat, iram Dei metuat, a peccato sese avertat, promissionem gratiae in Christo agnoscat et apprehendat, pias cogitationes animo agitet, bonum propositum habeat, atque diligentiam in moribus suis regendis adhibeat et contra carnem pugnet, wozu aber *Holl.* [854] bemerkt: Abstinent ab hoc latiori conversionis significatu plerique theologi, cum ex eodem incautis mentibus facile confusio et error obrepere queat, siquidem sic una voce distincti actus gratiae conjunguntur), vel *stricte*, prout justificationi et renovationi contradistinguitur et haec acceptio est hujus loci.

Holl. (854) unterscheidet nun noch weiter: conversio *sensu speciali sumta*: actus gratiae, quo spiritus s. in homine peccatore serium de peccatis dolorem verbo legis excitat, verbo evangelii autem veram in Christum fidem accendit, ut remissionem peccatorem aeternamque salutem consequatur; und (nach dem in loc. de regener. not. 1 Gesagten) conversio sumta *sensu specialissimo*: actus gratiae, quo spiritus s. voluntatem et cor hominis peccatoris in medio peccati statu inhibet, frangitque ac conterit, ut cum dolore animi peccata detestetur atque adeo praeparetur ad salvificam in Christum fidem concipiendam.

11. *Br.* (533). Conversionis vox in scripturis dupliciter accipitur: quatenus nunc Deus hominem, nunc homo se ipsum convertere dicitur, etsi quoad rem una et eadem sit actio. Die erstere wird *conversio transitiva* genannt, quod non in ipso agente Deo ter-

minatur, sed ab ipso in aliud subjectum, nempe in hominem peccatorem, transit, und wird unterschieden als *activa*, quatenus a Deo procedit, und als *passiva*, quatenus ab homine recipitur. Jer. XXXI,28. *Holl.* (853). Die andere wird *conversio intransitiva* genannt. *Br.* (534). Quamvis enim actus, per quos homo se ipsum convertere dicitur, a spiritu s. efficienter pendeant, quia tamen sunt actus intellectus et voluntatis, nec a potentiis, quarum actus sunt, in aliud subjectum transeunt, sed in illis ipsis terminantur; hoc respectu in immanentium seu intransitivorum actuum censum veniunt.

Holl. (854). Conv. intransitiva est terminus et effectus conversionis transitivae estque ipsa poenitentia, qua peccator per vires a gratia convertente collatas et passive receptas, se ipsum convertere dicitur. De conversione intransitiva Act. III,19. Quam ob rem peccator, poenitentiam agendo, se convertit *viribus non nativis, sed dativis. Holl.* bemerkt endlich noch (853): Cum impraesentiarum versemur in actibus divinae gratiae applicatricis evolvendis, ex facili patet, nos hic nondum ex professo considerare intransitivam peccatoris conversionem seu ipsius resipiscentiam.

12. *Holl.* (868). Terminus a quo sunt peccata, cum *actualia*, quatenus, postquam admissa sunt, moraliter manent velut rata, aut non retractata: tum habitualia, quatenus non solum important carentiam perfectionis habitualis, inesse debitae, sed etiam propensionem ad omnia mala, quae peccatorum actualium fons et causa est. – *Br.* (539). Ad it, ut peccata *actualia* per conversionem aboleantur, requiritur primum, ut retractentur a peccatore et ut *in intellectu* quidem agnoscantur, non solum judicio speculativo, quod revera sint peccata, verum etiam practico, quod in abolitionem peccatorum incumbere et de modo ac mediis, quibus aboleantur, dispicere oporteat: *ex parte voluntatis* requiritur displicentia peccatorum eaque efficax seu detestatio cum dolore conjuncta. – (543). Ad abolenda peccata *habitualia* tendit conversio per actus eosdem, per quos ad actualia peccata abolenda tendit: ita tamen, ut illa non solum moraliter, sed et physice ac realiter, si non penitus, saltem secundum quid et ratione dominii aboleri aut expelli debeant. *Quen.* (III,492) aber enger: *Terminus a quo* in genere est status peccati Eph. II,1sq. et quidem non totaliter spectatus, prout etiam reatum et dominium peccati includit. Sed partialiter sumtus, in quantum dicit virium redeundi per poenitentiam ad Deum carentiam, cum pravitate opposita conjunctam. – *Gerh.* (VI,252sqq.). Complectitur contritio 1. veram peccati agnitionem; 2. sensum irae divinae adversus peccata; 3. conscientiae angores et pavores; 4. veram coram Deo humiliationem; 5. ingenuam peccati confessionem; 6. serium peccati odium ac detestationem. Observandum vero hoc loco: 1. quamvis vera contritio in omni vera ac salutari poenitentia requiratur, esse tamen contritionis gradus, cum non sint pares in omnibus terrores atque angores, sed in quibusdam majores, in quibusdam vero minores; 2. promissionem de remissione peccatorum non niti dignitate ac quantitate nostrae contritionis, sed unice Christi merito ...; 3. peccati agnitionem nunquam ad illam perfectionem adsurgere, ut omnium in specie peccatorum notitiam complectatur. –

13. *Br.* (541). Requiritur, ut in peccata actualia etiam quoad offensam Dei et obligationem peccantium ad satisfaciendum Deo abolenda tendat animus: quod quidem non aliter fit, quam per fidem in Christum mediatorem, ejusque meritum et satisfactionem pro peccatis nostris; quam cum apprehendit fides, simul tendit in Deum, qui, licet peccatis nostris offensus, tamen amore et gratia sua nos complexus, et nunc per satisfactionem Christi plene reconciliatus sit. – *Terminus ad quem* est fides in Christum, qua Deo peccatis offenso homo peccator reconciliatur. *Holl.* (869). Terminus ad quem *proximus* est contritio, *remotus* est fides in Christum. Dazu noch die Bemerkung (871): Contritio non est medium positivum aut causale accendendae fidei, sed est tantum medium privativum, quo removentur incapacitas subjecti et obstacula, quae alias impedirent accen-

sionem fidei. Est itaque fides in Christum terminus conversionis ad quem remotus, ideo quod spiritus s., per legem contritionem operando, intendit cor peccatoris disponere ad accendendam in ipso per verbum evangelii fidem salvificam. Cum autem remotum appello, nolim, aliquis existimet, fidem a contritione longius removendam aut sejungendam esse: arctissimo quippe nexu contritio cum fide in concionibus Christi copulatur (Mark. I,15. Act. II,38. 2Kor. VII,10): verum hoc ipso saltem indigitatur, non per conversionem ex lege, sed aliunde per regenerationem ex evangelio lucem fidei oriri (1Petr. I,23. Jak. I,18).

14. *Ap. conf.* V,28. Nos ... constituimus duas partes poenitentiae, videl. contritionem et fidem. – *Gerh.* (VI,234). Quot sunt summa doctrinae coelestis genera, quorum ministerio spiritus s. veram ac salutarem poenitentiam praedicat, et eandem in cordibus hominum operatur, tot sunt essentiales poenitentiae partes. Jam vero duo sunt summa doctrinae coelestis genera, per quae spiritus s. poenitentiam praedicat et operatur, videl. lex et evangelium. ... Ergo etiam duae sunt essentiales poenitentiae partes. Connexio majoris manifesta est, quia quaelibet istarum doctrinarum peculiarem ac proprium suum in homine convertendo effectum obtinet, qui duo effectus, licet inter se distincti sint, tamen ad unum commune *ἀποτέλεσμα* poenitentiae constituendum *συνημμένως* concurrunt. Lex incutit dolorem, dum peccati atrocitatem et iram Dei adversus illud manifestat et hominem propter transgressionem accusat. Evangelium homini territo ac contrito proponit mediatorem Christum, in ara crucis pro peccatis nostris mortuum.

Die *Apol. conf.* fügt noch hinzu (V,28): Si quis volet addere tertiam (partem), videl. dignos fructus poenitentiae, h. e. mutationem totius vitae ac morum in melius, non refragabimur, und *Mel.* (ll. c. th. II,4): Dico, partes esse contritionem et fidem; has necessario sequi debet nova obedientia, quam si quis vult nominare tertiam partem, non repugno. Von *Gerh.*(VI,245) an die genauere Bestimmung: Quod proprie et accurate loquendo bona opera partem poenitentiae non constituant. *Holl.* (1147). Nova obedientia non est pars, sed effectus poenitentiae. Aber (1148): Nova obedientia indivulso nexu poenitentiam sequitur, et ab ea ne in agonizantibus quidem separari potest. – Mit Beziehung auf die katholische Unterscheidung von contritio und attritio sagt noch die *Apol. conf.* (V,29): De contritione praecidimus illas otiosas et infinitas disputationes, quando ex dilectione Dei, quando ex timore poenae doleamus.

Von den späteren DD. werden die beiden Teile der conversio, die contritio und fides, unter dem gewöhnlich erst nach der Lehre von den Sakramenten folgenden Artikel de poenitentia als der conversio intransitiva näher abgehandelt. Da der Inhalt der gleiche ist, und der Unterschied nur der, daß conversio transitiva als die von Gott ausgehende Wirkung, poenitentia s. conversio intransitiva als die, infolge dieser Wirkung, innerlich in dem Menschen vorgehende Bewegung betrachtet wird, so ziehen wir beide Artikel in einen zusammen, wie auch die symbolischen Bücher und die früheren DD. nur an einem Ort von dieser Lehre handeln, nämlich unter der Überschrift: de poenitentia. – *Contritio* wird von den späteren DD. definiert als: actus poenitentialis prior, quo homo peccator legis fulmine perculsus et irae divinae sensu percitus ob admissa peccata secundum Deum tristatur et expavescit, illaque serio detestatur, Ps. LI,5. Jer. III,13. Ps. VI,1. XXXVIII,2. 4.5.7. *Fides* als: actus poenitentialis alter, quo peccator contritus conscientiae suae vulneribus, ex vulneribus Jesu Christi in evangelio ostensis, fiduciali eorundem ad se in individuo facta appropriatione medicinam quaerit. *Quen.* (III,581). – Als *requisita verae contritionis* werden angegeben *Holl.* (1152): antecedenter agnitio peccati, non tantum theoretica, sed etiam practica. Formaliter eam constituit efficax displicentia seu detestatio peccatorum cum serio dolore conjuncta. Die *indicia verae contritionis* sind (1155): 1. *interna*: a) abnegatio mali propositi et omissio peccati proaeretici; b) desiderium legale et paedagogicum medici probatissimi, s, liberatoris benignissimi et potentissimi. Act. II,37;

2. *externa* (probabilia, sed non infallibilia), quae deprehenduntur in peccatoris ore (confessio peccatorum, *quae vel est totius ecclesiae*, quippe quae tum ordinarie in publicis precibus, tum extraordinarie in publicis calamitatibus peccata sua confitetur; *vel hominis privati*, qui sua peccata confitetur immediate coram Deo (Ps. LI,6, von *Luther* confessio fidei genannt), coram ecclesia (Jos. VII,19. olim ἐξομολόγησις dicta), coram ecclesiae ministro (Matth. III,6), coram proximo (Jak. V,16. confessio caritatis): in facie et externo habitu (lacrymae, cilicium et saccus, cineris aspersio, percussio pectoris et femoris, scissio vestium, humicubatio squalida); in opere externo (jejunium et satisfactio, quae praestatur proximo laeso vel ecclesiae publico scandalo offensae). Von der *confessio* wird gesagt: confessio peccatorum privata coram sacerdote ad remissionem peccatorum obtinendam jure divino non est necessaria, nec omnium ac singulorum delictorum cum circumstantiis suis speciem peccati mutantibus, aut peccatum aggravantibus enumeratio et in aures sacerdotis denunciatio necessaria est nec possibilis. *Quen.* (III,601). – Von der satisfactio aber, die die Katholiken orationem, jejunium et eleemosynas nennen, und von der sie sagen, sie sei persolutio poenae plerumque adhuc debitae, remissa jam culpa, gilt: Post remissam culpam nulla poena proprie dicta peccatoribus conversis et justificatis imminet, manet tamen interdum paterna castigatio et afflictio medicinalis. Über beides cf. *Apol. conf.* art. VI. de confessione et satisfactione.

15. *Chmn.* (ll. th. I,199). Conversio seu renovatio non est talis mutatio, quae uno momento statim omnibus suis partibus absolvitur et perficitur: sed habet sua initia, suos progressus, quibus in magna infirmitate perficitur. Non ergo cogitandum est, secura et otiosa voluntate expectabo, donec renovatio s. conversio juxta gradus recensitos operatione spiritus s. sine meo motu absoluta fuerit. Neque enim in puncto aliquo mathematico ostendi potest, ubi voluntas liberata agere incipiat.

16. *Br.* (563). Operatio autem illa Dei, qua conversionem in homine per verbum legis et evangelii operatur, gratiae nomine appellari solet. Diese eine und selbe gratia wird aber gewöhnlich unterschieden als gratia praeveniens, operans et cooperans. Doch auch da sind die Begriffsbestimmungen nicht immer die gleichen. *Br.* (563). *Gr. praeveniente* intelligitur inspiratio primae cogitationis sanctae et pii desiderii a Deo. Dicitur gratia haec praeveniens, quod prior sit nostro libero consensu, seu quod ita praeveniatur hominis convertendi arbitrium. *Gr. operans* vocatur, quae initium conversionis proxime sequitur et ad ejus continuationem spectat, per quam fit, ut homo conatu quodam, quamvis languido, jam ad Christum mediatorem ac promissiones de gratuita remissione peccatorum propter Christum tendat, et contra dubitationes luctetur. Juxta *alios* vero operans gr. ipsa quoque ad initium conversionis refertur, et cum gratia praeveniente atque excitante quoad rem coincidit, diciturque operans, quod sine nobis aut sine nostro libero consensu in nobis operetur. *Gr. cooperans* appellatur operatio illa, quae intellectum promissionibus gratiae jam quodammodo assentientem, et voluntatem in Christo confidentem adjuvat et confortat seu corroborat, adeoque cum voluntate, jam per acceptas ante, utut debiles, vires concurrente, operatur. *Aliis* tamen cooperans gratia dicitur, qua Deus cum homine jam converso concurrit, vires collatas conservando, augendo et ne deficiat a fide adjuvando (in welchem Falle die gr. cooperans mehr bei der Heiligung in Anwendung kommt). – *Quen.* (III,494) u. a. teilen ein in gr. *assistens*, quae extrinsecus circa hominem agit, und in gr. *inhabitans*, quae ipsum hominis cor ingreditur illudque spiritualiter immutando inhabitat. Zur ersteren gehören: gr. incipiens s. praeveniens, gr. excitans, gr. operans und gr. perficiens, davon die drei ersten als actus praeparatorii wirken, durch die letztere aber der Akt der wirklichen Bekehrung vollbracht wird; die gr. inhabitans findet sich dann erst nach der Bekehrung in der Heiligung. Gratia Dei agit ante conversionem, in conversione et post conversionem. *Ista* dicitur praeveniens, praeparans et excitans, *illa* operans et perficiens in prima

significatione, *haec* cooperans, adjuvans et perficiens in secunda significatione. Gratia autem operans et perficiens ipsam conversionem, mediante verbo 1. producit peccati agnitionem, quae primus gradus est conversionis; 2. cordis compunctionem, ut peccata commissa detestetur et de illis doleat; 3. ipsum fidei actum et in Christum fiduciam, ut scil. in Christum credat, ejusque meritum vera fide amplectatur, quem fidei actum immediate sequitur ipsa e statu irae in statum gratiae translatio, quae est ultimus conversionis actus fitque in instanti seu momento, cum fieri non possit, ut homo simul sit in statu irae et gratiae, sub morte et vita (497). –

17. *Br.* (564). Homo initio conversionis mere passive se habere recte dicitur. *Quen.* (III,508) noch vollständiger: Sive conversio late sumatur, prout includit etiam actus praeparatorios, et sic ad quemvis actum vel gradum homo se mere passive habet; sive *stricte*, pro ipsa translatione ex statu irae in statum gratiae, quae in momento fit per ipsam fidei salvificae donationem, utique et hic solus Deus agit, homine, ut subjecto patiente, huic actioni divinae substrato. Diese Bestimmung ergibt sich aus der Lehre vom status corruptionis (cf. § 28. not 8sq. *Form. conc.* sol. decl. II,7) und so wird auf die Frage geantwortet: quomodo voluntas hominis in ipsa conversione sese habeat?

Hutter, der diese Frage in seinen ll. comm. sehr genau erörtert, schickt folgende Bemerkung voraus (p. 281): Ansam huic quaestioni dedit illud, quod in conversione hominis non renati, alteratio fieri nequit, quin actiones bonae concurrant et motus spirituales interveniant, quales sunt: lucta cum carne, pugna cum diffidentia, assensus verbi divini et similia. Quaesitum ergo fuit, hodieque quaeritur, num hi ipso motus, aut aliqua saltem earum pars, virium humanarum facultati tribuenda sit? Quae sane quaestio, ut rectius explicetur, prius in genere illud observandum fuerit, conversionem hominis ad Deum non esse unam eandemque, sed duas distinctas ejus dari posse species, secundum duo distincta subjecta, quorum fit conversio. Quia enim convertendorum aliqui ab ecclesia plane sunt extorres, vulgo infidelium titulo notati, quales sunt omnes illi, qui extra ecclesiam vivunt: alii vero versantur in coetu vocatorum et per baptismum ecclesiae inserti et semel sunt renati: sed postmodum per peccata contra conscientiam regenerationis gratia exciderunt: hinc utique fit, ut alia non renatorum infidelium, alia semel quidem renatorum, sed jam lapsorum sit conversio. Cujus sane utriusque conversionis ingens est discrepantia: quemadmodum plurimum is, qui vel adhuc in gratiae divinae foedere persistit, vel licet tentationi diabolicae succubuerit et gratia Dei exciderit, primitias tamen spiritus s. aliquando accepit et habuit, differt ab eo, qui ad fidem Christi et gratiam foederis primum vocatur et admittitur. Hi ex non renatis fiunt renati, ex infidelibus fideles. Lapsorum autem in ecclesia ea est conditio, ut, quamvis a diabolo seducti, divinae irae et aeternae damnationis rei fiant, foedere tamen ipso et adoptionis filiorum Dei jure respectu Dei ... nondum prorsus excidant, neque prius etiam illo penitus excidant, quam si finaliter in peccatis perseverent. Istorum proinde conversio nihil est aliud, quam ad usum sive perfruitionem pristinae gratiae quidam quasi per seriam poenitentiam reditus. Praeter has duas conversionis species fit insuper in scholis theologorum tertiae etiam conversionis mentio, quae dicitur poenitentia sive conversio stantium, eorum videlicet, qui renati sunt, sed subinde propter adhaerentes peccati et carnis infirmitates et lapsus per poenitentiam se quasi resuscitant: ita ut istorum conversio nihil sit aliud, quam perpetua quaedam carnis mortificatio et quotidiana pugna carnis et spiritus. ... Et de duabus quidem posterioribus hisce speciebus, nempe conversione lapsorum et stantium hoc loco non disputatur sive controvertitur. ... Manet proinde reliquus in praesenti ille tantum controversiae status: *quidnam homo infidelis sive nondum renatus in prima sui conversione ex viribus propriis praestare possit*? Ad quam quaestionem respondemus: *hominem nihil prorsus et ne quidem minimum ad sui conversionem vel inchoandam vel efficiendam praestare posse: ac proinde initium, progressum, successum denique omnem conversionis hujus ad Deum, operationi spiritus s., in solidum et unice tribuendum esse.* ... Dann fährt er fort: Circa puriorem hanc ecclesiarum nostrarum doctrinam, varii se offerunt scopuli et quaestiones multiplices, quae nisi planius explicentur, plurimorum et quidem gravissimorum errorum seges longe copiosissima oboriri potest.

Quaeritur enim 1. *num post lapsum in homine ita vires omnes sint fractae, imo extinctae in spiritualibus, ut nulla prorsus ἱκανότης, aptitudo sive capacitas remanserit?* Circa quam quaestionem pugna satis acris inter theologos quosdam oborta fuit, nonnullis vocabula aptitudinis et capacitatis ex hoc articulo proscribentibus: aliis vero eadem admittentibus: neutris fortasse rem satis dextre explicantibus. Facile enim pugna haec tollitur, si illud duntaxat pensi habeatur, vocabula isthaec gemino sensu posse accipi, activo nimirum et passivo. Activo tum, si per aptitudinem et capacitatem talem intelligas facultatem ἐνεργητικήν, qua homo ex se possit apprehendere oblatam in verbo praedicato gratiam conversionis. Passivo vero, si homo statuatur esse subjectum παθητικόν, quod sit habile ad recipiendam conversionem sive aptum ad conversionem: qualis passiva capacitas sive aptitudo in truncum aut lapidem non cadit. ... Et hoc posteriore sensu B. Lutherus noster homini recte tribuit capacitatem, h. e. δύναμιν παθητικῶς se habentem. ... Caeterum de hac passiva capacitate hoc loco non controvertitur: sed tantum de activa illa, quam homini non renato usque adeo in solidum negamus, ut ne quidem illud ipsi largiamur, quod aliquibus nominare placuit, modiculum. Sed 2. quaeritur: *cum voluntas hominis* non renati nihil prorsus et ne quidem minimum ad sui conversionem praestare possit, *quomodo ergo in ipsa conversione sese ea habeat?* Ad quam quaestionem diversimode a diversis respondetur. a) Alii eam mere et pure passive se habere dictitant: quemadmodum sane Lutherus ab hac phrasi non exhorruit, sic (in psalmis) scribens: error est, quod liberum arbitrium habeat aliquam activitatem in bono opere, quando de interno opere loquimur: velle enim, credere, sperare, diligere sunt motus, raptus et ductus verbi Dei et quaedam continua purgatio et renovatio mentis, licet non semper aeque intensa sit illa passio, tamen semper est passio. ... b) fuerunt alii, qui ad propositam quaestionem responderunt, hominem in conversione habere se instar trunci alicujus. Quae sane sententia multis, praesertim patronis synergismi, visa fuit nimis aspera et horrida. Sed et haec locutio, sano sensu intellecta, nihil prorsus habet incommodi. Etsi enim homo a trunco multis modis discrepat, tum ea facultate, qua agit cum προαιρέσει in rebus externis et rationi subjectis, tum eo respectu, quod in hominem quantumvis corruptum, non item in truncum aut lapidem cadit conversio. Interim tamen, si ea consideretur δύναμις, vis s. facultas, qua conversio et inchoari et effici potest: certe hoc respectu nulla prorsus inter hominem et truncum est differentia: quippe qui haud magis atque truncus ad sui conversionem quidquam ex propriis viribus facere potest: sed est quasi lutum in manu figuli. ... Quid? quod hoc respectu trunci suo quodam modo melior est quam hominis conditio: quippe qui uti facultate volendi destituitur, ita caret etiam peccato et malitia, quae homini non renato adhaeret. Aber auch das, daß der Mensch in der Bekehrung sich nur pure passive verhalte, ist schon eine Wirkung der Gnade, denn von Natur widerstrebt ihr der Mensch. *Cal.* (X,15): habet omnino homo non renatus potentiam passivam adeoque ἱκανότητα quandam, quam tamen rectius potentiam non repugnantiae vel obedientialem dixeris, ad sui conversionem: *tametsi illam nonresistentiam etiam operari in nobis oporteat spiritum s., quum hominis natura ob congenitam pravam concupiscentiam per se spiritui s. repugnet nec possit non repugnare.*

Hier aber entsteht die Frage, wie dann die Bekehrung doch in dem Menschen gewirkt werden könne anders, als wider seinen Willen oder ohne sein Wissen. Beides wird in Abrede gestellt. *Hutter* (l. c. p. 284). Fuerunt alii, qui dixerunt, voluntatem hominis non renati habere se in conversione repugnanter: ita ut per tractus violentos, sive per modum coactionis in nolentibus etiam et repugnantibus spiritus s. efficiat conversionem. Quae sane sententia ex veritate et falsitate mixtum aliquid continet. Verum enim est, hominem animalem ex se ipso nihil posse, quam repugnare spiritui s. ... Sic verum est et illud, quosdam tum conversos fuisse, quando maxime contra Deum fremuerunt ... Sed falsissimum est illud, quod infertur: repugnantes et reluctantes converti. Certissimum enim est, eos, in quibus reluctatio ista non desinit, nunquam ad Deum converti ... Responderunt alii, hominem in conversione non tantum nihil agere, sed converti otiosum et nescientem, quid secum agatur. Quae sane sententia Enthusiasmum resipit ... Etsi enim homo non renatus ex se et ex suis viribus scire nequit, quid secum agatur: tamen stuporem istum spiritus s. aufert et intellectum illuminat, ut jam sciat, quid secum agatur et agenti spiritui s. consentiat. Als das Mittel, dessen sich Gott zur Bekehrung bedient, wird das Wort Gottes bezeichnet und dem Unwiedergeborenen allein das Vermögen zugeschrieben, dieses Wort Gottes zu hören oder zu lesen. *Form. conc.* (sol. decl. II,53). Hoc Dei verbum homo, etiam nondum ... renatus, externis auribus audire aut legere potest ... Per hoc medium s. instrumentum, praedicationem nimirum et auditionem verbi, Deus operatur, emollit corda nostra, trahitque hominem, ut ex concionibus legis et peccata sua et iram Dei agnoscat et veros terrores atque contritionem in corde suo sentiat. Et per annuntiationem ac meditationem evangelii ... scintillula fidei in corde ipsius accenditur ... et hoc modo spiritus s., qui haec omnia operatur, in cor mittitur. *Hutt.* (ll. comm. 285): In omni conversione verbum Dei tanquam organum sive, ut patres locuti sunt, tanquam ὄχημα vehiculum spiritus s. interveniat necesse est. Neque enim convertendis novi motus imprimuntur tanquam cerae sigillum: neque conversio haec est brutum aliquid, sicut cum asina Bileami loquitur, Num. XXII,28, neque etiam violentum quid, sicut cum lapis protruditur: neque enthusiasticum quiddam sicut arreptitii (qui a diabolo abripiuntur) oracula reddunt vel in obsessis fiunt multa, sine applicatione mentis et voluntatis. Sed per ministerium verbi cujuslibet conversionis fit exordium: cui locum relinquere et auditum verbum admittere debent homines, si modo conversio ulla subsequi debeat. Jam vero etsi homo nondum renatus potest audire et legere verbum Dei, potest de eo disserere, potest partem fidei historicae ex eodem concipere, non minus quam diaboli ipsi, teste Jacobo c. II,19. Verbum tamen salutis vel amplecti vel intelligere nullo modo potest, adeo ut stultitia ipsi sit, nisi spiritus s. illuminatio superveniat: tantum abest, ut ipse hinc salutis suae negotium ex se ipso ullo modo promovere possit vel ejus tantum initium facere. Sed ut veteres locuti sunt, crassi sunt conatus isti, si a gratia non adjuventur: imo plane nulli, si non excitentur: excitat autem spiritus s. bonos motus, cum cogitationes pias inspirat et boni propositi motum immittendo, gratiâ suâ hominem praevenit. Proinde initium de tota operatio conversionis in solidum et ex asse adscribenda est soli spiritui s., qui in homine audiente verbum non est otiosus, sed movet et impellit voluntatem, ut sub ipso conversionis initio ea quasi fluctuet et pendeat et cum carne luctare incipiat, tam diu, donec ex repugnante fiat consentiens, h. e. ex serva fiat liberata, ex nolente volens, ut jam velle jam adjaceat homini et condelectetur legi Dei, non coactus aut invitus, sed κατὰ τὸ ἑκούσιον. Rom. VII, 18 et 22. Philem. v. 14. – Durch diese Bestimmungen erfährt man freilich noch nicht deutlich genug, wie, wenn die Bekehrung in dem einzelnen gewirkt wird, dies anders als ohne seinen Willen geschieht, so daß darin für den, der nicht bekehrt wird, eine Entschuldigung dafür läge. Doch wird man berechtigt sein, das vorhin Beigebrachte dahin zu deuten, daß nach der Vorstellung dieser DD. das Wort Gottes, da wo es auch nur äußerlich gehört wird, durch eine allerdings unwiderstehliche Gnadenwirkung nicht etwa sogleich die Bekehrung selbst, wohl aber diejenige Willensfreiheit erzeugt, die den einzelnen in den Stand setzt, statt, wie er bis dahin allein tat, der Gnade zu widerstreben, so jetzt sie in sich wirken zu lassen. Dann bleibt Gott immer noch die einzige causa efficiens der Bekehrung; diese geht aber doch von da an nicht mehr wider und ohne den Willen des Menschen vor sich. So drücken sich wenigstens spätere DD. aus. Sie nehmen eine gratiam praevenientem an, welche bonos motus inevitabiles in dem Menschen wirke. *Quen.* (III,513). Concedimus, hominem, primo motu a gratia praevenienti excitato, per praedicationem verbi ita tangi, ut praesentiam Dei non possit subterfugere et instinctum aliquem percipere; inde tamen non sequitur, nec verum est; si primus motus gratiae praevenientis est inevitabilis, est etiam inevitabilis ejus eventus, seu ipsa conversio et sic convertimur irresistibiliter. Nam licet homo non possit impedire, ne primus motus oriatur, habet tamen in ipso primo motu libertatem resistendi, habet etiam in secundo et ultimo (licet non indifferenter, i. e. aequaliter, ad convertendum et non convertendum, semper enim facultas hominis jam moti a gratia praeveniente magis propendet ad hoc, quam ad illud) et potest per morosam voluntatem gratiae praevenienti obicem ponere, eam excutere et resistendo ipsam sui conversionem impedire. – Und *Holl.* (873). Cum homo in peccatis mortuus jacet, et secure in diem vivit, de conversione sui nequicquam cogitans, praevenit eundem benignissimus Deus, et mediante verbo, sive audito sive lecto, ac intra mentem retento, subinde bonos in eo motus suscitat, quos *inevitabiles* Theologi appellant, quia eorum praesentia et sensus evitari nequit: qui etiam quodammodo *irresistibiles* dici possunt, ratione originis et sensus, cum eorundem suscitationi per verbum, ac sensui neutiquam, sed tantum consensui opponere se homo peccator possit. Primi motus, inquit J. Musaeus, dici possunt irresistibiles, quatenus nostram deliberationem antevertunt, ut in nostra potestate non sit impedire, ne oriantur, quamvis, postquam exorti sunt, resisti iis, et ne radices agant, impediri, vel plane suffocari possint. –

18. *Form. conc.* (sol. decl. II,65) ... consequitur, quam primum spiritus s. per verbum et sacramenta opus suum regenerationis et renovationis in nobis inchoavit, quod revera tunc per virtutem spiritus s. cooperari possimus ac debeamus, quamvis multa adhuc infirmitas concurrat. Hoc vero ipsum quod cooperamur, non ex nostris carnalibus et naturalibus viribus est, sed ex novis illis viribus et donis, quae spiritus s. in conversione in nobis inchoavit. *Chmn.* (ll. comm. I,199). Quando gratia praeveniens, id est prima initia fidei et conversionis homini dantur, statim incipit lucta carnis et spiritus et manifestum est, illam luctam non fieri sine motu nostrae voluntatis. Aliter enim spiritus s. luctabatur in Mose adhuc vivo adversus carnem ejus, quam sicut Michael luctatur cum diabolo circa mortuum corpus Mosis. Item in principio desiderium est obscurius, assensio languidior, obedientia tenuior: et illa dona oportet crescere. Crescunt autem in nobis, non sicut truncus violento impulso provehitur vel sicut lilia non laborantia, non curantia crescunt: sed conando, luctando, quaerendo, petendo, pulsando: et hoc non ex nobis, donum Dei est, Luk. XIX,13. Matth. XXV,26. 2Tim. I,6. Quae ergo de gratia praeveniente, praeparante et operante traduntur, habent hunc sensum, quod non nostrae partes priores sint in conversione: sed quod Deus per verbum et afflatum divinum nos praeveniat, movens et impellens voluntatem. Post hunc autem motum voluntatis divinitus factum, voluntas humana non habet se pure passive, sed mota et adjuta spiritu s. non repugnat, sed assentitur et fit συνεργος Dei ...

19. *Quen.* (III,498). Hominis conversio est solius gratiae divinae operantis actio, et perficitur per eandem infinitam potentiam, per quam Deus ex nihilo aliquid creat et ex mortuis resuscitat, et quidem fit mediante verbo, quod vim illam supernaturalem et divinam inditam habet, et in conversione hominis exerit. Eph. I,17.19. Phil. II,13. Joh. XV,4.5. Kol. I,12.13. II,12.13. Es wird also auch die Frage: num conversio, semel in homine virtute spiritus s. inchoata, postmodum solis naturae humanae viribus perficiatur et conservetur? verneint. *Hutt.*(ll. comm. 286). Neque enim ex hac spiritus s. operatione

natura corrupta sic instauratur, ut in sua potestate situm habeat, mutare se in melius, neque spiritus s. auxilio amplius indigeat suaque virtute in gratia stare et ad finem usque perseverare possit: sed haec omnia, haud minus atque conversionis initium, spiritui s. sunt adscribenda, qui operatur in nobis non tantum velle, sed et perficere: quique bonum, quod in nobis coepit, consummat et perficit et virtute sua ad finem usque renatos custodit ac conservat. Phil. I,6. II,13. 1Petr. I,5. V,10. So wird auch an der Bestimmung festgehalten, daß der causae conversionis nostrae nur zwei seien. *Hutt.* (ll. comm. 284) ... rursus in diversas plane sententias abeunt theologi, nonnullis duas tantum, nempe spiritum s. et verbum Dei, aliis tres constituentibus et duabus jam nominatis tertiam, nempe voluntatem hominis, adjicientibus. Quae sane dissensio turbas haud leves in ecclesia Dei concitavit: quod tamen bellum rectissime dirimi et componi posse videtur, si accurate distinguamus inter duas illas species convertendorum hominum et sic ipsius etiam conversionis. ... Vel enim quaeritur de conversione prima, quae est impiorum sive infidelium et nunquam renatorum, vel de conversione secunda, quae est quotidiana fidelium et renatorum poenitentia. Si ergo de prima fit quaestio, certe neque plures neque pauciores conversionis causae constitui possunt et debent, quam duae: ita ut, qui hoc loco ternarium ponunt, et voluntatem hominis urgent, a synergistico errore haud sint alieni. ... Proinde si homo infidelis et nunquam renatus converti debeat, duas tantum causas concurrere statuimus, sed sub diversissimo causarum genere: unam nimirum efficientem, quae est solus et unus spiritus s., alteram vero organicam s. instrumentalem, quae est verbum Dei praedicatum auditumque, ut et rectus usus sacramentorum. *Cal.* (X,16). Opposita imprimis nostra thesis orthodoxa est in Form. conc. Synergistis. ... Quibus addendi etiam Ph. Melanchthon ut et Helmstadienses nuperi. ... Quamvis id inter veteres et novos Synergistas intersit, quod *hi initium* conversionis viribus naturae, *progressum et complementum* supernaturali spiritus s. gratiae tribuerint: *illi* vero rem invertant, initium *spiritu s.*, complementum *naturae* tribuant. –

§ 47
4. Unio mystica

Die Heilige Schrift sagt von dem Gläubigen, daß Gott in ihm wohne, und deutet damit eine besondere Einigung Gottes mit ihm an, die die Dogmatik als unio mystica bezeichnet. Diese tritt ein in dem Moment, in dem der Mensch gerechtfertigt und wiedergeboren wird, und ist unzertrennlich mit Rechtfertigung und Wiedergeburt gesetzt, so daß, wenn mit der justificatio die Vergebung der Sünden, mit der regeneratio das Vermögen des Glaubens gesetzt ist, in der unio mystica die unmittelbare Wirkung dieser beiden Gnadenakte Gottes beschrieben wird, die darin besteht, daß Gott in dem also Gerechtfertigten oder Wiedergeborenen in besonderer Weise Wohnung macht[1]. Mit dieser unio mystica ist dann mehr ausgesagt als eine bloße Übereinstimmung des menschlichen Willens mit dem göttlichen oder eine bloße Einigung beider in der Liebe oder eine bloße Einwirkung und Mitteilung geistlicher Gaben von seiten des Hl. Geistes[2]. Die Stellen Joh. XIV,23. 1Kor. VI,15.17. Eph. V,30. 2Petr. I,4. Gal. III,27. II,19.20 beweisen vielmehr, daß diese Einigung nicht bloß metaphorisch, sondern eigentlich und wirklich zu verstehen ist, so daß diese nicht anders denn als eine Einigung der Substanz Gottes mit der Substanz des Menschen beschrieben werden kann, infolge deren Gott die Fülle seiner Gnadengaben auf den Wiedergeborenen ausgießt[3]. Sie ist danach wohl zu unterscheiden von derjenigen Einwohnung Gottes, die Act. XVII,28 angedeutet ist: denn wenn auch in dieser Stelle eine substantielle Einigung Gottes mit dem Menschen ausgesagt ist, so muß diese doch anderer Art sein als jene, da diese bei allen Kreaturen, jene nur bei den Gläubigen stattfindet, daher jene als *unio specialis* von dieser als *unio generalis* unterschieden wird[4]. Diese unio ist aber weiter als unio mystica zu bezeichnen (quia unio haec magnum mysterium est [Eph. V,32], cujus unionis modus specificus est imperscrutabilis), dann als spiritualis (quoniam per spiritum s. gratiose inhabitantem renatos non carnali aut corporali, sed spirituali et supernaturali modo perficitur *Holl.* (934). Indem wir uns also keine nähere Vorstellung von der Natur und Art dieser unio machen können, müssen wir uns darauf beschränken, falsche Vorstellungen von ihr abzuwehren. Eine falsche Vorstellung wäre es aber, wenn wir uns die Einigung der beiden Substanzen, der göttlichen und der menschlichen, so dächten, als ob die beiden Substanzen zu einer zusammen gingen, oder so, als ob die eine in der anderen aufginge, oder auch so, als ob aus den beiden Personen, Gottes und des Menschen, eine Person würde in ähnlicher Weise, wie die beiden Naturen in Christo eine Person konstituieren: denn die unio mystica ist keine substantialis[5] und keine personalis[6].

1. Über die Ordnung, in der sich die unio mystica an die voranstehende regeneratio und justificatio anreiht, *Quen.* (III,621): Regeneratio, justificatio, unio et renovatio tempore simul sunt et quovis puncto mathematico arctiores adeo, ut divelli et sequestrari nequeant, cohaerent. Secundum nostrum tamen concipiendi modum ordine prior est regeneratio et justificatio unione ista mystica. Quando enim in regeneratione homo fide donatus et per fidem justificatus est, tum demum incipit mystice cum Deo uniri. Renovatio vero unione posterior est, ex bonis enim operibus, quae effectus renovationis sunt, tanquam a posteriori cum justificationis tum mysticae unionis existentia colligitur. Hoc ordine ergo se invicem consequuntur secundum nostrum conceptum. Praecedit regeneratio, ut fidem consequatur, sequitur justificatio, quae fit per fidem, hanc excipit mystica unio, quam sequitur renovatio et sanctificatio. – Nach anderer Betrachtungsweise kann aber auch gesagt werden, daß die unio der justificatio vorangehe, insofern die fides der justificatio vorangeht und in der fides als dem Organ, durch das die Einigung zustande kommt, diese schon ihrem Anfange nach mitgesetzt ist. Daher *Holl.* (933), nachdem er sich mit Obigem einverstanden erklärt, hinzufügt: Quamvis unio mystica, qua Deus in anima velut templo habitat, nostro concipiendi modo justificationem sequatur ordine naturae, fatendum tamen est, unionem formalem fidei, qua apprehenditur, induitur et nobiscum unitur Christus, ut mediator et auctor impetrandae gratiae et remissionis peccatorum, in signo rationis priorem esse justificatione. Fides enim ad justitiam imputatur, quatenus meritum Christi recipit et nobiscum unit, ut fiat nostrum. –

Die unio kann gefaßt werden als actus, insofern sie in einem bestimmten Moment vor sich geht, und ist dann nach *Holl.* (934) genauer als unitio zu bezeichnen, sive actus unionis, qui est transiens et momentaneus, et fit eodem momento, quo regeneratio et justificatio; oder als status, qui proprie et specifice dicitur unio, integer permanet, quamdiu homo justificatus peccata proaeretica evitat.

2. *Quen.* (III,623). Non consistit unio mystica in sola harmonia et contemperatione affectuum, quomodo anima Jonathae dicitur agglutinata Davidi, 1Sam. XVIII,1. sed in vera, reali, propria et arctissima unione, nam Christus Joh. XVII,21. utitur phrasi: esse »in aliquo«, quae realem rei, quae inesse dicitur, infert praesentiam, non metaphoricam, qua amans est in amato. – Non consistit un. m. in sola gratiosa spiritus s. in credentibus operatione. Quando enim dicit Christus Joh. XIV,23: »ego et pater meus etc.« et v. 16: »spiritus s. etc.« non sunt haec nomina operationum, sed personarum. Et prorsus temerarium est, tot emphatica verba ὑπαρκτικὰ, quibus mystica haec unio in s. l. describitur, convertere in mere ἐνεργητικά, v. gr. venire, mitti in corda, habitare, manere, vivere in aliquo. Sunt enim proprietates personales, non operationum affectiones.

3. *Holl.* (932) definiert: Unio m. est conjunctio spiritualis Dei triunius cum homine justificato, qua in hoc velut consecrato templo praesentia speciali eaque substantiali habitat, et gratiosa influxu in eodem operatur. *Quen.* (III,622). Un. m. est realis et arctissima substantiae ss. trinitatis et Christi θεανθρώπου cum substantia fidelium conjunctio, a Deo ipso per verbum evangelii, sacramenta et fidem facta, qua speciali essentiae approximatione et gratiosa operatione in iisdem est, ita ut et fideles in eo sint, ut per mutuam et reciprocam immanentiam vivificae facultatis et omnium beneficiorum ejus participes facti, certi sint de gratia Dei et salute aeterna, unitatemque in fide et caritate cum reliquis corporis mystici membris servent. Während sonach *Quenstedt* schon in die Definition von un. m. die Verbindung mit Christus dem Gottmenschen aufnimmt, unterscheidet *Calov* (X,526) die unio spiritualis renatorum cum Deo triuno und die conjunctio cum Christo θεανθρώπῳ und definiert die letztere so: un. m. Christi cum homine fideli est conjunctio vera et realis atque arctissima divinae et humanae Christi θεανθρώπου naturae cum homine renato, quae virtute meriti Christi per verbum et sacramenta fit, ita ut Christus cum homine renato unum spirituale constituat et in ipso et per ipsum operetur, eaque quae agit aut patitur fidelis, sibi appropriet, ut non vivat homo quod ad spiritualem et divinam vitam per se, sed in fide filii Dei, donec ad coelestem vitam evehatur. Und als die cognata et consequentia unionis fidelium cum Christo mysticae bezeichnet er dann (p. 568): spiritualis unctio, ab ea desumta Christianorum denominatio, mystica cum Christo desponsatio. – Unctio mystica est, qua renati virtute unctionis Christi spiritui s. delibuti, donis ejus instructi sunt ut spirituales prophetae, sacerdotes et reges (p. 572). Desponsatio Christi cum fidelibus est, qua sese aeternum copulat credentibus per fidem, ut sint unus spiritus, et amorem intimum et perpetuum, vi cujus omnia bona sua omnemque gloriam ipsis, ceu sponsae suae spirituali communicat, eos tandem in thalamum deducturus, in coelesti regno et perpetuo illis cohabitaturus. – Die *Form. conc.* deutet die un. m. an, indem sie (sol. decl. III,65) als falsch die Behauptung bezeichnet: quod non Deus ipse, sed dona Dei duntaxat in credentibus habitent. –

Die extrema seu termini mysticae unionis werden dann so bezeichnet: ipsae subjectorum uniendorum essentiae, atque ex una quidem parte substantia divina totius ss. trinitatis, 2Petr. I,4. et substantia humanae naturae Christi, Joh. XVI,1.2.4. 1Kor. VI, 15–17. Eph. V,30. Gal. II,19.20. Ex altera vero, substantia fidelium, quoad animam et corpus est, 1Kor. VI,15.19. Eph. V,30. Die *forma* dieser unio besteht: in vera, reali, intrinseca et arctissima conjunctione substantiae hominis fidelis cum substantia ss. trinitatis et carnis Christi. – *Quen.* (III,619) beweist die un. m. 1. ex Christi promissione Joh. XIV,23.26. XV,26. Venire autem ad aliquem formaliter importat accessionem et approximationem ad eundem adeoque adventum ss. trinitatis ad credentes et ***praesentiam non donorum solum,*** sed ipsiusmet essentiae; 2. ex inhabitatione in fidelibus, Eph. III,

17. Rom. VIII,9. 2Kor. VI,16; 3. ex unitate fidelium cum Deo, Joh. XVII,21. Gradatio, qua Christus utitur l. c., innuit unionem spiritualem, qua ipse v. 23. in credentibus est, arctiorem esse, quam qua fideles v. 21. in Deo per communionem spiritus unum sunt, itemque modo et forma differre ab ea, quae describitur v. 22, ubi fideles inter sese ob unitatem fidei, caritatis, spei unum dicuntur, superadditur enim amplificatio consummationis, quam explicat verbis: »ego in eis, et tu in me, ut sint consummati in unum«; 4. a divinae naturae communione, 2Petr. I,4. –

Bezeichnet wird diese un. m. in der Hl. Schrift durch die Ausdrücke: desponsatio credentium cum Christo, Hos. II,19. mysticum Christi et ecclesiae conjugium, Eph. V,32. membrorum et capitis conjunctio, Eph.I,22.23. insitio palmitum spiritualium in viti spirituali Christo, Joh. XV,4–7. mansio totius ss. trinitatis apud hominem renatum, Joh. XIV,23.

4. *Cal.* (X,511). Quamquam non admittamus unionem essentialem ratione modi, qualis est surculi, qui coalescit cum trunco in unam numero essentiam arboris, non tamen solum hic locum habere censemus communem illam hominum unionem cum substantia Dei, de qua Act. XVII,28, neque substantiae humanae et accidentis seu operationum et motuum divinorum tantum, sed uniri substantiam hominis fidelis cum substantia totius ss. trinitatis per juncturam substantiae ad substantiam, sine extensione aut contractione essentiae divinae aut humanae sola modi variatione, qui pro benevola voluntate Dei diversus est, tum in hac, tum in aeterna vita, asserimus. – *Holl.* (933). Unio generalis, qua omnes homines fideles et infideles in Deo vivunt, moventur et sunt. – Ut pisces in aqua et aves in aëre: ita omnes homines in Deo vivunt, moventur et sunt, eo quod ipse dat omnibus vitam et spiritum et omnia. – *Quen.* (III,614). Generalis illa unio omnium hominum *cum substantia Dei* creatoris indicatur Act. XVII,28, ubi praepositio ἐν indicat generalem Dei apud homines praesentiam.

Die *unio specialis* ist teils eine *gratiosa* in ecclesia militante, qua Deus substantiali praesentia in renatis habitat, et speciali concursu in iisdem operatur, Joh. XIV,23. XVII,11.21, teils eine *gloriosa* in coetu electorum triumphante, qua Deus electos plenitudine gratiae suae implet et exsultat, 1Kor. XV,28. *Holl.* (933). – Da demnach auch in der unio generalis eine Einigung der göttlichen Substanz mit dem Menschen angenommen wird und nicht bloß eine operatio gratiosa, wird die unio specialis von dieser dadurch unterschieden, daß in ihr eine nova et ab omnipraesentia distincta essentiae divinae approximatio gesetzt wird, quae homini fideli ita est definita, ut ipsa substantia divina hac ratione impiis et creaturis reliquis praesens dici nequeat, et sic per novam approximationem substantiae, etiam ratio praesentiae in hac unione exprimatur. Auf die Einwendung aber: quodcunque secundum substantiam jam adest, eo, dum adest, necessario adest, nec potest non adesse, ac proinde id ipsum venire, appropinquare vel approximare de novo secundum substantiam dici nequit, sed ss. trinitas secundum substantiam vel divina essentia per communem et generalem adessentiam, ut omnibus creaturis, ita et fidelibus jam tum adest; ergo per novam et specialem praesentiam non potest illis appropinquare vel approximare, erwidert *Quen.* (III,629): 1. ipsa substantia spiritus s. peculiari quodam genere praesentiae voluit se columbae conjungere et baptistae se ita ostendere, ut ubi columba esset, ibi recte et vere diceretur, ipsa etiam substantia spiritus s. peculiari illo praesentiae genere simul adesse; 2. essentiam divinam, ut essentia est, admittere talem rationem approximandi citra periculum immensitatis amittendae, singularis ille praesentiae modus in Christo probat, ubi natura divina naturae humanae finitae ita unita est, ut hoc modo alibi non sit nec esse velit, quae praesentia certe non per novum operandi modum, sed per intimam indistantis substantiae ad substantiam immanentiam determinatur. Et licet haec praesentia sit singulariter singularis, tamen negari nequit, quod ex hypostatica unione elici queat, non absolute divinae essentiae approximationem talem repugnare. Und immer wird der Satz festgehalten, daß, wie die unio überhaupt nicht bloß eine gratiosa spiritus s. operatio ist, so auch die unio specialis von der unio generalis sich nicht bloß durch einen novus et specialis operandi modus unterscheide, sondern durch eine nova eaque distincta a communi illo adessendi modo essentiae approximatio. –

5. *Quen.* (III,624). Non consistit haec unio in *transsubstantiatione* aut conversione substantiae nostrae in substantiam Dei et Christi, aut vice versa, quomodo baculus Mosis in serpentem est conversus. Neque in *consubstantiatione*, ut ex duabus essentiis unitis fiat una essentia. *Holl.* (939) a) beneficio unionis mysticae Deus in nobis tanquam in templis habitat, 1Kor. III,16. sed domicilium non in incolam, nec incola in domicilium commutatur; b) per unionem m. Christum induimus, Gal. III,27. sed indumentum non est essentialiter unum cum homine induto; c) divina natura ab humana distinctissima est, licet Deus ad nos veniat et mansionem apud nos faciat, Joh. XIV,23. potest enim recedere ab homine, cui appropinquavit. Die unio m. wird daher wohl eine unio substantiarum, aber strenggenommen nicht eine unio formaliter substantialis (qualis est surculi, qui coalescit cum trunco in unam numero essentiam arboris), sondern eine accidentalis genannt. Wenn doch eine substantialis, wie von manchen, so geschieht es non a modo unionis, sed a terminis, quod substantia humana cum substantia divina conjungitur.

6. *Quen.* (III,624). Non consistit unio m. in unione personali sive coalitione extremorum unitorum in unam hypostasin seu personam, qualis est divinae et humanae naturae in Christo, ita ut credens Christo unitus dicere possit: ego sum Christus. *Holl.* (939). Christum et fideles mystice unitos manere distinctas personas, Paulus docet Gal. II,20. (*Quen.* [III,624] fügt noch hinzu: differt ab unione et communione sacramentali unio mystica.) Antithesis est 1. Weigelianorum et Schwenkfeldianorum statuentium, mysticam cum Deo unionem ratione modi esse essentialem et corporalem; 2. quorundam Scholasticorum, Pontificiorum, Socinianorum et Arminianorum negantium, Deum speciali praesentiae substantialis modo in fidelibus manere. *Holl.* (941).

§ 48
5. Renovatio

Es ist nicht genug, daß der Mensch zur Erkenntnis seiner Sünde kommt und diese haßt; auch nicht, daß er in der regeneratio die Kraft erhält, im Glauben das Verdienst Christi zu ergreifen: Gott will auch, daß der Mensch diese Abkehr von der Sünde und Hinkehr zu ihm in einem sittlichen Leben betätige, daß er aufhöre, der alte Mensch zu sein, und ein neuer werde, der mehr und mehr ein heiliges Leben vor Gott führt. Und auch dahin wirkt Gott mit seiner göttlichen Gnade, indem er den Menschen mehr und mehr von Sünden abzuziehen und zum Guten zu ermuntern und zu kräftigen sucht. Diese Wirkung aber, die Gott auf den Menschen ausübt, wird *renovatio* genannt, insofern durch diese eine Änderung in dem Menschen hervorgebracht wird, infolge deren er ein neuer Mensch genannt werden kann[1] – auch *sanctificatio*, insofern sein Leben nun heilig zu werden anfängt[2]. *Holl.* (946). Renovatio est actus gratiae, quo spiritus s. hominem justificatum, expulsis vitiis, sanctitate inhaerente donat[3]. Die Änderung, die in dem Menschen vorgeht, besteht dann näher darin, daß durch Wirkung der göttlichen Gnade die dem Menschen noch anklebende Sünde mehr und mehr verschwindet und steigender Fertigkeit im Guten Platz macht[4]. Weil aber die dem Menschen einwohnende Sündhaftigkeit nur durch stets wiederholten Kampf wider die Sünde weicht, so tritt diese renovatio nicht mit einemmal, sondern allmählich ein, stets des Wachstums fähig[5]; und weil die Sünde den Menschen nie ganz verläßt, so ist sie nie perfecta[6], wenngleich die Vollkommenheit immer angestrebt werden soll. Sie ist endlich ein Werk Gottes in dem Menschen, jedoch in der Art, daß von seiten des Menschen, der jetzt in der conversio neue geistliche Kräfte erhalten hat, eine freie Mitwirkung stattfindet[7].

1. Auch die renovatio wird in weiterem und engerem Sinn genommen, *Br.* (593). Renovatio *in genere* denotat quamlibet actionem, qua vetera, aut quae vetustate vel aliunde detrita seu infirmata aut corrupta sunt, restaurantur. Atque ita in renovatione hominis spirituali, latius sumta, vetus homo, secundum omnem suam rationem, i. e. carentiam virium spiritualium omnimodam, reatum et dominium peccati aboleri; et novus homo secundum suam latitudinem, i. e. ipsas vires spirituales, absolutionem a reatu et donum habituale, quo supprimatur dominium peccati, produci intelligitur: vid. 2Kor. V,17sqq., ubi homines, qui in Christo sunt, nova creatura esse dicuntur. Eo autem refertur ipsa reconciliatio cum Deo et justificatio per Christum, v. 19 et 21. (Quo sensu latiori vox renovatio accipitur in *Form. conc.* sol. decl. II,70, in *Apol. conf.* III,40.) In der Hl. Schrift wird das Wort in diesem weiteren Sinne genommen, Hebr. VI,6. *Br.* (594). *Renovatio stricte dicta* importat realem et intrinsecam quandam in homine *renato seu converso mutationem.* Diese wird genommen *transitive* (tanquam actio Dei producentis in nobis sanctos motus et actiones: prout dare cor novum et spiritum novum dicitur, Ez. XXXVI,26. spiritum innovare intra nos, Ps. LI,12) und *intransitive* (quatenus homines, viribus divinitus collatis instructi, se ipsos renovare dicuntur, facientes sibi cor novum et spiritum novum Ez. XVIII,31, deponere veterem hominem, induere novum, Eph. IV,22.24). Dazu bemerkt *Holl.* (950): Non differt autem renovatio transitive et intransitive dicta realiter; ideo, quod a) eandem notat mutationem, qua ex vetere homine novus, ex peccatore fit sanctus: quae cum connotata dependentia a Deo, tanquam ab agente in alio, *transitiva*; ex parte subjecti vero, per modum actus immanentis spectata, *intransitiva* renovatio dicitur; b) utraque iisdem perficitur viribus, scil. non humanis, sed divinis, quas spiritus s. habet originaliter et independenter, homo renatus autem dependenter et propter unionem cum Deo mysticam.

Den Unterschied der renovatio von der regeneratio und justificatio gibt *Quenstedt* (III,632) so an: R. differt: a) *ratione causae efficientis*: regeneratio et justificatio sunt actiones solius Dei, renovatio est quidem actio Dei, sed non solius, concurrit enim ad eam quoque homo renatus, non per proprias, sed divinitus concessas vires; b) *r. subjecti.* Subjectum regenerationis est homo in peccatis plane mortuus; justificationis, peccator quidem, Rom. IV,5.17. sed peccata agnoscens et in Christum credens: renovationis vero, homo jam justificatus; c) *r. objecti.* Regeneratio occupatur circa fidei productionem, justificatio circa justitiam imputabilem, renovatio circa justitiam inhaerentem; d) *r. formae.* Reg. consistit in spiritualis vitae largitione, ac e statu irae in statum gratiae translatione; justificatio in peccatorum remissione et justitiae Christi imputatione; renovatio vero in mentis, voluntatis, affectuum adeoque totius hominis reformatione, seu in imaginis Dei instauratione, in hac vita inchoanda, in altera perficienda; e) *r. proprii.* Reg. ut et justif. fit in instanti, in momento; renovatio s. sanctificatio successive de die in diem (*Gerh.*

[VII,294]. Regeneratio, proprie sic dicta ... tam non recipit majus ac minus, quam ipsa carnalis generatio. At renovatio majus ac minus recipit, quia interior homo de die in diem renovatur); f) *r. ordinis.* Reg. justificationem et justificatio renovationem praecedit. Renovatio ad justificationem se habet, ut effectus ad causam, sequiturque hanc non temporis, sed naturae ordine. Unde et Paulus has voces cum discrimine ponit, Tit. III,5.

2. Auch sie wird entweder *sensu latiori* genommen, ut ambitu suo vocationem, illuminationem, conversionem, regenerationem, justificationem et renovationem complectatur, ut Eph. V,26. Hebr. X,10, oder *sensu strictiori,* prout cum renovatione stricte dicta coincidit, ut Rom. VI,19 et 22. 1Thess. IV,3.4.7. – *Br.* (594). Intelligitur autem collatio et consecutio sanctitatis *internae* (*vel inhaerentis*): cum alias, in ipso justificationis actu, sanctitatis alienae, nempe Christi, imputatio locum habeat (quo referuntur loca 1Kor. I,30. Hebr. X,14), hic autem ipsi homines sint perficientes sanctitatem in timore Dei, 2Kor. VII,1. – Sonach kann dem neuen Menschen das Prädikat der sanctitas zugesprochen werden, aber er ist sanctus, non ex se, sed ex gratia, Ps. LXXXVI,2. 1Kor. VI,11: sanctus, non tam in se, quam in Christo, Phil. I,1. 1Kor. I,2. sanctus, non sanctitate consummata, sed inchoata et continuata, Phil. III,12, *Holl.* (956).

3. *Holl.* (947). R. est actus gratiae applicatricis, quo spiritus s. inhaerentes homini justificato reliquias peccati, ne dominetur, abolet, motusque internos et externos voluntati divinae conformes, adeoque spiritualiter bonos, in eodem parit, ut, imagine divina instaurata donatus, sobrie, juste et pie vivat in laudem Dei sanctissimi.

Br. (607). (Die renov. mehr als status beschreibend): R. est complexus actuum spiritualium, quos homo renatus, Deo per verbum et sacramenta gratiose concurrente, viribus spiritualibus sibi collatis, quoad intellectum, voluntatem et appetitum sensitivum, ad abolendas reliquias peccati et majorem sanctitatem acquirendam in via salutis exercet ad Dei gloriam.

4. *Quen.* (III,634). Terminus *a quo* est vetus homo, *ad quem* novus homo, Eph. IV,22. Kol. III,10. – *Holl.* (953). *Terminus a quo* renovationis sunt reliquiae peccati post illuminationem, conversionem et regenerationem in hominibus justificatis remanentes, quae quotidiana renovatione abolendae sunt, ut imminuantur et opprimantur, licet in hac vita non radicitus evellantur; nempe defectus aliquis virium spiritualium ex parte intellectus quidem ad cognoscendum, ex parte voluntatis ad prosequendum bonum spirituale, ex parte appetitus sensitive ad obsequendum superioribus facultatibus, simul etiam pronitas earundem facultatum animae ad prava. *Terminus ad quem* renovationis sunt majores illae vires, quae post illuminationem, conversionem et regenerationem hominibus justificatis a spiritu s. conferuntur, videl. clarior et plenior intellectus, cognitio rerum spiritualium, inhaerens voluntati justitia et sanctitas, promtum appetitus sensitivi obsequium, superioribus facultatibus praestandum; quibus conjunctis imago Dei instauratur.

Die *forma renov.* besteht in errorum mentis depulsione et mentis illustratione, Kol. III,10. Rom. XII,2. in voluntatis correctione et justitiae et sanctitatis verae instauratione, Eph. IV,24. in appetitus ad prava inclinantis cohibitione et affectuum puritate ac castitate, in membrorum corporis ad opera justitiae exercenda adhibitione, Rom. XII,1. in dominii peccati subactione, Rom. VI,13.19.

5. *Holl.* (955). Sicut corpus peccati progressu temporis ab homine renato magis magisque enervatur: ita homo renatus ad imaginem Dei per spiritum s. de gloria in gloriam transformatur (2Kor. III,18. IV,16). Corpus peccati, Rom. VI,6. dicitur vetus homo metaphorice, quia est complexus plurium peccatorum, velut partium et membrorum. – Quemadmodum olim cruciarii affigebantur cruci, artus ipsorum contundebantur, mortificabantur, sepeliebantur, corrumpebantur: ita successive vetus homo crucifigitur, cum desideria carnis comprimuntur, et quasi constringuntur; contunditur, 1Kor. IX,27.

quatenus caro, remotis externis deliciis hujus seculi, castigatur; contusus mortificatur, Rom. VIII,13. in quantum vires emergendi peccato adimuntur; mortificatus sepelitur, Rom. VI,4. dum memoria et cogitationes rerum illicitarum seponuntur; sepultus corrumpitur, ut totum corpus peccati, hic inchoate et continuate, in altera vita consummate aboleatur, Rom. VI,6. – Die renovatio ist daher als eine stets fortgehende Aktion von seiten Gottes, wie von seiten des Menschen zu betrachten. *Quen.* (III,636). Spiritus s. hominem renovat, dum varios pios motus per gratiae organa, verbum et sacramenta in ipso accendit; imo renovatio ipsa nihil aliud est, quam hujusmodi actus continuati, quibus habitualis sanctitas in homine efficitur, perficitur, continuatur et conservatur. Danach wird die renovatio auch (von *Holl.* [956]) unterschieden als renov. inchoata, continuata et consummata. –

6. *Holl.* (III,636). Est renovatio partialis in hac vita et imperfecta, admittens majus et minus, adeoque ad summam perfectionis ἀκμήν nunquam pervenit. Peccatum enim in renatis manet, imperium affectat, caro adversus spiritum concupiscit, atque ideo de die in diem renovatio nostra perficienda, et per totam hominis vitam continuanda est, 2Kor. IV,16. Defectus autem ille perfectionis in renovatione non est ex impotentia Dei renovantis, sed incapacitate hominis, actionem Dei recipientis. – Die renov. kann daher incrementa und decrementa haben. *Quen.* (III,636). Ex piis actibus et motibus crebris renovatio sua capit incrementa. Illis enim intermissis vel remissis decrementum patitur et ita modo crescit, modo decrescit. S. scriptura diserte affirmat, novitatem renatorum in hac vita debere subinde crescere et augeri, Eph. IV,16.

Die Frage, ob der neue Mensch, wenn ihm doch immer noch Sünde anklebt, doch ein homo spiritualis genannt werden könne, entscheidet *Holl.* (957) dahin: Quando homo renovatus dicitur spiritualis, denominationis ratio sumitur a potiori, scil. a praevalente spiritu; at quando *idem* carnalis appellatur, ratio denominationis sumitur a sequiori, nimirum a carne, subacta quidem, rebellante tamen et obluctante, cum qua homo justificatus, in via vitae constitutus, continua bella gerit. –

7. *Quen.* (III,633). Causa efficiens prima est tota ss. trinitatis (1Thess. V,23. Joh. XV, 4.5), terminative et appropriative spiritus s. (Rom. XV,16. Tit. III,5. Rom. I,4. Gal. V,22). *Holl.* (949). Homo renatus atque justificatus ad opus sanctificationis, tanquam causa secundaria, subordinata, motaque a Deo concurrit, ut per acceptas superne vires se ipsum in dies renovet. – Facultatem bene operandi et actum primum sanctificationis efficit spiritus s. in homine sine concursu hominis, sed ad sanctificationis actum secundum, sive exercitia et continuationem sanctificationis, per spiritum s. semel introductae, homo concurrit. ... Cooperatur quidem homo renatus Deo in negotio sanctificationis, attamen non aequali actione, sed subordinatione ac dependentia a spiritu s. eo, quod non per *vires nativas, sed dativas* operatur. Id quod colligitur e verbis apostoli Phil. II, 12.13. –

Anhang*

§ 49
Von den guten Werken

Die renovatio gibt sich zu erkennen in den guten Werken[1]. Unter ihnen versteht man diejenigen Handlungen, die der Wiedergeborene in Übereinstimmung mit dem göttlichen Willen vollbringt[2], seien diese äußere, in die Augen fallende oder bloß innere Akte, Regungen und Vorgänge in dem Menschen[3]. Sie werden gute Werke genannt, nicht als ob sie an sich gut und vollkommen wären[4], denn solche zu vollbringen ist dem sündigen Menschen nicht möglich[5], sondern weil sie das Erzeugnis einer guten, Gott wohlgefälligen Gesinnung sind und weil sie von dem durch den Glauben mit Gott Versöhnten ausgehen[6]. Sie können also da erst vollbracht werden, wo der Mensch im Stande der Wiedergeburt steht, weil da erst durch die Wirkung des Hl. Geistes eine solche Gott wohlgefällige Gesinnung dem Menschen einwohnt und ihm die Kraft, Gutes zu vollbringen, zuteil geworden ist[7]; daher können selbst diejenigen Handlungen der Unwiedergeborenen, die der äußeren Erscheinung nach dem göttlichen Gesetz entsprechen, in keiner Weise gute Werke genannt werden[8]. Solche gute Werke *müssen* aber auch von dem Wiedergeborenen vollbracht werden, nicht zwar, als ob er durch diese sich erst vor Gott zu rechtfertigen oder sein Heil zu verdienen hätte: denn wäre er nicht schon gerechtfertigt, so könnte er gar keine guten Werke vollbringen; sondern darum, weil er durch sie seinen Gehorsam gegen Gott erweist, dessen Wille es ist, daß er durch heiligen Wandel und gute Handlungen geehrt werde, und weil der Mensch zugleich durch sie das wirkliche Vorhandensein einer gläubigen Gesinnung an den Tag legt: denn wo diese vorhanden ist, da treibt es ihn von innen heraus zu guten Werken mit der gleichen Notwendigkeit, mit der der gesunde Baum gute Früchte treibt[9]. Diese Notwendigkeit ist also kein Zwang, der dem Menschen von außen auferlegt wird, und vernichtet nicht etwa seine christliche Freiheit, vielmehr erweist sich diese darin, daß der Mensch jetzt mit innerer Lust und aus eigenem Trieb vollbringen kann, was das Gesetz Gottes von ihm fordert[10]. Dafür hat er dann auch Lohn von Gott zu erwarten; aber es ist ein Gnadenlohn, und die Aussicht auf solchen Lohn ist nicht der nächste Grund, warum er solche guten Werke tut[11].

*Die Lehre von den operibus reihen die meisten DD. an die Lehre von der fides an (*Gerh.* [VIII,1]: Doctrinae de justificatione per fidem convenienti ordine succedit articulus de bonis operibus. Quamvis enim fide sine operibus justificemur, ac proinde a foro justificationis bona opera sint sejungenda: tamen vera illa et viva fides, per quam justificamur, non est sine operibus, cum beneficia justificationis et sanctificationis, regenerationis et renovationis perpetuo ac indissolubili nexu sint conjuncta). Wir folgen aber hier der Anordnung von *Br.*, weil der Zusammenhang von fides und justificatio durch die dazwischengeschobene Lehre de oporibus zu sehr zerrissen würde.

1. *Br.* (607). Ad doctrinam de renovatione pertinet doctrina de bonis operibus, quae partim ut finis et effectus ad renovationem se habent, partim ad rationem formalem ejus spectant.

2. *Holl.* (1190). Bona opera sunt actus hominum justificatorum liberi, per gratiam spiritus s. renovantem, ad praescriptum legis divinae, praelucente vera in Christum fide, praestiti in honorem Dei et hominum aedificationem.

3. *Ap. conf.* III,15. Profitemur igitur, quod necesse sit inchoari in nobis et subinde magis magisque fieri legem. Et complectimur simul utrumque, videl. spirituales motus et externa bona opera. – *Holl.* (1190). Per opera hic intelliguntur non tantum externae in

oculos incurrentes actiones (quae fiunt manu aut lingua), sed interni affectus cordis, motusque voluntatis adeoque tota renatorum obedientia et justitia inhaerens. Distinguendum igitur est inter bona opera interna et externa. *Illa* solius Dei oculis sunt obvia et interiores mentis cogitationes, voluntatis motus, cordisque affectus bonos complectuntur (tales sunt dilectio, timor Dei, fiducia erga Deum, patientia, humilitas). *Haec* sunt, quae non solum Dei, sed hominum etiam oculis conspicua, per exteriores gestus, verba ac actiones externas se exserunt. – Placuit autem sanctis Dei hominibus adpellatione operum potius quam habituum vel affectuum uti, cum omnis laus verae virtutis in actione consistat, cumque opera externa notiora sint internis qualitatibus et affectibus, denique cum sola renatorum opera sint bonorum operum encomio digna. – *Quen.* (IV,306). Est bonum opus, cum fit id, quod a Deo jubetur, et eo affectu et modo ac fine, quo jubetur. *Holl.* (1198) fügt noch hinzu: bonum propositum accensendum est bonis operibus internis.

4. *Holl.* (1190). Opera hominum renatorum et justificatorum dicuntur bona, non absolute, quasi perfecte bona sint; sed in suo genere, quia a) originem ducunt a bono Dei spiritu, Ps. CXLIII,10; b) ex corde bono proveniunt, Matth. XII,35; c) bonae Dei voluntati, lege expressae, quadantenus sunt conformia, Rom. XII,2 et d) bonum intendunt finem, gloriam Dei. – *Quen.* (IV,306). Opera renatorum in se spectata non sunt perfecte bona, sed inquinatione peccati sordidata et foedata, in Christo vero perfecte bona sunt, quatenus, quod in illis non fit, per et propter Christum ignoscitur, et quod illorum perfectioni deest, per imputationem perfectissimae obedientiae Christi compensatur. –

5. Vielmehr sind alle guten Werke imperfecta. *Holl.* (1199). Bona opera hominum renatorum et renovatorum neque eo perfectionis gradu assurgunt, quin possint crescere (Eph. IV,15), neque ex asse normae legis divinae respondent (Rom. VII,14), neque adeo consummata sunt, ut rigidum justitiae divinae examen sustineant (Ps. CXLIII,2), sed imperfecta sunt (Jak. III,2). – *Br.* (612). Postquam enim peccatum introivit in mundum et hominibus etiam renatis tenaciter adhaeret, ita ut caro semper luctetur adversus spiritum; fit, ut non, quaecunque volumus, eadem faciamus (Gal. V,17). Et sic aliquando in ipsis circumstantiis bonarum actionum erramus ac cespitamus, aut non ea, qua par est, promtitudine et alacritate, sed segnius operamur, aut intercurrente vel comitante φιλαυτίᾳ inordinata maculam aspergimus operibus nostris, utcunque bonis. – Darin ist schon die Verwerfung der opera supererogationis (opera indebita, ad quae homo praecepto divino non obligatur) mit inbegriffen. *Holl.* (1202). Cum renati opera, ad quae praestanda lege divina adstringuntur, non obeant perfecte, multo minus ea, quae facere non tenentur, perfecte exsequentur. –

6. *Holl.* (1191). Principium, quo homo renovatus bona opera patrat, est vera et viva in Christum fides (Gal. V,6), quae bonorum operum causa per emanationem dicitur (Matth. V,16). – Die forma seu formalis ratio bonorum operum ist also: quando ***absolute et in se*** considerantur, die ἐννομία seu conformitas cum lege Dei (quae est norma et canon bonorum operum); quando autem ***relate*** ad specialem complacentiam Dei spectantur, quatenus, licet legi exacte non conveniant, Deo tamen placent, forma eorum est fides in Christum *Id.* (1193).

Gerh. (VIII,14). Cum ipsa quoque renatorum opera sint imperfecta et immunda, ideo, ut Deo placeant, necesse est, fidem in Christum accedere, propter quem fide apprehensum non solum persona, sed etiam bona opera renatorum Deo placent, inde est, quod fides dicitur forma bonorum operum in renatis. *Ap. conf.* III,68. (Opera) quae, quamquam fiunt in carne nondum prorsus renovata, quae retardat motus spiritus s. et adspergit aliquid de sua immundicie: tamen *propter fidem* sunt opera sancta, divina, sacrificia, et politia Christi regnum suum ostendentis coram hoc mundo. *Holl.* (1193). Licet opera illa sint imperfecta et impura, Deo tamen grata sunt, quia maculae eorum velamine perfectissimae Christi obedientiae, quam renati per fidem sibi applicant, suamque faciunt, obteguntur. – Als die ***norma*** adaequata eaque infallibilis bonorum operum wird bezeichnet: lex divina, decalogo comprehensa, quae perfecte et sufficienter praecipit facienda et prohibet fugienda (Deut. XII,32). *Holl.* (1192). Verworfen wird aber als norma primaria et simpliciter infallibilis die conscientia renovati (1Kor. IV,4), mehr noch das dictamen rectae rationis et lex naturae, doch kann ersteres gelten als norma secundaria, quatenus legem divinam actioni peculiari aut singulari applicat, et ostendit, quid hic et nunc agendum sit. Auch das evangelium ist nicht norma aut principium directivum bonorum operum, wohl aber principium *collativum* (quia confert spiritum s., quo impellente, vires largiente et cooperante bene operamur) et *productivum* (quia producit fidem, omnis bonae actionis fundamentum) cf. *Form. conc.* sol. decl. VI,10 etc. Distincte explicandum est, quid evangelium ad novam obedientiam credentium faciat et praestet, et quodnam (quoad bona opera credentium) sit legis officium. Lex enim inculcat quidem, esse voluntatem et mandatum Dei, ut in nova vita ambulemus: at vires et facultatem non donat, quibus novam obedientiam inchoare et praestare possimus. Spiritus autem s., qui non per legis, sed per evangeli praedicationem datur et accipitur, cor hominis renovat. Deinde idem spiritus ministerio legis utitur, ut per eam renatos doceat atque in decalogo ipsis monstret, quae sit voluntas Dei bona et ipsi placens, ut noverint, quibus bonis operibus opera danda sit, quae Deus praeparavit, ut in illis ambulemus. –

7. *Ap. conf.* III,4. Quia vero fides affert spiritum s. et parit novam vitam in cordibus, necesse est, quod pariat spirituales motus in cordibus. – Postquam igitur fide justificati et renati sumus, incipimus Deum timere, diligere, petere et exspectare ab eo auxilium. ... Incipimus et diligere proximos, quia corda habent spirituales et sanctos motus. Haec non possunt fieri, nisi postquam fide justificati sumus et renati accipimus spiritum s. ... Item, quomodo potest humanum cor diligere Deum, dum sentit eum horribiliter irasci et opprimere nos temporalibus et perpetuis calamitatibus? Lex autem semper accusat nos, semper ostendit, irasci Deum. Non igitur diligitur Deus, nisi postquam apprehendimus fide misericordiam.

8. *Form. conc.* (sol. decl. IV,8). Etsi opera illa, quae ad conservandam externam disciplinam faciunt (qualia etiam ab infidelibus et non ad Deum conversis hominibus fiunt et quidem requiruntur) suam coram mundo dignitatem et laudem habent et temporalibus quibusdam praemiis, in hoc mundo, a Deo ornantur, attamen, cum non ex vera fide proficiscantur, revera coram Deo sunt peccata, h. e. peccatis contaminata et a Deo pro peccatis et immunditia reputantur, propter naturae humanae corruptionem et quia persona cum Deo non est reconciliata, Matth. VII,18. Rom. XIV,23.

Holl. (1193). Honesta hominum irregenitorum (sive extra ecclesiam constituti sint, sive in externo ecclesiae coetu locum habeant. *Gerh.* [VIII,6]) opera, quae ad externam disciplinam et tuendam generis humani societatem faciunt, civiliter et moraliter aliquo modo bona sunt: non tamen theologice et spiritualiter bona sunt, neque Deo placent, atque adeo, quatenus requisitis operum vere bonorum destituuntur, splendida peccata recte appellantur. Wenn nämlich auch auf Grund von Rom. II,14 zugegeben wird, daß auch die Unwiedergeborenen tun können »quae legis sunt«, so wird dies doch so beschränkt: potest (humana voluntas) aliquo modo efficere justitiam civilem seu justitiam operum: potest loqui de Deo, exhibere Deo certum cultum externo opere, obedire magistratibus, parentibus in opere externo eligendo, potest continere manus a caede, ab adulterio, a furto. *Ap. conf.* (VIII,70). Die opera spiritualiter bona aber werden so bezeichnet: 1. sunt fructus spiritus s.; Gal. V,22. 2. fiunt a personis per Christum Deo reconciliatis; 3. proficiscuntur ex corde puro, conscientia bona et fide non hypocritica; 4. sunt actiones spontaneae et liberae; 5. diriguntur ad gloriam Dei. *Holl.* (1194). – Die requisita operum vere bonorum fehlen also bei den Werken der Unwiedergeborenen und dazu kommt: hic quidem defectus actionum non suppletur per imputationem justitiae alienae, cum irregeniti obedientiam Christi vicariam non acceptent sibique applicent fide. (*Holl.* ib.) Zudem wird zugegeben, daß eine Handlung nicht nur ihrer äußeren Erscheinung nach gut und recht ist, sondern daß auch Gutes durch sie geleistet wird; aber wahrhaft gut ist sie darum doch nicht, weil sie nicht mit der rechten Gesinnung vollbracht ist. *Quen.* (IV,312). Quamvis ergo quaedam hominum non renatorum actiones per se et quoad substantiam actus non sunt vitiosae, per accidens tamen vitiosae fiunt, videl. quia destituuntur requisitis vere bonorum operum coram Deo. – Quapropter, quando ab Augustino, Luthero aliisque infidelium etiam virtuosae actiones peccata esse dicuntur, non est respectus ad ipsam actionum materiam vel substantiam, nec quatenus secundum notitias honesti ac turpis in hac corrupta natura post lapsum reliquas suscipiuntur et fiunt (hoc enim modo bonas esse concedimus), sed respectus est ad causam efficientem, formalem et finalem operum, a quibus illorum in judicio Dei bonitas vel malitia aestimanda est, scil. quia opera ipsorum per peccata polluuntur et contaminantur, dum non fiunt a persona Deo reconciliata, et per spiritum s. regenerata, nec in Dei gloriam et honorem.

9. *Ap. conf.* III,68. Sunt facienda opera propter mandatum Dei, item ad exercendam fidem, item propter confessionem et gratiarum actionem. *Quen.* (IV,308). Bona opera non sunt adiaphora aut arbitraria, sed omni homini, in specie vero renatis plane necessaria, non quidem necessitate coactionis. Debent enim bona opera esse spontanea et voluntaria, non coacta. ... Sunt necessaria non ad salutem vel acquirendam per modum medii, vel promerendam per modum meriti, vel consequendam per modum conditionis, vel causae, sine qua non; vel obtinendam per modum perventionis ad ultimam metam, vel denique conservandam per modum causae conservantis. ... Necessaria vero statuimus bona opera, necessitate 1. mandati divini, Mal. I,6. Matth. V,44; 2. nostri debiti, sive debitae gratitudinis pro beneficiis scil. creationis, redemtionis sqq.; 3. praesentiae (ne gratiam Dei et fidem amittant, et spe haereditatis excidant, licet non ratione efficaciae ad consequendam justitiam et salutem); 4. divinitus instituti ordinis et consequentiae ad justificationem et fidem, quia ut effectus causam suam necessario sequuntur. Die *Form. conc.* (epit. IV) entscheidet über die Ausdrücke: bona opera necessaria esse ad salutem – b. o. ad salutem esse perniciosa so: haec nostra fides, doctrina et confessio est: I. Quod bona opera veram fidem certissime atque indubitato sequantur, tanquam fructus bonae arboris. II. Quod b. opera penitus excludenda sint, non tantum, cum de justificatione fidei agitur, sed etiam cum de salute nostra aeterna disputatur. III. Omnes quidem homines, praecipue vero eos, qui per spiritum s. regenerati sunt et renovati, ad bona opera facienda debitores esse. IV. Et in hac sententia vocabula illa (necessarium, debere, oportere) recte usurpantur, etiam de renatis hominibus, et cum forma sanorum verborum non pugnant. V. Sed tamen per vocabula (necessitas, necessarium), quando videlicet de renatis est sermo, non intelligenda est coactio, sed tantum debita illa obedientia, quam vere credentes, quatenus renati sunt, non ex coactione aut compulsu legis, sed libero et spontaneo spiritu praestant. ... VI. ... confitemur, cum dicitur, renatos bene operari libero et spontaneo spiritu, id non ita accipiendum esse, quod in hominis renati arbitrio relictum sit, bene aut male agere, quando ipsi visum fuerit, aut nihilominus tamen fidem retineat, etiamsi in peccatis ex proposito perseveret. Die beiden obigen Ausdrücke (o. b. esse necessaria – perniciosa ad salutem) werden aber als mißverständlich verworfen.

10. *Holl.* (1203). Bona opera non sunt actiones liberae a necessitate obligationis vel debiti, sed dicuntur actiones liberae a necessitate coactionis (quia non sunt comminationibus poenarum extortae vel externe et quidem in speciem contra voluntatem factae), et immutabilitatis (cum ipsius voluntas non amplius sit determinata ad malum semper cogitandum et agendum, sicut ante conversionem; sed potest libere eligere et facere bona opera per vires supernaturales, a spiritu s. acceptas, potest etiam mala opera eligere per

carnis reliquias, adhuc in ipso haerentes, cum ad bonum non perinde atque angeli determinatus sit), et fiunt a renatis, per spiritum s. a servitute peccati liberatis (Joh. VIII,36. Rom. VI,18. 2Kor. III,17).

11. *Ap. conf.* III,73. Docemus operibus fidelium proposita et promissa esse praemia. Docemus bona opera meritoria esse, non remissionis peccatorum, gratiae aut justificationis, haec enim tantum fide consequimur, sed aliorum praemiorum corporalium et spiritualiam, in hac vita et post hanc vitam.

Holl. (1215). Renati in exercitio bonorum operum primario gloriam Dei respiciunt (1Kor. X,31), secundario autem et filiali affectu praemia hujus et futurae vitae, non ut mercedem debitam aut herilia salaria, sed ut dona gratuita et beneficia divina, ad gloriam Dei ultimate terminanda respicere possunt (1Tim. IV,8). –

Anm. Die meisten DD. fügen noch einen Abschnitt hinzu de exercitio bonorum operum, den *Quen.* am meisten ausgebildet hat (IV,309). Exercitium bonorum operum in tota sua latitudine vocari potest militia christiana. Fidelis enim Christiani vita est militia spiritualis perpetua, Iob VII,1. 1Tim. I,18. 2Tim. II,3. Militat autem is fide, spe et patientia. – *Hostes,* adversus quos pugnandum, sunt diabolus, mundus et caro. – *Arma* militiae hujus spiritualis sunt descripta 2Kor. X,4.5. Eph. VI,10sq. 1Petr. V,8. – *Signum,* sub quo militamus, vexillum crucis est. Matth. XVI,24. – Definitio: Militia haec christiana est quotidiana lucta et aeterna inimicitia cum omni eo, quod Deo, voluntati et regno ipsius adversatur. Darauf folgen die Abhandlungen: 1. *de cruce,* quae est passio dolorifica, immissa a Deo ceu patre benevolo credentibus ad certum tempus in affligentis gloriam et afflicti salutem (351); 2. *de oratione,* actus religiosus, quo (Christianus) Deum unitrinum et Christum *θεάνθρωπον* ... vera cordis fiducia, mediatoris unici merito et intercessione innixa supplex compellat ad Dei gloriam et suammet ac aliorum salutem (354). (*Holl.* handelt nur de oratione, *Br.* von keinem von beiden.) –

PARS IV. DE MEDIIS SALUTIS

§ 50

Der Hl. Geist bedient sich äußerer und sichtbarer Mittel, durch die er die oben beschriebenen Wirkungen auf die Menschen hervorbringt [1] und diesen das Heil in Christo aneignet; und nur da dürfen wir eine Wirkung mit Gewißheit als vom Hl. Geist stammend betrachten, wo sie durch solche äußere Mittel an uns gekommen ist [2]. Solche Mittel aber, die wir Gnadenmittel nennen, sind das *Wort Gottes* und die *Sakramente.* Alle diejenigen, die durch diese Mittel des Heiles in Christo teilhaftig geworden sind, bilden eine Gemeinschaft, die wir die *Kirche* nennen. Der vierte Teil zerfällt sonach in die Lehre I. von dem Worte Gottes, II. von den Sakramenten als den Gnadenmitteln und III. von der Kirche [3].

Kap. I
De verbo divino

Beim Worte Gottes [4] kommt in Betracht seine Wirksamkeit und seine Einteilung.

§ 51
Efficacia verbi divini

Da der Hl. Geist, durch den allein der Mensch bekehrt wird, nur durch das Wort wirkt, so muß diesem Wort die Kraft einwohnen, alle diejenigen Wirkungen in dem Menschen hervorzubringen, die oben in dem locus de statu gratiae beschrieben sind, und zwar ist die Kraft derart, daß sie immer Erfolg hat, wo ihr nicht von seiten des Menschen Widerstand entgegengestellt wird [5]. Es kommt dem Wort also zu efficacia. Verbum div. habet vim aut potentiam activam supernaturalem ac vere divinam ad producendos supernaturales effectus, scil. mentes hominum convertendas, regenerandas et renovandas. – Das Wort Gottes beschränkt sich demnach nicht bloß darauf, dem Menschen äußerlich den Weg zum Heil zu weisen und ihm die Mittel anzugeben, wie er zu diesem gelangen könne [6]; und die Kraft dieses Wortes ist nicht bloß mit der Überzeugungskraft vergleichbar, die auch einer menschlichen Rede, wenn sie gewaltig ist, innewohnt; die Kraft dieses Wortes ist also keine natürliche, wie die, die jedem menschlichen Wort einwohnt, sondern sie ist übernatürlich [7]. Solch eine Kraft kommt dem Wort dadurch zu, daß der Hl. Geist zu diesem hinzutritt: er ist aber von dem Augenblick an, wo ein Wort Gottes vorhanden ist, unzertrennlich und für immer mit ihm verbunden [8], so daß die Kraft und Wirksamkeit des Wortes mit der des Hl. Geistes völlig identisch[9], wahrhaft göttlich ist[10], und in gleicher Weise wie der Hl. Geist ohne diese Kraft nicht gedacht werden kann[11]. In keiner Weise haben wir uns also das Verhältnis von Wort und Geist so vorzustellen, als ob das Wort bloß das tote Instrument wäre, dessen sich der Hl. Geist bediente[12], oder als ob der Hl. Geist da, wo er durch das Wort wirken wollte, immer erst zum Wort, von dem er sonst getrennt ist, hinzuträte[13].

1. *Quen.* (IV,1). Actum hactenus de principiis nostrae salutis; sequuntur jam media, per quae ad eam pervenitur. ... Media proprie ita dicta a parte Dei sunt verbum et sacramenta, salutaria spiritualis nostri morbi alexipharmaca. – Wort und Sakrament werden als media salutis auch unter den einen Begriff *des Wortes* subsumiert, indem sacramentum das verbum visibile genannt wird.

Conf. Aug. V,2. *Form. conc.* (sol. decl. XI,76). Pater neminem trahere vult absque mediis, sed utitur, tanquam ordinariis mediis et instrumentis, verbo suo et sacramentis. *Art. Smalc.* VIII,3. Constanter tenendum est, Deum nemini spiritum vel gratiam suam largiri, nisi per verbum et cum verbo externo et praecedente, ut ita praemuniamus nos adversum Enthusiastas, i. e. spiritus, qui jactitant, se ante verbum et sine verbo spiritum habere et ideo scripturam sive vocale verbum judicant, flectunt et reflectunt pro libito, ut faciebat Monetarius et multi adhuc hodie, qui acute discernere volunt inter spiritum et literam ...

Holl. (991). Media salutis sunt media divinitus ordinata, per quae Deus acquisitam a mediatore Christo salutem omnibus hominibus in peccatum prolapsis ex gratia offert, veramque fidem donat et conservat, juxta atque omnes, meritum Christi finali fide amplectentes, in regnum gloriae introducit.

2. *Form. conc.* (sol. decl. II,56). De praesentia, operatione et donis spiritus s. non semper ex sensu (quomodo videlicet et quando in corde sentiuntur) judicari debet aut potest: sed quia haec saepe multiplici infirmitate contecta fiunt, ex promissione verbi Dei certo statuere debemus, quod verbum Dei praedicatum et auditum revera sit ministerium et organon spiritus s., per quod in cordibus nostris vere efficax est et operatur.

3. Aus dem in der Vorbemerkung zu fides und justificatio Gesagten folgt schon, daß wir in dem vierten Teil nicht die ganze Anordnung der DD. beibehalten können. Sie handeln nämlich erst in diesem Teil von fides und operibus und nennen auch die fides ein medium salutis, wonach sie also unter den Begriff der media salutis mehr subsumieren, als wir tun. Dies können sie tun, indem sie unterscheiden: *media salutis ex parte Dei* δοτικὰ seu salutem exhibentia (verbum et sacramenta) und *medium salutis ex parte nostri* ληπτικὸν seu oblatam salutem apprehendens (fides merito Christi innixa). Weiter behandeln sie in diesem Abschnitt auch die Lehre de novissimis (mors, resurrectio mortuorum etc.), indem sie diese media *late dicta* s. exsecutiva et isagogica nennen, i. e. media divinitus ordinata, sine quorum antecessu Deus glorificationis sententiam non exsequitur, et quorum interventu proximo homines, perseveranter fideles, in summam beatitudinem introducuntur. – Nachdem wir die Lehre de fide an einen andern Ort gestellt haben, scheint es uns besser, auch die Lehre de novissimis von diesem Abschnitt zu trennen, um in diesem den eigentlichen und engen Begriff von medium salutis festhalten zu können.

4. Das Wort, das in dem Artikel de scriptura sacra als Erkenntnisquell betrachtet wurde, wird hier unter dem Gesichtspunkt des medii salutis behandelt.

Holl. (992). Verbum Dei hic non consideratur ut principium γνώσεως sive cognoscendi, sed ut medium πράξεως sive operandi, cujus interventu homo peccator a Deo ad aeternam salutem perducitur.

Von vornherein bemerken die DD., daß sie unter dem Wort nicht den bloßen äußeren Buchstaben des geschriebenen Wortes verstehen. *Quen.* (I,169). Distinguendum inter verbum Dei materialiter pro characteribus, apicibus, literis et syllabis in charta sive membrana haerentibus ... vel etiam pro sono et vocibus externis aëre formatis ..., sed formaliter pro conceptu et sensu divino literis et syllabis in scriptione et vocibus in praedicatione expresso et exhibito. Isto modo tantum improprie et σημαντικῶς dicitur verbum Dei, hoc vero modo κυρίως et proprie est verbum Dei, sapientia Dei, mens Dei, consilium Dei. Non illis, sed huic vim et efficaciam divinam adscribimus.

5. *Catech. maj.* decal. 101 ... ea vis et virtus verbi est, ut, ubi seria quadam animi agitatione revocatur in memoriam, aut auditur et tractatur, nunquam sine fructu evanescat, sed subinde nova quadam intelligentia, voluptate ac devotione auditorem afficiat, retineat ac excitet pectusque et cogitationes purificet. Neque enim verba sunt putrida aut emortua, succo et vigore carentia, sed plane viva et efficacia.

Genau sprechen sich die symbolischen Bücher nicht über die efficacia v. d. aus. Die von den folgenden DD. gegebene ausführliche Bestimmung hierüber, wonach diese vis eine supernaturalis ist, entspricht aber, wenn auch nicht den Worten, so doch der Sache nach, entschieden der Ansicht der symbolischen Bücher.

Quen. (I,170). Verbi divini haec nativa vis et indoles est, ut suadeat veritatem suam et nunquam non persuadeat, nisi per voluntariam adscititiam et naturali repugnantiae superadditam contumaciam operatio ejus excutiatur et impediatur. Das Wort ist daher da, wo es gebraucht wird, immer als wirksam zu denken: ob es aber den von Gott beabsichtigten Erfolg hat, hängt zugleich von dem Verhalten des Menschen ab. – Actus secundus dupliciter accipitur vel pro ἐνεργείᾳ et operatione vel pro ipso effectu. Si accipiatur pro ipsa ἐνεργείᾳ et operatione, verbo Dei praedicato, lecto, audito semper competit, h. e. semper exserit sese in usu suo legitimo, cum verbum Dei nunquam otiosum sit, sed semper operosum. Ast si accipiatur pro ipso effectu, hunc non semper assequitur ob impedimentum a subjecto interpositum sive ob cordium duritiem, in quae agit. – Quamquam itaque effectus verbi divini praedicati nonnunquam impediatur, efficacia tamen ipsa, seu virtus intrinseca a verbo tolli et separari non potest. Et ita per accidens fit inefficax, non potentiae defectu, sed malitiae motu, quo ejus operatio impeditur, quominus effectum suum assequatur. Daher ist auch die vis verbi divini keine irresistibilis, sondern resistibilis (171). – Die efficacia gilt, weil vom Wort Gottes überhaupt, von lex wie von evangelium, doch mit Unterschied. *Quen.* (I,170). Quando verbo Dei vim et efficaciam divinam effectus spirituales producendi tribuimus, non de evangelio tantum, sed et de lege id intellectum volumus. Licet enim lex effectus gratiosos directe et per se non producat, h. e. fidem in Christum accendat et conversionem operetur, hoc enim potius evangelio adscribitur, non tamen propterea litera mortua est, ... sed et in suo genere efficax est, dum occidit, 2Kor. III,6. iram operatur, Rom. IV,15 etc.

6. *Holl.* (992). Efficacia verbi divini non est tantum *objectiva* aut *significativa*, qualis est statuae Mercurialis, quae viam ostendit, sed non efficit, ut viator ambulet; sed *effectiva*, quoniam verbum Dei non ostendit duntaxat viam salutis, sed et salvas facit animas.

7. *Quen.* (I,170). Verbum Dei non agit solum per suasiones morales, proponendo nobis objectum amabile, sed etiam vero, reali, divino et ineffabili influxu potentiae suae gratiosae, ita ut efficaciter et vere convertat, illuminet etc., in illo, cum illo et per illud operante spiritu s.; in hoc enim consistit verbi divini et humani differentia. –

Br. (123). (Script. s. habet vim aut potentiam activam supernaturalem) nec in sermonis cultu, neque gravitate sententiarum aut rationum pondere oratiorio quaerendam, sed omni vi agendi creata ac finita superiorem.

Eine übernatürliche Kraft ist sie nämlich im Gegensatz zu der der menschlichen Rede einwohnenden. Unter anderem Gesichtspunkt wird sie aber auch eine naturalis genannt, insofern das Wort Gottes gar nicht gedacht werden kann ohne eine solche efficacia. *Quen.* (I,172). Naturalem verbo Dei efficaciam esse dicimus, quod naturaliter illi competat et de ejus essentia et natura fit, ita ut non possit verbum Dei verbum esse, nisi in se contineat istam divinam vim et virtutem convertendi etc. *Br.* (124) bemerkt aber: cavendae ambiguitatis et litium causa abstineri posse ab illa voce.

8. *Holl.* (993). Vis divina communicata est verbo a spiritu s. cum eodem indivulse conjuncto. Es kommt also dem Wort eine vis et efficacia nativa et intrinseca, sive ipsi verbo intime inhaerens zu. – Den Beweis führen die Dogmatiker 1. aus den Prädikaten, die das göttliche Wort sich gibt, Joh. VI,63. Rom. I,16. Hebr. IV,12.13. 1Thess. II,13. 1Petr. I,23. Jak. I,21; 2. aus den gleichen übernatürlichen und göttlichen Wirkungen, die dem Wort Gottes wie dem Hl. Geist zugeschrieben werden: der Berufung 2Thess. II,14, der Erleuchtung 2Petr. I,19, der Bekehrung Jer. XXIII,29, der Wiedergeburt 1Petr. I,23, der Rechtfertigung 2Kor. III,9, der Heiligung Joh. XVII,17; 3. *Holl.* (ib.). Verbum Dei, qua tale, non potest fingi sine divina virtute aut sine spiritu s., qui a verbo suo est inseparabilis. Nam si a verbo Dei separetur spiritus s., non esset id Dei verbum vel verbum spiritus, sed esset verbum humanum. Nec vero aliud est Dei verbum, quod in Deo est, vel quod inspiratum est viris Dei, quam quod in scriptura traditur aut praedicatur vel mente humana reconditur. Illud autem divinum sensum, consilium, mentem, sapientiam Dei esse, uti negari nequit, ita virtute divina destitui non potest.

9. *Quen.* (I,183). Non est hic solum quaedam vel conjunctio aut unio distinctarum actionum, vel etiam unitas ἀποτελεσμάτων seu effectus aut ἐνεργημάτων statuenda, sed etiam unitas ἐνεργείας et operationis. Spiritus s. enim non distincte quid agit et verbum aliud quid distincte in hominis ἐπιστροφῇ, sed *una eademque actione unum effectum et ἐνέργημα* producunt. Ea namque causarum principalis et subordinatae intrinsece sibi unitarum natura est ac indoles, ut una eademque actione effectum perficiant. Sic anima et oculus unica actione vident, non distinctis actionibus.

10. *Br.* (124). Nempe eadem illa infinita virtus, quae essentialiter, per se et independenter in Deo est, et per quam Deus homines illuminat et convertit, verbo communicata est, et tanquam verbo communicata, divina tamen, hic spectari debet. Daraus folgt aber keineswegs eine Vermischung Gottes und des Wortes in betreff dieser göttlichen Kraft, daher *Br.* (128): Diligenter ac saepe monuerunt, eandem quidem virtutem competere Deo et scripturae, verum non eodem modo: Dei enim eam esse essentialiter, principaliter, originaliter et independenter; verbo scripturae autem eam competere dependenter, participative aut per communicationem. Von dem Wort wird daher auch gesagt, daß es seine vim et efficaciam äußere ὀργανικῶς vel instrumentaliter. *Quen.* (I,172). Neque div. verbum est agens principale in conversionis, regenerationis et salvationis negotio, sed tantum idoneum medium sive organon, quo Deus in producendis effectibus spiritualibus ordinarie utitur, non quidem ex necessitate quadam et indigentia, quasi efficaciam suam, homines convertendi, ita alligaverit verbo suo, ut non possit vel ἀμέσως et absque ullo medio vel etiam per aliud organon aut medium, quam per verbum suum homines convertere etc., si vellet, sed ex libera sua voluntate, qua ita Deo placuit, 1Kor. I,21.

11. *Quen.* (I,170). Sive verbum Dei legatur, sive non legatur, sive audiatur et fide suscipiatur, sive non, ista tamen efficacia effectuum spiritualium ipsi semper intrinsece inhaeret ex ordinatione et communicatione divina, nec demum advenit in ipso usu. Verbum enim Dei, qua tale, ne fingi quidem potest sine divina virtute et gratiosa spiritus s. operatione, quia a verbo Dei inseparabilis est. –

Holl. (993) braucht folgendes Bild: internam suam vim et efficaciam habet et retinet etiam extra usum, sicut soli vis illuminandi constat, licet, objecta lunae umbra, nemo ipsum conspiciat, et sicut semen interna pollet efficacia, quamvis in agrum non sit sparsum. –

Um Mißverständnisse zu vermeiden, wird ausdrücklich bemerkt, daß das Wort nicht physice (per contactum agentis, sicut opium, venenum, ignis etc.), sondern moraliter (illustrando mentem, commovendo voluntatem etc.) wirke, und wird unterschieden zwischen efficacia verbi in actu primo et in actu secundo considerata, oder zwischen efficacia und efficientia. Es wird nämlich mit dem Satz, daß das Wort auch extra usum wirke, nur das ausgesagt, daß dem Wort die Kraft an sich stets einwohne, wie der Sonne die Kraft zu leuchten, so daß, wenn das Wort etwas schaffen soll, die Kraft hierzu nicht erst zum Wort hinzuzutreten hat; eine bestimmte Wirkung aber übt das Wort erst da aus, wo es recht gebraucht wird. *Quen.* (I,171). Actus primus est ipsa δύναμις ἐνεργητική, seu potentia operandi. Actus secundus est actualis operatio – actu secundo efficaciam suam non exserit verbum, nisi in usu legitimo. *Quen.* (ibid.) ex thesibus contra Rathmannum: »Wir machen nicht unbillig einen Unterschied zwischen der Kraft oder actum primum und zwischen der göttlichen Wirkung oder actum secundum des äußerlich gelesenen oder gepredigten Wortes. Per se und an sich selbst ist es allezeit eine Kraft, oder hat an sich eine Kraft, alle und jede Leser und Zuhörer zu bewegen, sowohl die Heuchler als die Gläubigen und Bekehrten, das keine physische ist, in dem Buchstaben physice eingeschlossen, wie die medicamenta, sondern es ist eine göttliche Kraft, so dem gelesenen und gepredigten Worte allezeit mitgeteilt wird vom Hl. Geist. – Diese Kraft aber, ob sie schon allezeit bei und in dem gepredigten Worte sich findet, so wirket es doch nicht allezeit, die Kraft exseriert sich nicht immer bei allen.« *Holl.* (994) erläutert das Gesagte durch folgendes Beispiel: Manus hominis dormientis nihil operatur, neque tamen operandi vis ei frustra indita est, nec manus, nihil operans, mortua est ...

Wie die lutherische Dogmatik überhaupt Ursache hatte, die Lehre von der Wirksamkeit des göttlichen Wortes genau auseinander zu setzen im Gegensatz gegen Enthusiasten und Mystiker, die den Hl. Geist mehr außerhalb des Wortes, als durch dieses wirken ließen, und auch gegen Calvinisten, die veranlaßt durch ihre Lehre von der Prädestination, nicht zugeben wollten, daß dem Wort an sich diese Kraft innewohne, sondern da nur, wo Gott es wolle, so wurde der Satz, daß das Wort auch Kraft habe extra usum, mit besonderem Nachdruck aufgestellt gegen *Rathmann* (1628), der ihn leugnete und bloß eine efficaciam verbi div. objectivam behauptet zu haben scheint. (*Quen.* [I,174] führt ff. Behauptungen von *Rathmann* an: Comparat R. verbum Dei statuae Mercuriali, picturae, signo, itemque canali, instrumentis videl. plane passibilibus otiosis. – Asserit porro R. efficaciam divinam verbo Dei esse externam, quovis momento separabilem et mere παραστατικόν, spiritum s. cum sua virtute sese conjungere verbo in mente demum, animo vel corde hominis et in usu demum legitimo et salutari.) Eine efficacia extra usum muß aber notwendig behauptet werden, wenn nicht das Wort Gottes auf gleiche Linie mit jedem menschlichen Wort gestellt werden soll.

Holl. (992) faßt die Lehre so zusammen: V. D. est medium salutis efficacissimum, quippe cujus vis et efficacia non est tantum objectiva, sed etiam effectiva; non consistens in morali persuasione, sed in supernaturali operatione, non externa aut in usu humano superveniens, sed verbo intrinseca; non accidentalis, sed necessaria ex necessitate ordinationis divinae, atque adeo non separabilis, sed perpetua, extra usum quoque verbo divino, qua actum primum, competens. Est haec efficacia vere divina, eundem cum spiritu s., qui perpetuo cum verbo unitus est, producens effectum, in quem spiritus influit una cum verbo per vim divinam, quae spiritui s. originaliter et independenter, verbo Dei communicative et dependenter propter mysticam verbi cum spiritu s. inionem untimam et individuam competit.

12. *Quen.* (I,171). Disting. inter *instrumenta mere naturalia*, qualia sunt baculus Mosis,

virga Aaronis etc. ad supernaturalem effectum producendum a Deo adhibita, et *media sua essentia supernaturalia,* qualia sunt Dei verbum, ut Dei verbum est, et sacramenta. Illa indigent novo motu et elevatione nova ad effectum novum ultra propriam suam et naturalem virtutem producendum; haec vero a prima institutione et productione sufficienti, h. e. divina et summa vi ac efficacia praedita sunt, nec indigent nova et peculiari aliqua elevatione ultra efficaciam ordinariam, jamdum ipsis inditam ad producendum spiritualem effectum. Die späteren DD. nennen daher auch das Wort lieber medium als instrumentum spiritus s., wenn sie gleich den letzteren Ausdruck, der auch in den symbolischen Büchern gebraucht ist, nicht geradezu für falsch erklären, sobald man sich nur kein totes Instrument darunter denke. *Musäus* bei *Br.* (131) unterscheidet zwischen instrumenta, quae cum causa principali conjuncta non sunt, nisi in usu, v. gr. securis, malleus, und zwischen instr., quae causam principalem, etiam extra usum sibi semper conjunctam habent supposito et virtute, und findet den Ausdruck instr., vom verbo d. gebraucht, nur in letzterem Sinne zulässig. Eine andere Unterscheidung ist die in instr. passiva et cooperativa. – *Quen.* (I,186) aber: Largimur verbum Dei instrumentum vel causam organicam conversionis etc. appellari posse in concreta vid. et ministeriali verbi consideratione, quatenus verbum externe legitur aut praedicatur. Haec enim externa media vere sunt organa, in quae spiritus s. cum virtute sua et efficacia influit. –

13. *Hülsem.* bei *Quen.* (I,171). Illa, quam vocant, sensuum verbi elevatio, nequaquam est accessoria quaedam et separata vis spiritus s., quae a verbo uspiam absit, sed verbum Dei in se indole sua naturali complectitur illam divinam vim et ingerendi δύναμιν admirandam atque inexplicabilem, secus, quam Senecae et Catonis sententiae ad percellendos lectorum animos comparatae.

§ 52
Lex et evangelium

Das Wort Gottes teilt sich nach den verschiedenen Wirkungen, die es in dem Menschen, dessen Heil es schaffen will, hervorbringt, ein in Gesetz und Evangelium[1].

I. *Das Gesetz,* in dem Gott durch Gebot und Verbot den Menschen seinen Willen kundgegeben und zu dessen Erfüllung er sie verpflichtet hat[2], ist teils allgemein und für alle Zeiten gültig, teils nur für eine gewisse Zeit und unter gewissen Umständen gegeben. Das erstere wird *lex moralis* genannt, weil es die zu allen Zeiten sich gleich bleibenden und an alle vernünftigen Geschöpfe ergehenden Vorschriften Gottes in betreff unseres sittlichen Lebens enthält[3]; das andere wird *lex ceremonialis et forensis* genannt, weil es die den Juden für die Zeit der jüdischen Theokratie gegebenen zeremoniellen und bürgerlichen Vorschriften enthält[4]. Nur das erstere kommt hier in Betracht; denn das andere ist von Gott wieder aufgehoben[5]. Sein Inhalt ist dem Menschen bei der Schöpfung ins Herz geschrieben worden (daher wird es auch *lex naturae* genannt); und die Menschen hatten an ihm, solange sie in dem ihnen von Gott anerschaffenen Zustand verblieben, eine vollständige Richtschnur für ihr sittliches Leben[6]. Nachdem aber durch den Fall ihre Erkenntnis sich verfinsterte und sie die Stimme Gottes in ihrem Herzen nur unvollkommen vernahmen, bedurfte es einer andern Art und Weise, durch die Gott seinen ewigen Willen ihnen zu erkennen gab; und dies ist am vollständigsten geschehen in der Gesetzgebung auf Sinai[7].

Das da gegebene Gesetz enthält die vollständigste Norm für unser sittliches Leben[8] und gilt uns nicht weniger, als es den Israeliten gegolten hat[9]. Es verpflichtet uns zu seiner genauesten Einhaltung und droht im Fall der Übertretung mit zeitlichen und ewigen Strafen[10], verheißt aber auch dem, der es vollständig hält, ewiges Leben.

Da indessen seit dem Fall niemand imstande ist, es vollkommen zu halten, so kann man nicht sagen, daß das Gesetz uns zur Seligkeit dient[11]; dazu vielmehr dient es vor allem, daß durch dieses Erkenntnis der Sünde gewirkt und der Mensch für das Heil in Christus empfänglich gemacht wird[12]. Das erstere geschieht dadurch, daß das Gesetz dem Menschen den Abstand bemerkbar macht, der zwischen den Forderungen des Gesetzes und seinen Leistungen besteht; das andere geschieht dadurch, daß dem Menschen, je mehr er hinter den Forderungen des Gesetzes zurückbleibt, bange wird und er sich angetrieben fühlt, nach Schutz zu begehren vor dem Zorn Gottes, der jedem Übertreter seiner Gebote angedroht ist: das Gesetz treibt also den Menschen zu Christus, der solchen Schutz zusagt. Von dem Gesetz kann darnach auch gesagt werden, daß es eine concio poenitentiae sei, und zum Gesetz kann man dann alles das rechnen, was solche Buße zu wirken vermag[13]. Außerdem dient das Gesetz noch dazu, die Unwiedergeborenen in äußerer Zucht und Ehrbarkeit zu erhalten; den Wiedergeborenen aber dient es darum, weil es die vollständige Richtschnur des sittlichen Lebens enthält, als Norm für ihr inneres und äußeres Verhalten. Nach diesen verschiedenen Endzwecken, um deretwillen das Gesetz gegeben ist, unterscheidet man einen vierfachen *usum legis,* nämlich usum *politicum, elenchticum, paedagogicum* und *didacticum*[14]. –

II. *Evangelium.* Wie das Gesetz zu seinem Inhalt die Verkündigung des göttlichen Willens hat und dessen Beobachter Lohn verheißt, dem Übertreter Strafe droht, so hat das Evangelium, zum Unterschied vom Gesetz, zu seinem Inhalt die Lehre von der gnadenreichen Vergebung der Sünden, die uns umsonst um Christi willen durch den Glauben zukommen soll[15]. In der Predigt des Evangeliums ist also dem Menschen das Mittel gezeigt, wie er der Verdammung, die das Gesetz über ihn verhängt, entgehen kann; und diese Predigt tritt da ein, wo der Mensch durch das Gesetz zur Erkenntnis der Sünde gebracht worden ist, hält ihm dann die Gnade Gottes, das Verdienst Christi und alle damit verbundenen Wohltaten vor[16] und will den Glauben in ihm wirken, durch den er das Heil in Christus sich aneignet. – So verschieden demnach auch Gesetz und Evangelium ihrer Bedeutung nach sind[17], so ist doch kein Widerspruch zwischen beiden gesetzt, sondern wie beide in gleicher Weise von Gott gegeben sind, so sind auch beide allezeit gültig, haben ihr Geschäft an allen Menschen auszurichten, und wollen ihrem letzten Endzweck nach auch das gleiche, nämlich das Heil der Menschen[18], zu dessen Bewirkung jedes von beiden das Seinige beiträgt. Wie nämlich durch die Predigt des Gesetzes die Erkenntnis der Sünde und die Buße, so wird durch die Predigt des Evangeliums der Glaube gewirkt. Die Wirksamkeit des einen reiht sich also an die des anderen an: die Wirksamkeit des einen hört aber darum da noch nicht ganz auf, wo die Wirksamkeit des anderen eintritt, denn auch für den Wiedergeborenen bleibt das Gesetz eine Norm, nach der er sein sittliches Leben einrichtet, und erzeugt in ihm die täglich sich erneuernde Buße, indem es stets sein noch immer sündiges Wesen in ihm aufdeckt[19].

1. Die Einteilung des göttlichen Wortes nach seiner historischen Erscheinung in der Welt im A. und N. Testament gehört dem locus de scriptura s. an. Hierher gehört die oben angegebene Einteilung, da es sich hier darum handelt, die verschiedenen Wirkungen, deren es bedarf, bis der Mensch für das Heil in Christus gewonnen wird, aus dem Wort Gottes abzuleiten und zu erklären. – Die Einteilung wird gerechtfertigt aus Joh. I,17 und 2Kor III,6. Es sind hier also lex und ev. nicht identisch mit V. et N. T., vielmehr enthält das A. wie das N. T. eine concionem poenitentiae und eine conc. remissionis peccatorum. *Form. conc.* (sol. decl. V,23). Haec autem duo doctrinarum genera (scil. poenitentiae et fidei) jam inde a condito mundo in ecclesia Dei, convenienti tamen discrimine, proposita fuere. Patriarcharum enim posteri non modo assidue in memoriam revocarunt, quod homo initio a Deo justus et sanctus creatus, fraude autem serpentis mandatum Dei transgressus, peccator sit factus ..., sed rursus se erexerunt et consolati sunt dulcissima illa concione de semine mulieris ... et de filio Davidis, qui regnum Israelis restaurare debebat et lumen gentium futurus erat ...

2. *Holl.* (996). Lex divina est jussum Dei, quo summus hic Dominus et legislator hominibus facienda praecipit et fugienda prohibet, eosdem obligans ad praestandam perfectam obedientiam, aut, hac deficiente, ad poenam. – Die anderen Bedeutungen von lex: es wird genommen a) pro universa doctrina coelesti Ps. I,2; b) pro scripturis V. T. Joh. XV,25. 1Kor. XIV,21; c) pro pentateucho Mosaico Luc. XXIV,44. *Holl.* (ib.). Hic autem accipiuntur voces legis et evangelii, quatenus adaequate sibi contradistinguuntur ...

3. *Holl.* (997). Lex divina est vel universalis et perpetua, vel particularis et temporaria. *L. universalis et perpetua* est immutabilis omnium actuum moralium regula, qua Deus omnes homines obligat ad faciendum id, quod honestum et rectum, fugiendum id, quod turpe et injustum est. Vocatur etiam lex moralis. *Lex particularis et temporaria* est, quam Deus solis dedit Israelitis, eosque ad obedientiam obstrinxit: quae cadente Hebraeorum politia et ipsa cecidit, estque vel ceremonialis vel forensis.

4. *Holl.* (1026). I. *Lex ceremonialis* est jussum Dei, quo summus hic dominus et legislator populum V. T. obligavit et per Mosen certam formam externi cultus ei praescripsit, ut homines peccatorum commonefaceret, contritis redemtorem eminus ostenderet, et gratiam foederalem per duo sacramenta et varia sacrificia applicaret et obsignaret. *Cultus externus,* populo Dei in V. T. praescriptus, consistebat in certis ritibus observandis circa personas, res, loca et tempora sacra.

Finis legis ceremonialis principalis est tum beneficiorum Christi significatio et adumbratio, tum eorundem per sacramenta et sacrificia applicatio. *Finis minus principalis* est commonefactio de peccato, *εὐταξία* in conventibus et actionibus ecclesiasticis, ecclesiae judaicae ab omnibus gentium coetibus segregatio. *Id.* (1027).

II. *Lex forensis seu judicialis* est jussum Dei, quo is Israelitas temporibus V. T. obligavit et iisdem formam gubernationis politicae per Mosen praescripsit, ut externa disciplina in societate civili conservaretur, et judaica, in qua Christus nasciturus erat, ab aliarum gentium politia politiis discerneretur. Lex forensis tradit praecepta de omnibus iis rebus, quae ad administrationem reipublicae Israeliticae pertinent et sub forum aut judicium Judaeorum cadunt. *Id.* (1030).

Finis legis forensis est a) conservatio externae disciplinae in societate civili, b) discretio politiae judaicae ab aliarum gentium politiis. *Id.* (1031).

5. *Quen.* (IV,1). Abrogatam legem Judaicam esse, inde patet, quia, destructa judaica politia et templo, nullum sacrificium aut exercitium legis forensis locum habuit.

6. *Br.* (389). Vocatur alias lex naturae, quia versatur circa ea, quae natura aut per se honesta et turpia sunt: sive quae naturae rationali, ut tali, conveniunt vel disconveniunt. Dicitur et *lex moralis*, quatenus spectat ad mores sive rationem vivendi, quae creaturam rationalem decet aut dedecet. –

Holl. (997). *Lex naturalis* est jussum Dei omnium mentibus naturaliter impressum, quo informantur et obligantur ad faciendum ea, quae per se sunt recta et honesta, et ad fugiendum ea, quae per se sunt iniqua et turpia.

Quen. (IV,3). Est lumen et dictamen rectae rationis homini divinitus inditum, in intellectu hominem communibus notionibus ad justi et injusti, honesti ac turpis discretionem informans, ut quid faciendum fugiendumque sit intelligat. –

7. Die lex moralis zerfällt also wieder in lex naturalis seu connata und l. moralis specialiter sic dicta. *Quen.* (IV,1). In natura adhuc integra idem omnino erant lex naturae et lex moralis, sed in natura corrupta magna pars legis naturalis per peccatum obscurata est et tantum particula quaedam ejus in hominis mente reliqua mansit ac ideo nova legis promulgatio in monte Sinai fuit instituenda, quae lex Sinaica jam peculiariter dicitur lex moralis et a naturali specie non differt.

Holl. (1002). *Lex moralis, specialiter dicta,* est jussum Dei, legi naturali verbo divino revelato superadditum, inde ab origine mundi saepius repetitum, et tandem in monte Sinai solemniter promulgatum, atque in literas relatum, distincte praecipiens honesta et prohibens turpia, omnes motus externos et internos dirigens, omnesque homines obligans ad obedientiam perfectissimam, vel, hac deficiente, ad poenas exquisitissimas. *Gerh.* (V,223). Legis moralis summa extat in decalogo. – Die DD. lassen meist der lex Sinaitica noch eine lex primordialis vorangehen, worunter sie die den ersten Menschen und den Patriarchen gegebenen vorbereitenden Offenbarungen verstehen. *Holl.* (1003). Primordialis l. moralis est, quae tum primis parentibus praefixa (Gen. II,17), tum posteris eorum voce Dei patefacta, et per patriarchas ulterius exposita atque declarata fuit, usque ad solemnem illam legis in monte Sinai promulgationem. – Lex moralis primord. et Sinaitica non differunt dogmatum substantia, sed alio atque alio revelationis modo. –

Über den Unterschied der lex naturalis et moralis *Holl.* (1002): Non differt l. naturalis a lege m. specialiter dicta materialiter, si quidem summa legis naturalis continetur in decalogo, sed distat ab eadem formaliter. Nam 1. lex nat. est intimis hominum animis per naturam inscripta, lex moralis est extrinsece promulgata, voce Dei patefacta et in literas relata; 2. lex nat. est imperfectior et obscurior, l. mor. perfectior et clarior est. Illa dirigit externam disciplinam; haec tam internos quam externos motus hominum regit et temperat. Von der lex naturalis wird noch zugestanden *Holl.* (999): remanserunt tamen quaedam ejusdem vestigia, nempe universalia principia, ex quibus discrimen honestorum et turpium naturaliter innotescit, Rom. II,15.

8. Wir finden daher bei den DD. eine genaue Auslegung des Dekalogs, eigentlich die gesamte

Ethik enthaltend. *Chmn.* (ll. c. th. II,23). Tanta est brevitas in praeceptis decalogi, ut Moses ea appellet decem verba. Et tamen sub illa brevitate comprehenditur, quidquid pertinet ad dilectionem Dei et proximi, et breves illae sententiae debent esse regula et amussis, unde agnoscatur, quae sint peccata.

9. *Holl.* (1019). Lex moralis Sinaitica est perfecta faciendorum et fugiendorum norma, neque eadem a Christo novis praeceptis aut additamentis aucta, sed tantum uberius declarata et a corruptelis pharisaicis repurgata est.

10. *Quen.* (IV,8). Forma legis moralis interna consistit in vi directiva et coactiva circa facienda et fugienda moralia, conscientiam ad obedientiam perfectissimam, aut, nisi haec praestetur, praevaricatorem ad poenas exquisitissimas, temporales et aeternas, obligans, Jak. II,10. Matth. V,19. Deut. XXVII,26. Gal. III,10. Und zwar: lex postulat conformitatem non tantum in externis actionibus, sed etiam in internis: nec satisfieri sibi dicit qualicunque interiori conatu voluntatum, sed requirit dilectionem, i. e. motus ardentissimos et quidem ex toto corde, tota anima et omnibus viribus. –

11. *Br.* (630). Data est lex moralis ad vitam aeternam, sed *sub conditione* perfectae impletionis (Luk. X,28. Gal. III,12). Hanc autem post lapsum praestare nemo potest: ideoque nec per legem salvari quisquam potest. Daher *Holl.* (1007): Finis legis moralis est a) gloria legislatoris, b) vita aeterna, sub conditione perfectae obedientiae promissa. *Eventus accidentalis* est mors aeterna, Rom. VIII,10.

12. *Br.* (636). Lex, quae agenda atque omittenda tradit, et ad accuratissimam eorum observationem obligat, gravissimum reatum transgressoribus quibuslibet denuncians, hoc ipso homines ad agnitionem peccatorum et dolorem de illis perducit atque adeo de mediatore sollicitos reddit. *Quen.* (IV,9). Finis succedaneus est *ἀδυναμίας* nostrae legem infirmantis agnitio (Rom. VIII,3) et ad medicum quaerendum compulsio. Und dazu die Bemerkung: haec ipsa *ἀδυναμία* legi assignata non competit ipsi per se et ex natura sua; sed est ei accidentaria, nempe ratione carnis nostrae, quae legem Dei, quantumvis in se sanctam et bonam, infirmat et ad vitam nobis dandam sive salvandam invalidam et impotentem reddit, si quidem caro nostra conditionem legis implere, h. e. perfectam ei obedientiam praestare nunquam potest, Gal. III,24. et haec causa est, quod legi impossibilitas salvandi assignatur. –

13. *Form. conc.* (epit. V, 4). Quidquid extat in s. literis, quod peccata arguit, id revera ad legis concionem pertinet. Wie also das A. T. auch evangelium enthält (cf. not. 1), so das N. auch legem. *Form. conc.* (sol. decl. V,12). Interim tamen verum est et recte fit, quod apostoli et ev. ministri concionem legis confirmant, eamque inchoant apud eos, qui peccata sua nondum agnoscunt et sensu irae Dei nondum sunt perturbati. – Zur concio legis kann daher sogar von einem gewissen Standpunkt aus die Predigt von dem Tode Christi gerechnet werden. *Form. conc.* (sol. decl. V,12): Imo quae magis severa et horrenda significatio atque concio irae divinae adversus peccata est, quam illa ipsa passio et mors Jesu Christi, filii Dei. Verum tamen, quoad haec omnia iram Dei ostendunt et hominem terrent, nondum sunt proprie evangelii aut Christi concio, sed potius Moises et lex contra impoenitentes.

14. *Holl.* (1021). 1. *Usus legis politicus* consistit in conservatione externae disciplinae, ut feri et indomiti homines a sceleribus gravioribus, propositis poenis et praemiis, avertantur. Juxta hunc usum lex est frenum aut repagulum, quo peccatores coërcentur. 2. *Usus elenchticus* consistit in peccatorum manifestatione et redargutione, juxta atque severissimi judicii divini demonstratione, Rom. III,20. Juxta hunc usum lex est speculum peccati. (Mit Recht wird von der *Form. conc.* aber bereits bemerkt, daß das Gesetz die bezweckte Erkenntnis der Sünde erst in der Zeit des Ev. vollständig zuwege bringe. *Form. conc.* [epit. V,8]: quod ad revelationem peccati attinet, sic sese res habent. Velum illud Moisis omnium

hominum oculis est obductum, quamdiu solam legis concionem, nihil autem de Christo audiunt. Itaque peccata sua ex lege non vere agnoscunt: sed aut hypocritae fiunt, qui justitiae propriae opinione turgent, qualis olim erant Pharisaei, aut in peccatis suis desperant, quod Judas proditor ille fecit. Eam ob causam Christus sumsit sibi legem explicandam spiritualiter, et hoc modo ira Dei de coelo revelatur super omnes peccatores, ut, vera legis sententia intellecta, animadvertatur, quanta sit illa ira. Et sic demum peccatores ad legem remissi vere et recte peccata sua agnoscunt. Talem vero peccatorum agnitionem solus Moises nunquam ex ipsis extorquere potuisset.) 3. *Usus paedagogicus* consistit in compulsu indirecto ad Christum. Quamvis enim lex formaliter directeque Christum nec sciat nec doceat; attamen accusando, convincendo, terrendo oblique compellit peccatorem ad quaerendum solatium et auxilium in Christo redemtore. Itaque lex est paedagogus ad Christum, Gal. III,24. 4. *Usus didacticus* consistit in informatione et directione omnium actuum moralium internorum et externorum. Sic lex est perpetua vivendi regula, Matth. V,17. –

Quen. (IV,10): Primus usus pertinet ad irregenitos et peccatores obstinatos, secundus et tertius ad homines justificandos, quartus ad justificatos et renatos. – Die *Form. conc.* und die früheren Dogmatiker führen nur einen usum triplicem an: usum politicum, paedagogicum et didacticum. Durch genauere Unterscheidung zerfällt den späteren DD. der usus paedagogicus in zwei Hälften, deren eine sie usum elenchticum nennen. – Die in dem antinomistischen Streit angeregte Frage: an lex etiam renatis inculcanda et ejus observatio apud eos urgenda sit? entscheidet die *Form. conc.* (epit. VI,4) dahin: etsi renati et spiritu mentis suae renovati sunt, tamen regeneratio illa et renovatio in hac vita non est omnibus numeris absoluta, sed duntaxat inchoata. Et credentes illi spiritu mentis suae perpetuo luctantur cum carne, h. e. cum corrupta natura, quae in nobis ad mortem usque haeret. Et propter veterem Adamum, qui adhuc in hominis intellectu, voluntate et in omnibus viribus ejus infixus residet, opus est, ut homini lex Dei semper praeluceat ... Wo aber den Wiedergeborenen das Gesetz noch vorgehalten wird, wird dessen Bedeutung näher dahin bestimmt: quod hoc loco vocabulum legis unam tantum rem significat, immutabilem videlicet voluntatem Dei, secundum quam homines omnes vitae suae rationes instituere debeant ...

15. *Form. conc.* (epit. V,5). Ev. proprie doctrinam esse censemus, quae doceat, quid homo credere debeat, qui legi Dei non satisfecit et idcirco per eandem damnatur: videlicet quod illum credere oporteat, Jesum Christum omnia peccata expiasse atque pro iis satisfecisse et remissionem peccatorum justitiam coram Deo consistentem et vitam aeternam, nullo interveniente peccatoris illius merito, impetrasse. *Form. conc.* (sol. decl. V,21). Quidquid pavidas mentes consolatur, quidquid favorem et gratiam Dei transgressoribus legis offert, hoc proprie est et recte dicitur evangelium, h. e. laetissimum nuntium, quod dominus Deus peccata nostra nolit punire, sed propter Christum condonare.

Br. (631). Ev. est doctrina de gratia Dei et gratuita remissione peccatorum propter Christum mediatorem ejusque meritum fide apprehensum. So weit daher im A. T. bereits diese Gnade angedeutet ist, so weit enthält auch das A. T. Evangelium (cf. not. 1). Daher *Br.* (ib.): quae (doctrina) non solum in N. T., verum etiam in V. T. suo modo (in N. T. clarius) revelata fuit. Solche Andeutungen im A. T. werden außer im Protevangelium bei den Patriarchen und Propheten, auch im Zeremonialgesetz angenommen. *Br.* (632). Certum est, ea quae in legibus ceremonialibus continebantur, etsi, quatenus praecipiebant certas actiones et ritus, vim legis haberent, quatenus, tamen, Christum mediatorem ejusque meritum fide amplectendum certis ritibus velut typis aut umbris repraesentabant, evangelio recte accenseri. *Über das Verhältnis von Gesetz und Evangelium zu A. und N. T. Quen.* (IV,61) T. V. et lex et deinde T. N. et evangelium non usque quaque identificantur, sed distincta sunt: differunt enim ut continens et contentum. Nam T. antiquum continet legem ceu aliquam sui partem, non excluso evangelio, et T. N. itidem continet evangelium, velut aliquam sui partem, non exclusa lege, et sic dispositio Dei evangelica de remissione peccatorum, gratia et salute per Christi mortem obtinenda, non in N. T. libris tantum, sed etiam in libris V. T. proponitur. –

Auch das Wort evangelium kann in verschiedener Bedeutung gebraucht werden. *Holl.* (1032). *Generaliter* minusque proprie pro universa doctrina N. T., quae a Christo et apostolis proposita est, Mark. I,1. XVI,15, *specialiter* pro doctrina gratiae de gratuita peccatorum remissione, per fidem in Christum impetranda, sive ea in novo sive in V. T. habeatur, Rom. X,15. Hebr. IV,2, *specialissime* pro doctrina de Messia jam exhibito, Rom. I,1. Hier wird das Wort in der zweiten Bedeutung genommen, denn es soll darin die Wirkung beschrieben werden, die von der des Gesetzes verschieden ist. (*Holl.* [ib.] quia sensu speciali evangelium adaequate legi contradistinguitur.) Durch die richtige Unterscheidung dieser Bedeutungen erledigt sich dann auch die Frage, ob das Ev. eine concio poenitentiae sei. *Form. conc.* (ep. V,6). Credimus etc., si vocabulum evangelii de tota Christi doctrina (also in sensu generali) accipiatur, quam ipse in ministerio suo professus est, ... recte dici et doceri, evangelium esse concionem de poenitentia et remissione peccatorum. Quando vero lex et evangelium, sicut et ipse Moises, ut doctor legis, et Christus, ut doctor evangelii, inter se conferuntur, credimus, docemus et confitemur, quod evangelium non sit concio poenitentiae, arguens peccata; sed quod proprie nihil aliud sit, quam laetissimum quoddam nuntium et concio plena consolationis.

Cf. über den ganzen hierher gehörigen antinomistischen Streit *Form. conc.* V., in der auch die verschiedenen Äußerungen, die sich in den vorhergehenden symbolischen Büchern über lex et ev. finden, nach den angegebenen verschiedenen Bedeutungen, die diese beiden Begriffe haben, erklärt werden.

16. *Form. conc.* (sol. decl. V,24). Haec duo doctrinae christianae capita credimus atque profitemur usque ad novissimum diem sedulo, convenienti tamen discrimine, in ecclesia Dei proponenda atque urgenda esse. Concione enim legis ejusque gravissimis comminationibus in ministerio N. T. mentes impoenitentium hominum perterrefaciendae atque ad veram peccatorum suorum agnitionem et ad agendam poenitentiam sunt adducendae. Id tamen non eo modo, ut propter peccata desperent, sed ut ad Christum confugiant. ... Quare post agnita peccata ex lege mentes perturbatae erigendae sunt, ut ex evangelii de Christo praedicatione solidam consolationem capiant ...

Holl. (1038). Ev. praedicat et offert nobis gratiam Dei, meritum Christi et parta ab eodem beneficia omnia. *Quen.* (IV,6). Forma est promissio gratiae gratuita, Rom. III,24. IV,13.14.16. Gal. III,18. et ad fidem ordinata, Joh. III,16. Mark. XVI,16. Act. X,43. Rom. X,9.10.

17. Die Unterschiede werden von *Holl.* (1039) folgendermaßen angegeben: Lex moralis et evangelium differunt a) *patefactionis et cognitionis modo* – lex ex lumine naturae quodammodo nota est; cum mentibus hominum in prima creatione sit insita, nec per lapsum prorsus exstincta, Rom. II,15. Evangelium autem mysterium est humanae rationi plane absconditum, per filium Dei ex sinu aeterni patris prolatum et nobis revelatum. b) *Ratione objecti* – lex est doctrina operum; praescribit enim et praecipit facienda et fugienda, unde lex operum dicitur, Rom. III,27. Evangelium vero est doctrina fidei; proponit enim Christum mediatorem, ipsius meritum et eo partam justitiam et salutem fidei amplectendam: idcirco dicitur lex (doctrina) fidei, Rom. III,27. c) *Promissionum diversitate* – promissiones legis sunt conditionales et compensatoriae, quae promittunt quidem vitam, sed sub conditione obedientiae propriae, perfectae et perpetuae. Promissiones autem evangelicae sunt gratuitae; quia promittunt vitam non ob obedientiam

propriam, sed alienam, nempe Christi, vera fide apprehensam. Sunt igitur promissiones evangelicae absolutae et inconditionatae, non simpliciter, sed respectu conditionis legalis et meritoriae, licet non excludant conditionem evangelicam sive fidem, quae omni caret merito, atque usum mediorum fidei. d) *Subjecto, cui proponenda sunt* – lex proponenda et acriter inculcanda est impiis et contumacibus peccatoribus, ut ad contritionem perducantur; evangelium applicandum est contritis, ut fidem in Christum concipiant. e) *Effectorum disparitate* – lex delinquentes accusat inobedientiae, convincit, damnat, terret (Rom. III,20. IV,15); ev. vero ostendit mediatorem, solatur, absolvit, vivificat, Luk. II,10. IV,18. 2Kor. III,6. Als weiterer Unterschied könnte auch noch der von *Holl.* (996) angeführte angegeben werden: Lex divina homini lapso non est medium causale et collativum salutis, sed est tantum medium paedagogicum, homini peccatori causale salutis medium quaerenti, Gal. III,24. Ducit lex ad Christum non directe, sed sicut morbus ad medicum ducit, indirecte et per occasionem monstratae ἀδυναμίας, salutem obtinendi per legem.

18. *Br.* (633). Conveniunt lex et ev. a) quoad auctorem, qui utrinque Deus est; b) quoad subjectum, cui data sunt, quod sunt omnes homines; c) quoad finem per se intentum, qui utrinque est salus aeterna; d) quoad durationis terminum, qui est finis mundi.

19. *Holl.* (1041). Lex et evangelium in praxi quovis puncto mathematico sunt conjunctiora. Confluunt enim *ad poenitentiam peccatoris* (poenitentia constat e duabus partibus, contritione et fide, adeoque est ἀποτέλεσμα, sive communis effectus gratiae convertentis et regenerantis. *Lex* in convertendo homine agit, quod suum est, excitando vel operando *contritionem.* Evangelium in homine regenerando etiam agit, quod suum est, accendendo *fidem* in Christum. Resultat igitur poenitentia, tanquam ἀποτέλεσμα, ex confluxu legis et evangelii), *ad renovationem hominis justificati* (in sanctificando homine lex praesto est ut *principium normativum,* sive ut regula vitae sanctae; praescribit enim et docet, quae agenda, quaeque omittenda sint, et obligat ad obedientiam: non autem confert novas vires ad vitam spiritualem et sanctam. Succurrit igitur evangelium, ut principium productivum, quod facultatem et vires homini suppeditat in viis Domini recte incedendi. Quare ad unam actionem sanctam concurrit lex et evangelium in negotio renovationis), *ad conservationem hominis renovati* in perseverantia fidei et pietatis. (Lex comminationibus suis movet hominem renovatum, ut desideria carnis comprimat fortius, ne a carne victus in peccatum mortale prolabatur et fide excidat. *Evangelium* collatis subinde novis viribus fidem confirmat et auget, ut homo renovatus in fide et sanctitate perseveret. Adjice, quod solum evangelium commonstret discrimen inter peccatum mortale et veniale. Utrumque prohibet lex, ut renovatus, suam imperfectionem agnoscens, quotidianam poenitentiam continuet. Evangelium animum ipsius, imperfectae obedientiae ac peccati sensu labescentem, erigit docendo, quod nihil condemnationis sit in iis, qui in Christo Jesu sunt, non secundum carnem ambulantes, sed secundum spiritum, Rom. VIII,1.) –

Kap. II
De sacramentis

§ 53
Sakramente im allgemeinen

Die Heilsgnade wird dem Menschen mitgeteilt, nicht allein durch das Wort, sondern auch durch die Sakramente[1]; und wie dort das Wort, so ist hier ein äußeres und sichtbares Element, das in heil. Handlung an den Menschen gebracht wird, der Träger des Hl. Geistes[2]. Sakrament ist danach eine heilige, von Gott angeordnete Handlung, in der mittelst eines äußeren und sichtbaren Zeichens die Heilsgnade dem Menschen zugeteilt oder der Mensch, wenn er sie schon besitzt, derselben vergewissert wird[3]. Solcher heil. Handlungen zählt die evangelische Kirche nur zwei, die Taufe und das Abendmahl; denn nur in diesen beiden Handlungen findet nach der Anordnung Christi eine Zuteilung der Heilsgnade statt, und unter allen heil. Handlungen, die in der Hl. Schrift angeordnet sind, sind es nur diese beiden, bei denen die zwei Merkmale zusammentreffen, daß 1. ein besonderer göttlicher Wille vorliegt, demzufolge in heil. Handlung ein äußeres Element zu solcher Anwendung kommen soll, und daß 2. im göttlichen Wort die Verheißung gegeben ist, daß durch die Anwendung dieses Elements die evangelische Heilsgnade vermittelt werden solle[4]. Nach diesen Merkmalen unterscheiden sich also diese beiden heil. Handlungen von allen anderen Handlungen und werden zur Unterscheidung von diesen darum Sakramente genannt[5]. In dem so durch das Wort geweihten Element liegt uns aber alsdann nicht mehr das allein vor, was in die Sinne fällt, sondern wir haben zugleich ein Unsichtbares, Höheres als gegenwärtig und durch die Elemente wirkend anzunehmen, so daß also das Sakrament aus einem doppelten, einem Sichtbaren und Unsichtbaren, besteht[6]. Aus dem Gesagten folgt ferner, daß, gleichwie eine heil. Handlung nur dann Sakrament ist, wenn die beiden oben genannten Merkmale bei ihr zusammentreffen, so sie auch nur dann Sakrament ist und als solches wirkt, wenn sie ganz in der von dem Stifter vorgeschriebenen Weise und zu dem von ihm bestimmten Zweck gehandhabt wird[7]. Es müssen also 1. die Einsetzungsworte nach der Vorschrift des Stifters bei der Handlung gesprochen werden, weil vorher das Element nur äußerlich, schlecht und wirkungslos ist. Es muß 2. ausgeteilt und empfangen werden nach der von dem Stifter vorgeschriebenen Weise[8], und darf 3. nur an solche ausgeteilt werden, die der Kirche bereits angehören oder eben durch das Sakrament in diese aufgenommen werden wollen. Die Ordnung endlich bringt mit sich, daß es außer in besonderen Fällen von den bestellten Dienern der Kirche ausgeteilt wird[9]. Wo nun bei der heil. Handlung dies alles nach der Vorschrift ihres Stifters beachtet wird, da ist sie ein Sakrament, und es muß weder die sittliche Beschaffenheit oder der innere Wille des Darreichenden[10], noch auch der Glaube des Empfängers[11] erst noch hinzukommen, um die Handlung zum Sakrament zu machen: wohl aber ist die Segen oder Gericht bringende Wirkung des Sakraments in der gleichen Weise von dem Glauben oder Unglauben des Empfängers bedingt, wie es auch die Wirkung des göttlichen Wortes ist[12]. Der nächste Endzweck des Sakramentes endlich ist der, daß es dem Menschen die Heilsgnade darreiche oder den, der sie schon besitzt, ihrer gewisser mache[13]. Zugleich aber dienen die Sakramente, weil sie nur innerhalb der Kirche vorgenommen werden, dazu, daß diejenigen, die sie empfangen, daran als Glieder der Kirche erkannt werden können, daß sie die Empfänger an die Heilswohltaten, die in ihnen vorgebildet sind, erinnern, zu neuer gegenseitiger Liebe diejenigen antreiben, die zu dem gleichen Zweck sich versammelt haben, und sie zu dem inneren geistlichen Leben, das in den Sakramenten symbolisch angedeutet ist, anregen[14].

1. *Br.* (639). Cum praeter verbum Dei etiam sacramenta sint regenerationis, conversionis et renovationis, atque adeo fidei conferendae, obsignandae et augendae organa, de his etiam distinctius agendum est.

2. *Quen.* (IV,73). Verbo evangelii Deus addidit, tanquam alterum salutis medium δοτικόν, sacramenta, quae sunt verbum visibile. Es gibt also genaugenommen nur *ein* medium salutis, das unterschieden wird als verbum audibile und visibile; durch beide wird die eine und selbe Heilsgnade dem Menschen vermittelt, das einemal durch das bloße Wort, das anderemal durch ein äußeres und sichtbares Element. *Chmn.* (ex. c. Trd. II,35). Quia Deus in iis, quae ad salutem nostram pertinent, per certa media vult nobiscum agere et hunc usum ipse ordinavit et instituit verbum promissionis evangelii, quod aliquando simpliciter *per se sive nudum* proponitur, aliquando vero *vestitum seu visibile factum,* certis a Deo institutis ritibus seu sacramentis. – Die beiden media salutis unterscheiden sich danach nur durch die Art und Weise, wie sie auf den Menschen wirken, *Ap. conf.* VII,5. Sicut verbum incurrit in aures, ut feriat corda: ita ritus ipse incurrit in oculos, ut moveat corda. Ihre Wirkung ist die gleiche, *Ap. conf.* l. c. Idem effectus est verbi et ritus, sicut praeclare dictum est ab Augustino, sacramentum esse verbum visibile, quia ritus oculis accipitur, et est quasi pictura verbi, idem significans, quod verbum. Quare idem est utriusque effectus. – Cf. unten not. 13. –

3. *Ap. conf.* VII,3. (Sacramenta) ritus, qui habent mandatum Christi et quibus addita est promissio gratiae. *Ap. conf.* XII,18. Sacr. est ceremonia vel opus, in quo Deus nobis exhibet hoc, quod offert annexa ceremoniae promissio.

Br. (650). Definiri potest sacramentum in genere, quod sit actio divinitus ex gratia Dei propter meritum Christi instituta, circa elementum externum et sensibile occupata, per quam, accedente verbo institutionis, hominibus confertur aut obsignatur gratia evangelii de remissione peccatorum ad vitam aeternam. *Gerh.* (VIII,328). Sacr. est sacra et solemnis actio divinitus instituta, qua Deus mediante hominis ministerio sub visibili et externo elemento per verbum certum bona coelestia dispensat ad offerendam singulis utentibus ac credentibus applicandam atque obsignandam promissionem de gratuita remissione peccatorum evangelii propriam.

Hutt. (comp. ll. th. 221.214). Sacr. est actio sacra, divinitus instituta, tum elemento sive signo externo, tum re coelesti, constans, qua Deus non solum obsignat promissionem gratiae, h. e. gratuitae reconciliationis, evangelii propriam; sed etiam bona coelestia, in singulorum sacramentorum institutione promissa, per externa elementa singulis sacramento utentibus vere exhibet, fidelibus autem salutariter applicat. – Unter gratia evangelica wird verstanden: gratia spiritus s. applicatrix, merito Christi parta, et in evangelio promissa, nempe gratia vocans, illuminans, regenerans etc. – Die Verschiedenheiten dieser Definitionen, und warum wir deren so viele anführten, erklären sich aus not. 6. –

4. *Gerh.* (VIII,207). Dicimus, ad sacramenta proprie sic dicta duo potissimum requiri, videl. verbum et elementum, juxta vulgatum illud Augustini: »accedit verbum ad elementum et fit sacramentum.« Fundamentum hujus adsertionis ex ipsa natura et fine sacramentorum pendet, cum enim sacramenta id, quod in verbo evangelii praedicatur, externo elemento vestitum sensibus ingerere debeant, ex eo sponte sequitur, quod nec verbum sine elemento, nec elementum sine verbo constituat sacramentum. Per verbum intelligitur primo *mandatum atque institutio divina,* per quam elementum, quia percepit vocationem Dei,

separatur ab usu communi et destinatur usui sacramentali; deinde *promissio*, atque ea quidem evangelio propria, per sacramentum applicanda et obsignanda. Per elementum non quodvis, sed certum et verbo institutionis expressum accipitur.

5. Es ist nämlich allgemein zugestanden, daß sich aus der Bedeutung des Wortes sacr. an sich die Frage nicht entscheiden läßt, welche heil. Handlungen Sakrament genannt werden dürfen; denn das Wort sacr. ist nicht ohne eine gewisse Willkür gerade zur Bezeichnung dieser beiden heil. Handlungen gebraucht worden. Seiner Etymologie nach ist es abzuleiten von sacrare (Varro lib. IV) und bedeutet *jede geweihte Sache*, daher das Geld, das von streitenden Parteien bei dem Pontifex niedergelegt wurde, eo fine ut, qui vicisset, suam reciperet, qui causa cecidisset, ejus pecunia fisco cederet; dann den Eid, besonders den der Krieger, mit dem sie im Fall des Wortbruchs ihr Haupt dem Tode weihten. – Die Vulgata übersetzt dann das gr. *μυστήριον* durch sacramentum. Tertullian aber braucht zuerst das Wort von der Taufe in der Bedeutung von juramentum. Danach wird im kirchlichen Sprachgebrauch eine dreifache Bedeutung des Wortes sacr. unterschieden: *Quen.* (IV,73). Accipitur vox sacramenti 1. *generalissime* pro quavis re arcana et secreta. Sic Christi incarnatio, 1Tim. III,16. Christi et ecclesiae conjunctio, Eph. V,32. gentium vocatio, Eph. III,3 etc. dicuntur *μυστήριον*, quod vetus latinus interpres sacramentum reddidit. Sic quoque Patres quodlibet mysterium et quamlibet doctrinam sacram et non obviam sacramentum appellarunt, ut sacr. trinitatis, sacr. incarnationis et fidei; 2. *specialius* pro signo externo rei sacrae et coelestis, sic semen, granum, margarita sunt sacramenta seu signa regni coelorum, Matth. XIII,24 etc.; 3. *specialissime* pro actione solemni divinitus instituta, mandata et praescripta, in qua per externum et visibile signum bona invisibilia gratiose offeruntur, conferuntur et obsignantur. Nicht also aus dem Wort sacr. an sich wird entschieden, welche Handlungen als Sakrament gelten, sondern die Merkmale, die den beiden einstimmig als Sakramente bezeichneten Handlungen, der Taufe und dem Abendmahl, zukommen, werden aufgesucht und von dem gleichen Begriff von Sakrament alle die anderen Handlungen ausgeschlossen, denen nicht die gleichen Merkmale zukommen: womit ihnen dann zwar der Begriff sacr. an sich nicht gewehrt, wohl aber dagegen protestiert wird, daß ihnen dieser in dem gleichen Sinn zukomme. *Chmn.* (ex. conc. Tr. II,14). Non dimicabimus de definitionibus vel hujus, vel illius, vel veteribus, vel recentioribus, sed sumemus fundamentum, quod extra controversiam et in confessione est apud omnes. Baptismum enim et eucharistia omnium confessione vere et proprie sunt sacramenta. *Br.* (641). Sic ergo ex eorum, quae sine dubio sacramenta sunt, conceptibus communibus, in quibus ista conveniunt, cognoscitur, ea, quae forte dicuntur sacramenta, requisita autem illa communia non habent, non esse ejusdem rationis et quidditatis sacramenta cum his, quae proprie sic dicuntur, verum aequivoce sic dicta. –

Nach diesem Kanon wird die Siebenzahl von Sakramenten, die die katholische Kirche annimmt, verworfen. *Luther* zählt schon im Catechismus major nur zwei Sakramente, die *Apol. conf.* aber noch drei: (VII,4). Vere igitur sunt sacramenta baptismus, coena Domini, absolutio, quae est sacramentum poenitentiae. Und *Mel.* (ll. c. th. I,307) ist auch geneigt, die Ordination als sacr. zu betrachten: Mihi placet etiam addi ordinationem ut vocant, i. e. vocationem ad ministerium evangelii et publicam ejus vocationis approbationem: quia haec omnia mandato evangelii praecipiuntur. Wir finden danach in der ersten Zeit der Reformation noch einiges Schwanken über die Zahl der Sakramente, was sich daraus erklärt, daß bei den beiden Handlungen, der Absolution und Ordination, wohl einige von den Merkmalen, die wir bei Taufe und Abendmahl finden, zutreffen. *Chmn.* (ex. conc. Tr. II,14) erklärt sich über die absolutio so: Nostri saepe testati sunt, se non pugnare, sed libenter concedere, ut absolutio, quia habeat applicationem generalis promissionis ad singulos ministerio hoc utentes, inter sacramenta numeretur. Sed tamen hoc certum est, absolutionem non habere ex divina institutione certum externum elementum, signum aut ritum divinitus mandatum. Et etiamsi adhibeatur vel impositio manuum vel aliquis alius externus ritus: destituitur tamen certo, peculiari et expresso mandato Dei. Nec extat promissio, quod per talem aliquem externum ritum Deus velit efficax esse ad applicationem promissionis evangelii. Promissionem quidem habemus, quod per verbum velit esse efficax in credentibus, sed ut aliquid sit sacramentum, requiritur non nuda tantum promissio in verbo, sed ut ordinatione seu institutione divina sit vestita externo aliquo signo seu ritu divinitus mandato. Tale vero signum non est annunciatio seu recitatio promissionis evangelii, hoc enim modo ipsa generalis praedicatio evangelii esset sacramentum. ... *Absolutio igitur vere et proprie eo modo, sicut baptismus et coena Domini, non est sacramentum*: sed si quis addita hac explicatione et differentia eam propter singularem applicationem promissionis voluerit sacramentum appellare, Apologia Augustanae confessionis profitetur se non velle pugnare. –

Am ausführlichsten *Chmn.* (ex. c. Trd. II,14). Ut aliquid sit vere et proprie sacramentum N. T. requiritur: 1. ut habeat externum aliquod materiale seu corporale et visibile elementum seu signum, quod certo externo ritu tractetur, exhibeatur et usurpetur; 2. ut elementum seu signum illud et certus ejus ritus habeat expressum mandatum divinum seu institutionem divinam; 3. ut institutum et mandatum sit in N. T.; 4. ut non ad tempus institutum sit, sed usque ad consummationem seculi ...; 5. requiritur ad sacramentum promissio divina de gratia, effectu seu fructu sacramenti; 6. illam promissionem oportet non simpliciter, nude et per se tantum habere testimonium in verbo Dei, sed oportet eam divina ordinatione annexam esse signo sacramenti et eo quasi vestitam esse; 7. promissionem illam oportet esse non de quibusvis donis Dei, sive corporalibus sive spiritualibus, sed promissionem gratiae seu justificationis, h. e. gratuitae reconciliationis, remissionis peccatorum et in summa de toto beneficio redemtionis; 8. et illa promissio in sacramentis non in genere tantum vel significatur vel annunciatur, sed virtute Dei offertur, exhibetur, applicatur et obsignatur etiam singulis, qui fide sacramentis utuntur. – Die späteren DD.: Requiritur ad sacr.: 1. ut sit actio a Deo mandata; 2. ut habeat elementum visibile divinitus praescriptum (cum re coelesti, mediante verbo institutionis, unitum. *Holl.* [1054]); 3. ut habeat promissionem gratiae evangelicae. –

6. Damit meinen die frühesten DD. noch nichts weiter, als daß das so durch das Wort geweihte Element nicht als gewöhnlich, gemein betrachtet werden dürfe, daher gibt auch *Hfrffr.* als die substantialia sacramenti an: elementum et verbum, und in diesem Sinn scheint es auch *Luther* zu meinen, wenn er im Catech. maj. (IV,17) von der Taufe sagt: non tantum naturalis aqua, sed etiam divina, coelestis, sancta et salutifera aqua (est) ... hocque nonnisi verbi gratia, quod coeleste ac sanctum verbum est. Einen anderen Sinn aber verbinden die späteren DD. damit (cf. die Geschichte der Entstehung der späteren Ausdrucksweise bei *Br.* p. 670, der nachweist, daß zuerst auf dem Mömpelgarder Colloquium [1586] infolge des Streites, der sich da zwischen *Beza* einerseits und *Jakob Andreä* und *Luc. Osiander* andrerseits angesponnen hatte, Anlaß zu anderer Ausdrucksweise gegeben worden ist). Sie unterscheiden nämlich in dem Sakrament eine doppelte materiam, eine materiam terrestrem et coelestem, und verstehen unter der *ersteren* das elementum s. symbolum externum, quod est res corporea visibilis ... ordinata ad hoc, ut sit rei coelestis vehiculum et medium exhibitivum (in der Taufe das Wasser, im Abendmahl Brot und Wein), unter der *anderen* aber eine res invisibilis et intelligibilis, re terrena visibili, tanquam medio divinitus ordinato exhibita, a qua fructus sacramenti principaliter dependet, wobei sie jedoch bemerken, daß für das letztere der Ausdruck materia kein adäquater sei (cum sacramentum non sit substantia corporea, collectu proclive est, illud non constare ex materia proprie dicta: analogice tamen ei materia, circa quam versatur,

assignatur. *Holl.* [1059]). Sie meinen also, daß die mat. terrestris das vehiculum eines Höheren, Göttlichen sei, das mittelst des äußeren Elementes dargereicht werde. Welches dieses Göttliche sei, erfahren wir dann bei dem einzelnen Sakrament, da es bei beiden verschieden ist. *Quen.* (IV,75). Quid vero rei coelestis nomine in quolibet sacramento veniat, id ex propria sede, h. e. ex verbis institutionis cujusque sacramenti cognosci potest et debet. Diese materia coelestis ist ihnen aber nicht identisch mit verbum; sie wollen also nicht, wie in obigen Stellen (aus *Catech. maj.* und *Hfrffr.*) gesagt ist, als essentiam sacramenti annehmen: verbum et elementum, sondern sie unterscheiden noch wohl das verbum von der materia coelestis, und denken sich die letztere als durch das verbum consecrationis hinzugebracht. (*Hutt.* [ll. c. 597]. Verbum nunquam vel cum re terrena vel cum re coelesti sacramentaliter unitur: ac proinde sacramenti substantiam neque constituit, neque ingreditur. Ergo verbum neque materia, neque forma sacramenti dici potest. ... Ideo dico, verbum hoc esse *αἴτιον ποιητικόν*, h. e. efficere, ut duae illae partes essentiales unum sacramentum constituant in usu sacramentorum.) Ebenso ist ihnen die mat. coelestis nicht identisch mit der gratia evangelica, von der die früheren DD. auch lehren, daß sie durch das Sakrament konferiert werde, sondern diese denken sie sich erst wieder vermittelt durch die mat. coelestis. Während also die früheren DD. nur sagen, daß mit dem Wort der consecratio das äußere Element aufhöre, ein gemeines, äußeres zu sein, ohne daß sie das hinzukommende Göttliche als ein Besonderes von dem Wort unterscheiden, tun das die späteren DD. – Wie sie dazu gekommen sind, ist leicht einzusehen. In dem Abendmahl wird nämlich Leib und Blut Christi mitgeteilt; da also kommt durch das Wort der consecratio etwas hinzu und an den Menschen, das gleich sehr vom Wort, wie von der Heilsgnade unterschieden ist. Ein diesem Entsprechendes glauben sie darum auch für die Taufe in Anspruch nehmen zu müssen, und nennen dieses hier wie dort materiam coelestem.

Vergleichen wir dann die Auffassung der früheren DD. mit der der späteren, so wird der Unterschied der beiderseitigen Auffassung darin bestehen, daß die früheren DD. allen Nachdruck nur darauf legen, die Analogie von Wort und Sakrament als den beiden mediis salutis nachzuweisen, wonach also in dem einen Fall die Heilsgnade durch das Wort, in dem anderen durch das äußere sichtbare Zeichen mitgeteilt würde, wobei aber nicht weiter beachtet wird, daß doch vor allem im Abendmahl außer der Heilsgnade noch ein weiteres, nämlich Blut und Leib Christi, vorhanden ist und mitgeteilt wird. Dagegen fassen die späteren DD. das gerade besonders ins Auge, daß wenn auch durch die Sakramente, gleichwie durch das Wort, die Heilsgnade (die Bekehrung, Rechtfertigung, Wiedergeburt etc.) konferiert wird, dies doch hier nicht, wie dort beim Wort, das erste und nächste Objekt ist, das mitgeteilt wird, sondern daß ihr vielmehr bei den Sakramenten ein anderes (im Abendmahl Blut und Leib) vorausgeht, das zu seinem Endzweck erst den hat, die Heilsgnade mitzuteilen. Und dies ist es dann, was sie in den allgemeinen, für beide Sakramente gültigen Ausdruck einer materia coelestis zu bringen suchen, wobei es ihnen freilich schwerfällt, die mat. coelestis bei der Taufe in gleicher Weise wie beim Abendmahl nachzuweisen, so wie auch bei dieser Auffassungsweise die Analogie, die zwischen sacramentum und verbum divinum als den beiden mediis salutis stattfinden soll, mehr zurücktritt. – Mit der Annahme einer mat. coelestis ist dann auch die Annahme einer besonderen unio der mat. terrestris et coelestis gesetzt. *Quen.* (IV,75). Quia e re terrena et coelesti fit unum sacramentum, non potest id fieri nisi intercedente aliqua unione et *κοινωνίᾳ* quam sacramentalem recte appellamus. Neque enim illa unio vel essentialis, vel naturalis, vel accidentalis est, sed ex materiae unitae consideratione, inusitata, ex fine, sacramentalis. Non itaque datur unum sine altero, v. gr. aqua sine spiritu, nec spiritus sine aqua, quia haec duo in actu sacramentali sunt arctissime unita, nec unum sine altero sacramentum esse potest. – Dieser Ausbildung, die von *Gerhard* an, wenn auch mit mannigfachem

Unterschied in der Angabe dessen, was bei der Taufe als mat. coelestis zu bezeichnen ist, allgemein angenommen wird, tritt nur von seiten *Baiers* und einiger anderer Jenenser Theologen ein Widerspruch entgegen. Da die materia coelestis, die in der Taufe angenommen werden müßte, doch ganz anderer Art ist, als die m. c., die im Abendmahl sich vorfindet; da ferner die unio von mat. und elementum in beiden Sakramenten sehr verschieden ist; da endlich auch unter denen, die diesen Lehrtropus haben, weder eine Übereinstimmung besteht über das, was unter mat. coel. zu verstehen ist, noch die mat. coelestis in dem gleichen eigentlichen Sinn genommen ist wie beim Abendmahl, so hält *Br.* dafür, daß der Ausdruck mat. coelestis in der Lehre de sacramentis in genere ganz zu umgehen sei und man sich an die einfache Lehre der früheren DD., die auch sie gar nicht erwähnten, anschließen solle. Er spricht daher nur von einer mat. terrestris (644). Materia sacramenti duo importat, primo elementum quoddam externum et visibile, deinde actionem quandam circa elementum occupatam (v. gr. actus abluendi, dispensandi etc.) (645). Quod alii alteram sacramenti partem, nempe verbum institutionis ..., materiam sacramenti coelestem atque invisibilem dicunt, fatendum est, hanc potius esse formam s. formale sacramenti, quam materiam. ... Quodque alii nomine materiae coelestis rem aliquam signatam, elemento velut signo relative oppositam, non autem ipsum fructum sacramenti, sed rem, a qua pendet operatio et fructus sacramenti, intelligunt, fatentur tamen, hanc ipsam rem, quam materiam coelestem dicunt, aliquando ne quidam realiter praesentem esse. Difficile autem est, pro materia et sic pro parte essentiali sacramenti habere aliquid, quod, sacramento existente, non tamen et ipsum tunc existit. Alias etiam, si maxime id, quod pro materia coelesti habetur, praesens sit, tamen iterum aliqui monent, a praesentia ad materiam non valere consequentiam; requiri autem, ut adsit per modum materiae, quod materia appellari queat. Quid autem sit, adesse per modum materiae in sacramento, ne ipsi quidem quoad sacramentum in genere satis declarant, sed quoad singula sacramenta ex institutione cujusque discendum relinquunt. Unde colligas, materiam coelestem sacramenti in genere agnosci non posse, nisi in singulis sacramentis ea deprehensa fuerit. Cumque in s. coena corpus et sanguis Christi dicantur materia coelestis ..., fatendum erit, materiam coelestem ejusmodi non aeque in omnibus sacramentis locum habere. Itaque si maxime, cum de sacramento in genere agitur, materiam aliquam coelestem statuamus, terminus materiae ita ampliandus erit, ut non ea ratione, qua aliquid per modum materiae est in uno sacramento, etiam aliud quiddam in alio sacramento per modum materiae fuerit. Unde porro sequetur, in uno sacramento aliquid esse per modum materiae proprie loquendo, in alio improprie loquendo. –

7. *Hfrffr.* (465). Cum primis requiritur, ut in quolibet sacramento *tota actio*, sicuti a Christo instituta et ordinata est, observetur: neque sacramentorum usus ad res finesve alienos transferatur. Hinc regula: nihil habet rationem sacramenti extra usum vel actionem a Christo institutam. V. gr. si aqua baptismi ad campanas baptizandas, aut lepram curandum adhibetur: vel cum benedictus panis non distribuitur ac sumitur, sed vel includitur, vel sacrificatur, vel circumgestatur: id non usus, sed profanatio sacramentorum est.

8. *Holl.* (1060). Forma sacramenti est externa actio (eaque integre circa rem terrestrem et coelestem cujuslibet sacramenti occupata), quam constituunt actus formales, sibi indistricte succedentes, qui sunt tres: 1. recitatio verborum institutionis (consecratio); 2. δόσις sive dispensatio sacramentalis; 3. λῆψις sive sacramenti receptio.

Ad. 1. *Consecratio,* i. e. ab usu communi ad usum sacrum segregatio, quae fit verborum institutionis recitatione et pronuntiatione *Gerh.* (VIII,240). Consecratio 1. non est nuda verborum institutionis recitatio ad *auditores* tantummodo directa; 2. nec mutatio symbolorum, quam consecratio efficit, est nuda saltem nominum permutatio, analogia significativa, absentis rei coelestis repraesentatio, sed est sacra et efficax actio, per quam symbola sacramentalia vere sanctificantur, h. e. profanis usibus eximuntur et usui sacramentali destinantur. Nec tamen est a) magica et superstitiosa quaedam actio ex dignitate et qualitate personae, h. e. ex potestate et charactere ministri pendens, qui vi intentionis suae sacramentum conficiat; b) nec judicandum est, vel sono vel quantitati verborum occultam quandam vim subjective inesse, per quam consecratio illa fiat; c) nec per eam externa elementa essentialiter mutantur et transsubstantiantur in rem coelestem, sed praesentia rei coelestis, ejusdem unio cum re terrena in solidum pendet ex institutione, ordinatione et voluntate Christi, et a perpetuo adhuc in ecclesia durante efficacia primae institutionis, quam minister vel potius ipse Christus ministri voce subinde repetit. – Minister ergo in consecratione: 1. repetit primaevam sacramenti institutionem juxta mandatum Christi: hoc facite etc.; 2. testatur, se non proprio arbitrio hic agere, nec ordinationem quandam humanam celebrare, sed velut oeconomum mysteriorum divinitus constitutum, Christi nomine, auctoritate et loco venerabile sacramentum administrare; 3. invocat nomen veri Dei, ut juxta ordinationem, institutionem et promissionem suam velit in hoc sacramento efficax esse; 4. segregat externa elementa ab aliis omnibus ad usum sacramentalem, ut sint organa et media, per quae bona coelestia dispensentur.

Ad. 2. Distinguendum est *inter rem et rei modum*, inter ipsam δόσιν καὶ λῆψιν et inter δόσεως καὶ λήψεως τρόπον: δόσις καὶ λῆψις administratio, dispensatio, exhibitio et acceptio sacramenti simpliciter sunt necessariae nec ullam patiuntur exceptionem, sed modus δόσεως καὶ λήψεως aliquam libertatem et variationem admittit. Exemplis res erit clarior. In baptismo simpliciter necessarium est, hominem aqua baptizari, h. e. ablui in nomine patris, filii et spiritus, s., sive autem illa ablutio fiat immersione in aquam sive adfusione aquae, nihil interest. *Holl.* (1057). Ecclesia nihil mutare potest in substantialibus sacramentorum. Gaudet tamen libertate aliquid mutandi in circumstantiis sacramentorum.

9. *Holl.* (1056). Jus dispensandi sacramenta Deus concredidit ecclesiae, quae executionem aut exercitium hujus juris, observandi ordinis et εὐσχημοσύνης causa commendavit ministris verbi divini vocatis et ordinatis. In casu autem extremae necessitatis, ubi sacramentum est necessarium nec nisi periculo salutis omitti potest, quilibet homo christianus (laicus aut femina) sacramentum initiationis valide celebrare potest (1. Petr. II,9. Apoc. I,6).

10. *Apol. conf.* IV,47 ... quod sacramenta sint efficacia, etiam si per malos ministros tractentur, quia ministri funguntur vice Christi, non repraesentant suam personam.

Quen. (IV,74). Sacramenta non sunt hominis, qui ea dispensat, sed Dei, in cujus nomine dispensantur, adeoque a solo Deo est et dependet gratiosa virtus et operatio sacramenti, 1Kor. III,5. non a qualitate ministri. – De intentione ministri intricatior est disputatio. Εὐσχημοσύνης est, eum, qui sacramenta exhibet, ad aram offerre intentionem bonam faciendi, quod Dominus instituit, animum non peregrinantem, sed praesentem. *Necessitatis* est, observari *actu externo* intentionem Christi. Dico actu externo, *nequaquam enim necessaria est intentio ministri interna* faciendi, quod facit ecclesia. – Antithesis Pontificiorum, docentium, ad sacramenti integritatem, veritatem et virtutem requiri ministri intentionem, quae non tantum respiciat externum actum conferendi sacramentum juxta formam institutionis, sed et ipsum finem et effectum sacramenti. Sic enim concil. Tridentinum: si quis dixerit, in ministris, dum sacramenta conficiunt et conferunt, non requiri intentionem saltem faciendi, quod facit ecclesia, anathema sit (78).

11. *Form. conc.* (sol. decl. VII,24). Ita sentimus et statuimus: si maxime homo improbus et sceleratus sacramentum coenae dominicae sumat aut distribuat; tamen sumere illum verum sacramentum, h. e. Christi corpus et sanguinem, non minus, quam eum, qui dignissime illud sumat aut distribuat. Hoc enim sacramentum non habet fundamentum hominum sanctitatem, sed ipsum verbum Dei ... 27 ... solide demonstratur, praesentiam illam non tantum de manducatione credentium et dignorum, verum etiam de infidelibus et indignis communicantibus intelligendum esse.

Holl. (1061). Fides non requiritur ad substantialem sacramenti integritatem – (sicut verbum Dei est verum verbum, quod audiunt hypocritae: ita est sacramentum, quod accipiunt adulti hypocritae, fide destituti).

12. Die evang. Kirche stellt sich damit in den bestimmtesten Gegensatz gegen die kathol. Lehre von der Wirkung des Sakraments ex opere operato. *Apol. conf.* VII,18. Hic damnamus totum populum Scholasticorum Doctorum, qui docent, quod sacramenta non ponenti obicem conferant gratiam ex opere operato sine bono motu utentis. Haec simpliciter Judaica opinio est, sentire, quod per ceremoniam justificemur, sine bono motu cordis, h. e. sine fide. ... Nos docemus, quod in usu sacramentorum fides debeat accedere, quae credat illis promissionibus et accipiat res promissas, quae ibi in sacramento offeruntur. Et est ratio plana et firmissima. Promissio est inutilis, nisi fide accipiatur. At sacramenta sunt signa promissionum. Igitur in usu debet accedere fides. ... *Chmn.* (ex. conc. Trd. II,36). Duplex est in hac doctrina causa instrumentalis: una est quasi Dei manus, qua per verbum et sacramenta in verbo offert, exhibet, applicat et obsignat credentibus beneficia redemtionis. Altera est quasi nostra manus, quod *fide* scilicet petimus, apprehendimus et accipimus ea, quae Deus nobis per verbum et sacramenta offert et exhibet. Neque enim talis est sacramentorum efficacia, quasi Deus per illa infundat et imprimat gratiam et salutem, etiam non credentibus seu fide accipientibus ...

Holl. (1061). Fides necessario exigitur ad capiendum salutarem sacramenti fructum. – *Id.* (1064). Sacramenta nullam gratiam conferunt adultis, nisi eam oblatam vera fide, quae in cordibus eorum praeexistit, recipiant. In infantibus spiritus s. per sacramenta initiationis fidem accendit, qua infantes gratiam foederalem acceptant.

13. *Holl.* (1062). Finis primarius sacramentorum est oblatio, collatio, applicatio et obsignatio gratiae evangelicae. – Gr. ev. omnibus utentibus offertur, digne utentibus confertur, applicatur, et adultis credentibus obsignatur. – Die Sakramente sind also nicht bloß signa significantia, sondern auch praebentia et exhibitiva, was schon in dem Begriff des Sakraments als eines medii salutis liegt. Wenn sie in den Symbolen (*Ap. conf.* V,42. A. C. XIII) signa et testimonia voluntatis Dei erga nos genannt werden, so sind sie das nicht ratione essentiae, quasi tota eorum natura et essentia significando absolvatur, seu quod σχέσις rei terrenae et rei coelestis in omnibus sacramentis tantummodo sit significativa (*Gerh.* VIII,213).

Von den falschen Auffassungen des Wortes sacr. *Chmn.* (ex. c. Trd. II,33): Nostro tempore quidam nimium deflexerunt in sinistram partem. Disputarunt enim, sacramenta nihil aliud esse quam signa et notas Christianae professionis, quibus a Judaeis et paganis discernantur ... Quidam censuerunt, sacramenta tantum esse christianae societatis symbola, quibus ad mutuam communicationem officiorum excitemur et obstringamur. ... Alii in usu sacramentorum nihil aliud spectari voluerunt, quam solas allegorias seu significationes christianae mortificationis, regenerationis, vivificationis. ... Sunt qui videri volunt de sacramentis honorifice sentire, et tamen docent, sacramenta tantum esse signa gratiae, jam antea, ante et extra usum sacramentorum collatae et exhibitae, ita ut per sacramenta Deus nihil conferat et exhibeat illis, qui fide sacramentis utuntur, sed quod tantum sint signa gratiae alias et alio modo ante collatae. Huic affinis est et illorum opinio, qui existimant, usum sacramentorum tantum per modum commonefactionis excitare fidem, quae alibi et alio modo, non in vero sacramentorum usu quaerat et accipiat gratiam, sicut talis commonefactio a picturis etiam sumi potest. (*Gerh.* [VIII,215]. Qui Calvinum sequuntur, duplicem significationem in sacramentis constituunt, unam, qua res terrena significet rem coelestem absentem; alteram, qua integrum sacramentum significet gratiam spiritualem.)

Chmn. (II,35). Recte Apologia August. confessionis dicit, eundem esse effectum, eandem virtutem seu efficaciam et verbi et sacramentorum, quae sunt sigilla promissionum. ... Sicut igitur evangelium est potentia Dei ad salutem omni credenti, non quod magica quaedam vis characteribus, syllabis aut sono verborum inhaereat, sed quia est medium, organon seu instrumentum, per quod spiritus s. efficax est, proponens, offerens, exhibens, distribuens et applicans meritum Christi et gratiam Dei ad salutem omni credenti: ita etiam sacramentis tribuitur virtus seu efficacia: non quod in sacramentis extra seu praeter meritum Christi, misericordiam patris et efficaciam spiritus s. quaerenda sit gratia ad salutem, sed sacramenta sunt causae instrumentales ita, quod per illa media seu organa pater vult gratiam suam exhibere, donare, applicare: filius meritum suum communicare credentibus: spiritus s. efficaciam suam exercere, ad salutem omni credenti. – Da demnach die Sakramente dieselbe Gnade wirken wie auch das Wort, so kann die Frage entstehen, warum sich Gott hierzu eines doppelten Mittels bediene? Darauf antwortet *Chmn.* (ex. conc. Trd. II,29): Talibus sive tentationibus sive fanaticorum clamoribus recte ex verbo Dei opponitur, sacramenta, quae Deus ipse, ut essent salutis nostrae adminicula, instituit, nullo modo judicanda esse vel inutilia, vel superflua, quae secure neglegi et contemni possint. ... Et quidem (sicut Chrysostomus inquit) si angeli essemus, nullo praeterea signo nobis opus esset; sed carnalis infirmitas fidem impedit, turbat, distrahit et debilitat. Arduum enim et difficile est iis, quae in verbo proponuntur, licet non appareant, tamen firma animi persuasione inhaerere. ... Praeterea fides etiam, quando statuit promissionem Dei in genere veram esse, angitur tamen de hac praecipue quaestione, an privatim etiam ad me pertineat? *Deus igitur, qui dives est in misericordia ... non uno tantum modo, per nudum scilicet verbum, gratiam suam nobis exhibere voluit, sed infirmitatem nostram voluit certis adminiculis sublevare,* institutis scilicet et promissioni evangelii annexis sacramentis, h. e. certis signis, ritibus seu ceremoniis, in sensus incurrentibus, ut illis commoneret, erudiret et certos nos redderet, quod foris in specie visibili geri cernimus, illud intus virtute et potentia Dei in nobis effici. ... Hoc modo sacramenta quoad nos sunt signa *confirmantia fidem erga* promissionem evangelii: quoad Deum sunt organa seu instrumenta, per quae Deus in verbo, sua potentia et operatione gratiam promissionis evangelicae credentibus exhibet, applicat, obsignat, confirmat, auget et conservat. *Non autem alia est gratia, quae in verbo promissionis, et alia, quae in sacramentis exhibetur*: nec alia est promissio in verbo evangelii, alia in sacramentis: sed eadem est gratia, unum et idem verbum, nisi quod in sacramentis, per signa divinitus instituta, verbum quasi visibile redditur propter nostram infirmitatem. – Die Frage über die Notwendigkeit der Sakramente entscheidet dann *Chmn.* (ex. conc. Trd. II,30) so: Necessaria sunt sacramenta et ratione infirmitatis fidei nostrae, cui hujusmodi adminiculis opus est: et ratione institutionis divinae. ... Et hoc sensu non inviti concedimus, sacramenta ad salutem esse necessaria, tanquam causam instrumentalem: sed tamen addenda est haec declaratio, non tam praecisam esse necessitatem sacramentorum ad salutem, sicut est fidei et verbi ... Sed si quis ex auditu verbi habeat veram fidem in Christum, et non concedatur ipsi facultas, ut possit sacramentis juxta institutionem divinam uti, in tali certe casu non est statuenda praecisa necessitas sacramentorum ad salutem, ut propterea salus illis denegetur, quibus non datur facultas utendi sacramentis, licet fide in verbo apprehendant Christum mediatorem. –

Holl. (1065). Necessaria sunt sacramenta *necessitate praecepti et medii.* Non sunt eadem necessaria necessitate absoluta, sed ordinata sive conditionata. *Quen.* (IV,77). Necessarius est baptismus *in infantibus* non solum necessitate praecepti, ... sed etiam necessitate medii, ... quoniam aliud medium non habetur, per quod regenerentur, in adultis vero est necessarius ratione praecepti, quia ibi fidem praerequirit. – Eucharistia est necessaria necessitate praecepti omnibus Christianis adultis.

14. *Holl.* (1062). Fines sacr. secundarii sunt: a) ut sint notae ecclesiae, quibus a

populo infideli distinguitur (et symbola confessionis et professionis, quibus nos ab aliis sectis separamus. *Quen.* [IV,77]); b) ut sint monumenta beneficiorum Christi, Luk. XXII,19; c) ut sint vincula caritatis et nervi publicorum congressuum, Eph. IV,5. 1Kor. X,17; d) ut sint incitamenta ad virtutum exercitia. (Baptismus significat submersionem veteris Adami, Rom. VI,4. coena s. excitat nos ad gratam mortis Christi memoriam, 1Kor. XI,26.)

Anm. Wie auch das A. T. ein Wort Gottes hat als medium salutis, so nehmen die DD. auch sacramenta im A. T. an, und als solche cirumcisio et pascha, die Vorbilder von Taufe und Abendmahl. *Chmn.* (ex. conc. Trd. II,18). Deus voluntatem suam de mysterio redemtionis generis humani, de gratuita reconciliatione et acceptatione credentium ad vitam aeternam per fidem propter victimam filii mediatoris omnibus temporibus ab initio mundi dato certo verbo patefecit. Addidit etiam verbo divina sua institutione certa quaedam externa signa, quibus promissionem justitiae fidei luculentius obsignaret et confirmaret. Non igitur N. T. tempore primum coepit institutio et usus sacramentorum: sed patres tempore V. T. imo etiam ante promulgationem legis sua quaedam divinitus in hunc usum instituta habuerunt signa seu sacramenta, quae fuerunt sigilla justitiae fidei, Rom. IV. Jam vero cum idem sit Deus, idem mediator, eadem gratia, justitia, promissio, fides, salus etc., tamen externa illa signa seu sigilla aliquando mutata sunt aliis, divina institutione in locum ipsorum substitutis, prout subinde illustrior redditus fuit modus patefactionis, qui primum fuit quasi lucerna in loco obscuro ardens, postea successit lucifer, donec tandem nocte praeterita exortus est sol justitiae. – Über das Verhältnis der Sakramente A. und N. T. *Quen.* (IV,84): Per sacramenta N. T. luculentius, plenius, perfectius et uberius dispensatur credentibus gratia Christi; ex eo vero non sequitur, quod Pontificii statuunt, per sacramenta V. T. plane non fuisse exhibitam et credentibus collatam divinam gratiam et remissionem peccatorum. Nunc enim consummato redemtionis opere figuris successit veritas, umbris corpus. –

§ 54
1. Die Taufe

Von den beiden Sakramenten geht die Taufe dem Abendmahl voraus[1]. – Es ist zu handelm von dem *Begriff* der Taufe, von der *Form,* in der sie vollzogen werden soll, und von dem *Endzweck,* um dessetwillen sie gestiftet ist.

1. Die Taufe ist eine von dem Herrn befohlene und mit einer Verheißung (Matth. XXVIII,19) begleitete Handlung. Wir haben also in der Taufe nicht bloß Wasser und nicht gemeines Wasser, sondern zugleich auch das Wort Gottes. Mit diesem aber ist eine höhere Kraft als die, die im natürlichen Wasser liegt, hinzugetreten[2], und sie ist es, die durch das Wasser die Heilsgnade wirkt[3].

2. Wo wir aber von der Taufe solches erwarten wollen, da muß sie auch ganz nach der Vorschrift des Herrn gehandhabt werden; es muß also die Konsekration nach dem Willen des Herrn vorgenommen und die Handlung selbst an dem Täufling wirklich nach der vorgeschriebenen Weise vollzogen werden[4]. Ist dieses alles geschehen, so ist auch die Taufe als vollgültig anzusehen, mag

nun der sie vollziehende Geistliche gläubige Gesinnung haben oder nicht, und mag der Täufling das Sakrament gläubig aufnehmen oder nicht[5].

3. Der nächste Endzweck der Taufe endlich ist der, in dem Menschen die Heilsgnade zu wirken[6]. Weil aber auch das Wort Gottes die gleiche Aufgabe hat, so wird die Taufe nur da diese Aufgabe zu vollziehen haben, wo sie früher als das Wort an den Menschen kommt: dies geschieht bei den Kindern, die für die Predigt des Evangeliums noch nicht empfänglich sind[7]. Bei Erwachsenen aber, die bei bereits entwickelter Vernunft die Predigt des Evangeliums vernehmen können, geht das Wort voran und übt seine Wirkung *vor* dem Sakrament. Dieses aber dient alsdann dazu, die durch das Wort bereits hervorgebrachte Wirkung zu versiegeln und zu befestigen[8]. Bei den Erwachsenen, an denen die Taufe erst noch vollzogen werden soll, wird daher auch der Glaube als die Bedingung, unter der die Taufe eine gesegnete Wirkung haben soll, in Anspruch genommen[9], was bei Kindern nicht geschehen kann, woraus aber für letztere in keiner Weise folgt, daß ihnen darum die Taufe noch vorenthalten werden darf, denn sie sind gleich sehr wie die Erwachsenen der Gnade bedürftig und von Gott zu ihr eingeladen; es ist also Gottes Wille, daß schon die Kinder getauft werden, und ihnen dient eben die Taufe dazu, diesen Glauben in ihnen zu wirken[10]. Die Wirkung der Taufe ist aber ferner nicht auf einen Moment beschränkt, sondern sie bringt dem Menschen auch fortwährende Kräftigung und ist auch da nicht verloren, wo bei dem Akt der Handlung selbst durch ein von seiten des Menschen entgegengesetztes Hindernis der beabsichtigte Erfolg nicht sogleich erreicht wird; denn auch da ist doch, wenn nur die Taufe recht vollzogen ist, ein Bund mit Gott geschlossen und damit für immer die Geneigtheit von seiten Gottes gesetzt, die gesegnete Wirkung in ihrem vollen Umfang dann eintreten zu lassen, wenn der Mensch ihr nicht weiter widerstrebt[11]. Zugleich hat der Mensch in der Buße das Mittel, die bisher durch eigene Schuld versäumte gesegnete Wirkung der Taufe sich noch anzueignen; denn die Buße ist nichts anderes als eine Fortsetzung oder Erneuerung dessen, was in der Handlung, die in der Taufe mit dem Menschen vorgenommen wird, symbolisch angedeutet ist, nämlich die Ertötung des alten Menschen in uns, so daß also in der Buße nachgeholt werden kann, was in der Taufe von seiten des Menschen versäumt war[12]. Aus diesem Grunde ist auch die Wiederholung des Taufaktes ebenso unnötig wie unzulässig[13].

Notwendig endlich ist die Taufe, weil sie von Gott geboten ist; weil aber Gott auch auf andere Weise unser Heil wirken kann, so hoffen wir doch, daß diejenigen Kinder, die ohne eigene Schuld an dem Empfang der Taufe gehindert sind, wenn sie von christlichen Eltern geboren sind, des Heiles nicht werden verlustig gehen[14].

Da die Taufe uns zugleich noch von der Masse derer unterscheidet, die nicht zur Kirche gehören, uns auch die Verpflichtung auferlegt, dem Taufbund treu zu bleiben, so können als die fines secundarii baptismi noch genannt werden a) discretio Christianorum a gentilibus et adunitio ad corpus ecclesiae (1Kor. XII,12); b) obligatio ad veram fidem et pietatem vitae (1Petr. III,21)[15].

1. *Gerh.* (IX,67). Priorem tractationis locum sibi vindicat sacramentum baptismi, cum sacrâ coenâ prius sit 1. *institutione*, constat enim baptismum in primo statim N. T. exordio divinitus institutum ...; 2. *administratione*, quia Johannes et discipuli Christi baptizarunt, cum s. coena nondum esset instituta; 3. *ordine*, quia baptismus est prima porta gratiae, est sacramentum *initiationis*; coena D. est sacramentum *confirmationis*; per baptismum regeneramur, per s. coenam nutrimur atque alimur ad vitam aeternam. Ut ergo in natura, ita quoque in gratia prius est nasci quam pasci, generari quam augmentari. Per baptismum in foedus Dei recipimur, per usum s. coenae in eo conservamur. Per baptismum fides et reliqua spiritus s. dona in nobis accenduntur, per usum s. coenae augentur et confirmantur. Baptismi figura praecessit in circumcisione, sacrae vero coenae in agno paschali. Nec cuiquam patet ad s. coenam aditus, nisi sacro baptismate prius fuerit tinctus, quemadmodum in V. T. non nisi circumcisi ad esum agni paschalis admittebantur.

Die Dogmatiker beschäftigen sich viel mit der Frage, wie sich die Taufe Johannis zur Taufe Christi verhalte. *Chmn.* (ex. conc. Trid. II,66). Quale discrimen est inter verbum de Christo venturo, de veniente et de exhibito: talis etiam differentia est inter circumcisionem, baptismum Joannis et Christi baptismum. Doctrina autem de Christo, licet quoad modum patefactionis discrimen aliquod sit, tamen quoad substantiam fuit eadem et effectus eosdem habuit in credentibus omnibus temporibus ... Qualis igitur veri, talis etiam ratio est circumcisionis, baptismi Joannis et apostolorum. Nec nimium subtiliter haec sunt discernenda. Si enim subtilitates consectari libeat, hac ratione etiam discrimen constitui posset inter baptismum app., quem dederunt ante passionem et resurrectionem Christi et inter eum, quem postea dederunt. – Die Frage: *an illis, qui Joannis baptismo baptizati erant, necessarium fuerit postea etiam Christi baptismum suscipere?* will *Chmn.* unentschieden lassen. In der Stelle Matth. III,11 beziehen sämtliche DD. »Feuer und Geist« nicht auf die eigentliche und wirkliche Taufe, weil auch noch Christus Act. I,5, nachdem doch die Taufe schon längst geübt wurde, die Erfüllung der Worte Matth. III,11 auf eine spätere Zeit deutet, sondern sie lassen diese Worte von der Ausgießung des Hl. Geistes am Pfingstfest und von den damit verbundenen Geistesgaben gesagt sein. –

2. *Cat. maj.* IV,14 ... interrogatus, quid baptismus sit? ita responde: non esse prorsus aquam simplicem, sed ejusmodi, quae verbo et praecepto *Dei comprehensa et illi inclusa* sit, et per hoc sanctificata, ita ut nihil aliud sit, quam Dei seu divina aqua, non quod aqua haec per sese quavis alia sit praestantior, sed quod ei verbum ac praeceptum Dei accesserit (cf. *Art. Smalc.* V,2 et 3). Bei diesem einfachen Ausdruck bleiben die früheren DD. stehen und bezeichnen daher als substantialia sacramenti: externum elementum aquae und verbum institutionis et promissionis. (*Chmn.* [ll. c. th. III,161]: retinenda est illa distinctio, quod substantia baptismi consistat in illa actione et in illis verbis: baptizo te in nomine patris, filii et spiritus s.). Die späteren DD. aber sprechen (cf. loc. de sacr. in genere not. 6) von einer doppelten Materie bei der Taufe, der *materia terrestris*, welche ist aqua naturalis, pura, passim obvia, und der *mat. coelestis*, wie sie *das* nennen, was sie als durch das Wort der Konsekration hinzutretend sich denken. Als solches aber wird von den meisten bezeichnet: tota trinitas, von anderen spiritus s., von noch anderen sanguis Christi: je nachdem sie sich nämlich in betreff der materia coelestis durch die Tauformel oder durch die Stelle Joh. III,5 oder durch die 1Joh. V,6 bestimmen lassen. So wenig aber diese Stellen selbst unter sich in Widerspruch stehen, so wenig treten auch die DD.

mit dieser verschiedenen Angabe der mat. coelestis in einen eigentlichen Widerspruch miteinander. (*Quen.* [IV,110]. Sententiae illae orthodoxorum de materia coelesti baptismi diversae quidem sunt, sed non oppositae, verum subordinatae, facileque ad concordiam redigi possunt). In welchem Sinne als mat. coel. bald die trinitas, bald spiritus s., bald sanguis Christi bezeichnet wird, setzt *Gerh.* (IX,133sqq.) so auseinander: (*Von der Trinität.*) Cum nomen Dei nihil aliud sit, quam ipse Deus, et vero nomen patris, filii et spiritus s. juxta Christi institutionem cum aqua baptismi conjungatur, inde consequitur, totam ss. trinitatem in baptismo gratia sua praesentem et per aquam baptismi ad salutem hominum efficacem esse ... ergo pars baptismi substantialis altera est nomen totius venerandae trinitatis, patris, filii et spiritus s., h. e. ipsa infinita majestas, ineffabilis sanctitas, inenarrabilis bonitas, admiranda virtus et gratia totius ss. trinitatis, quae cum omni virtute sua et beneficiis gratiae per aquam verbo unitam et sanctificatam efficax est. – (*Vom Hl. Geist.*) Cum spiritus s. sit tertia trinitatis persona, cumque baptismus non solum in patris ac filii, sed etiam spiritus s. nomine conferatur, inde sequitur, spiritum s. in, cum et per aquam baptismi efficaciter agere, fidem, regenerationem et renovationem in illis, qui Deo non reluctantur, operari ac foedus gratiae in cordibus baptizatorum obsignare. (Spiritus s. nominatur solus, quippe cui regenerationis opus peculiariter tribui solet: is baptismi aquam salutare regenerationis medium efficit, non tamen excluduntur personae reliquae, cum opera trinitatis ad extra sint indivisa, servato tamen ordine et discrimine personarum.) Sicut spiritus s. supernaturaliter et singulariter conjunctus erat cum columba, in qua descendebat super Christum in baptismo, ita adhuc hodie cum aqua baptismi supernaturaliter et singulariter conjungitur. – (*Vom Blut Christi.*) Cum filius Dei in plenitudine temporis veram humanam naturam adsumserit, sibique personaliter et inseparabiliter univerit, inde sequitur, Christum non solum secundum divinam naturam, sed etiam secundum humanam in baptismo praesentem esse ac proinde sanguinem Christi nequaquam a baptismo excludendum. *Gerh.* (IX,137) setzt aber hinzu: quamvis Christus ϑεάνϑρωπος in baptismo praesens sit, suoque sanguine, mediante fide, nos a peccatis abluat, tamen sanguinem Christi non satis commode partem baptismi materialem alteram dici posse gravissimi theologi statuunt. Und so einigen sich die meisten DD. darin, daß sie sagen: *materia coelestis baptismi analogice dicta est tota ss. trinitas; peculiariter et terminative spiritus s.* (*Holl.* [1085]). – *Calov.* (IX,166) sucht die drei Aussagen zu vereinigen: Materia coelestis, si integre definienda sit, est ss. trinitas, *pater* scil., *filius Dei* ... ad cujus integritatem non divina tantum, sed etiam humana natura spectat, quemadmodum ad hanc omnino etiam pertinet *sanguis,* cujus particeps factus est nostri causa, nec non *spiritus s.*, quae una voce dicitur verbum et nomen Dei, h. e. Deus ipse trinus et unus, pater, filius et spiritus s. juxta vulgatam regulam ab Augustino traditam: accedat verbum ad elementum et fit sacramentum. Est autem illud verbum institutionis Matth. XXVIII,19. – Das Schwanken der DD. in diesen Bestimmungen zeigt sich indes auch darin, daß die einen meinen, es sei mit dem Ausdruck: »mat. coelestis est tota trinitas etc.« gar nichts anderes ausgesagt als mit dem anderen ursprünglicheren: »pars essentialis altera est verbum«, weil zugleich mit dem Wort auch Gott gesetzt sei, während die anderen (wie *Hutter*) ausdrücklich sagen, daß das verbum nicht pars substantialis sei, sondern nur principium ποιητικὸν baptismi, was von diesem Standpunkt aus auch richtiger scheint, woraus aber dann der im vorigen § not. 6 angegebene Unterschied in dem Ausdruck der früheren und späteren DD. hervorgeht. Den Widerspruch *Baiers* wider diese Ausdrucksweise haben wir schon im vorigen § angeführt. In betreff der Taufe sagt er (683): Quando agnoscitur: 1. ad substantiam baptismi praeter aquam pertinere etiam verbum institutionis et 2. ex vi hujus verbi porro cognoscitur, spiritum s. totamque s. trinitatem esse autorem hujus sacramenti, tanquam medii gratiae, quandoque 3. agnoscitur, spiritum s. Deumque triunum, ubique et quoties baptismus recte administratur, essentia sua immensa pariter, et 4. gratia sua ita esse praesentem, ut non solum per hoc sacramentum beneficia spiritualia serio praesens offerat, et 5. cum homine baptizato foedus gratiae, a sua parte nunquam retractandum, ineat, idque per baptismum obsignet, verum etiam 6. in homine, qui baptizatur, non autem gratiae divinae repugnat, opus regenerationis aut renovationis, per sacramentum hoc, actu ipso perficiat, ita ut 7. non *seorsim et actione peculiari,* sed conjunctim cum aqua baptismi et per eam, una atque indivisa actione fidem accendat aut confirmet idque 8. propter Christi θεανθρώπου, quoad utramque naturam realiter praesentis, meritum et pro peccatis nostris effusum sanguinem: prout enim 9. cum per baptismum fides confertur, hoc ipso sanguis Christi eo sensu aspergatur, quatenus meritum ejus per fidem applicatur: quando haec, inquam, agnoscuntur et traduntur, licebit de caetero, quoad nomen materiae coelestis et rationem ejus vix explicabilem cum antiquioribus Doctoribus tacere, ... et cautam ignorantiam confiteri potius, quam falsam scientiam profiteri. –

Mit der Annahme einer materia coelestis verbindet sich die einer *unio sacramentalis,* quae est aquae verae cum ss. trinitate, adeoque non solum cum patre, sed etiam cum filio eoque incarnato et cum spiritu s. unitio. Neque enim datur aut accipitur aqua sine ss. trinitate aut spiritu s., neque hic aut illa sine aqua, quia haec duo in actu sacramentali sunt arctissime unita, nec unum sine altero sacramentum esse potest. – Est haec unio non relativa tantum aut figurativa seu typica, qualis erat in sacramentis V. T., sed exhibitiva rei coelestis, tanquam vere realiterque praesentis, unde aqua in τάξει sua sacramentali spectata non est nuda aqua, sed lavacrum regenerationis in verbo, utpote cum ipsa ss. trinitate modo ineffabili unita, Joh. III,5. Eph. V,26. Tit. III,5. 1Petr. III,21. 1Joh. I,7. (*Quen.* [IV,112]).

3. *Br.* (693). Definiri potest baptismus, quod sit actio sacra a Christo instituta, in qua homines ... abluuntur aqua, in nomine patris, filii et spiritus s., ut sic regenerentur ac renoventur, salutis aeternae consequendae causa.

Art. Smalcald. V,1. Baptismus nihil est aliud, quam verbum Dei cum mersione in aquam, secundum ipsius institutionem et mandatum, sive ut Paulus inquit: lavacrum in verbo. –

Holl. (1080). Baptismus est sacra et solemnis actio, divinitus instituta, qua homo peccator, vivus et natus, sine discrimine sexus et aetatis, abluitur aqua, in nomine patris, filii et spiritus s., ut per hoc lavacrum aquae gratia divina, verbo evangelii promissa, ipsi applicetur, conferatur et obsignetur. –

4. *Gerh.* (IX,137). *Forma* baptismi in actione consistit, videl. in *mersione hominis baptizandi in aquam,* sive, quod perinde est, in adfusione aquae, ac deinde *in recitatione verborum institutionis*: »ego te baptizo in nomine patris etc.«, ut in universum tres substantiales baptismi partes sint statuendae, quae non possunt divelli aut mutari, scil. aqua, verbum et actio quae complectitur mersionem hominis in aquam vel aquae adspersionem et recitationem verborum institutionis (IX,139). Neque tamen externo verborum sono magicam quandam vim et occultam proprietatem adscribimus, quando non nisi in nomine patris, filii et spiritus s. baptizandum esse adserimus, sed hoc ipso docemus et confitemur, veris Christi discipulis hoc incumbere, ut pia simplicitate verbis Christi inhaereant ac institutionem ejus inviolatam observent. –

Die Bedeutung der Einsetzungsworte, durch die konsekriert wird, erklärt *Gerh.* (IX,132) so: Quando minister baptizans dicit: ego baptizo te etc., eo sensu haec verba sunt accipienda: 1. quod baptismus non sit caeremonia quaedam ab hominibus excogitata, sed ordinatio veri Dei et s. sacramentum divinitus institutum ...; 2. quod hoc sacramentum non administret privato arbitrio, sed loco Dei, cujus est minister et mysteriorum dispensator ...; 3. quod super hanc baptismi aquam invocetur nomen patris, filii et spiritus s., unius veri Dei, ut in hac actione a se mandata juxta promissionem suam adsit et baptizatum in gratiam recipiat; 4. quod baptismi aqua non amplius sit nude et simpliciter aqua, sed talis aqua, per quam tota ss. trinitas velit in salutem baptizati esse efficax, adeoque per quam in hac ipsa baptizandi actione efficaciter juxta promissionem suam operetur. »Ego baptizo te etc.« i. e. ego testificor, quod per hoc sacramentum in foedus Dei recipiaris, quod pater acceptet te in filium, quod filius abluat te a peccatis suo sanguine ac veste justitiae te induat, quod spiritus s. te regeneret ac renovet ad vitam aeternam, ut hac ratione in posterum sis filius Dei patris ...; 5. quod baptizatus in foedus Dei per hoc sacramentum receptus hac ratione obligetur, ut unum illum verum Deum ... ex verbo suo agnoscat, invocet et colat, ipsique unice serviat ...

Zu der Handlung, wie sie oben beschrieben ist, treten noch eine Reihe bald größere, bald kleinere feierliche Zeremonien und Gewohnheiten hinzu, die alle aber nicht wesentliche Bedingung bei der Taufe sind, sondern nur das Feierliche der Handlung erhöhen sollen. Als solche ritus zählt *Gerh.* (IX,308sqq.) in unserer Kirche: Commonefactio de peccato originis – impositio nominis – exorcismus minor – signum crucis – preces – recitatio ev. Marci – impositio manuum – orationis dominicae recitatio – patrinorum adhibitio. Dahin gehört auch die abdicatio Satanae votiva (qua baptizandi solemniter expressis verbis renunciant Satanae atque omni pompae ejus). Von alledem bemerkt *Gerh.* (ibid. 306): Non statuendum, tales ritus ad integritatem et essentiam baptismi pertinere ac necessarios esse, sed pro adiaphoris habeantur. – Von dem exorcismus (nach *Gerh.* [ibid. 312] commonefactio et testimonium de *spirituali* captivitate infantis in regno Satanae [denn an eine obsessio quaedam corporalis darf nicht gedacht werden], de miserabili statu, in quem per lapsum primorum parentum redacti sumus) sagt schon *Chemnitz* (ll. c. th. III,161): Qui exorcismum omittunt vel rejiciunt, ea opinione et propter illam causam, sicut Anabaptistae et Sacramentarii, quod existimant, infantes vel non habere peccata atque ideo non esse natura filios irae, nec sub potestate Satanae: vel licet in peccatis nati sint, tamen propter carnalem ex fidelibus parentibus nativitatem etiam ante baptismum et sine baptismo non esse extra regnum coelorum nec sub potestate tenebrarum, illi merito sunt taxandi et improbandi. ... Si vero haec doctrina de peccato originis, de potestate et regno Satanae et de efficacia baptismi, plana et confessione concedatur, substantia, integritas et efficacia baptismi non est alligata ad praescriptum illum ritum verborum exorcismi, sed ecclesia habet libertatem, ut doctrinam illam aliis verbis scripturae magis consentaneis proponat et explicet. – Die Formel lautete in der alten Kirche so: »adjuro te, immunde spiritus, ut exeas ab hoc servo Jesu Christi in nomine patris, filii et spiritus s.« *Br.* bemerkt aber (692): verbis quidem imperandi modo conceptis, sed precationis ad Deum, cum fiducia atque hinc nata animositate adversus hostem depellendum sensu accipiendis. –

5. *Cat. maj.* IV,53. Accedente aquae verbo, baptismus rectus habendus est, *etiam non accedente fide.* Neque enim fides mea facit baptismum, sed baptismum percipit et apprehendit. Jam baptismus non vitiatur aut corrumpitur hominibus eo abutentibus aut non recte suscipientibus, qui non fidei nostrae, sed verbo Dei alligatus est. –

Das gleiche gilt von der Gesinnung des Administrierenden, und sogar die von einem Häretiker vorgenommene Taufe ist nicht ungültig. *Holl.* (1084). Si baptismus ab haeretico, substantialia baptismi retinente, collatus sit, de ejus efficacia non est dubitandum. Sin conferendus est in ecclesia florente, ubi orthodoxus haberi potest minister, sine grandi peccato ab heterodoxo peti non potest. In ecclesia autem pressa, urgente necessitate, ab haeretico, consuetam formulam baptismi observante, sine vitio petitur et adsumitur, modo adjiciatur protestatio, infantem hoc baptismo ad suscipiendam falsam doctrinam non adstringi. – Nicht minder die Nottaufe. *Holl.* (1081). Ordinarie baptismum administrant ministri ecclesiae legitime vocati et ordinati, orthodoxi et vita inculpati. Extraordinarie vero et in casu necessitatis quivis christianus pius, et rituum sacrorum gnarus, sive sit mas, sive femina, baptismum administrare potest.

6. *Cat. maj.* IV,24 ... rei summam ita simplicissime complectere, hanc videl. baptismi virtutem, opus, fructum et finem esse, *ut homines salvos faciat* ... Caeterum salvum fieri scimus nihil aliud esse, quam a peccati, mortis et diaboli tyrannide liberari, in Christi regnum deferri, ac cum eo immortalem vitam agere ...

Gerh. (IX,148.157). Cum baptismus non sit simpliciter aqua, sed aqua verbo Dei comprehensa, sanctificata ac unita, ideo non adhibetur eo fine, ut corporis sordes abluat, sed est divinum et salutare medium atque organon, per quod tota ss. trinitas efficaciter ad salutem hominis operatur. Quamvis autem varii ac multiplices sint baptismi effectus, eos tamen omnes secuti apostolum Tit. III,5 ad haec duo capita revocabimus, quod baptismus sit lavacrum *regenerationis* (Joh. III,5), quae complectitur fidei donationem (Tit. III,5), peccatorum remissionem (Luk. III,3. Act. II,38. XXII,16. Rom. VI,3), in foedus gratiae receptionem (1Petr. III,21), in filios Dei adoptionem (Gal. III,26), Christi induitionem (Gal. III,27), ex potestate Satanae liberationem et aeternae salutis possessionem (Kol. I,13. 14. Mark XVI,16), *et renovationis* (Tit. III,5), h. e. datur ipsi spiritus s., qui intellectum, voluntatem et omnes animae vires renovare incipit, ut amissa Dei imago in ipso incipiat instaurari, ut homo interior renovetur 2Kor. IV,16, ut vetus homo exuatur et induatur novus Kol. III,10, ut spiritus repugnet carni eique dominetur, ne peccatum in corpore regnum obtineat.

Holl. (1095) allgemeiner: Finis baptismi primarius est gratiae evangelicae oblatio, applicatio, collatio et obsignatio. – *Hfrffr.* (497). Fructus seu effectus baptismi: regeneratio et remissio peccatorum (Joh. III,5. Tit. III,5. Mark. I,4. Luk. III,3. Act. II,38. XXII,16. Eph. V,26), salus et omnium beneficiorum Christi, cui per baptismum inserimur, participatio (Tit. III,5. 1Petr. III,21. Rom. VI,3. Gal. III,27. 1Kor. XII,13), bona conscientia erga Deum seu certitudo fidei de remissione peccatorum (1Petr. III,21. 2Kor. I,21), vitae novitas (Rom. VI,3. Kol. II,11).

Im Gegensatz zur Behauptung der katholischen Kirche: peccatum per baptismum deleri, ut non amplius sit, wird die Lehre von der Vergebung der Sünden durch die Taufe näher so bestimmt: Tollitur per baptismum reatus et dominium peccati, non radix aut fomes peccati. *Holl.* (1096). – *Ap. conf.* I,35. (Lutherus) semper ita scripsit, quod baptismus tollat reatum peccati originalis, etiamsi materiale, ut isti vocant, peccati maneat, videl. concupiscentia: addidit etiam de materiali, quod spiritus s., datus per baptismum, incipit mortificare concupiscentiam et novos motus creat in homine. Ad eundem modum loquitur et Augustinus, qui ait: peccatum in baptismo remittitur, non ut non sit, sed ut non imputetur. –

7. *Gerh.* (IX,236)... nullum datur aliud ordinarium medium regenerationis, quam verbum et baptismi sacramentum; per verbum non potest agi cum infantibus, sed tantummodo cum adultis, qui pervenerunt ad annos discretionis: restat igitur, ut *per baptismum regenerentur,* a peccati originalis contagio mundentur et salutis aeternae participes reddantur. –

8. *Br.* (690). Hic autem, quod ad finem proximum attinet, diversitas occurrit, respectu subjectorum diversorum. Nam infantibus quidem aeque omnibus per baptismum primum *confertur et obsignatur* fides, per quam meritum Christi illis applicetur. Adultis vero illis tantum, qui fidem ex verbo conceperunt ante baptismi susceptionem (exempla: Act. II,41. VIII,12.36–38. XVI,14.15.31.33. XVIII,8), baptismus eam obsignat et confirmat. Nec solum nunc, quando suscipitur, sed et postea ac per omnem vitam fidelibus efficaciter prodest ad confirmationem fidei et renovationem ulteriorem.

Gerh. (IX,169). Infantibus baptismus principaliter est medium ordinarium regenerationis et mundationis a peccatis ..., secundario autem sigillum justitiae et fidei confirmatio: *adultis credentibus baptismus principaliter praestat usum obsignationis ac testificationis de gratia Dei, υἱοθεσίᾳ* et vita aeterna, sed minus principaliter renovationem et dona spiritus s. auget. Infantes, per baptismum primitias spiritus et fidei accipiunt: adulti, qui per verbum primitias fidei et spiritus s. acceperunt, per baptismum incrementa ejusdem consequuntur.

Hfrffr. (500). Sed quid? si quis verbo sit regeneratus, anne baptismo quoque opus habet: ac dicine illi potest baptismus lavacrum regenerationis? (Resp.) Utrumque. Nam et credentes baptizari debent, nisi necessitatis casu excludantur. Et cum baptizantur, baptismus illis vere est lavacrum regenerationis, tum quod regenerationem ex verbo mirifico augmento cumulat, tum quod sacramentalis actio fidei regenerationem ad certitudinem obsignat.

9. So wahr es nämlich auch ist, daß die Taufe da, wo sie recht vollzogen ist, auch abgesehen von dem Glauben des Empfängers, Sakrament ist und die Heilsgnade anbietet, so wahr ist es doch auch, daß ein gesegneter Erfolg bei Erwachsenen nur da stattfindet, wo die Taufe gläubig empfangen wird. Die Frage: ergone hypocrita quoque, si baptismum suscipiat, regeneratur? beantwortet daher *Hfrffr.* (499) so: in tali casu diligenter inter baptismi *substantiam et ejusdem fructum* distinguendum est. Homo enim hypocrita, si baptizetur, verum quidem baptismum suscipit, quoad substantiam, quae legitima sacramenti administratione secundum verbum institutionis et gratiae divinae promissione constat. Sed ejusdem salutari fructu et effectu. qui non nisi fidelibus contingit, quamdiu in hypocrisi et infidelitate perseverat, destitutus est. Deus igitur gratiam suam et remissionem peccatorum ei, qui baptizatur, serio offert et sua ex parte foedus illud perpetuo et sine ulla mutatione firmum et integrum servare vult, ita ut in foedere promissa gratia ei, qui baptizatus est, nunquam non obvia sit, eaque, quam primum ad poenitentiam redierit, possit perfrui: quamdiu vero hypocrita et impoenitens manet, eadem caret. – *Quen.* (IV, 117). Omnibus etiam hypocritis offert baptismus bona spiritualia, ut regenerationem et quae haec sub se comprehendit, fidei donationem, peccatorum remissionem ..., sed quidam adulti actuali impoenitentia, hypocrisi et obstinationis obice se ipsos defraudant *salutari baptismi efficacia,* et hinc licet illis bona ista offerantur, non tamen actu conferuntur, interim tamen b. est et manet in se salutare organon et medium regenerationis, cum ex remotione actus secundi, aliquo subjecti vitio impediti, non sequatur remotio actus primi. – *Cat. maj.* IV,33. Sola fides personam dignam facit, ut hanc salutarem et divinam aquam utiliter suscipiat. Cum enim hoc in verbis una cum aqua nobis offeratur et proponatur, non alia ratione potest suscipi, quam ut hoc ex animo credamus. Citra fidem nihil prodest baptismus, tametsi per sese coelestis et inaestimabilis thesaurus esse negari non possit.

Es folgt daraus die Antithese gegen die Katholiken, die behaupten: conferre baptismum gratiam ex opere operato, i. e. ex vi ipsius actionis sacramentalis, ita ut fides ab efficientia gratiae sacramentalis excludatur.

10. *Br.* (686). Infantes baptizandos esse, recte colligitur ex Joh. III,5 et Mark. X,14. conjunctis, hoc modo: 1. Quoscunque Christus vult ad salutem pervenire, ipsi vero via ordinaria ad vitam aeternam pervenire non possunt, nisi mediante baptismo; illis baptismus, tanquam medium ordinarium conferri, non autem denegari debet. Atqui infantes Christus vult salvos fieri (Mark. X,14), ipsi vero via ordinaria ad vitam aeternam pervenire non possunt, nisi mediante baptismo (vi dicti universalis Joh. III,5). Ergo. Deinde etiam 2. hoc modo: Quoscunque Christus vult sibi offerri, ut benedictione spirituali fruantur, illi per baptismum, velut medium ordinarium, sunt adducendi ad Christum. Atqui infantes Christus vult sibi offerri, ut benedictione spirituali fruantur (Mark. X,14). Ergo. Porro 3. praeceptum Matth. XXVIII,19. de baptizandis omnibus gentibus ad in-

fantes etiam, qui gentium complexu continentur, recte extenditur. Et 4. exempla, quae docent integras familias fuisse baptizatas, v. gr. Act. XVI,15 et 33. XVIII,8. 1Kor. I,16. recte creduntur complecti infantes, qui partem familiarum haud dubie constituerunt. Accedunt 5. analogia circumcisionis, infantibus collatae, et 6. quod, sicut promissio gratiae foederalis Act. II,39, ita et sigillum foederis, baptismus, ad infantes pertinet. Denique 7. cum ecclesia tota mundata sit lavacro aquae per verbum (Eph. V,26), recte etiam hoc ad infantes refertur, quando et illi, natura immundi, tamen inseri debent in ecclesiam.

Cat. maj. IV,49. Puerorum baptismum Christo placere et gratum esse, suo ipsius opere abunde ostenditur, nempe quod Deus illorum non paucos sanctificavit eosdemque spiritu s. impertivit, qui statim a partu infantes baptizati sunt. Sunt etiam hodie non parum multi, quos certis indiciis animadvertimus spiritum s. habere, cum doctrinae eorum, tum etiam vitae nomine: sicut et nobis gratia Dei datum et concessum est, nosse scripturas interpretari. ... At si puerorum baptismus Christo non probaretur: nulli horum spiritum s. aut ne particulam quidem ejus impertiret atque, ut summatim, quod sentio, eloquar, per tot secula, quae ad hunc usque diem elapsa sunt, nullus hominum Christianus perhibendus esset.

Der Einwand der Gegner: »Sacramenta non prosunt absque fide: jam vero infantes non credunt« wird also für unstatthaft erklärt, denn nur bei den Erwachsenen wird der Glaube in Anspruch genommen, bei denen das Wort schon wirksam sein kann. Allgemein gestellt aber ist der Satz, daß die Sakramente nur wirksam sind, wo Glaube vorhanden ist, überhaupt falsch; denn das Sakrament als medium salutis und verbum visibile hat so gut wie das verbum audibile die Aufgabe, den Glauben erst zu schaffen, und schafft ihn da, wo von seiten des Menschen kein Widerstand entgegengesetzt wird, wie dies bei den Kindern der Fall ist. Infantes per aetatem non possunt obicem ponere aut malitiose repugnare gratiae divinae adeoque mediis gratiae in usu constitutis neque impeditis gratiam utique statim obtinent. *Br.* (690). – *Gerh.* (IX,246). Invertimus igitur argumentum: infantes non habent fidem scil. naturae corruptae respectu, quia propter carnalem ex parentibus generationem sunt caro. Ergo sunt baptizandi, ut fidem et salutem consequantur. – Daß in den Kindern durch die Taufe der Glaube gewirkt werde, behaupten demnach die DD. auf Grund der Stelle Tit. III,5 mit Entschiedenheit (*Gerh.* [IX,246]: baptismus est lavacrum regenerationis: jam vero regeneratio sine fide non habet locum), wenn sie gleich bekennen, von der Art dieses Glaubens sich keine rechte Vorstellung machen zu können. *Gerh.* (IX,275). Nos non de modo fidei solliciti sumus, sed in illa simplicitate acquiescimus, quod infantes vere credant. *Quen.* (IV,153) macht aber noch auf die Unterscheidung aufmerksam inter actum seu operationem fidei justificantis *primariam et immediatam,* qua in Christum mediatorem recumbit ejusque beneficia operatione spiritus s. apprehendit; atque haec fides interna est ac formalis, quam infantibus tribuimus; *et inter secundariam et mediatam,* qua fides foras progreditur erga proximum per opera caritatis, quam infantibus denegamus. Und dem Einwand, daß die Kinder, weil noch ohne entwickelte Vernunft, auch des Glaubens unfähig seien, begegnet er mit der Distinktion inter animam intelligentem et rationalem et ejusdem usum atque operationem. Fides requirit animam intelligentem seu rationalem et subjectum, et hinc in brutis non potest excitari fides, non tamen pendet ab operatione et usu ejusdem.

Chmn. (ll. c. th. III,160). Nequaquam concedendum est, infantes, qui baptizantur, vel sine fide esse, *vel in aliena fide baptizari.* ... Aliena quidem vel parentum vel offerentium fides parvulos ad Christum in baptismo adducit, Mark. X,13, et orat, ut propria fide donentur. Sed per lavacrum aquae in verbo Christum spiritu suo in infantibus, qui baptizantur, operari et efficacem esse, ut regnum Dei accipiant, non est dubium: licet, quomodo illud fiat, non intelligamus. Est enim baptismus lavacrum regenerationis et renovationis spiritus s., qui in baptizatos effunditur, ut justificati haeredes sint vitae aeternae, Tit. III,5. Matth. X,15. et haec vocatur fides infantium. Sicut enim circumcisio etiam parvulorum in V. T. fuit signaculum justitiae fidei, ita, quia in N. T. infantes baptizati Deo placent, et salvi sunt, non possunt neque debent inter infideles rejici, sed recte annumerantur fidelibus. ... Licet alia ratione in adultis scientibus, intelligentibus, volentibus ex auditu sit fides, quam in infantibus rationis usum nondum habentibus. – *Br.* (690) fügt noch hinzu: nec putandum est, actuale regenerationis beneficium aut collationis fidei in infantibus usque ad annos discretionis differri, interim illos nihilominus in gratiam referri. Die *confirmatio* kann also auch nicht als die Vollendung der Kindertaufe angesehen werden. Die *Ap. conf.* sagt von ihr nur (VII,6): confirmatio et extrema unctio sunt ritus accepti a patribus, quos ne ecclesia quidem tanquam necessarios ad salutem requirit, quia non habent mandatum Dei. *Chmn.* (ex. conc. Trd. II,113): Nostri saepe ostenderunt, ritum confirmationis, remotis inutilibus, superstitiosis et cum scriptura pugnantibus traditionibus, pie et ad ecclesiae aedificationem hoc modo posse usurpari, ut scil. illi, qui in infantia baptizati sunt, cum ad annos discretionis pervenissent, diligenter in certa et simplici catechesi doctrinae ecclesiae instituerentur, et cum initia mediocriter percepisse viderentur, postea episcopo et ecclesiae offerrentur atque ibi puer, in infantia baptizatus, *primo* brevi et simplici commonefactione admoneretur de suo baptismo. ... *Secundo* puer ipse coram ecclesia ederet propriam et publicam professionem hujus doctrinae et fidei. *Tertio* interrogaretur de praecipuis christianae religionis capitibus. ... *Quarto* admoneretur et hac professione ostenderet, se dissentire ab omnibus ethnicis ... opinionibus. *Quinto* adderetur gravis et seria exhortatio. ... *Sexto* fieret publica precatio pro illis pueris ..., ad quam precationem sine superstitione adhiberi posset impositio manuum. Nec inanis esset ea precatio, nititur enim promissionibus de dono perseverantiae et gratia confirmationis.

11. *Br.* (690). Nec solum nunc, quando suscipitur, sed et postea ac per omnem vitam fidelibus efficaciter prodest (baptismus) ad confirmationem fidei et renovationem ulteriorem (ipsum enim foedus gratiae, cujus sigillum baptismus est, a parte Dei semper ratum et firmum manet).

Cat. maj. IV,76. In hoc baptizatis datur et gratia et spiritus et virtus veterem hominem compescendi, ut novus prodeat ac confirmetur. Hinc baptismus semper subsistit, et quanquam aliquis ab eo peccatorum procellis abreptus excidat, nobis tamen subinde ad eum regressus patet, ut veterem hominem resipiscentiae jugo iterum subjiciamus. Verum ut iterum aqua perfundamur, non est necesse. Nam etsi centies in aquam mergeremur, non tamen nisi unus baptismus est. Caeterum opus et significatio durat et permanet.

Holl. (1097). Tam insigni efficacia pollet baptismus ex ordinatione divina, ut tum Deus intuitu foederis baptismalis peccatorem ad se revocet et ipsi resipiscenti peccata remittat, tum peccator contritus et gratiam Dei anhelans, recordatione baptismi se erigere possit.

Hfrffr. (497). Quaest. Sed post baptismum saepius rursum peccamus? Resp. Id vero nullam baptismi iterationem postulat; Deus enim, qui in baptismo gratiae foedus nobiscum iniit, in sua voluntate et promissionibus immutabilis est et sua ex parte foedus semel initum, perpetuo inviolabile, ratum et integrum conservare serio et ardenter cupit: modo nos per poenitentiam ad eundem qui in baptismo gratiam et remissionem peccatorum nobis pollicitus est, revertamur: et sic fructu baptismi, quo per impoenitentiam aliquamdiu caruimus, in vitae novitate denuo perfruimur.

12. *Cat. maj.* IV,64. Ultimo neque illud praetereundum aut ignorandum est, quid baptismo significetur, tum quam ob rem Deus talibus externis signis et gestibus hoc sacramentum celebrandum instituerit, per quod primum in Christianorum communionem

cooptamur. Opus vero aut gestus est, quod baptizandi in aquam mergimur, qua prorsus contegimur, et postea mersi iterum extrahimur. Hae duae res, in aquam mergi et iterum emergere, virtutem et opus baptismi significant, quae non sunt alia, quam veteris Adami mortificatio et postea novi hominis resurrectio. ***Quae duo per omnem vitam nobis indesinenter exercenda sunt, ita ut Christiani vita nihil aliud sit, quam quotidianus quidem baptismus, semel quidem inceptus, sed qui semper exercendus sit.*** – (74.) Ex his jam clare vides, baptismum aeque et virtute et significatione sua tertium quoque sacramentum comprehendere, quod poenitentiam appellare consueverunt, quae proprie nihil aliud est, quam baptismus, aut ejus exercitium. Quid enim poenitentia dici potest aliud, quam veterem hominem magno adoriri animo, ut ejus concupiscentiae coërceantur, ac novam vitam amplecti? Quare vivens in poenitentia in baptismo versaris, hanc novam vitam non solum significante, verum etiam operante, incipiente et exercente. – (79). Ita resipiscentia aut poenitentia nihil aliud est, quam regressus quidam et reditus ad baptismum, ut illud iterum petatur et exerceatur, quod ante quidem inceptum et tamen negligentia intermissum est.

13. *Quen.* (IV,117). Baptismus, rite administratus, non est repetendus et reiterandus, 1. quia est sacramentum initiationis, uti enim semel tantum nascimur, ita semel tantum renascimur; 2. quia istius reiterationis nullum praeceptum, nulla promissio, nullum exemplum in s. l. extat; 3. quia ***fructus baptismi est perpetuus,*** et incredulitas hominum fidem Dei irritam non facit.

14. *Gerh.* (IX,282). (Docemus) baptismum esse quidem ordinarium initiationis sacramentum et regenerationis medium omnibus omnino etiam fidelium liberis ad regenerationem et salutem necessarium, interim tamen in casu privationis sive impossibilitatis salvari liberos christianorum per extraordinariam et peculiarem dispensationem divinam. Necessitas enim baptismi non est ***absoluta, sed ordinata:*** ex parte nostra ad baptismi susceptionem obligati sumus, interim tamen non neganda est actio Dei extraordinaria in infantibus Christo a piis parentibus et ecclesia per preces oblatis atque exstinctis, priusquam baptismi copia illis fieri posset, cum Deus suam gratiam et salutarem efficaciam non ita adligarit baptismo, quin in casu privationis extraordinarie agere et velit et possit. ... Infantes illos, qui vel in utero materno vel repentino quodam casu ante baptismi susceptionem exstinguuntur, temere damnare nec possumus nec debemus, quin potius statuimus, preces piorum parentum vel, si parentes hac in parte negligentes fuerunt, preces ecclesiae ad Deum pro his infantibus fusas clementer exaudiri eosdemque in gratiam et vitam a Deo recipi.

Holl. (1098). B. necessarius est necessitate praecepti et medii et quidem necessitate ordinata, non absoluta; si quidem infantes Christianorum sine baptismo decedentes salvari credimus. –

15. *Kg.* (244) stellt die fines baptismi so zusammen: F. b. alius summus, alius intermedius est. ***Summus*** est vel absolute talis, ut gloria sapientiae et bonitatis divinae; vel secundum quid talis, ut animarum salus. ***Intermedius*** est vel primarius, vel secundarius. ***Primarius*** in infantibus est fidei et gratiae foederalis collatio; in adultis credentibus fidei et gratiae confirmatio et obsignatio: respectu omnium omnino baptismi candidatorum, fidei et gratiae ac bonorum spiritualium ad eam pertinentium oblatio. ***Secundarius*** est: 1. Christianorum ad coetibus gentilium discretio; 2. commonefactio de impuritate naturali; 3. recordatio amoris Christi; 4. adhortatio ad novitatem vitae. –

§ 55
2. Abendmahl

Wie bei der Taufe, so unterscheiden wir auch beim Hl. Abendmahl Wesen, Form und Endzweck.

1. *Wesen*. Dasselbe ist in den Einsetzungsworten, an die wir allein gewiesen sind[1], ausgesprochen, und diese sagen, wenn wir sie, wie wir doch nicht anders dürfen, ihrem Wortlaut nach auslegen und verstehen[2], aus, daß wir darin nicht allein Brot und Wein, sondern zugleich mit Brot und Wein auch Leib und Blut Christi zu genießen bekommen sollen[3]. Danach sind also Brot und Wein nur die äußeren sichtbaren Elemente, durch die Leib und Blut Christi mitgeteilt werden, und das Hl. Abendmahl diejenige heil. Handlung, in der solches geschieht. Sacramentum altaris est verum corpus et sanguis domini nostri Jesu Christi, in et sub pane et vino, per verbum Christi, nobis Christianis ad manducandum et bibendum institutum et mandatum. (*Cat. maj.* V,8[4].) – Um den Sinn aber, in dem von einem solchen Genuß des Leibes und Blutes Christi geredet wird, aufs genaueste zu bezeichnen, ist hinzuzufügen:

a) Daß, wie unter Brot und Wein eigentliches und wirkliches Brot und wirklicher Wein zu verstehen ist, so auch unter Leib und Blut Christi der wirkliche und wahrhaftige Leib und das wirkliche und wahrhaftige Blut Christi, wie er beides seit seiner Verklärung hat, verstanden werden muß[5], und daß, wie Brot und Wein, so auch dieser Leib und dieses Blut Christi wirklich und wahrhaftig gegenwärtig sind[6].

b) Daß in demselben Sinne und in derselben Weise, wie wir Brot und Wein genießen, wir auch Leib und Blut Christi genießen, so daß also in beiden Fällen das Genießen nicht in metaphorischem, sondern in eigentlichem Sinne zu verstehen ist, und also ein mündlicher und wirklicher Genuß wie von Brot und Wein, so auch von Leib und Blut Christi stattfindet[7], in der Art jedoch, daß bei der Weise des Genusses dieselben Unterschiede, die zwischen Brot und Wein und Leib und Blut an sich und ihrer Natur nach vorhanden sind, auch hier sich geltend machen, wonach also unser Mund in anderer Weise die rein kreatürlichen Elemente von Brot und Wein aufnimmt als den bereits verklärten Leib und das verklärte Blut Christi[8].

Indem wir danach im Hl. Abendmahl nicht Brot und Wein genießen können, ohne zugleich Leib und Blut Christi zu genießen, und indem wir wiederum zu solchem Genuß von Leib und Blut Christi nur durch den Genuß von Brot und Wein gelangen können, so erkennen wir daraus, daß im Hl. Abendmahl eine besondere Einigung von Leib und Blut Christi mit Brot und Wein stattfindet[9]. Diese vermögen wir aber ihrem Wesen nach nicht zu beschreiben, denn sie ist einzig in ihrer Art und unbegreiflich; daher müssen wir uns darauf beschränken, irrtümliche Vorstellungen von ihr abzuwehren. Eine solche aber wäre es, wenn wir eine Verwandlung der einen Substanz in die andere annähmen, wie es die katholische Kirche in ihrer Lehre von der Transsubstantiation tut, was ganz falsch ist, da die Hl. Schrift beides aussagt: daß im Hl. Abendmahl Brot und Wein und daß Leib und Blut vorhanden ist; oder wenn wir ein Zusammengehen der beiden Substanzen in eine einzige annähmen; oder wenn wir uns denken wollten, daß diese Einigung auch über das Abendmahl hinausreichend und stets fortbestehend wäre; oder wenn wir uns Leib und Blut irgendwie örtlich eingeschlossen dächten in Brot und Wein; oder endlich wenn wir uns die Einigung in der Art denken wollten, wie die ist, die zwischen der göttlichen und menschlichen Natur Christi stattfindet[10].

2. Die *Form.* In Brot und Wein wird uns nur dann der Leib und das Blut Christi mitgeteilt, wenn auch die von dem Herrn vorgeschriebene Weise bei der heil. Handlung vollständig beobachtet wird. Es muß also a) die Konsekration stattfinden, und b) müssen die so konsekrierten Elemente auch wirklich dargereicht und genossen werden: denn nur in diesen Fällen hören Brot und Wein auf, gemeine gewöhnliche Elemente zu sein, und es ist zugleich in und mit ihnen Leib und Blut Christi gesetzt[11]. Wo aber dieses alles geschehen ist, da ist auch das Hl. Abendmahl wirkliches Sakrament, und es ist weder der Glaube des Empfängers[12], noch die Gesinnung des Darreichenden[13] eine Bedingung zum wirklichen Vorhandensein von Leib und Blut Christi.

3. Der *Endzweck.* Nach der eigenen Vorschrift des Herrn sollen die Christen das Hl. Abendmahl genießen zu seinem Gedächtnis[14]. Der *gläubige* Genuß aber wird die Wirkung haben, daß ihnen mit dem Leib und Blut Christi auch alle die Wohltaten zuteil werden, die Christus durch die Dahingabe seines Leibes am Kreuz erworben hat. So viele Wohltaten uns also durch den Tod Christi an sich erworben sind, so viele werden uns in dem Hl. Abendmahl mitgeteilt[15]; doch in der Art, daß bei denen, die das Hl. Abendmahl genießen, der Glaube bereits als vorhanden vorausgesetzt wird, die Frucht des Abendmahls also nicht sowohl in der Erzeugung, als vielmehr in der tieferen Begründung, Befestigung und näheren Aneignung dieser Wohltaten liegt[16]. – Als die hauptsächlichste Frucht zeichnet sich danach aus: a) die obsignatio promissionis evangelicae de remissione peccatorum et fidei nostrae confirmatio: denn es kann uns ja kein sichereres und gewisseres Unterpfand gegeben werden als der Leib und das Blut Christi; b) die insitio in Christum et spiritualis nutritio ad vitam aeternam: denn es findet ja im Abendmahl die engste Vereinigung mit Christus statt[17]. An dem Genuß des Hl. Abendmahls erkennen sich zugleich die Christen als einem Haupte angehörig, und so dient das Hl. Abendmahl auch zugleich dazu, das Band der Liebe unter ihnen zu befestigen (mutua communicantium dilectio)[18].

1. *Holl.* (1107). Norma totius doctrinae de sacramento eucharistiae sunt verba institutionis s. coenae, quae leguntur Matth. XXVI,26sqq. Mark. XIV,22. Luk. XXII,19. 1Kor. XI,23:

nequaquam vero norma aut fundamentum cognoscendae et confirmandae hujus doctrinae est concio Christi capernaitica, quae legitur Joh. VI,26sqq.

Chmn. (de c. D. 9). Sicut quaevis ecclesiae dogmata et singuli articuli fidei in certis quibusdam scripturae locis suam propriam quasi sedem habent, ubi ex professo traduntur et explicantur, ita ut vera et genuina ipsorum sententia ex illis locis recte petatur et certo exstruatur; ita extra controversiam est, rectam fidem de coena Domini habere peculiarem suum locum et propriam sedem in verbis institutionis. – Verbis omnes hoc fatentur et concedunt, sed cum ad rem ventum fuerit, plane diversum fit. Sacramentarii enim omnes, quotquot sint, quod de coena Domini credere et sentire velint, non ex verbis institutionis, proprie et simpliciter, sicut sonant, intellectis sumunt, sed ex aliis scripturae locis, quos plerosque de coena Domini nihil loquentes, alius alios sua quadam, quam sibi quisque fingit, analogia deligit, praesumunt. Et postquam ex aliis scripturae locis constituerunt, quid de coena Domini sentire velint, tum demum ad verba institutionis acceditur, atque tunc hoc opus, hic labor est, ut aliunde concepta sententia in verba institutionis figurata et violenta aliqua interpretatione intrudatur. Atque ita inter illa argumenta, quae ad constituendam et confirmandam suam de coena Domini sententiam sacramentarii cumulant, verba institutionis proprie locum non habent. Sed quando in refutatione ea, quae constitutae sententiae adversari videntur, amolienda sunt, ibi demum resonant haec verba: hoc est corpus meum, ut scil. non hoc, quod sonant, significent, sed ut aliunde praesumtae opinioni servire cogantur. –

2. *Form. conc.* (epit. VII,7). Credimus etc., verba testamenti Christi non aliter accipienda esse, quam sicut verba ipsa ad literam sonant.

Holl. (1111). A proprietate verborum sacrae coenae recedendum non est, sed sunt illa, ut jacent et sonant, simplicissime ad literam intelligenda. *Not.*: non est nobis in praesenti sermo de omnibus omnino institutionis s. coenae verbis, sed de verbis substantialibus et dispositivis: hoc est corpus meum, hoc est sanguis meus.

Am kürzesten stellt *Br.* (703) den Beweis so zusammen: Quod verba illa Christi in sua nativa vi atque indole accipienda, neque a propria illorum significatione ad tropum deflectendum sit, constat 1. ex communi et in ipsa ratione naturali fundata regula interpretationis de retinenda propria significatione, nisi urgens necessitas ad significationem impropriam descendere cogat: quae quidem regula in iis, quae res supernaturales continent, atque ad fidem pertinent, imprimis sollicite observanda est; 2. quod, cum tres Evangelistae atque Paulus, temporibus ac locis diversis, institutionem s. coenae commemorarent, nemo tamen verbo significavit, tropicam significationem verborum eatenus amplectendam esse, ut non corpus, sed signum corporis edi, non sanguinem, sed signum sanguinis bibi, credendum sit; 3. ex consensu ll. 1Kor. XI,27.28 et X,16. Illic enim indignus conviva eucharistiae dicitur reus ipsius corporis et sanguinis Domini, tanquam indigne aut cum contumelia acceptorum: quia panis et vinum sunt communicatio corporis et sanguinis Christi, quod altero loco docetur: Communicatio autem haec non est nuda significatio, sed realis conjunctio; 4. ex indole testamentorum, in quibus verborum proprietas et perspicuitas maxime requiritur ac minime omnium putandum est, Christum in testamento suo verborum improprietate litium ac rixarum materiam vel data opera vel imprudenter dedisse. Ein weiterer Beweis bei anderen ist der: ex tropi absurditate, cf. den Beweis in *Form. conc.* sol. decl. VII,43–60.

3. Den sensum literalem erklärt *Hollaz* (1108) demnach so: In priori propositione (hoc est corpus meum) pronomen demonstrativum *hoc* denotat totum complexum sacramentale, constans ex pane et corpore Christi: in posteriori propositione (hoc est sanguis meus) itidem notat totum complexum, constans ex vino et sanguine Christi, mystice unitis. (Dadurch, daß hoc auf beides, Brot und Leib [Wein und Blut] bezogen wird, ist also die ka-

tholische Lehre einer transsubstantiatio ausgeschlossen.) Verbum substantivum *Est* connectit praedicatum cum subjecto, et denotat, id, quod in s. coena porrigitur, vere et realiter esse non tantum panem, sed etiam corpus Christi.

Der Sinn der Worte also: *hoc*, quod vobis porrigo, quod vos accepturi et comesturi estis, *non est tantum* panis, sed est insuper corpus meum. Hoc, quod vobis porrigo et vos accepturi bibiturique estis, non est solum vinum, sed est insuper sanguis meus. – Oder wie es am häufigsten ausgedrückt wird: in, cum et sub pane et vino Christus verum suum corpus et verum sanguinem vere et substantialiter nobis manducandum et bibendum exhibet. Diese Ausdrucksweise rechtfertigt die *Form. conc.* (sol. decl. VII,35) also: Quod autem praeter illas phrases, quibus Christus et Paulus utuntur, ... etiam alias loquendi formas usurpamus, v. gr. cum dicimus, sub pane, in pane adesse et exhiberi corpus Christi, id non sine gravibus causis facimus. Primum enim his phrasibus ad rejiciendam papisticam transsubstantiationem utimur. Deinde etiam sacramentalem unionem substantiae panis non mutatae et corporis Christi hac ratione docere volumus. Ad eundem enim modum hoc dictum (Joh. I,14), verbum caro factum est, repetitur et declaratur aliis aequipollentibus propositionibus; ex. gr. Kol. II,9. Act. X,38. 2Kor. V,19. Hae phrases supra commemoratum dictum Johannis repetunt et declarant, videl. quod per incarnationem divina essentia non sit in humanam naturam conversa: sed quod duae naturae sine confusione personaliter sint unitae. – Noch eine andere Ausdrucksweise ist die: hoc, quod mediante pane exhibetur, est corpus Christi. –

4. *Hutt.* (ll. th. 230). C. D. est sacramentum N. T., a Christo institutum, in quo verum corpus et verus sanguis Domini nostri Jesu Christi, in et sub pane et vino, omnibus manducantibus et bibentibus vere distribuitur et promissio gratiae singulis credentibus applicatur et obsignatur.

Kg. (248). S. C. est sacramentum N. T. alterum, quo Deus hodie manu ministri ecclesiae ordinarii, mediante pane benedicto, verum atque substantiale suum corpus, ore corporis, modo tamen supernaturali, manducandum, et, mediante vino benedicto, verum atque substantialem suum sanguinem, *ore corporis, modo tamen hyperphysico* nobisque incognito, bibendum communicantibus vere realiterque exhibet, hocque ipso fidem illorum confirmat et gratiam foederalem iisdem obsignat, in bonitatis et sapientiae suae laudem et participantium salutem.

In der Hl. Schrift wird das Abendmahl genannt: *δεῖπνον κυριακόν* 1Kor. XI,20. *τράπεζα τοῦ κυρίου* 1Kor. X,21. *κοινωνία* 1Kor. X,16. *καινὴ διαθήκη* Luc. XXII,20. 1Kor. XI,25. Bei den gr. KV.: *εὐχαριστία, σύναξις, ἀγάπη, λειτουργία, θυσία, προσφορά, μυστήριον*. Bei den lat. KV.: sacramentum altaris, missa.

Die DD. unterscheiden danach im Abendmahl materiam terrestrem et coelestem. *Holl.* (1116). *Mat. terrestris* s. coenae est partim panis, ratione substantiae verus, qui ratione quantitatis major an minor, rotundus an oblongus, ratione qualitatis azymus an fermentatus, ratione farinae triticeus, siligineus an hordeaceus fuerit, nihil refert. Partim vinum, ratione substantiae verum, quod rubrum an album, merum an aqua paulisper dilutum sit, nil interest. *Mat. coelestis* coenae dom. est verum et substantiale Christi corpus, verus item et substantialis Christi sanguis.

5. *Chmn.* (de c. D. 14). Quando de pane coenae dominicae praedicatur, quod sit corpus Christi, vocabulum panis habet et retinet propriam suam significationem. Et notatio, addita vocabulo corporis, quod scil. pro vobis traditur, omnino cogit, ut non aliter, quam in propria et nativa significatione accipiatur, de illa scil. substantia humanae naturae, quae de spiritu s. concepta, de Maria virgine nata et cruci affixa est. *Holl.* (1118). Collectu proclive est, quod in eucharistia cum pane consecrato manducandum detur non corpus *typicum*, aut *figurativum*, quale erat corpus agni paschalis, quatenus adumbrabat aut praefigurabat corpus Christi; non corpus *mysticum*, quod est ecclesia, Eph. I,23. non *signum corporis*, quippe

quod pro nobis non est crucifixum: sed corpus Christi verum et personale, filii Dei proprium adeoque Deo plenum et majestaticum ... Est corpus Christi nunc glorificatum et gloriosissimum. Etsi enim corpore Christi crucifixo ac mortuo semper fruamur, quoad meritum, non tamen nunc est amplius in illo statu, sed in quo statu nunc est, in eo fruimur ipso. Non ergo circumscribendum est naturae regulis ...

6. *Form. conc.* (sol. decl. VII,9). Docetur, verum corpus et sanguinem Christi vere sub specie panis et vini in s. Domini coena praesentia esse, distribui et sumi.

Gerh. (X,165). Posteaquam demonstratum est, verba s. coenae κατὰ τὸ ῥητόν, secundum genuinam, propriam et nativam significationem accipienda esse, sententia nostrarum ecclesiarum de vera, reali et substantiali corporis et sanguinis Christi in s. coena praesentia non potest esse dubia vel incerta, cum ex verbis institutionis κατὰ ῥητὸν et proprie acceptis immediate profluat. – Diese praesentia wird genannt (ibid. 168) *sacramentalis,* quia res coelestis in hoc mysterio mediantibus externis symbolis sacramentalibus nobis confertur et exhibetur: *vera et realis,* ad excludendum figurativae, imaginariae et repraesentativae praesentiae figmentum; *substantialis,* ad excludendum adversariorum effugium de sola corporis et sanguinis Christi efficacia in hoc mysterio praesente; *mystica, supernaturalis et incomprehensibilis,* quia non modo aliquo hujus seculi, sed mystico, supernaturali et incomprehensibili corpus et sanguis Christi in hoc mysterio adsunt. Quidam ex nostratibus *corporalem* praesentiam vocarunt, respectu habito ad objectum, nequaquam vero ad modum; voluerunt hoc dicere, non solam virtutem et efficaciam, sed ipsam substantiam corporis et sanguinis Christi in s. c. praesentem esse; opposuerunt enim hanc vocem praesentiae spirituali, prout ab adversariis ea definitur, nequaquam vero hoc voluerunt, quod modo corporali et quantitativo corpus Christi praesens sit.

Um den Vorwurf, daß die luth. DD. die Lehre von dieser praesentia nur aus ihrer Lehre von der persona Christi abgeleitet hätten, abzuwehren, bemerkt *Hutt.* (l. c. p. 716): ... animadvertendum, quod in controversia hac eucharistica non una, sed duae diversae agitantur quaestiones: quarum una est de voluntate et intentione Christi, »an nimirum corpus suum in coena manducandum et sanguinem bibendum exhibere et sic corpore et sanguine suo pani et vino eucharistico praesentissime adesse velit?« Ubi sane quaestionis hujus decisionem non aliunde, quam ex solo articulo coenae dominicae petendam esse, statuit Lutherus, statuimus et nos cum ipso. Altera quaestio est de potentia Christi, »an nimirum possit corpore suo et sanguine praesens adesse in omnibus locis, quibus sacramentum hoc dispensatur?« Ubi sane bardus fuerit, qui aliunde, quam ex articulo de persona Christi quaestionum istarum decisionem petendam esse statuerit. – War nämlich in obigem Artikel am allerwenigsten die Möglichkeit einer omnipraesentia Christi im allgemeinen erwiesen (cf. § 33 n. 20 s. fin.), so konnte wider diesen modus praesentiae specialis, der im Abendmahl stattfand, nichts Erhebliches mehr eingewendet werden.

Die DD. bemühen sich, diesen modus praesentiae von anderen modis praesentiae genau zu unterscheiden. Schon Luther hatte einen dreifachen modus unterschieden. Cf. *Form. conc.* (sol. decl. VII,99): Christus potest alicubi esse: primo comprehensibili et corporali ratione, quali usus est, cum in terris corporaliter conversaretur, cum certo loco secundum quantitatem suam circumscriberetur. ... Deinde alio incomprehensibili et spirituali modo alicubi esse potest, ut loco non circumscribatur, sed per omnes creaturas penetret, pro liberrima sua voluntate, quemadmodum visus meus per aërem, lumen aut aquam penetrat, atque in iis rebus est, neque tamen loco circumscribitur. ... Hoc modo usus est Christus, cum resurgens e sepulcro clauso et obsignato prodiret ... et *sicut est in pane et vino coenae.* ... Praeterea alicubi esse potest divino et coelesti modo, secundum quem cum Deo una est persona. Ea ratione creaturae longe illi praesentiores et penetratu faciliores sunt, quam juxta secundum modum. Außer der Unterscheidung der im A. M. angenommenen praesentia von der praesentia generalis (qua Christus θεάνθρωπος omnibus creaturis illocaliter praesens est) hat *Quen.* (IV,193) noch ff. Unterscheidungen. Non quaeritur 1. *de praesentia gloriosa*, qua idem in coelis praesto est modo singulari sanctis angelis et beatis; nec 2. *de praesentia hypostatica*, qua ὁ λόγος assumtae suae carni et haec vicissim illi ubique propinqua est; nec 3. *de pr. spirituali* (operativa seu virtuali), h. e. an Christus adsit in s. coena per effectum vel operatione, quomodo sol nobis praesens est per lumen et calorem; 4. nec quaestio est, *an Christi corpus et sanguis adsint in s. coena per signum, figuram aut imaginem sui*; 5. nec est quaestio de s. coena, quae in coelis celebratur; 6. nec denique *de praesentia per apprehensionem per fidem*, in coelum subvolantem, sed quaeritur, *an corpus et sanguis Christi in coenae actione ita adsint sua substantia, ut porrecto pane simul detur ipsissima substantia corporis Christi, et exhibito poculo una exhibeatur ille ipse sanguis, qui pro nobis in ara crucis effusus est.* Dieses wird behauptet. Die praesentia ist aber keine physica, localis et circumscriptiva, corporum naturaliter se habentium propria, sondern eine hyperphysica s. supernaturalis (quam nos naturali perceptione assequi non possumus). *Hollaz* (1120) unterscheidet noch einen doppelten modum pr. hyperphysicae. *Definitive praesens* est ens finitum, quod citra localem spatii occupationem in certo ubi est. Hoc modo praesentes sunt angeli, qui, cum sint essentiae spirituales, loci intercapedine mensurari nequeunt. Hic modus adessendi definitivus nostris etiam corporibus in vita aeterna erit communis. Hoc modo Christus quoque usus est, quando per lapidem sepulcralem egressus est ex monumento etc. Quo modo corpus Christi etiam pani elementari in usu s. coenae adesse haud incommode statuitur: licet insuper etiam accedat unio sacramentalis panis cum corpore Christi, quae non ex modo isto praesentiae definitivo praecise aut simpliciter, sed ex peculiari promissione divina dependet. *Praesentia repletiva* est omnipraesentia, quae soli Deo competit per se et essentialiter, humanae Christi naturae per unionem cum divina et personaliter. –

Weitere irrige Vorstellungen wehrt noch *Cal.* (IX,307) in ff. ab: Corpus et sanguinem Christi in coena adesse non quidem per μετουσίαν vel transmutationem substantialem, ut Pontificii volunt, nec per συνουσίαν vel consubstantiationem, quam nobis calumniose Calviniani affingunt, nec per inclusionem localem, puta impanationem, uti caro est in artocreate, et invinationem, ut criminari consueverunt: nec per modum descensus e coelis, et de dextra Dei, quem sequitur deinde iterum in coelum et ad dextram patris ascensus ... statuimus.

Der von den Zwinglianern gegen diese praesentia erhobene Einwand: si corpus Christi simul in coelo et in terris in coena D. praesens sit, necessario consequi, illud non esse verum et humanum corpus, talem enim majestatem soli Deo tribuendam, corpus vero Christi nequaquam illius capax esse, wird durch die Lehre von der communicatio idiomatum (genus III) beseitigt, zu deren näheren Ausbildung die lutherische Kirche eben durch solche Einwendungen von seiten der Reformierten veranlaßt wurde (cf. *Form. conc.* VIII de persona Christi). *Quen.* (IV,200) entgegnet auf obigen Einwand: Non sunt contradictoria: corpus Christi esse finitum, et idem ubique (et in specie in s. coena) substantialiter, citra omnem extensionem et divisionem praesens esse, utrumque enim cum scriptura asserat, utrumque etiam est credendum, nec unum alteri opponendum. Axioma illud, quod adversarii alias communiter objicere hic solent: »naturale et finitum corpus non potest simul et semel esse in pluribus locis«, tantum de naturali modo valet, male igitur ad articulos merae fidei applicatur, vel potius verbis Christi opponitur. Et si potuit humana Christi natura, salva sua veritate et finitate, assumi in infinitam λόγου ὑπόστασιν, quomodo igitur Christi corpus salva ejusdem veritate non possit ubique (et in specie in s. coena) substantialiter esse praesens. Locus est accidens, corpus non constituens, sed accidentaliter consequens propter aliud accidens, nempe quantitatem, ad cujus rationem non actualis circumscriptio requiritur, sed sola circumscriptibilitas sufficit. Et accurate loquendo non locatio, sed locabilitas, ***nec esse in loco, sed esse posse in loco*** corporis physici affectio est. Multiplicatio praesentiae termini non est multiplicatio praesentis subjecti. Varietas modi non est multiplicatio rei. Idem Christus praesens est in eucharistia sine multiplicatione sui, sicut idem Deus in omnibus fidelibus praesens est sine multiplicatione. – Disting. insuper inter corpus mere humanum et sibi relictum et corpus ipsius λόγου proprium ipsique personaliter unitum. Axioma philosophicum: »corpus naturale non potest simul et semel esse in pluribus locis«, de corpore mere humano, non de corpore λόγῳ unito verum est. –

Weitere Einwendungen sind noch ff.: 1. Doctrinam de omnipraesentia Christi juxta humanam naturam impugnare doctrinam de reali peculiari divina praesentia corporis et sanguinis Christi in s. coena, worauf *Holl.* (1125) antwortet: Dist. inter praesentiam generalem et specialem. Non sunt opposita, omnipraesentem esse et nihilominus certo praesentiae modo speciali alicui exhiberi. Sic enim omnipraesentem spiritum s. descendisse super Christum in specie columbae Matth. III,16, flatu externo datum discipulis Joh. XX,22, specie ignitarum linguarum apostolis communicatum Act. II,3, in corporibus piorum vere et per gratiosam praesentiam habitare 1Kor. III,16 legimus. Quamvis itaque per unionis personalis gratiam assumtae carni Christi communicata sit omnipraesentia generalis, non illa tamen praesentiam corporis Christi specialem et sacramentalem tollit aut destruit. – 2. »Substantialis praesentia corporis Christi in, cum et sub pane pugnat cum prima coenae institutione et administratione. Cum enim Christus de mensa panem sumeret, frangeret et distribueret, assedit una cum discipulis mensae; non autem fuit in, cum et sub pane, nec se ipsum fregit in, cum et sub pane, nec manibus gestavit.« Resp. Non pugnat cum prima coenae institutione et administratione. Cum Christus de mensa panem sumeret, frangeret et distribueret, assedit naturaliter mensae una cum discipulis; et cum distribueret panem, fecit simul, ut corpus suum esset in, cum vel sub pane sacramentaliter, non sublata assessione ad mensam, sed multiplicata per omnipotentiam divinam corporis sui praesentia. – 3. Ein dritter Einwand wurde hergenommen ab adscensione Christi ad coelos. Zur Beseitigung des Einwandes cf. § 38. n. 26 und *Gerh.* X,147. Christus ita adscendit in coelum, ut adscenderit etiam super omnes coelos et consederit ad dextram Dei, h. e. secundum explicationem August. confessionis III: »ut potenter regnet et dominetur omnibus creaturis.« Haec explicatio petita est ex ipsa scriptura Ps. VIII,7. Matth. XXVIII,18. Eph. I,20. IV,10. 1Kor. XV,25. secundum hanc potentiam, quae Christo juxta humanam naturam ad dextram patris exaltato data est, potest omnia sibi subjicere, Phil. III,21. secundum eandem ergo et corpus suum nobis in coena manducandum dare potest. Ubi observa, adscensionem Christi ad coelos in s. literis non tantum describi abstracte et distincte, ut sit solus adscensionis motus, quo corpus Christi locali *μεταστάσει* e terra evectum ac subinde ad coelos altius elevatum, ... sed etiam concrete et conjuncte, ut adscensio simul complectatur exaltationem Christi ad dextram Dei. Quare cum post adscensionem juxta carnem Christus evectus sit ad omnipotentem et omnipraesentem dextram Dei, ergo ab adscensione, quae a sessione ad dextram Dei non est separata, nequaquam licet argumentari ad infirmitatem aliquam et omnimodam carnis Christi absentiam, sed contrario potius modo ad infinitam ejus majestatem et effectus divinae virtutis. –

7. *Holl.* (1130). Corpus et sanguis Christi in legitimo s. coenae usu a communicantibus non tantum *ore fidei,* sed etiam *ore corporis* accipiuntur, eduntur et bibuntur.

Chmn. (d. c. D. 19). Certum est, non solum panem manducari in coena D., de eo enim, quod in coena illa accipitur et manducatur, Christus inquit: hoc est corpus meum. Manducatur itaque in coena etiam corpus Christi, non autem mente tantum et spiritu per solam fidem. Si enim manducare in verbis illis coenae significaret, fidem suis cogitationibus adscendere super omnes coelos ... posset coena dominica celebrari sine externa aliqua oris sumtione, quod nemo unquam ausus fuit vel fingere saltem. Verbum igitur manducare habet et retinet in illo loco *propriam et nativam suam significationem.* Christus enim sumtionem in coena sua mandavit, cum inquit: accipite, et modum sumtionis definit, ut *ore corporis* fiat, cum addit: manducate. De eo vero, quod ita ore sumitur et manducatur, ipse filius Dei affirmat: hoc est corpus meum. *Impossibile autem est, unum et idem verbum in eadem propositione simul et propriam et figuratam significationem habere.* –

Von dieser manducatio oralis, die, weil sie nur im Hl. Abendmahl vorkommt, *manducatio ... sacramentalis* genannt wird, ist wohl zu unterscheiden die m. spiritualis. *Form. conc.* (sol. decl. VII,61). Duplex est manducatio carnis Christi: una *spiritualis,* de qua praecipue Christus in ev. Joh. VI agit, quae non alio modo, quam spiritu et fide in praedicatione et meditatione evangelii fit, non minus, quam cum coena Domini digne et in fide sumitur. Haec spiritualis manducatio per se utilis et salutaris est, omnibusque Christianis et quidem omnibus temporibus ad salutem necessaria est, sine qua spirituali participatione sacramentalis illa, aut quae ore duntaxat fit, manducatio in coena non modo accipientibus non salutaris, sed noxia etiam et damnationis causa esse solet. Spiritualiter igitur manducare nihil aliud est, quam *credere praedicato verbo Dei,* in quo nobis Christus verus Deus et homo cum omnibus beneficiis, quae carne sua, pro nobis in mortem tradita, et sanguine suo, pro nobis effuso, promeruit, offertur, videl. gratia et clementia Dei, remissio peccatorum, justitia et vita aeterna. Haec qui ex verbo Dei commemorari audit, fide accipit, sibique applicat, et hac consolatione totus nititur ..., hic spiritualiter corpus Christi edit et sanguinem ejus bibit. Altera vero manducatio corporis Christi est *sacramentalis* et ore fit, quando in s. coena verum et substantiale corpus et sanguis Christi ore accipiuntur atque participantur ab omnibus, qui panem illum benedictum et vinum in C. D. edunt et bibunt. – Die m. spiritualis wird also nicht geleugnet, aber sie ist beim Abendmahl erst das der m. sacramentalis Folgende. *Hollaz* (1130) gibt die Unterschiede so: *Illa* (spiritualis) est omnium temporum, *haec* est N. T. propria. *Illa* etiam extra coenam, *haec* tantum in ipsa coena locum habet. *Illa* etiam fieri potest absque symbolis, *haec* duntaxat mediantibus symbolis externis peragitur. *Illa* prodest semper ad salutem, *haec* interdum fit etiam ad judicium. *Illa* apprehendit totum Christum cum omnibus ipsius beneficiis, *haec* tantum corpus Christi in et sub pane. *Illa* est metaphorica, *haec* propria, proprietate grammatica, licet non proprietate physica.

Die Unterschiede des Sinnes, in dem Lutheraner und Calvinisten diese Ausdrücke brauchen, sind nach *Gerhard* (X,303sq.) diese: *Calviniani sacramentalem* manducationem sic definiunt, quod ore accipiamus panem, qui sit corporis Christi absentis sacramentum, h. e. tantummodo signum. *Nos* sacr. manducationem sic describimus, quod ore accipiamus panem, qui sit corporis Christi vere praesentis *κοινωνία*. *Calviniani spiritualem* manducationem sic describunt, quod anima ejusque organum, fides scil. in coelum sese elevet, ibidemque corpore et sanguine Christi perfruatur, h. e. beneficia traditione corporis et effusione sanguinis parta sibi applicet. *Nos* applicationem beneficiorum Christi per fidem, h. e. spiritualem manducationem et bibitionem sanguinis Christi, de qua Joh. VI agitur, nequaquam negamus, *sed ad fructum et finem s. coenae* referimus, ideoque sacr. manducationem, ad formam s. coenae pertinentem, ab ea distinguimus. Quando vero sacr. manducatio vocatur spiritualis, opponitur hoc omnibus carnalibus et terrenis cogitationibus, quas de hoc coelesti mysterio humana ratio potest concipere.

8. *Chmn.* (de c. D. 20). Si unio seu praesentia corporis Christi cum pane esset physica,

constans modo naturali et ratione aliqua hujus seculi, tunc merito flagitaretur et etiam ostendi posset evidens et manifesta ratio sacramentalis manducationis. Qualis enim est unio seu praesentia corporis Christi in coena, talis etiam est manducatio. Sed unio seu praesentia corporis Christi in coena, talis etiam est manducatio. Sed unio seu praesentia illa non est physica, constans ratione aliqua hujus seculi. Facilius igitur possumus ostendere, quid non sit, quam quid sit manducatio sacramentalis. *Physica scil. non est,* quae constat commolitione, masticatione, deglutitione et concoctione ejus substantiae, quae manducatur, quia praesentia corporis Christi in coena non est naturalis, constans modo aliquo hujus seculi, quae tamen non ideo figurata vel ficta, sed vera et substantialis est, licet fiat per mysterium supernaturale, coeleste et imperscrutibile. – Es wird danach zwar eine manducatio oralis von Brot und Wein wie von Leib und Blut angenommen, aber weil diese Substanzen ihrer Natur nach so verschieden sind, so wird auch der modus manducationis bei beiden unterschieden, bei Brot und Wein nämlich als den rebus physicis seu terrenis ein modus physicus, bei Leib und Blut als den rebus coelestibus ein modus manducationis hyperphysicus angenommen. *Holl.* (1130). Sacramentalis manducatio et bibitio est una et indivisa actio, qua simul eodem momento et panem eucharisticum eique sacramentaliter unitum corpus Christi comedimus. ... Sed unius illius manducationis et bibitionis illius duplex est modus. *Nam licet uno et eodem organo sumatur res terrena et coelestis, non tamen eodem modo, panis et vinum ore accipiuntur immediate et naturaliter, corpus et sanguis Christi mediate et supernaturaliter.* Den modum physicum et hyperphysicum beschreibt *Hollaz* (1130) so: *Ille* est, quo cibus ore sumtus demittitur in alvum, concoquitur et ejicitur. *Hic* est, quo cibus oblatus quidem per os intra corpus recipitur, sed non modo naturali concoquitur et ejicitur. Comederunt angeli (Gen. XVIII,8) et Christus post resurrectionem, quae tamen manducatio non fuit ordinis naturalis, neque modo naturali cibus fuit concoctus. Sed sicut aliter terra absumit aquam, aliter sol: ita quoque non physica ratione cibus ille est concoctus. –

Quen. (IV,204). Distinguendum est inter manducationem ipsam ejusque formam, definitionem et proprietates et inter manducationis accidentia et consequentia. Non valet: »Christi corpus proprie manducatur, ergo dentibus atteritur etc.« Neque enim de propriae manducationis ac bibitionis generali essentia est, ut cibus et potus mediante deglutitione ingerantur in stomachum, praedicta enim accidentia et consequentia competunt tantum manducationis modo physico, non hyperphysico. – Der modus physicus manducationis corporis et sanguinis wird auch unter dem Namen der m. capernaitica (nach Joh. VI,26) verworfen. *Form. conc.* (sol. decl. VII,64). Illud mandatum Christi (accipite, edite), consideratis diligenter omnibus circumstantiis, non potest nisi de orali, non autem de crassa, carnali, capernaitica, sed de supernaturali et incomprehensibili manducatione corporis Christi intelligi. –

9. *Gerh.* (X,116). Praesentia et unio sacramentalis ita comparata est, ut juxta ipsius salvatoris nostri ... institutionem pani benedicto, tanquam medio divinitus ordinato, corpus, et vino benedicto, tanquam medio itidem divinitus ordinato, sanguis Christi *modo nobis incomprehensibili*, uniatur, ut cum illo pane corpus Christi una manducatione sacramentali et cum illo vino sanguinem Christi una bibitione sacramentali in sublimi mysterio sumamus, manducemus ac bibamus. ... (ibid. 302). Dicimus igitur in s. coena panem nec solum nec seorsim, neque corpus Christi solum sive seorsim, sed cum pane corpus Christi et cum vino sanguinem Christi accipi, nimirum propter mysticam et sacramentalem panis et corporis, vini et sanguinis Christi unionem, quae a veracis et omnipotentis Christi institutione dependet, humana autem ratione nec comprehendi potest nec investigari debet.

Hfrffr. (517). Unio sacramentalis est consecrati panis cum corpore et vini bendicti cum sanguine Christi talis vera et realis conjunctio, qua virtute institutionis et ordinationis Christi, in usu et sumtione s. coenae, una cum pane et vino verum Christi corpus et sanguis sumitur, manducatur et bibitur.

Quen. (IV,181). Subjectum complexum significat, conjunctim dari ad edendum et bibendum rem terrenam et coelestem; quae autem conjunctim dantur reali exhibitione, ea etiam sunt unita suo modo; atqui in s. coena conjunctim reali exhibitione dantur panis eucharisticus et corpus Christi, itemque vinum et sanguis Christi: ergo ea etiam sunt sacramentali unione realiter conjuncta.

Holl. (1120). Unio sacramentalis rei terrenae et coelestis infert mutuam praesentiam et communicationem panis et corporis, vini itidem et sanguinis Christi, ut panis benedictus sit vehiculum corporis et vinum benedictum sit vehiculum sanguinis Christi.

Zur Vermeidung von Mißverständnissen wird das noch besonders hervorgehoben, daß eben nur Leib und Blut Christi und nicht der ganze Christus samt Leib und Seele sich mit Brot und Wein einige; daher besteht ein Unterschied zwischen der Gegenwart Christi und zwischen dem Genuß von Leib und Blut Christi. *Quen.* (IV,200). Aliud est, totum Christum in coena s. praesentem esse, et aliud, totum Christum seu rem coelestem uniri cum elemento panis et vini et sic etiam totum sacramentaliter manducari. Prius affirmamus, posterius negamus. Dicimus enim, Christi corpus tantum cum pane et sanguinem cum vino uniri, et sacramentaliter percipi ore corporis, totum vero Christum spiritualiter ore fidei percipi.

Über die Unterschiede in der Lehre vom Abendmahl zwischen der luth. Kirche und den Reformierten cf. *Form. conc.* sol. decl. VII,2–9. *Gerh.* (X,184sq.) verzeichnet diese in ff. Sätzen: Contendunt adversarii: 1. corpus Christi non nisi in coelo substantialiter praesens esse; unde ex articulo adscensionis contra praesentiam corporis in coena argumentum petunt. 2. Christum juxta humanam naturam in terris non esse praesentem, sed coelo usque ad extremum diem capi ac teneri. 3. Praesentiam in pluribus locis evertere naturam veri corporis, unde ex proprietatibus veri corporis contra nostram sententiam argumentantur. 4. Corpus Christi tam praesens fuisse Abrahae et piis in V. T., quam nobis in sacramento eucharistiae praesens est. 5. Manducationem corporis fieri sola fide in coelum subvolante. 6. Adesse Christi corpus operatione spiritus s. nobis communicatum et unitum, tametsi in coelo maneat, quo usque ad extremum diem capitur. 7. Praesentiam statui non propter panem, sed propter hominem (qua ratione medium fini opponuntur, quae tamen sunt subordinata). 8. Sacramentalem unionem in nuda σχέσει et analogia consistere, quam sic explicant, quod panis sit signum, figura et repraesentatio corporis juxta essentiam suam absentis. 9. Indigne manducantes non accipere corpus et sanguinem Christi, sed symbola tantum externa, panem scil. et vinum. 10. Praeter manducationem naturalem panis et spiritualem manducationem corporis Christi per fidem non dari sacramentalem manducationem corporis Christi. 11. Corpus Christi nec localiter nec illocaliter praesens esse. 12. Corpus Christi nec visibiliter nec invisibiliter praesens esse. 13. Corpus et sanguinem Christi ante reditum ejus ad judicium nec ordinarie nec extraordinarie in terris, ubi coena peragitur, praesentia esse. – Quomodo vero aut qua arte hae falsae hypotheses cum vera sententia de vera, reali et substantiali corporis et sanguinis Christi in coena praesentia conciliari possunt? qua fronte adseritur, de modo saltem praesentiae, non autem de ipsa praesentia quaestionem esse, cum semper protestati fuerimus, de modo nos nolle cum quoquam litigare, cum sit omni humanae rationi incognitus? –

10. *Hfrffr.* (517). Unio sacr. 1. non est transsubstantiatio panis in corpus Christi; nam unio ut minimum est inter duo; 2. non est consubstantiatio vel commixtio substantiarum, sed utrobique panis et vini, corporis et sanguinis Christi substantia salva manet; 3.

nec est ad panem et vinum extra usum coenae localis aut durabilis affixio aut copulatio; 4. neque parvi cujusdam corpusculi sub pane delitescentis inclusio (impanatio); 5. nec denique panis et corporis Christi est unio personalis, qualis est filii Dei et assumti hominis. –

11. *Gerh.* (X,261). Forma hujus sacramenti consistit in actione et quidem ea, quam Christus et apostoli in administratione ejus observarunt, suoque non solum exemplo, sed etiam mandato observandam praeceperunt. Colliguntur autem ex descriptione evangelistarum tres actus sacramentales ad formam et integritatem hujus sacramenti pertinentes, siquidem 1. Christus accepit panem et benedixit; 2. panem fractum discipulis dedit ac distribuit; 3. discipuli panem benedictum acceperunt et manducarunt. ... Tres igitur sunt actus sacramentales: 1. *εὐλογία sive panis et calicis benedictio*; 2. *benedicti panis et calicis distributio*; 3. *distributi panis ac calicis sacramentalis manducatio ac bibitio. Form. conc.* (sol. decl. VII,83). haec tamen benedictio seu recitatio verborum institutionis Christi sola non efficit sacramentum, si non tota actio coenae, quemadmodum ea a Christo ordinata est, observetur: v. gr. cum benedictus panis non distribuitur, sumitur aut participatur, sed vel includitur vel sacrificatur vel circumgestatur. Mandatum enim Christi (hoc facite), quod totam actionem complectitur, totum et inviolatum observandum est. – Regula: nihil habet rationem sacramenti extra usum a Christo institutum seu extra actionem divinitus institutam.

Aus dem Gesagten folgt, daß die Sitte der katholischen Kirche, die Laien vom Genuß des Blutes auszuschließen, so sehr verworfen wird, daß behauptet wird: ut manducatio est pars essentialis eucharistiae, ita quoque bibitio – qui sub una specie accipit, integrum sacramentum non accipit, sed tantum ejus partem. *Quen.* (IV,226.227). Doch bemerkt er (IV,225): Laici in papatu propterea non sustinent periculum animae, quia calice Domini privantur: nam iniquitas est penes sacerdotes, et passio injuriae tantum penes populum, ac quamquam non percipiant fructum calicis ex calicis participatione, quia ipsis denegatur, tamen aliunde eum Deus supplet, et miseriae ipsorum subvenit. –

Quen. (IV,179). Consistit *consecratio* a) in elementorum externorum, panis et vini, ab usu vulgari et communi separatione; b) in benedictione seu per preces solemnes et gratiarum actiones eorundem ad usum sacrum in s. coena institutum destinatione, et c) in panis et vini cum corpore et sanguine Christi per verba Christi testamentaria sacramentali unitione, ita ut panis benedictus sit corporis Christi, et calix benedictus sit sanguinis Domini communicatio (denn: virtute verbi elementum fit sacramentum, citra cujus accessionem non nisi elementum manet. *Catech. maj.* V,10). Aber: haec ipsa sacramentalis unio non fit nisi in distributione, neque enim elementa, panis et vinum, efficiuntur corporis et sanguinis Christi media *προσφερόμενα*, priusquam accedente distributione ea manducentur et bibantur. *Hutt.* (ll. com. 726). Romanenses, tum veteres tum recentiores, pronuntiatione quatuor istorum verborum: hoc est corpus meum, latentem quandam vim magicam subesse scriptitant, cujus vi panis essentialiter mutetur in corpus, vinum in sanguinem Christi. Sic reperti fuerunt nostrae etiam religioni addicti, qui facta recitatione verborum institutionis, *durantem quandam unionem sacramentalem panis et corporis, vini et sanguinis Christi* somniabant. ... Error uterque resultat ex falso illo principio, quo fingitur, quod unio sacramentalis pendeat ex vi et virtute recitationis verborum institutionis. Quem ecclesia purior corrigens, unionem sacramentalem non prius fieri statuit, quam accedat ipse externus usus, qui in manducando et bibendo consistit: ut si vel millies recitarentur verba institutionis, usus autem iste, h. e. manducatio et bibitio non accederet: tum nulla prorsus unio sacramentalis intercederet pani cum corpore, vino cum sanguine Christi. Proinde non est, ut curiosius inquiratur, quo loco sint habendae hostiae consecratae, non accedente usu: vel quid faciendum, si pauciores sint communicantes, quam sint hostiae consecratae? Nempe reponendae et in subsequentem actionem proximam asservandae: neque alio loco, quam reliquae non consecratae hostiae habendae sunt: ex causis jam allegatis.

Gerh. (X,270sq.). Caeterum cum Christus in institutione sacrae coenae expresse jubeat, in ejusdem administratione nos hoc facere, quod ipse fecit, ex eo sequitur, quod ministri ecclesiae, sacram coenam celebraturi, verba institutionis repetere, panem et vinum hoc modo consecrare et communicantibus distribuere debeant. ... Haec eucharistiae consecratio 1. non est magica quaedam incantatio vi verborum certorum essentialiter transmutans panem in corpus et vinum in sanguinem Christi ...; 2. nec est historica tantum institutionis repetitio ..., sed est 3. efficax *ἁγιασμός*, quo juxta mandatum, ordinationem et institutionem Christi ex prima coena sanctificatio in nostram coenam quasi derivatur, et externa elementa ad usum hunc sacrum destinantur, ut cum his corpus et sanguis Christi distribuantur. Non quidem tribuimus recitationi verborum institutionis hanc vim, ut corpus et sanguinem Christi occulta aliqua virtute verbis inhaerente praesentia faciat, multo minus, ut externa elementa essentialiter transmutet; sed sincere credimus et profitemur, quod praesentia corporis et sanguinis Christi a sola voluntate et promissione Christi et a perpetuo durante primae institutionis efficacia in solidum dependeat, interim tamen addimus, primaevae illius institutionis repetitionem, a ministro ecclesiae factam, non solum historicam ac doctrinalem, sed etiam consecratoriam esse, qua juxta ordinationem Christi externa symbola vere et efficaciter ad usum sacrum destinantur, et in ipsa distributione sint corporis et sanguinis Christi *κοινωνία* ... *Form. conc.* (sol. decl. VII,77). Non opus nostrum, non pronuntiatio nostra, sed mandatum et ordinatio Christi efficiunt, ut panis sit corpus et vinum sit sanguis Christi; idque jam inde a prima institutione coenae usque ad finem mundi fieri solet, nostro autem ministerio haec quotidie distribuuntur. –

Eine Streitfrage zwischen Lutheranern und Katholiken war auch die: ob der konsekrierten Hostie Anbetung gebühre. *Gerh.* sagt darüber (X,353): Quando cum Pontificiis de veneratione sacramenti disputatur, non est proprie quaestio: 1. an Christus Deus et homo in actione s. coenae vere praesens et corpus et sanguinem suum mediante pane et vino nobis distribuens adorandus sit? id enim non solum haud inviti concedimus, sed etiam urgemus et inculcamus ...; 2. neque hoc proprie quaeritur, an huic sacramento interior reverentia juxta normam verbi divini exhibenda sit? ipsimet namque dicimus, corpus et sanguinem Christi, quae in hoc sanctissimo sacramento mediantibus externis symbolis nobis exhibentur, a vulgari cibo et potu discernenda ...; 3. sed nec de externa reverentia, quae in distributione et sumtione eucharistiae adhibetur, proprie hoc loco quaeritur, ipsimet namque dicimus, externis gestibus interiorem reverentiam esse declarandam. Qui vere et ex animo credit, Christum ipsum in actione eucharistiae vere praesentem suo corpore et sanguine nos pascere, is genuflexione et reverentia externa interiorem fidem ac devotionem suam testabitur. ... De his igitur inter nos et Pontificios non est quaestio, sed tria potissimum sunt hujus controversiae capita: 1. Pontificii statuunt, ipsum sacramentum eucharistiae seu totum illud, quod a Domino, ut sumatur, institutum est, esse cultu latriae adorandum. Nos contra, cum eucharistia constet duabus rebus, terrena et coelesti, ideo adorationem dicimus non esse dirigendam ad terrena elementa panis et vini, ne praeter creatorem etiam creaturam colamus, sed ad Christum Deum et hominem, qui in illa actione vere praesens suum corpus et sanguinem nobis distribuit. 2. Pontificii, quando de cultu, adoratione et veneratione sacramenti disputant, non principaliter huc respiciunt, ut in actione coenae dominicae sive in usu ejus divinitus instituto Christus Deus et homo adoretur, sed laborant stabilire adorationem panis extra usum a Christo institutum et mandatum, quando scil. panis in processionibus circumgestatur. Nos autem statuimus, *panem extra usum a Christo institutum non esse corpus Christi,* ideoque committi *ἀρτολατρίαν*, quando panis in solemnibus illis processionibus adoratur. 3. Pontificii de externo potissimum eucharistiae cultu sunt soliciti, ut splendida repositione etc. honoretur. Nos autem in usu eucharistiae a Christo instituto de interiori et spirituali cultu potissimum soliciti sumus, ad quem verae significationes externae interioris reverentiae sponte subsequuntur.

Quen. (IV,233). Consistit s. coena in actione sacramentali, scil. in consecratione, distributione, manducatione et bibitione, adeoque extra distributionis, manducationis et bibitionis usum sub speciebus panis et vini post consecrationem corpus et sanguinem Christi durabili conjunctione permanere negamus illamque hostiarum consecratarum repositionem, circumgestionem ac adorationem non χριστολατρείαν, sed ἀρτολατρείαν esse dicimus (234). Sacramentum coenae non esse rem permanentem, sed actionem, probatur 1. *ex Christi descriptione.* Quodcunque a Christo ipso secundum formam per actiones describitur et in illis complementum et perfectionem suam habet, illud non est res permanens, sed actio. Atqui sacramentum eucharistiae a Christo ipso secundum formam per actiones describitur, cujusmodi sunt benedictio, distributio, manducatio, bibitio et in illis complementum atque perfectionem suam habet. Ergo. 2. *ex Pauli affirmatione* 1Kor. X,16: Panis, quem frangimus, h. e. quem ad manducandum distribuimus, est κοινωνία corporis Christi. Quicunque ergo panis non frangitur seu distribuitur, ille non est participatio corporis Christi. 3. *ex sacramenti natura.* Nullum sacramentum extra usum divinitus institutum habet rationem sacramenti, ergo nec eucharistia. Ratio est, quia extra usum non servatur institutio, ubi autem non servatur institutio, ibi non est sacramentum. Sacramentum est totum per aggregationem, si ergo unum ex aggregatis seu connexis illis desit, non est sacramentum ...

12. *Gerh.* (X,397). Fides non pertinet ad substantiam eucharistiae, ergo propter fidem accedentium panis non est communicatio corporis Christi, nec propter incredulitatem accedentis panis desinit esse communicatio corporis Christi. Daher: Hypocritae et indigni etiam participant substantiam sacramenti, licet fructum ejus non percipiant 1Kor. XI,27. Es kommt ihnen zu: die manducatio sacramentalis, nicht aber die m. spiritualis, quae fit per fidem ad vitam internam, vielmehr genießen sie das Hl. Abendmahl zum Gericht, während jene zum Segen. –

Form. conc. (sol. decl. VII,63). Ac pii quidem corpus et sanguinem Christi in certum pignus et confirmationem accipiunt, quod peccata ipsis certo sint remissa. ... Impii vero idem corpus et eundem sanguinem Christi etiam ore suo, sed *ad judicium et damnationem sumunt. Quen.* (IV,250). Antithesis Calvinianorum, statuentium, indignos et hypocritas dimidium tantum sacramentum, scil. signa duntaxat externa accipere, non vero integrum sacramentum, h. e. non fieri participes corporis et sanguinis Christi in s. coena, sed tantum nuda et inania signa percipere. –

Form. conc. (sol. decl. VII,68). Accurate autem hoc etiam declarandum est, quinam sint indigni convivae in hac s. coena: hi nimirum, qui sine vera poenitentia et contritione et sine vera fide et absque bono proposito vitam emendandi ad coenam D. accedunt, hi sibi ipsis judicium, h. e. temporales et aeternas poenas indigna sua orali manducatione corporis Christi accersunt, et corporis atque sanguinis Christi rei fiunt. Digni vero convivae in c. D. sunt: infirmi in fide, pusillanimes, perturbati Christiani, qui, dum magnitudinem et multitudinem peccatorum suorum secum reputant, cohorrescunt, qui magnam suam immunditiem considerantes hoc pretiosissimo thesauro et beneficiis Christi indignos sese judicant, qui fidei suae infirmitatem sentiunt atque deplorant, hi sunt vere digni illi convivae. ... Dignitas igitur neque in magna neque in exigua infirmitate aut firmitate fidei, sed in merito Christi consistit. Es schließt sich daran die Frage an: an omnes in ecclesiae societate viventes admittendi sint? *Gerh.* (X,381sqq.). Neque vero promiscue omnes Christiani ad s. coenam admittendi sunt, sed juxta regulam Paulinam illi solum, qui sese probant, 1Kor. XI,28, h. e. qui se ipsos dijudicant, v. 31, corpus Domini reliquis vulgaribus cibis distinguunt, v. 29, et mortem Domini adnunciant, v. 26. Excluduntur igitur omnes illi, qui se probare vel nolunt, vel non possunt, utpote 1. imbuti haeresi, h. e. qui in errore contra fundamentum fidei, neglectis admonitionum gradibus, pertinaciter et praefracte perseverant, illi enim cum per haeresin a consortio verae ecclesiae se ipsos segregent, ideo etiam ad sacramenta, quae sunt bona ecclesiae propria, neutiquam admittendi erunt, quo in specie pertinent illi, qui veram et substantialem corporis et sanguinis Christi praesentiam in s. coena pertinaciter negant, Matth. VII,6. Phil. III,2. 1Kor. XI,29 ..., 2. notorii peccatores ..., 3. excommunicati ..., 4. obsessi, furiosi, dementes ..., 5. personae infames.

13. *Form. conc.* (sol. decl. VII,32). (Lutherus) confiteor de sacramento altaris, quod nimirum ibi revera corpus et sanguis Christi in pane et vino ore edatur et bibatur, etiamsi ministri, qui coenam Domini distribuunt, aut qui eam sumunt, non credant aut alias s. coena abutantur. Coena enim D. non nititur hominum fide aut incredulitate, sed verbo Dei et ipsius institutione.

Das Hl. Abendmahl soll aber immer nur durch den Geistlichen gereicht werden. *Quen.* (IV,177). Dispensator hujus sacramenti est minister ecclesiae solus, ita ut ne quidem in casu necessitatis privato cuidam s. coenae administratio committenda sit. ... a) quia Christus administrationem demandavit apostolis; b) quia ipse dispensavit, repraesentans personam causae administrantis; c) quia apostolis commisit ut verbi praedicationem, ita sacramentorum administrationem, Matth. XXVIII,19; d) quia ministri sunt Christi servi et legati, 2Kor. V,19; e) quia sunt *οἰκονόμοι τῶν μυστηρίων θεοῦ*, 1Kor. IV,1, qui ergo ministri non sunt, mysteria Dei dispensare non possunt; f) quia absoluta non est eucharistiae necessitas et tanta, quanta baptismi, praestat ergo, eandem non distribui, quam indecenter distribui, cf. 1Kor. XV, ult. (ideo quando non est copia ordinarii ecclesiae ministri, tunc locum habet illud Augustini: crede et manducasti). Requiritur etiam, ut minister sit orthodoxus vel verae ecclesiae minister, neque enim ab alio, quam ab orthodoxo ministro licite aut legitime s. eucharistia peti potest aut accipi. Doch macht *Cotta* zu *Gerh.* (X,21) die Bemerkung: in ejusmodi necessitatis casu, cumprimis imminente vitae periculo, si pastor haberi nequeat et moriturus summo fruendi sacramento flagret desiderio, a pio etiam laico s. eucharistiam administrari posse, complures statuunt ecclesiae nostrae theologi. Sufficiat ex iis hic nominasse Jo. Gallum et Tilem. Heshusium etc.

14. *Conf. Aug.* (de missa III,30). Christus jubet, facere in sui memoriam, quare Missa instituta est, ut fides in iis, qui utuntur sacramento, recordetur, quae beneficia accipiat per Christum et erigat et consoletur pavidam conscientiam. Nam id est meminisse Christi, beneficia meminisse ac sentire, quod vere exhibeantur nobis. – *Holl.* (1138). Fit recordatio et annunciatio mortis Christi vera fide, qua expendimus et credimus, quod corpus suum ... victimam pro nobis obtulerit in ara crucis. ... Atque ita applicatio fidei, quatenus fertur in corpus Christi, dicitur manducatio spiritualis corporis Christi ..., sine hac spirituali manducatione oralis manducatio salutarem eucharistiae fructum non capit, quia omnia beneficia spiritualia recipiuntur fide.

Quen. (IV,237). Eucharistia non est externum, visibile ac proprie dictum sacrificium propitiatorium vel impetratorium omnis generis beneficiorum, in quo corpus et sanguis Domini sub visibili specie panis et vini vere et proprie Deo offeratur, sed est tantum commemoratio sacrificii propitiatorii semel in ara crucis a Christo oblati. *Holl.* (1139). Obs. II. Nomen sacrificii accipitur vel improprie vel proprie. Improprie accipitur 1. pro omni opere, quod agitur, ut sancta societate inhaereamus Deo, relato ad illum finem, quo vere beati esse possumus. 2. pro cultu N. T. et praedicatione evangelii, Rom. XV,16. Phil. II,17. 3. pro beneficentia et officiis caritatis erga proximum, Phil. IV,8. Hebr. XIII,16. 4. pro precibus et gratiarum actionibus ad Deum directis, Hebr. XIII,16. Apoc. V,8. ... Missam s. celebrationem eucharistiae improprie posse sacrificium dici, non negamus, quia 1. est opus, quod agitur, ut sancta societate Deo inhaereamus; 2. est pars cultus N. T. non ultima; 3. olim cum celebraretur eucharistia, offerri solebant dona, quae cederent in usum ministrorum ecclesiae et pauperum; 4. conjuncta est s. coenae administratio cum precibus et gratiarum actionibus; 5. est instituta in memoriam sacrificii Christi ... in ara crucis oblata. Obs. III. Distinguendum inter sacrificium materialiter et formaliter sumtum. Si materialiter sumamus, in eucharistia idem numero sacrificium est, quod fuit in cruce, sive res et substantia prorsus eadem; eadem, inquam, victima s. hostia. Si vero sacrificium accipiamus formaliter sive pro actu sacrificandi, tum etiamsi sit victima una et eadem numero, non tamen eadem actio sive immolatio est, quae fit in eucharistia, cum immolatione, quae in cruce peracta fuit. Nam in cruce facta est oblatio per veram rei vivae immolatae passionem et mortem, absque qua sacrificium proprie dictum nullo modo esse potest: in eucharistia vero fit oblatio per preces et per commemorationem mortis sive sacrificii in cruce oblati.

15. *Gerh.* (X,364). Fines et fructus s. coenae sunt numero plurimi, utilitate maximi, pondere gravissimi. Cum enim ipsius filii Dei proprium corpus in mortem pro nobis traditum et ipsius proprium sanguinem in ara crucis pro peccatis nostris effusum in s. coena accipiamus, ex eo facile apparet, omnia, quaecunque Christus traditione sui corporis et effusione sui sanguinis promeruit, in salutari hujus sacramenti usu nobis applicari, conferri et obsignari. ... Caeterum fructus illos omnes et singulos miranda brevitate Christus in verbis institutionis complectitur, quando adserit, illud ipsum corpus suum nobis manducandum praeberi, quod est pro nobis traditum ..., et quando jubet, nos hoc facere in sui commemorationem, ...

16. Denn so unterscheiden sich Taufe und Abendmahl, daß das erstere das sacr. initiationis, das andere das s. confirmationis ist. *Gerh.* (X,2). *Per baptismum* regeneramur et renovamur: *per sacramentum coenae* alimur ac nutrimur ad vitam aeternam. *In baptismo,* praesertim infantum, per spiritum s. fides accenditur: *in usu s. coenae* augetur, confirmatur et obsignatur. *Per baptismum* Christo inserimur, in quo spirituale incrementum *salutari coenae usu* accipimus. *Per baptismum* in foedus divinum recipimur: *per usum s. coenae* vel in eodem conservamur, vel ex eo per peccata contra conscientiam prolapsi ad idem vera poenitentia revertimur. *Id.* 304. Anm. Licet baptismus non solum animam, sed totum hominem anima et corpore regenerat, sic corpore et sanguine Christi non solum anima, sed etiam corpus, seu totus homo anima et corpore ad vitam spiritualem, coelestem et aeternam nutritur: quando igitur eucharistia dicitur cibus animae, id accipiendum est sensu inclusivo, non exclusivo. Acsi vel maxime corpus Christi esset tantum cibus animae, nondum tamen consequens foret, ore corporis illud non percipi, quia verbum D. est animae cibus (Hebr. V,12) et tamen auribus corporeis recipitur Rom. X,14; quin imo ideo ore corporeo accipitur corpus Christi, ut animae nutritio mediante unione panis cum corpore sit efficacior.

Cat. maj. V,23. Per baptismum initio regeneramur, vero nihilominus antiqua et vitiosa cutis carnis et sanguinis adhaeret homini. Jam hic multa sunt impedimenta et impugnationes, quibus cum a mundo, tum a diabolo acerrime infestamur, ita ut non raro defessi viribus deficiamus, ac nonnunquam etiam in peccatorum sordes prolabamur. Ideo hoc sacramentum tanquam pro quotidiano alimento nobis datum est, ut hujus esu fides iterum vires suas reparet atque recuperet, ne in tali certamine aut tergiversetur aut succumbat denique, sed subinde magis atque magis fiat robustior. Etenim nova vita sic instituenda est, ut assidue crescat et porro pergendo incrementa accipiat. –

17. *Holl.* (1138) faßt beides zusammen unter dem allgemeinen Namen der gratia evangelica, die uns durch den Genuß des Hl. Abendmahles zuteil werde. Eum in finem nobis Christus corpus suum comedendum ... porrigit, ut gratia evangelica sive gratia divina in evangelio nobis promissa et oblata applicetur nobis in individuo et obsignetur. Id quod pen-

sitantibus nobis actus gratiae applicatricis innotescit uberius. Promisit D. ***per gratiam regenerantem omnibus dare fidem.*** Quam gratiam regenerantem ejusque effectum, scil. fidem Deus confirmat, roborat, auget per sacramentum eucharisticum. Etenim qui accipit corpus et sanguinem Domini, ille firmissime statuere potest, promissionem evangelicam ad se in individuo pertinere. ... Deinde per ***gratiam justificantem*** Deus renatis peccata remittit, et justitiam Christi imputat: quae gratia justificans et remissio peccatorum sacramento coenae obsignatur. Nam quando illud ipsum corpus Christi, quod pro nobis in mortem traditum est ..., accipimus in sacramento coenae, inde tanquam sigillo N. T. maxime certi reddimur, remissionem peccatorum traditione corporis et effusione sanguinis Christi partam nobis, qui in Christum credimus, donatam et applicatam esse. ***Per gratiam inhabitantem*** Deus se nobiscum gratiose unit,quae unio mystica per manducationem corporis et bibitionem sanguinis Christi arctior et firmior redditur, Joh. VI,56. Profecto ineffabilis caritatis indicium est, quod Christus, non contentus habitasse in nobis spiritualiter per fidem, insuper corpore et sanguine suo per specialem approximationem ad nos veniat, et sic corpori pariter, ac animae nostrae se conjungat. ***Per gratiam renovantem*** conferuntur nobis vires spirituales, ut feramus fructus justitiae. In s. coena arctius unimur Christo, veluti viti, ut in eo, tanquam palmites, fructum copiosiorem feramus. ***Per gratiam conservantem*** a peccatis praeservamur et consolatione reficimur. Sacramentum coenae est medicina contra peccata quotidiana (Ambros.) Et quemadmodum integra refectio seu nutritio corporum cibo, qui est alimentum siccum, et potu, qui est alimentum humidum, constat: ita in eucharistia proponitur nobis Christus ut esca et ut potus, ne deesse nobis quidquam putemus ad integram alimoniam nostram sive nutritionem spiritualem (August.). – ***Per gratiam glorificantem*** beata nobis confertur immortalitas, cujus symbola aut pignora sunt corpus et sanguis Domini, sumta in s. coena. –

18. *Holl.* (1139). Per sacram coenam capiti Christo uniti, etiam inter se, velut membra corporis mystici, uniuntur adeoque eucharistia est fundamentum caritatis inter nos et proximum nostrum, 1Kor. X,17. – Unde etiam est nota communionis ecclesiasticae et tessera illius ecclesiae, cum qua in fide communicamus (*Gerh.* X,371. testamur nos approbare doctrinam, quae sonat in ecclesia illa, in qua una cum aliis eundem panem eucharisticum manducamus et ex uno calice bibimus). Die DD. unterscheiden gewöhnlich fines s. fructus principales et minus principales s. secundarios. Als letztere nennt *Quen.* (IV,184): a) mortis Christi et beneficiorum per eam acquisitorum recordatio et commemoratio, Luk. XXII,19. 1Kor. XI,24.25. (ἀνάμνησις significat tum recordationem alicujus cogitationibus factam tum commemorationem sermonibus peractam), b) separatio Christianorum a paganis et Judaeis, c) membrorum ecclesiae inter se arctior communio in Christo. –

Aus dem Begriff des Abendmahls folgt, daß es 1. der Regel nach in öffentlicher Gemeinde begangen werden soll und nur in casu necessitatis privatim. Wenn aber die Apologie sagt (XII,6): quod vero tantum fit apud nos publica missa, seu communio, nihil fit contra catholicam ecclesiam. Nam in graecis parochiis ne hodie quidem fiunt privatae missae ..., so ist das nicht im Gegensatz gegen den Privatgebrauch des Hl. Abendmahls gesagt, sondern im Gegensatz gegen die missas solitarias der kathol. Kirche, von denen die Gemeinde ganz ausgeschlossen ist; 2. daß der häufige Genuß nicht nur zu gestatten, sondern anzuraten ist. –

Kap. III
De ecclesia[1]

§ 56
Ecclesia stricte et late dicta

Bei der Wirksamkeit, die Gott den von ihm verordneten Heilsmitteln beigelegt hat, läßt es sich nicht anders erwarten (Jes. LV,10. LIX,21), als daß sich durch diese eine Gemeinde von solchen bildet, die die ihnen gebotene Heilsgnade auch wirklich annehmen. Diese erkennen als ihren Herrn und als ihr Haupt Christum, der durch seine Dahingabe in den Tod eine Gemeinde von Erlösten nicht allein möglich gemacht hat, sondern diese auch erhält, als Haupt und König ihr vorsteht, und ihr alles das vermittelt, was zu ihrem Bestehen und Gedeihen nötig und dienlich ist[2]. Mit ihm ist diese Gemeinde aufs engste verbunden; sie ist es aber auch unter sich durch das Band gemeinsamen Glaubens, gemeinsamer Hoffnung und gegenseitiger Liebe[3], so daß alle die so Verbundenen und gläubig Gewordenen eine einzige große Gemeinde bilden, die wir die *Kirche* nennen[4]. Zu ihr gehören alle die, die den gleichen Glauben und die gleiche Hoffnung haben, mögen sie auch durch Raum und Zeit noch so weit voneinander geschieden sein. Die Kirche umfaßt also nicht allein die jetzt Lebenden, sondern ebenso sehr auch die im Glauben Verstorbenen, und zwischen beiden ist nur der Unterschied, daß die einen das Ziel bereits erreicht haben, die anderen ihm erst noch entgegengehen (Eccl. militans – triumphans)[5]. Es gibt also nur eine *einzige solche Gemeinde,* weil es nur ein Haupt gibt, dem sie alle untertan sind, und nur einen Glauben, durch den sie selig werden können. Diese Gemeinde nennen wir dann eine *heilige,* weil in ihr der *heilige* Geist wirksam ist, sie zu heiligen – eine *katholische,* weil, so weit auch die Glieder der Kirche zerstreut sind, von allen doch zu allen Zeiten und an allen Orten der gleiche Glaube bekannt wird, – eine *apostolische,* weil ihr Glaube, wie er auf dem von den Aposteln verkündigten ruht, so auch im Verlaufe der Zeit kein anderer geworden ist[6].

Nur diejenigen, die dieser Gemeinde angehören, sind ihres Heiles gewiß, da der einzige Weg zum Heil in dem Glauben liegt, der der Glaube dieser Gemeinde ist (extra ecclesiam nulla salus)[7]. Dieser Gemeinde ist aber auch die Verheißung gegeben, daß sie für ewige Zeiten bestehen solle[8], und sie kann nie dem Irrtum verfallen, weil sie in dem Worte Gottes die ewige Wahrheit besitzt[9].

Wenn aber die Glieder dieser Gemeinde durch die gleiche Hoffnung und den gleichen Glauben untereinander verbunden sind, so ist es ebenso natürlich als von Gott gewollt, daß diejenigen, die am gleichen Ort und zur gleichen Zeit leben, in eine engere sichtbare Gemeinschaft zusammentreten, so daß also die eine und allgemeine Kirche in einzelnen Partikular-Kirchen zur Erscheinung kommt (eccl. universalis – particularis)[10], und ihr wirkliches Vorhandensein auch äußerlich an solchem Zusammentritt erkannt werden kann. Jede solche Gemeinde hat dann die Aufgabe, auch andere herbeizuziehen zu der gleichen beseligenden Gemeinschaft mit Christus, und zu diesem Endzweck die Heilsmittel, durch die der einzelne gewonnen werden kann, zur Ausübung zu bringen. Die Partikular-Kirche wird aber dann alle diejenigen zu den Ihrigen rechnen müssen, die sich, wenn auch nur durch das äußerliche Bekenntnis, an sie angeschlossen haben: denn teils hat sie, die sie nicht in das Herz sehen kann wie Gott, keine Mittel, durch die sie mit Bestimmtheit zu erkennen vermag, ob der einzelne dem an ihn ergangenen Ruf auch innerlich Folge geleistet hat, teils kann sie von denen, die vorderhand auch nur äußerlich den Ruf angenommen haben, immer noch hoffen, daß sie der Kraft des göttlichen Wortes und der Sakramente mit der Zeit auch noch innerlich Raum geben werden. Von der Partikular-Kirche können wir aber dann nicht so unbedingt sagen, daß sie eine Gemeinde von Gläubigen, d. h. von solchen sei, die die ihnen dargebotene Heilsgnade angenommen haben: für sie paßt also der bis jetzt gegebene Begriff von Kirche als der Gemeinschaft der Gläubigen nicht, denn in ihrer Mitte können sich ja auch solche befinden, die die dargebotene Heilsgnade noch nicht angenommen haben. Während wir also zu der Kirche als der Gemeinde der Gläubigen nur diejenigen rechnen, deren Verhalten zu der dargebotenen Gnade das rechte ist, werden wir zur Partikular-Kirche alle diejenigen rechnen müssen, die auch nur in äußerlichem Verhältnis und Verband mit ihr stehen. Und so sehen wir uns zur Unterscheidung eines zweifachen Begriffs von Kirche getrieben, einer Kirche im engeren Sinne, zu der wir nur die wahrhaft Gläubigen rechnen, und einer Kirche im weiteren Sinne, unter der wir die Gemeinde derer verstehen, die zu dem gleichen Bekenntnis und dem Gebrauch der Sakramente sich vereinigt haben (eccl. stricte et late dicta).[11] Damit nehmen wir aber nicht zwei sich entgegengesetzte und nebeneinander bestehende Kirchen an, vielmehr ist das Verhältnis beider unter sich das, daß die Kirche im engeren Sinne sich inmitten jener Kirche im weiteren Sinne befindet; aber die im letzteren Sinne nicht in jener ersten aufgeht, sondern noch andere Glieder in sich befaßt oder wenigstens befassen kann, die wir nicht zur Kirche im engeren Sinne rechnen dürfen[12]. So ist wohl für jedermann erkennbar, welche Individuen zur Kirche im weiteren Sinne zu rechnen sind, nicht aber, welche von ihnen zur Kirche im engeren Sinne gehören, wonach der Unterscheidung von eccl. late et stricte dicta die von eccl. visibilis et invisibilis entspricht[13]. Von der größten Wichtigkeit ist es aber dann, wenn diese Unterscheidungen gemacht werden, die Verheißungen und Prädikate, die der Kirche im engeren Sinne gegeben werden, nicht ohne weiteres auf die Kirche im weiteren Sinne zu übertragen[14], was leicht zu falscher Furcht oder zu falschen Hoffnungen und zu Selbsttäuschungen Anlaß geben könnte[15]. Von ihr gilt also nicht in dem gleichen Sinne, sondern nur *synecdochice*[16], daß sie una, sancta, catholica et apostolica sei; auch nicht, daß sie nicht fehlen oder irren könne[17]; vielmehr geht daraus, daß der Ruf an viele ergeht, die ihn nicht im Herzen aufnehmen, schon hervor, daß die einzelnen in ihr vielfach fehlen und irren, und es ist ebenso gut möglich, daß die Bösen als daß die Guten in der Kirche überwiegen.

Die Kirche (im weiteren Sinne) nennen wir dann eine *wahre* oder eine *falsche*, nicht wegen der größeren oder geringeren Anzahl der Gläubigen oder Ungläubigen in ihr, sondern je nachdem die Lehre des Evangeliums lauter oder unlauter in ihr verkündigt wird, und je nachdem überhaupt die Mittel, durch die wir zum Heil gelangen, mehr oder weniger rein und unverkürzt in ihr dargeboten werden[18]. Die lautere Verkündigung des göttlichen Worts und die rechte Verwaltung der Sakramente sind also die Merkmale, an denen wir die Kirche als eine wahre zu erkennen vermögen[19].

1. *Gerh.* (XI,7). Ecclesia (ab ἐκκαλεῖν) in genere significat coetum et congregationem, unde tribuitur politicis ac profanis coetibus. Ut ergo ecclesiae coetus sacer distingueretur a profanis coetibus, ideo vocatur ecclesia Dei ἡ ἐκκλησία τοῦ θεοῦ Neh. XIII,1. Act. XX,28. 1Kor. I,2. X,32. XI,16.22. XV,9. 2Kor. I,1. Gal. I,13. 1Thess. II,14. 2Thess. I,4. 1Tim. III,5 et 15. Item ἐκκλησία ἐν θεῷ, 1Thess. I,1. ἐκκλ. τοῦ κυρίου, Deut. XXIII,1. Mich. II,5. Quia vero etiam haeretici gloriantur de ecclesia, ideo differentiae ac honoris causa vera ecclesia vocatur ἡ ἐκκλησία τῶν ἁγίων, Ps. LXXXIX,6. CXLIX,1. 1Kor. XIV,33, cui opponitur ἡ ἐκκλησία πονηρευομένων, Ps. XXVI,5. Ap. II,9. Denique quia ecclesia V. et N. T. dicitur Dei et Domini ecclesia, ideo ad differentiam eccl. N. T. vocatur eccl. Christi, Matth. XVI,18. Rom. XVI,16. Kol. I,24.

2. *Holl.* (1292). Caput ecclesiae est Christus θεάνθρωπος (Kol. I,18. Eph. I,22.23. IV,16), non solum ob eminentiam et perfectionem prae membris, verum etiam praecipue ob influxum moralem et physicum sive realem, quem is secundum utramque naturam in membris sui corporis mystici praebet. – Influxus, quem Christus praestat in membra ecclesiae, est duplex 1. *moralis*, qui in eo consistit, quod Christus virtute meriti sui acquisivit omnia bona spiritualia, Eph. I,3; 2. *physicus*, in oppositione ad moralem sic dictus, sive *realis* est, quem Christus praebet in membra ecclesiae effective, per actiones in ipsis terminatas, fidem, caritatem et alias virtutes christianas accendendo, augendo, confirmando, mentes anxias solando, titubantes sustentando, errantes reducendo, omnes ac singulos in vitae cursu gubernando. –

Die ecclesia ist demnach das Reich, in dem Christus seine Herrschaft ausübt; daher schließen manche DD. die Lehre von der Kirche an die Lehre von Christus als dem König in seinem Reiche an.

An obigen Satz reihen sich ff. Antithesen gegen die katholische Kirche an:

Holl. (1293). a) Praeter Christum aliud quoddam ecclesiae caput, quod vice Christi universam ecclesiam visibiliter gubernet, neque ex necessitate, neque ex libera Christi voluntate et institutione agnoscendum est.

b) (1295). Christus nunquam constituit apostolum Petrum caput universum suae ecclesiae neque primatum potestatis et jurisdictionis in ecclesiam catholicam ipsi concessit.

c) (1297). Pontifex Romanus neque est successor Petri in episcopatu, neque ecclesiae catholicae caput aut monarcha.

Die Stelle Matth. XVI,18 legen die protest. DD. so aus, daß sie unter dem *Felsen* die confessio verstehen, die Petrus v. 17 abgelegt hatte. *Holl.* (1295). Sensus est: tu es Petrus, vir saxeus, stans super confessione tua velut super saxo aut petra firmissima et super hac petra aedificabo ecclesiam meam, ut sit saxea, immobilis et inexpugnabilis, quamdiu super hac confessione vel doctrina stabit, velut super petra immobili. – v. 19. Christus dedit claves Petro, non ut principi, sed ut ministro et oeconomo. – Jam vero non solus Petrus, sed etiam reliqui apostoli oeconomi a Christo fuere constituti, 1Kor. IV,1. Ergo etiam reliquis apostolis claves Petro hic promissae fuere datae. –

3. *Holl.* (1300). Forma ecclesiae interna et essentialis consistit in unione spirituali vere credentium et sanctorum, qui cum Christo capite per fidem veram ac vivam (Joh. I,12. Gal. III,27. 1Kor. VI,17), quam consequitur communio mutuae caritatis, ut membra ecclesiae, inter se devinciuntur (Joh. XIII,35).

4. *Br.* (742). Homines illi, quos Deus juxta aeternum suum decretum fide et gratia sua donavit, collective sumti, dicuntur ecclesia.

Materiam ecclesiae constituunt homines vere credentes et sancti: daher wird ecclesia definiert als congregatio sanctorum, qui vere credunt evangelio Christi et habent spiritum s. (*Ap. conf.* IV,28). – Sie wird besser als congregatio sanctorum definiert, denn als congr. electorum, wie einige tun, quia latior est appellatio sanctorum et credentium, quam electorum. Proinde cum ecclesia catholica ambitu suo complectatur non solum electos proprie et exquisite sic dictos, sed etiam sanctos et credentes, qui postea iterum excidunt; ideo satius est, ecclesiam definire congregationem sanctorum et vere credentium, quam electorum, quamvis sano sensu, phrasi scil. ecclesiastica et generali, vox electorum usurpata neminem offendere debeat *Gerh.* (XI,13).

Der Schriftbeweis, daß die eccl. die congregatio sanctorum sei, nach *Quen.* (IV,489): Vocatur ecclesia in s. l. 1. corpus Christi mysticum, Rom. XII,5. 1Kor. X,17. XII,27. Eph. I,23. Kol. I,18; 2. eccl. est mater vere credentium, Gal. IV,26. filiorum Dei, Joh. I,12. III,6. spiritu Dei ducuntur, Rom. VIII,14. haeredes Christi, Rom. VIII,17; 3. eccl. est Christi ovile, Joh. X,1.27.28; 4. prophetae et apostoli saepe ecclesiae encomia tribuunt, quae non possunt referri ad totum coetum vocatorum, qui complectitur bonos et malos, triticum et zizania, Matth. XIII,24. pisces bonos et putres, oves et hircos, Matth. III,12. XIII,47.49. Joh. X,1. – (IV,490). Ergo statuenda est ecclesia quaedam proprie et *κυρίως* sic dicta, cui *πρώτως καὶ ἀμέσως* illa encomia et attributa competunt. Vocatur enim in V. et N. T. passim Christi sponsa, Joh. III,29. 2Kor. XI,2. Ap. XXI,9. Cant. IV,7. virgo pura, 2Kor. XI,2. una caro cum Christo, Eph. V,30. (Nihil horum quadrat in impios). domus Dei viventis, 1Tim. III,15. spirituale aedificium, 1Petr. II,5. Tit. II,14sq. Ad quod non pertinent, nisi qui sunt lapides vivi, superaedificati summo angulari lapidi Jesu Christo, Eph. II,20.21. 1Petr. II,5. –

5. *Br.* (742). Credentes, ratione vitae praesentis spectati, dicuntur ecclesia militans, ratione autem vitae alterius seu futurae, ecclesia triumphans. –

Gerh. (XI,10). Eccl. *militans* dicitur, quod sub vexillo Christi contra satanam, mundum et carnem in hac vita adhuc pugnat. (Ubi observa, electorum ecclesiae hanc descriptionem unice competere, si vero coetui vocatorum accommodari debet, addendum erit, quod militans ecclesia in hoc vocata et constituta sit, ut contra adversarias illas potestates viriliter depugnet, id quod omnibus ad ecclesiam vocatis commune est.)

Triumphans ecclesia dicitur, quae ad coelestem quietem translata a pugnandi labore et succumbendi periculo liberata, contra omnes adversarias potestates in coelo triumphat.

Eccl. militans dicitur a spirituali militia vel pugna adversus diabolum Eph. VI,10 et 11. 1Petr. V,8.9; mundum, 1Joh. V,4. et carnem, Rom. VII,14. Gal. V,17. –

Eccl. triumphans obtinet nomen a spirituali triumpho, vel victoria ab hostibus reportata, Ap. II,10. IV,4. VII,9. –

6. *Symb. Nic.* (Credo) ... in unam, sanctam, catholicam et apostolicam ecclesiam.

1. *Gerh.* (XI,35). Eccl. *una* dicitur, quia ab uno Domino per unum baptisma, in unum corpus mysticum sub uno capite redacta, uno spiritu regitur, fidei, spei et caritatis unitate

constringitur (Eph. IV,5), unam fidem profitetur et una vocatione ad unam haereditatem coelestem vocatur. – *Holl.* (1301). Eccl. est a) *una indivisa*; propterea, quod omnia membra ecclesiae in Christo, tanquam capite, uniuntur per fidem in Christum, quae cum dilectione non solum Dei, sed ex proximi nexu individuo conjuncta est; b) est etiam *unica*, α) quia non agnoscit plures ejusdem speciei coetus, simul existentes: siquidem eccl. catholica est coetus omnium credentium, Christo capiti per fidem unitorum; β) quia non agnoscit ecclesiam succedentem; siquidem nunquam tota periit, nunquam tota peribit, sed a primo sui initio, perpetua credentium successione, usque ad haec tempora duravit semperque durabit, usque ad consummationem saeculi. –

2. *Gerh.* (XI,36). *Sancta* dicitur ex 1Kor. XIV,33. Ap. XI,2, quia Christus caput illius sanctum est; Hebr. VII,26. qui sanctitatis suae ecclesiam facit participem; Joh. XVII,19. quia sancta vocatione vocatur et a mundo separatur; 2Tim. I,9. quia sanctum Dei verbum illi est concreditum; Rom. III,2. quia spiritus s. in hoc coetu credentes sanctificat, Christi sanctitatem per fidem illis applicando, interiorem renovationem et sanctitatem in cordibus ipsorum operando et perfectae sanctitatis desiderium in illis excitando. –

3. *Apol. conf.* IV,10. Et *catholicam* ecclesiam dicit, ne intelligamus ecclesiam esse politiam externam certarum gentium, sed magis homines sparsos per totum orbem, qui de evangelio consentiunt et habent eundem Christum, eundem spiritum s. et eadem sacramenta.

Holl. (1302). Eccl. dicitur *catholica* (idem, quod καϑ' ὅλον, secundum totum vel universum), vel *ratione qualitatis*, propter doctrinam et fidem, quatenus eam fidem profitetur, quam semper universitas credentium est professa, vel *ratione quantitatis*, ob diffusionem per universum terrarum orbem, quatenus non perinde atque ecclesia V. T. ex peculiari quadam gente vel natione, sed ex omnibus gentibus in universo orbe colligitur. – Doctrina et fides catholica dicitur, quae ab omnibus omnino salvandis requiritur. – Das Prädikat der Katholizität kann demnach der Kirche beigelegt werden im Gegensatz zur Häresie. Hoc modo idem est ac ecclesia vera et orthodoxa et appellatur ita a doctrina catholica, i. e. orthodoxa Christi et apostolorum doctrina, quae cum haereses in ecclesia passim invalescerent, dicta est catholica, quatenus a Christo et apostolis profecta, omnibus fidelibus commendata atque unanimi eorum consensu recepta et credita fuit. In diesem Sinne kann also auch einer eccl. particularis dieses Prädikat zukommen. Es kann ihr aber auch beigelegt werden im Gegensatz zu Partikularkirchen. Hoc modo idem est, quod universalis ecclesia, et hoc modo ad ecclesiam catholicam non sufficit, quod Christi et apostolorum doctrinam amplectatur, quia hanc etiam particularis ecclesia recipit, sed requiritur insuper ad catholicam ecclesiam, ut omnes credentes omnium locorum et temporum ambitu suo includat. *Hutt.* (ll. c. th. 555). Quaecunque ergo detur ecclesia, sive Romana, sive Corinthiaca, sive Hierosolymitana sive quaevis alia, illa hoc postremo significatu tantum est particularis: licet respectu praecedentium significationum catholica dici possit, dummodo unitatem fidei et spiritus sartam tectam custodiat ac retineat. –

4. *Holl.* (1303). *Apostolica* dicitur eccl. partim, quod plantata sit ab apostolis; partim quod traditam ab apostolis doctrinam salutis amplexa et superstructa sit super fundamentum apostolorum et prophetarum, Eph. II,20. –

7. *Gerh.* (XI,39sq.) ... quod unumquemque salvandorum necesse sit, esse vivum membrum et verum civem *ecclesiae catholicae et apostolicae*, et quod illi, qui sunt extra ecclesiam, sint alieni a Deo, a Christo, a beneficiis regni coelestis et spe aeternae salutis. Probant hoc: 1.Eph. II,12.13. IV,17. V,8. 1Petr. II,9. Ap. XXII,15. XXI,8. ...; 2. beneficia ecclesiae propria, utpote regeneratio, renovatio etc.; haec enim, cum extra ecclesiam ... non habeant locum, ideo etiam extra ecclesiam non potest esse salus. Der Satz: extra ecclesiam nulla salus sagt zunächst also nur das aus, daß niemand selig werde, als wer da glaube. –

8. *Conf. Aug.* VII,1. Docent, quod una sancta ecclesia perpetuo mansura sit.

Gerh. (XI,107). Nequaquam statuimus, ecclesiam catholicam (scil. invisibilem et stricte dictam) deficere vel interire posse, qua Christus est rex aeternus et sponsus ecclesiae perpetuus, vi ergo relationis regnum habet aeternum et semper sibi colligit ecclesiam ex genere humano, quam ut sponsam suam fovet, amat, tuetur, Matth. XVI,18. Luk. I,33. 1Tim. III,15. –

9. *Gerh.* (XI,143). Tota ecclesia nunquam sic errat, ut non sint, qui simplicem verbi ductum sequentes spiritus s. directione et efficaci operatione in veritate et fide eo modo sanctificentur, ut fundamentum salutis retineant, ab erroribus fundamentalibus immunes perseverent, ac virtute Dei ad salutem conserventur, licet illi nonnunquam pauci sint ac persecutionibus et corruptelis publice grassantibus ita lateant, ut publice coram mundo non agnoscantur, Matth. XVI,18. XXIV,24. XXVIII,20. –

Id. (XI,143). De ecclesia electorum in terris adhuc militante distincte respondendum est, cum errores sint duplices, quidam fundamentales, qui ipsum fidei fundamentum evertunt, quidam vero non fundamentales, qui cum fundamento fidei consistunt ac duplici modo error contingere possit vel ad tempus vel finaliter. Electi ad tempus involvi possunt, quidam actu etiam involvuntur erroribus, non solum levioribus, sed etiam fundamentalibus, interim tamen ante vitae finem ex illis iterum eluctantur, alias enim non essent electi proprie sic dicti: proinde in *erroribus fundamentalibus* finaliter non perseverant, sed *erroribus levioribus* non solum ad tempus, sed etiam finaliter involvi possunt, qui tamen igne crucis et tentationis in illis absumuntur, ne salutem eorum evertant. –

10. *Br.* (759). Ecclesia Christi, per orbem terrarum diffusa, plures continet coetus partiales, qui et ipsi nomen ac definitionem ecclesiae sibi vindicant, nempe fideles ipsi ita diffunduntur per orbem terrarum, ut tamen, hic atque illic certis vinculis uniti, in congregationes quasdam coalescant easque constituant, quatenus uno ministerio ordinario atque integro, sed ab aliarum congregationum ministeriis distincto, utuntur.

Quen. (IV,479). Dicitur ecclesia *universalis* duplici ratione, 1. rat. loci; 2. rat. temporis. *Ratione loci* dicitur eccl. universalis ille coetus, qui ex diversis populis per universum terrarum orbem ad ecclesiae consortium et beneficiorum Christi participationem per verbum et sacramenta convocatur. *Ratione temporis* vero ille coetus, qui diversis temporibus ab origine mundi usque ad illius finem per verbum congregatur. Adeoque ecclesia *absolute*, sive tam ratione loci, quam ratione temporis universalis est ille coetus vere fidelium, quem Deus ab origine mundi usque ad illius consummationem ex omnibus populis et gentibus per verbi praedicationem ad actualem spiritualium et coelestium bonorum communionem vocavit, et hodienum vocat et usque ad finem seculi vocabit et colliget. – Ecclesia *secundum quid universalis* est coetus omnium vere fidelium, qui eodem tempore, v. gr. V. vel N. T. vel etiam hodieno, ubivis locorum, in una eademque fidei, gratiae, caritatis et salutis communione interna persistunt. *Eccl. particularis* est coetus non omnium, sed aliquorum fidelium, in loco certo ad salutem participandam vocatorum et in communione spirituali interna persistentium. – Eccl. particularis etiam dupliciter dicitur a) ratione temporis; b) rat. loci. Temporis ratione alia est ecclesia veteris, alia novi testamenti. Ratione loci: alia colligitur Deo in toto aliquo regno, alia in aliqua civitate aut etiam domo. Hinc apostoli nominant non solum ecclesiam *κατ' οἶκον*, Rom. XVI,5. et *τὴν ἐν Κορίνθῳ*, 1Kor. I,2, sed in plurali etiam ecclesias *τῶν ἐθνῶν*, Rom. XVI,4. Gal. I,2.22. Ap. I,4.

11. Die Kirche in diesem weiteren Sinne wird dann der coetus vocatorum genannt und als ecclesia late et improprie sic dicta (totus coetus vocatorum, in quo omnes, qui externa professione sese aggregant ad auditum verbi et usum sacramentorum, pro ecclesiae illius membris habentur) unterschieden von der ecclesia stricte (proprie, praecise, principaliter) dicta (totus coetus vere credentium et sanctorum, qui non solum externa professione fidei

et usu sacramentorum externo, sed etiam vera fide cordis et interiore regeneratione sunt donati). Die ecclesia late dicta wird dann per synecdochen Kirche genannt, scil. partis pro toto, quo coetui toti ex bonis et malis conflato tribuitur, quod tantum parti competit. – Von der Kirche im ersteren Sinne handeln: Act. XX,28. 1Kor. XII,28. XIV,4.23. Von der im andern Sinne: Matth. XVI,18. Eph. I,22.23. V,23–26. 1Tim. III,15. – *Gerh.* (XI,50). Qui per vocationem in ecclesiae coetum congregantur, sunt in duplici differentia. Quidam enim *interius* per spiritum s. regenerantur, renovantur, vera fide donantur, illuminantur, sanctificantur, et hac ratione fiunt vera et viva ecclesiae membra. Quidam vero externa tantum societate, quae in professione fidei et usu sacramentorum consistit, coetui vocatorum, h. e. ecclesiae visibili sese conjungunt, interna regeneratione et sanctitate destituti. – *Illi* sunt vera et viva ecclesiae membra, quae a Christo capite vitam et spiritum hauriunt, *hi* sunt membra putrida et emortua; *illi* pertinent ad ecclesiam interne, *hi* improprie; *illi* respectu interioris et spiritualis cum Christo conjunctionis, *hi* respectu externae consuetudinis, professionis et societatis cum coetu vocatorum; *illi* in corde, *hi* in externa specie; *illi* ὄντως, *hi* οἰομένως; *illi* judicio Dei, *hi* judicio hominum; *illi* ut de anima et corpore ecclesiae pariter, *hi* ut de corpore et non de anima; *illi* ut verae et sanae corporis partes, *hi* ut scabies et mali in corpore humores. –

12. *Gerh. conf. cathol.* Non statuimus duas ecclesias, unam, veram et internam, alteram nominalem et externam, sed dicimus unam eandemque ecclesiam, totum scil. vocatorum coetum dupliciter considerari, ἔσωθεν scil. et ἔξωθεν, sive respectu vocationis et externae societatis in fidei professione et sacramentorum usu consistentis: ac respectu interioris regenerationis et internae societatis in vinculo spiritus consistentis. Priori modo ac respectu etiam hypocritas et non sanctos ad ecclesiam pertinere concedimus, sed posteriori modo ac respectu solos vere credentes et sanctos ad eam pertinere contendimus. – Aber *Hutt.* (ll. c. th. 508): Quamquam ad salutem minime sufficit, ut sic generaliter loquendo et tantum quoad externam fidei christianae professionem sis in ecclesia: salus tamen ipsa extra hunc coetum nemini obtingere potest. Et hic locum habet comparatio illa ecclesiae cum arca Noachi. Quemadmodum enim extra hanc nemo servatus fuit, durante diluvio, neque tamen omnes, qui in arca fuerunt, aeternum salvati sunt: ita extra hanc vocatorum ecclesiam nemo salvatur, non salvantur tamen omnes, quotquot in amplissimo isto ecclesiae coetu continentur. –

13. *Hutt.* (ll. th. 193). Si externam societatem signorum ac rituum ecclesiae respicias, ecclesia militans dicitur esse *visibilis*, et omnes eos complectitur, qui versantur in coetu vocatorum, sive sint pii sive impii, sive electi sive reprobi. Si vero ecclesiam consideres, quatenus est societas fidei et spiritus s. in cordibus fidelium habitantis, dicitur *invisibilis* et electorum propria, cf. *Apol. conf.* IV,3.

Br. (769). Ecclesia proprie dicta quidem *non est visibilis distincte* (seu cognoscibilis ut, quinam sint, ex quibus tanquam membris revera constet, distincte et in individuo nosse queamus. Fides enim nec in sensus incurrit, neque, quae in aliis est, a nobis satis certo intelligi potest, 2Tim. II,19), *sed confuse tantum* (nempe ubi dantur congregationes, praesertim ampliores, in quibus verbum Dei recte docetur et sacramenta rite administrantur, ibi dari aliquos vere credentes et sanctos, qui ecclesiae Christi partem constituunt, bene intelligitur.) Ea vero, *quae synecdochice dicitur ecclesia particularis,* ita visibilis est, ut tanquam vera et quoad membra sua distincte agnosci et ab ecclesiis falsis seu corruptis discerni queat (qui enim fidem catholicam integram et corruptam exterius profitentur, et sacramentis Christi recte utuntur, cognosci utique et in individuo possunt). Die ecclesia ist also *Gerh.* (XI,82sq.): 1. *visibilis* respectu vocatorum, *invisibilis* respectu electorum, nam ... qui sint vere renati ac electi, non apparet exterius nec beneficio oculorum comprehendi potest; 2. *visibilis* respectu societatis externae, *invisibilis* respectu societatis internae; quinam enim ad externam ecclesiae societatem pertineant, oculis hominum est obvium, sed quinam ad internam ecclesiae societatem pertineant, non item, quia fides et spiritualis novitas ... infirmitatibus carnis obtecta latet; 3. *visibilis* respectu externorum mediorum et instrumentorum, per quae in his terris Deo colligitur ecclesia; uti etiam respectu externorum religionis exercitiorum, quae sunt professio doctrinae ac disciplina ecclesiastica, praedicatio verbi et administratio sacramentorum, uti etiam reliqua externa ecclesiae officia. Vicissim *invisibilis* dicitur primario quidem et potissimum respectu fidei et internorum donorum spiritus s. in renatis, quae humanis oculis perspici nequeunt, deinde etiam respectu capitis in mystico illo corpore, quod jam non videmus, et quia discretio bonorum ab hypocritis, quibus in visibili ecclesia intermixti sunt, soli divinae notitiae est relicta.

Übrigens gilt von dieser Unterscheidung dasselbe, wie von der in eccl. stricte et late dicta. *Gerh.* (XI,81). Nequaquam introducimus duas ecclesias sibi invicem oppositas, ita ut visibilis et invisibilis ecclesiae sint species contradistinctae, sed unam eandemque ecclesiam *respectu diverso* visibilem et invisibilem esse dicimus. – Die eccl. visib. et invisib. sind sich also nicht contrarie oppositae, sondern subalternae ac subordinatae. Nam invisibilis electorum coetus continetur sub visibili congregatione vocatorum, quia extra coetum vocatorum non sunt quaerendi electi et ecclesia vocatorum latior est, quam electorum (Matth. XX,16). Quicunque igitur pertinent ad ecclesiam invisibilem, i. e. quotquot sunt electi, illi etiam sunt vocati, sed non contra *Gerh.* (XI,83).

Weiter werden falsche Auffassungen des Begriffs eccl. invisibilis abgewehrt durch ff. Bestimmungen (ibid.): Ecclesiam electorum dici *invisibilem*, non quod illi per orbem dispersi pii ratione suae personae non veniant sub conspectum hominum, sed quia fides et divina electio, ratione quarum ad ecclesiam ut viva membra pertinent, in illis non apparent, videntur ut homines corporei, non videntur ut homines electi: *nec ideo ecclesiam elect. dici invisibilem*, quod piis et electis cum visibili ministerio verbi ac sacramentorum, et cum exercitio divini cultus externo nihil plane sit commercii, sed quia dona spiritus s. interna, quibus ipsi tanquam viva ecclesiae membra a putridis et mortuis membris in oculis Dei discernuntur, hominum adspectui minime sunt obvia. Als finem secundarium, um dessenwillen zwischen eccl. visib. und invisib. unterschieden wird, gibt *Gerh.* (XI,85) noch ff. an: Quia non solum regna mundana externo splendore ecclesiam antecellunt, sed etiam coetus haeretici opibus, potentia, gloria etc. saepius eminent, ideo ne ab externa illa specie de ecclesia judicetur, dictum est, ecclesiam esse invisibilem, h. e. quod miser, contemtus et exiguus ille coetus, in quo multae sunt infirmitates, quique non tantum persecutionibus et cruce premitur, sed etiam offendiculis et scandalis deformatur, sit ecclesia, de qua non ab externa specie, sed ex verbo sit statuendum et juxta verbi normam judicandum. Et hoc sensu ac respectu concedimus, ecclesiam in hac significatione non esse perpetuo eodem modo invisibilem, h. e. non semper eodem modo pressam, contemtam et abjectam latere, sed lunae instar externum ejus splendorem variari, augeri ac minui; quandoque enim persecutionibus premitur et haeresium nebulis obscuratur, quandoque vero tranquillitate fruitur et doctrinae sinceritate clarissime fulget.

Die symbolischen Bücher und die frühesten DD., wie Melanchthon, haben dem Ausdruck nach die Unterscheidung zwischen eccl. visib. und invisib. noch nicht: der Sache nach liegt sie aber in ff. Äußerungen: *Ap. conf.* IV,5. Ecclesia non est tantum societas externarum rerum ac rituum, sicut aliae politiae, sed principaliter est societas fidei et spiritus s. in cordibus. – Et haec ecclesia sola dicitur corpus Christi, quod Christus spiritu suo renovat, sanctificat et gubernat. ... 12. Quamquam igitur hypocritae et mali sint socii hujus verae ecclesiae secundum externos ritus, tamen cum definitur ecclesia, necesse est eam definire, quae est vivum corpus Christi, item, quae est nomine et re ecclesia. Die frühesten DD. gehen aber überhaupt nicht wie wir von dem Begriff der ecclesia als einer congregatio sanctorum aus und brauchen auch den Ausdruck eccl. visibilis in anderem Sinne. So *Mel.* (ll. c. th. 285). Eccl. visib. est coetus amplectentium evangelium Christi et recte utentium sacramentis, in qua Deus per ministerium evangelii est efficax. Ihnen ist es darum zu tun, diejenigen abzuweisen, die sich an keine sichtbare Kirche anschließen wollen; sie sagen, diese komme gar nicht zur Erscheinung. Mit der Behauptung, die Kirche sei visibilis, will also *Mel.* nur sagen, es ließen sich wohl gewisse Merkmale angeben, an denen eine Kirche als die wahre erkannt werden könne. *Ap. conf.* IV,20. Neque vero somniamus nos Platonicam civitatem, ut quidam impie cavillantur, sed dicimus, existere hanc ecclesiam, videl. vere credentes ac justos, sparsos per totum orbem. Et addimus notas puram doctrinam evangelii et sacramenta. –

14. *Br.* (761), Encomia illa insigniora et promissiones perpetuae durationis, quae in scripturis ecclesiae tribuuntur, non ad aliquam certam particularem ecclesiam, sed ecclesiam Christi absolute spectatam referri debent. –

15. *Gerh. conf. cath.* Opposita est distinctio ecclesiae in visibilem et invisibilem opinioni Pontificiorum, quod ad Romanum pontificem et praelatos, qui sunt in ordinaria successione, ecclesia Christi ita sit alligata, ut quodcunque illi statuant et sentiant, necessario sit ab omnibus recipiendum ac nullo modo nullove praetextu ab illis discedendum. Item persuasioni illorum, qui in delictis sibi blandiuntur seque non posse damnari putant, cum sint visibilis ecclesiae membra. –

16. *Gerh.* (XI,13). Caeterum quia sanctis ac vere credentibus in ecclesia conjuncti sunt non-sancti, destituti quidem interna regeneratione ac renovatione, externa tamen societate (quae in professione fidei et usu sacramentorum consistit) sanctorum coetui in hac vita conjuncti, inde est, quod ecclesia quandoque populariter accipitur pro toto coetu vocatorum, *cui honorifica illa praeconia, quae ecclesiae in scripturis tribuuntur, non nisi per synecdochen, usitatam in scripturis figuram, competunt,* nimirum propter electos, qui sunt in hoc coetu, perinde ac si quis civitati praeclara encomia tribuat propter honestos ac moratos cives, quibus tamen intermixti sunt mali ac perversi, vel si quis agrum egregiis epithetis ornet propter triticum, cui tamen intermixta sunt zizania. –

17. *Holl.* (1317). Quaelibet ecclesia particularis et visibilis fundamentalibus erroribus adeo contaminari potest, ut praevaleant publicumque ministerium constituant doctores falsam doctrinam profitentes, paucitate vere credentium sub multitudine errantium latente. –

Gerh. (XI,109). Nec hanc solam et illam particularem ecclesiam, sed omnes omnino particulares ecclesias, adeoque totam visibilem ecclesiam nube corruptelarum, errorum, scandalorum, haeresium, persecutionum etc. obscurari inque eum statum redigi posse dicimus, ut splendor et claritas ejus exterior deficiat, nec supersit *illustris aliquis et conspicuus coetus,* qui puro verbi ministerio publice sonante gaudeat. Daher gegen die Katholiken (ibid.): Negamus igitur ecclesiam ad certam quandam sedem eo modo adligatam esse, ut in illa perpetua quadam successione visibili splendore sit duratura, sicut adversarii de Romana ecclesia dicunt, quod sit unica illa catholica ecclesia, in qua sit pontifex Christi vicarius. ... Aber doch (ibid. 110): Nec unquam ecclesia ita latet, quin ab aliquibus conspiciatur, si non a mundo et infidelibus, tamen a piis confessoribus exsulantibus et latentibus; quin imo ut in profundissimo exinanitionis statu Christus, ecclesiae caput, radios quosdam divinae majestatis suae exserebat, ex quibus vera ipsius divinitas cognosci poterat, sic in profundissima ecclesiae depressione quorundam martyrum confessio emicat et ecclesiae perpetuitati ac veritati clarissimum testimonium exhibet.

18. *Holl.* (1306). Eccl. vera seu pura est coetus hominum, in quo omnia, quae ad salutem creditu et ad vitae sanctimoniam factu sunt necessaria, citra admixtos errores noxios ex verbo Dei perspicue docentur, et sacramenta juxta institutionem Christi rite administrantur, et sic filii Dei spirituales gignuntur, qui per veram fidem Christo capiti conjunguntur et in ipso unum corpus fiunt.

(1307.) *Eccl. falsa s. impura* est coetus hominum, in quo doctrina fidei ex verbo Dei admixtis erroribus et corruptelis publice proponitur et sacramenta quidem administrantur, sed non eo modo et fine, quo a Christo instituta sunt, dispensantur.

Obs.: Eccl. vera et falsa hic sibi opponuntur *non contradictorie,* quo sensu falsa est ecclesia, quae plane non est ecclesia, v. gr. coetus Muhamedanorum, totam religionem veram pessumdans, sed *privative,* ut ecclesia falsa sit falsata, vitiata, corrupta, impura. – In Beziehung auf diese letztere wird aber nicht behauptet, daß nicht auch innerhalb ihrer welche selig werden könnten, da in einer solchen Kirche doch immer noch das Wort Gottes gepredigt wird. *Holl.* (1313). In qua ecclesia verbum Dei publice praelegitur et praedicatur, juxta atque baptismus in substantialibus integer administratur, in illa nasci possunt et nascuntur Deo filii spirituales, et haeredes vitae aeternae. Atqui in quadam ecclesia corrupta (Romana, Graeca) verbum Dei publice praelegitur. Ergo etc. – (1314). In ecclesia falsa, specificativa dicta, quatenus in eadem verbum Dei publice praelegitur, et baptismus in substantialibus integer administratur, datur regeneratio et salus, at non sine ingenti periculo animarum: quippe quae dogmatibus falsis sic obtenebrari possunt, ut vel non accendatur lux fidei vel in baptismo accensa erroribus obruatur et exstinguatur.

Der Satz: »extra ecclesiam nulla salus«, den sich auch unsere Kirche aneignet (cf. not. 7), schließt also nicht geradezu die Glieder einer anderen eccl. particularis von der Hoffnung des Heiles aus, da man ja auch in einer solchen wiedergeboren werden kann. Der Satz wird also von unserer Kirche anders verstanden als von der katholischen; von dieser wird das Heil jedem abgesprochen, der einer anderen eccl. particularis angehört, von unserer Kirche wird mit diesem Satz nur behauptet, daß, wer seines Heiles gewiß sein wolle, der congregatio sanctorum angehören müsse. –

19. *Holl.* (1307). Notae propriae (essentiales atque principales) ecclesiae visibilis verae, ex quibus ejus veritas ita cognoscitur, ut a qualibet ecclesia falsa discerni queat, sunt *pura* verbi divini praedicatio (Joh. XV,3) et legitima sacramentorum administratio (Rom. IV,11). – *Gerh.* (XI,195). Verbo Dei et usu sacramentorum ecclesia constituitur, congregatur, alitur et conservatur. Ergo verbum Dei et usus sacramentorum sunt propriae, genuinae et infallibiles ecclesiae notae et per consequens, ubi illa pura sunt, pura est ecclesia. – *Gerh. conf. cath.* Quando pura verbi praedicatio nota verae ecclesiae statuitur, tunc praedicationis nomen *generaliter* accipitur pro doctrinae professione omnibus ecclesiae membris, pastoribus et auditoribus communi ac pro publica textuum biblicorum lectione, quae etiam est quaedam praedicatio, Act. XV,21. (quae, utrum pura sit an impura cognosci debet ex symbolis et confessionibus publicis, totius ecclesiae nomine editis vel a tota ecclesia approbatis, non ex opinionibus aut scriptis hujus aut illius doctoris. *Holl.* [1308]). Praedicatio *stricte accepta* est pastoris potius actio propria, quam totius ecclesiae communis nec simpliciter et absolute ad ecclesiam necessaria, ut ostendunt tempora gravissimarum persecutionum, in quibus per solam scripturae lectionem absque publica doctrinae purae praedicatione ecclesia conservari potuit.

Ferner: Totae ac integrae ecclesiae non sunt aestimandae ex solis pastoribus, nec ex quibusdam paucis, proinde non sunt statim totae ecclesiae damnandae, si vel pastores vel quidam pauci ab integritate et sinceritate doctrinae discedant, quia puriores saepe sunt auditorum aures, quam labia docentium ac multi in corrupto ecclesiae statu post baptismum perceptum retinentes fundamentalia doctrinae coelestis capita erroribus, quos pseudodoctores in ea spargunt, vel non assentiuntur, vel sine ulla pertinacia iis adhaerent, vel ex iis ante finem vitae iterum eluctantur.

Endlich: Notandum tamen, quod puritatis illius sint certi quidam gradus, quia verbum Dei aliquando magis pure, aliquando vero minus pure in ecclesia praedicatur, nec statim desinit esse ecclesia, si vel maxime in quibusdam religionis capitibus non pure doceatur.

Quo igitur purius et sincerius in ecclesia praedicatur Dei verbum, quo propius ad normam scripturae s. praedicatio et doctrina accedit, eo purior et sincerior erit ecclesia; quo vero longius a regula verbi recedit, eo impurior et corruptior erit ecclesiae status. Nec tamen per quamvis corruptelam desinit esse ecclesia, quia ostendimus superius, Deum etiam tunc semen sanctum et spirituales filios sibi generare et conservare, quando publicum ecclesiae visibilis ministerium est corruptum. –

Gegen Donatisten und Montanisten wird mit großem Nachdruck behauptet, daß die oben angegebenen Merkmale die allein wesentlichen seien, daß aber auch, wo diese vorhanden, für den einzelnen der Anschluß an diese Kirche Pflicht sei. *Mel.* (ll. c. th. 284). Nec laudemus errones, qui vagantur et ad nullam se ecclesiam adjungunt, quia nunquam inveniunt talem ideam, in qua non desideretur aliquid in moribus, aut disciplina, sed quaeramus ecclesiam, in qua articuli fidei recte docentur, et ad hanc nos adjungamus. –

Als trüglich werden die von der katholischen Kirche angegebenen Merkmale einer wahren Kirche verworfen, die von ihr angegeben werden: nomen catholicum – antiquitas – duratio diuturna – amplitudo s. multitudo credentium. – successio credentium episcoporum in Rom. ecclesia – conspiratio in doctrina cum ecclesia antiqua – unio membrorum inter se et cum capite – sanctitas doctrinae – efficacia doctrinae – sanctitas vitae auctorum – gloria miraculorum – lumen propheticum – confessio adversariorum – infelix exitus hostium – felicitas temporalis allata iis, qui ecclesiam defenderunt. – Von dem Merkmal der antiquitas bemerkt *Holl.* (1312): Per ecclesiam antiquam intelligitur vel ea, quae ante plura secula exstitit quidem, sed valde corrupta; vel eccl. apostolica. Si prius, eccl. vera ex ecclesia antiqua corrupta cognosci nequit; sin posterius, nota illa quidem se recte habet, sed redit ad nostram sententiam. Consentire enim cum antiqua ecclesia apostolica significat, puram doctrinam, quam illa habuit, amplecti. –

§ 57
Ecclesia synthetica et repraesentativa

Die Gesamtheit aller derer, die zum Heil in Christus berufen sind, kann nicht gleichmäßig an allen Angelegenheiten der Kirche beratend, lenkend und entscheidend teilnehmen: sie sucht sich daher ein Organ, durch das sie sich vertreten läßt und dem sie diese Geschäfte zuweist, und findet dieses in dem Lehrstand, dem also nicht nur das Geschäft zukommt, den Glauben der Kirche in öffentlicher Predigt zu verkündigen[1], sondern auch das, die Kirche zu leiten und alle Fragen, die sich in ihr auftun, zu beraten und zu entscheiden. Den Lehrstand nennen wir daher die *ecclesiam repraesentativam*, zum Unterschied von der *ecclesia synthetica*, worunter wir die Gesamtheit aller Glieder der Kirche verstehen[2]. Dieser Lehrstand tritt sodann bei allen besonderen Angelegenheiten, die einer Beratung bedürfen, in einem Konzil zusammen, von dem jedoch auch Laien nicht ausgeschlossen sind, wenn sie sich als erfahren in kirchlichen Angelegenheiten erweisen[3], und die dort gefaßten Beschlüsse gelten als Norm für die Kirche. Ein solches Konzil wird concilium *generale* s. universale genannt, wenn alle oder doch die meisten Partikular Kirchen, conc. *particulare*, wenn nur einige Partikular-Kirchen auf diesem vertreten sind[4]. Die Ordnung bringt es mit sich, daß jedes Konzil einen Vorsteher hat, aber nur zu dem Zweck, um in gesetzmäßiger Ordnung die zu beratenden Gegenstände zur Vorlage zu bringen und die Beratung zu leiten, nicht aber so, als wenn ihm in den Glaubenssachen selbst, die beraten werden, eine höhere Autorität zukäme[5]. – Die Berufung eines Konzils wird im geordneten Zustand von dem politischen Machthaber, unter dessen äußerem Schutz die Kirche steht, ausgehen, in außerordentlichen Fällen steht aber das Recht der Berufung auch einer Gesamtheit in der Kirche zu[6]. – Der Zusammentritt eines Konzils kann endlich keinen andern Endzweck haben als den, die in Frage stehenden Angelegenheiten auf dem Grund der Hl. Schrift zu prüfen und zu entscheiden[7], denn auch dem Konzil öffnet sich keine andere Quelle, aus der es die Entscheidung schöpfen könnte; die Autorität eines Konzils ist darum in allen Glaubenssachen nicht absolut entscheidend, und das Konzil kann eine Unterwerfung der Kirche unter seine Beschlüsse nie darum in Anspruch nehmen, weil diese Beschlüsse von ihm ausgegangen sind, sondern nur darum, weil, und nur dann, wenn die Entscheidung auf dem Grund des göttlichen Wortes stattgefunden hat und diesem gemäß ist[8]. Je einhelliger die Beschlüsse eines Konzils sind, und je größer die Anzahl der Partikular-Kirchen ist, die mit diesen Beschlüssen übereinstimmen, desto mehr Gewicht haben diese, obwohl sie auch da nicht untrüglich und also auch dann nicht von absolut entscheidender Autorität sind[9]. –

1. *Holl.* (1320). Professio fidei, quae editur voce pastorum, cum doctrinam Christi in conventibus publicis inculcant, et ad auditorum captum declarant, communis confessio ecclesiae totius et singulorum membrorum censetur.

2. *Holl.* (1277). Eccl. *synthetica* (ἀπὸ τῆς συνθέσεως, a collectione vel compositione omnium vivorum ecclesiae membrorum, quae faciunt unum corpus mysticum) est ecclesia collective sumta, constans ex doctoribus et auditoribus, ejusdem fidei vinculo conjunctis, et appellatur ecclesia synthetica ad differentiam ecclesiae *repraesentativae* (Matth. XVIII,16), quae est coetus doctorum ad decidendum quaestiones de doctrina fidei et moribus christianorum solemniter congregatorum. (*Quen.* [IV,478]: utpote qui plenius et melius repraesentare et exponere possunt publicam doctrinam ecclesiae, quam soli auditores semotis doctoribus.)

Die Frage, um die es sich handelt, ist allgemeiner die, wem das regimen ecclesiae zukommt? *Hutter* antwortet (ll. comm. th. 568): Contendimus, formam regiminis aristocraticam esse optimam et ecclesiae in his terris militanti rectissime competere. Genauer: *nostra est sententia,* quod omnium optima et utilissima regiminis ecclesiastici sit forma, si ecclesia sub uno universali capite Christi et sub uno aequali ministerio doctorum et pastorum sive episcoporum ecclesiae in unitate fidei et spiritus in unum corpus mysticum coalescat. *Romanensium vero sententia est haec,* quod omnium optima et utilissima regiminis eccles. sit forma, si ecclesia praeter Christum aliud etiam visibile caput hisce in terris agnoscat, nempe pontificem Romanum. ... *Hutter* sagt dann weiter (581): quaestio est: si forma regiminis ecclesiastici monarchia non possit subsistere, quaenam ergo in ecclesia locum habeat? und antwortet: ad quam quaestionem haud simpliciter categorice respondendum, sed distincte progrediendum esse existimo, secundum triplicem respectum, quem ecclesia sustinet. Nam 1. considerari potest ecclesia respectu summi et unici capitis, quod est solus Christus Jesus. Hoc respectu fatemur ecclesiae regimen simpliciter et absolute esse monarchicum. Deinde 2. considerari potest ecclesia ratione corporis mystici, quod ex universa vocatorum fidelium compage in unum corpus coalescit et uno spiritu s. vivificatur. Jam quatenus in electione et vocatione ministrorum totius istius populi et omnium trium ordinum hierarchicorum vota atque suffragia requiruntur, quatenus item privilegia, bona, jura et dignitates ecclesiae, non ad hunc vel ad illum ordinem solum, non ad hunc vel illum hominem sunt alligatae, sed toti ecclesiae a Christo et apostolis sunt traditae et commissae, eatenus certe regimen ecclesiae cum democratia aliquid simile habere, haud inepte Flacius Illyricus censuit. ... Tandem 3. consideratur etiam ecclesia respectu ministrorum et pastorum. Sed ita ut alia sit ecclesia universalis, alia particularis. Nam particularis ecclesia potest habere unum certum pastorem. ... Verum de tali regimine particularis ecclesiae ... non est quaestio. Sed tantum de regimine universalis sive catholicae ecclesiae: num hoc quoad pastores et episcopos sit monarchicum et ab uno dependeat? Ubi nos negativam tuemur, ... et regimen hoc aristocraticum ... esse credimus et docemus, his freti argumentis: 1. quo modo primitiva ecclesia ab apostolis gubernata est, eodem omnibus temporibus ecclesia administrabitur. Atqui aristocratice eam apostoli gubernarunt. Ergo. 2. Quod a paucis iisque praecipuis pari jure administratur, id regitur aristocratice. Atqui ecclesia a paucis et optimatibus pari jure administratur. E. 3. Probatio ex praxi primitivae ecclesiae peti potest, quae ab episcopis ... gubernata fuit ... 4. Et postrema probatio ex antiquitatis consensu proferri potest. ... Concludimus proinde θέσιν nostram generali hoc syllogismo: quidquid Deus instituit, ab apostolis semper observatum, a praxi veteris ecclesiae confirmatum, ecclesiae denique utile et salutare fuit: illud pro necessario est habendum et in ecclesia constanter retinendum. Atqui gubernatio ecclesiae, quoad episcopos et doctores, aristocratica talis est. ... E. pro necessaria est habenda et constanter retinenda neque in monarchicam ullo pacto commutandam. –

3. *Holl.* (1320). In conciliis congregantur doctores et *delegati ecclesiae* (*Br.* [773]: laici, modo rerum sacrarum periti, solertes, pii ac pacis amantes sint), quibus a tota credentium communione commissa est potestas cognoscendi et judicandi de publica interpretatione doctrinae in capitibus dubiis et controversis.

Da auch bei den Konzilien der Lehrstand bei weitem vorwiegt, so bedarf es auch bei der oben gegebenen Definition von eccl. repraes. keiner besonderen Erwähnung des Laienstandes.

Materia circa quam versantur concilia: quaestiones de dogmatibus fidei, moribus et caeremoniis ecclesiae Christi. Exempl. Act. XV,29.

Als die causa principalis et remota justi et legitimi concilii wird Gott genannt. *Quen.* (IV,483). Concilia habent originem divinam. In V. T. Num. XI,16. Deut. XVII,9. Ps. CXXII,5. In N. T., quoad genus Matth. XVIII,17. (ubi per ecclesiam intelligitur coetus judicans, multitudo autem promiscua non judicat. Ergo eccl. repraesentativa innuitur, quae est congregatio doctorum. *Holl.* [1321]), inchoata in celebri illo apostolico Hierosolymitano conventu, Act. XV,28. –

4. *Holl.* (1324). Concilia *universalia* sunt, ad quae vel ex omnibus vel ex plurimis orbis christiani partibus viri docti et pii vocantur. *Particularia* vel sunt *nationalia*, ad quae viri docti et pii unius nationis evocantur, vel *provincialia*, in quibus doctores unius provinciae conveniunt, vel *dioecesana*, quae ex viris religiosis unius dioeceseos constant. –

5. *Holl.* (1322). *Praeses concilii invisibilis* est spiritus s. (Act. XV,28. qui mediante verbo in s. literis comprehenso loquitur, docet, illuminat et dirigit mentes assessorum ecclesiae). *Praeses visibilis* est vel politicus, vel ecclesiasticus. *Praeses politicus* est imperator, rex aut princeps christianus, aut aliquis ab illo delegatus. *Praeses ecclesiasticus* est unus vel plures episcopi, ab imperatore, rege aut principe vel communi totius concilii suffragio electi.

Praes. politicus externum concilii ordinem moderatur, colloquentibus securitatem a vi externa praestat, impedit tumultus, coercet rixantes decreta majoris et melioris partis approbat, publico edicto sancit et exsecutioni tradit. *Praes. ecclesiasticus* interna ecclesiae seu ipsas actiones ecclesiasticas, quae circa doctrinam fidei sunt, moderatur, *non cum auctoritate coactiva*, sed ordinativa quaestiones, de quibus deliberandum est, accurate proponit, candide explicat. –

(1323.) *Assessores* et judices in conciliis praeter praesides sunt non tantum episcopi, doctores et pastores, sed etiam laici, literarum sacrarum periti, pii, veritatis et pacis amantes, ab ecclesiis delegati, ut de rebus propositis sententiam ferant (Act. XV,22.25).

6. *Holl.* (1321). Potestas indicendi et convocandi concilia est penes magistratum politicum orthodoxum; quo deficiente possunt ipsi fideles, citra injuriam in dominos territoriorum heterodoxos, congregationem ecclesiasticam instituere. – Not. Si magistratus sit heterodoxus et infidelis, non tamen exspirat jus et potestas convocandi concilia, si id ipsum orthodoxi efflagitent. Quod si is petito non annuerit, possunt ipsi episcopi exemplo apostolorum quasi precario congregare concilia (Act. XV,2).

Daher die Antithesen gegen die katholische Kirche: 1. Jus et auctoritas indicendi concilia, praesertim generalia, non est penes pontificem Romanum, sed penes summum magistratum politicum.

2. Praeses (ecclesiasticus) concilii non est necessario episcopus Romanus, vel ejus legati, sed is, qui per suffragia episcoporum ad illud eligitur *Quen.* (IV,516).

7. *Holl.* (1323). Unicum principium et norma decidendi quaestiones controversas de dogmatibus et moribus est scriptura canonica (Deut. IV,2. Es. VIII,20. 2Tim. III,15. Gal. I,8. VI,16).

8. *Holl.* (1325). Concilia pollent auctoritate magna, eaque *decretoria* (in constituendo bono ordine et sanciendis ritibus atque corrigendis moribus ecclesiae, ut omnia fiant decenter et secundum ordinem, 1Kor. XIV,40) et *decisiva* (in dogmatibus fidei); aber die decisio ist nicht simpliciter judicialis, sed diaconica et ministerialis, adstricta ad methodum ordinariam interpretandi dicta scripturae (quam non habent inde, quod ecclesiam universalem exacte repraesentent). Auctoritas conciliorum non nascitur ex perfecta repraesentatione ecclesiae catholicae, siquidem nullum datur concilium, quod ecclesiam universam exacte repraesentet, (adeoque nullum datur concilium absolute universale et oecumenicum), sed habent eandem dependenter a scriptura s. et ex convenientia decretorum suorum cum eadem. –

9. *Holl.* (1325). Quamvis a posteriori ex consensu ecclesiarum per terrarum orbem existentium (conciliis) quaedam accedat auctoritas (quae concilia a pluribus ecclesiis recipiuntur, illa tantae auctoritatis esse censentur, ut ex illis verae ecclesiae doctrina haud invalide colligatur), (haec) tamen non est infallibilis aut immunis ab errandi periculo (nam qui extra concilium errori sunt obnoxii, in ipso concilio congregati tales manent: sed ecclesiae doctores extra concilium errori sunt obnoxii ... Ergo ...). –

§ 58
Ordo triplex hierarchicus

Wenn die Glieder der Kirche auch alle den gleichen himmlischen Beruf haben, so haben sie doch nicht den gleichen irdischen. Sie scheiden sich vielmehr nach drei Ständen, davon der eine (status ecclesiasticus) den Beruf hat, durch Predigt des göttlichen Wortes und Verwaltung der Sakramente den Glauben in der Kirche zu wecken, zu erhalten und zu mehren, der andere aber (status politicus) zu Gunsten der Gesamtheit für die äußere Wohlfahrt dieses zeitlichen Lebens Sorge tragen soll: beide Stände dienen also, jeder in seiner Weise, dem dritten Stand, der Familie (status oeconomicus), der sie ein geordnetes Leben bereiten und die sie in Erreichung ihres geistlichen Berufes fördern sollen[1].

§ 59
1. Status ecclesiasticus, der Lehrstand

Da Wort und Sakrament die Mittel sind, durch die allein eine Kirche entstehen kann, so hat Gott auch gewollt und verordnet, daß diese Mittel allezeit in Anwendung gebracht werden: damit hat er das Amt der Predigt und der Verwaltung der Sakramente gewollt[2]. Dieses ist also göttlich eingesetzt[3], und Gott hat seinerzeit selbst die einzelnen zu diesem Amt berufen, während er es jetzt nur noch mittelbar tut[4], durch die Kirche nämlich, die von ihm Recht und Beruf dazu erhalten hat[5]. Die Gesamtheit derer, die mit diesem Amt betraut sind, nennt man den Lehrstand. Von der Kirche müssen also jetzt die einzelnen Lehrer den Ruf und die Berechtigung erhalten haben, wenn ihnen das Recht zu lehren und die Sakramente zu verwalten gesetzmäßig zukommen soll.[6] Sie überträgt aber diesen ihr Amt durch die feierliche Handlung der Ordination[7], eine Handlung, durch die zwar nicht eine besondere übernatürliche Kraft oder Gabe dem Ordinierten mitgeteilt wird, die aber doch in gewöhnlichen Fällen nicht übergangen werden darf, weil es die Ordnung in der Kirche und das Beispiel der ältesten Kirche so mit sich bringt[8]. Mit der Ordination überträgt die Kirche an sie die Verpflichtung und das Recht, das Wort Gottes zu verkündigen und den Gehorsam gegen dieses zu erhalten, die Sakramente zu verwalten und den einzelnen die Sünden zu vergeben oder zu behalten (potestas ordinis – potestas clavium)[9]. In allen diesen Funktionen handelt der Geistliche nicht in seinem Namen, sondern wie im Auftrag, so im Namen Christi: alle Wirkung also, die das von ihm verkündigte Wort und die von ihm verwalteten Sakramente haben, geht nicht von ihm, sondern von Gott aus[10]. So hat er auch nach Matth. XVI,19. Joh. XX,23 das Recht, dem Bußfertigen die Sünden zu vergeben, dem Unbußfertigen sie zu behalten, und an wem dieses Recht geübt wird, der hat in diesem Akt nicht eine bloße Verkündigung zu sehen, sondern kann dessen gewiß sein, daß ihm wirklich dadurch die Sünden behalten oder vergeben sind; aber die Macht dazu hat der Geistliche nicht aus sich, sondern von dem Herrn, und er vollzieht nur in dem einzelnen Fall diese ihm aufgetragene Macht als Diener des Herrn[11]. – Die Kirche erwartet von dem einzelnen, dem sie solche Gewalt überträgt, und dem sie sich alsdann in Gehorsam unterwirft, daß er alle seine Verpflichtungen mit Treue übe, und hat, wo das nicht geschieht, das Recht, gegen ihn strafend einzuschreiten[12]. Die Kirche erteilt endlich dem einzelnen verschiedenen Rang und setzt verschiedene Grade in dem Lehramt fest, aber dies geschieht nur aus Gründen äußerer Ordnung, und die wesentlichen Rechte der Verkündigung des Wortes und der Verwaltung der Sakramente sind für alle die gleichen[13].

1. *Gerh.* (XII,2.2). Status sive ordines in ecclesia a Deo instituti numerantur tres, videl. ecclesiasticus, politicus et oeconomicus, quos etiam *hierarchias* apellare consueverunt. *Oeconomicus* ordo inservit generis humani multiplicationi; *politicus* ejusdem defensioni; *ecclesiasticus* ad salutem aeternam promotioni. *Oec.* ordo oppositus est a Deo vagis libidinibus, *polit.* tyrannidi ac latrociniis; *eccles.* haeresibus ac doctrinae corruptelis.

2. *Conf. Aug.* art. IV. Ut hanc fidem (justificationis) consequamur, institutum est ministerium docendi evangelii et porrigendi sacramenta. Nam per verbum et sacramenta tanquam per instrumenta donatur spiritus s., qui fidem efficit, ubi et quando visum est Deo, in iis, qui audiunt evangelium. ... Damnant Anabaptistas et alios, qui sentiunt spiritum s. contingere sine verbo externo hominibus per ipsorum praeparationes et opera.

Br. (785). Ad ecclesiae collectionem et conservationem necesse est quosdam homines fungi officio praedicandi verbum et administrandi sacramenta; ut per haec media fides hominibus conferatur et collata confirmetur et augeatur. Atque hoc est munus illud, quod dicitur ministerium ecclesiasticum.

Gerh. (XIII,224). Ministerium eccl. est officium sacrum et publicum divinitus institutum ac certis hominibus per legitimam vocationem commendatum, ut peculiari potestate instructi verbum Dei doceant, sacramenta administrent ac disciplinam ecclesiasticam conservent ad hominum conversionem et salutem promovendam, Dei vero gloriam propagandam.

3. *Hutt.* (ll. th. 186). Minister. eccles. institutum est non certe ab homine, sed a Deo ipso, Joh. XX,21. Matth. XXVIII,19 et 20. Mark. XVI,15. *Ap. conf.* XIII,11. Ministerium verbi habet mandatum Dei et habet magnificas promissiones, Rom. I,16. Es. LV,11.

4. *Holl.* (1332). Per vocationem divinam hic intelligitur deputatio certae et idoneae personae ad ministerium ecclesiasticum cum potestate publice docendi, sacramenta administrandi et disciplinam ecclesiasticam exercendi, facta a Deo vel solo vel interveniente hominum opera arbitraria.

Br. (787). Vocat autem Deus homines ad officium eccles. aliquando immediate (quemadmodum Moses et prophetae plurimi in V. T. itemque apostoli in N. T. vocati fuerunt) seu nulla intercedente arbitraria aliorum hominum opera; aliquando mediate, nempe per ecclesiam, quae nomine Dei munus illud certis personis committit. (*Holl.* [1333]. Vocatio immediata hodie in ecclesia exspectanda non est.) Über den Unterschied zwischen voc. med. und immed.: *Gerh.* (XII,2.75). In eo mediatae et immediatae vocationis discrimen perpetuo et unice consistit, quod illa fiat per ordinaria media divinitus ad hoc constituta, haec vero per ipsum Deum, qui suam de immediata alicujus personae vocatione voluntatem vel per se ipsum vel per internuncium manifestat. Die vocatio mediata ist darum nicht weniger als eine göttliche zu betrachten. *Gerh.* (XII,2.79). Nam 1. refertur ad Deum autorem, Ps. LXVIII,12. Es. XLI,27. Jer III,15. XXIII,4. 1Kor. XII,28. Eph. IV,11; 2. nititur autoritate apostolica, Act. XIV,23. 1Tim. IV,14. 2Tim. I,6. II,2. 1Tim. III,2. Rom. XV,18. 1Tim. V,21. Act. XX,28. Kol. IV,17; 3. mediata vocatio gaudet salutaribus Dei promissis, 1Tim. IV,16. 1Tim. IV,14. 2Kor. III,6. Eph. IV,12. Und zwar gelten den auf solche Weise Berufenen dem Wesen nach die gleichen Verheißungen: *Gerh.* (XII,2.81). Quod si ergo mediata vocatio non minus atque immediata divina est; consequens fuerit, promissiones de ministerii fructu et successu, de protectione in periculis, de laborum retributione etc. immediate vocatis a Deo factas suo modo etiam ad illos, qui mediate a Deo vocantur, pertinere. Non negamus, prophetas et apostolos immediate vocatos habuisse magnas et multas praerogativas, utpote privilegium non errandi, potestatem docendi in locis pluribus, dona uberiora, peculiaria charismata, promissiones de successu vocationis et defensione copiosiores etc.; interim tamen cum respectu ecclesiastici ministerii et partium docendi unum idemque officium in ecclesia sustineant tam mediate quam immediate vocati, ideo promissiones de auxilio divino virtute et efficacia divina in ministerio etiam ad mediate vocatos suo modo referri possunt ...

Die *vocatio mixta*, qua Deus ipse certam nominet personam, sed tamen per alios tanquam internuncios eam vocari velit (so Aaron per Mosen), wird als eigene Gattung von den meisten DD. verworfen.

5. *Holl.* (1334). Causa *minus principalis* ministerium constituens est ecclesia, cui a Deo est jus concessum eligendi, ordinandi et vocandi idoneos verbi divini ministros, servato tamen in juris hujus exercitio ordine decente; 1Kor. XIV,33. (*Id.* [1335]. Competit igitur presbyterio examen, ordinatio et inauguratio; magistratui Christiano nominatio, praesentatio, confirmatio per literas vocationis; populo consensus, suffragium, approbatio.) *Br.* (788). Ecclesiae, postquam plantata est, jus et facultas constituendi ministros competit. Habet enim sibi, velut sponsae, datas a sponso Christo claves regni coelorum, Matth. XVI,19. XVIII,18. ideoque, sicut ejus est aperire et claudere regnum coelorum, ita ejus est constituere ministros, per quos aperiat et claudat. Ac si observemus ecclesiam esse quandam rempublicam et ministros verbi esse velut magistratus seu gestores publicorum negotiorum, quibus cura totius reipublicae commissa incumbit, facile intelligitur, potestatem constituendi illos per se et natura sua in tota residere ecclesia: neque convenire uni alicui parti, *nisi ex communi omnium consensu in unam aliquam partem translata sit.* (Für die Praxis ist also damit nicht das Gesetz ausgesprochen, daß an der Wahl des einzelnen Lehrers die Kirche in allen ihren Ständen teilnehmen müsse. *Holl.* [1334]. Dist. inter *jus vocandi ministros* et *juris exercitium.* Jus vocandi est penes universam ecclesiam et omnes ejus ordines atque membra. Exercitium autem juris variat, pro diversa conventione et consuetudine ecclesiae particularis.) Auch nach der Lehre der symbolischen Bücher ist die Schlüsselgewalt in den Händen der ganzen Kirche: *Art. Smalc.* tract. de potestate et primatu papae, 24. Ad haec necesse est fateri, quod claves non ad personam unius certi hominis, sed ad ecclesiam pertineant, ut multa clarissima et firmissima argumenta testantur. Nam Christus de clavibus dicens Matth. XVIII,19. addit: ubicunque duo vestrum consenserint super terram etc. Tribuit igitur principaliter claves ecclesiae immediate; sicut et ob eam causam ecclesia principaliter habet jus vocationis. 66. Itaque quum episcopi ordinarii fiunt hostes ecclesiae aut nolunt impertire ordinationem, ecclesiae retinent jus suum. 67. Nam ubicunque est ecclesia, ibi est jus administrandi evangelii. Quare necesse est ecclesiam retinere jus vocandi, eligendi et ordinandi ministros. Et hoc jus est donum proprie datum ecclesiae, quod nulla humana auctoritas ecclesiae eripere potest. ... Ubi est igitur vera ecclesia, ibi necesse est esse jus eligendi et ordinandi ministros. ... 69. Postremo etiam hoc confirmat sententia Petri (1 ep. II,9): »vos estis regale sacerdotium.« Quae verba ad veram ecclesiam pertinent; quae quum sola habeat sacerdotium, certe habet jus eligendi et ordinandi ministros. – *Apol. conf.* XIII,12. Habet ecclesia mandatum de constituendis ministris, quod gratissimum esse nobis debet, quod scimus, Deum approbare ministerium illud et adesse in ministerio. Demgemäß sagen dann auch die *Art. Smalc.* (ibid. 11): Paulus (1Kor. III,6) exaequat ministros et docet ecclesiam esse supra ministros. Quare Petro non tribuitur superioritas et dominatio supra ecclesiam aut reliquos ministros.

6. *Conf. Aug.* XIV. De ordine ecclesiastico docent, quod nemo debeat in ecclesia publice docere aut sacramenta administrare, nisi rite vocatus. (*Hutt.* 1. propter mandatum Dei, Jer. XXIII,31. Hebr. V,4. Rom. X,15; 2. propter *εὐταξίαν* et ecclesiae tranquillitatem, 1Kor. XIV,40; 3. propter certitudinem doctrinae, ut constet, qualis ea sit et a quibus accepta sit, ideo exploratione doctrinae et testimoniis opus est: 4. propter conscientiam docentis, ut certus sit, sibi adesse gratiam Christi, et auditores etiam sciant, se legatum Dei audire, 2Kor. V,20.)

7. *Gerh.* (XII,2.145). Vocationis publicae et solemnis declaratio sive testificatio est *ordinatio*, per quam ministerium ecclesiasticum personae idoneae ad illud ab ecclesia vocatae commendatur, ad quod eadem per preces et impositionem manuum consecratur, de legitima vocatione certior redditur et officii sui publice in totius ecclesiae conspectu solemniter et graviter admonetur. – Über die Person, von der die Ordination zu vollziehen ist, *Gerh.* (XII,2.159). Nostrae ecclesiae non approbant *ἀταξίαν καὶ ἀναρχίαν* anabaptisticam, sed distinctos gradus inter ministros agnoscunt; interim tamen negamus, potestatem ordinandi jure divino ita esse episcopali muneri adligatam, ut a presbyteris, exigente praesertim ecclesiae necessitate et utilitate, exerceri nequeat. Testatur ipsa praxis, nos boni ordinis causa ministrorum ordinationem permittere solis episcopis sive superintendentibus, qui non solum respectu commissi sibi gregis sive auditorum, sed etiam respectu aliorum concionatorum, videl. presbyterorum et diaconorum, quorum inspectio ipsis commissa est, episcopi dicuntur; interim tamen non agnoscimus tale aliquod inter episcopos et presbyteros discrimen, quasi illi soli jure quodam divino et institutione dominica potestatem ordinandi concionatores habeant, a qua presbyteri reliqui eo modo sint exclusi, ut ne quidem exigente necessitate, episcopis scil. non praesentibus vel officium suum negligentibus, ordinationis ritum peragere possent, sed consuetudine quadam ecclesiastica boni ordinis causa introducta episcopis ordinandi potestatem relictam dicimus, a qua presbyteri non sint simpliciter et absolute exclusi. –

Über die bei der Ordination zu beobachtenden Zeremonien: *Gerh.* (XII,2.163). Impositionem manuum in nostris ecclesiis retinemus, unctionem repudiavimus. *Χειροθεσίαν* illam adhibemus, non quasi sit symbolum aliquod sacramentale ab ipso Christo institutum et in hoc ritu adhiberi mandatum, sed libere hac ceremonia utimur, tum quia ex usu ecclesiae apostolicae descendit (Act. VI,6. 1Tim. IV,14. V,22. 2Tim. I,6) ..., tum quia utiles praebet commonefactiones ...

Die Ordination ist also kein Sakrament: *Gerh.* (XII,2.147). Nostrarum ecclesiarum haec est sententia, ordinationem posse vocari sacramentum voce latius accepta; si tamen propriissime loqui velimus, ita ut sacramentum dicatur duntaxat illud, quod habet externum elementum s. sacramentale symbolum ab ipso Christo in N. T. institutum, cui adnexa sit promissio gratiae ad remissionem peccatorum exhibendam, applicandam et obsignandam, quo sensu et qua significatione baptismus et eucharistia dicuntur sacramenta, eo sensu, significatione ac respectu negamus ordinationem esse sacramentum.

Apol. aber (VII,11): Si autem ordo de ministerio verbi intelligatur, non gravatim vocaverimus ordinem sacramentum. Nam ministerium verbi habet mandatum Dei et habet magnificas promissiones. ... Si ord. hoc modo intelligatur, neque impositionem manuum vocare sacramentum gravamur. Habet enim ecclesia mandatum de constituendis ministris, quod gratissimum esse nobis debet, quod scimus, Deum approbare ministerium illud et adesse in ministerio. Ac prodest, quantum fieri potest, ornare ministerium verbi omni genere laudis adversus fanaticos homines, qui somniant spiritum s. dari non per verbum, sed propter suas quasdam praeparationes ... (cf. § 53 n. 5).

8. *Gerh.* (XII,2.168). Nos in ordinatione conferri et augeri spiritus s. dona ad partes ministerii ecclesiastici obeundas necessaria non negamus; interim tamen distinguimus inter

gratiam reconciliationis sive remissionis peccatorum et inter gratiam ordinationis, cum multi accipiant gratiam ordinationis, qui tamen non accipiunt gratiam reconciliationis; deinde collationem et augmentum donorum ad ministerium necessariorum nequaquam tribuendum dicimus impositioni manuum tanquam symbolo alicui sacramentali vere sic dicto ac divinitus instituto, sed precibus ecclesiae et presbyterii, quibus promissio de exauditione divinitus est facta. *Holl.* (1342). Necessitas ordinationis est ***ordinata*** ob εὐταξίαν sive decorum et praeceptum divinum (Act. XIII,2), quamvis ritualium numerus et forma pro arbitrio ecclesiae varient: non ***absoluta*** tamen est necessitas.

Gerh. (XII,2.146). Negamus ordinationem esse necessariam ratione peculiaris alicujus praecepti divini, quale non potest ostendi, vel talis cujusdam effectus, qualem Pontificii illi tribuunt, quasi scilicet per eam imprimatur character aliquis indelebilis vel quasi ex opere operato conferat dona ad ministerium requisita, de quo nulla ex Christi et apostolorum dictis adferri potest promissio, vel ratione cujusdam absolutae et simplicis necessitatis ...

9. *Br.* (792). Importat ministerium ecclesiasticum potestatem et officium 1. publice docendi et sacramenta ordinarie administrandi; 2. potestatem et munus remittendi et retinendi peccata. Das erste wird ***potestas ordinis***, das andere ***potestas clavium*** (auch jurisdictionis) genannt.

Conf. Aug. (de potestate eccles. VII,5). Sic sentiunt, potestatem clavium seu potestatem episcoporum juxta evangelium potestatem esse seu mandatum Dei praedicandi evangelii, remittendi et retinendi peccata, et administrandi sacramenta. Nam cum hoc mandato Christus mittit apostolos, Joh. XX,21. Mark. XVI,15. Haec potestas tantum exercetur docendo seu praedicando verbum et porrigendo sacramenta, vel multis vel singulis juxta vocationem, quia conceduntur non res corporales, sed res aeternae, justitia aeterna, spiritus s., vita aeterna: haec non possunt contingere, nisi per ministerium verbi et sacramentorum. – *Gerh.* (XIII,16). Potestas jurisdictionis in usu clavium consistit. Est autem duplex clavium potestas, solvens et ligans, Matth. XVI,19. Joh. XX,23. Quamvis enim unum sit verbi ministerium, quo peccata solvuntur et ligantur, proinde etiam generica consideratione una clavis ad aperiendum et claudendum regnum coelorum efficax; tamen pro diversitate objectorum, mediorum et effectorum una clavis dicitur ***solvens***, qua poenitentes a peccatis absolvuntur et coelum illis aperitur: altera ***ligans***, qua impoenitentibus peccata retinentur et coelum illis clauditur. Illa vocatur absolutio, haec ***excommunicatio***. Utraque vel publice vel privatim exercetur. Absolutio ***publica*** est, quando omnibus vere poenitentibus ex evangelio adnunciatur remissio peccatorum propter Christum; ***privata***, quando in specie alicui poenitenti peccata remittuntur. ***Excommunicatio publica*** est, quando omnibus impoenitentibus et incredulis ex lege adnunciatur ira Dei et aeterna damnatio; ***privata***, quando in specie alicui praefracte facinoroso peccatorum retentio denunciatur. Ratione graduum duplex statuitur excommunicatio, ***minor*** scil. et ***major***. ***Illa*** est exclusio sive suspensio ab usu coenae dominicae, ***haec*** e communicatione ecclesiae ejectio, ***illa*** vocatur καθαίρεσις, ***haec*** vero ἀφορισμός. Ad hunc extremum ecclesiasticae censurae gradum non est temere sine gravi consilio et sine ecclesiae et praecipue christiani magistratus consensu progrediendum, sed ordo a Christo praescriptus Matth. XVIII,15. diligenter observandus. *Id.* (XIII,109). Quemadmodum in ordine politico et oeconomico, ita quoque in ecclesiastico requiritur certa disciplina, absque qua ut illic subditi ac domestici, ita hic auditores in officio contineri nequeunt. Objectum disciplinae eccles. sunt homines in domum Dei ac familiam Christi recepti ἁμαρτάνοντες, Matth. XVIII,15. Gal. V,1, qui redarguendi, objurgandi et corrigendi, ut in viam redeant et juxta verbi praescriptum officium suum faciant. Tales lapsus sunt duplices: circa doctrinam et circa mores ...

10. *Apol. conf.* (de ecclesia 28). Nec adimit sacramentis efficaciam, quod per indignos tractantur: ***quia repraesentant Christi personam propter vocationem ecclesiae***, non re-

praesentant proprias personas, ut testatur Christus (Luk. X,16): »Qui vos audit, me audit.« Quum verbum Christi, quum sacramenta porrigunt, Christi vice et loco porrigunt. *Gerh.* (XIII,15). Ministri non nisi ὀργανικῶς agunt, ideo actiones suas ad divinum arbitrium et praescriptum accommodare debent.

11. *Holl.* (1348). Ministri ecclesiae habent potestatem remittendi peccata non αὐτοκρατορικὴν sive principalem et independentem (quippe quae soli Deo competit, utpote cui soli peccatur), sed διακονικὴν sive *ministerialem et delegatam*, qua peccatoribus contritis et poenitentibus non tantum ἱστορικῶς *sive significative et declarative*, sed etiam *effective et realiter*, ὀργανικῶς tamen, omnia peccata sine ulla culpae vel poenae reservatione remittunt.

Die remissio ist eine *delegata*: Matth. XVI,19. Joh. XX,23. Dependet itaque potestas remittendi peccata a Christo 1. ratione formae, quia est potestas delegata adeoque talis ac tanta solum, qualem quantamque Deus delegavit; 2. ratione normae, cum minister ecclesiae non ad proprium arbitrium, sed juxta normam judicii divini poenitentes peccatores absolvere possit; 3. ratione exercitii, quia Deus in actu absolutionis cum ministris concurrit et per eos absolvit; 4. ratione efficaciae, quia non nisi delegata adeoque causae principali subordinata vi ac potestate minister absolvere potest.

Nicht *significative*, sondern *effective*: nam *realiter ligant ac solvunt*, non *vero ligationem ac solutionem in coelis factam tantum annunciant*; – quia, qui clavem accipit, ut solvat et aperiat, ille non significat, ab alio aperiri, sed ipse aperit. *Neque enim clavis idem est, quod annunciatio aperturae, et solvere non est idem, atque solutionem ab alio factam duntaxat declarare.* – Ministri per verbum Dei peccatores realiter et effective convertunt, regenerant etc., ergo etiam realiter et effective peccata remittunt.

Br. (798). Quod voce ministri significatur, id ipsum revera contritis et credentibus, voce illa mediante praestatur et exhibetur, vel confirmatur divinitus, tam firmiter, *ac si coram Christus ipsemet poenitenti diceret*, quod paralytico dixit Matth. IX,2. – *Hutt.* (l. c. th. p. 765). *Absolutio* haec suam habet dependentiam a confessione. Ergo nunquam errat clavis aut in ventum verba sparguntur. Quia enim absolutio semper, vel tacite, vel expresse praesupponit conditionem confessionis: hinc fit, ut absolutio quidem esse possit irrita aut inefficax, nunquam tamen falsa; siquidem a ministro non nisi sub conditione confessionis rite et serio factae ea pronunciatur. *Gerh.* (VI,298). Nec est quod quis obvertat, hac ratione omnem absolutionis certitudinem tolli, si ex conditione poenitentiae et fidei dependere dicatur, neque enim ex quantitate contritionis vel fidei de absolutione judicandum esse dicimus sed seriam contritionem ac veram, non hypocriticam fidem necessariam esse dicimus; jam vero quilibet se ipsum probare potest, an vere cognoscat ac detestetur peccata, an vere in Christum credat?

Holl. (1349). Ministri ecclesiae habent potestatem retinendi peccata non principalem aut independentem, sed ministerialem et delegatam (*Jus clavis ligantis Christus delegavit ecclesiae, spirituali matrifamilias.* Exercitium hujus juris commisit apostolis et eorum successoribus, Matth. XVIII,18. Joh. XX,23. Cum itaque potestas clavis ligantis sit delegata, ministri ecclesiae non ad proprium arbitrium, sed juxta normam judicii divini peccatores impoenitentes ligare possunt), qua peccatoribus enormibus, publice flagitiosis et notoriis, peccatorum remissionem denegant eosque vel ab usu s. coenae tantum arcent vel ex consensu senatus eccles. societate ecclesiae realiter ejiciunt et efficaci declaratione Satanae tradunt, ut veram poenitentiam agant et Deo atque ecclesiae reconcilientur.

12. *Conf. Aug.* (XXVIII,21). Porro secundum evangelium seu, ut loquuntur, de jure divino nulla jurisdictio competit episcopis ut episcopis, h. e. his, quibus, est commissum ministerium verbi et sacramentorum, nisi remittere peccata, item cognoscere doctrinam et doctrinam ab evangelio dissentientem rejicere et impios, quorum nota est impietas,

excludere a communione ecclesiae sine vi humana, sed verbo. *Hic necessario et de jure divino debent eis ecclesiae praestare obedientiam,* juxta illud Luk. X,16: »qui vos audit, me audit.« Verum cum aliquid contra evangelium docent aut statuunt, tunc habent ecclesiae mandatum Dei, quod obedientiam prohibet, Matth. VII,16. Gal. I,8. 2Kor. XIII,8. *Holl.* (1351). Ministrum ecclesiae decet pietatem toto pectore colere (1Tim. III,2), et si impietas ejus sit notoria, censura ecclesiastica in eundem adhibenda est (1Tim. V,20). Impietas tamen ipsius non derogat efficaciae doctrinae, quam e verbo Dei proponit. (Efficacia doctrinae non pendet a ministro, sed a spiritu s., qui cum verbo Dei indivulse conjunctus est. Proinde est et manet verbum divinum potentia Dei ad salutem omni credenti [Rom. I,16], a quocunque praedicetur).

Gerh. (XIII,214sq.) handelt noch unter der Überschrift: de pugnantibus cum ministerio von dem, was die Wirksamkeit des Lehrstandes am meisten beeinträchtigt. Er unterscheidet da vitia pastorum und vitia auditorum. Von ersteren zählt er auf: 1. abusus officii et potestatis clavium; 2. corruptelae doctrinae, ad quas si accedat pertinacia, degenerant in haereses; 3. vitia morum et vitae. Unter den vitiis auditorum hebt er hervor: 1. contemtus ministerii ... 2. *καισαροπαπία*, qua quidem politico magistratui absolutum imperium in ecclesiae ministros vindicant, constitutionem ministerii ad regalia pertinere censent, pro libitu absque ecclesiae consensu ministros constituendi et iterum repudiandi, arbitratu proprio leges praescribendi potestatem ipsi tribuunt, disciplinae ecclesiasticae sese subjicere detrectant, spiritui s. errores et flagitia taxanti capistrum injicere laborant. – Die haeresis bestimmt er so: est h. privata aliqua opinio, quam quis prae dogmate christiano et fide catholica sibi amplectendam eligit, eamque pertinaciter defendit. – *Id.* (222). Ad id, ut quis sit proprie dictus haereticus, requiritur: 1. ut sit persona in ecclesiam visibilem per baptismi sacramentum recepta; 2. ut erret in fide, sive errorem illum noviter introducat, sive ab alio acceptum amplectatur; quamvis illud haeresiarchae, hoc vero haeretici proprium videri possit; 3. ut error directe in ipsum fidei fundamentum impingat; 4. ut errori conjuncta sit malitia ac pertinacia, per quam etiam aliquoties admonitus nihilominus obstinate errorem suum defendat; 5. ut dissensiones et scandala in ecclesia excitet, ejusque unitatem scindat. – Häresie und Schisma unterscheidet *Gerhard* mit *Augustin* so: Haeretici de Deo falsa sentiendo ipsam fidem violant; schismatici autem dissensionibus iniquis a fraterna caritate dissiliunt, quamvis ea credant, quae credimus (221). –

13. *Holl.* (1351). Ob bonum ordinem, pariter atque donorum disparitatem utile et consultum est, distinctos esse gradus dignitatis et auctoritatis inter ministros ecclesiae, 1Kor. XIV,40. Eph. IV,11. – *Quen.* (IV,396). Interim eandem potestatem ministerii in praedicatione verbi et administratione sacramentorum et potestatem jurisdictionis in usu clavium consistentem omnibus ecclesiae ministris competere dicimus. –

§ 60

2. Magistratus politicus[1], die weltliche Obrigkeit

Die weltliche Obrigkeit ist nicht weniger als das Lehramt ein von Gott eingesetzter Stand[2]. Die ihr gegebene Gewalt mit allen ihren Rechten stammt daher auch von ihm[3], durch sie will Gott die äußere Wohlfahrt der Menschen fördern[4]. Ihre nächste Aufgabe ist darum die, über Erhaltung äußerer Zucht und Sitte zu wachen[5], und sie hat das Recht und die Verpflichtung, durch Gesetze, die sie aus eigenem Gutdünken, jedoch mit Wahrung des natürlichen und göttlichen Rechtes, zu verfassen hat, dahin zu wirken[6]. Diese der weltlichen Obrigkeit gesetzte Aufgabe hat aber zu ihrem letzten Endzweck doch den, das Gedeihen der Kirche zu fördern; denn die durch die weltliche Obrigkeit erzielte äußere Wohlfahrt hätte für sich allein keine Bedeutung[7]. Darum hat die weltliche Obrigkeit zugleich auch einen unmittelbaren Beruf an der Kirche zu üben (officium circa sacra); sie soll daher auch die Anstalten des Christentums fördern und schützen, soll alle feindlichen Angriffe durch die ihr verliehene äußere Gewalt abwehren und alle schädlichen Einflüsse zurückdrängen[8]. In das Innere der Lehre und Verwaltung der Kirche aber soll sie sich nicht einmischen[9].

1. *Gerh.* (XIII,228). Nomen magistratus dupliciter sumitur: 1. *abstracte* pro ipsa potestate et auctoritate, qua divinitus instructi sunt, quibus regimen est commissum; 2. concrete pro personis, quae gerunt magistratum et potestate imperandi sunt instructae. –

2. *Holl.* (1353). *Causa efficiens principalis* magistratus est Deus triunus (Rom. XIII,1. Prov. VIII,15. Dan. II,21), qui certis personis officium magistratus committit vel immediate (Ex. III,10. Num. XXVII,18. 1Sam. IX,15) vel mediate (Joh. XIX,11).

Id. (1354). Hodie ad officium magistratus personae habiles moderante Deo legitime perveniunt vel per electionem vel per successionem vel per justam occupationem.

3. *Gerh.* (XIII,308). Magistratum potestate aliqua instructum esse patet ex Rom. XIII,1 etc. – Aber: potestas illa magistratus non est absoluta, illimitata et indeterminata, sed ad leges et normam superioris alicujus potestatis restricta. Cum enim potestatem suam a Deo magistratus acceperit, ideo Deum superiorem recognoscere et illius voluntati ac legibus in usu potestatis hujus sese conformare tenetur. – Quando ergo politici absolutam potestatem summo magistratui tribuunt, id non est accipiendum simpliciter nec *respectu superioris, scil. Dei,* ... sed duntaxat *respectu inferiorum magistratuum.*

Die potestas politica besteht 1. in *ordinando,* ut ferat leges honestas ac salutares ad subditorum et reipublicae commodum pertinentes (p. legislatoria); 2. in *judicando,* ut juxta legum normam in judiciis sententiam ferat ac justitiam subditis administret (p. judicatoria); 3. in *vindicando,* ut obedientes honestis legibus praemiis ornet, inobedientes vero ac delinquentes poenis coerceat (p. punitoria). Daher das jus gladii, Gen. IX,6. –

4. *Gerh.* (XIII,225). Propter peccatum protoplastorum non solum spiritualibus et aeternis futurae vitae bonis, sed etiam corporalibus et externis hujus vitae commodis genus humanum excidit; sed Deus ex miranda et nunquam satis praedicanda benignitate propter filii intercessionem non illa solum, sed etiam haec restituit ac reparavit, ac media illis conservandis ordinavit ...

Per magistratum politicum (Deus) conservat pacem et tranquillitatem externam, administrat justitiam civilem, defendit facultates, famam et corpora nostra ... (ib. 226). –

5. *Gerh.* (XIII,225). Illius (magistratus politici) opera conservatur tum disciplina externa, tum pax et tranquillitas publica.

Hutt. (ll. th. 279). Praecipua officia magistratus politici sunt: 1. curam gerere utriusque tabulae decalogi, quod ad externam disciplinam attinet; 2. ferre leges de negotiis civilibus et oeconomicis, *juri divino et naturali consentaneas;* 3. sedulo providere, ut leges promulgatae veniant in executionem; 4. delinquentibus pro qualitate delicti poenas irrogare, obedientes fovere et praemiis afficere.

Holl. (1366). Magistratus civilis ordinatus est ad bonum publicum idque quadruplex: 1. *ecclesiasticum,* sunt enim reges nutritii ecclesiae et episcopi extra templum 2. *civile,* dum civium commoda tuetur et hostes externos a finibus patriae propulsat; 3. *morale*, quatenus honestas praescribit leges, quibus subditi in officio continentur, ut vitam tranquillam agant in pietate et honestate, 1Tim. II,2; 4. *naturale*, quo imperantes prospiciunt subditis de commeatu et aliis necessariis, instar Pharaonis, Gen. XLI,34.

6. *Hutt.* (ll. th. 285). Necessario debent christiani obedire magistratibus suis, et legibus, nisi cum jubent peccare; tunc magis obediendum est Deo quam hominibus, Act. V,29.

7. *Gerh.* (XIII,225). Magistratus non minus quam ministerium ob ecclesiae collectionem, conservationem et propagationem a Deo est institutus, siquidem illius opera conservatur tum disciplina externa, tum pax et tranquillitas publica, absque qua ministerium eccles. convenienter munere suo perfungi et ecclesiae collectio ac propagatio locum habere vix posset, 1Tim. II,2.

Der magistratus wird daher ϑρίγκος ac septum ecclesiae genannt Ps. XLVIII,10. Nec enim tantum corpora et facultates nostrae hoc validissimo muro cinguntur, sed etiam ecclesiae munimentum praestatur, dum coercetur rabies eorum, qui omnia sacra eversa cupiunt, ut suis cupiditatibus libere indulgere possint. – Ferner ecclesiae nutritius, Es. XLIX,23.

... Fine eo per ordinem politicum conservatur disciplina externa, administratur justitia, adseritur tranquillitas et εὐημερία, ut per ministerium verbi Deo ex genere humano colligi possit ecclesia. Cum enim per lapsum et post lapsum genus humanum tam misere ac horribiliter peccato sit corruptum, ut absque publico regimine omnia in eo sint confusa atque ἄτακτα, ideo *propter ecclesiam etiam politias Deus* instituit ...

8. *Holl.* (1361). Circa res sacras occupatur magistratus: sollicite observando et exercendo, quae omnibus hominibus salvandis sunt credenda et agenda, Ps. II,10–12, externa gubernatione ecclesiam et religionem christianam dirigendo.

Im einzelnen gehört hierzu: *Br.* (809) constituere idoneos ecclesiae ministros, scholas ac templa erigere ac conservare, ministris utrinque de honesta sustentatione prospicere, visitationes et concilia instituere, leges ecclesiasticas condere ac tueri; bona ecclesiastica dispensare, disciplinam ecclesiasticam conservare; in haereticos itemque in improbos ecclesiarum et scholarum ministros aeque atque alios similes quosvis inquirere, et, ut sese judicio sistant, compellere; convictos haereseos aut scelerum punire, manifestas et ab ecclesia damnatas haereses cultusque idololatricos abrogare, ut ecclesia ab illis purgetur, curare. –

9. *Holl.* (1362). Interna sacrorum oeconomica et gubernatio, consistens in doctrina verbi, absolutione a peccatis et legitima sacramentorum administratione, propria est ministrorum ecclesiae. Hanc sine piaculo sibi vindicare nequit magistratus. –

Magistratus polit. non habet potestatem architectonicam circa sacra aequaliter et indifferenter ut circa civilia. –

§ 61
3. Status oeconomicus

Den dritten Stand in der Kirche bildet die Familie. In ihr unterscheiden wir das eheliche Verhältnis, das der Kinder zu den Eltern und der Knechte zu den Herren[1].

1. *Der eheliche Stand*[2] ist von Gott eingesetzt und berechtigt[3]; durch ihn soll die Fortpflanzung des menschlichen Geschlechts in rechter Gott wohlgefälliger Weise gesichert werden[4]. Indem danach die Kirche diesen Stand als

geheiligt betrachtet, bezeugt sie das auch durch die feierliche Handlung der Trauung, durch die sie denen, die sich ehelichen wollen, die Berechtigung ehelichen Zusammenlebens öffentlich erteilt[5]. Da aber die Ehe das innigste Band geistlicher und leiblicher Gemeinschaft ist, ist sie auch an sich unauflöslich, und eine Trennung der einmal eingegangenen Ehe findet nur da statt, wo der eine Teil durch Ehebruch oder böswilliges Verlassen den rechten Bestand der Ehe bereits faktisch aufgehoben oder unmöglich gemacht hat[6].

2. *Societas paterna,* naturalis parentum cum liberis conjunctio, divinitus instituta ad sobolis educationem et totius familiae salutem. *Holl.* (1383).

3. *Societas herilis,* legitima dominorum et servorum conjunctio, divinitus instituta, ob mutuam utilitatem. *Holl.* (1384).

Die beiden letzteren Verhältnisse sind von den DD. hier nicht weiter ausgeführt, da sie in der Auslegung des Dekalogs bereits ausführlich von ihnen behandelt sind. –

1. *Br.* (816). Tertius status intra ecclesiam occurrens quique velut seminarium est ecclesiastici ac politici ordinis, *domesticus,* qui *conjugalem, paternam* et *herilem* societatem complectitur – prodeunt enim ex societate domestica partim, qui ad ministerium ecclesiasticum, partim, qui ad magistratus civilis officium admovendi sunt. –

2. *Holl.* (1367). Conjugium est unius maris et unius feminae conjunctio indissolubilis, juxta institutionem divinam, ex mutuo utriusque consensu facta, ad generationem sobolis et mutuum vitae adjutorium.

Holl. (ibid.). *Causa efficiens* matrimonii prima et summa est Deus unitrinus, quippe qui conjugium abstractive et in natura sua generatim consideratum immediate instituit. – Conjugii contrahendi causae secundae et subordinatae sunt ipsi conjuges, eorumque parentes, in quorum potestate ipsi sunt, in matrimonium consentientes. (*Gerh.* [XV,67]. Consensus non est conjugii forma. Quemadmodum recte concludo, architectum non esse formam aedificii, sed causam ejus efficientem, quia abeunte vel demortuo architecto non statim collabitur aedificium: sic consensus non est forma conjugii, sed causa ejus efficiens, quia cessante consensu non solvitur matrimonium ratum ac consummatum.) *Id.* 386. Formam conjugii statuimus non consensum, sed ex consensu ortam legitimam et indissolubilem conjunctionem unius maris et unius feminae in carnem unam, vel quod idem est, ipsum nexum et obligationem conjugalem ex mutuo utriusque partis in unam carnem consensu ortam.

Holl. (1371). *Materia* sive subjectum conjugii sunt personae, quae conjugio copulantur, numero duae, mas unus et una femina (Gen. II,24. Matth. XIX,4.5. 1Kor. VII,2.4), habiles ad obtinendos conjugii fines, atque extra prohibitos consanguinitatis et affinitatis gradus constitutae (Lev. XVIII,7).

3. *Hutt.* (Il. th. 287). Deus ipse auctor est conjugii, Gen. II,18.

4. *Quen.* (IV,453). *Finis ultimus et summus* est Dei gloria. *Subordinatus* est 1. humani generis per sobolis generationem et educationem conservatio, Gen. I,27.28. 1Tim. II,15; 2. mutuum adjutorium, Gen. II,18; 3. remedium adversus vagas libidines, 1Kor. VII,2.

5. *Gerh.* (XV,396). Benedictio sacerdotalis necessaria est ad conjugium rite ineundum, non ex speciali quodam praecepto divino, nec propter conjugii naturam, quasi ea non sit integra absque sacerdotali consecratione, sed ob constitutionem ecclesiasticam et civilem publicae utilitatis et honestatis intuitu introductam. – Benedictio sacerdotalis novorum

conjugum non *requiritur ad rei ipsius, conjugii scilicet, essentiam, sed ad publicam ejus testimonium*, ut omnibus constare possit, legitime et honeste matrimonium esse contractum. ... In foro conscientiae et coram Deo est verum et ratum matrimonium, quod legitimo et matrimoniali utriusque partis consensu est initum, si vel maxime sacerdotalis benedictio non accesserit; sed in foro exteriore non judicatur verum et ratum matrimonium, quod non est in facie ecclesiae confirmatum.

Holl. (1371). Solemnis benedictio sive copulatio, quae ritu consueto fit a sacerdote, non ad contrahendum, sed ad consummandum conjugium christianum pertinet – 1. ut de legitimo contrahentium conjugio publice constet; 2. ut de sancto et indissolubili vinculo matrimonii, de divina benedictione, de officiis conjugalibus, de aerumnarum tolerantia contrahentes admoneantur; 3. ut novi conjuges per solemnes preces commendentur Deo, conjugii auctori. –

6. *Holl.* (1380). Vinculum conjugale mariti et uxoris, *quamdiu superstites sunt*, in se est indissolubile, cum ob mutuum consensum, tum imprimis ob institutionem divinam, Gen. II,24. Matth. XIX,6. *Br.* (835). Interim duobus casibus contingere potest divortium sive conjugii legitimi et validi dissolutio, quoad ipsum vinculum conjugale. *Adulterii casu* nimirum, ubi ipso jure solvi potest et solvitur matrimonium ac *parti innocenti licet aliud inire conjugium* (Matth. XIX,9. V,32), et *casu malitiosae desertionis* (1Kor. VII,15), ubi desertor ipse de facto ac temere rumpit vinculum conjugale, ac parti desertae, declarante judice competente, potestas competit, novum inire matrimonium. – Der Grund, warum in diesen beiden Fällen eine Ehescheidung stattfindet, liegt zugleich in der Natur der Sache. *Holl.* (1381). Ex natura conjugii adulterium per se et directe repugnat unitati carnis, adeoque etiam substantiae conjugii, per quod duo in unam carnem fiunt, Gen. II,24. Qui enim adhaeret scorto, etiam cum scorto una caro fit, 1Kor. VI,16. adeoque non amplius est una caro cum conjuge. – (1382.) Quidquid fidem conjugalem ipsam et usum thori immediate laedit, solvit vinculum conjugale, adeoque parti innocenti fores secundi matrimonii jure ipso aperit: atqui malitiosa et incorrigibilis desertio etc. Ergo ...

Gerh. (XVI,176). Nostrae ecclesiae clarissimum salvatoris Christi pronunciatum secutae, non nisi unicam veri et proprie sic dicti divortii causam agnoscunt, videlicet adulterium. ... In casu malitiosae desertionis parti innocenti ac desertae concedit apostolus potestatem novi matrimonii ineundi, quia pars nocens ac deserens temere et de facto divortium propria auctoritate sine causa sufficiente et justa fecit. Ibid. p. 214. Cum ex verbis Christi et apostoli Pauli demonstratum sit, duas esse duntaxat divortii causas, adulterium scilicet et malitiosam desertionem ... cuilibet primo intuitu manifestum erit, reliquas, quae praeter adulterium et malitiosam desertionem statuuntur, non esse justas, legitimas et sufficientes divortii causas. Als solche aliae causae zählt *Gerh.* auf: infidelitas, haeresis, votum solenne continentiae, crimen, vitae periculum, sterilitas, impotentia superveniens, morbi incurabiles, furor, affinitas fornicaria, fuga vel deportatio ob delictum. Er verwirft in allen diesen Fällen die Ehescheidung, den einen Fall des vitae periculum ausgenommen, den er unter die Kategorie des desertio malitiosa rechnet p. 260. quod si maritus in pertinacia pergat, et diserte testatur, se nolle ullo unquam tempore eam recipere, nec reconciliationem admittere, nec a pristinis moribus desistere, dubium esse nequit, quin pro malitioso desertore sit habendus ac proinde desertae aliter consuli possit. Ganz gleicher Ansicht sind übrigens die DD. in diesem Punkt nicht. *Sarcerius* gestattet die Ehescheidung in casu leprae et morbi incurabilis und *Hemming* die in casu fugae et deportationis ob delictum, aber dies, weil er annimmt: quodvis delictum adulterio comparandum, causam divortii a Christo statui. *Gerh.* (266). In anderer Weise rechtfertigt *Chmn.* die Scheidung propter saevitiam, veneficia et insidias structas vitae. Er sagt (ll. th. III,210): Cum textus Matth. XIX tantum mentionem faciat adulterii, valde pugnant aliqui, non posse fieri divortia propter saevitiam et insidias vitae structas. Sed *in codice* lex Theodosii ... concedit divortium etiam in his casibus. Etsi autem aliqui rejiciunt hanc legem et contendunt eam ab evangelio dissentire: tamen hi non recte intelligunt discrimen legis et evangelii. Et cum expresse dicat Dominus: in politia Mosi divortia permissa esse propter duritiem cordis, significat aliam esse gubernationem hominum sanabilium, qui sunt membra ecclesiae et volunt obtemperare evangelio, aliam politiam impiorum et contumacium, qui fraenos legis pati nolunt. ... In persona crudeli, non pertinente ad ecclesiam, magistratus politicus Theodosii lege uti posse videtur. Imperia politica vult Deus honori esse bonis, et terrori malis ... Nec desunt unquam in imperiis homines contumaces, injusti et ἄστοργοι, exercentes in suos injustam saevitiam, quales nominat Dominus in hac concione duros corde. –

Von der eigentlichen Ehescheidung, dem divortium, ist noch ein doppeltes zu unterscheiden: *Br.* (836). 1. Quando personae illegitime conjunctae (in gradibus consanguinitatis, jure naturae prohibitis, aut ubi error personae, aut impotentia alterutrius conjugis intercessit) separantur, non tam divortium est, quam declaratio, quod in conjunctione illa non fuerit vinculum conjugale (nempe quod vel persona altera cum altera, tamquam cum propinqua carnis, non potuerit valide contrahere; vel non cum ea, sed cum alia, revera contraxerit; vel alterutra inhabilis prorsus sit ad consuescendum, atque adeo de conjunctione matrimoniali contrahendum.) –

2. Similiter, quando conjuges (v. gr. propter inimicitias graviores et quae incorrigibiles, imo cum periculo vitae alterutrius conjugis conjunctae apparent) quoad *thorum et mensam* tantum separantur, divortium proprie non est; sed suspensio actuum cohabitationis et officii conjugalis (*vinculo* conjugali salvo manente; ut neuter conjux matrimonium aliud inire possit: imo nonnunquam alimenta uxori maritus dare teneatur). –

PARS V. DE NOVISSIMIS

§ 62

Der Mensch erreicht sein letztes Ziel noch nicht in diesem, sondern erst in jenem Leben: was zwischen beiden liegt und was da geschehen muß, um den einzelnen Menschen sowohl als der gesamten Kirche die letzte Vollendung zu vermitteln, ist Gegenstand dieses Artikels[1]. Dieser führt die Überschrift: de novissimis (nach Sir. VII,40), weil darin von dem gehandelt wird, was das Letzte ist, womit sich das Wesen dieser Welt schließt[2]. Der Ordnung nach, wie das einzelne eintritt, ist da zu handeln: 1. de morte; 2. de mortuorum resurrectione; 3. de judicio extremo; 4. de consummatione mundi; 5. de damnatione et vita aeterna[3].

§ 63

1. De morte

Mors (sensu proprio) est privatio vitae naturalis ex dissolutione animae et corporis proveniens. *Br.* (354)[4]. Er ist eine Folge des Sündenfalles; daher sind auch alle Menschen ihm unterworfen. (Rom. V,12)[5]. Mit dem Tode hört wohl das natürliche Leben des Menschen auf, wie dieses durch die eigentümliche Verbindung von Leib und Seele bedingt war[6]; aber seine Seele hört nicht auf, sondern lebt fort mit allen den Eigenschaften und Wirkungen, die zu ihrem Wesen gehören[7]. Für diese Unsterblichkeit der Seele hat auch die Vernunft von jeher eine Reihe von Beweisen aufgestellt, unwidersprechlich gewiß aber werden wir dieser durch die bestimmten Aussagen der Hl. Schrift[8]. Von ihr erfahren wir auch *in betreff des Zustandes* der Seele nach dem Tode, daß ihr Los sogleich nach dem Tod selig oder unselig ist, je nachdem der Mensch in diesem Leben das Heil in Christus ergriffen hat oder nicht[9]. Irrtümlich sind also die Lehren von einem Zwischenzustand der Seele, einem Zustand, in dem die Seele weder selig noch unselig, etwa wie im Schlafe sich befände[10]; irrtümlich auch die katholische Ansicht, nach der nicht zwei, sondern fünf verschiedene Orte anzunehmen wären, an denen wir uns die Seelen der Verstorbenen zu denken hätten, nämlich: infernum, purgatorium, limbus puerorum, limbus patrum und coelum[11].

1. *Br.* (353). Quia beatitudo summa seu ultima non in hac, sed in altera vita; et similiter opposita summa miseria post hanc vitam demum contingit; dispiciendum nunc est de illis, quae ad finem hujus vitae et ingressum ad vitam seu statum ulteriorem, juxta divinam revelationem, pertinent.

Quen. (IV,534). Consideravimus hactenus media salutis proprie dicta, eaque tum δοτικά, ex parte Dei, verbum scil. et sacramenta, tum ληπτικόν, ex parte nostri, nempe fidem; sequuntur jam media laxius sumta, videlicet quatuor Novissima, mors, mortuorum resurrectio, extremum judicium et consummatio saeculi, quae non tam media sunt ad salutem obtinendam, quam via, per quam ad metam seu terminum ad quem tendimus. Transitus enim piorum ex militante ad triumphantem ecclesiam fit per mortem, quam propterea Gregorius Nyssenus comparat obstetrici ad vitam vere sic dictam nos promoventi. Mortem sequitur judicium, cujus anteambulo est universalis omnium hominum resurrectio, pedissequa saeculi consummatio. –

2. *Br.* (353). Vocantur alias Novissima, gr. τὰ ἔσχατα: et distinguuntur, quod alia respectu hominum singulorum, alia respectu universorum et mundi totius, Ultima sint et dicantur. Ad priorem classem pertinent mors et status animae post mortem. Ad posteriorem, resurrectio mortuorum et vivorum immutatio analoga, judicium extremum et mundi conflagratio. –

3. Die späteren DD. handeln an diesem Orte nur von mors, resurrectio mortuorum, judicium extremum und consummatio mundi, da sie früher schon (gleich nach der Lehre de providentia) von dem ewigen Leben als dem finis theologiae formalis gehandelt, und daran die Lehre von der ewigen Verdammis als dem oppositum vitae aeternae angeschlossen haben. Wir folgen hier der Anordnung der früheren DD. – Über die Einteilung der novissima *Gerh.* (XVII,8): Novissima sunt vel μακροκόσμου, vel μικροκόσμου. Novissima μικροκόσμου sunt duplicis generis. Vel enim sunt via ad terminum novissimum tendens, vel meta viam terminans. Illa pergit per duplicem vallem, mortis scil., Ps. XXIII,4 et Josaphat seu judicii, Joël III,7. quod judicium praecedet universalis resurrectio. Meta est, ad quam pervenit vel anima hominis soluta a corpore; vel totus homo post resurrectionem. Eaque gemina est sibi extreme opposita, impiorum infernus, piorum vita aeterna. Illud ex hisce enumerationibus omnibus simul sumtis elucescit, quod sex in universum sint hominis ac mundi novissima: 1. mors hominis temporalis, ad quam pertinet animae a corpore separatio ac corporis in sepulcro cinefactio; 2. universalis omnium hominum resuscitatio; 3. judicii extremi administratio; 4. mundi conflagratio; 5. impiorum aeterna damnatio; 6. piorum aeterna glorificatio. Cumque usitatum sit quatuor duntaxat novissima statuere, ideo sic progredi possumus: Novissima in genere accepta ratione duplicis objecti sunt duplicia: a) μακροκόσμου, b) μικροκόσμου. Μακροκόσμου novissimum est seculi consummatio. Novissima μικροκόσμου sunt quatuor: a) mors; b) resurrectio; c) judicium; d) mora aeterna, piorum scil. in coelo et damnatorum in inferno. –

4. *Quen.* (IV,535). Mors proprie accepta significat animae a corpore separationem et vitae animalis privationem, cui ordinarie omnes tam boni, quam mali sunt subjecti, et haec significatio est hujus loci. – *Id.* (ibid.). *Mortis dulcia nomina*: vocatur congregatio ad populum suum, Gen. XXV,8. 17. XXXV,29. XLIX,33. Num. XX,24.26. Deut. XXXII,50. ἀπόλυσις ἐν εἰρήνῃ, Luk. II,29. abreptio ante malum, Es. LVII,1. requies in cubiculo, ibid. v. 2. somnus, Dan. VII,2. Matth. IX,24. 1Thess. IV,13. – *Gerh.* (XVII,15). Mortis nomen in s. literis et scriptoribus ecclesiasticis accipitur vel proprie, vel figurate. *Proprie* pro morte naturali, quae est separatio animae a corpore. ... In hac significatione hoc loco accipitur, quando inter novissima hominis mors numeratur. Figurate usurpatur vel μεταφορικῶς vel μετονυμικῶς. Metaphorice pro morte temporali vel aeterna. *Mors temporalis* metaphorice sic dicta iterum duplex est, vel corporalis vel spiritualis. *Mors corporalis* metaphorice sic appellata complectitur omnis generis calamitates propter peccatum in hac vita homini tolerandas, quae sunt mortis caduceatores ac nuncii, Exod. X,17. ... *Mors spiritualis* duplex est, fidelium et infidelium, illa est laudabilis ac fructuosa, haec detestabilis ac perniciosa. Mors spiritualis *fidelium* est, qua salutariter dicuntur mori 1. peccato, Rom. VI,2. ..., 2. legi, Rom. VII,4. ..., 3. ceremoniis legalibus, Rom. VII,4

et 6. Gal. II,19. ..., 4. mundo, Gal. VI,14. ... Mors spiritualis *infidelium* est, qua mortui, et a vera illa animae vita, quae in Deo est, separati dicuntur, Matth. VIII,22. Luk. IX,60. ... Mors aeterna *damnatorum* est finalis et plenaria divini consortii amissio, et ex ea consequens horribilis animae et corporis cruciatus, ac nunquam finienda miseria in inferno damnatis metuenda, quae vocatur a Joanne mors secunda, Apoc. II,11 et XX,14. respectu tum naturalis, tum spiritualis mortis infidelium propriae. –

5. *Gerh.* (XVII,30). Ex verbo divino constat, tres esse *principales* et primarias causas, propter quas homo morti est obnoxius. Prima est diaboli seducentis malitia. Altera hominis delinquentis culpa. Tertia Dei vindicis ira: quae causae certo ordine sese invicem consequuntur. *Hfrffr.* (650). Si homo in integritatis nobilitate, in qua primum creatus fuerat, permansisset, sine morte, cujus omnis generis mala et calamitates sunt praecursores, absoluta hujus terrenae vitae periodo, ad aeternam illam et coelestem felicitatem translatus fuisset. Quia vero mandatum Domini praetergressus est, per peccatum mors introivit in mundum: cui omnes peccato polluti homines obnoxii manent. Et quamquam per Christum, restauratorem nostrum, ad vitam aeternam reparati sumus: haec tamen est via universae carnis: et nos, qui credimus, per mortem sane transimus ad vitam: impii vero per mortem corporalem in mortem praecipitantur et damnationem aeternam.

Von den causis principalibus (s. remotis s. moralibus) unterscheiden die DD. noch die causas physicas s. propinquas. *Holl.* (1225). Causae physicae mortis aliae sunt naturales, aliae praeternaturales, aliae violentae. Causa naturalis est humidi radicalis absumtio et calidi nativi exstinctio. Causae praeternaturales sunt morbi graviores. Causae violentae sunt res externae tantam vim corpori inferentes, ut vinculum unionis naturalis, qua corpus et anima junguntur, rumpatur. –

6. *Holl.* (1225). Mors corporis formaliter consistit in privatione vitae naturalis. *Gerh.* (XVII,51). De forma mortis scriptura: Eccl. XII,7. 2Kor. V,1.4.8. Phil. I,23. 2Tim. IV,6. 2Petr. I,14. Cum enim homo constet ex anima et corpore, essentiali vinculo invicem unitis, ideo mors hominis nihil aliud est, quam animae a corpore *ἀνάλυσις* s. solutio. Cum anima in corpore, velut in terreno quodam habitaculo, peregrinetur, quamdiu homo vivit, ideo mors hominis nihil aliud erit, quam terrestris illius habitaculi ac tabernaculi *κατάλυσις καὶ ἀπόθεσις*, ac animae ex diuturna peregrinatione ad Deum *ἐπαναχώρησις*. Cum corpus sit quasi indumentum ac vestimentum animae, ideo mors hominis nihil aliud est, quam vestimenti illius *ἔκδυσις* s. exuitio. Cum vita sit actus animae in corpore, *τὸ ζῆν ἐστι σύνθεσις καὶ σύνδεσμος ψυχῆς σώματι*. –

7. *Br.* (363). Facta dissolutione animae et corporis, adeoque morte contingente, anima tamen superstes manet, et suis operationibus extra corpus seorsim fungitur. – Puta his (operationibus), quae formaliter pertinent *ad intellectum et voluntatem*, tanquam potentias animae, quatenus humana seu rationalis est, essentiales, quas et ipsas superesse et non esse otiosas; verum *intellectum* quidem species intelligibiles, quas in corpore habuit, retinere; atque etiam porro actus cognoscendi elicere posse; quibus deinde actus aliqui voluntatis circa objecta ab intellectu exhibita respondeant, recte creditur. Atque huc referri solet, quod Apoc. VI,10. animabus martyrum notitia prioris status et desiderium quoddam adscribitur. – Quod autem animae defunctorum sciant distincte et determinate actiones et res singulorum viventium, quae post illarum e corpore excessum contigerunt, praesertim preces cultusque varios ad se directos, non dicimus. –

Gerh. (XVII,149sq.). In vita arctissimo vinculo invicem sunt connexa (corpus et anima), unde affectiones et passiones corporis redundant in animam et vicissim affectiones ac passiones animae redundant in corpus, anima nihil quidquam agit extra corpus, nec corpus quidquam agit extra animam; sed in morte anima a corpore separatur ac redit ad Deum, cujus judicio sistitur, a quo vel sanctis angelis deferenda in coelum, vel malis spiritibus detrudenda in infernum traditur, corpus revertitur in pulverem terrae, ex quo prima et antiquissima ejus origo prodiit, ac per putrefactionem ac cinefactionem, in pristina principia redigitur. Post illam dissolutionem ac separationem affectiones ac passiones animae non redundant amplius ad corpus, et vicissim affectiones ac passiones corporis non redundant ad animam, nec anima agit per corporis instrumentum, sed separata vivit ac subsistit, nec dissolvitur aut fatiscit, sicut corpus in sua principia resolutum, sed extra corpus subsistens immortalem agit vitam atque ab omni corporis commercio semota in certo ποῦ adservatur, donec, constituto universalis resurrectionis die, corpus divina virtute excitatum eidem iterum conjungatur ac postmodum homo justam judicis sententiam experiatur. –

8. *Quen.* (IV,537). Quod animae humanae immortales sint, nec cum corporibus intereant, ex solis s. literis solide ac firmiter ostendi potest. *Gerh.* (XVII,150sqq.) führt den Schriftbeweis: 1. ex diserta salvatoris nostri adsertione, Matth. X,28; 2. ex animae et corporis oppositione. In quo anima et corpus ἀντιθετικῶς sibi invicem opponuntur, illud non potest de utroque ex aequo praedicari. Sed in mortalitate anima et corpus sibi invicem opponuntur, ita ut de corpore mortalitas adfirmetur, de anima vero negetur. Ergo mortalitas non potest de utroque ex aequo praedicari. cf. Eccl. XII,7; 3. ex primaeva animae creatione. – Brutorum animae ex eadem materia, qua ipsorum corpora, productae fuerunt, unde corporibus intereuntibus etiam ipsae intereunt, Gen. I,20. Homini vero animam inspiravit, Gen. II,7. unde sic inferimus: cujus origo a brutorum animabus diversa, ejus quoque non est idem cum brutorum animabus interitus. Jam vero animae humanae primaeva origo a brutorum animabus est diversa, quia non ex materia elementari, sicut brutorum animae, est facta, sed divinitus corpori ex terra formato inspirata. Ergo corpori tribuitur πλᾶσις ex terrae pulvere, animae vero immediate Dei ἔμπνευσις; – 4. ex ipsa appellatione ... a. h. vocatur spiritus, Eccl. III,21. Act. VII,58. Hebr. XII,23; 5. ex vitae post hominis mortem continuatione, Matth. XXII,32. Mark. XII,26. Luk. XX,37. Habak. I,12; 6. ex mortis descriptione, Gen. XXV,8 . XXXV,29. XLIX,33. Dan. XII,13. Act. XXVI,18. Kol. I,12 etc.

Über die Unsterblichkeit der Seele bemerkt aber *Gerh.* (XVII,150) noch: Adde, quod anima non sit eo modo immortalis, quo Deus, οὐσιωδῶς scil. et independenter; eo enim sensu solus Deus dicitur habere immortalitatem, 1Tim. VI,16. sed per creationis gratiam, quia sic a Deo condita est, ut non habeat in se internum corruptionis principium, sed sit natura incorporea, invisibilis et immortalis. Posset tamen Deus, si vellet, animam in nihilum redigere et penitus exstinguere, sed quia immortalem eam esse voluit, ideo per et propter illam creatoris voluntatem immortalis perseverat. Immortale est, vel quod absolute et simpliciter nulla potestate, etiam divina, aboleri nequit, hoc modo solus Deus est immortalis, vel quod ita a Deo conditum, ut non intereat, licet per absolutam Dei potentiam aboleri possit; hoc modo animae hominum et angeli immortales sunt. – Über die Beweiskraft der argumenta e lumine naturae petita *Gerh.* (XVII,159): Distinguimus primo inter rationes *praecedentes et subsequentes. Thomas*: »ad aliquam rem dupliciter inducitur ratio, primo ad probandam sufficienter aliquam radicem, secundo quae radici jam positae ostendit congruere consequentes effectus.« Hoc posteriori modo immortalitas animae ex lumine naturae demonstrari potest, postquam ex scripturis s. immota consequentia eadem fuerit demonstrata. Deinde inter rationes *cogentes et verisimiles.* Argumenta, quae ex lumine naturae proferuntur, quandam verisimilitudinis persuasionem de animae immortalitate inducere possunt, sed firmum, immotum ac ἀμετάπτωτον fidei fundamentum nequaquam exhibent. – Als solche Beweise führt *Gerh.* (XVII,157)ff. an: 1. anima rationalis est substantia per se subsistens et spiritualis, ut patet ex operatione, quia actus cognoscendi nonnulli spirituales sunt in nobis; h. e. neque ex materia constantes, neque ex materia subjectove dependentes, sed inorganici in immaterialibus universalibus et aeternis cognoscendis. Ergo etiam est immortalis; 2. anima humana est essentia simplex, invisibilis, immaterialis, Deo simillima, independens a materia; 3. est essentia sese primo movens; 4. desiderat naturae adpetitu aeterna, quod desiderium frustra illi ingenitum esse non est verisimile; 5. contemplatur aeternas essentias, cum tamen nihil adsurgere possit ad contemplationem ejus, a quo toto genere essendi discrepat; 6. in abstractione a rebus sensibilibus magis magisque perficitur, ergo, quando a corpore separabitur, perfectissima evadet; 7. non est elementis orta, quia habet notitias naturaliter insitas, quas nulla materia elementaris imbibere potest; 8. habet insitum discrimen honestorum et turpium, ex quo colligit hanc justitiae regulam, quod bonis debeat esse bene, malis male. Jam vero in hac vita boni saepius non accipiunt sua praemia, nec mali promeritas poenas; ergo restat vita alia, ad quam immortalis anima adspirat, alias discrimen illud frustra esset menti insitum; 9. hominibus male sibi propter scelera consciis metum injicit, ergo de secuturo post mortem statu naturaliter est sollicita, et suae immortalitatis sibi probe conscia, nisi enim anima post mortem superstes esset, nihil causae haberent homines male sibi conscii, cur de futuris poenis formidarent; 10. ecstasin quandam. h. e. intentam partis rationalis ad res sublimes absque ullo sensuum usu adplicationem naturaliter quandoque patitur, ergo etiam naturaliter per se subsistere potest, quia unumquodque, sicut ab altero in operando per se non pendet, ita nec in essendo; 11. denique urgent consensum saniorum philosophorum, qui animae immortalitatem arguit esse ex numero eorum, quae sunt προλήψεις, anticipatae quaedam notiones ab omnibus concessae. –

9. *Hutt.* (ll. th. 297). Piorum, sive in Christum credentium, animae sunt in manu Dei, exspectantes ibi gloriosam corporis resurrectionem et plenam aeternae beatitudinis fruitionem, Sap. III,1. Luk. XVI,22 et 23. *Br.* (364). Imo *piorum* animas statim postquam a corporibus sunt separatae, essentialem beatitudinem consequi (Phil. I,23. Luk. XXIII,43. Joh. V,24. Apok. VII,4 et 15), *impiorum* vero animas damnationem suam subire (1Petr. III,19) credimus. *Gerh.* (XVII,178). De receptaculis et domiciliis. Scriptura generali appellatione vocat locum, Joh. XIV,2. Luk. XVI,28. Act. I,25. Non quod sit corporeus aliquis ac physicus locus proprie sic dictus, sed quia est certum quoddam ποῦ, in quod animae a corpore separatae congregantur. Talia receptacula, habitacula, custodias et promtuaria animarum scriptura enumerat tantum duo, quorum unum animabus piorum praeparatum communissima appellatione vocatur *coelum*, alterum animabus impiorum destinatum vocatur *infernus*.

10. *Quen.* (IV,538). Animae hominum a corporibus separatae non dormiunt aut insensibiles sunt neque ad tempus resuscitationis. – Neque piorum animae post mortem in refrigerio quodam et loco tranquillo degunt et coelestis beatitudinis praegustum tantum aliquem habent; sed plena et essentiali beatitudine fruuntur; nec impiorum animae post mortem initia tantum cruciatuum sentiunt, sed perfectam et consummatam damnationem (ibid. 540). – Vollends wird die Seelenwanderung verworfen. *Gerh.* (XVII,171). Ante omnia removenda est absurda et bruta illa opinio, quae statuit, »migrare animas de corporibus vetustate ac morte confectis, et insinuare se novis ac recens natis et easdem semper renasci modo in homine, modo in pecude, modo in bestia, modo in volucre, et hac ratione immortales esse, quod saepe variorum ac dissimilium corporum domicilia commutent«, quibus verbis animarum illam transmigrationem sive transanimationem, μετεμψύχωσιν καὶ μετενσωμάτωσιν a Graecis appellatam, describit Lactantius. –

11. *Gerh.* (XVII,183). Pontificii quinque animarum receptacula fabricant: 1. *Infernum*, in quem ablegant animas hominum extreme impiorum, qui incredulitate, impatientia et gravioribus contra conscientiam delictis sive peccatis mortalibus ex hac vita decedunt. 2. *Purgatorium* inferno proximum, in quod relegant animas eorum, qui nondum plene a

peccatis venialibus purgati sunt, necdum pro temporalibus poenis peccatorum perfecte satisfecerunt, in fide tamen Christi ex hac vita discesserunt, illis tamdiu in purgatorio sudandum statuunt, donec peccatorum maculis purgatis puri et mundi in coelum subvolent. 3. *Limbum puerorum,* cui adsignant animas infantum non baptizatorum, qui propter peccatum originis, in quo absque baptismi remedio decesserunt, *poena damni,* non tamen *sensus* in hac cella subterranea adficiantur, exclusi a gaudiis coeli, non tamen subjecti poenis inferni. Dicitur limbus, quia est quasi ora et extremitas quaedam inferni, sicut limbus vestimenti. 4. *Limbum patrum,* in quem introducunt animas patriarcharum et omnium sanctorum V. T. ante Christi ad inferos descensum demortuorum, quas in hac cellula poenam damni temporalem sustinuisse adserunt, donec, peccati originalis debito per Christi mortem dissoluto, ex ea liberatae ad fruitionem coelestis beatitudinis fuere introductae, cum Christus ad inferos descendisset. 5. *Coelum,* in quod animas sanctorum ab omnibus peccatis plene purgatas admittunt. – Ordo illarum contignationum juxta Pontificios talis est: Infernus in ipso terrae centro positus est, huic proximum purgatorium, quod est contignatio quasi secunda, illi contiguus est limbus infantum, cui proxime superincumbit limbus patrum, qui hodie, translatis in coelum a Christo patribus, prorsus vacuus est. – Die Lehre von dem purgatorium wurde besonders von der lutherischen Kirche als wider die Versöhnung allein durch den Glauben streitend verworfen. *Hfrffr.* (667). Quidquid expiationibus vel purgatorii vel suffragiorum adscribitur, id omne Christi merito, quod *solum nos a peccatis purgat,* derogatur. –

§ 64
2. De resurrectione mortuorum

Die Scheidung von Leib und Seele, die durch den Tod herbeigeführt worden ist, ist keine fortwährend dauernde, sondern es wird, so lehrt uns das Wort Gottes auf das bestimmteste, eine Zeit kommen, in der Gott auch den Leib wieder auferweckt und diesen mit der Seele, die vor dem Tod ihm angehörte, vereinigt[1]. Es ist dies der Substanz nach derselbe Leib, mit dem die Seele auch im diesseitigen Leben vereinigt war, aber er ist jetzt mit neuen Eigenschaften ausgestattet, wie sie der Natur der jetzt eingetretenen Verhältnisse entsprechen[2]. Gleichwie jedoch der Zustand der Seelen nach dem Tode verschieden ist, je nachdem sie im Leben gottlos oder fromm waren, so werden auch die Leiber der Auferstandenen verschiedene Eigenschaften erhalten, je nachdem seliges oder unseliges Leben ihr Los ist[3].

1. *Br.* (367). Quemadmodum anima hominis post mortem superstes manet; ita corpus etiam, quod per mortem destructum est, resurget et in vitam revertetur: quod ex scripturis (Iob XIX,26. Es. XXVI,19. Dan. XII,2. Joh. V,28. XI,23. 1Kor. XV,12. 1Thess. IV,16) clarissimum est; ratione naturali autem cognosci equidem certe non potest, licet illi non repugnet. – Nempe quando scriptura revelat doctrinam de resurrectione mortuorum, tunc ratio, quae Deum scelerum vindicem et bonorum remuneratorem agnoscit, consentaneum sibi potius, quam adversum deprehendit, resuscitari corpora bene aut malefactorum organa, ad consortium poenarum vel praemiorum. Et quamvis non inveniat ratio, quomodo corpora numero eadem, quae in cineres resoluta sunt, resuscitari queant: tamen tantum abest,

ut invicto argumento impossibilitatem ostendere possit, ut potius potentiae divinae illud relinquere cogatur. –

Holl. (1245). Resurrectio mortuorum formaliter consistit a) in reproductione s. reparatione ejusdem, quod per mortem cecidit, ex atomis seu particulis illius corporis, hinc inde disjectis atque dissipatis, b) in redunitione ejusdem cum anima.

2. *Quen.* (IV,582). Subjectum quod (resurrectionis) est totus homo, ante mortuus et cinefactus. Subjectum quo est idem numero ac substantia corpus, quod in hac vita gessimus, et quod per mortem ceciderat (Iob XIX,26. Es. XXVI,19. Ps. XXXIV,21. Rom. VIII,11. 1Kor. XV,53. 2Kor. V,4. Phil. III,21), novis tamen atque spiritualibus qualitatibus vestitum, 1Kor. XV,42. (Observ.: Erit corpus, quod resurget, spirituale, non quoad substantiam, sed quoad qualitates et dotes.) Von diesen neuen Eigenschaften *Holl.* (1243): Differunt corpora, quae in hac vita circumferimus, a corporibus resuscitatis non ratione substantiae, sed 1. ratione durationis: illa corrumpuntur et intereunt, haec immunia a corruptione semper durant; 2. ratione formae externae. Illa fiunt cadavera deformia, pallida, foetida: haec erunt gloriosa, fulgida, pulcherrima; 3. ratione roboris. Haec seminantur in terram flaccida, sensu motuque destituta: illa erunt vegeta, robusta, sensibus eximiis pollentia, nulli defectui obnoxia; 4. ratione operationis et passionis. Illa subjecta sunt generationi, nutritioni, augmentationi, progressui locali, indigent potu, cibo, matrimonio: haec tota vacabunt actionibus spiritualibus, nec egebunt nutrimento aut societate conjugiali.

3. Illae ipsae corporum resuscitatorum qualitates, quarum ratione a corporibus animalibus in hac vita distinguuntur, adcurate sunt distinguendae. Quaedam enim *communes* sunt omnibus resuscitatis tam impiis, quam piis, tam incredulis, quam credentibus. Tales sunt ἀφθαρσία καὶ ἀθανασία, incorruptibilitas et immortalitas, quia enim impiorum animae et corpora perdenda sunt (non interimendo, sed cruciando) in gehenna, Matth. X,28. quia vermis eos rodens non morietur et ignis eos urens non exstinguetur (Es. LXVI,24. Mark. IX,44.46 et 48), ideo corpora eorum itidem resurgent incorruptibilia et immortalia, ab animabus nunquam separanda, sed ad aeternos et nunquam desituros cruciatus reservanda. Ex quo etiam intelligitur, ἀφθαρσίαν καὶ ἀθανασίαν in corporibus impiorum longe diversam esse ab ἀφθαρσίᾳ καὶ ἀθανασίᾳ piorum, tum ratione adjunctarum reliquarum qualitatum, tum ratione finis. ... Quaedam vero qualitates *propriae* sunt solis piis ad vitam aeternam resuscitatis, quae d. apostolus 1Kor. XV. hoc recenset ordine, v. 43–49. Phil. III,21; ex quibus colligitur, corpora piorum ad vitam aeternam resuscitatorum fore non solum incorruptibilia et immortalia, sed etiam: 1. *glorificata, gloriosa*, quia inenarrabili decore, splendore et gloria adeoque divino lumine, claritate et fulgore velut pallio vestientur, Matth. XIII,43. Dan. XII,3. 1Kor. XV,41; 2. *potentia*, quia a θνηταῖς δυσχερείαις et prioribus infirmitatibus, doloribus ac morbis, quibus in hac vita fuere subjecta, penitus erunt libera, ac proinde firma, valida, impassibilia, agilia, subtilia, quibus nec pondus nec gravitas obsistere poterunt, quo minus in occursum Domini in aëra rapiantur, 1Thess. IV,17; 3. *spiritualia*, non quidem ratione essentiae, erunt enim non πνεύματα, sed σώματα πνευματικά, ἰσάγγελοι erimus, non angeli, aequales, non iidem, Matth. XXII,30. sed ratione spiritualium qualitatum, non erunt amplius animalia corpora, cibi, potus, somni et aliorum subsidiorum indiga, sed spiritualia, in quibus nulla carnis et spiritus lucta, sed quae imperio spiritus perfecte subdita, quae plene a spiritu s. reguntur, quae nullis cibis vel adminiculis aliis ad sui sustentationem indigent; 4. *coelestia*, itidem non substantiae, sed qualitatum ratione. quia coelesti luce et gloria fulgebunt, non erunt amplius terrenis infirmitatibus obnoxia, sed coelesti claritate conspicua, non erunt amplius deformia, sordida, manca, mutila, adspectu turpia, sed formosissima, adspectu decora, perfecta honestissima, membris integra etc., quarum qualitatum exemplar in Christi ex mortuis resuscitati et ad

dextram Dei collocati corpore, cui nostrum futurum est σύμμορφον, nobis proponitur. *Impiorum vero ac damnatorum* corpora, licet futura sint incorruptibilia et immortalia, tamen non erunt impassibilia, sed aeternis cruciatibus obnoxia, nullo decore, nulla gloria, nulla potentia, nulla spirituali excellentia ornata, sed perpetua foeditate et ignominia notata, opprobrio sempiterno destinata et infernalibus tenebris oppressa. Sunt enim vasa apparata ad ignominiam et contumeliam, Rom. IX,21. 2Tim. II,20. – Je nach den Eigenschaften, welche die Auferstandenen als Selige oder Unselige erhalten, wird ihre Auferstehung genannt: resurrectio vitae, quae est piorum et vere credentium propria, et resurrectio judicii, quae est impiorum et incredulorum propria.

§ 65
3. De extremo judicio

An die Auferweckung der Toten reiht sich das *letzte Gericht*, und mit diesem ist das Ende dieser Welt gesetzt[1]. Es werden also zu der Zeit, wo das letzte Gericht eintritt, noch Menschen auf dieser Erde leben, und an ihnen geht dann, weil nicht der Tod vorhergegangen ist, auch nicht erst eine Wiedervereinigung ihrer Seelen mit den Leibern vor: die Veränderung, die an den Leibern der Auferweckten vorgeht, geschieht an ihren Leibern also auf andere Weise, nämlich durch Verwandlung[2]. Wann der Zeitpunkt des letzten Gerichtes eintreten wird, ist uns verborgen[3], doch gehen diesem Zeichen voraus, aus denen auf das Herannahen dieses Zeitpunktes geschlossen werden kann. Solche sind insbesondere die sich aufs Höchste entfaltende Gewalt Satans und die sich gleichsehr steigernde Sicherheit und Gottlosigkeit der Menschen[4]: wenn alles dieses den höchsten Grad erreicht hat, wird Gott das Gericht hereinbrechen lassen, und so für die Frommen den Helfer in der höchsten Not machen. – Das Gericht wird von Christus gehalten werden[5], der allen sichtbar und in Herrlichkeit erscheinen wird, den Frommen zum ersehnten Trost, den Gottlosen zum höchsten Schrecken[6]. Da wird an allen alles offenbar werden, was sie getan haben, Gutes wie Böses; nach der Norm der ihnen auf Erden gegebenen Offenbarung werden alle danach gerichtet[7] und das Gericht an ihnen in der Art vollzogen werden, daß die einen, die Frommen, in das Reich der Herrlichkeit aufgenommen, die Gottlosen in das Reich der ewigen Finsternis verstoßen werden[8].

1. *Quen.* (IV,605). Judicium universale resurrectioni mortuorum ordine subnectitur, 1Thess. IV,16. Resurrectionem enim mortuorum universalem mox excipiet universale judicium. Resurrectio fiet omnium dierum ultimo sive novissimo, qui rerum mundanarum vicissitudini atque ipsi adeo tempori finem imponet, Joh. Xi,24.

Holl. (1246). Extremum judicium universale est actus solemnis, quo Deus unitrinus, per Dominum Jesum Christum, in visibili forma summaque gloria apparentem, angelos omnesque homines ad tribunal sistet, et cogitata, dicta, factaque omnia, piorum quidem ad normam evangelii, impiorum autem ad praescriptum legis dijudicando, illis aeterna gaudia, his aeternos cruciatus assignabit et conferet, ad misericordiae atque justitiae suae remuneratoriae et vindicativae gloriam. – Von diesem jud. universale s. extremum wird noch unterschieden das *jud. particulare*, quo in hora mortis unicuique homini status gloriae aut ignominiae adjudicatur. –

2. *Quen.* (IV,585). Cognatum proximum resurrectionis mortuorum est immutatio eorum, quos dies novissimus deprehendet vivos, in momento et ictu oculi peragenda, 1Kor. XV,51.52 1Thess. IV,15.17 – Die Ordnung der Auferstehung ist dann diese: *Hfrffr.* (682). Cum dies novissimus illuxerit, Christus (ingenti fragore coelo terraque per ignem transeuntibus) eadem, qua in coelos ascendit, visibili forma, in nubibus veniet: cum multis millibus angelorum, cum clamore seu tonitru maximo, in voce archangeli et tuba Dei: ac tum mortui, vocem filii Dei audientes, suo quisque corpore resurgent primum: deinde nos, quos dies ille vivos deprehendet, in momento immutabimur, ut sistamur coram tribunali, 1Thess. IV,15.

3. *Gerh.* (XIX,226). Tempus judicii extremi duplex statui potest, inchoationis ac durationis. *Inchoationis* tempus vocamus praecise punctum illud temporis, quo Christus e coelo rediturus ad judicandum vivos et mortuos ad vitam suscitatos, ac utrosque coram tribunali suo ad audiendam definitivam sententiam mediante angelorum ministerio congregaturus. Futurum illud in die novissimo testantur s. literae, in quo etiam mortuorum resurrectio judicium antegressura et consummatio seculi judicium secutura peragetur, Matth. XXIV,30. XXV,31. 1Kor. XV,52. 1Thess. IV,16. Apok. XX,11: quis vero dies ultimus ac novissimus sit futurus, ac proinde quo die, quave hora Christus ad judicium sit venturus, illud exacte et praecise hominum arbitramur scire posse neminem, ac proinde a temeraria et scrupulosa illius inquisitione merito esse abstinendum, Act. I,7.

4. *Holl.* (1248). Ex voluntate et ordinatione Dei antecedent diem supremum signa divinitus revelata, e quibus magnum illum diem appropinquare confuse agnoscere licet. Die signa werden unterschieden als signa remota s. communia und signa propinqua s. propria. *Holl.* (ibid.). *Illa* seculo non uno contingunt, ac saepe recurrunt aut continuantur. *Haec* sunt, quae propius demum accedente judicio, non autem aeque prioribus seculis conspicienda sunt. Signa communia et remotiora, licet tempus judicii non significare videantur, tamen ex instituto et intentione Dei significant et Christianos monere debent, quod judicium aliquid solemne sit exspectandum, ex vi justitiae divinae ac veritate praedictionum. Propinquiorum vero seu propriorum signorum ea differentia est, ut aliqua longiore intervallo, aliqua breviore, antecedant judicium: quae proinde nec ipsa certum tempus determinate significant. *Zu den ersteren* werden gerechnet (nach *Gerh.* [XIX,246]): 1. *haeresium multiplicatio*, Matth. XXIV,5. (Über diese Stelle sagt *Gerh.* [XIX,246sqq.]: quaesiverunt apostoli conjunctim, quando illa sint futura, quae de eversione templi praedixerat, et quodnam signum adventus ejus et consummationis seculi sit futurum? Matth. XXIV,3. Mark. XIII,4. Luk. XXI,7. Existimabant enim in secundo demum Christi ad judicium adventu destruendam esse Hierosolymam et templum ac cum ea totum mundum, adeoque omnium rerum finem futurum, ac tum demum omnibus innovatis Messiam novum suum regnum auspicaturum. Christus igitur ad utrumque quaestionis membrum distincte respondet, ac primo quidem de Hierosolymae vastatione concionatur, deinde vero de suo adventu, eo ipso significans, haec non ejusdem temporis, sed diversorum fore. Quamvis ergo ea, quae in priori responsi parte a Christo proferuntur, ad tempora excidium Hierosolymae praecedentia proprie ac principaliter pertineant, tamen quae de adventu pseudoprophetarum ac reliquis malis Hierosolymae devastationem antegressuris ibidem praedicantur secundario et consequenter ad statum temporum, quae judicium extremum praecedunt, commode referri possunt, quia excidium Hierosolymae fuit typus universalis excidii universo orbi destinati. Unde etiam ea, quae de temporibus Hierosolymae excidium antegressuris hic a Christo dicuntur, in aliis scripturae locis ad tempora finem mundi antecessura adcommodantur, cf. Dan. XII,1. cum Matth. XXIV,21 et 2Petr. III,9. cum Matth. XXIV,22); 2. *totius orbis per bella seditiones*, et terrae motus conturbatio, Matth. XXIV,6–8. Luk. XXI,9–11; 3. *horribilis pio-*

rum persecutio, Matth. XXIV,9. Mark. XIII,9. Dan. XI,44. Ap. XI,7. XII,4 et 13. XIII,7. XVII, 6. XVIII,24. XIX,2. XX,4; 4. supinae *securitatis* et projectae *impietatis inundatio* atque extrema morum conscleratio, Matth. XXIV,12.37–39. Luk. XVII,28–30. XVIII,8. 2Thess. II,7. 2Tim. III,1–5. 2Petr. III,3; 5. *universalis* per totum terrarum orbem *evangelii praedicatio*, Matth. XXIV,14. Dan. XI,44. Mal. IV,2. – Als *signa propinqua et propria* werden angeführt: *Gerh.* (XIX,256sqq.) 1. *Insignis quartae monarchiae labefactatio* (Dan. II,31sqq.); 2. *Antichristi* revelatio (cum enim per pseudoapostolos in ecclesia Thessalonicensium sub doctrinae apostolicae nomine ac praetextu sparsa esset fama, quod dies novissimus proxime instet, monet Paulus Thessalonicenses, ne falsae isti opinioni fidem habeant, revelandum enim prius esse Antichristum, antequam veniat dies Domini, 2Thess. II,3. De hac Antichristi revelatione et expugnatione per praedicationem evangelii agunt etiam alia scripturae oracula, Dan. VIII,25. XI,44. Jer. LI,58. Mal. IV,5. Ap. XIV,6. XVIII,2); 3. *variorum signorum* in omnibus totius universi partibus *observatio*, Matth. XXIV,29. Mark. XIII,24. Luk. XXI,25. (*Br.* [377] singulares siderum eclipses, casusque in terras – quamvis enim modum ac determinatam rationem signorum illorum coelestium, ac speciatim casus siderum in terram revelatam non habeamus: satis tamen est, literam scripturae in his retinere, ac modum rei sapientiae potentiaeque divinae relinquere, quam deserto literali sensu metaphoram quaerere aut amplecti; praesertim cum alias signorum coelestium, terrenis contradistinctorum, expressa fiat mentio, Luk. XXI,25. – *Holl.* [1248]. Sunt qui verba Christi exponunt mystice de insigni mutatione ecclesiae, de obfuscatione doctrinae coelestis, et ἀποστασίᾳ doctorum ecclesiae. Alii suadent, non deserendum esse sensum literalem.) Von dem Endzweck, den die in der Hl. Schrift vorhergesagten signa gewähren sollen, *Gerh.* (XIX,274). Christus fine eo praedixit, ut essent: 1. *sui erga nos amoris demonstrativa.* Amici ac benevoli animi judicium est, de futuris malis aliquem praemonere; 2. *securitatis expulsiva*; 3. *περιεργίας alexipharmaca.* Signa judicii prognostica Christus praedixit, sed certum judicii diem determinare noluit; illud proficit ad expellendam ex animis nostris securitatem, ne decretorium ac censorium istum diem longe adhuc abesse cogitemus; hoc vero ad tollendam curiositatem, ne id, quod Deus in sua potestate ac scientia posuit, temere scrutari audeamus. Quemadmodum mors certa est, sed incerta mortis hora, sic novissimum judicium aliquando secuturum certum est, sed hora judicii incerta est et hominibus ignota, Matth. XXIV,44. Luk. XII,46; 4. μικροψυχίας remedia, ... quo plura et terribiliora mala piis obtingunt, eo magis diem ἀπολυτρώσεως καὶ ἀναψύξεως accelerant. –

Über den Antichrist bemerken wir noch: Das Wort wird von den DD. in zweifachem Sinne genommen. *Holl.* (1270). a) generatim pro quibusvis haereticis, qui falsas et doctrinae Christi adversantes doctrinas disseminant easque pertinaciter propugnant. De quibus 1Joh. II,18. qui vulgo dicuntur Anti-Christi parvi; b) speciatim et κατ' ἐξοχήν pro insigni illo Christo adversario, 2Thess. II. descripto, quem differentiae causa Anti-Christum magnum vocamus. – Auch wird noch unterschieden: inter Anti-Christum orientalem et occidentalem. *Quen.* (IV,522). *Orientalis* est extra ecclesiam et ab Ezechiele c. XXXVIII,2 et Ap. XX,7 et 8. appellatur Gog et Magog. *Occidentalis* in ipso ecclesiae gremio sedet, de hoc hic sermo est. Hunc patrum aliqui Judaeum futurum existimarunt, oriundum ex tribu Dan, quam sententiam Pontificii quoque sequuntur communiter, sed nos certi sumus, Anti-Christum ortum suum habere non ex Judaeis, sed ex ipso Christianorum coetu, sive ex illis, qui christiana sunt professione, 2Thess. II,3.4sq. –

Von dem Antichrist gilt dann: *Br.* (783). Non unum quoddam determinatum individuum humanum (est). Nam 1. Anti-Christus venturus erat, quando id, quod regno ejus erigendo obstabat (scil. imperium Romanum occidentale vetus, cujus sedes Romae erat), sublatum esset; duraturus autem usque ad adventum Christi gloriosum: quae sane duratio per tot secula unius hominis aetatem prorsus excedit. 2. Originem seu plantationem et progressus seu incrementa regni Anti-Christi et res in eo gerendas ita describunt scripturae, ut unius hominis aetate omnia fieri impossibile sit, videlicet si spectamus, quod occultis initiis, nec tam armis ac vi aperta, quam insidiosis artibus, quibus, pedetentim occupantur animi hominum, atque in partes ipsius pertrahuntur, erigendum fuerit, regnum, idque non in una gente ac populo, sed per maximam terrae partem: quodque ad satietatem et nauseam usque reges et populi societate ejus usuri sint atque auxilium ad persequendos sanctos ei commodaturi etc., juxta Ap. XIII. XIV. XVII. de bestia et meretrice magna. – Als Antichrist wurde sodann der Papst erklärt. *Quen.* (IV,526). Hi characteres Antichristi non seorsim et divisim, sed conjunctim et complexe his sumendi sunt, sicque sumti exacte Pontifici Romano competunt. Unde emergit conclusio: ergo Pontifex Rom. est ille magnus a spiritu s. praedictus Anti-Christus. –

Zu dem, was vor dem Einbruch des letzten Gerichts sich ereignen soll, rechnen

1. einige aus der luth. Kirche selbst die *conversio Judaeorum universalis*. Sie wird aber von der bei weitem größten Mehrzahl von Theologen verworfen. *Holl.* (1263). Quamvis Judaeis aditus ad poenitentiam et fidem in Christum absoluto Dei decreto non sit praeclusus, multique eorum inde ab aevo apostolico successu temporis cum Deo in gratiam redierint: universalis tamen eorum, aut certe illustris et solemnis conversio sub finem mundi non est exspectanda. – Die Stelle Rom. XI,25.26, die am bestimmtesten für eine allgemeine Bekehrung zu sprechen scheint, legt *Holl.* (1269) so aus: a) propositio Paulina est universalis non absolute, sed limitate. Limitatio habetur in hoc ipso capite XI, v. 2. it. v. 5. nec non v. 23. Quare limitatione adjecta hic emergit sensus: »omnis Israel, quem Deus praescivit crediturum esse in Christum, salvabitur«; vel: »omnis Israel, ad vitam aeternam electus, salvabitur«; vel: »omnes Israelitae, qui non permanent in incredulitate, salvabuntur.« – At exinde concludere non licet: universa Israelitarum natio, vel maxima pars Judaeorum convertetur: cum constet, nec fidem omnium, nec electionem multorum esse; b) particula ἄχρις οὗ, donec sive usque, non semper desitionem aut finem alicujus rei, sed frequenter in propositionibus affirmativis continuationem, ut aequipolleat τῷ semper, denotat. Quocirca mens apostoli est: quamdiu continuabitur conversio gentilium et horum introitus in ecclesiam: tamdiu successive convertentur Judaei. At gentilium conversio continuabitur toto N. T. tempore: ergo et Judaeorum. –

Gerh. (XIX,293). Nec absolute universalis omnium omnino Judaeorum sperari potest conversio. Ut enim plenitudo gentium non notat singulas et universas gentes ac singula earum individua, sed ingentem numerum ex gentilium populis: sic etiam per »omnem Israelem« non significatur universus populus Judaicus et omnia illius individua, sed insignis quaedam Judaicae gentis multitudo.

2. Außerhalb der Kirche wird dahin gerechnet: adventus Christi, ante extremum judicium exspectandus, regni alicujus in terris hisce penes electos per mille annos instituendi gratia (Chiliasmus). *Gerh.* (XX,95). Docent (Millenarii) Christum ante diem novissimum e coelo in terram rediturum, pios defunctos resuscitaturum, ac cum illis, uti etiam iis, quos vivos inveniet, oppressis omnibus impiis, vitam corporalibus deliciis abundantem per mille annos in his terris exacturum, inchoato terreno, corporali ac visibili regno, et finitis demum mille annis illius regni consummationem seculi et universalem omnium resurrectionem esse secuturam; quamvis in quibusdam circumstantiis hujus dogmatis apud patronos ejus sit quaedam discrepantia. – Die konstante Behauptung der luth. DD. ist aber: *Quen.* (IV,649). Cum adventus Christi secundus, resurrectio universalis, extremum judicium et consummatio seculi immediate cohaereant, unumque alterum sine temporis intervallo excipiat, ex eo patet, nullum terrenum regnum et vitam omnibus spiritualibus et corporalibus deliciis affluentem ante consummatum judicium esse exspectandum, ut

somniant Chiliastae vel Millenarii. *Conf. Aug.* (XVII,4). Damnant et alios, qui nunc spargunt Judaicas opiniones, quod ante resurrectionem mortuorum pii regnum mundi occupaturi sint ubique oppressis impiis. Als solche Chiliastae werden bezeichnet: Judaei – Cerinthus – Papias – Joachimus, abbas Florensis – Fanatici et Anabaptistae – Casp. Schwenkfeldius et al. Es wird übrigens noch unterschieden: chiliasmus crassus et subtilis. *Ille* beatum millenium voluptatibus carnis illicitis: *hic* deliciis tam corporis quam animi licitis et honestis metitur *Holl.* (1256); der eine wie der andere aber verworfen. – *Gerh.* (XX,109). Caeterum, ... liquido apparet, non esse eandem omnium de hoc regno chiliastico spem et opinionem. 1. Quidam enim chiliasmum subtilem in pace ecclesiae, perfecta justitia, quiete a tentationibus, fidei orthodoxae conformitate universali etc. consistentem, quidam vero chiliasmum crassum in corporalibus deliciis ac voluptatibus fluctuantem propugnant. 2. Quidam regnum illud ante resurrectionem, quidam post resurrectionem inchoatum iri sperant; nisi dissidentes illas opiniones hoc distinctionis foedere conciliare velimus, quod inchoandum sit post resurrectionem sanctorum vel certe martyrum et ante resurrectionem universalem omnium hominum. 3. Quidam opiniones suas proferunt ut probabiles et futuro eventui totum negotium suspensi ac dubii permittunt; quidam vero eas ut apodicticas demonstrationes cum credendi necessitate ecclesiae obtrudere satagunt. 4. Quidam de chiliastico et phantastico illo regno disputant θεωρητικῶς in scholis ac libris; quidam vero illud promovere nituntur πρακτικῶς, sicut Anabaptistae Monasterienses, qui omnes magistratus impios e medio tollendos esse docuerunt, ut pacatissimum illud regnum sequi posset. 5. Quidam in genere tradunt, regnum illud Christi in his terris esse instituendum; quidam vero in specie terram Canaan designant, in quam etiam Judaeos reducendos sperant. 6. Quidam tempus durationis hujus regni soli Deo exacte notum esse dicunt; quidam vero praecise millenarium annorum ei adsignant. 7. Quidam omnes pios et sanctos prius resuscitandos sperant, ut regni hujus consortes fiant; Judaei solos Israelitas: Piscator solos martyres; quidam illos denuo ante judicium extremum dicunt morituros; quidam vero eos perpetuo cum Christo victuros esse sperant. 8. Quidam ex sacris literis, quidam ex sybillarum oraculis, quidam ex traditionibus apostolicis, quidam ex libris apocryphis, maxime ex quarto lib. Esdrae de hoc regno disputant. Sic ergo in qualitate, tempore et subditis hujus regni, ac modo et principiis disputandi de hoc regno patroni ejus intra se non satis conveniunt.

Die biblischen Stellen, auf die die Chiliasten sich beriefen, sind: Es. LXV,22. Matth. XXVI,29. Joh. X,16. Eph. V,5. 1Thess. IV,17. Apoc. XX,6.

Die letztere, die Hauptstelle, legt *Gerh.* (XX,124sq.) so aus: maxime probabilis videtur illorum sententia, qui initium istorum mille annorum in Constantini magni imperio constituunt, tunc enim satanas, qui primis trecentis a Christo nato annis imperatores ethnicos et praesides Romanos ad horribiles Christianorum persecutiones impulerat, ligatus est, quia sub Constantino pax ecclesiae fuit data et persecutiones conquieverunt, nec potuerunt amplius gentes, de quibus praecipue apocalypsis agit, idolomaniam suam tanta violentia et immanitate propagare. Juxta hanc hypothesin finis istorum mille annorum incidet in annum Christi 1300, circa quod tempus satanas iterum solutus Ottomannicam familiam excitavit, sub quo Gog et Magog, i. e. imperium Turcicum ... maximum adquisivit robur et gens illa Saracenica majori quam antea conatu adversus ecclesiam saeviit, occupata maxima et florentissima orbis parte et tandem capta urbe Constantinopoli, quae fuit imperii orientalis sedes, ut hac ratione inter imperium Constantini, qui ab ecclesia persecutiones prohibuit et Ottomanni Turcici, qui ecclesiam pravissime adflixit, mille isti anni interjaceant. Et quia illam satanae alligationem et ecclesiae quietem sub Constantino magno demum secutam praecesserunt horribiles persecutiones ab ethnicis imperatoribus excitatae, in quibus aliquot millia Christianorum sunt occisa; ideo Johannes in visione sua introducit animas istorum martyrum decollatorum s. occisorum propter testimonium Jesu et propter verbum Dei ... Illis conjungit animas eorum, qui non adoraverant bestiam et imagines neque acceperant characterem ejus in frontibus aut in manibus suis. ... De his piorum martyrum et confessorum animabus, quibus etiam conjungi possunt animae eorum, qui soluto jam satana in persecutionibus Papisticis ac Turcicis interficiuntur, pronuntiat Johannes, primo, »quod sedes judiciariae ipsis fuerint datae« in signum scilicet judicii exercendi, secundo, quod vixerint, ac tertio, quod cum Christo mille annis regnaverint. Judicium exercuerunt adversus persecutores suos, a quibus fuerunt interfecti. Ut enim sanguis piorum de terra ad coelum clamat et vindictam adversus effusores exposcit, sic etiam animae ipsorum in coelo subter altari clamant et vindictam sanguinis sui ac fratrum suorum exposcunt. Vixerunt in coelesti scilicet pace, tranquillitate et gloria. Tyranni judicabant eos et anima et corpore exstingui, sed spiritus s. hoc loco et alibi passim in scripturis téstatur, quod statim a morte in coelesti gloria vivant. Denique, »cum Christo regnarunt«, plane scil. devictis omnibus hostibus, diabolo, carne, mundo et omnibus adversis. Neque ex particula »donec« inferre licet, finitis istis mille annis felicitatem illam sanctorum etiam fuisse finitam. ... Ideo vero nominatim exprimuntur mille anni, quia expletis illis memorabile quid ecclesiae accidit, quod scil. satana iterum soluto persecutionibus gravissimis denuo oppugnata fuerit. ... Dazu die allgemeine Bemerkung von *Holl.* (1259): 1. quia liber apocalypticus est propheticus, tum abstrusissimis visionibus propheticis, tum allegoricis, et quasi aenigmaticis loquendi formulis plenus, intellectu difficilis, ideo secundum analogiam fidei, claris et perspicuis scripturae locis superstructam, exponendus est. 2. Non possunt Chiliastae e loco citato luculenter ostendere solemnem Christi adventum ad constituendum regnum millenarium, in quo a) vivant homines perfecta θεογνωσίᾳ praediti, consummata sanctitate eminentes terrenaque felicitate gaudentes; b) resurgant martyres, c) convertantur omnes Judaei et d) sub cujus primordium Anti-Christus evertatur. –

5. *Br.* (379). Judex erit Christus ipse (Matth. XXV,31. secundum utramque naturam, Joh. V,22.27), qui in assumta humanitate, gloriose apparens, ac velut pro tribunali sedens, omnibus conspicuus, auctoritate divina sententiam feret. – Habebit autem Christus assessores partim, partim ministros judicii homines sanctos, Matth. XIX,28. Luk. XXII,30. 1Kor. VI,2. et angelos bonos, Matth. XXV,31. – Et angelorum quidem munus erit, non solum Christum ad judicium accedentem comitari, et sono ingenti excitato manifestare ejus adventum (1Thess. IV,16); verum etiam homines, cum e morte resuscitatos, tum vivos deprehensos, ex omnibus mundi partibus congregare (Matth. XXIV,31. Mark. XIII,27), segregare deinde pios ab impiis (Matth. XIII,41.49), illis ad dextram, his ad sinistram collocatis (Matth. XXV,32), deinde damnatos ad infernum detrudere (Matth. XIII,42.50). – Homines vero sancti testes et comprobatores judicii Christi erunt. –

6. *Holl.* (1249). Adventus Christi judicis erit publicus et longe gloriosissimus, impiis terribilis, piis exoptatissimus. –

7. *Quen.* (IV,611). Norma judicii hujus et quidem quoad homines judicandos *generatim* loquendo est tota doctrina coelestis, Joh. XII,48. Rom. II,16. *speciatim* vero et quidem respectu piorum evangelium stricte sumtum, et quatenus legi contradistinguitur, Gal. III,9.12. Matth. XXV,34. respectu vero infidelium lex, Gal. III,10. Rom. II,12. 1Kor. VI,9.10. Gal. V,19.20.21. lex inquam, verum non sola et per se spectata, sed quatenus per evangelium collustrata est.

8. *Quen.* (IV,610). Forma judicii extremi consistit in causae cognitione, Matth. XXV,35.42. 1Kor. IV,5. et cognitae decisione, nec non sententiae definitivae publicatione, Matth. XXV,46. et denique in sententiae executione. Es wird unterschieden: judicium discussionis et retributionis. *Holl.* (1253). Judicio *discuss.* omnium hominum, tam justorum quam injustorum, cognoscetur causa et injustorum mala opera accurate examinata publicabuntur.

Judicio *retributionis* pronuntiabitur sententia cuique conveniens, quod erit duplex: approbationis sive absolutionis, quo electis assignabitur et conferetur vita aeterna, et reprobationis seu condemnationis, quo reprobi ablegabuntur in ignem aeternum. Von der Weise des processus: *Hfrffr.* (688). Non molestus ille et diuturnus judicii forensis strepitus, ubi certis articulis, interrogationibus, responsionibus, prolixis testium examinibus veritas eruenda et judex informandus est; sed cum praeses istius judicii sit verus Deus et homo atque cordium scrutator, non tantum ipse omnia cognita et perspecta habet, sed occulta quaeque impiorum dicta, facta, cogitata, studia et consilia, in manifestam lucem producturus, attestante illorum conscientia, et separatis malis a bonis, illisque ad sinistram, hisce ad dextram collocatis, sententiam contra impios, sine ulla interjecta mora, pronunciaturus et exequuturus est. Hic processus ab ipso Christo describitur Matth. XXV et a Paulo 2Kor. V,10. –

§ 66
4. De consummatione mundi

Nach dem letzten Gericht tritt dann das völlige Ende dieser Welt ein. Außer Engeln und Menschen wird alles, was dieser Welt angehört, durch Feuer verbrannt werden und in nichts sich auflösen[1]. Nicht also eine Verwandlung der Welt, sondern ein völliges Aufhören ihrer Substanzen ist zu erwarten[2].

1. *Br.* (385). Peracto judicio statim sequetur mundi consummatio, qua coelum et terra, itemque caetera elementa et corpora ex elementis composita, quoad substantiam suam, mediante igne, peribunt. – *Holl.* (1273). Consummatio mundi est actio Dei triunius, qua is totam machinam coeli terraeque et omnes res conditas, creaturis intelligentibus exceptis, igne destruet et annihilabit, in veritatis, potentiae et justitiae suae gloriam et electorum hominum liberationem. – Von dem medium, quo Deus mundum destruet, *Holl.* (1275): destruet Deus mundum igne vero et proprio (2Petr. III,12), sed cujus vis et indoles nulli mortalium est pervestigabilis.

2. *Quen.* (IV,638). Forma consummationis hujus non in nuda qualitatum immutatione, alteratione seu innovatione, sed in ipsius substantiae mundi totali abolitione et in nihilum reductione (Ps. CII,27. 2Petr. III,10. Ap. XX,11. Es. XXXIV,4. Luk. XXI,33. Iob XIV,12) consistit.

§ 67
5. De damnatione et vita aeterna

Mit dem Gericht ist eine völlige in Ewigkeit währende Scheidung der Gottlosen und der Frommen eingetreten. Die ersteren fallen der ewigen Verdammnis anheim, einem Zustand, der in der Hl. Schrift auch als ewiger Tod bezeichnet wird (mors aeterna, damnatio aeterna est status plurium malorum aggregatione miserrimus, aeternum duraturus. *Holl.* [978])[1]. Von ihnen sagt die Hl. Schrift, daß sie sich in der Hölle (ᾅδης, שְׁאוֹל) befänden, einem Ort der Qual[2], in dem sie je nach dem Grad ihrer Gottlosigkeit[3] in leiblichen und geistigen Schmerzen[4] für ihre Sünden in Ewigkeit[5] büßen. Die Letzteren aber, die Frommen, werden teilhaftig des ewigen Lebens[6], d.h. sie genießen je nach dem Grad ihrer Frömmigkeit[7] die höchste und durch nichts gestörte Seligkeit im Anschauen Gottes[8]. Den Ort ihrer Seligkeit nennt die Hl. Schrift den Himmel[9].

1. *Holl.* (979). Mors aeterna est separatio animae infidelis a beatifica Dei visione et fruitione aeterna. – *Quen.* (I,565). Mors aeterna s. damnatio est infelicissimus ille status, in quo ex justo Dei judicio homines finaliter increduli a beatifica Dei visione exclusi, diabolisque in carcere infernali associati, quoad animam quidem, statim post hujus ex corpore discessum, et tandem, lata in extremo judicio sententia, quoad utramque compositi partem, gravissimis atque ineffabilibus cruciatibus in aeternum torquebuntur in justitiae et veritatis divinae laudem et piorum gloriam et exultationem. – *Holl.* (979). Mors aeterna dicitur etiam *mors secunda,* Ap. II,11. XX,6. ideo, quod privationem vitae alterius, quam expleta hac vita homo consequi poterat, importat; vocatur praeterea corruptio, Judae 12. Matth. VII,13. interitus aeternus 2Thess. I,9. non perinde ac si mors aeterna sit annihilatio substantiae, sed quia est privatio seu defectus felicitatis, opprobrium et ignominia sempiterna, Dan. XII,2. damnatis quippe nihil erit contemtius coram oculis Dei, angelorum et beatorum, erunt enim nausea omni carni, Es. LXVI,24. poena aeterna, Matth. XXV,46. afflictio et angustia, Rom. II,9. – Den Schrift-Beweis führt *Quen.* (I,561) aus Ps. XLIX,15.20. Es. LXVI,24. Dan. XII,2. Zach. IX,11. Matth. III,10. Luk. III,17. Matth. V,22. XXV,46. VIII,12. Luk. III,27.28. Matth. X,28. XIII,40. 42. XXII,13. XXV,41.46. Luk. XVI,23. – (*Gerh.* [XX,169] fügt hinzu: Rationes et argumenta petita 1. a divinae justitiae conditione, 2Thess. I,6; 2. a legis div. maledictione, Deut. XXVII,26. Matth. XIX,16. Rom. IV,16. 1Thess. I,10; 3. a peccati turpitudine et confusione, Rom. VI,23; 4. a propriae conscientiae testificatione; 5. ab infernalium dolorum degustatione, 2Sam. XXII,6. Ps. XVIII,6. XXX,4. XLIX,16. LXXXVI,13. LXXXVIII,4. CXVI,3; 6. ex articulo de Christi ad inferos descensione; 7. ab impiorum resurrectione; 8. ab extremi judicii administratione. –

2. *Gerh.* (XX,175). Nomen inferni dupliciter potest accipi: 1. pro morte aeterna; 2. pro illo ποῦ, in quo miserrimam illam conditionem ac ineffabiles illos cruciatus patiuntur et in aeternum sustinebunt. – Ratione prioris significationis diaboli suum secum infernum dicuntur circumferre, ubicunque tandem vagentur. Ratione posterioris in infernum in die judicii dicuntur detrudendi, in eo concludendi. In priori significatione nomen inferni accipitur interne et formaliter, in posteriori *externe, subjective ac localiter,* termino loci juxta phrasin scripturae Luk. XVI,28. generaliter accepto. Quid sit infernus in significatione priore, non potest rectius intelligi, quam si descriptiones illae, quibus extrema damnatorum miseria in s. literis praefiguratur, colligantur et in certas classes distribuantur. Quid vero sit infernus in significatione posteriore, quaestionis et perquam difficilis et obscurae. Quidam posteriorem significationem plane repudiant, ac infernum non nisi *per sensum irae divinae ac maledictionis aeternae ac horrorem conscientiae* definiendum esse arbitrantur. Sed non videtur negandum esse certum aliquod ποῦ, in quo damnati supplicia sua persolvent. – *Holl.* (984). Certum est, carcerem infernalem esse in loco reali (Luk. XVI,28. 1Petr. III,19) a beatorum sede distincto (Ap. XXII,15. Luk. XVI,23). Probabile etiam est, eundem esse extra hunc mundum habitabilem (2Petr. III,10. Joh. XII,31. Matth. VIII,12). At *ubi* locus ille definite sit, hominibus viatoribus est incognitum. –

3. *Holl.* (990). Poenae infernales differunt gradibus, pro peccatorum qualitate et mensura, Matth. XI,24. Luk. XII,37. Matth. XXIII,15. –

4. *Hfrffr.* (691). Sunt animi et corporis (utrumque enim peccaverat) exquisitissimi dolores, orti ex pavore et sensu justissimae irae vindictaeque divinae contra peccata, quorum tristissimam conscientiam secum circumferunt: quorum turpitudo patet,

quorum etiam nulla in posterum remissio et inde poenarum nulla mitigatio aut finis sperari potest. Unde horribili lamentatione et ejulatu pristinam impietatem suam, qua jussa Domini, qua fraternas admonitiones et omnia salutis assequendae media secure neglexerunt, miseri detestabuntur: sed frustra. Nam in perpetuo angore, tremore horribili, in pudore, confusione et ignominia, in igne inextinguibili, in fletu et stridore dentium, in aeternis et horrendis, avulsi a Dei gratia et favore, inter diabolos horrendum et sine fine in aeternum excruciabuntur. – Quae futura damnatorum tormenta omnem humanae mentis aciem longe excedunt, ut neque cogitatione magnitudinem illorum unquam assequi valeamus: ideo quinam aut quales illi futuri sint, verbis satis exprimi non potest. Scriptura tamen, ut maximos et exquisitissimos istos cruciatus esse ostendat: illis rebus eos assimilat, quibus in hac vita summus et animi et corporis dolor excitari solet. Propterea nunc igni, nunc stridori dentium, nunc vermibus, nunc tristissimis tenebris et quaecunque aliae res tristitiae et doloris plenissimae nominari possunt, comparantur. Es. LXVI,24. Matth. V,22. VIII,12. Ap. XIX,20. – *Quen.* (I,562). Forma (mortis aeternae) est omnis illa malorum damnatis destinatorum congeries. Suntque ea partim privativa, partim positiva. *Privativa* sunt 1. privatio beatificae Dei visionis, Matth. XXV,41. VIII,12. XXII,13; 2. separatio a consortio bonorum omnium, Matth. VIII,11.12. XXII,13. Luk. XVI,23.26; 3. exclusio a luce, quiete et felicitate coelesti, Matth. VIII,12. XXII,13. XXV,30. 2Thess. I,6.8.9; 4. omnis omnino commiserationis, tam divinae, quam humanae, denegatio, Prov. I,26. Ps. LII,8.9. LVIII,11. Luk. XVI,24.25; 5. omnimoda desperatio, Ap. VI,16.17. *Positiva* alia interna, alia externa sunt. *Interna* sunt, quae intra semet ipsos sentiunt damnati, animi scil. dolores et cruciatus inexplicabiles, Ps. XVIII,5.6. Es. LXVI,24. Mark. IX,44.46.48. (*Holl.* [982]. *Intellectus* ipsorum cognoscet Deum judicem justissimum et vindicem peccatorum acerrimum, Ps. CXXXIX,7. 2Thess. I,9. Sap. V,3. *Voluntas* torquebitur odio Dei, tristitia summa et impatientia furibunda.) *Externa* sunt, quae extra se persentiscunt tristissima, nempe cum diabolis consociatio, Matth. XXV,41. squalidissima habitatio, Matth. XXV,30. et ustio sine combustione dolorissima, Luk. XVI,23.24. Ap. XIV,10.11 XX,10. Auf die Frage nach der Beschaffenheit des Feuers antwortet *Holl.* (983): Corpora damnatorum cruciabuntur igni infernali *proprie dicto, adeoque materiali.* Nam sententia judicis denunciat ignem, Matth. XXV,41. a quo fumus ascendit, Ap. XIV,10. cujus flammae urunt, Luk. XVI,24. Cui igitur spiritus s. nomen, proprietates et effectus veri ignis attribuit, ille non est metaphoricus, sed proprie dictus ignis. Atqui igni infernali etc. Ergo. – Non autem erit *ignis elementaris*, sed prorsus singularis. Ignis vulgaris tantum corpora urit: ignis infernalis etiam aget in animas. Ille deficiente pabulo cessat, hic alimento proprie dicto non indiget. Ceterum distinctius naturam ignis infernalis velle exponere, curiosum magis quam utile est. –

5. *Quen.* (I,564). (Affectio horum malorum est) aeterna continuitas, quae ultra omnem modum damnatorum supplicia accumulabit. Erunt *poenae continuae*, i. e. nullum habebunt intervallum, nullam interruptionem; erunt *aeternae*, nullum sunt habiturae finem, Es. XXXIV,10. LXVI,24. Ap. XIV,11. XX,10. Dan. XII,2. Matth. III,12. Luk. III,17. – Von der Zeit, in der die Leiden beginnen, *Holl.*: Cruciatus infernales animabus damnatorum simul atque illae a corpore discesserint obtingent, Luk. XVI.

6. *Hfrffr.* (695). Vita aeterna est ineffabilis beatitudo, qua fideles, receptis gloriosis et spiritualibus corporibus, omni et peccato et corporis infirmitate liberati, in ipso Deo, cum s. angelis et beatis, maxima et sincerrima sine fine satietate et perturbatione in aeternum perfruentur, quae felicitas appellatur et est vita aeterna. –

Gerh. (XX,340). Quid sit vita aeterna, *generaliter et αἰνιγματικῶς* ex verbi revelatione sciri potest, quod scil. sit beatissimus ac felicissimus ille piorum status, in quem post hanc vitam translati Deum a facie ad faciem videbunt, et ab omni molestia liberi in sempiterna laetitia et gloria ac ineffabili felicitate vivent et regnabunt; sed *specialiter et exacte* in hujus vitae infirmitate illud sciri nequit, quia oculus non vidit, auris non audivit, nec in cor hominis ascendit, quid praeparaverit Dominus se diligentibus, Es. LXIV,4. 1Kor. II,9. – Gleichbedeutende Ausdrücke mit vita aeterna sind: vita simpliciter Ezech. XVIII,9. Matth. VII,14. XVIII,8. regnum coelorum, Matth. V,20. VII,21. regnum paratum a constitutione mundi, Matth. XXV,34. haereditas, Act. XX,32. Gal. III,18. Eph. I,14. gaudium piorum, Joh. XVI,22. *Quen.* (I,551). Esse hanc vitam constat ex Iob XIX,25. Ps. XVI,5.6.9.11. XVII,15. XXXI,9. Es. LXV,17.18. Dan. XII,2.3. Matth. XXV,46. Joh. V,29. X,28.

7. Es werden also Grade der Seligkeit angenommen; aber was dem einen hiervon mehr zukommt als dem andern, wird nur als ein accessorium bezeichnet, während allen dem Wesen nach die gleiche Seligkeit zuteil wird, cf. *Ap. conf.* III,234. – *Quen.* (I,559). Quoad praemia accessoria futuros esse in vita aeterna gradus gloriae non essentialis, sed accidentalis, constans est ecclesiae orthodoxae sententia. Potest autem beatitudo considerari dupliciter 1. ratione essentiae suae, quae consistit in clara et intuitiva Dei cognitione et sic dubium non est, quin omnibus beatis ea aequaliter conveniat; 2. ratione accidentium, quorum intuitu beati non prorsus aequales erunt, atque ita beatitudo essentialis eadem erit omnibus, in accidentalibus vero dotibus erit aliqua differentia. ... Erit autem non solum aliquod discrimen inter beatos, et inaequalitas respectu claritatis et splendoris corporum, sed etiam ratione sessionis, aliorumque praemiorum accessoriorum. Nam varia ornamenta animae ac corporis ultra essentialem beatitudinem quibusdam sanctis in vita aeterna conferentur, Dan. XII,2. 1Kor. XV,41.42. Aber: hujus inaequalitatis causa non in meritis humanis, sed in liberrima divinae benignitatis dispensatione et gratuita promissione quaerenda est.

8. *Holl.* (456). Aeterna et summa nostra beatitudo consistit in perfecta Dei visione et fruitione. Illa est operatio intellectus; haec voluntatis: illa Deo summo bono potimur; hac eodem perfruimur et acquiescimus. – *Visio Dei* beatifica est actus intellectus, lumine gloriae collustrati, quo is Deum clare et immediate, ut in se est, cognoscit. Fruitio Dei est actus voluntatis, quo beati in patria coelesti Deum, summum bonum, avidissime complectuntur, suavissime percipiunt, et eodem plenissime satiantur, Ps. XVII,15. – Visionem et fruitionem Dei beatificam indivulse comitabuntur amor Dei ardentissimus, gaudium cumulatissimum (Matth. XXV,23. Ps. XVI,11), sempiterna nominis divini celebratio, Ap. IV,8. *ἀναμαρτησία* s. immunitas a peccandi periculo et sanctitas constantissima, Eph. V,27. Ap. XIX,14.

Quen. (I,553). Forma (vitae aeternae) consistit generatim loquendo in ineffabili, plenissimaque ac nullis seculis finienda incomprehensibilium bonorum perceptione. Bona vitae aeternae sunt vel privativa vel positiva. *Bona privativa* sunt absentia, tum peccati, tum causarum peccati, vid. carnis irritantis, diaboli suggerentis, mundi seducentis, tum poenarum peccati, cujusmodi sunt variae calamitates, Ps. CXVI,7–9. Es. XXV,8. XLIX,10. Ap. XXI,4. mors temporalis, Es. XXV,8. Os. XIII,14. 1Kor. XV,26. Ap. II,7. XXI,4. mors aeterna, Os. XIII,14. 1Kor. XV,26. Ap. II,11. XX,14. Huc etiam pertinet immunitas ab affectionibus et actionibus corporis animalis qua talis; cujusmodi sunt fames, sitis, esus, potus, usus conjugii etc., Ap. VII,16. 1Kor. VI,13. Matth. XXII,30. 1Kor. XV,42.43. *Bona v. aet. positiva* alia interna, alia externa sunt. *B. interna totius compositi* sunt, quae et corpus et animam beatorum afficiunt, inter quae eminet beatifica et immediata Dei visio. *B. interna alterutrius compositi* sunt vel animae vel corporis. Animae sunt 1. perfecta intellectus illuminatio, 1Kor. XIII,9.10; 2. consummata voluntatis et appetitus rectitudo, Ps. XVII,15. Eph. IV,24. V,27; 3. summa de perpetua hujus beatitudinis duratione securitas, Joh. XVI,22. *Corporis* sunt 1. spiritualitas, 1Kor. XV,44–47. Matth. XXII,30. Luk. XX,36. Phil. III,21; 2. invisibilitas, 1Kor. XV,44; 3. impalpabilitas, 1Kor. XV,44.47; 4. illocalitas, ibid.; 5. subtilitas, ibid.; 6. agilitas, 1Thess. IV,17. 1Kor. XV,44; 7. impassiitas, Ap. VII,16. XXI,4; 8. immortalitas et incorruptibilitas, 1Kor. XV,42–48.53. or. V,4. Ap. XXI,4; 9. firmitas et sanitas, 1Kor. XV,43; 10. claritas, Dan. XII,3. Matth. II,43. 1Kor. XV,41.43; 11. formositas, 1Kor. XV,43. Phil. III,21. – *B. externa* sunt, quae beati extra semetipsos persentiscunt. Eorum duo praecipua sunt: dulcissima cum Deo (Luk. XXIII,43. Joh. XII,26. XIV,3. XVII,24. 2Kor. V,8. Phil. I,23. 1Thess. IV,17. Ap. XIV,4. XXI,3) angelisque (Hebr. XII,22) et beatis omnibus (Matth. VIII,11. Luk. XIII,28.29. Hebr XII,23) conversatio, in mutua adessentia suavissimisque colloquiis et mutuo honore cum amore mutuo conjuncto, consistens: et pulcherrima nitidissimaque habitatio. – Daran reihen sich noch zwei Fragen: 1. ergone sancti mutuo sese cognituri sunt in altera vita? 2. annon gaudium v. aet. contaminabitur ex eo, quod beati multos suorum conjunctissimorum in inferno torqueri videbunt? Die erste Frage beantwortet *Hfrffr.* (699): Maxime. Quia perfecta reparata imagine Dei, ad quam initio conditi eramus, perfecta quoque sapientia et cognitione instructi erimus. Hinc si Adam ante lapsum statim cognovit costam suam Evam: multo magis in altera vita, cum omnia isthaec dona multo perfectiora erunt, nos mutuo cognituri sumus, Luk. XVI,23. Matth. XVII,1. – Die andere *Hutt.* (comp. th. 318) in ff.: Minime vero: nam beatorum voluntas per omnia erit conformis voluntati divinae. Deinde affectus hujusmodi carnales, qui hac in vita infirmitatis nostrae sunt indicium, omnino cessabunt in altera illa vita, ubi omnis noster amor tantum erga eos sese extendet, quos Deus ipse sibi habet caros haeredesque aeternae vitae constituit. In damnatis vero summam Dei justitiam summe et admirabuntur et aeternum celebrabunt. –

9. *Gerh.* (XX,341). Nomine coeli intelligendum est certum illud πoῦ, in quo beati Deum videbunt et coelesti illa gloria ac laetitia perfruentur, Matth. V,12. VI,20. Luk. VI,23. XII,33. 1Petr. I,4. –